hexdump 68

zeigt binäre Dateien Byte für Byte hexadezimal an.

hexdump [OPTIONEN] DATEIEN...

-C	übersichtliche dreispaltige Ausgabe
-n X	zeigt nur X Bytes an
-s Y	überspringt die ersten Y Bytes

cmp 71

vergleicht zwei Binärdateien.

cmp DATEI1 DATEI2

-b	zeigt bei Unterschieden diese als Bytes (Oktalzahl) und Asciizeichen an
-l	zeigt alle Unterschiede an (nicht nur den ersten)

fdisk -l 72

zeigt alle Festplattenpartitionen an.

fdisk -l [FESTPLATTE]

-l	zeigt Partitionen an (ohne -l gelangst du in einen interaktiven Modus)

mount 75

zeigt gemountete Dateisysteme an.

mount

df 75

zeigt freien und belegten Platz in gemounteten Dateisystemen an.

df [OPTIONEN] [VERZEICHNIS]

-h	zeigt Platz in Megabyte und Gigabyte
-T	zeigt den Dateisystemtyp an
-i	zeigt freie und belegte Inodes an

pidof 84

zeigt PIDs von Prozessen mit einem bestimmten Namen.

pidof PROZESSNAME

pstree 78

zeigt den Prozessbaum, entweder ganz, oder ab Prozess PID.

pstree [OPTIONEN] [PID]

-p	zeigt Prozess-IDs an
-u	zeigt Benutzerwechsel (UID Transitionen) an

ps 80

listet aktuelle Prozesse in traditioneller Weise auf.

ps ANZEIGEMODUS

ax	zeigt alle Prozesse, mit Kommandozeile
afx	zeigt Baumstruktur ähnlich pstree
aux	zeigt Benutzer, %CPU und %MEM

top

Prozess- und Speichermonitor mit sich stär[...] aktualisierender Ausgabe.

top [OPTIONEN]

-i	zeigt nur aktive Prozesse
-q	schnellstmögliche Aktualisierung
-n1	einmalige Momentaufnahme

H	Hilfe einblenden
F	Spalten ein-/ausblenden
O	Spaltenreihenfolge ändern
>	Sortierspalte nach rechts
<	Sortierspalte nach links
I	Nur aktive Prozesse zeigen
⇧ W	Konfiguration speichern
Q	top beenden

lsof 84

zeigt an, welche Prozesse welche Dateien offen haben.

lsof DATEINAME
lsof -p P

-p P	zeigt Dateien von Prozess P

id 89

zeigt Gruppenzugehörigkeit eines Benutzers. Ohne Angabe eines Benutzernamens wird der aktuelle Benutzer angezeigt.

id [USER]

/proc/PID/status 90

listet alle Gruppen eines Prozesses auf (PID: Prozess ID einsetzen).

grep Groups: /proc/PID/status

dmesg 94

zeigt Bootmeldungen des Kernels.

dmesg

Runlevel 95

0	System herunterfahren
1	Einzelbenutzermodus
3	Mehrbenutzer ohne Netzwerkdienste
3	normal, aber ohne grafische Anmeldung
4	frei für eigene Zwecke
5	normal, mit grafischer Anmeldung
6	System neustarten

chroot 103

startet eine neue Shell mit anderem Wurzelverzeichnis.

chroot VERZEICHNIS

uname 105

Zeigt Kernelversion und andere Informationen.

uname

-r	zeigt nur die Kernelversion
-a	zeigt alle Informationen

[...]5

[...]n

[...]5

zeigt die Verwendung von Haupt- und Auslagerungsspeicher (Swapspace).

free [-m]

-m	Angaben in MB statt in KB

lsmod 107

zeigt geladene Kernelmodule.

lsmod

/proc/cpuinfo 110

zeigt Informationen über die CPU(s).

cat /proc/cpuinfo

/proc/acpi 111

Information über Prozessor, Stromversorgung, Temperatur und Ähnliches

cat /proc/acpi

/proc/acpi/processor 112

Informationen über die Prozessoren

/proc/acpi/ac_adapter 113

Informationen über externe Stromquellen

/proc/acpi/battery 113

Informationen über Laptopakkus

/proc/acpi/thermal_zone 115

Informationen über Temperatursensoren

hwclock 116

Werkzeug zum Auslesen und Einstellen der Hardwareuhr. Ohne Optionen wird die aktuelle Zeit angezeigt.

hwclock [OPTIONEN]

--set --date=D	stellt Hardwareuhr auf neues Datum / Zeit ein
--systohc	lädt die aktuelle Systemzeit in die Hardwareuhr
--hctosys	stellt die Systemzeit gemäß der Hardwareuhr ein
--debug	ausführliche Ausgabe über die Arbeit von hwclock

/proc/interrupts 120

Übersicht über die Belegung der Interrupts und Statistik über deren Auftreten.

cat /proc/interrupts

/proc/ioports 122

Belegung der Ein-/Ausgabebereiche durch Gerätetreiber.

cat /proc/ioports

Mathias Kettner: *Fehlerdiagnose und Problembehebung unter Linux*

Mathias Kettner

Fehlerdiagnose und Problembehebung unter Linux

2., aktualisierte und erweiterte Auflage

SuSE PRESS

Bibliografische Information Der Deutschen Bibliothek

Die Deutsche Bibliothek verzeichnet diese Publikation in der Deutschen Nationalbibliografie; detaillierte bibliografische Daten sind im Internet über `http://dnb.ddb.de` abrufbar.
ISBN 3-89990-127-4

Umschlaggestaltung: Fritz Design GmbH, Erlangen
Gesamtlektorat: Nicolaus Millin
Fachlektorat: Joerg Arndt, Anke Boernig, Franz Hassels, Ihno Krumreich, Marco Michna, Sascha Wessels
Satz: LaTeX
Druck: Kösel, Krugzell
Printed in Germany on acid free paper.

Inhaltsverzeichnis

Kapitel 1

Los geht's

1.1 Die Sache mit der Armbanduhr

Wer liest schon gerne Vorworte und all den anderen Kram, der die ersten zwanzig Seiten eines Fachbuches füllt, bis der erste Absatz zum eigentlichen Thema kommt? Natürlich möchte auch ich ein paar einleitende Worte sagen, verspreche aber, nicht auszuschweifen und so schnell wie möglich in den Stoff dieses Buches einzusteigen. Was erwartet dich also?

Kurz gesagt: Dieses Buch soll dir eine Hilfestellung beim Lösen von *Problemen* sein, die dir bei der Arbeit mit Linux über den Weg laufen. Unter Problem verstehe ich etwas, das dafür sorgt, dass deine Linuxkiste nicht das tut, was du von ihr erwartest. Natürlich sitzt das Problem nicht immer im Computer, sondern auch manchmal davor oder – und das macht uns am meisten zu schaffen – vor einem ganz anderen Computer.

Was ich damit andeuten will, ist meine leidliche Erfahrung, dass du leider am längsten nach denjenigen Fehlern suchen musst, die du gar nicht selbst verursacht hast, sondern ein sogenannter *Hersteller* (bei Linux zum Glück selten), der Linux-Distributor (z. B. SuSE, Red Hat oder Debian) oder einer der vielen fleißigen Programmierer, die uns ihre Werke kostenlos zur Verfügung stellen (und die man deshalb natürlich nicht kritisieren sollte).

Nun bist du bei Linux in der glücklichen Lage, dass du in den meisten Fällen alle nötigen Hilfsmittel an Bord hast, um dem rätselhaften Fehlverhalten selbst auf den Grund zu gehen. Die Möglichkeiten zur treffsicheren Fehlerfindung sind unter Linux ungeahnt und nicht zu vergleichen mit denen anderer bekannter Betriebssysteme. Der Einblick in den Quellcode von Linux und seinen Programmen sei hier nur am Rande erwähnt, auch wenn dieser in einigen Fällen sehr nützlich sein kann. Es ist vor allem die klare und offene Struktur von Linux und die reichhaltige Vielfalt an Diagnosehilfsmitteln, welche Benutzer anderer Betriebssysteme neidisch machen würden[1].

Manchmal vergleiche ich Linux und ein bekanntes Konsumbetriebssystem mit einem DIN-gerechten Schaltschrank und einer hochintegrierten digitalen Armbanduhr. Verweigert die Uhr ihren Dienst, kannst du nur zwei Dinge ausprobieren:

- die Batterie wechseln oder
- die Uhr wegwerfen.

Der Schaltschrank hingegen wird mit einem Schaltplan ausgeliefert. Jedes Teil kannst du einzeln auswechseln. Alle Kabel, Schraubklemmen, Relais, Netzteile und andere Bauelemente sind übersichtlich angeordnet und beschriftet. Wenn du dich mit Elektrik etwas auskennst und über ein einfaches Messgerät sowie etwas Geduld und methodisches Vorgehen verfügst, findest du jeden Fehler – und kannst ihn dann auch beheben.

Diese Möglichkeit als *nicht benutzerfreundlich* zu bezeichnen, ist natürlich unklug, denn wenn der Schaltschrank geschlossen ist, tut er seine Dienste mindestens ebenso zuverlässig wie die digitale Uhr. Und auch wenn du kein gelernter Elektriker bist, hast immer noch die Möglichkeit, einen anzuheuern, der dir das Problem löst.

> *The major difference between a thing that might go wrong and a thing that cannot possibly go wrong is that when a thing that cannot possibly go wrong goes wrong it usually turns out to be impossible to get at and repair.*
>
> – Douglas Adams (Mostly Harmless, 1992)

1.2 Das Besondere an Linux

Damit du besser verstehst, was das Besondere an der Fehlersuche unter Linux ist, beleuchte ich erst einmal, wie eine typische Fehlersuche bei einem Konsumbetriebssystem aussieht, welches ich exemplarisch *Bimbaus* nennen will. Bei meinem Kollegen Winni aus dem Bimbaus-Lager beobachte ich folgendes Vorgehen, wenn irgendeine Funktion einmal nicht so arbeitet, wie er es für normal hält:

1. Winni probiert die Funktion noch einmal.
2. Winni probiert Variationen aller Optionen in allen Konfigurationsfenstern.
3. Winni startet das Programm neu.
4. Winni startet den Rechner neu.

[1] oder abtrünnig!

5. Winni installiert das Programm neu.
6. Winni installiert – falls vorhanden – eine neuere Version des Programms.
7. Winni installiert Bimbaus und alle benötigten Programme neu.

Die Methode von Winni besteht also darin, Dinge zu *wiederholen* und Varianten *auszuprobieren.* Hat er nach langem Suchen eine Variante gefunden, mit der alles funktioniert, ist er erleichtert und gibt in einer Rundmeldung an seine Kollegen die Anweisung, *jetzt ja nichts mehr anzufassen!*

Warum gefällt mir die Sache nicht so recht?

- Winni hat aus der Sache wenig lernen können.
- Irgendwann bastelt doch wieder jemand herum (vielleicht weil er muss) und das Ganze kracht wieder auseinander. Oder es kracht einfach von selbst auseinander.

Woran das liegt? Winni ist dem Fehler nicht auf den *Grund* gegangen! Er hat nur seit seinen Maßnahmen das Symptom nicht mehr beobachtet. Der Fehler kann also immer noch vorhanden sein, tritt aber aus nicht bekannten Gründen jetzt seltener oder unter anderen Umständen auf.

Ich sage nicht, dass dies die Schuld von Winni ist. Ich kenne sehr erfahrene Administratoren, die nach obigem Schema arbeiten. Man erkennt solche Leute an einem bewundernswerten Faktenwissen, z. B. über die verschiedenen Fehler in diversen Service-Packs oder über die Reihenfolge, in welcher bestimmte Programme installiert werden müssen.

Bei Linux ist die Situation zum Glück etwas anders, weil man hier viel mehr Möglichkeiten hat, einem Fehler wirklich auf den Grund zu gehen. Deshalb empfehle ich folgende Methode:

1. **Reproduziere den Fehler!**
2. **Finde die exakte Ursache!**
3. **Behebe das Problem an der Ursache!**

So wirst du nicht nur sicher sein, dass ein „behobener" Fehler auch tatsächlich beseitigt ist, sondern du wirst auch im Laufe der Zeit eine Menge über Linux lernen. Du wirst mehr Zeit haben für wichtige Dinge; Zeit, die andere mit dem Ausprobieren von Varianten, dem Neuinstallieren von Programmen und dem Fluchen über Fehler, die doch *„eigentlich schon weg"* waren, verplempern.

1.3 Den Fehler reproduzieren

Bevor du nach der Ursache eines Fehlers fahnden kannst, musst du erst einmal wissen, unter welchen Umständen der Fehler auftritt. Am besten ist es, wenn du den Fehler zuverlässig reproduzieren kannst. Das bedeutet, dass du genau weißt, welche Schritte du machen musst und welche Umstände bestehen müssen, damit der Fehler auftritt. Dies herauszufinden, nenne ich *„den Fehler festnageln"*.

Stell dir vor, du administrierst ein Computernetzwerk. Einer der Anwender berichtet dir in einer E-Mail darüber, dass sein Lieblingsprogramm manchmal abstürzt und erwartet von dir natürlich eine schnelle Lösung.

Aber was kannst du tun? Du startest das Programm, spielst ein bisschen damit herum und teilst dem enttäuschten Anwender mit, dass bei *dir* alles wunderbar funktioniert. Natürlich ist es so unmöglich, die Ursache des Fehlers zu finden.

Was du eigentlich benötigst, ist eine Anleitung, welche dir Schritt für Schritt erklärt, welche Eingaben, Befehle, Menüpunkte usw. du aufrufen musst, damit der Fehler auftritt.

Erst wenn es dir gelingt, den Fehler anhand dieser Anleitung zuverlässig zu reproduzieren, kannst du mit der gezielten Diagnose beginnen. Wenn du dann später den Fehler gefunden und scheinbar behoben hast, kannst du mit derselben Anleitung gegenprüfen, ob der Fehler auch wirklich beseitigt wurde.

Leider gibt es Fehler, bei denen die Umstände, unter denen sie auftreten, entweder nicht ergründet oder nicht kontrolliert werden können. Dabei spielt das Zeitverhalten die zentrale Rolle.

Beispielsweise kann ein Fehler davon abhängen, welches von mehreren Ereignissen als erstes eintritt, wie lange ein Vorgang braucht oder was auf dem Netzwerk gerade passiert. In einem solchen Fall kannst du den Fehler nicht hundertprozentig festnageln. Es kann sein, dass der Fehler nur einmal pro Minute, Stunde oder Woche auftritt oder auch etwa jedes 25ste Mal oder in völlig zufälligen Abständen.

Im Extremfall ist der Fehler nur ein einziges Mal aufgetreten und nicht reproduzierbar, aber von so zentraler Bedeutung, dass unbedingt ausgeschlossen werden muss, dass er noch einmal auftritt. Ein historisches Beispiel ist der missglückte Jungfernflug der ARIANE-5-Trägerrakete, welche sich wenige Sekunden nach dem Start selbst sprengte. Eine Reproduktion des Fehlers schloss sich aus Kostengründen aus. Der Aufwand, der deshalb von der ESA bei der Suche nach der Ursache betrieben werden musste, zeigt die Wichtigkeit der Fehlerreproduktion.

Manchmal kann man einen Fehler in flagranti erwischen, also unmittelbar während des Auftretens. Mit einer sofortigen sorgfältigen Diagnose kann es dir gelingen, die Ursache auf der Stelle zu finden. Eine Reproduktion des Fehlers ist dann nicht mehr notwendig.

1.4 Die exakte Ursache finden

Das Finden der Fehlerursache ist sicherlich die spannendste Aufgabe. Natürlich bedeutet dies, dass man seinen Grips etwas anstrengen muss, aber in diesem Buch werde ich dir ein Arsenal von Werkzeugen und Methoden vorstellen, mit denen du dich auch ohne die Gabe der Hellseherei an die Ursache heranarbeiten kannst.

Findet man die *wahre* Ursache eines richtig knackigen Problems, ist dies ein großes Erfolgserlebnis, vor allem dann, wenn man eindeutig feststellen kann, dass jemand anders Schuld hatte. Alle Variantenprobierer und Neuinstallierer werden so etwas nie erleben.

Abgesehen von den ganzen Linuxtricks und Werkzeugen, die du in diesem Buch findest, gibt es grundsätzliche Methoden, mit denen du einen Fehler einkreisen kannst. Diese will ich nun vorstellen.

1.4.1 Der Einblick

Die Methode des *Einblicks* kann man immer dann anwenden, wenn das Fehlersymptom – sobald es auftritt – für mindestens eine gewisse Weile bestehen bleibt. Dies ist z. B. der Fall bei einem Auto, bei dem das Rücklicht nicht funktioniert. Hier hast du die Möglichkeit, Einblick in die Lage zu nehmen. Du kannst z. B. messen, ob an der Fassung für die Birne Spannung anliegt oder ob die Autobatterie geladen ist. Nimm als Gegenbeispiel den Fall, dass dir dreimal in der Woche im Rücklicht das Birnchen durchbrennt. Ein Einblick ist unmöglich, denn der Fehler – das Durchbrennen – dauert nur einen winzigen Augenblick.

Da die Methode des Einblicks schnell zum Erfolg führen kann, sollte man versuchen, sie wann immer möglich wahrzunehmen. Bei sporadischen Fehlern, die man nicht festnageln *kann*, muss man eventuell lange auf das nächste Auftreten warten. Wenn es dann endlich soweit ist, sollte man alles vorbereitet haben, um Einblick nehmen zu können. Und man muss aufpassen, dass man durch die Diagnose die Fehlersituation nicht verfälscht oder zerstört. Manchmal ist man darauf angewiesen, dass ein Anwender oder Kunde mitspielt und sich bei einem Fehler sofort meldet, ohne selbst am Fehlersymptom herumzudoktern.

Ein Beispiel aus der Computerwelt: Manchmal kommt es vor, dass ein Programm „hängenbleibt“ und nicht mehr auf Benutzereingaben reagiert. Mit den Werkzeugen, die ich später vorstellen werde, kann man untersuchen, was genau das Programm gerade macht oder auf was genau es gerade wartet. Bei einem Programm, das abgestürzt ist, kann man nicht Einblick nehmen, da das Abstürzen selbst ja keine Dauer hat.

1.4.2 Spurensuche

Bei der *Spurensuche* versucht man, die Spuren, die ein Programm hinterlässt, auszuwerten. Dabei will man die Frage klären, was das Programm genau gemacht hat, bis der Fehler auftrat. Dann kann man versuchen, darin Unregelmäßigkeiten zu entdecken, die einen Hinweis auf die Ursache des Fehlers geben.

Um die Spurensuche zu erleichtern, pflegen manche Programme sogenannte Logdateien, in der alle wichtigen Aktionen oder Ereignisse protokolliert werden. Auch Flugzeugbauer verwenden diese Methode in Form des Flugschreibers, der nicht nur Messdaten mitschreibt, sondern auch die Gespräche der Piloten.

Um die Spuren richtig deuten zu können, braucht man ein Verständnis vom gesamten Ablauf, also eine Menge Hintergrundwissen – im Gegensatz zum Einblick, bei dem man nur die aktuelle Situation verstehen muss.

1.4.3 Die Wirkungskette

Bei Fehlern, die man festnageln und reproduzieren kann, ist die *Wirkungskette* die wichtigste und universellste Methode. Sie basiert auf der Art, wie viele komplexe technische Systeme aufgebaut sind – besonders im Computerbereich. Nehmen wir folgendes Beispiel:

Du hast von einem Bekannten den Sommer über eine Fischerhütte in einem abgelegenen norwegischen Dorf gemietet. Der Bekannte ist aber selbst auf Reisen und hat dir mit der Post nur eine Wegbeschreibung und einen Schlüssel geschickt. Die Anreise läuft problemlos, die findest die Hütte, sperrst sie auf, schaltest das Licht ein und – *es bleibt dunkel.*

Was kannst du tun? Den Lichtschalter noch ein paar mal malträtieren? Einen anderen Lichtschalter suchen? Die Birne auswechseln? Nach der Sicherung schauen? Zum Nachbarn gehen und fragen, ob gerade Stromausfall ist?

Um die möglichen Fehlerursachen zu erkennen, muss man sich überlegen, wie die Wirkung des einen technischen Systems die Grundlage für das nächste bildet. Ich habe das hier mal etwas vereinfacht dargestellt:

Dieses Beispiel zeigt zwei wichtige Regeln einer Wirkungskette:

1. Wenn ein Glied fehlerhaft ist, funktioniert dieses *und alle darauf folgenden* Glieder nicht mehr. Ein Beispiel: kommt aus der Sicherung kein Strom, so liefern auch der Schalter und die Lampenfassung keinen Strom, und die Glühbirne leuchtet nicht.

2. Wenn ein Glied funktioniert, beweist dies, dass auch *alle vorhergehenden* Glieder funktionieren. Beispiel: Kommt aus der Lampenfassung Strom, so liefern auch der Lichtschalter, die Sicherung und das Kraftwerk Strom.

Für die Fehlersuche kann man diese beiden Prinzipien ausnutzen. Man pickt sich eine Stelle der Kette heraus und testet die dortige Wirkung. Ist die Wirkung vorhanden, so kann man gemäß Regel 2 einen Fehler in einem Glied bis dorthin ausschließen. Findet man jedoch keine Wirkung vor, so kann man einen Fehler im Rest der Kette ausschließen[2]. Man hat also die Suche auf einen Teil der Kette reduziert: auf eine kürzere Wirkungskette, bei der man wieder nach demselben Schema vorgehen kann.

Wenn man die Teststellen geschickt wählt – nämlich in der Mitte der Kette – kann man jeweils die Hälfte der Ursachen ausschließen! In unserem Beispiel würde das z. B. heißen, dass man eine Steckdose ausprobiert, beispielsweise mit einem mitgebrachten Föhn. Funktioniert der Föhn, so kann man Stromausfall und kaputte Sicherung ausschließen. Funktioniert er nicht, so kann man erst einmal davon ausgehen, dass weder Lichtschalter, Lampe noch Glühbirne schuld sind.

Wichtig ist, dass man versteht, dass durch einen Test an einer Stelle, immer die ganze Wirkungskette bis dorthin geprüft wird. Nimm als Beispiel den Lichtschalter: Prüft man ihn, indem man ihn ausbaut und mit einem Messgerät die Schaltfunktion misst, erfährt man nichts über die restlichen Teile der Wirkungskette. Ist der Lichtschalter zufällig das Problem, hat man zwar Glück gehabt. Ist er es nicht, hat man aber nichts über den Zustand der verbleibenden Komponenten erfahren.

Lässt man hingegen den Lichtschalter im Stromkreis und misst nur, ob beim Ausgang Strom herauskommt, so hat man nach dem Prinzip der Wirkungskette gearbeitet und entweder alle Komponenten vor oder eben nach dem Schalter als Fehlerquellen ausgeschlossen.

Für die Wahl einer günstigen Stelle spielt es natürlich auch eine Rolle, wie einfach ein Test durchzuführen ist. Um festzustellen, ob der Lichtschalter tatsächlich Strom liefert, muss man diesen öffnen und ein Messgerät oder einen Phasenprüfer zur Hand haben. Da ist es schon einfacher, einen Föhn in eine Steckdose zu stecken.

Fazit: Versuche das Prinzip der Wirkungskette zu verstehen, Wirkungsketten in der Praxis zu erkennen und diese mit gut überlegten Tests auszunützen. Vor allem im Bereich der Netzwerke gibt es sehr lange Wirkungsketten, bei denen diese Methode besonders vorteilhaft ist.

[2]Der Einfachheit halber gehen wir davon aus, dass es nur einen Fehler gibt. Auch wenn das nicht so ist, muss hier mindestens ein Fehler im Anfangsteil der Kette liegen.

1.4.4 Der wandernde Fehler

Das Prinzip des *wandernen Fehlers* ist vor allem in der Elektronik bekannt. Nimm an, du hast eine Telefonanlage, die soeben ihren Geist ausgehaucht hat. Sie besitzt etliche auswechselbare Teile, z. B. einen Epromchip und ein ISDN-Modul. Wie kannst du herausfinden, ob Chip, Modul oder der Rest kaputt ist?

Finde einen Freund, der exakt die gleiche Anlage hat und welche noch funktionstüchtig ist. Nun baue in seine Anlage dein ISDN-Modul ein und umgekehrt. Wenn der Fehler *wandert*, also nun bei der Anlage deines Freundes auftritt, aber deine dafür funktioniert, so ist der Fall klar: das ISDN-Modul ist schuld.

Bleibt der Fehler bei deiner Anlage, weißt du mit gleich großer Sicherheit, dass das ISDN-Modul gut funktioniert und der Fehler in einem anderen Teil zu suchen ist[3].

Das Prinzip des wandernden Fehler kann man auch auf den Softwarebereich übertragen. Nimm an, du verwendest zum Abruf deiner E-Mail den Mailer `pine`. Dein Freund, der beim gleichen Provider ist, arbeitet stattdessen mit `elm`. Du hast Probleme, beim Abrufen deiner Mails, er jedoch nicht. Als Test verwendet dein Freund `pine` und du `elm`. Klappt nun bei dir der Abruf aber bei deinem Freund nicht mehr, so hängt das Problem irgendwie mit `pine` zusammen. Bleibt der Fehler jedoch bei dir, so ist der Mailer zumindest nicht schuld daran.

1.4.5 Wechselnde Umstände

Das Prinzip der *wechselnden Umstände* ist verwandt mit dem bereits erwähnten *Festnageln*. Ein Fehler, der nur unter ganz bestimmten Umständen auftritt, verrät seine Ursache gelegentlich – aber nicht immer – durch eben diese Umstände. Dazu musst du solange mit verschiedenen Rahmenbedinungen experimentieren, bis du eine möglichst kleine Änderung bestimmen kannst, die über Fehler oder nicht-Fehler entscheidet.

Hier ist ein Beispiel aus dem Netzwerkbereich: Ich habe einmal für eine Firma eine Firewall eingerichtet. Diese funktionierte gut und der Kunde war zufrieden, bis ich nach etlichen Wochen hörte, dass es einem Mitarbeiter nicht möglich war, eine bestimmte Firma im Internet zu erreichen. Da alle anderen Seiten problemlos funktionierten, nahm ich natürlich an, dass das Problem beim Server jener Firma lag.

Was mich dann stutzig machte war die Tatsache, dass ich die Firma von meinem eigenen Netz aus gut erreichen konnte. Das Problem konnte also nicht bei der

[3]Und selbst, wenn du den Fehler nicht findest, kannst du wenigstens das ISDN-Modul im Internet versteigern ;-)

Firma liegen, sondern musste mit dem Internetzugang meines Kunden zu tun haben[4].

Nach einigem Probieren fand ich noch mehr Webauftritte, die nicht erreichbar waren, und konnte die Bedingungen, die zur Nichterreichbarkeit führten, genau feststellen: Alle Rechner, deren Internetadresse mit einer `192` begannen, waren nicht erreichbar. Und hier fiel bei mir der Groschen: Bei der Konfiguration der Firewall hatte ich das Netz, das mit `192.168` beginnt als *intern* klassifizieren wollen, hatte mich jedoch dahingehend verkonfiguriert, dass anstelle dessen das komplette `192`er Netzwerk als intern galt.

Fazit: Der entscheidende Hinweis für mich war der genaue *Fehlerumstand*. Allein mit der Aussage „manche Seiten sind nicht erreichbar", wäre ich nicht (so schnell) darauf gekommen. Als ich aber merkte, dass nur die Adressen Probleme machten, die mit `192` anfingen, konnte ich den Fehler schnell finden.

1.4.6 Reine Geisteskraft

Die Methode der *Reinen Geisteskraft* besteht schlichtweg darin, dass man den Quellcode des fehlerhaften Programms Zeile für Zeile durchgeht und alle Schritte präzise im Kopf nachvollzieht. So versucht man, allein durch die Kraft des Geistes zu ergründen, in welcher der Programmzeilen sich der Fehler versteckt. Folgende Voraussetzungen müssen gegeben sein:

- Der Programmcode muss offen liegen.
- Man muss jede Programmzeile zu 100% verstehen.
- Man muss das Verhalten aller beteiligten Komponenten genau kennen.

Es versteht sich von selbst, dass die Chance, einen Fehler auf diese Art zu finden, rapide mit der Größe des Programmes abnimmt. Man wird also versuchen, mit anderen Methoden den Fehlerort bereits so weit einzugrenzen, dass die zu durchforstende Programmstelle möglichst klein wird. Vielleicht sind es dann nur noch ein paar Programmzeilen, bei denen man sich gut überlegen muss, warum gerade hier das Programm abstürzt.

Da die Methode der Reinen Geisteskraft sehr mühsam und anspruchsvoll ist, solltest du sie nur dann einsetzen, wenn du wirklich keine andere Idee mehr hast, wie du durch geschickte Diagnose den Fehler weiter einkreisen kannst.

1.5 Den Fehler beheben

Natürlich ist es immer am schönsten, wenn man einen Fehler an der eigentlichen *Ursache* behebt. Ein klassischer Programmierfehler lässt sich beispielsweise fast

[4] Wenn man genau hinsieht, erkennt man hier wieder das Prinzip des *wandernen Fehlers*.

immer durch ein Ändern oder Hinzufügen von einer oder zwei Programmzeilen beheben – wenn man den Quellcode zur Verfügung hat.

Wenn ein Beheben nicht möglich ist, kann man *Symptombekämpfung* versuchen, was bedeutet, dass der Fehler zwar nach wie vor auftritt, dessen Wirkung aber durch einen *genialen Trick* vermieden oder repariert wird. Betrachte den Fall, dass ein Serverdienst gelegentlich abstürzt. Eine Symptombekämpfung wäre, ein Programm zu schreiben, dass einmal pro Sekunde prüft, ob der Dienst noch läuft und wenn nicht, diesen wieder startet. Genial, oder?

Wenn dir ein Kollege so etwas als Lösung präsentiert, sollten bei dir sofort alle Alarmglocken läuten. Wer immer so arbeitet, schafft nach einiger Zeit ein Flickwerk von Provisorien, das früher oder später an allen Stellen gleichzeitig auseinanderkracht, spätestens aber dann, wenn ein anderer die Wartung übernehmen muss.

Die dritte und eine ebenfalls unbefriedigende Möglichkeit ist die *Vermeidung* des Fehlers. Dies wird erreicht, indem man dafür sorgt, dass die Umstände, die zum Fehler führen, nie eintreten. Wenn der Fehler z. B. immer dann auftritt, wenn man einen bestimmten Menüpunkt aufruft, dann ruft man diesen Menüpunkt in Zukunft eben nicht mehr auf. Dies geht natürlich nur dann, wenn man die Umstände genau kennt und auf die fehlerhafte Funktion verzichten kann!

Fazit: Da du ehrgeizig bist und außerdem das Glück hast, mit Linux arbeiten zu dürfen, kommt für dich natürlich nur die Ursachenbehebung in Frage!

1.6 Ein Wort zur 2. Auflage

Und nun – zum Abschluss meiner Einführung in das Thema dieses Buches – möchte ich noch ein Wort zur zweiten Auflage verlieren.

Bereits wenige Wochen nach dem Verkaufsstart dieses Buches im Februar 2004 wurde sichtbar, dass es eines der erfolgreichsten Titel von SuSE PRESS werden würde. Dass jedoch nach so kurzer Zeit die Startauflage vergriffen sein würde, überraschte sowohl mich, als auch Nico Millin – meinen netten Verleger.

Um den Nachschub für die lesehungrigen Linuxer sicherzustellen, hätte ein Nachdruck vielleicht genügt. Ich nutzte jedoch gerne die Gelegenheit für eine aktualisierte und erweiterte zweite Auflage. Dies hat vor allem zwei Gründe:

- Der große Versionssprung beim Linux-Kernel von 2.4 auf 2.6 ist nun vollzogen. Mit SUSE LINUX 9.1, Mandrakelinux 10, Fedora Core 2 und anderen haben wichtige Distributionen bereits auf den neuen Kernel umgestellt oder werden dies in Kürze tun. Für den Anwender ändert sich dadurch zwar nichts Grundlegendes, aber das ein oder andere Detail ist eben doch etwas anders. Darauf möchte ich in meinem Buch natürlich Rücksicht nehmen.

- Ich hatte die Idee zu einem neuen Kapitel über Performanceprobleme, welches in diesem Buch nun die Nummer 9 tragen darf.

Außerdem wurde das Buch in vielen weiteren Details gepflegt und poliert. Am auffallendsten ist sicherlich das etwas verfeinerte Layout der Beispiele und Kurzreferenzen sowie ein neuer Anhang B mit einer Auflistung aller in diesem Buch vorgestellen Programme nebst der Information, wo du diese auf deiner Distribution findest oder aus dem Internet holen kannst.

Ich danke hiermit allen, die mir bei meiner Arbeit geholfen haben und wünsche viel Spaß beim Lesen und Problemlösen!

München, im Juni 2004 *Mathias Kettner*

Kapitel 2

Dokumentation und Recherche

Auch wenn du weißt, wie du dir selbst helfen kannst, solltest du nie vergessen, dass es zuweilen Probleme gibt, die von anderen bereits gelöst wurden. Und von diesen anderen ist wiederum ein Teil so hilfsbereit, ihre Lösung und Teile ihres Wissens der Allgemeinheit kostenlos zur Verfügung zu stellen.

Bevor du also beginnst, dich zu tief in ein Problem hineinzugraben, solltest du abwägen, ob es nicht sinnvoll ist, zunächst der Lektüre von Dokumentation und der Recherche im Internet etwas Zeit zu widmen. Leider kann man vorher nie wissen, was am Ende schneller gegangen wäre. Manchmal ist es schneller, ein Problem selbst zu lösen, manchmal erübrigt ein Blick auf die richtige Stelle des richtigen Artikels auf der richtigen Webseite eine langwierige Problemsuche.

Bei der Entscheidung, wann du eine erfolglose Recherche abbrichst, solltest du ökonomisch denken. Aber Zeit ist nicht gleich Zeit. Hast du eine Stunde mit dem Lesen und Verstehen einer Dokumentation zu einem bestimmten Programm zugebracht, so hast du dein Fachwissen erweitert und damit nicht nur deinen Marktwert gesteigert. Eine lange Recherche in Mailinglisten und Newsgruppen nach einer konkreten Lösung ist dagegen keine nützliche Weiterbildung.

Hast du aber eine Stunde mit allen Regeln der Kunst den Fehler selbst gesucht und aufgespürt, so hast du nicht nur deine kleinen grauen Zellen wieder mal trainiert, sondern auch dein Verständnis des Problemumfeldes erweitert und vor allem ein tolles Erfolgserlebnis gehabt.

Die Entscheidung, was im Einzelfall für dich besser ist – Recherche oder selbst lösen – hängt letztendlich von deiner Erfahrung und Intuition und natürlich deiner aktuellen Laune ab.

Immerhin dürfte nun klar sein, dass bei der Fehlersuche die Recherche ein wichtiges Instrument ist, dessen Beschreibung deshalb natürlich in diesem Buch nicht fehlen darf. Informationsquellen gibt es im Umfeld von Linux und freier Software in großem Umfang. Man darf sich nicht davon abschrecken lassen, dass sie nicht so auf Hochglanz poliert ist wie kommerzielle Dokumentation. Entscheidend ist, dass sie von Leuten geschrieben wird, die Interesse haben zu informieren.

Die Gliederung dieses Kapitels unterscheidet drei Arten von Informationsquellen:

- *Dokumentation* aus erster oder zweiter Hand
- *Hilfeartikel* und *FAQs*
- *Newsgruppen* und *Mailinglisten*.

2.1 Dokumentation

2.1.1 Erste und zweite Hand

Dokumentation nenne ich etwas, das ein bestimmtes Thema, z. B. ein Programm, Schritt für Schritt beschreibt und je nach Ausführlichkeit mehr oder weniger alle Aspekte der Reihe nach bespricht.

Es ist sehr wichtig, dass man den Unterschied zwischen Informationen aus erster und aus zweiter Hand erkennt. Informationen aus erster Hand sind diejenigen vom Herausgeber der Software selbst, weshalb ich sie im Folgenden *Eigendokumentation* nennen will. Aufgrund ihrer normativen Kraft hat Eigendokumentation den Anspruch, *vollständig und präzise* zu sein. Der Aufbau ist daher in der Regel eher an einer Auflistung aller Programmfunktionen orientiert und weniger an den konkreten Aufgaben und Fragen der Benutzer. Auch fehlen oft Beispiele. Gerade die sogenannten Man-Seiten, die ich im übernächsten Abschnitt beschreiben werde, lesen sich eher wie Nachschlagewerke als wie didaktisch aufgebaute Einführungen, denn das ist es, was sie dem Grunde nach sind.

Eigendokumentation ist immer dann von Nutzen, wenn man etwas *genau* wissen will oder wenn man eine etwas unüblichere Programmfunktion sucht. Natürlich gibt es auch Eigendokumentation mit einem guten Einleitungsteil und Beispielen, die einem schnell zum ersten Erfolg helfen. Sie sind aber eher die Ausnahme.

Zudem gibt es noch einen weiteren Haken: Die Eitelkeit des Autors. Hinweise auf besondere Widrigkeiten des Programms findet man selten, auch wenn ich anerkennen muss, dass die Autoren freier Software hier aufrichtiger (und damit hilfreicher) sind, als Hersteller kommerzieller Software, die Probleme systematisch verschleiern oder ganz unter den Tisch kehren!

Dokumentation aus zweiter Hand – *Fremddokumentation* – ist von dieser und anderen Lasten befreit. Auch wenn ihr Autor vom Produkt überzeugt ist und daher subjektiv berichtet, so ist er doch unabhängig und nicht für dessen Fehler verantwortlich. Er kann daher ohne Gesichtsverlust den Leser auf dessen Probleme hinweisen und Tipps geben, wie man sie bewältigen kann. Auf eine vollständige

Auflistung aller Programmfunktionen kann er verzichten und so mehr Wert auf einen guten didaktischen Aufbau legen.

Dokumentation gibt es in unterschiedlichen Formen:

2.1.2 Bücher

Bei *Büchern* spreche ich immer von Fremddokumentation. Ich lese sie vor allem dann, wenn ich mich tiefer in ein Gebiet einarbeiten will. Für die schnelle Lösung eines Problems taugen sie nur, wenn man sie zumindest schon einmal teilweise durchgearbeitet und griffbereit im Bücherschrank hat. Wenn man weiß, dass man sich mit einem Thema in nächster Zeit ausführlicher beschäftigen wird, ist das Geld und die Zeit in ein gutes Buch bestens angelegt, auch weil es schön ist, einmal nicht vor der Mattscheibe hocken zu müssen. Zeit in das Studieren eines guten Buches ist besser angelegt, als hektische Recherche im Netz oder zielloses Herumprobieren!

2.1.3 Man-Seiten

> **man**
>
> zeigt Dokumentation zu einem Kommandozeilenbefehl, Systemaufruf oder Dateiformat.
>
> *man [SEKTION] NAME*

Wenn du dich über System- und Bibliotheksaufrufe, Kommandozeilenbefehle und Formate von Konfigurationsdateien informieren willst, bieten sich die altbewährten Man-Seiten (*man pages*) an. Einziger Haken an der Sache: Du musst vorher wissen, wie der Befehl oder der Aufruf heißt, nach dem du suchst. Auch wenn es sich bei Man-Seiten nicht immer um Eigendokumentation handelt, sind sie trotzdem so aufgebaut: Als technisch präzises Nachschlagewerk, gewissermaßen als mathematisch korrekte Spezifikation. Wichtige Man-Seiten liegen auch in deutscher Übersetzung vor. Hier ist z. B. die Man-Seite des Befehls man selbst, welche du mit man man aufrufen kannst:

```
man(1)                 Manual Hilfsprogramme                 man(1)


NAME
       man - Programm zum Einsehen der Online-Manuale

SYNTAX
       man   [-acdhwutZV]   [-m  System[,...]]   [-L  locale]   [-p
       Zeichenkette] [-M Pfad] [-P Pager] [-r Prompt] [-T Format]
       [-S Liste] [-e Erweiterung] [[Abschnitt] Seite ...] ...
       man  -l [-tZ] [-p Zeichenkette] [-P Pager] [-r Prompt] [-T
       Format] Datei ...
       man -k Schlüsselwort ...
```

```
       man -f Seite ...

BESCHREIBUNG
       man ist der Manualbrowser des Systems. Jedes Argument
       Seite ist normalerweise der Name eines Programmes oder
       einer Funktion. Gefunden und angezeigt wird die Manual-
       seite, die auf alle Argumente paßt. Wenn ein Abschnitt
       angegeben wird, sucht man nur in diesem Abschnitt der Man-
       ualseiten. Ohne Angabe eine explizite Angabe werden alle
       verfügbaren Abschnitte in einer vorher definierten Reihen-
       folge durchsucht. Wenn die Seite in mehreren Abschnitten
       vorkommt, wird nur die jeweils erste Seite angezeigt, die
       gefunden wird.
 Manual page man(1) line 1
```

Man-Seiten ruft man also mit dem Befehl `man` und dem Namen des Befehls oder der Funktion auf.

Unter Linux ist es üblich, dass jedes Kommandozeilenprogramm seine eigene Man-Seite mitbringt. Sehr viele nützliche Man-Seiten findest du darüber hinaus im *Linux Documentation Project* (*LDP*) unter:

`http://www.tldp.org/docs.html#man`[1].

Alle Man-Seiten sind in Sektionen aufgeteilt. Dies sind die wichtigsten Sektionen:

1 Kommandozeilenprogramme

2 Systemaufrufe (für C-Programmierer)

3 Bibliotheksaufrufe (für C-Programmierer)

5 Dateiformate und Konventionen

8 Systemadministrationsbefehle

Es ist durchaus möglich, dass es zwei Man-Seiten mit dem gleichen Namen gibt, welche sich nur durch die Sektion unterscheiden. Um sicherzugehen, dass du die richtige Seite erwischst, kannst du nach dem `man`-Befehl und vor dem Namen der Seite die Nummer der Sektion einfügen, sonst bekommst du die Seite aus der Sektion mit der kleinsten Nummer. Häufig ist dies der Fall bei Systemaufrufen, die einen gleichnamigen Shellbefehl haben, wie z. B. `chown`:

```
Eiger:~> man chown
CHOWN(1)                    User Commands                    CHOWN(1)


NAME
       chown - change file owner and group

SYNOPSIS
       chown [OPTION]... OWNER[:[GROUP]] FILE...
```

[1] Wer SUSE LINUX verwendet, findet die LDP Man-Seiten im Paket `man-pages`.

```
       chown [OPTION]... :GROUP FILE...
       chown [OPTION]... --reference=RFILE FILE...

DESCRIPTION
       This  manual  page  documents  the  GNU  version of chown.
       chown changes the user  and/or  group  ownership  of  each
       given  file,  according  to its first non-option argument,
```

Dies war der Shell-Befehl. Nun kommt der gleichnamige Systemaufruf:

```
Eiger:~> man 2 chown
CHOWN(2)             Linux Programmer's Manual             CHOWN(2)


NAME
       chown, fchown, lchown - change ownership of a file

SYNOPSIS
       #include <sys/types.h>
       #include <unistd.h>

       int chown(const char *path, uid_t owner, gid_t group);
       int fchown(int fd, uid_t owner, gid_t group);
       int lchown(const char *path, uid_t owner, gid_t group);

DESCRIPTION
       The  owner  of  the  file  specified  by  path or by fd is
       changed.  Only the super-user may change the  owner  of  a
       file.   The  owner  of  a file may change the group of the
       file to any group of which that owner is  a  member.   The
       super-user may change the group arbitrarily.
```

Manchmal werden in einer Man-Seite mehrere Befehle oder Systemaufrufe beschrieben (hier im Beispiel `chown`, `fchown` und `lchown`). Dann ist die gleiche Seite unter mehreren Namen aufrufbar. Deshalb darfst du dich z. B. nicht wundern, wenn beim Aufruf von `man openlog` die Man-Seite von `syslog` erscheint.

> **apropos**
>
> sucht in den Kurzbeschreibungen aller Man-Seiten nach einem Suchbegriff.
>
> *apropos SUCHBEGRIFF*

Weißt du nicht genau, wie der Befehl oder Aufruf heißt, den du suchst, kannst du es mit `apropos` versuchen. Damit durchsuchst du alle Kurzbeschreibungen der Man-Seiten nach einem Suchbegriff. Leider ist das nicht *wesentlich* einfacher, als den Namen der Seite zu erraten, manchmal hat man aber doch Erfolg. Der Suchbegriff wird als regulärer Ausdruck[2] angegeben, du kannst aber auch ein einfaches Wort verwenden:

```
Eiger:~> apropos compare.*strings
strcmp (3)           - compare two strings
```

[2]Reguläre Ausdrücke erkläre ich im Anhang in Abschnitt A.4 auf Seite 399.

```
strcoll (3)          - compare two strings using the current locale
wcsncmp (3)          - compare two fixed-size wide-character strings
strncasecmp (3)      - compare two strings ignoring case
wcscmp (3)           - compare two wide-character strings
strverscmp (3)       - compare two version strings
strncmp (3)          - compare two strings
wcscasecmp (3)       - compare two wide-character strings, ignoring case
strcasecmp (3)       - compare two strings ignoring case
```

Jede Zeile nennt eine Man-Seite und in Klammern die Sektion. In obigem Beispiel sind alle Seiten aus Sektion 3 (Bibliotheksaufrufe für C-Programmierer).

2.1.4 GNU Texinfo

Nach Ansicht des GNU-Projektes ist das Prinzip der Man-Seiten veraltet und umständlich. Deshalb haben sie ein alternatives Format für Dokumentation entworfen, welches sie *Texinfo* getauft haben[3]. Im Gegensatz zu einer Man-Seite gibt es in einem Info-Dokument eine hierarchische Struktur mit Inhaltsverzeichnis, Unterverzeichnissen und HTML-ähnlichen Querverweisen.

> **info, pinfo, Emacs info**
>
> Anzeigeprogramme für GNU-Texinfo-Dokumente
>
> *info [INFOTHEMA]*
> *pinfo [INFOTHEMA]*
>
> Tastenbelegung
>
> | | |
> |---|---|
> | ↵ | springt zum Querverweis unter dem Cursor |
> | U | springt eine Ebene nach oben |
> | D | springt zum Hauptverzeichnis |
> | N | zum nächsten Kapitel |
> | P | zum vorherigen Kapitel |
> | L | zuletzt besuchtes Kapitel (nur `info`) |
> | Q | beendet den Infoleser |

Es gibt mehrere Programme, mit denen du Info-Seiten lesen kannst. Wenn du mit (X)Emacs vertraut bist, kannst den eingebauten Infoleser mit Alt X `info` ↵ aufrufen. Das Standardprogramm für die Kommandozeile heißt `info` und lässt sich mit den gleichen Tasten bedienen wie der Infoleser im Emacs[4]. Gibst du kein Argument an, so gelangst du in einen Index über alle im System installierten Textinfo-Dokumente. Du kannst aber auch wie bei `man` den Namen eines Dokumentes angeben, z. B. `info chown`:

[3] Das hat nichts mit mit Schriftsatzprogramm $\TeX$ von Donald E. Knuth zu tun.

[4] Wen wundert's: sowohl `info` also auch Emacs sind zentrale Programme des GNU-Projektes.

```
File: coreutils.info,  Node: chown invocation,  Next: touch invocation,\
  Prev: chmod invocation,  Up: Changing file attributes

'chown': Change file owner and group
====================================

   'chown' changes the user and/or group ownership of each given FILE
to NEW-OWNER or to the user and group of an existing reference file.
Synopsis:

     chown [OPTION]... {NEW-OWNER | --reference=REF_FILE} FILE...

   If used, NEW-OWNER specifies the new owner and/or group as follows
(with no embedded white space):

     [OWNER] [ [:] [GROUP] ]

   Specifically:

OWNER
     If only an OWNER (a user name or numeric user id) is given, that
     user is made the owner of each given file, and the files' group is
--zz-Info: (coreutils.info.gz)chown invocation, 116 lines --Top--------
Welcome to Info version 4.5. Type ? for help, m for menu item.
```

Als alternativen Infoleser kann ich `pinfo` empfehlen, welcher sich aus meiner Sicht intuitiver bedienen lässt als `info`, ein bisschen Farbe hineinbringt und – obwohl es ein rein textbasiertes Programm ist – sich sogar mit der Maus steuern lässt, wenn du es in einem `xterm` startest. Querverweise kannst du dann mit einem Doppelmausklick verfolgen.

Die Tastenbelegungen im Kasten gelten für alle drei vorgestellten Infoleser.

2.1.5 Artikel aus dem Internet

Manche Mitmenschen sind so nett, ihre Erfahrungen in Form von Anleitungen und Artikeln im Internet zu veröffentlichen. Damit ersparen sie uns, die gleichen Fehler zu machen, wie einst sie. Diese Art von Fremddokumentation ist manchmal hilfreich, aber meist mühsam zu finden. Da ich kein zentrales Verzeichnis kenne, verwende ich eine Standardsuchmaschine[5] und gebe zwei oder drei Suchbegriffe ein, die das Problem spezifizieren sollen.

Die Suchbegriffe müssen sich nicht unbedingt auf den Titel der gesuchten Seite beziehen. Überlege lieber, welche Begriffe vermutlich im *Text* des Artikels vorkommen. Wenn du z B. nach einer Liste aller Befehle suchst, mit denen man bei LaTeX die Schriftgröße einstellen kann und kennst zwei oder

[5]Hinweis für Linuxfreunde: `www.google.de` wird auf einem Cluster mit über 10 000 Linux-Rechnern betrieben!

drei davon, ist es besser, wenn du nach diesen suchst (`tiny footnotesize scriptsize`) als wenn du nach dem Wortlaut einer Überschrift suchst (`LaTeX Linux fontsize`).

Gleiches kann man z. B. für Konfigurationsoptionen anwenden. Hast du z. B. Probleme mit der Konfiguration von `ntp` dem *Network Time Protocol*, kannst du natürlich nach `ntp configuration` suchen. Besser geht's aber, wenn du dich in deiner vorgegebenen Standardkonfiguration `/etc/ntpd.conf` nach besonders merkwürdigen Optionen umsiehst, z. B. `fudge` und `driftfile`. Die Kombination dieser beiden Worte ist so markant, dass eine Suchanfrage mit Sicherheit nur relevante Seiten zeigt.

2.1.6 Dokumentation in RPM-Paketen

rpm

zeigt Dokumentation zu einem Paket oder einer Datei.

rpm -qd PAKET
rpm -qdf DATEI

`-qd P`	zeigt Dokumentation zu Paket `P` an
`-qdf D`	zeigt Dokumentation zu dem Paket an, zu dem Datei `D` gehört

Linux-Programme werden sehr oft in Form sogenannter RPM-Pakete zu Verfügung gestellt. Die meisten RPM-Pakete enthalten neben dem eigentlichen Stück Software auch noch Dokumentation. Ein gut gebautes RPM-Paket weiß sogar, welche von all den Dateien, die installiert werden, zur Dokumentation gehören. Diese kannst du mit `rpm -qd` [6] und danach dem Namen des Paketes auflisten.

Willst du z. B. wissen, wo die Dokumentation zu dem Paket `xntp` steckt, kannst du das herausfinden mit `rpm -qd xntp`. Wenn du nicht weißt, zu welchem Paket eine installierte Datei überhaupt gehört, ist eine Kombination mit der Option `-f` praktisch. Mit `rpm -qdf /eine/datei` kannst du herausfinden, welche Dokumentation in dem Paket steckt, zu dem auch `/eine/datei` gehört. Willst du z. B. Näheres über das mysteriöse Programm `/usr/bin/m4` erfahren, so enthüllt `rpm -qdf /usr/bin/m4`, welche Dokumentationsdateien dafür in Frage kommen:

```
Eiger:~> rpm -qdf /usr/bin/m4
/usr/share/doc/packages/m4/ABOUT-NLS
/usr/share/doc/packages/m4/AUTHORS
/usr/share/doc/packages/m4/COPYING
/usr/share/doc/packages/m4/NEWS
/usr/share/doc/packages/m4/README
/usr/share/doc/packages/m4/THANKS
```

[6] `qd` steht für *query documentation*

```
/usr/share/doc/packages/m4/TODO
/usr/share/info/m4.info-1.gz
/usr/share/info/m4.info-2.gz
/usr/share/info/m4.info-3.gz
/usr/share/info/m4.info.gz
```

Dies erklärt übrigens auch, warum man zu `m4` keine Man-Seite findet: Die Dokumentation ist aussschließlich als Texinfo-Dokument vorhanden (erkennbar an der Endung `.info`).

2.1.7 Request For Comments (RFC)

Zu einer besonders traditionsreichen Quelle von Dokumentation möchte ich hier gesondert hinweisen: Auf die *Requests For Comments*, kurz *RFC*. Es handelt sich um eine fortlaufend durchnummerierte Reihe von Artikeln, welche sich mit Computerkommunikation (im Internet) beschäftigen. Die Artikel sind von unterschiedlicher Wichtigkeit: manche sind z. B. lediglich Vorschläge für mögliche Experimente, andere RFCs jedoch enthalten Spezifikationen von Protokollen, welche mittlerweile akzeptierte Standards sind.

Letztere haben den Rang einer offiziellen Norm und sind die maßgebliche Grundlage aller Internetprogrammierer: Wenn man etwas *wirklich genau* wissen will oder im Streitfall klären will, wer Recht hat, gilt das RFC als die höchste Instanz. Beispiele für besonders wichtige RFCs:

RFC 768: User Datagram Protocol[7], J. Postel, 28. August 1980

RFC 791: Internet Protocol[8], September 1981

RFC 793: Transmission Control Protocol[9], September 1981

RFC 959: File Transfer Protocol[10], J. Postel, J. Reynolds, Oktober. 1985

Die RFCs sind fest verbunden mit dem Internet seit dessen Urzeit. Das RFC 1 wurde am 7. April 1969 veröffentlicht, als das Internet noch *ARPA Network* hieß. Veröffentlicht werden die RFCs von der *Internet Engineering Task Force (IETF)* und finden sich im Internet unter `http://www.ietf.org/rfc`.

2.1.8 Dateien unter `/usr/share/doc`

Linux-Distributoren wählen gute Dokumentation aus und packen sie mit auf die CDs bzw. DVD. In der Paketverwaltung kann man spezielle Pakete finden, welche verschiedene Art von Dokumentation enthalten. Per Konvention wird diese

[7] UDP

[8] IP: Nicht ein, sondern *das* Internet-Protokoll

[9] TCP

[10] FTP

nach /usr/share/doc installiert. Ich kann nur empfehlen, bei der Paketauswahl während der Installation alles auszuwählen, was irgendwie nach Dokumentation riecht.

Bei SUSE und einigen anderen Distributionen gibt es unter dem Verzeichnis /usr/share/doc/packages für jedes installierte Paket ein Unterverzeichnis, das diejenige Dokumentation zu dem Paket enthält, welche nicht als Man- oder Info-Seite unter /usr/share/man bzw. /usr/share/info abgelegt ist.

2.2 Hilfeartikel, HOWTOs und FAQs

Während Dokumentation sich an den Eigenschaften und Funktionen eines Programmes oder anderen Produktes orientiert, gibt es eine zweite Klasse von Informationen, welche ich *problemorientiert* nenne. Diese geht von einer konkreten Frage oder einer Problemstellung aus und schildert eine Lösung. Die Lösung kann dabei die Verwendung verschiedener oder alternativer Programme einschließen, wohingegen Dokumentation immer nur ein Produkt beschreibt.

2.2.1 HOWTOs

Gute problemorientierte Artikel findest du in den HOWTOs des Linux Documentation Project. Bei SUSE LINUX 9.1 findest du sie unter /usr/share/doc/howto/en/txt, nachdem du das Paket howto installiert hast. Es handelt sich um reine Textdateien in englischer Sprache, die du von jeder Konsolensitzung aus mit less anzeigen kannst. HTML-Versionen findest du im Paket howtoenh, welches sich nach /usr/share/doc/howto/en/html installiert.

Ein Teil der Artikel ist in deutsche Sprache übersetzt worden. Die deutschen HOWTOs werden von SuSE nicht mehr mit ausgeliefert. Du findest sie unter http://www.linuxhaven.de/dlhp/HOWTO/index.html. Im Zweifelsfall sind aber immer die englischen Artikel aktueller.

2.2.2 SUSE-Supportdatenbank (SDB)

Unter http://sdb.suse.de findest du eine sehr nützliche Sammlung von kurzen Artikeln, welche allesamt gemeinsam haben, dass sie ein ganz konkretes Problem bei Linux (oder speziell bei SUSE LINUX) schildern und lösen. Sie wird regelmäßig aktualisiert und erweitert. Erfreulich ist neben der Möglichkeit, auch Lösungen zu speziellen Problemen älterer Versionen zu finden, die Einrichtung der *Historie*. Sie zeigt auf einen Blick die neuen Artikel, welche in den letzten paar Wochen hinzugekommen sind oder überarbeitet wurden. Wenn du eine Version von SUSE LINUX einsetzt, die frisch auf dem Markt ist, findest du hier wichtige Hinweise auf Probleme, welche erst nach der Auslieferung bekannt wurden.

2.2.3 Die Linux Problem Base

Die *Linux Problem Base* ist ein kleines Projekt von mir selbst. Die findest sie im Internet unter `linuxproblem.org`. Das Ziel ist es, die Idee der SuSE-Supportdatenbank aufzugreifen, aber Informationen unabhängig von einer bestimmten Linux-Distribution anzubieten. Die Beiträge sind in englischer Sprache und nach dem Schema *Das Problem – Die Ursache – Die Lösung* aufgebaut.

Immer, wenn ich selbst ein bestimmtes Linux-Problem für mich gelöst habe, schreibe ich dort einen kurzen Artikel, der die Symptome dieses Problems und meine Lösung dazu schildert. Falls du Lust hast, selbst gelegentlich einen derartigen Beitrag zu verfassen und anderen damit zu helfen, kannst du mir gerne eine E--Mail schreiben, am besten an die E-Mail-Adresse `mk@linuxproblem.org`.

2.2.4 FAQs

FAQ bedeutet *frequently asked questions*, also häufig gestellte Fragen. Es handelt sich immer um eine Liste von Fragen, von denen der Autor der Ansicht ist, dass sie häufig gestellt werden oder anderweitig wichtig sind. Zu jeder dieser Fragen findest du eine konkrete Antwort. FAQs sind manchmal Teil einer Fremd- oder Eigendokumentation, manchmal auch eigenständig. Du findest sie überall dort, wo du auch Dokumentation finden kannst.

2.3 Newsgruppen und Mailinglisten

Newsgruppen und Mailinglisten sind von der Funktionsweise gleich und unterscheiden sich lediglich darin, wie du an ihnen teilnehmen und dich wieder abmelden kannst. Da es einfacher ist, eine Mailingliste als eine Newsgruppe einzurichten, sind erstere zunehmend populärer geworden. Ich bezeichne hier beide als Foren.

Es gibt zwei Arten, wie du die Informationen aus diesen Foren nutzen kannst:

- durch aktive oder passive *Teilnahme*
- durch Recherche in einem *Archiv*

Die Teilnahme ist dann nützlich, wenn du dich mit einem Thema länger beschäftigst und nicht nur ein konkretes Problem zu lösen hast. In der Dokumentation oder Internetseite zu einem Programm findest du auch Hinweise auf existierende Foren. Newsgruppen können über einen Newsreader abonniert werden, welcher

z. B. in viele Internetbrowser eingebaut ist. Wie man Mailinglisten abonniert, ist von Liste zu Liste unterschiedlich und wird dort erklärt, wo du sie findest.

Die Teilnahme hat den Vorteil, dass du alle neuen Beiträge sofort bekommst und dich so auf dem Laufenden halten kannst. Außerdem kannst du selbst Beiträge schreiben und eigene Probleme vortragen. Natürlich gehört es dann auch dazu, dass du gelegentlich die Frage eines anderen beantwortest, wenn du eine Lösung dazu parat hast.

Toll ist es, wenn die Autoren eines Programmes selbst an der zugehörigen Mailingliste teilnehmen. Ich habe schon etliche hilfsbereite Entwickler erlebt, die gerne Fragen zu ihrer Software beantworteten. Auch hier ist es wichtig, nicht nur zu nehmen, sondern auch etwas zurückzugeben! Für Entwickler freier Software ist es motivierend, neben ständigen Fehlerberichten auch mal ein Lob für ihre Arbeit zu hören. Wenn du trotzdem auf einen Fehler in ihrem Programm stößt, kannst du mithelfen, indem du sachlich darauf hinweist, und versuchst, möglichst knapp, aber vollständig alle Informationen zu liefern, die der Entwickler braucht, um das Problem zu reproduzieren.

Wenn du das Problem gar selbst gelöst hast und dem Entwickler die Lösung gleich mitauftischst, ist dies für ihn natürlich ungemein hilfreich. Auch hier macht natürlich der Ton die Musik. Wer kostenlose Software einsetzt und den Programmierer dann herabsetzt, weil der einen Fehler in seinem Programm gemacht hat, sollte vielleicht lieber selbst zum Compiler greifen und versuchen, es besser zu machen.

Die zweite Methode, die Foren zu nutzen, ist Recherche in den Archiven. Bei vielen Foren werden alle Beträge in Form von HTML-Seiten archivert und im Internet zur Verfügung gestellt, so dass du auch Zugriff auf ältere Artikel hast. Die Suchmöglichkeiten in den Archiven sind oft so rudimentär, dass sie praktisch nutzlos sind. Manche Archive legen die Beträge einfach nach Monaten, Wochen oder Tagen sortiert ab. Wie soll man bitte ahnen, an welchem Tag gerade der richtige Beitrag geschrieben wurde?

Einfacher geht's daher mit einer Internet-Suchmaschine. Oft genug landet man bei der Recherche nach einem Problem automatisch bei einem solchen Archiv. Nach Murphys Gesetz trifft man immer einen Beitrag, der eine Frage stellt oder ein Problem schildert. Eine passende Antwort sucht man in den Beiträgen oft vergeblich.

2.4 Das Linux Documentation Project (LDP)

Eine Gruppe von Freiwilligen hat sich die Mühe gemacht, Dokumentation, Hilfeartikel, FAQs und andere Arten von Information über Linux zusammenzutragen, in andere Sprachen zu übersetzen oder auch selbst zu schreiben. Das Ergebnis ist das *Linux Documentation Project* (*LDP*), welches ich schon im Zusammenhang mit den Man-Seiten und den HOWTOs erwähnt habe. Im Internet findest du das LDP unter `http://www.tldp.org`.

2.5 Quellcode

Was Linux und überhaupt die Welt der freien Software auszeichnet, ist die Verfügbarkeit des Quellcodes der Programme. Entweder in separaten Dateien oder in Form von Kommentaren auch direkt im Programmcode kann man oft genug den ersehnten Hinweis finden. Wie du an den Quellcode herankommst und dort etwas findest, zeige ich dir in Kapitel 8.

Kapitel 3

Logdateien und Debugausgabe

Die Suche nach einem Fehler kann man mit der Behandlung eines kranken Patienten vergleichen. Bevor man sich daran macht, ihn mit allerlei Sonden zu erforschen, in den Kernspintomograph zu schieben oder den Schädel aufzusägen, um die Krankheitsursache festzustellen, ist es üblich, den Patienten selbst nach seinem Befinden und den Krankheitssymptomen zu befragen.

Auch Software äußert sich, wenn irgendetwas nicht mehr im grünen Bereich liegt. Mehr noch: viele Serverprogramme erstatten auch Meldung, wenn alles funktioniert. Bei Linux ist die gängigste Methode dafür das Führen von Textdateien, die pro Zeile eine Meldung enthalten und die *Logdateien* genannt werden. Durch ein aufmerksames Lesen der richtigen Logdatei kannst du so manchem Fehler schnell auf die Schliche kommen.

Unter Linux werden viele Logdateien in das Verzeichnis `/var/log` geschrieben. Ein Programm kann entweder eigene Logdateien pflegen oder die Meldungen dem zentralen System Logging Daemon (`syslogd`) übergeben, welcher die Meldungen dann in einer oder mehreren zentralen Dateien ablegt. Die meisten Programme bieten Konfigurationsoptionen, welche den Ort der Logdatei festlegen.

Zum Zweiten kann man bei einigen Programmen den Grad der Ausführlicheit der Meldungen konfigurieren. Sehr ausführliche Ausgaben, die normalerweise nur den Programmierer interessieren und nur bei Bedarf eingeschaltet werden, bezeichne ich als *Debugausgaben.*

Dieses Kapitel beschreibt die Funktionsweise und Konfiguration des zentralen `syslogd`, zeigt dir, wie du mit dem Programm `logsurfer` Logdateien überwachen und analysieren kannst und stellt schließlich einen Trick vor, mit dem du jedem Shellskript Debugausgaben entlocken kannst.

3.1 Der System Logging Daemon

3.1.1 Funktionsweise des `syslogd`

Als *Daemon*[1] wird unter Unix ein Prozess bezeichnet, der fortwährend im Hintergrund seine Arbeit verrichtet und regelmäßige Aufgaben oder Dienste für andere Prozesse oder den Kernel verrichtet. Er wird beim Booten automatisch gestartet und während des Herunterfahrens beendet.

Der *System Logging Daemon* (`syslogd`) ist eine zentrale Sammel- und Schaltstelle für Systemmeldungen. Beliebige Programme können ihm über ein lokales Unixsocket[2] oder ein Internetsocket Logmeldungen senden, welche er dann entweder in eine oder mehrere Logdateien schreibt oder über das Netzwerk zu dem `syslogd` auf einem anderen Linuxrechner sendet. Unter SUSE LINUX ist `syslogd` so vorkonfiguriert, dass alle Meldungen in die Datei `/var/log/messages` geschrieben werden mit Ausnahme derer vom Mailserver (`/var/log/mail`) und vom Newsserver (verschiedene Dateien in `/var/log/news`). Eine Freigabe, mit der andere Rechner über das Netzwerk loggen können, ist aus Sicherheitsgründen nicht aktiviert.

Mit welchem Programm du Logdateien am besten betrachten kannst, zeige ich dir in den Abschnitten 4.1.1 auf Seite 48 und 4.1.2 auf Seite 49. Hier ist ein Ausschnitt aus `/var/log/messages` meines Laptops:

```
Apr 8 11:06:25 Wethertop ntpd[1566]: signal_no_reset: signal 13 had flags 4000000
Apr 8 11:06:25 Wethertop ntpd[1566]: precision = 9 usec
Apr 8 11:06:25 Wethertop ntpd[1566]: kernel time discipline status 0040
Apr 8 11:06:26 Wethertop kernel: IPv6 v0.8 (usagi-cvs/IPsec6 based StS) for NET4.0
Apr 8 11:06:26 Wethertop kernel: IPv6 over IPv4 tunneling driver
Apr 8 11:06:26 Wethertop sshd[1563]: Server listening on :: port 22.
Apr 8 11:06:28 Wethertop kernel: parport0: PC-style at 0x378 (0x778) [PCSPP]
Apr 8 11:06:28 Wethertop kernel: parport0: irq 7 detected
Apr 8 11:06:28 Wethertop kernel: lp0: using parport0 (polling).
Apr 8 11:06:29 Wethertop kernel: usb.c: registered new driver serial
Apr 8 11:06:29 Wethertop kernel: usbserial.c: USB Serial support registered
Apr 8 11:06:29 Wethertop kernel: usbserial.c: USB Serial Driver core v1.4
Apr 8 11:06:33 Wethertop /usr/sbin/cron[1906]: (CRON) STARTUP (fork ok)
```

Wie du an diesem Beispiel sehen kannst, wird (pro Zeile von links nach rechts) neben dem Datum und der Uhrzeit der Name des Rechners geloggt (was hauptsächlich dann wichtig ist, wenn auch andere Rechner über das Netzwerk Meldungen loggen). Als vierte Angabe wird der Name des Prozesses oder Kernelmoduls oder allgemein des Systems angegeben, welches die Meldung erzeugt

[1] Wie es scheint, hatten die Urväter von UNIX eine Freude an bildhaften Ausdrücken. Vergleiche dazu *Zombie* – ein untoter Prozess, der gestorben ist aber seine ewige Ruhe noch nicht gefunden hat, sprich der von seinem Vaterprozess noch nicht eingesammelt wurde. Eigentlich ist Daemon aber eine Abkürzung für **d**isk **a**nd **e**xecution **mon**itor.

[2] Ein Unixsocket funktioniert wie ein Internetsocket, dient aber nur der Rechner-lokalen Kommunikation und wird statt über eine IP-Adresse über einen Dateinamen angesprochen. Es ist als Datei vom Typ *Socket* im Dateisystem sichtbar.

hat, z. B. sshd[1563]. Das Format dieses Namens ist nicht einheitlich definiert. Es ist aber Konvention, dass der loggende Prozess seine Prozess-ID (PID) hinter seinen Namen setzt. Der Rest der Zeile enthält die eigentliche Meldung und ist von variablem Aufbau.

3.1.2 Loggen über das Netzwerk

Wie bereits erwähnt kann der syslogd sowohl Logmeldungen von Rechnern aus dem Netzwerk *empfangen* als auch Meldungen an einen anderen Rechner *weiterleiten*. Ein Rechner, der Meldungen aus dem Netzwerk empfängt, wird als *Loghost* bezeichnet. Das Konfigurieren der Netzwerkfunktion geschieht nicht durch eine Konfigurationsdatei, sondern durch Optionen beim Aufruf des syslogd.

syslogd

System Logging Daemon: zentrales Verwalten von Logmeldungen

/etc/init.d/syslog start|stop
syslogd [OPTIONEN]

-r	akzeptiert Logmeldungen vom Netzwerk
-s D	schneidet Domainnamen D ab
-h	erlaubt das Weiterleiten von Logmeldungen

Das *Empfangen* von Logmeldungen aus dem Netzwerk wird mit der Option -r aktiviert. Dabei muss man bedenken, dass syslogd keine Zugriffskontrolle hat. Jeder Rechner kann Logmeldungen senden. syslogd hat leider auch keine Beschränkung in der Größe dieser Meldungen, so dass ein Unruhestifter hier mächtig Unfug treiben kann. Du musst also durch geeignete Maßnahmen dafür sorgen, dass kein Unbefugter (Rechner) Logmeldungen senden kann. Dies kann z. B. durch die Konfiguration von Firewall-Filterregeln geschehen.

Die Option -s hat nur ästhetische Auswirkungen: Hinter -s gibst du eine durch Doppelpunkte getrennte Liste von Domainnamen an. Wenn ein Rechner aus einer dieser Domains eine Meldung sendet, wird in der Logdatei nur der Name des Rechners angezeigt, bei allen anderen Quellen wird der Domainname mitangezeigt.

Man darf dies nicht mit einer Zugriffskontrolle verwechseln! Durch die Option -s linuxproblem.org:mathias-kettner.de wird das Logging für *alle* Rechner aktiviert, nur bei einem Rechnernamen aus einer der beiden genannten Domains wird der Text .linuxproblem.org bzw. .mathias-kettner.de hinten abgeschnitten, bevor dieser in die Logdatei geschrieben wird.

Weiterhin kann der syslogd Logmeldungen *weiterleiten (forward)*, also Meldungen, die von Rechner A kommen, nach Rechner C weiterleiten. Dieses Verhalten musst du explizit durch -h freischalten. Das ist sinnvoll in Firewall-Umgebungen, wo A nicht direkt an C loggen kann, und man daher Rechner B als Vermittler dazwischenschaltet. Natürlich musst du aufpassen, dass du keine Endlosschleife baust. Das Senden von Meldungen eines *lokalen* Prozesses an einen anderen Rechner erlaubt `syslogd` immer auch ohne Zusatzoption.

Wenn du `syslogd` über das Startskript `/etc/init.d/syslog` startest – was der Normalfall ist – so kannst du die Optionen nur indirekt übergeben, indem du die Datei `/etc/sysconfig/syslog` editierst und dort in der Variablen `SYSLOGD_PARAMS` die Parameter einträgst (Anführungszeichen nicht vergessen)[3]:

```
Eiger:~ # grep SYSLOGD_PARAMS /etc/sysconfig/syslog
SYSLOGD_PARAMS="-r -s linuxproblem.org:mathias-kettner.de"
```

Wenn du eine Distribution verwendest, die nicht mit `/etc/sysconfig/syslog` arbeitet, kannst du in `/etc/init.d/syslog` nachsehen, wie `syslogd` aufgerufen wird und es schlimmstenfalls direkt dort ändern[4].

3.1.3 Meldungen sortieren

Nachdem der `syslogd` eine Meldung von einem lokalen Prozess oder einem anderen Rechner empfangen hat, klappert er eine Liste von Regeln ab, nach denen er die Meldung in eine bestimmte Logdatei einsortiert oder an einen anderen Rechner weiterversendet. Diese Regeln sind in der Datei `/etc/syslog.conf` abgelegt, für welche es sogar eine eigene Man-Seite gibt (`man 8 syslog.conf`).

Die Datei folgt der üblichen Konvention, Leerzeilen zu erlauben sowie Kommentarzeilen durch das Kanalgitter # einzuleiten. Alle anderen Zeilen beschreiben Regeln. Jede Regel besteht aus einem Selektor gefolgt von einer Aktion:

```
news.err                        -/var/log/news/news.err
```

Der Selektor `news.err` bewirkt, dass die Regel auf alle Meldungen der Klasse *(facility)* `news` und der Priorität `err` passt. Die Aktion `-/var/log/news/news.err` sorgt für eine Ablage der Meldung in der Datei `news.err` im Verzeichnis `/var/log/news`. Es ist durchaus erlaubt, dass eine Meldung von mehreren Regeln erfasst wird, welche dann auch alle ausgeführt werden.

Neben der Klasse `news` gibt es noch eine Reihe weiterer Klassen. Zu welcher Klasse eine Meldung gehört, entscheidet das Programm, das sie sendet. Die Zuordnung ist leider nicht immer klar, da es nur eine kleine Anzahl fester Klassen gibt, in die sich nicht jede Meldung sinnvoll einsortieren lässt. Folgende Klassen existieren:

---

[3]Wofür der Befehl `grep` nützlich ist, erfährst Du im Detail in Abschnitt 4.1.5.

[4]Bei jedem Update des `syslogd` wird die Änderung allerdings wieder überschrieben werden.

- `auth`
  Meldungen bezüglich Sicherheit und Authentifizierung. Eine solche Meldung kann theoretisch ein geheimes Passwort enthalten. Sie soll nur in eine Datei geloggt werden, die für normale Benutzer nicht lesbar ist.
- `authpriv`
  Diese Klasse hat denselben Zweck wie `auth` und existiert nur aus historischen Gründen.
- `cron` Meldungen vom `cron`-Daemon[5] oder `at`-Daemon[6].
- `daemon`
  Meldungen von Serverdiensten (Daemonen), welche nicht in eine der anderen Klassen passen.
- `ftp`
  Meldungen vom FTP-Server.
- `kern`
  Meldungen des Linux-Kernel.
- `lpr`
  Meldungen vom Drucksystem.
- `mail`
  Meldungen vom Mailserver.
- `news`
  Meldungen vom Newsserver.
- `syslog`
  Meldungen, die den `syslogd` selbst betreffen.
- `user`
  Meldungen von einem Benutzerprogramm, nicht von einem Systemdienst.
- `uucp`
  Meldung vom UUCP-Kommunikationssystem, das jedoch in Zeiten des Internet keine Bedeutung mehr hat.
- `local0..7`
  Die acht Klassen `local0`, `local1` ... bis `local7` sind für beliebige eigene Zwecke reserviert. Nur wenige Programme machen davon Gebrauch. Der Systemadministrator kann beim Erzeugen von eigenen Logmeldungen diese Klasse einsetzen, damit er das Verteilen gezielt steuern kann.

[5]Der `cron`-Daemon führt beliebige Aufgaben aus, welche regelmäßig zu bestimmten Zeitpunkten erfolgen sollen. Wer neugierig ist, sollte `man 8 cron`, `man 1 crontab` und `man 5 crontab` lesen.

[6]Der `at`-Daemon führt Aufgaben aus, welche *einmalig* an einem bestimmten Datum zu einer bestimmten Uhrzeit erfolgen sollen. Näheres erfährst du in `man 1 at`.

Die zweite Komponente des Selektors erfasst die Wichtigkeit (Priorität) einer Meldung. Die Prioritäten haben eine feste Reihenfolge. Die Stufe im Selektor gibt an, wie wichtig eine Meldung *mindestens* sein muss, damit sie geloggt wird. Den Prioritätsstufen sind Zahlen zugeordnet, wobei 0 die höchste und 7 die niedrigste Priorität bezeichnet.

- `debug` (7)
  Im Normalbetrieb unwichtige Debugmeldung, die für die Fehlersuche aber trotzdem interessant sein kann.
- `info` (6)
  Reine Routinemeldung, normale Operation, alle Betriebsparameter sind im grünen Bereich.
- `notice` (5)
  Alles im grünen Bereich, aber diese Meldung ist besondere Aufmerksamkeit wert.
- `warning` (4)
  Warnung: Irgendetwas läuft möglicherweise schief. Betriebsparameter im gelben Bereich. Der Betrieb geht vorläufig weiter.
- `err` (3)
  Fehler. Irgendetwas *ist* schiefgelaufen.
- `crit` (2)
  Kritische Situation. Irgendetwas *Schlimmes* ist schief gelaufen.
- `alert` (1)
  Alarmstufe Rot. Irgendetwas *verdammt* Schlimmes ist schief gelaufen. Ein sofortiger Eingriff ist notwendig.
- `emerg` (0)
  Ein nicht reparierbarer Fehler hat dazu geführt, dass das System endgültig die Beine hoch genommen hat und unbenutzbar ist oder wird. Auch beim Herunterfahren des Systems wird eine Meldung der Priorität `emerg` geloggt.

Der Selektor `mail.crit` selektiert also alle Meldungen der Klasse `mail`, welche die Priorität `crit`, `alert` oder `emerg` haben.

Anstelle von Klasse oder Priorität kannst du jeweils auch ein Sternchen `*` setzen, welches dann alle Möglichkeiten erfasst: `mail.*` erfasst alle Meldungen der Klasse `mail`, `*.err` erfasst alles, was wenigstens so schlimm wie `err` ist und `*.*` erfasst einfach alle Meldungen. Ferner kannst du mehrere Selektoren durch einen Strichpunkt `;` verbinden. Dabei überschreibt ein Selektor im Zweifelsfall alle vorherigen. Zu diesem Zweck gibt es auch die spezielle Prioriät `none`, welche alle Meldungen ausschließt. Wenn du also z. B. alle Meldungen bis auf solche von `mail` auswählen willst, kannst du dies mittels `*.*;mail.none` tun.

3.1.4 Meldungen speichern oder weiterleiten

Die *Aktion* steht auf der rechten Seite einer Regel durch Leerzeichen vom Selektor getrennt. Hier kannst du:

- eine Logdatei angeben, in welche die Meldung gespeichert werden soll,
- einen Klammeraffen `@` und danach einen anderen Rechner zur Weiterleitung angeben,
- ein Pipesymbol | und danach eine Namedpipe angeben[7],
- ein Sternchen schreiben, welches bewirkt, dass die Meldung auf alle TTYs geschrieben wird, an deren gerade irgendein Benutzer arbeitet[8]!

Bei der Angabe einer Logdatei kannst du ein Minuszeichen voranstellen, was dazu führt, dass die Datei nicht bei jeder neuen Meldung sofort beschrieben wird. Der `syslogd` wartet dann, bis ein paar Meldungen zusammenkommen oder eine gewisse Zeit vergeht, bevor er die Meldungen in die Datei schreibt. Dies spart Rechenzeit und Plattenzugriffe, führt aber möglicherweise zu einer Verzögerung einer zeitkritischen Meldung oder zum Verlust einer Meldung, wenn kurz nach der Meldung das System komplett abstürzt.

Beim Weiterleiten kannst du entweder einen Rechnernamen oder eine IP-Nummer angeben, also ist `@Eiger.mathias-kettner.de` genauso möglich wie die Angabe von `@10.10.0.9`.

Die Möglichkeit der Verwendung der Namedpipe dient vor allem der Kommunikation mit dem Programm `xconsole`, das eine Ausgabe von Logmeldungen in einem Fenster unter der grafischen Oberfläche ermöglicht. Man kann aber auch andere externe Programme mit einer Namedpipe anbinden, z. B. `logsurfer`, wie wir im Abschnitt 3.2 auf Seite 36 sehen werden.

Die vierte Art von Aktion – das Sternchen – ist mit Vorsicht zu genießen, da auch ein normaler Benutzer Logmeldungen beliebiger Priorität erzeugen kann.

Folgendes Beispiel für eine `/etc/syslog.conf` illustriert die verschiedenen Möglichkeiten:

```
# /etc/syslog.conf - Konfigurationsdatei für den syslogd

# Alle wichtigen Meldungen vom Mailsystem (alles außer debug
# und info) an loghost.mathias-kettner.de weiterleiten
mail.notice             @loghost.mathias-kettner.de

# Alle Warnungen, Fehler und Schlimmeres an @10.0.0.2 weiterleiten,
# allerdings keine Kernelmeldungen
```

[7] siehe Befehl `mkfifo`

[8] Als TTY werden die Konsolenfenster bezeichnet (`xterm`, Linux Textkonsole, usw.). Der Besitzer eines TTY kann mit dem Befehl `mesg` festlegen, ob er Meldungen bekommen will. Im Normalfall ist dies auf *y* (*yes*) eingestellt.

```
*.warning;kern.none   @10.0.0.2

# Meldungen vom Kernel auf Textkonsole /dev/tty10 (Alt-F10) schreiben
kern.*                /dev/tty10

# Alle Meldungen nach /var/log/messages schreiben, dabei
# mit dem Schreiben der Meldungen immer vorerst warten
*.*                   -/var/log/messages

# Kritische Fehler sofort nach /var/log/error schreiben und
# gleichzeitig auf die Konsole /dev/tty9 (Alt-F9)
*.crit                /var/log/error
*.crit                /dev/tty9

# Höchste Fehlerstufe an alle eingeloggten Benutzer auf alle
# Textkonsolen (TTYs) gleichzeitig schicken.
*.emerg               *
```

Für weitere Einzelheiten sei noch auf die Man-Seiten `man 5 syslog.conf` und `man 8 syslogd` hingewiesen.

3.1.5 Erzeugen von Logmeldungen aus Shellskripten

> **logger**
>
> sendet Meldungen an das Systemlog.
>
> *logger [-p KLASSE.PRIO] Meldung*
>
> ---
>
> `-p K.P` loggt mit Klasse `K` und Wichtigkeit `P`

Wenn du `syslogd` praktisch findest, kannst du auch aus deinen eigenen Programmen heraus Meldungen loggen. Für Shellskripte gibt es hierzu den Befehl `logger`. Im einfachsten Fall gibst du als Argument einfach den zu loggenden Text an. Dieser wird dann als `user.notice` geloggt. Dies geht sogar als normaler Benutzer:

```
Eiger:~> logger 'Diese Meldung wird als user.notice geloggt'
```

Man kann Klasse und Wichtigkeit mit der Option `-p` angeben, wobei die Schlüsselworte aus Abschnitt 3.1.3 auf Seite 30 zum Einsatz kommen:

```
Eiger:~> logger -p mail.crit 'Kritisches Problem mit dem Mailversand'
```

Du kannst `logger` die Meldung auch auf der Standardeingabe schicken, also z. B. die Ausgabe von `free` in `logger` pipen (mittels `|`) und so eine Statistik über den aktuellen Speicherverbrauch loggen. Die Ausgabe von `free` sieht so aus:

```
Eiger:~ # free
              total       used       free     shared    buffers     cached
Mem:         515120     458628      56492          0      55488     247748
-/+ buffers/cache:      155392     359728
Swap:        530104          0     530104
```

Wenn du das nun in `logger` pipest, so erscheint die Ausgabe in den Systemmeldungen:

```
Eiger:~ # free | logger
Eiger:~ # tail -n 4 /var/log/messages
Nov 26 13:56:18 Eiger logger:               total       used       free     shared ...
Nov 26 13:56:18 Eiger logger: Mem:         515120     457112      58008          0 ...
Nov 26 13:56:18 Eiger logger: -/+ buffers/cache:      153872     361248
Nov 26 13:56:18 Eiger logger: Swap:        530104          0     530104
```

Bemerkenswert ist, dass man auch als normaler Benutzer Logmeldungen erzeugen kann, und zwar mit beliebiger Klasse, beliebigem Format und beliebiger Länge! In der Standardkonfiguration von SUSE LINUX ist `syslogd` so konfiguriert, dass Meldungen der Klasse `emerg` auf alle Textkonsolen und `xterms` gleichzeitig gehen! Selbst Remote-Logins sind davon betroffen. Wenn du das ausprobieren willst, kannst du einmal vorsichtig folgendes probieren:

```
Eiger:~> logger -p user.emerg Testmeldung
Eiger:~>
Message from syslogd@Eiger at Tue Nov 26 14:01:21 2002 ...
Eiger mk: Testmeldung
```

Wenn du das System lahmlegen willst, kannst du z. B. `/dev/urandom` – eine unendliche Folge von zufälligen Bytes – loggen. Wenn du das ausprobierst, solltest du dann nicht die Nerven verlieren, sondern im gleichen Fenster mit Strg C den `logger`-Prozess abbrechen.

```
Eiger:~> cat /dev/urandom | logger -p user.emerg
```

Schuld ist eine Zeile aus der Standard-Version `/etc/syslog.conf`, welche alle Meldungen der Klasse `emerg` auf alle Konsolen schreibt:

```
*.emerg                              *
```

Der `syslogd` loggt dabei nicht einmal, wer die Meldung erzeugt hat! Ein Benutzer kann das Schreiben von Meldungen auf ein TTY mit dem Befehl `mesg no` generell unterbinden. Dieser Befehl muss aber für jedes TTY separat erteilt werden.

3.1.6 Erzeugen von Logmeldungen aus C-Programmen

Für C-Programmierer gibt es den Aufruf `syslog()` (`man 3 syslog`), der ähnlich wie `printf()` arbeitet, aber als erstes Argument eine Veroderung aus Klasse und Priorität der Meldung übergeben bekommt. Diese sind als Konstanten definiert und entsprechen denen aus Abschnitt 3.1.3, werden aber groß geschrieben und mit `LOG_` versehen, wie in folgendem Beispielprogramm zu sehen ist:

```
#include <syslog.h>

main()
{
 char *host = "Eiger";
 syslog(LOG_USER | LOG_NOTICE, "Meine PID ist %d", getpid());
 syslog(LOG_MAIL | LOG_WARNING, "Warnung, Unbekannter Rechner %s", host);
}
```

3.2 Logdateien analysieren mit `logsurfer`

3.2.1 Funktionsweise von `logsurfer`

Im vorherigen Abschnitt habe ich dir gezeigt, wie du den System Logging Daemon einsetzen kannst, um Logmeldungen zu sammeln und zu verteilen. Darüber hinaus gibt es viele Programme, die ihre eigenen Logdateien verwalten. Die Frage ist, wann und wie oft man die Logdateien auswertet.

Bei einem konkreten Fehler, bei dem man weiß, wann er aufgetreten ist oder wie man ihn reproduzieren kann, kann man gezielt die betroffenen Logdateien durchsehen, in denen man interessante Informationen vermutet. Mittels `less` (siehe Abschnitt 4.1.1) und `grep` (siehe Abschnitt 4.1.9) ist es nicht schwer, die betreffenden Stellen zu finden.

Anstelle einer nachträglichen Auswertung von Logdateien kannst du dies aber auch in Echtzeit tun. Hierzu dient das kleine, aber feine Werkzeug `logsurfer`. Man füttert es zunächst mit einer Reihe von Regeln, die ihm sagen, auf welche Meldungen es achten soll. Wie ein Wachhund beobachtet `logsurfer` die gewünschte Logdatei und tritt in Aktion, sobald eine der Regeln passt. Es kann dann z. B. eine E-Mail versenden, die betreffende Meldung in eine andere Logdatei speichern oder beliebige andere Aktionen veranlassen.

Dies ist besonders dann hilfreich, wenn du auf der Suche nach sporadischen Fehlern bist, die selten aufreten und – wie es der Zufall will – natürlich nur bei deinem Kunden! Der ist aber in erster Linie daran interessiert, dass er ohne Verzögerung seine Arbeit fortsetzen kann. Bei einem Fehler startet er deshalb das betreffende Programm oder den Rechner neu oder verfällt in andere Panikreaktionen, welche eine Untersuchung oder Rückverfolgung des Fehlers erschweren.

Mit `logsurfer` kannst du dich in die Lage versetzen, als erster (oder vielleicht einziger) von dem Problem zu erfahren und sofort zu reagieren.

Falls `logsurfer` bei dir nicht vorinstalliert ist, kannst du in Anhang B nachsehen, wie du das nachholen kannst.

3.2.2 `logsurfer` vorbereiten

Das Ansetzen von `logsurfer` auf bestimmte Meldungen geschieht durch das Erstellen der Konfigurationsdatei `/etc/logsurfer.conf`, welche – abgesehen von den wie üblich erlaubten Kanalgitterkommentaren und Leerzeilen – pro Zeile eine *Regel* enthält. Für jede Logmeldung, die `logsurfer` verarbeitet, werden der Reihe nach alle Regeln ausprobiert. Wenn eine Regel *passt*, wird die dort beschriebene *Aktion* ausgeführt.

Jede Regel besteht aus sechs oder sieben Angaben, welche durch Leerzeichen getrennt werden. Wenn eine der Angaben ein Leerzeichen enthalten soll, so musst du sie in Anführungszeichen setzen. Die Regel hat folgenden Aufbau:

match not_match `- - 0 [continue]` **aktion**

Die ersten beiden Angaben sind zwei *reguläre Ausdrücke*[9], welche auf die ganze Zeile angewandt werden. Nur wenn der erste Ausdruck passt und der zweite nicht passt, wird die Regel angewandt. Mit dem *not_match*-Ausdruck kannst du also Ausnahmen formulieren. Willst du davon keinen Gebrauch machen, so setzt du an dessen Stelle ein Minuszeichen.

Das zweite Paar von Angaben benötigt man nur selten, so dass du hier am besten ein Paar von Minuszeichen einsetzt. Die fünfte Angabe ist ein Timeoutparameter, den du einfach auf `0` setzt.

Das `continue` ist ein optionales Schlüsselwort, das – wenn vorhanden – bewirkt, dass `logsurfer` mit den nächsten Regeln auch dann weitermacht, wenn diese Regel schon greift. Ansonsten wird nämlich bei der ersten passenden Regel abgebrochen und alle weiteren Regeln ignoriert. Du brauchst `continue` z. B., wenn du *alle* Meldungen ausgeben, aber nur bei *manchen* Meldungen eine Mail verschicken willst.

Die *Aktion* gibt an, was die Regel bewirken soll, wenn sie passt. Hierbei gibst du erst ein Schlüsselwort an, welches die Art der Aktion kennzeichnet und danach möglicherweise weitere Argumente. Die drei wichtigsten Aktionen sind:

- ❑ `exec`
  Es wird ein externes Programm aufgerufen. Dieses Programm wird mitsamt all seiner Argumente in doppelte Anführungszeichen geschrieben. Dabei kannst du die Platzhalter `$0` und `$1` verwenden, welche für die komplette

[9] Siehe im Anhang auf Seite 399.

Meldung bzw. für den Teil der Meldung stehen, welcher vom regulären Ausdruck abgedeckt wurde. Man beachte, dass der Befehl mit seinem kompletten Pfad angegeben werden muss, also z. B. /bin/echo oder /bin/cat. Die Zeile wird nicht von der Shell interpretiert, also funktionieren keine Shell-Sonderzeichen wie |, < oder >.

- pipe
  Diese Aktion funktioniert analog zu exec, nur dass die Meldung dem Befehl auf der Standardeingabe gesendet wird.
- ignore
  Es passiert gar nichts. Dadurch kannst du z. B. unwichtige Meldungen von vornherein ausfiltern. Die Aktion ignore macht natürlich nur dann Sinn, wenn du nicht gleichzeitig das Schlüsselwort continue verwendest.

Hier ist eine Beispielkonfiguration:

```
# Alle Meldungen mit dem Text DEBUG ignorieren
DEBUG - - - 0 ignore

# Alle Meldungen ausgeben, weitere Regeln sollen angewandt werden.
'.*' - - - 0 continue pipe "/bin/cat"

# Meldungen vom Kernel an die Datei /var/log/kernel anhängen. Man beachte,
# dass man im Befehl keine Ausgabeumleitung mit >> machen kann. Deshalb
# wird als Befehl die Shell /bin/bash aufgerufen und mit -c ein Mini-Shellskript
# übergeben, in welchem dann alle Shellmöglichkeiten verwendet werden können
" kernel:" - - - 0 pipe "/bin/bash -c 'cat >> /var/log/kernel'"

# Meldungen vom Befehl sudo als Mail an harri@netz.adresse.de verschicken,
# aber nur, wenn USER=root ist und als Befehl nicht /bin/bash
# ausgeführt wird
" sudo:.* USER=root " "COMMAND=/bin/bash" - - 0 pipe
  "/usr/sbin/sendmail -oqd harri@netz.adresse.de"
```

Am Beispiel der dritten Regel sieht man übrigens, dass es erlaubt ist, eine Regel auf mehrere Zeilen aufzuteilen, wenn man bei den Fortsetzungszeilen am Anfang mindestens ein Leerzeichen einfügt.

3.2.3 logsurfer aufrufen

Hast du die Konfigurationsdatei fertiggestellt, so kannst du logsurfer auf eine Logdatei ansetzen. logsurfer bekommt entweder den Namen der Datei als Argument übergeben oder arbeitet als Filter, wird also ohne Argument aufgerufen und empfängt die Logmeldungen auf der Standardeingabe. Obwohl logsurfer zum zeitechten Verfolgen von Logdateien gebaut wurde,

> **logsurfer**
>
> analysiert Logdateien in Echtzeit.
>
> *logsurfer [OPTIONEN] LOGDATEI*
>
> | | |
> |---|---|
> | -f | wartet ewig auf neue Meldungen |
> | -c C | verwendet C anstelle von /etc/logsurfer.conf |

kannst du es auch im Trockenen ausprobieren und auf eine bestehende Logdatei anwenden, z. B. mit

```
Eiger:~ # logsurfer /var/log/localmessages
```

Es verarbeitet die Datei dann von Anfang bis Ende und beendet sich dann wieder. Willst du, dass `logsurfer` „dranbleibt" und auf weitere Meldungen wartet, sagst du ihm dies mit der Option `-f` (in Anlehnung an `tail -f`), also z. B.

```
Eiger:~ # logsurfer -f /var/log/localmessages
```

Wenn du verschiedene Probleme parallel analysierst, brauchst du auch mehrere unterschiedliche Konfigurationen von `logsurfer`. Dann wäre es umständlich, wenn die Konfigurationsdatei immer `/etc/logsurfer.conf` heißen müsste. Mit der Option `-c` kannst du eine andere verwenden:

```
Eiger:~ # cp /etc/logsurfer.conf /etc/logsurfer-loc.conf
Eiger:~ # logsurfer -f -c /etc/logsurfer-loc.conf /var/log/localmessages
```

3.2.4 `logsurfer` an `syslogd` anbinden

Willst du `logsurfer` dazu verwenden, Meldungen des `syslogd` zu überwachen, gibt es eine elegantere Methode. Die obige hat nämlich den Nachteil, dass alle Meldungen erst in eine Datei geschrieben werden müssen, welche von `logsurfer` einmal pro Sekunde wieder gelesen wird.

Du kannst `syslogd` stattdessen dazu veranlassen, Meldungen in eine *Namedpipe* zu schreiben. Eine Namedpipe ist eine Datei, in der ein Prozess auf der einen Seite hineinschreiben und ein anderer Prozess auf der anderen herauslesen kann. Die Daten werden nicht wirklich gespeichert, sondern nur weitergereicht. In unserem Fall verwendest du die Namedpipe so, dass `syslogd` hineinschreibt und `logsurfer` herausliest.

Dazu legst du zunächst eine Namedpipe an mit dem Befehl `mkfifo`[10]. In `/etc/syslog.conf` erzeugst du eine Zeile, die als Aktion diese Namedpipe mit dem Pipesymbol | angibt. Dann kannst du `logsurfer` auf diese Pipe ansetzen. Die Option `-f` sorgt dafür, dass `logsurfer` auch bei einem Neustart des `syslogd` weiter dranbleibt:

```
Eiger:~ # mkfifo /var/logsurfer.fifo
Eiger:~ # echo '*.*     |/var/logsurfer.fifo' >> /etc/syslog.conf
Eiger:~ # rcsyslogd restart
Eiger:~ # logsurfer -f /var/logsurfer.fifo
```

[10] Siehe auch `man 1 mkfifo`

Wer will, kann sich ein Startskript bauen, welches `logsurfer` beim Booten automatisch startet[11]. Ich mache hier einen Vorschlag, der sich an obiges Beispiel hält. Man kann damit auch andere Logdateien verfolgen, auch solche, die nicht von `syslogd` stammen:

```
Eiger:~ # mkfifo /var/logsurfer.fifo
Eiger:~ # cat > /etc/init.d/logsurfer
### BEGIN INIT INFO
# Provides:          logsurfer
# Required-Start:    $syslog
# Required-Stop:     $syslog
# Default-Start:     3 5
# Default-Stop:      0 1 2 6
# Short-Description: logsurfer log analyser
### END INIT INFO

. /etc/rc.status
rc_reset

case "$1" in
    start)
        echo -n "Starting logsurfer "
        startproc /usr/bin/logsurfer -f /var/logsurfer.fifo
        rc_status -v
        ;;
    stop)
        echo -n "Shutting down logsurfer "
        killproc -TERM /usr/bin/logsurfer
        rc_status -v
        ;;
    restart)
        $0 stop
        $0 start
        rc_status
        ;;
    *)
        echo "Usage: $0 start|stop|restart"
        exit 1
        ;;
esac
rc_exit
[Strg][D]
```

[11] Wie man ein LSB-konformes Startskript erstellt, wird unter `/etc/init.d/README` erklärt. Dort gibt es auch ein Beispielskript namens `/etc/init.d/skeleton`. Findest du keins von beiden, dann kannst du eines der anderen Startskripte, die dort liegen, als Vorlage nehmen.

Natürlich kannst du anstelle von cat auch mit einem normalen Texteditor arbeiten, z. B. mit einem der im Anhang auf Seite 393 beschriebenen. Wenn du gerade Zugriff auf das Internet hast, kannst du die Datei auch von den Seiten zum Buch herunterladen: http://mathias-kettner.de/diagnosebuch.html.

Mit dem Befehl chkconfig wird dafür gesorgt, dass das Startskript bei jedem Booten automatisch gestartet wird[12]:

```
Eiger:~ # chkconfig --add logsurfer
```

Dann erzeugst du am besten noch einen Link in /usr/sbin, damit du logsurfer standardgemäß mit rclogsurfer start starten und mit rclogsurfer stop beenden kannst.

```
Eiger:~ # ln -s /etc/init.d/logsurfer /usr/sbin/rclogsurfer
```

Das obige Startskript ist an die Distribution von SUSE LINUX angelehnt, die sich an die Linux Standard Base (LSB) hält[13], welche die wichtigsten Linux-Distributionen mehr oder weniger genau einhalten.

Wenn du logsurfer nach dieser Methode einbindest, solltest du bedenken, dass Ausgaben, die logsurfer an die Standardausgabe macht, auf die Konsole gehen, von der aus das Startskript aufgerufen wurde.

3.3 Shellskripte verfolgen mit bash -x

Shellskripte sind der Stoff, der ein Linuxsystem zusammenhält. Da Shellprogrammierung ein eigenes Buch wert ist, verzichte ich hier auf eine Einführung. Zur Beruhigung sei aber gesagt, dass es technisch gesehen keinen Unterschied macht, ob du deine Befehle auf der Kommandozeile eintippst oder in ein Skript schreibst. Der Shell ist das egal, die Syntax und auch das Ergebnis sind zu 100% gleich. Ein bisschen Shellprogrammieren kann also eigentlich jeder, der Befehle auf der Kommandozeile eingeben kann.

Bei der Suche nach Fehlern in Shellskripten oder in Programmen, welche von tief verschachtelten Shellskripten aufgerufen werden, bietet die bash eine nützliche Funktion. Rufst du die bash mit der Option -x auf, so spuckt sie jeden Befehl, den sie ausführt, zuerst auf der Standardfehlerausgabe aus.

Beispielsweise ist /usr/bin/zgrep ein kleines Shellskript, mit dem man in mit gzip komprimierten Textdateien analog zu grep suchen kann. Es übernimmt

[12] Siehe auch man chkconfig. Mit dem Befehl chkconfig --del logsurfer kannst du das automatische Starten wieder deaktivieren.

[13] Die offizielle Seite der LSB findest du unter http://www.linuxbase.org.

das Dekomprimieren der Eingabe und das Aufrufen von `grep`. Man verwendet `zgrep` wie ein normales Programm. Du kannst es aber auch mit `bash -x /usr/bin/zgrep` aufrufen und siehst dann genau, was passiert:

```
Eiger:~> zgrep
grep through gzip files
usage: zgrep [grep_options] pattern [files]
Eiger:~> which zgrep
/usr/bin/zgrep
Eiger:~> bash -x /usr/bin/zgrep
+ PATH=/usr/bin:/home/mk/bin:/usr/local/bin:/usr/bin:/usr/X11R6/bin:/...
+ export PATH
++ echo /usr/bin/zgrep
++ sed 's|.*/||'
+ prog=zgrep
+ grep=grep -a
+ pat=
+ test 0 -ne 0
+ test -z ''
+ echo 'grep through gzip files'
grep through gzip files
+ echo 'usage: zgrep [grep_options] pattern [files]'
usage: zgrep [grep_options] pattern [files]
+ exit 1
```

Vor jeder Ausgabe von `-x` steht ein Pluszeichen. Wenn die Shell eine Untershell startet, werden die Befehle der letzteren durch ein zusätzliches Pluszeichen eingerückt (hier im Beispiel `++ echo/usr/bin/zgrep`).

Mit `-x` kannst du natürlich auch Startskripten in `/etc/init.d` debuggen. Wenn ein Startskript das gewünschte Programm nicht starten kann, erfährt man normalerweise nicht, mit welchen Optionen und als welcher Benutzer dies aufgerufen wurde. Probier doch mal `bash -x /etc/init.d/random start`, wenn du wissen willst, was dieses Startskript eigentlich macht.

Natürlich kannst du das Skript auch einfach Zeile für Zeile durchlesen, aber dann siehst du eben nur, wie es *theoretisch* funktioniert, und nicht, welche Befehle tatsächlich ausgeführt werden.

Den Modus `-x` kannst du noch auf zwei weitere Arten aktivieren, und zwar im Skript selbst. Willst du das ganze Skript grundsätzlich debuggen, so änderst du die erste Zeile ab bzw. fügst sie wie folgt ein:

```
#!/bin/bash -x
```

Willst du nur eine bestimmte Passage debuggen, so schreibst du an deren Anfang ein `set -x` und am Ende ein `set +x`, jeweils in einer eigenen Zeile. Dies geht sogar im interaktiven Modus der Shell:

```
Eiger:~> cat <(echo $(echo $(( 1 + 2 )) = 3))
3 = 3
Eiger:~> set -x
Eiger:~> cat <(echo $(echo $(( 1 + 2 )) = 3))
+ cat /dev/fd/63
+++ echo 3 = 3
++ echo 3 = 3
3 = 3
Eiger:~> set +x
+ set +x
Eiger:~> cat <(echo $(echo $(( 1 + 2 )) = 3))
3 = 3
```

Kapitel 4

Aktive Diagnose

Dieses Kapitel beschreibt Werkzeuge und Methoden der aktiven Fehlerdiagnose. Im Gegensatz zu den Logdateien kannst du damit aktiv Einblick oder sogar Eingriff in das Geschehen nehmen, um dir so gezielt ein genaues Bild von der Fehlersituation zu verschaffen.

Da die Themen Hardwarediagnose und Netzwerkdiagnose sehr umfangreich sind und in sich geschlossene Gebiete darstellen, habe ich ihnen zwei eigene Kapitel gewidmet, welche auf dieses folgen.

Bis auf eine oder zwei Ausnahmen stelle ich ausschließlich Kommandozeilenprogramme vor, auch wenn es manchmal sicher ein hübsches grafisches Programm gibt, das die gleichen Informationen liefert. Ich habe mich vor allem aus drei Gründen so entschieden:

- Zu fast jedem Diagnosebereich existiert ein allgemein anerkanntes Kommandozeilenprogramm, dass dann auch auf praktisch jedem Linuxsystem verfügbar ist. Grafische Programme gibt es immer in mehreren Varianten, einmal als KDE-Version, einmal als GNOME-Programm, einmal als reines X11-Programm. Man kann daher nicht davon ausgehen, dass ein bestimmtes Programm im richtigen Augenblick verfügbar ist. Außerdem stellen die grafischen Programme niemals mehr Informationen dar als die textbasierten.
- Kommandozeilenprogramme kann man sehr einfach über eine Remotesitzung verwenden und eignen sich daher auch hervorragend zur Fehlersuche auf Rechnern, die nur über das Netzwerk erreichbar sind. Außerdem haben viele Linuxserver überhaupt keine grafische Oberfläche installiert, eine Kommandozeile ist aber immer vorhanden.
- Die Ausgabe eines Kommandozeilenprogrammes kann man einfach in eine Datei umleiten, mit einer späteren Ausgabe vergleichen oder jemandem per E-Mail zusenden, um sich Unterstützung zu holen.

Bei der Vorstellung der einzelnen Programme ist es mir wichtig, zu zeigen, wozu sie dienen und wie du sie sinnvoll einsetzen kannst. Mit Absicht verzichte ich daher auf eine Auflistung aller möglichen Optionen, sondern zeige nur diejenigen, die ich selbst für nützlich halte. Wenn du doch einmal nach einer etwas spezielleren Funktion suchst, so findest du sie in der zugehörigen Man- oder Info-Seite, die es zu jedem der vorgestellten Programme gibt.

Fast alle Diagnoseprogramme kannst du als normaler Benutzer ausführen. Einige wenige funktionieren generell nur als Benutzer `root` oder ermöglichen nur dann alle Funktionen. Im Zweifelsfall erhältst du als normaler Benutzer eine Fehlermeldung und kannst es dann als `root` versuchen. Ich verzichte daher darauf, bei jedem Befehl explizit darauf hinzuweisen.

Bei den Beispieldialogen mit der Kommandozeile erkennst du einen `root`-Login an der Raute (#) im Prompt:

```
Eiger:~ #
```

Beim normalen Benutzer endet der Prompt auf ein Größerzeichen (>):

```
Eiger:~>
```

Sollte ein Programm bei dir nicht installiert sein – die Shell meckert dann mit `bash: programm: command not found` – so lohnt sich ein Blick in den Anhang B. Dort findest du eine Liste aller Werkzeuge aus diesem Buch mit der Angabe, ob und wie du jedes der Programme direkt von deiner Distribution installieren oder es zumindest selbst aus dem Internet holen kannst.

Die Neugier steht immer an erster Stelle eines Problems,
das gelöst werden will.
– Galileo Galilei

4.1 Dateien

Bei Linux spielt der Begriff der Datei eine zentrale Rolle. Während bei manch anderem Betriebssystem viele Daten und Einstellungen in wenigen großen Dateien, wie z. B. in der Windows-Registry oder einer anderen Datenbank, gespeichert werden, findet man sie bei Linux in sehr vielen kleinen Dateien, meist reinen Textdateien. Dies ist ein bewusst so gewolltes Konzept, welches viele Vorteile bietet:

- *Transparenz*:
  Ohne spezielle Software kann man alle Daten einsehen.

- *Modularisierung*:
  Jede Datei ist einem Programm zugeordnet. Deinstalliert man das Programm, werden auch die zugehörigen Dateien aufgeräumt. Auch bei einer Datensicherung ist es nützlich, wenn man jede Datei genau einem Programm zuordnen kann.
- *Verwaltung*:
  Man kann sich alte Versionen von Konfigurationsdateien aufheben und bei einem Fehler zu einer früheren Konfiguration zurückkehren. Man kann sich alternative Versionen zur Verfügung halten. Man kann zwei Dateien vergleichen und die Unterschiede feststellen. Dies beantwortet die Frage: *Was habe ich geändert, so dass es nicht mehr funktionert?* Man kann mit jemand anderem Konfigurationsdateien per E-Mail austauschen.
- *Einheitlichkeit*:
  Textdateien können mit einer Vielzahl von kleinen Werkzeugen effizient verarbeitet werden.
- *Automatisierung*:
  Textdateien können sehr einfach automatisch erzeugt und ausgewertet werden.
- *Flexibilität*:
  Die Konfigurationsdateien erlauben oft sehr flexible Konstrukte, manche gleichen einer eigenen Programmiersprache[1]!

Wie du dir vorstellen kannst, ist es als Linuxianer wichtig, sich im Urwald der Dateien zurecht zu finden. Auf meinem Arbeitsplatzrechner befinden sich derzeit genau 518 557 Dateien[2]. Was ist nun, wenn ich eine bestimmte Datei suche? Oder wenn ich eine Datei finde, die ich nicht kenne? Zu was ist sie gut? Kann ich sie löschen? War ein Hacker in meinem System? Auch andere Fragen stellen sich: Aus welcher Konfigurationsdatei kommt der Text, der beim Anmelden gezeigt wird? Welche Dateien habe ich zuletzt geändert? Was für einen Typ hat Datei XY?

Für die Antwort auf all diese und viele andere Fragen gibt es ein Arsenal von Hilfsprogrammen, welches ich hier vorstellen will.

[1] Was man natürlich auch als Nachteil betrachten kann.

[2] Wenn du ungefähr wissen willst, wie viele Dateien auf deinem System installiert sind, dann gib mal als `root` den Befehl `find / | wc --lines` ein.

4.1.1 Textdateien effizient anzeigen mit `less`

> **`less`**
>
> Zeigt eine Textdatei an mit der Möglichkeit, vor- und zurückzublättern.
>
> *less [OPTIONEN] DATEI*
> *BEFEHL | less OPTIONEN*
>
> | | |
> |---|---|
> | +S | schneidet lange Zeilen ab |
> | +F | Beobachtungsmodus: wartet auf neue Zeilen |
>
> wichtige Tasten:
>
> | | |
> |---|---|
> | Q | beendet `less` |
> | G | springt zum Anfang |
> | ⇧ G | springt zum Ende |
> | / | sucht nach regulärem Ausdruck |
> | ? | sucht rückwärts |
> | N | springt zur nächsten Fundstelle |
> | ⇧ N | springt zur vorherigen Fundstelle |
> | ⇧ F | schaltet Beobachtungsmodus ein |
> | Strg C | beendet Beobachtungsmodus |

Der einfachste Befehl zum Anzeigen einer Textdatei heißt `cat`, welchem man als Argument den Namen der Datei übergibt. `cat` ist immer dann gut, wenn die Datei nicht länger als eine Bildschirmseite ist, also der Inhalt nicht sofort wegrollt.

Für längere Textdateien ist `less` unschlagbar, da hier die Ausgabe nach einer Bildschirmseite stoppt und du im ganzen Text zeilen- und seitenweise blättern und noch auf andere Arten bequem navigieren kannst. Manche Leute sind gewohnt, Dateien mit einem Texteditor, wie z. B. `vi`, anzusehen. Dies hat jedoch den Nachteil, dass man die Datei versehentlich ändern kann. Bei `vi` ist dies besonders kritisch, weil dieser Editor in der Standardkonfiguration keine Sicherheitskopien anlegt und man nach dem Verlassen keinen Hinweis darauf hat, *was* man versehentlich geändert hat.

Die Bedienung von `less` ist stark an `vi` angelehnt. Folgende Tasten sind besonders nützlich:

- Q
  beendet `less` (wichtig, denn `less` lässt sich nicht mit Strg C beenden!),
- G
  springt an den Anfang der Datei,
- ⇧ G
  springt an das Ende der Datei,
- /
  sucht nach einer Zeichenkette vorwärts im Text (eigentlich nach einem regulärem Ausdruck[3]),
- N
  springt zur nächsten Fundstelle,

[3] Wenn du nicht weißt, wie reguläre Ausdrücke funktionieren, kannst du dies auf Seite 399 in Abschnitt A.4 nachlesen oder dir einfach merken, dass die Zeichen `+ . * ? \ [ ] ( ) { } | $` und `^` eine besondere Bedeutung haben. Alle andere Zeichen stehen für sich selbst.

- ⇧ N
  springt zur vorherigen Fundstelle,
- ?
  sucht rückwärts (N und ⇧ N sind entsprechend vertauscht),
- - ⇧ S ↵
  schaltet um zwischen „lange Zeilen umbrechen“ und „lange Zeilen abschneiden“,
- V
  öffnet die Datei zum Editieren im Standardeditor[4]. Diese Taste drückt man meist aus Versehen. Dass dies wieder einmal passiert ist, erkennst du daran, dass die Tasten nicht mehr wie gewohnt funktionieren und Q nicht mehr beendet. Sofern du dies nicht geändert hast, ist dein Standardeditor `vi`, und du drückst am besten Esc : Q ! ↵, um `vi` zu verlassen und zu `less` zurückzukehren.

Wenn die Datei Zeilen hat, die breiter als das Textfenster sind, so werden diese auf mehrere Zeilen umbrochen. Du kannst dieses Verhalten umschalten durch Drücken von - ⇧ S ↵ oder beim Start von `less` durch die Kommandozeilenoption `+S`.

`less` wird auf zwei Arten verwendet: Entweder rufst du es mit einer bestehenden Textdatei auf:

```
Eiger:~> less /etc/services
```

...oder du verwendest es als letztes Glied einer Pipe, um die Ausgabe eines Programms zu puffern:

```
Eiger:~> grep ftp /etc/services | less
```

4.1.2 Logdateien anzeigen mit `tail -f` oder `less +F`

> **`tail -f`**
>
> Zeigt Logdateien mit ständig aktualisierter Ausgabe.
>
> `tail -f` *`LOGDATEI`*

Manche Dateien sind von Natur aus so gestrickt, dass sie Zeile um Zeile anwachsen. Es handelt sich dabei um Logdateien, in denen Programme mitprotokollieren, was sie so machen. Eine Logdatei, die es auf den meisten Linuxsystemen gibt, ist `/var/log/messages`. Hier werden Meldungen vom Kernel und von Systemprogrammen aufgezeichnet. Wenn du diese Datei mit `less` ansiehst, bekommst du nur Informationen über den aktuellen Stand.

[4] Die Umgebungsvariable `EDITOR` legt diesen fest, ist `EDITOR` nicht gesetzt, wird `vi` aufgerufen.

Um Änderungen mitzubekommen, musst du die Datei also immer wieder neu anzeigen. Diese Arbeit vereinfacht `tail -f` oder `less +F`.

Mit `tail -f /var/log/messages` erhältst du zunächst die letzten zehn Zeilen von `/var/log/messages` angezeigt, `tail` beendet sich jedoch nicht, sondern wartet auf weitere Zeilen. Es testet nun einmal pro Sekunde, ob die Datei länger geworden ist, und gibt alle neuen Zeilen auch sogleich aus. Auf diese Weise erhältst du eine Art Newsticker oder Beobachtungsmodus.

Praktisch an `tail -f` ist, dass du durch Drücken der Eingabetaste leere Zeilen in die Ausgabe mogeln kannst. Daran kannst du dann gut erkennen, welche Zeilen erst später hinzugekommen sind, z. B. nachdem du den Dienst, den du gerade untersuchst, neu gestartet hast.

Auch `less` hat einen Beobachtungsmodus, den du mit der Kommandozeilenoption `+F` oder im `less` durch Drücken von ⇧ F aktivieren kannst.

`tail -f` wird einfach durch Drücken von Strg C abgebrochen. Bei `less +F` wird mit Strg C nur der Beobachtungsmodus beendet und du landest wieder im „normalen“ `less`. Dieses kannst du dann wie gewohnt mit Q beenden.

4.1.3 Sich ändernde Ausgaben anzeigen mit `watch`

Manche Dateien ändern sich nicht, indem sie einfach länger werden, sondern werden ständig neu erzeugt. Dies gilt z. B. für einige Dateien im `proc`-Dateisystem, welche aktuelle Hardwareinformationen anzeigen. Der Befehl `watch` hilft hier. Er bekommt als Argument einen *Befehl* übergeben, den er alle zwei Sekunden aufruft und das Ergebnis anzeigt. `watch` wird mit Strg C abgebrochen.

Mit der Option `-n 1` bekommst du die Ausgabe einmal pro Sekunde angezeigt. Mit `-n 0` legt `watch` wie wild los und wiederholt die Ausgabe, so schnell es kann. Das beschäftigt natürlich den Prozessor und das Programm, das du eigentlich untersuchen willst, läuft dann schleppender.

`watch`

ruft Befehl periodisch auf.

`watch [OPTIONEN] BEFEHL ARGUMENTE`

`-n S`	wiederholt Befehl alle `S` Sekunden
`-d`	hebt Änderungen einmal hervor
`-dx`	lässt Änderungen hervorgehoben

Wichtig ist es, zu verstehen, dass `watch` nicht den Namen einer Textdatei erwartet, sondern einen *Befehl*, welcher eine (knappe) Textausgabe erzeugt. Zum Betrachten von Textdateien heißt der Befehl einfach `cat`. Du kannst aber auch einen Diagnosebefehl, wie z. B. `free`, verwenden, der den aktuellen Speicherverbrauch ausgibt:

```
Eiger:~> free
             total       used       free     shared    buffers     cached
Mem:        515120     508016       7104          0     130180     132764
-/+ buffers/cache:     245072     270048
Swap:       530104          4     530100
```

Das gleiche einmal pro Sekunde aktualisiert mit `watch`...

```
Eiger:~> watch -n 1 free
```

...ergibt folgenden Bildschirm:

```
Every 1s: free                                   Thu Mar  6 14:48:27 2004

             total       used       free     shared    buffers     cached
Mem:        515120     508704       6416          0     130448     132960
-/+ buffers/cache:     245296     269824
Swap:       530104          4     530100
```

Interessant ist z. B. auch ein Beobachten der Hardware-Interrupts durch ein Anzeigen der Datei `/proc/interrupts`:

```
Eiger:~> watch -n 0 cat /proc/interrupts
```

Hier darfst du `cat` nicht vergessen, da `watch` ja beliebige Befehle ausführt und das Anzeigen von Dateien nur ein Sonderfall ist.

Auch bei ungeduldigen Menschen ist `watch` beliebt: Wenn ich eine sehr große Datei kopiere und das Ziel heißt, sagen wir `cdimage.iso`, so gebe ich manchmal in einem anderen Fenster (= in einer Shell) den Befehl `watch ls -lh cdimage.iso` ein und kann so beobachten, wie die Größe der Datei wächst und wächst und wächst[5].

Nützlich sind auch die Optionen `-d` und `-dx`: Das Programm `watch` markiert dann alle Stellen der Ausgabe invers, die sich von einer Ausgabe zur nächsten geändert haben, wobei `-dx` die Markierung auch dann beibehält, wenn sich inzwischen nichts mehr ändert.

4.1.4 Dateityp feststellen mittels `file`

> **file**
>
> stellt den Typ einer Datei fest
>
> *file DATEI*

Dateien, die keine Textdateien sind, werden auch als *binäre Dateien* oder Binärdateien bezeichnet. Wenn du solche Dateien mit `cat` anzeigst, wirst du ein bizarres Schauspiel von

[5] Das `h` von `-lh` steht für „human readable". Größere Zahlen werden hier in Kilobyte und Megabyte ausgegeben.

Sonderzeichen erleben (Probier doch mal `cat /bin/true`). Wenn du danach nur noch kryptische Sonderzeichen siehst, kannst du mit einem „blind“ eingetippten `reset` deine Textkonsole wieder in den Normalzustand bringen.

Hast du eine Binärdatei vor dir und weißt nicht, um was für eine Art von Datei es sich überhaupt handelt, ist der Befehl `file` die Lösung. Dieser greift auf eine große Datenbank von Dateitypen zurück und versucht, den Typ der Datei nicht am Namen, sondern am *Inhalt* zu erkennen! Dies klappt in der Regel sehr gut und man bekommt oft noch nützliche Zusatzinformation, wie z. B. bei Bildern die Breite und Höhe in Pixeln:

```
Eiger:~> file /bin/pidof
/bin/pidof: symbolic link to ../sbin/pidof
Eiger:~> file /bin/true
/bin/true: ELF 32-bit LSB executable, Intel 80386, version 1 (SYSV), for GNU/Linux
2.2.5, dynamically linked (uses shared libs), not stripped
Eiger:~> file /lib/libc.so.6
/lib/libc.so.6: ELF 32-bit LSB shared object, Intel 80386, version 1 (SYSV), not st
ripped
Eiger:~> file /usr/lib/X11/fonts/Type1/cursor.pfa
/usr/lib/X11/fonts/Type1/cursor.pfa: PostScript Type 1 font text (Cursor 001.001)
Eiger:~> file /boot/vmlinuz
/boot/vmlinuz: Linux/i386 Kernel, Setup Version 0x203, bzImage
Eiger:~> file africa.jpg
africa.jpg: JPEG image data, JFIF standard 1.01, resolution (DPCM), 28 x 28
```

4.1.5 Suche innerhalb von Textdateien mit `grep`

Der auch außerhalb von Unix-Lagern sehr bekannte Befehl `grep` sucht innerhalb von Textdateien nach Zeilen, die einen Suchtext enthalten. Dieser wird als *regulärer Ausdruck* angegeben. Da die Bedeutung der regulären Ausdrücke auch jenseits von `grep` herausragend ist und weil man damit tolle kryptische Befehlszeilen zaubern kann, erkläre ich sie in einem eigenen Abschnitt A.4 im Anhang.

`grep`

filtert Text nach einem Suchausdruck, gibt alle Zeilen aus, auf die der Ausdruck passt

`grep` *`OPTIONEN AUSDRUCK DATEIEN...`*

`-i`	ignoriert Groß/Kleinschreibung
`-v`	zeigt nur Zeilen, die *nicht* passen
`-n`	zeigt Zeilennummern der gefundenen Zeilen
`-E`	sucht nach erweiterten regulären Ausdrücken (oder `egrep` verwenden)
`-F`	sucht ohne reguläre Ausdrücke (oder `fgrep` verwenden)
`-r`	durchsucht rekursiv Verzeichnisse
`-l`	zeigt statt Treffern nur Dateinamen

Besonders erfreulich ist die hohe Geschwindigkeit von GNU `grep`, welches – wie ein an Magie grenzendes Wunderwerk – selbst große Dateien durchfräst wie ein geölter Blitz[6].

[6]Die Autoren von GNU `grep` schreiben über ihr Programm: *This is GNU grep, the „fastest grep in the west“ (we hope). [...] GNU grep is based on a fast lazy-state deterministic matcher (about twice as fast as stock Unix egrep) hybridized with a Boyer-Moore-Gosper search for a fixed string that eliminates impossible*

Wie alle Linuxbefehle arbeitet grep ebenso als Filter wie mit Angabe einer oder mehrerer zu durchsuchender Dateien. Das erste Argument ist in beiden Fällen immer der Suchausdruck. grep zeigt aus den Quelldateien alle Zeilen an, die den Suchbegriff enthalten. Wichtig: Ohne die Option -i wird bei der Suche Groß-/Kleinschreibung unterschieden:

```
Eiger:~> grep interrupt /var/log/boot.msg
<6>ACPI: Using PIC for interrupt routing
Eiger:~> grep -i interrupt /var/log/boot.msg
<6>ACPI: Using PIC for interrupt routing
<7>ACPI: PCI Interrupt Routing Table [_SB_.PCI0._PRT]
<4>ACPI: PCI Interrupt Link [LNKA] (IRQs 3 4 5 6 7 9 10 *11 12 14 15)
<4>ACPI: PCI Interrupt Link [LNKB] (IRQs 3 4 *5 6 7 9 10 11 12 14 15)
<4>ACPI: PCI Interrupt Link [LNKC] (IRQs 3 4 5 6 7 9 10 11 12 14 15, disabled)
<4>ACPI: PCI Interrupt Link [LNKD] (IRQs 3 4 5 6 7 9 *10 11 12 14 15)
<7>ACPI: PCI Interrupt Routing Table [_SB_.PCI0.AGP_._PRT]
<7>ACPI: PCI Interrupt Routing Table [_SB_.PCI0.PCIE._PRT]
```

Mit der Option -E oder durch Verwendung von egrep statt grep schaltest du auf die *erweiterten* regulären Ausdrücke um, bei denen eine Reihe von Zeichen eine besondere Bedeutung haben. Beim Schreiben von komplexen Ausdrücken spart dir das einen Haufen Backslashes. Die genauen Unterschiede von normalen und erweiterten regulären Ausdrücken erkläre ich in Abschnitt A.4.3 auf Seite 404.

Das Gegenteil bewirkt -F bzw. fgrep, das die regulären Ausdrücke ganz abklemmt und nur nach festen Texten sucht. Dies ist praktisch, wenn du es mit Sonderzeichen zu tun hast, welche bei den regulären Ausdrücken eine Sonderbedeutung hätten, wie z. B. der Stern:

```
Eiger:~> fgrep ' *11' /var/log/boot.msg
<4>ACPI: PCI Interrupt Link [LNKA] (IRQs 3 4 5 6 7 9 10 *11 12 14 15)
```

Die Option -v dreht den Sinn der Suche so um, dass genau die Zeilen angezeigt werden, die einen bestimmten Begriff *nicht* enthalten. Dadurch kannst du lästigen Müll in großen Dateien ausblenden, wie er oft in Logdateien oder Konfigurationsdateien vorkommt, z. B. Kommentarzeilen in Konfigurationsdateien, welche immer mit einem Kanalgitter # beginnen:

```
Eiger:~> grep -v '^#' /etc/resolv.conf
search zemeplocha.de
nameserver 10.10.0.7
```

Wenn du gar nicht weißt, in welcher Datei du eigentlich suchen sollst (und das ist wahrscheinlich oft der Fall), so kannst du mit Jokerzeichen mehrere Dateien

text from being considered by the full regexp matcher without necessarily having to look at every character. The result is typically many times faster than Unix grep or egrep.

gleichzeitig durchsuchen. Sobald `grep` mehrere Dateien verarbeitet, zeigt es bei jedem Treffer den Namen der Datei an. Wenn du eigentlich nur wissen willst, in welcher Datei es Treffer gibt, die Zeilen selbst aber nicht sehen willst, hilft die Option `-l`:

```
Eiger:~ # grep -l pass /etc/*.conf
/etc/inetd.conf
/etc/iscsi.conf
/etc/ltrace.conf
/etc/mysqlaccess.conf
/etc/nscd.conf
/etc/nsswitch.conf
/etc/xmp.conf
```

Willst du gar rekursiv durch alle Unterverzeichnisse suchen, so kannst du dies mit der Option `-r` durchführen. Als Argument gibst du dann den Namen des Verzeichnisses an, von dem aus gesucht werden soll. Dies ermöglicht die Suche nach der Nadel im Heuhaufen, kann aber natürlich ein Weilchen dauern, wenn du einen großen Verzeichnisbaum durchwühlen lässt: In welcher Konfigurationsdatei im Verzeichnis `/etc` konnte man noch einmal eben die Variable `DHCLIENT_SET_HOSTNAME` setzen und auf welchem Wert steht sie? Hier ist die Antwort:

```
Wethertop:~ # grep -r DHCLIENT_SET_HOSTNAME /etc
/etc/sysconfig/network/dhcp:DHCLIENT_SET_HOSTNAME="yes"
```

`grep`	sucht nach einfachen regulären Ausdrücken
`fgrep`	sucht feste Texte, ist wie `grep -F`
`egrep`	sucht nach erweiterten regulären Ausdrücken, ist wie `grep -E`
`zgrep`	sucht in mit gzip komprimierten Dateien (ist wie `zcat | grep`)

Wenn du in mit `gzip` eingeschrumpften Dateien etwas suchst, kannst du diese zuvor mit `gunzip` auspacken, dann suchen und dann mit `gzip` wieder einpacken.

Besser ist `zgrep`: Es dekomprimiert eine Datei auf dem Fluge, bevor darin gegrepscht wird. Dabei wird keine temporäre Datei benötigt. Bei sehr großen Dateien ist dies manchmal die einzig sinnvolle Lösung.

4.1.6 Konfigurationsdateien abspecken mit `grep -Ev '^(#|$)'`

Mitgelieferte Standard-Konfigurationsdateien sind meist so gespickt mit Kommentaren und Beispielzeilen, dass man den Überblick darüber verliert, was denn nun der eigentliche Inhalt der Datei ist. Konvention ist, dass Zeilen, die mit einem Kanalgitter # (Raute, Gartenzaun, Hashmark, Nummernzeichen, Doppelkreuz, Sharp, Zombie [7]) beginnen, als Kommentarzeilen gewertet und folglich nicht beachtet werden. Ferner werden Leerzeilen ignoriert.

Mit `egrep -v '^(#|$)'` kannst du die Essenz einer Konfigurationsdatei anzeigen. Zwar ist der Befehl nicht einfach zu merken, die Mühe lohnt aber, wie du am Beispiel der SUSE-Standardkonfiguration von `xntp`[8] sehen kannst. So sieht die Datei `/etc/ntp.conf` mit `cat` angezeigt aus:

```
Eiger:~ # cat /etc/ntp.conf
################################################################################
## /etc/ntp.conf
##
## Sample NTP configuration file.
## See package 'xntp-doc' for documentation, Mini-HOWTO and FAQ.
## Copyright (c) 1998 S.u.S.E. GmbH Fuerth, Germany.
##

[ ... hier habe ich 57 Zeilen ausgelassen ... ]

# requestkey 15                # key (7) for accessing server variables
# controlkey 15                # key (6) for accessing server variables
```

Und nun mit `egrep -v '^(#|$)'`:

```
Eiger ~ # egrep -v '^(#|$)' /etc/ntp.conf
server 127.127.1.0              # local clock (LCL)
fudge  127.127.1.0 stratum 10   # LCL is unsynchronized
server blomberg
driftfile /etc/ntp.drift        # path for drift file
logfile   /var/log/ntp          # alternate log file
```

An diesem Beispiel siehst du übrigens auch, warum du nicht einfach mit:

```
grep -v '#'
```

alle Zeilen mit einem Kanalgitter wegschneiden solltest: Der Kommentar kann auch erst in der Zeilenmitte beginnen!

[7] Nur in Verwendung bei Computerpionieren, welche ein gleichnamiges Spiel auf dem Commodore CBM kannten.

[8] eXtended network time protocol, ein Netzwerkzeitdienst.

4.1.7 Dateien dem Namen und Typ nach finden mit `find`

Im vorigen Abschnitt habe ich dir gezeigt, wie du `grep` dazu verwenden kannst, um in einer Datei die richtigen *Stellen* zu finden oder um diejenigen Dateien zu finden, welche einen bestimmten *Text* beinhalten.

Wenn du Dateien jedoch nicht aufgrund des *Inhalts*, sondern anhand des *Namens* oder anderer *Attribute* finden willst, benötigst du den Befehl `find`.

`find`

sucht nach Dateien und Verzeichnissen anhand des Namens oder anderer Dateiattribute

`find [PFAD] [SUCHKRITERIEN]`

`-name M`	Name entspricht Muster `M` (Jokerzeichen `*` und `?` sind erlaubt)
`-type f`	sucht nur nach echten Dateien
`-type d`	sucht nur nach Verzeichnissen
`-mmin 18`	Datei wurde in den letzten 18 Minuten geändert

Leider haben uns die Erfinder von `find` (wahrscheinlich nicht böswillig) ein dickes Ei gelegt: Entgegen jeglicher Unix-Konventionen erwartet `find` die Optionen am *Ende* der Zeile! Das zu durchsuchende Verzeichnis muss an den an den *Anfang* gestellt werden! Frecherweise merkt `find` sofort, wenn du das wieder einmal vertauscht hast, weigert sich aber besserwisserisch, den Befehl trotzdem auszuführen.

Am einfachsten ist `find` ganz ohne Parameter. Es listet dann die Namen aller Dateien und Verzeichnisse im aktuellen und allen Unterverzeichnissen auf. Wer zu faul ist, sich mit `find` näher auseinanderzusetzen, kann dann einfach `grep` verwenden, um aus dem Ergebnis die gesuchten Dateinamen herauszufischen:

```
Eiger:~ # cd /etc/ppp
Eiger:/etc/ppp # find
.
./ip-up
./peers
./peers/ppp
./peers/pppoe
./peers/pppoe-rp
./peers/wvdial
./peers/pppoatm
./poll.tcpip
./options
./ip-down.d
./pap-secrets
./ip-down
./ip-up.d
./chap-secrets
```

```
Eiger:/etc/ppp # find | grep atm
./peers/pppoatm
```

Wenn du `find` ein Verzeichnis als Argument übergibst, durchsucht es dieses anstelle des aktuellen:

```
Eiger:~ # find /etc | grep secrets
/etc/ppp/pap-secrets
/etc/ppp/chap-secrets
/etc/rsyncd.secrets~
/etc/rsyncd.secrets
```

Anstelle von `grep` kannst du auch die Option `-name` mit der Angabe eines Shellmusters als Namenskriterium verwenden. Hier gibt es zwei Dinge zu bemerken:

- Damit die Shell `*` und `?` nicht anhand der Dateien im aktuellen Verzeichnis interpretiert, bevor `find` sie zu Gesicht bekommt, benötigst du einfache Anführungszeichen[9].
- Das Muster muss auf den ganzen Namen der Datei selbst passen, wohingegen `grep` testet, ob der Suchausdruck irgendwo im kompletten Pfadnamen vorkommt.

Beispiel:

```
Eiger: # find /etc -name secrets
Eiger: # find /etc -name '*-secrets'
/etc/ppp/pap-secrets
/etc/ppp/chap-secrets
```

Um nach dem *Typ* einer Datei zu suchen, gibt es die Option `-type`. Dahinter gibst du einen Buchstaben an, der einen Typ bezeichnet:

`f` normale Datei

`d` Verzeichnis

`l` symbolischer Link[10]

Wenn die gefundenen Dateien mehrere Kriterien *gleichzeitig* erfüllen sollen, kannst du diese einfach hintereinander schreiben. Folgender Befehl findet alle Verzeichnisse unter `/usr/lib`, welche `include` heißen:

[9] Mit doppelten geht es auch, aber die Shell interpretiert dann das Dollarzeichen als Variablenkennung oder Kommandosubstitution.

[10] Wenn du wirklich nach Unix-Sockets, Named Pipes, Devicenodes oder anderen Exoten suchen willst, findest du in der Man-Seite von `find` die restlichen Buchstaben.

```
Wethertop:~ # find /usr/lib -type d -name include
/usr/lib/bcc/include
/usr/lib/gcc-lib/i486-suse-linux/3.2/include
/usr/lib/xemacs/21.4.8/i386-suse-linux/include
/usr/lib/qt-3.0.5/include
/usr/lib/SunJava2-1.3.1/include
```

Neben dem Namen und dem Dateityp kannst du auch das *Änderungsdatum* zur Suche heranziehen. Die häufigste Frage ist: Welche Dateien haben sich in letzter Zeit geändert? Diese Frage beantwortet die Option `-mmin`, der du eine Minutenzahl mit Minuszeichen davorstellst, z. B. `-mmin -60` für eine Stunde. Welche Dateien in `/etc` haben sich innerhalb der letzten Stunde geändert?

```
Wethertop:~ # find /etc -mmin -60
/etc
/etc/mtab
/etc/ntp.drift.TEMP
```

Wenn du dich daran störst, dass nicht nur Dateien, sondern auch Verzeichnisse ausgegeben werden (hier im Beispiel `/etc`), kannst du natürlich noch die Option `-type f` dranhängen.

In der Man-Seite von `find` findest du noch zahlreiche weitere Möglichkeiten, die Suche zu steuern. So kannst du etwa nach Zugriffsrechten und dem Dateieigentümer suchen oder die Suche auf eine bestimmte Partition oder Suchtiefe beschränken.

4.1.8 Schnelles Suchen mit `locate` statt `find`

Wenn du oft nach Dateien suchst, bei denen du nicht einmal ungefähr den Ort kennst, stört es, dass `find` so lange braucht, alle Verzeichnisse des Systems abzurödeln. Suchst du gar vom Wurzelverzeichnis aus, brauchst du schon sehr viel Geduld.

> **`locate`**
>
> findet Dateien blitzschnell anhand der `locate`-Datenbank, welche einmal täglich aktualisiert wird.
>
> *`locate [-i] MUSTER`*
>
> `-i` ignoriert Groß-/Kleinschreibung

Abhilfe schafft `locate`, das nicht das Dateisystem, sondern eine eigene Datenbank durchsucht, die dazu regelmäßig mit `updatedb` aktualisiert werden muss. Bei SUSE wird `locate` nicht standardmäßig installiert. Es steckt im Paket `findutils-locate`. Durch die Installation wird ein `cron`-Job aktiviert, welcher einmal am Tag die Datenbank auffrischt[11]. Damit du nach der Installation des Paketes nicht einen Tag warten musst, um die Vorteile von `locate` zu genießen, kannst du das Aktualisieren auch durch Eingabe von `/etc/cron.daily/updatedb` von Hand anstoßen (als `root`).

Bei Debian Woody steckt `locate` im Paket `findutils`. Der `cron`-Job für die tägliche Aktualisierung heißt hier `/etc/cron.daily/find` und kann ebenfalls von Hand aufgerufen werden.

Wenn du eine Distribution verwendest, welche `locate` / `updatedb` nicht vorkonfiguriert, musst du selbst dafür sorgen, dass `updatedb` regelmäßig aufgerufen wird. Wenn du das immer erst vor dem Suchen machst, dauert es so lange, dass du gleich `find` verwenden kannst[12].

Ist die Datenbank aktuell, geht das Suchen im Handumdrehen. `locate` sucht immer in der kompletten Datenbank, simuliert also gewissermaßen ein `find /`. Als einziges Argument gibst du den Suchbegriff an:

```
Eiger:~> locate magic.m
/usr/share/ImageMagick/magic.mgk
/usr/share/misc/magic.mgc
/usr/share/misc/magic.mime
```

`locate` zeigt alle Pfadnamen, die den Suchtext enthalten. Du kannst dabei auch `*` und `?` verwenden, musst aber dann darauf achten, dass der *ganze Pfad* vom Muster erfasst wird! Dabei wird – anders als bei der Shell – auch der Pfadtrenner / von `*` und `?` erwischt. Ein `locate awk.*` klappt deshalb nicht, weil alle Pfade mit / anfangen und nicht mit a:

```
Eiger:~> locate bin/awk
/bin/awk
/usr/bin/awk
/windows/tools/GNU-WIN32/H-i386-cygwin32/bin/awk.exe
Eiger:~> locate awk.*
Eiger:~> locate */awk.*
/usr/share/a2ps/sheets/awk.ssh
/usr/share/enscript/hl/awk.st
/usr/share/man/man1/awk.1.gz
/usr/share/vim/vim61/syntax/awk.vim
/windows/tools/GNU-WIN32/H-i386-cygwin32/bin/awk.exe
```

Die Option `-i` wurde von `grep` übernommen und wirft Groß- und Kleinschreibung in einen Topf. Sonst unterscheidet `locate` dies wie üblich.

[11] Dies ist wohl auch der Grund, warum das Paket standardmäßig nicht installiert wird. Die Datenbankaktualisierung kann schon ein paar Minuten intensives Bearbeiten der Festplatte bedeuten.

[12] In der Tat verwendet `updatedb` – natürlich – seinerseits `find`, um seine Arbeit zu erledigen.

4.1.9 Die Nadel finden: `grep`, `find` und `xargs`

Wenn du wirklich nach einer Nadel im Heuhaufen suchst, ist es wünschenswert, `find` und `grep` – also Suche nach Name und Inhalt – zu kombinieren. Dazu erzeugst du zunächst mit `find` eine Liste von Kandidaten-Dateien und filzt diese anschließend mit `grep`, und das alles natürlich mit einem einzigen Kommando.

Für dies und anderes gibt es `xargs` (*extended arguments*). `xargs` liest auf der Standardeingabe eine Liste von Dateinamen, für jeden von denen es einen Befehl – zum Beispiel `grep` – aufruft. `xargs` ist dazu gedacht, in einer Pipe aufgerufen zu werden, um die Dateinamenliste von einem anderen Befehl – meist `find` – zu erhalten.

> **xargs**
>
> ruft einen Befehl mit allen Dateinamen auf, die auf der Standardeingabe kommen.
>
> *find OPTIONEN [-print0] | xargs [-0] BEFEHL*
>
> `-0` erwartet Ausgabe von `find -print 0`

Dabei ist `xargs` so schlau, dass es nicht für jede einzelne Datei einen Aufruf des Befehls macht, sondern immer so viele Dateien auf einmal in die Kommandozeile packt, wie der Befehl gerade noch verdauen kann[13].

Wenn du `find` und `grep` also mittels `xargs` kombinieren willst, lautet das Kommando:

`find /pfad` *KRITERIEN* | `xargs grep` *AUSDRUCK*.

In folgendem Beispiel suche ich in den Linux-Kernelquellen die C-Datei, in welcher die Fehlermeldung „`stat data not found`" ausgegeben wird. Die Option `-follow` braucht man bei diesem speziellen Beispiel, weil `/usr/src/linux` ein symbolischer Link ist, dem `find` folgen soll. Die lange Kommandozeile, die über den Seitenrand hinausgehen würde, ist im Text umbrochen. Du kannst bei der Eingabe entweder alles in eine Zeile schreiben – also hinter `grep` einfach weiter `-l 'stat data not found'` – oder hinter `grep` einen Backslash \ eingeben und [↵] drücken. Der Cursor wechselt daraufhin in eine neue Zeile und gibt den Prompt > aus. Dort gibst du dann den Rest der Zeile ein:

```
Eiger:~> find /usr/src/linux -follow -name "*.c" | xargs grep \
> -l 'stat data not found'
/usr/src/linux-2.4.19.SUSE/fs/reiserfs/inode.c
```

Ein Problem bekommt `xargs` bei Dateinamen mit Leerzeichen, Anführungszeichen, Backslash und anderen Widrigkeiten im Namen. Die Folge sind Fehlermeldungen von `grep`, das über die verstümmelten Dateinamen stolpert. Um das

[13]Die maximale Länge einer Kommandozeile ist auch bei Linux begrenzt, allerdings recht großzügig bemessen. Wer's genau wissen will: der Platz für Argumente plus Umgebung (*environment*) ist bei Linux standardmäßig 128KB, also 131 072 Bytes. Dies wird in `/usr/include/linux/limits.h` definiert (Variable `ARG_MAX`).

Problem zu beheben, haben sich die Programmierer von `find` und `xargs` zusammengesetzt und eine Möglichkeit geschaffen, die Dateinamen unverfälscht zu übertragen. `find` bekommt dazu die Option `-print0` und `xargs` als Gegenstück `-0` (Minus Null) übergeben:

```
Eiger:~> find /win -print0 | xargs -0 grep test
/win/Dokumente und Einstellungen/MK/History.txt:test.LNK=0
```

Man kann `xargs` natürlich auch mit anderen Programmen, wie z. B. `locate` kombinieren. Folgender Aufruf spielt alle im Dateisystem vorhandenen `.wav` Dateien der Reihe nach ab:

```
Eiger:~> locate '*.wav' | xargs wavplay
```

4.1.10 Dateien aus RPM-Paketen untersuchen mit `rpm`

> **rpm**
>
> RPM-Paketmanager, u. a. zum Überprüfen der Herkunft und der Integrität einer Datei
>
> *rpm -qf DATEI*
> *rpm -V PAKETNAME*
>
> | | |
> |---|---|
> | `-qf D` | zeigt an, aus welchem Paket Datei `D` kommt |
> | `-qif D` | wie `-qf`, zeigt aber zusätzlich Paketinformationen an |
> | `-V P` | prüft die Integrität der Dateien in Paket `P` |

Die Paketverwaltung, die bei SUSE, Red Hat, Mandrake und vielen anderen Distributionen zum Installieren und Deinstallieren von Programmen verwendet wird, heißt RPM[14]. Das Tolle an RPM ist, dass es in einer Datenbank über jede installierte Datei Buch führt. Bei der Fehlersuche kann es bezüglich einer Datei zwei interessante Fragen beantworten:

- Aus welchem RPM-Paket stammt die Datei?
- Ist die Datei noch im Originalzustand?

Die erste dieser Fragen wird mit dem Befehl `rpm -qf DATEI` beantwortet. Spendierst du noch die Option `-i` oder insgesamt `-qif`, so bekommst du zu dem Paket gleich noch eine Beschreibung mitgeliefert:

```
Eiger:~> rpm -qf /usr/lib/libpspell.so.15
aspell-0.50.5-35
Eiger:~> rpm -qif /usr/lib/libpspell.so.15
Name        : aspell                      Relocations: (not relocatable)
Version     : 0.50.5                           Vendor: SuSE Linux AG, Nuernberg
Release     : 35                           Build Date: Di 06 Apr 2004 20:34:30 CEST
Install date: So 11 Apr 2004 20:17:04 CEST     Build Host: legolas.suse.de
Group       : Productivity/Text/Spell      Source RPM: aspell-0.50.5-35.src.rpm
```

[14] RPM: **R**ed Hat **P**ackage **M**anager.

```
Size        : 2204427                          License: LGPL
Signature   : DSA/SHA1, Di 06 Apr 2004 20:40:07 CEST, Key ID a84edae89c800aca
Packager    : http://www.suse.de/feedback
URL         : http://aspell.net/
Summary     : A Free and Open Source spell checker
Description :
GNU Aspell is a spell checker designed to eventually replace Ispell. It
can be used as a library or as an independent spell checker.

Its main feature is that it does a much better job of coming up with
possible suggestions than just about any other spell checker available
for the English language, including Ispell and Microsoft Word. It also
has many other technical enhancements over Ispell such as using shared
memory for dictionaries and intelligently handling personal
dictionaries when more than one Aspell process is open at once.
Distribution: SuSE Linux 9.1 (i586)
```

Natürlich gibt es auch Dateien, die zu keinem Paket gehören, weil sie erst im Laufe der Zeit entstehen:

```
Eiger:~> rpm -qf /var/log/messages
die Datei »/var/log/messages« gehört zu keinem Paket
```

Mit der Option `-V` kannst du alle Dateien in einem RPM-Paket auf Veränderungen gegenüber dem Originalzustand prüfen. Du gibst den Namen des Paketes an, wie er z. B. von `rpm -qf` ausgegeben wird. Die Versionsnummer kannst du dabei auch weglassen. Merke: Die originale RPM-Datei wird dazu nicht benötigt!

RPM führt Buch über acht verschiedene Aspekte jeder Datei. Wenn alles im Auslieferungszustand ist, schweigt der Aufruf. Ansonsten werden acht Punkte oder Zeichen ausgegeben. Jedes Zeichen bedeutet eine Änderung der Datei in einem der acht Aspekte. Die Zeichen bedeuten:

- `5` Der Dateiinhalt hat sich geändert (Die MD5-Prüfsumme stimmt nicht).
- `S` Die Größe der Datei hat sich geändert.
- `L` Die Datei ist ein symbolischer Link, der auf ein anderes Ziel zeigt.
- `T` Der Zeitstempel der Datei hat sich geändert.
- `D` Die Datei ist eine Gerätedatei, welche auf ein anderes Gerät zeigt.
- `U` Der Besitzer der Datei hat sich geändert.
- `G` Die Gruppe der Datei hat sich geändert.
- `M` Die Zugriffsrechte oder der Dateityp haben sich geändert.

In folgendem Beispiel siehst du, dass sich im Paket `aaa_base` die vier Dateien `inittab`, `mailcap`, `mime.types` und `modules.conf` geändert haben, und zwar jeweils der Zeitstempel, der Inhalt und – bis auf `inittab` – auch die Größe.

```
Eiger:~> rpm -V aaa_base
..5....T c /etc/inittab
```

```
S.5....T c /etc/mailcap
S.5....T c /etc/mime.types
S.5....T c /etc/modules.conf
```

Welche Dateien insgesamt im Paket `aaa_base` stecken, zeigt der Befehl `rpm -ql aaa_base` an. Was du von RPM nicht erfahren kannst, ist *was* sich am Inhalt geändert hat!

4.1.11 Fehlende Dateien finden auf der SUSE-CD/DVD

Dieser Abschnitt ist nur für Leute interessant, die SUSE LINUX verwenden, also können alle anderen schon einmal zum nächsten weiterhüpfen.

Wenn du eine Datei trotz `find`, `locate` und `rpm` nicht findest, liegt es vielleicht daran, dass sie gar nicht installiert ist. Wenn du dir aber trotzdem sicher bist, dass du diese Datei unbedingt brauchst, kannst du auf der SUSE-CD oder -DVD nachsehen, in welchem Paket sie steckt.

Diese Frage tritt z. B. auf,

- wenn du ein Programm starten willst und eine Bibliothek fehlt oder
- wenn du ein Programm kompilieren willst und der Compiler über das Fehlen einer Datei oder Bibliothek meckert.

Die Antwort auf die Frage liegt in der Datei `ARCHIVES.gz`, welche sich im Hauptverzeichnis der SUSE-CD/DVD befindet. Obwohl das Monstrum mit `gzip` eingeschrumpft wurde, ist es noch 9 MB groß. Man sollte tunlichst vermeiden, es zu kopieren und mit `gunzip` auszupacken, weil es dann 113 MB groß wird. Besser ist hier, das bereits erwähnte `zgrep` zu verwenden. Dieses kann direkt in gezippten Dateien suchen. In folgendem Beispiel suche ich nach der Datei `libssl.a` und finde sie im Paket `openssl-devel`, welches ich danach z. B. mit YaST oder mit einem direkten Aufruf von RPM installieren könnte. Das Mounten der CD ist nur bis SuSE LINUX 9.0 nötig:

```
Eiger:~ # mount /media/cdrom
```

Die Datei `ARCHIVES.gz` liegt direkt im Hauptverzeichnis der CD. Mit `zgrep` kannst du darin suchen:

```
Eiger:~ # zgrep libssl.a /media/cdrom/ARCHIVES.gz
./suse/i586/openssl-devel-0.9.6g-18.i586.rpm: -rw-r--r-- root  root  273
322 Sep  9 22:21 /usr/lib/libssl.a
```

4.1.12 Ort eines Befehls feststellen mit `which`

> **which**
>
> zeigt den vollständigen Pfad eines Programmes an.
>
> *which BEFEHL*

Wenn du auf der Kommandozeile einen Befehl eingibst, sucht die Shell in einer Reihe von Verzeichnissen nach einem ausführbaren Programm mit dem entsprechenden Namen. Darüber hinaus sind einige Befehle direkt in die Shell eingebaut. Woher ein Befehl eigentlich kommt, gibt ein Aufruf von `which` preis:

```
Eiger:~> which ll
Eiger:~> which zgrep
/usr/bin/zgrep
Eiger:~> which xeyes
/usr/X11R6/bin/xeyes
```

> **type**
>
> zeigt den Typ eines Befehls an.
>
> *type BEFEHL*

Wenn `which` schweigt, handelt es sich entweder um ein Shell-Alias (wie hier `ll`), einen eingebauten Befehl (wie z. B. `cd`) oder es gibt den Befehl gar nicht. Das kannst du mit dem Befehl `type` herausfinden:

```
Eiger:~> type ll
ll is aliased to 'ls -l'
Eiger:~> type type
type is a shell builtin
```

Hervorragend kombinieren kannst du `which` mit `rpm -qf` , um mit einem einzigen Kommando gleich noch herauszufinden, aus welchem Paket der Befehl kommt (zur Syntax `$(...)` siehe Abschnitt A.2.4):

```
Eiger:~> which xeyes
/usr/X11R6/bin/xeyes
Eiger:~> rpm -qf /usr/X11R6/bin/xeyes
xf86-4.2.0-176
Eiger:~> rpm -qf $(which xeyes)
xf86-4.2.0-176
```

4.1.13 Änderungen in Textdateien aufspüren mit `diff`

Bei der Suche nach einem Fehler fragt man sich manchmal, was man eigentlich geändert hat, weil nämlich vorher noch alles funktioniert hat und jetzt gar nichts mehr geht.

> **diff**
>
> vergleicht zwei Textdateien zeilenweise miteinander.
>
> *diff DATEI1 DATEI2*
>
> | | |
> |---|---|
> | -w | ignoriert alle Weißräume |
> | -u | erzeugt die Ausgabe im *unified diff*-Format |

Nützlich ist es, wenn du von Konfigurationsdateien alte Versionen aufhebst. Mit dem Befehl `diff` kannst du später die alte und die neue Version vergleichen.

Ich illustriere das mit einem Beispiel: Vor dem Rumspielen mit der `ntp`-Konfiguration erzeuge ich eine Kopie der alten Datei:

```
Wethertop:/etc # cp ntp.conf ntp.conf.FUNKTIONIERT
```

Nun editiere ich die Konfigurationsdatei[15]:

```
Wethertop:/etc # jmacs ntp.conf
Processing '/etc/jmacsrc'... done.
File ntp.conf saved.
```

Wenn ich später ein Problem finde, kann ich mir die Änderungen mit `diff` anzeigen lassen:

```
Wethertop:/etc # diff ntp.conf.FUNKTIONIERT ntp.conf
1d0
< server 127.127.1.0 # local clock (LCL)
5a5
> Diese Zeile habe ich eingebaut
```

`diff` bekommt als Argumente zwei Dateinamen übergeben. Bei der Ausgabe werden alle Zeilen, die nur in der ersten bzw. zweiten Datei vorkommen, mit < bzw. > markiert. Passagen, die in beiden Dateien gleich sind, werden nicht angezeigt. Bei obigem Beispiel habe ich also die Zeile mit `server` gelöscht und dafür weiter unten eine neue Zeile eingefügt.

Ähnlich wie `grep` ist auch `diff` ein altehrwürdiges Unix-Werkzeug und daher mit einer langen Reihe spannender Optionen ausgestattet, von denen man wie

[15] `jmacs` ist mein Lieblingseditor für kleinere Arbeiten. Ein paar Empfehlungen für Texteditoren gebe ich in Abschnitt A.3 auf Seite 393.

immer nur sehr wenige wirklich benötigt. Wie gewohnt gibt's die volle Wahrheit in der Man-Seite.

Erwähnenswert finde ich die Option `-w`, mit der `diff` großzügig über Unterschiede hinwegsieht, welche nur Leerzeilen, Tabulatoren und Leerzeichen betreffen.

Mit der Option `-u` forderst du eine andere Darstellung der Unterschiede an: den unter eingefleischten Linuxern beliebten *unified diff*. Unter der Annahme, dass die erste Datei die „alte" und die zweite Datei die „neue" Version ist, zeigen Pluszeichen hinzugekommene und Minuszeichen weggefallene Zeilen. Dabei werden auch noch unveränderte Zeilen aus dem Kontekt angezeigt, so dass das Ganze etwas aussagekräftiger wird und sich leichter zuordnen lässt:

```
Wethertop:/etc # diff -u ntp.conf.FUNKTIONIERT ntp.conf
--- ntp.conf.FUNKTIONIERT    2004-03-06 17:50:47.000000000 +0100
+++ ntp.conf         2004-03-06 17:51:23.000000000 +0100
@@ +1,6 -1,6 @@
-server     127.127.1.0            # local clock (LCL)
 fudge     127.127.1.0 stratum 10        # LCL is unsynchronized
 server    blomberg
 server    Blomberg
 driftfile /etc/ntp.drift         # path for drift file
+Diese Zeile habe ich eingebaut
 logfile   /var/log/ntp           # alternate log file
```

Neben Änderungen in Konfigurationsdateien lassen sich mit `diff` auch die Ausgaben von Logdateien und Protokollausgaben zweier Programmläufe vergleichen. So kannst du versuchen, einen erfolgreichen Lauf und einen fehlerhaften Lauf anhand von Unterschieden im Protokoll festzunageln[16].

4.1.14 Texte in Binärdateien finden mittels `strings`

> **`strings`**
>
> zeigt menschenlesbare Zeichenketten einer Binärdatei.
>
> *`strings DATEI`*

Obwohl für das Betriebssystem Linux alle Dateien gleich sind, unterscheiden Benutzer naturgemäß Textdateien von *Binärdateien*. Genau genommen gibt es gar keine technische Unterscheidung. Würde man es z. B. so definieren, dass Textdateien nur ASCII-Zeichen enthalten dürften, so würde ein einziges Ö eine Datei zur Binärdatei machen. Ließe man auch den erweiterten Zeichensatz und ferner Tabulator, Zeilenumbruch (*line feed*), Wagenrücklauf

[16]So ein Protokoll kann z. B. die Ausgabe von `strace` sein, welches in Abschnitt 7.2.2 auf Seite 7.2.2 besprochen wird.

(*carriage return*) usw. zu, so gäbe es kaum noch Zeichen, welche nicht erlaubt wären. Deshalb definiere ich Binärdateien lax so:

Binärdateien sind Dateien, welche sich mit `cat` *und* `less` *nicht sinnvoll anzeigen lassen.*

Diese Definition mag zwar unpräzise erscheinen, für die nächsten Abschnitte ist sie aber ideal, denn dort stelle ich Werkzeuge vor, mit denen du weiterkommst, wenn eben `cat`, `less` und die anderen Textzeilen-orientierten Werkzeuge versagen.

In der Regel enthalten auch Binärdateien, wie z. B. ausführbare Programme, Passagen von Texten. Der Befehl `strings` frisst eine beliebige Binärdatei und spuckt alles aus, was irgendwie nach einem lesbaren Text aussieht. Manchmal kannst du damit eine verborgene Option oder Fehlermeldung aufspüren. Angewandt auf `/bin/usleep` ergibt `strings` folgende Ausgabe:

```
Eiger:~> strings /bin/usleep
/lib/ld-linux.so.2
SuSE
libc.so.6
usleep
__strtoul_internal
fprintf
stderr
fwrite
_IO_stdin_used
_exit
__libc_start_main
sched_yield
__gmon_start__
GLIBC_2.0
PTRh
NH~3
Usage:  %s [ microseconds ]
-help
Help options:
Sleep for the specified number of microseconds.
  -h, -?, --help    display this help and exit.
```

Wie du hieraus vermuten kannst, dient der Befehl `usleep` zum mikrosekundengenauen Warten, was du hier natürlich auch einfacher mittels des Aufrufs `usleep --help` herausgefunden hättest. Das Beispiel macht aber deutlich, wie nützlich dieses einfache Werkzeug sein kann, wenn man nach einer Nadel im Heuhaufen sucht.

Bei umfangreicheren Dateien ist es hilfreich, die Ausgabe von `strings` in `grep` oder `less` zu pipen. Folgendes Beispiel listet alle Fehlermeldungen des RPM-Befehls auf, welche das Wort „`parsing`" enthalten:

```
Eiger:~> strings /bin/rpm | grep parsing
syntax error while parsing &&
syntax error while parsing ==
syntax error while parsing ||
line %d: Error parsing %%description: %s
line %d: Error parsing %%files: %s
Error parsing %%setup: %s
line %d: Error parsing %s: %s
```

Spannend ist auch, das komplette Image einer CD zu durchsuchen. Solltest du zufällig eine CD 1 von SUSE LINUX 9.1 zur Hand haben, kannst du mal folgendes ausprobieren[17]:

```
Wethertop:~ # cat  /dev/cdrom | strings | grep mkisofs
mkisofs 1.15a27 -p CD-Team, http://www.suse.de/feedback -P SuSE
Linux AG, suse@suse.de -r -J -f -pad -sort .../m_cd-I9s2Xa -no-e
mul-boot -boot-load-size 4 -boot-info-table -b boot/loader/isoli
nux.bin -c boot/boot.catalog -hide boot/boot.catalog -hide-jolie
t boot/boot.catalog -A SuSE-Linux-Professional-i386-9.1#0 -V SU9
10.001 -o ../../iso/SuSE-9.1-Prof-i386-RC2-CD1.iso .../m_cd-5GzD
QX CD1
mkisofs-2.01a27-21.i586.rpmPX$
```

Gerade dieser Befehl hat mir schon einmal völlig überraschend weitergeholfen, weil hier nämlich zu sehen ist, mit welchem Aufruf von `mkisofs` SUSE das ISO-Image der CD erzeugt hat. Was es in sich hat, ist die Boot-Konfiguration! Wie du siehst, wird eine überraschende Vielzahl von Optionen verwendet, die ich sonst wohl nur nach dem Vernichten von vielen unschuldingen CD-Rohlingen herausgefunden hätte.

Die Lehre daraus ist: `strings` kann ungeahnte Informationen zu Tage fördern!

4.1.15 Binärdateien anzeigen mit `hexdump`

Manchmal will man wirklich ganz genau wissen, was in einer binären Datei drin steht. Mit `hexdump` kannst du eine Datei als Hexadezimaldump anzeigen. Wer Hexadezimal-Zahlen nicht kennt, für den habe ich eigens im Anhang eine Einführung verfasst (in Abschnitt A.5 auf Seite 405).

[17] Das vorangestellte `cat` ist hier nötig, weil `strings` sonst vorlaut meckert, dass `/dev/cdrom` keine normale Datei ist.

Der Befehl hexdump listet den Inhalt einer Datei oder der Standardeingabe hexadezimal auf. Mit der Option -C bekommst du meiner Ansicht nach die übersichtlichste Darstellung. Sie hat drei Spalten: Zuerst als Hexzahl den *Offset*, also die Stelle in der Datei, dann eine Liste von 16 Bytes und schließlich nochmal eine ASCII-Darstellung der gleichen 16 Bytes, sofern es sich nicht um Steuerzeichen handelt. Letztere werden durch Schlusspunkte angedeutet:

> **hexdump**
>
> zeigt binäre Dateien Byte für Byte hexadezimal an.
>
> *hexdump [OPTIONEN] DATEIEN...*
>
> | | |
> |---|---|
> | -C | übersichtliche dreispaltige Ausgabe |
> | -n X | zeigt nur X Bytes an |
> | -s Y | überspringt die ersten Y Bytes |

```
Eiger:~> hexdump -C /proc/cmdline
00000000  72 6f 6f 74 3d 2f 64 65  76 2f 68 64 61 38 20 20  |root=/dev/hda8  |
00000010  68 64 62 3d 69 64 65 2d  73 63 73 69 20 20 76 67  |hdb=ide-scsi  vg|
00000020  61 3d 37 39 31 20 0a                              |a=791 .|
00000027
```

hexdump ist höchst konfigurierbar. Wenn dir obige Darstellung nicht gefällt, kannst du eine andere wählen oder dir deine ganz eigene programmieren. Wie das geht, erfährst du in der Man-Seite (man 1 hexdump).

4.1.16 Änderungen in Binärdateien vornehmen

Willst du an einer Binärdatei zu Testzwecken Änderungen machen, so kommst du mit hexdump nicht weiter. Was du benötigst, ist ein spezieller Hexeditor, mit dem du direkt in der Hexadezimaldarstellung arbeiten kannst. Wenn du KDE benutzt, bietet sich hier khexedit an. So sieht z. B. die Datei /bin/usleep in khexedit aus:

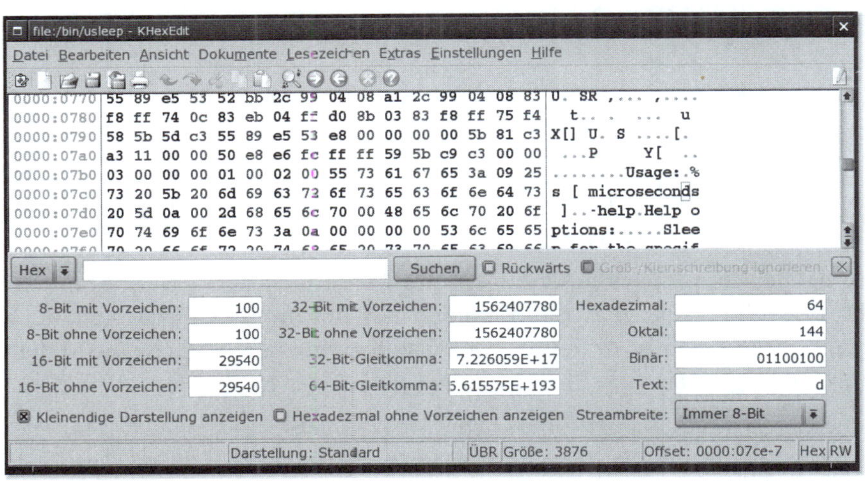

Als nicht-KDE Benutzer kannst du zu `ghex` oder neuerdings `ghex2` greifen. Diese Programme kommen ohne die aufwändige KDE-Infrastruktur aus.

Mit einem Hexeditor kannst du sogar versuchen, von Hand eine kaputte Partitionstabelle zu reparieren. Mich hat das schon einmal vor totalem Datenverlust gerettet! Ich zeige dir hier einmal, wie du den Master-Boot-Record der Platte `/dev/hda` samt Partitionstabelle im Hexeditor ansehen und bearbeiten kannst. Die Datei `/dev/hda` repräsentiert die Master-Festplatte am ersten IDE-Controller. Mit der Option `--bytes` kannst du `head` dazu veranlassen, nicht die ersten Zeilen, sondern eine bestimmte Anzahl von Bytes auszulesen:

```
Eiger:~ # head --bytes 512 /dev/hda > /tmp/mbr
```

In `ghex2` sieht das dann so aus:

```
Eiger:~ # ghex2 /tmp/mbr
```

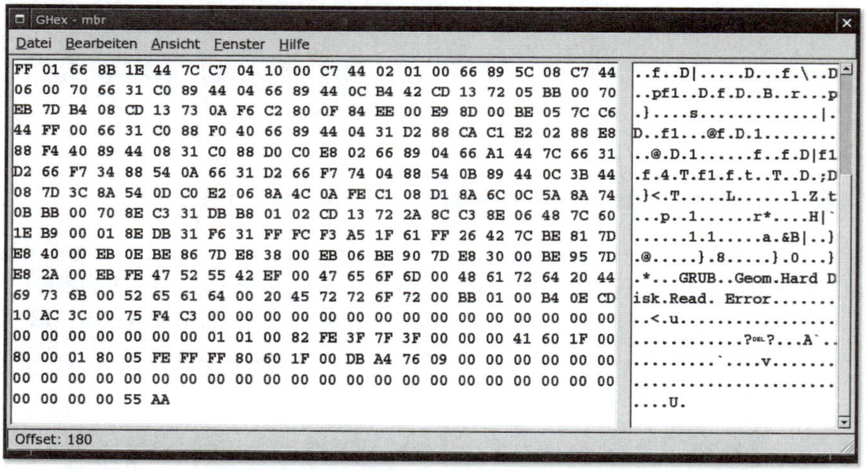

Wenn du gezwungen bist, auf der Konsole zu arbeiten, kannst du `vche` verwenden. Seltsamerweise unterscheidet dieses Programm zwischen den „echten" Linuxkonsolen (Alt F1 bis Alt F6) und einer virtuellen Konsole, wie dem `xterm`. Bei einer Nicht-Linuxkonsole will der Hexeditor mit dem Befehl `vche-nc` gestartet werden.

Für eingefleischte Emacs-Freunde, kommt dann noch der berühmt-berüchtigte `hexl-mode` in Frage. Dieser funktioniert sowohl im GNU-Emacs als auch im XEmacs. Dazu lädst du die Datei zunächst wie eine gewöhnliche Textdatei und wechselst dann mit Alt X `hexl-mode` ↵ in den `hexl`-Modus.

Das Editieren geschieht grundsätzlich im Überschreibemodus, was bei Binärdateien sehr wichtig ist, da diese anders als Textdateien durch eine Verschiebung oder Größenänderung leicht zerstört werden können. Zeichen, die du tippst, werden als ASCII-Code interpretiert. Willst du ein Byte dezimal oder hexadezimal eingeben, drückst du dazu Strg Alt D bzw. Strg Alt X.

In den normalen Modus gelangst du mit Alt X `hexl-mode-exit` ↵ zurück.

4.1.17 Binärdateien vergleichen mit `cmp`

> **cmp**
>
> vergleicht zwei Binärdateien.
>
> *cmp DATEI1 DATEI2*
>
> | | |
> |---|---|
> | -b | zeigt bei Unterschieden diese als Bytes (Oktalzahl) und ASCII-Zeichen an |
> | -l | zeigt alle Unterschiede an (nicht nur den ersten) |

Zum Vergleichen von Binärdateien eignet sich der Befehl `diff` nicht besonders. Wenn `diff` erkennt, dass die Eingabedateien keine Textdateien sind, stellt er sich dumm und gibt lediglich aus, ob die Dateien unterschiedlich sind oder nicht.

Wenn du Genaueres herausfinden willst, benötigst du `cmp`. Der Aufruf ist vom Prinzip her der gleiche wie der von `diff`. Zur Demonstration habe ich eine Kopie der Datei `/usr/bin/emacs` gemacht und mit dem Hexeditor `vche` einige Bytes geändert:

```
Eiger:~> cp /usr/bin/emacs e2
Eiger:~> vche-nc e2
```

Der Befehl `diff` zeigt richtig an, dass die Dateien unterschiedlich sind, aber nicht, worin die Unterschiede bestehen:

```
Eiger:~> diff /usr/bin/emacs e2
Binärdateien /usr/bin/emacs and e2 sind verschieden.
```

Mit `cmp` hingegen erfährst du, dass es einen Unterschied beim 4646ten Byte gibt:

```
Eiger:~> cmp /usr/bin/emacs e2
/usr/bin/emacs e2 differieren: Byte 4646, Zeile 3.
```

Um genau zu erfahren, welchen Werte das unterschiedliche Byte in den beiden Dateien hat, brauchst du die Option `-b`. Hier im Beispiel wurde aus dem Byte `334` in `/etc/bin/emacs` eine `325` in der Datei `e2`:

```
Eiger:~> cmp -b /usr/bin/emacs e2
/usr/bin/emacs e2 differieren: Zeichen 4646, Zeile 3 ist 334 Ü 325 Õ
```

Bist du stutzig geworden, wie ein Byte den Wert `334` haben kann? Der Grund ist, dass `cmp` die Werte als *Oktalzahlen* ausgibt, also im Achtersystem! Mit einem echo-Befehl und der Notation für Rechenoperationen `$(( ))` kannst du das ins Dezimalsystem umrechnen, den Oktalwerten musst du eine 0 voranzustellen:

```
Eiger:~> echo $(( 0334 )) $(( 0325 ))
220 213
```

In Dezimalschreibweise handelt es sich also um die Zahlen 220 und 213.

Wenn du *alle* Unterschiede sehen willst, fügst du die Option -l an. Wie gewöhnlich kannst du die beiden Optionen -b und -l zu -bl zusammenfassen[18]:

```
Eiger:~> cmp -bl /usr/bin/emacs e2
   4646 334 Ü   325 Õ
   4647   4 D̂   244 €
   4817  34 ^    24 T̂
   4818  25 Û   123 S
   4819   0 @̂    15 M̂
   4820   0 @̂   336 Þ
   4821 160 p   255
   4822 335 Ý   276 ¾
   4823   4 D̂   357 ï
```

4.2 Festplatten und Dateisysteme

4.2.1 Festplatten und Partitionen anzeigen mit fdisk

Einen Überblick über alle Festplatten, die das System kennt, und deren Partitionierung kannst du dir mit dem Befehl fdisk verschaffen. Dabei gibst du als Option -l an (für „list"). Der Befehl kann nur als root ausgeführt werden[19]:

fdisk -l

zeigt alle Festplattenpartitionen an.

fdisk -l [FESTPLATTE]

-l zeigt Partitionen an (ohne -l gelangst du in einen interaktiven Modus)

```
Eiger:~ # fdisk -l

Platte /dev/hda: 82.3 GByte, 82348277760 Byte
255 Köpfe, 63 Sektoren/Spuren, 10011 Zylinder
Einheiten = Zylinder von 16065 * 512 = 8225280 Bytes
```

[18] Fast alle Kommandozeilenbefehle erlauben als Kurzschreibweise das Zusammenfassen mehrerer Optionsbuchstaben vor ein einziges Minuszeichen.

[19] Ein normaler Benutzer kann fdisk aufrufen, wenn er Leseberechtigung auf die entsprechende Gerätedatei hat. Bei SuSE LINUX und Debian Woody gibt es dafür die Gruppe disk. Beim Aufruf musst du dann den vollen Pfad /sbin/fdisk angegeben werden, falls das Verzeichnis /sbin nicht im Suchpfad $PATH enthalten ist.

```
  Gerät Boot    Start         End      Blocks   Id  System
/dev/hda1           1         128     1028128+  82  Linux Swap
/dev/hda2   *     129       10011    79385197+   5  Erweiterte
/dev/hda5         129        4045    31463271   83  Linux
/dev/hda6        4046       10011    47921863+  83  Linux

Platte /dev/hdb: 160.0 GByte, 160041885696 Byte
255 Köpfe, 63 Sektoren/Spuren, 19457 Zylinder
Einheiten = Zylinder von 16065 * 512 = 8225280 Bytes

  Gerät Boot    Start         End      Blocks   Id  System
/dev/hdb1           1       19457   156288321   83  Linux
```

Technisch gesehen besteht eine Festplatte aus einer Spindel, um die mehrere Magnetscheiben rotieren. Jede Scheibe hat zwei *Oberflächen*. Jede Oberfläche wird von einem eigenen Schreib-/Lesekopf bedient und ist in konzentrische Ringe aufgeteilt. Alle Köpfe sind mit einem Kamm so verbunden, dass sie sich gemeinsam bewegen. Es wird also immer auf allen Oberflächen der gleiche Ring angesteuert. Deshalb fasst man die jeweils zusammengehörigen Ringe begrifflich zu einem *Zylinder* zusammen.

Ferner ist ein Ring eingeteilt in *Sektoren*. Da die Ringe außen größer sind als innen, ist die Anzahl der Sektoren pro Ring unterschiedlich. Diese Eigenschaft versteckt aber der Controller der Festplatte.

Neben der Anzahl von Köpfen, Zylindern und Sektoren ist interessant, wie viele Bytes in einen Sektor passen (im Beispiel 512). Kennst du alle vier Zahlen, so kannst du die Größe der Festplatte in Bytes ausrechnen[20]. Die Zusammenfassung der Kennziffern wird als *Geometrie* der Platte bezeichnet.

Wer sich das obige Bespiel ansieht, wird stutzig werden, wie in eine so kleine (hier Laptop-)Festplatte 255 Schreib-/Leseköpfe passen. Die Wahrheit ist, dass die Festplatte meist nur zwei oder vier Köpfe hat. Leider haben die Erfinder des ersten PC nicht damit gerechnet, dass eine Festplatte mal größer als 32 Megabyte groß sein könnte und daher leichtfertig rigide Obergrenzen für die Anzahl von Zylindern, Sektoren und Köpfen eingebaut. Hersteller von Festplatten, BIOSen und Betriebssystemen lösen das Problem, indem so gerechnet wird, als habe die Festplatte 255 Köpfe, dafür aber weniger Zylinder.

Letztendlich kann einem zum Glück egal sein, wie viel Köpfe jetzt nun wirklich mechanisch vorhanden sind. Wichtig für die Partitionierung ist das, was `fdisk`

[20]In meinem Beispiel sind das für die Festplatte `/dev/hda` 82 343 278 080 Byte, also etwa 82,34 Milliarden Bytes. Das sind 80 413 357 Kilobyte oder 78 528 Megabyte oder haargenau 76 Gigabyte. Hier sieht man auch, dass der Unterschied zwischen dem Faktor 1 000 und 1 024 immer gravierender wird, je größer die Zahlen werden. Besonders Spitzfindige unterscheiden deshalb MB (1 024 · 1 024 Byte) und Megabyte (1 000 · 1 000 Byte).

als *Zylinderzahl* ausgibt. Eine Partition belegt nämlich immer eine ganze Anzahl von Zylindern und ein Zylinder gehört immer nur zu einer Partition. `fdisk` gibt deshalb zu jeder Partition den Start- und Endzylinder an. Die Größe wird zur weiteren Verwirrung in Blöcken ausgegeben, welche jeweils mit 1 024 Byte anzurechnen sind, auch wenn die Sektoren z. B. 512 Byte groß sind.

Als letzte Spalte gibt `fdisk` den *Dateisystemtyp* aus. Diese Angabe ist aber nicht immer wörtlich zu nehmen. Verlassen kannst du dich auf Typ 82 (Linux Swap-Partition) und Typ 5 (erweiterte Partition[21]). Hinter Typ 83 versteckt sich zwar immer eine Linuxpartition, aber welches Dateisystem dort steckt, kann man aufgrund der heutigen Vielzahl nicht vorhersagen. Früher war dies bei Linux eigentlich immer das `ext2`-Dateisystem. Heute sind auch `ext3` und `reiserfs` sehr populär.

Wenn du hinter dem `-l` eine Festplatte angibst, so wird nur diese angezeigt. Ohne `-l` gelangst du in ein Menü, mit dem du die Festplatte umpartitionieren kannst. Solltest du aus Versehen in diesen Modus geraten sein, kannst du mit dem Befehl `q` oder einfach mit Strg C abbrechen. Gibst du `fdisk` ganz ohne Parameter an, so wird eine kurze Hilfe ausgegeben.

4.2.2 Gemountete Dateisysteme anzeigen mit `mount`

Eine Partition ist ein bestimmter Bereich auf einer Festplatte. Für Linux ist dies nichts anderes als eine einzige lange Folge von Bytes. Man kann so eine Partition für verschiedene Dinge verwenden. Die wichtigsten sind:

- Verwendung durch ein Dateisystem zur Speicherung von Dateien.
- Verwendung als Auslagerungsbereich (*Swapspace*), um den virtuell zur Verfügung stehenden Speicher zu vergrößern
- Verwendung durch eine Datenbank, welche Ihre Datentabellen und Verwaltungsinformationen direkt in der Partition ablegt, ohne dabei den Umweg über ein Dateisystem zu gehen.

Ich habe dies extra deutlich gemacht, um zu betonen, dass nicht jede Partition ein Dateisystem enthält. Ein Dateisystemtyp ist eine Konvention, die bestimmt, wie die Inhalte, Namen und anderen Attribute der Dateien und Verzeichnisse auf der Partition organisiert sind. Welche Typen von Dateisystemen dein Kernel kennt, kannst du durch einen Blick in `/proc/filesystems` erfahren. Weitere Dateisystemtreiber können als Module nachgeladen werden. Manche Dateisysteme – wie z. B. `proc` – leben unabhängig von einer Festplattenpartition. Die dort enthaltenen Dateien und Verzeichnisse werden vom Kernel virtualisiert.

[21] Eine erweiterte Partition ist ein Behälter, in dem weitere Partitionen – sog. logische Partitionen – stecken können. Dies ist ein Provisorium, mit dem die historische Begrenzung auf vier Partitionen pro Platte umgangen wird. Man kann nur maximal eine erweiterte Partition pro Platte anlegen. Die erste Logische Partition bekommt unter Linux immer die Nummer 5, z. B. `/dev/hda5`.

Ein Dateisystem ist letztlich ein Baum von Dateien und Verzeichnissen. Dieser Baum kann an einer beliebigen Stelle – dem Mountpunkt – in den bestehenden Verzeichnisbaum des Systems eingebunden (*gemountet*) werden. Als Mountpunkt wird ein leeres Verzeichnis verwendet.

> **mount**
>
> zeigt gemountete Dateisysteme an.
>
> *mount*

Welche Dateisysteme gerade gemountet sind, zeigt der Befehl `mount` an. Jeder Eintrag besteht aus der Partition, dem Mountpunkt, dem Dateisystemtyp und den `mount`-Optionen. Hier bedeutet `rw` read-write und `ro` read-only. Informationen zu weiteren Optionen erhältst du durch einen Blick in die Man-Seite von `mount`.

Hier ist ein Beispiel von meinem Laptop:

```
Eiger:~> mount
/dev/hda8 on / type reiserfs (rw)
proc on /proc type proc (rw)
devpts on /dev/pts type devpts (rw,mode=0620,gid=5)
/dev/hda7 on /data type vfat (rw,noexec,nosuid,nodev,gid=1000,umask=0002)
/dev/hda5 on /boot type ext2 (rw)
tmpfs on /tmp type tmpfs (rw)
shmfs on /dev/shm type shm (rw)
usbdevfs on /proc/bus/usb type usbdevfs (rw)
automount(pid763) on /auto type autofs (rw,fd=5,pgrp=763,minproto=2,maxproto=4)
Blomberg:/home/mk on /auto/homemk type nfs (rw,rsize=8192,wsize=8192,timeo=14,...
```

Auch gemountete Netzwerklaufwerke (nfs und Samba) werden angezeigt, was man an dem Rechnernamen gefolgt von einem Doppelpunkt erkennt (hier: `Blomberg:/home/mk`).

Die Dateisysteme `tmpfs`, `shmfs`, `usbdevfs`, `devpts` und `proc` entsprechen keiner Festplattenpartition oder einem Netzwerkverzeichnis, sondern zeigen vom Kernel simulierte Daten.

4.2.3 Freien Platz anzeigen mit `df`

> **df**
>
> zeigt freien und belegten Platz in gemounteten Dateisystemen an.
>
> *df [OPTIONEN] [VERZEICHNIS]*
>
> | | |
> |---|---|
> | `-h` | zeigt Platz in Megabyte und Gigabyte |
> | `-T` | zeigt den Dateisystemtyp an |
> | `-i` | zeigt freie und belegte Inodes an |

Ebenso wie `mount` listet auch der Befehl `df` (*disk free*) gemountete Dateisysteme auf, legt allerdings die Betonung auf die Anzeige des freien und belegten Platzes.

Im Gegensatz zu `mount` zeigt `df` nur die Dateisysteme an, die nicht die Gesamtgröße 0 haben. Dazu gehört z. B. das Dateisystem `proc`, welches vom Kernel nur vorgegaukelt wird und keine echten Dateien enthält.

Du kannst `df` auch ein Verzeichnis als Argument übergeben, es zeigt dann die Daten desjenigen Dateisystems an, in dem das Verzeichnis liegt.

Alle Größen werden in Blöcken à 1024 Byte angezeigt. Wenn du willst, kannst du mit `-h` auf eine lesbarere Darstellung umschalten, welche die Buchstaben `M` (Megabyte) und `G` (Gigabyte) verwendet. Die Option `-T` gibt (ganz im Gegensatz zu `fdisk -l`) den tatsächlichen Typ des Dateisystem mit aus.

```
Eiger:~> df -hT
Dateisystem    Typ    Größe Benut  Verf Ben% Eingehängt auf
/dev/hda8 reiserfs      13G   12G  1.5G  89% /
/dev/hda2     ntfs      13G  5.8G  7.0G  46% /windows
/dev/hda7     vfat     2.1G   70M  2.0G   4% /data
/dev/hda5     ext2      16M  4.6M  9.8M  32% /boot
tmpfs        tmpfs     252M  5.4M  247M   3% /tmp
shmfs          shm     252M     0  252M   0% /dev/shm
Eiger:~> df -hT /home/mk
Dateisystem    Typ    Größe Benut  Verf Ben% Eingehängt auf
/dev/hda8 reiserfs      13G   12G  1.5G  89% /
```

Interessant ist die Option `-i`: sie zeigt die Anzahl der freien *Inodes* an. Eine Inode ist eine Struktur im Dateisystem, welche traditionelle Unix-Dateisysteme dazu verwenden, Informationen über Dateien und Verzeichnisse zu speichern. Die eigentlichen Daten der Dateien liegen hingegen in *Datenblöcken*. Beim Anlegen eines Dateisystems werden die Inodes einmalig angelegt und dabei deren Zahl festgelegt. Jede Datei und jedes Verzeichnis benötigt eine Inode. Wenn die Inodes ausgehen, kann man also keine Dateien mehr anlegen, auch wenn eigentlich noch genug Platz vorhanden wäre.

Dieses Problem tritt vor allem bei kleinen Dateisystemen auf und kann einen vor ein großes Rätsel stellen. Wenn die Inodes ausgehen, bekommt man nämlich nur eine Meldung, dass das Dateisystem voll ist, aber `df` zeigt noch freien Platz an! Erst ein Aufruf von `df -i` zeigt eine Statistik über die Inodes und verschafft Klarheit.

In folgendem Beispiel lege ich innerhalb einer Datei ein Dateisystem der Größe 80KB an und demonstriere die Bedeutung der Inodes[22]. Als erstes erzeuge ich eine Datei mit dem Namen `part` und der Größe 80KB, die aus lauter 0-Bytes besteht.

[22]Unter Linux kann man statt einer Festplattenpartition auch eine normale Datei nehmen und dort ein Dateisystem hineinstecken. Der Unterschied ist ja nicht groß, da der Kernel eine Partition letztlich auch als eine Datei (fester Größe) darstellt. Beim Mounten von Dateisystemen in normalen Dateien benötigt man die Option `-o loop`.

```
Eiger:~ # dd if=/dev/zero of=part bs=1024 count=80
80+0 Records ein
80+0 Records aus
```

Nun kann ich mit mke2fs (*make extended 2 filesystem*) ein Dateisystem vom Typ ext2 anlegen. Dies entspricht in gewisser Hinsicht dem „Formatieren“. Die Option -q macht das Programm schweigsam. mke2fs erkennt, dass part eine Datei und keine echte Partition ist und fragt, ob dies in Ordnung geht. Ich bestätige und mounte das Dateisystem anschließend nach /mnt:

```
Eiger:~ # mke2fs -q part
mke2fs 1.28 (31-Aug-2002)
part is not a block special device.
Proceed anyway? (y,n) y
Eiger:~ # mount -o loop part /mnt
Eiger:~ # df /mnt
Dateisystem          1K-Blöcke   Benutzt Verfügbar Ben% Eingehängt auf
/home/mk/part               73        13        56  19% /mnt
```

Die Option -o loop ist notwendig, damit mount die Datei wie eine Partition behandelt. Der df-Aufruf zeigt, dass 19% des Platzes bereits für interne Verwaltungsdaten belegt sind. Jetzt versuche ich, acht leere Dateien zu erzeugen[23]:

```
Eiger:~ # touch /mnt/{A,B,C,D,E,F,G,H}
touch: Erzeugen von »/mnt/F<: Auf dem Gerät ist kein Speicherplatz ...
touch: Erzeugen von »/mnt/G<: Auf dem Gerät ist kein Speicherplatz ...
touch: Erzeugen von »/mnt/H<: Auf dem Gerät ist kein Speicherplatz ...
Eiger:~ # ls /mnt
. .. A B C D E lost+found
Eiger:~ # df /mnt
Dateisystem          1K-Blöcke   Benutzt Verfügbar Ben% Eingehängt auf
/home/mk/part               73        13        56  19% /mnt
```

Wie du siehst, wurden nur fünf Dateien erzeugt, welche von ls auch brav angezeigt werden. Der abermalige Aufruf von df verblüfft, denn es sind immer noch 56 Blöcke frei - genau wie vorher. Wenn du nun mit df -i die Inodes anzeigst, wird alles klar:

```
Eiger:~ # df -i /mnt
Dateisystem            INodes IBenut.  IFrei IBen% Eingehängt auf
/home/mk/part              16      16      0  100% /mnt
```

Wenn du die Testdateien wieder löschst, wird tatsächlich pro Datei eine Inode frei:

[23] Die Syntax mit den geschweiften Klammern erkläre ich in Abschnitt A.1.3 auf Seite 386.

```
Eiger:~ # rm /mnt/?
Eiger:~ # df -i /mnt
Dateisystem            INodes  IBenut.  IFrei IBen% Eingehängt auf
/home/mk/part              16       11      5   69% /mnt
```

Elf Inodes verbraucht das ext2-Dateisystem für interne Zwecke, unter anderem eine für das Wurzelverzeichnis und eine für das Verzeichnis `lost+found`.

Am Ende solltest du wieder aufräumen:

```
Eiger:~ # umount /mnt
Eiger:~ # rm part
```

Übrigens: manche neuere Dateisysteme, wie z. B. das Reiserfs, organisieren die Dateien ohne Inodes und haben gewissermaßen unendlich viele Inodes zur Verfügung.

4.3 Prozesse

Ein Prozess ist wörtlich übersetzt ein *Fortschreiten*. Mit anderen Worten sind die Prozesse das, was im Linuxrechner gerade *abläuft*. Dies darf man nicht mit Programmen verwechseln. Genau gesagt ist ein Prozess der Ablauf eines Programmes, wobei von einem Programm zu einem Zeitpunkt natürlich mehrere Prozesse existieren können.

Man kann das gut mit einem Kochbuch vergleichen: Ein Rezept ist wie ein Programm: Eine Liste von Anweisungen. Aber wenn ich am Freitag abend in der Küche stehe und nach dem Rezept koche, ist das ein Prozess. Klar, dass andere Menschen auf der Welt zur gleichen Zeit nach dem gleichen Rezept kochen können.

4.3.1 Prozessbaum anzeigen mit `pstree`

Um sich einen Überblick über die gerade laufenden Prozesses zu verschaffen, ist ein Aufruf von `pstree` ideal. Es stellt alle Prozesse übersichtlich als Baumstruktur dar. Denn Prozesse existieren bei Linux nicht parallel nebeneinander, sondern jeder Prozess hat einen Vaterprozess, welcher ihn geschaffen hat. Es gibt nur einen einzigen Prozess, welcher als Vater keinen Prozess, sondern den Linux-Kernel selbst hat. Dieser heißt aber nicht Adam, sondern `init`.

> **`pstree`**
>
> zeigt den Prozessbaum, entweder ganz, oder ab Prozess `PID`.
>
> *`pstree [OPTIONEN] [PID]`*
>
> | | |
> |---|---|
> | `-p` | zeigt Prozess-IDs an |
> | `-u` | zeigt Benutzerwechsel (UID Transitionen) an |

Ein Aufruf von `pstree` auf dem Laptop, auf dem ich gerade tippe, ergibt Folgendes:

```
Eiger:~ # pstree
init-+-atd
     |-bdflush
     |-cron
     |-gdm-binary---gdm-binary-+-X
     |                         `-wmaker-+-colorxterm---xterm---bash---pstree
     |                                  |-colorxterm---xterm---bash
     |                                  |-wmcalclock
     |                                  |-wmfire---fireload_cpu
     |                                  `-wmtop
     |-keventd
     |-khubd
     |-kinoded
     |-klogd
     |-kreiserfsd
     |-ksoftirqd_CPU0
     |-kswapd
     |-kupdated
     |-lockd---rpciod
     |-lvm-mpd
     |-mdrecoveryd
     |-6*[mingetty]
     |-soffice.bin---soffice.bin---4*[soffice.bin]
     `-syslogd
```

Hier kannst du z. B. erkennen, dass ich gerade mit dem Windowmanager WindowMaker (Prozess `wmaker`) arbeite, welcher vom Gnome-Display-Manager `gdm` gestartet wurde. Auch siehst du, wie `pstree` mehrere Prozesse gleichen Namens in einer Zeile zusammenfasst (z. B. `6*[mingetty]`).

Jeder Prozess hat eine eindeutige Nummer: die Prozess-ID (PID). Mit der Option `-p` zeigt `pstree` die PIDs der Prozesse mit an. Das sieht dann etwa so aus:

```
[...]
       |-cupsd(770)
       |-dhcpcd(385)
       |-gdm-binary(1039)---gdm-binary(1070)-+-X(1071)
       |                                     `-wmaker(1094)-+-colorxterm(1197)+
       |                                                    |-colorxterm(1842)+
       |                                                    |-wmcalclock(1118)
       |                                                    |-wmfire(1119)---f+
       |                                                    `-wmtop(1121)
       |-keventd(2)
       |-khubd(440)
[...]
```

Oft will man nicht alle Prozesse sehen, sondern nur einen Unterbaum. Vor allem, weil `pstree` alles abschneidet, was rechts aus dem Fenster ragt. Willst du im obigen Beispiel genauer unter die Lupe nehmen, was `wmaker` für Unterprozesse hat, übergibst du dessen PID als Argument an `pstree` (hier im Beispiel zusätzlich mit `-p` für die Anzeige der PIDs):

```
Eiger:~ # pstree -p 1094
wmaker(1094)-+-colorxterm(1197)---xterm(1201)---bash(1203)
```

```
          |-colorxterm(1842)---xterm(1846)---bash(1848)---pstree(1906)
          |-wmcalclock(1118)
          |-wmfire(1119)---fireload_cpu(1120)
          `-wmtop(1121)
```

Wenn du wissen willst, als welcher *Benutzer* die Prozesse laufen, fügst du die Option `-u` an. Damit zeigt `pstree` die *UID Transitionen* an, also die Stellen, wo ein Prozess als ein anderer Benutzer läuft als sein Vaterprozess:

```
Eiger:~ # pstree -u 1070
gdm-binary-+-X
           `-wmaker(mk)-+-colorxterm---xterm---bash(root)
                        |-colorxterm---xterm---bash(root)---pstree
                        |-wmcalclock
                        |-wmfire---fireload_cpu
                        `-wmtop
```

Hier kannst du erkennen, dass `wmaker` als Benutzer `mk` gestartet wurde und dass zwei `bash` -Prozesse wiederum als `root` laufen.

Ich finde `pstree` besonders praktisch, weil es einfach und übersichtlich ist. Wenn du ausführlichere Informationen über einen Prozess haben willst, kannst du entweder `ps` verwenden oder direkt ins `proc`-Dateisystem schauen.

4.3.2 Prozessliste mit `ps`

Der klassische Unix-Befehl zum Anzeigen der Prozesse heißt `ps`. Der Vorteil gegenüber `pstree` ist, dass man wesentlich mehr Informationen über die Prozesse erhält.

ps

listet aktuelle Prozesse in traditioneller Weise auf.

ps ANZEIGEMODUS

ax	zeigt alle Prozesse, mit Kommandozeile
afx	zeigt Baumstruktur ähnlich `pstree`
aux	zeigt Benutzer, `%CPU` und `%MEM`

`ps` orientiert sich bei der Auswahl der anzuzeigenden Prozesse aus historischen Gründen an den TTYs, also den Geräten, über die die interaktive textbasierte Ein-/Ausgabe abgewickelt wird. Wenn du von einem TTY aus (z. B. von einer Kommandozeile) einen Prozess startest, so wird dieses TTY das *controlling TTY* des Prozesses. Nicht alle Prozesse haben ein controlling TTY. Ein einfacher Aufruf von `ps` zeigt nur die Prozesse, dessen controlling TTY das aktuelle TTY ist.

Die Bedeutung der TTYs hat in den letzten Jahrzehnten etwas abgenommen. Erschwerend für `ps` kommt hinzu, dass es verschiedene historische Aufrufkonventionen gibt, welche das GNU-`ps` von Linux nicht nur alle berücksichtigen will, sondern auch noch eine eigene hinzufügt[24]. Es ist erstaunlich, wie man eine an sich einfache Sache wie das Auflisten von Prozessen so kompliziert machen kann.

[24]Bitte mache dir selbst ein Bild davon mit `man 1 ps`.

Daher ist mein Vorschlag: Versuche nicht, den ps-Befehl wirklich zu verstehen, merke dir einfach drei Aufrufvarianten:

- ax,
- afx und
- aux.

Für die andere Fälle verwende pstree.

ps ax zeigt alle Prozesse an und zwar mit der kompletten Kommandozeile. Die Variante ps afx äfft ein bisschen pstree nach, indem es eine Baumstruktur sichtbar macht. ps aux zeigt zu jedem Prozess noch ein paar Daten mehr an, darunter die Spalte USER (Eigentümer des Prozesses), %CPU (aktueller Verbrauch an Rechenleistung) und %MEM (aktueller Speicherverbrauch). Sehr sinnvoll ist bei ps immer die Kombination mit grep:

```
Eiger:~ # ps aux | head -n 1
USER         PID %CPU %MEM   VSZ  RSS TTY      STAT START   TIME COMMAND
Eiger:~ # ps aux | grep getty
root        1090  0.0  0.1  1396  584 tty1     S    13:27   0:00 /sbin/mingetty --...
root        1092  0.0  0.1  1396  584 tty3     S    13:27   0:00 /sbin/mingetty tty3
root        1093  0.0  0.1  1396  584 tty4     S    13:27   0:00 /sbin/mingetty tty4
root        1094  0.0  0.1  1396  584 tty5     S    13:27   0:00 /sbin/mingetty tty5
root        1095  0.0  0.1  1396  584 tty6     S    13:27   0:00 /sbin/mingetty tty6
root        2280  0.0  0.1  1752  676 pts/3    S    17:11   0:00 grep getty
Eiger:~ # ps aux | grep wmaker
mk          1138  0.0  0.5  5288 2992 ?        S    13:30   0:01 /usr/X11R6/bin/wmaker
root        2290  0.0  0.1  1752  676 pts/3    S    17:13   0:00 grep wmaker
```

4.3.3 Prozessmonitor top

Der beliebte Befehl top unterscheidet sich von ps und pstree dadurch, dass er sich fortlaufend aktualisiert. Erst durch Drücken von [Q] wird top beendet.

top zeigt alle Prozesse, die auf eine Bildschirmseite passen, sortiert nach deren aktuellem Verbrauch an Rechenleistung. Mit der Option -i werden sogar nur die aktiven Prozesse angezeigt, also diejenigen, die nicht gerade auf ein Ereignis warten oder angehalten sind. Damit kannst du auf einen Blick sehen, was gerade im System „passiert“.

Als nette Dreingabe zeigt top gleich noch ein paar allgemeine Werte zur aktuellen Speicher- und Rechenauslastung an. Die interessantesten davon sind us, sy und id:

- us
  Dies ist die Zeit, die Prozesse im sogenannten Benutzermodus (*user*) verbringen, also in denen sie wirklich rechnen und CPU-Zeit verbrauchen.

- `sy`
  Den hier angegebenen Prozentsatz an Zeit benötigt der Linux-Kernel (*system*) für seine Aufgaben, wobei dies durchaus im Auftrag eines Prozesses geschehen kann.
- `id`
  Die Zeit, in der die CPU gar nichts macht, wird sie als *idle* bezeichnet. Früher galt das als Verschwendung von Rechenzeit, heutige Prozessoren sparen aber merklich an Strom, wenn sie untätig sind.

Wenn du mehr über die Bedeutung der Performance-Werte wissen willst, so findest du eine genau Beschreibung in Kapitel 9 auf Seite 354.

```
top - 16:30:16 up  6:52, 31 users,  load average: 0.00, 0.02, 0.07
Tasks: 174 total,   1 running, 173 sleeping,   0 stopped,   0 zombie
Cpu(s):  1.0% us,  0.3% sy,  0.0% ni, 98.3% id,  0.0% wa,  0.3% hi,  0.0% si
Mem:    516744k total,   505120k used,    11624k free,    25872k buffers
Swap:  1028120k total,    49788k used,   978332k free,   100372k cached

  PID USER      PR  NI  VIRT  RES  SHR S %CPU %MEM    TIME+  COMMAND
 3441 root      15   0  185m  42m 143m S  0.7  8.4   7:16.15 X
12793 mk        17   0  1760  976 1540 R  0.7  0.2   0:00.11 top
 3699 mk        16   0 66764  39m  25m S  0.3  7.8   3:54.24 MozillaFirebird
    1 root      16   0   588  144  444 S  0.0  0.0   0:04.37 init
    2 root      34  19     0    0    0 S  0.0  0.0   0:00.87 ksoftirqd/0
    3 root       5 -10     0    0    0 S  0.0  0.0   0:00.72 events/0
   17 root       5 -10     0    0    0 S  0.0  0.0   0:00.51 kblockd/0
   27 root       5 -10     0    0    0 S  0.0  0.0   0:00.76 pdflush
   29 root      15   0     0    0    0 S  0.0  0.0   0:02.83 kswapd0
  190 root      16   0     0    0    0 S  0.0  0.0   0:00.00 kseriod
  495 root       6 -10     0    0    0 S  0.0  0.0   0:00.00 kcopyd/0
 1301 root      22   0  2500 1264 2288 S  0.0  0.2   0:00.00 hotplug
 1302 root      24   0  1360  380 1200 S  0.0  0.1   0:00.00 logger
 1318 root      21   0  2500 1260 2288 S  0.0  0.2   0:00.00 pci.agent
 1319 root      25   0  1360  380 1200 S  0.0  0.1   0:00.00 logger
 1357 root      15   0     0    0    0 S  0.0  0.0   0:00.23 khubd
```

Neben den von `ps` bekannten Spalten `PID`, `USER`, `%CPU`, `%MEM` und `COMMAND` gibt es folgende Spalten:

- `PRI`
  Prioriät des Prozesses, sie ergibt sich aus dem `nice`-Wert. Je länger ein Prozess auf etwas wartet, desto höher wird seine Priorität. Beide Werte sind von untergeordneter Bedeutung.
- `NI`
  `nice`-Wert des Prozesses.
- `SIZE`
  Gesamtgröße des Prozesses, also von Programm, Bibliotheken und Daten belegter Adressraum.
- `RSS`
  Aktuell vom Prozess physikalisch belegter Speicher. Teile des Adressraums eines Prozesses können durch das Abbilden einer Datei belegt sein, welche

noch nicht geladen wurde. Dies erklärt, warum `SIZE` und `RSS` unterschiedlich sein können. `RSS` zeigt also, wie viel Speicher der Prozess wirklich kostet.

- `SHARE`
  Der Teil des Speichers von `SIZE`, der gemeinsam mit anderen Prozessen genutzt wird. Dabei handelt es ich in der Regel um dynamische Bibliotheken (shared libraries), welche von mehreren Prozessen gleichzeitig benutzt werden.
- `STAT`
  Aktueller Zustand des Prozesses. Hier ist eigentlich nur der erste Buchstabe interessant: `S` steht für *sleeping* (Prozess wartet), `R` für *running* (Prozess arbeitet), `Z` für einen Zombieprozess (Prozess wurde beendet aber vom Vaterprozess noch nicht quittiert), `T` für *traced* (Prozess wird ge*trace*t oder ist angehalten).

Für Ungeduldige gibt es noch die Option `-q`, die dafür sorgt, dass `top` nicht fünf Sekunden bis zur nächsten Anzeige wartet, sondern aktualisiert, so schnell es kann (was dazu führt, dass der `top` -Prozess dann natürlich selbst die Rangliste der CPU-Fresser anführt). Die Option `-n1` hingegen fährt `top` nicht im Dauerbetrieb, sondern macht – genau wie `ps` und `pstree` – nur eine einmalige Momentaufnahme.

`top` kennt zudem eine ganze Reihe von Tastaturbefehlen, von denen ich einige im Übersichtskasten aufgelistet habe. Mit [H] kannst du eine Hilfe einblenden, welche du mit [↵] wieder verlassen kannst.

top

Prozess- und Speichermonitor mit sich ständig aktualisierender Ausgabe.

top [OPTIONEN]

`-i`	zeigt nur aktive Prozesse
`-q`	schnellstmögliche Aktualisierung
`-n1`	einmalige Momentaufnahme

[H]	Hilfe einblenden
[F]	Spalten ein-/ausblenden
[O]	Spaltenreihenfolge ändern
[>]	Sortierspalte nach rechts
[<]	Sortierspalte nach links
[I]	Nur aktive Prozesse zeigen
[⇧][W]	Konfiguration speichern
[Q]	`top` beenden

Übrigens: ein Prozess ist ein *Zombie*, wenn er sich beendet hat, sein Vaterprozess ihn aber nicht mittels des Systemaufrufes `waitpid` oder `wait4` wieder eingesammelt hat[25]. Dies deutet meist auf unsaubere Programmierung im Vaterprozess hin.

[25] Diese Systemaufrufe erkläre ich in Abschnitt 7.2 auf Seite 241.

4.3.4 Prozess-IDs ermitteln mit `pidof`

> **pidof**
>
> zeigt PIDs von Prozessen mit einem bestimmten Namen.
>
> *pidof PROZESSNAME*

Der kleine Befehl `pidof` ist praktisch, wenn du mal schnell wissen willst, welche Prozess-ID (PID) ein Prozess hat, ohne gleich mit `pstree -p` oder `ps ax` und `grep` herumwurschteln zu müssen. `pidof` erhält einfach den Namen eines Prozesses und spuckt dann alle passenden PIDs aus:

```
Eiger:~> pidof mingetty
1095 1094 1093 1092 1090
Eiger:~> ps ax | grep mingetty
 1090 tty1     S      0:00 /sbin/mingetty --noclear tty1
 1092 tty3     S      0:00 /sbin/mingetty tty3
 1093 tty4     S      0:00 /sbin/mingetty tty4
 1094 tty5     S      0:00 /sbin/mingetty tty5
 1095 tty6     S      0:00 /sbin/mingetty tty6
 2441 pts/3    R      0:00 grep mingetty
```

4.3.5 Offene Dateien anzeigen mit `lsof`

> **lsof**
>
> zeigt an, welche Prozesse welche Dateien offen haben.
>
> *lsof DATEINAME*
> *lsof -p P*
>
> ---
>
> `-p P` zeigt Dateien von Prozess `P`

`lsof` bedeutet *„list open files"* und zeigt an, welche Prozesse gerade welche Dateien und Verzeichnisse geöffnet haben bzw. verwenden. Das ist deshalb so interessant, weil unter Linux so ziemlich alles eine Datei ist, z. B. auch Netzwerksockets, Pipes und viele Gerätetreiber.

`lsof` ohne Argumente listet alle offenen Dateien aller Prozesse auf. Beim ersten Mal ist dies sicher sehr spannend. Um sinnvolle Informationen zu erhalten, benötigst du jedoch Optionen, welche die Ausgabe gezielt filtern.

Wichtig sind folgende zwei Varianten:

- `lsof -p PID` und
- `lsof /datei/name`.

Die erste Variante zeigt alle offenen Dateien eines Prozesses, die zweite zeigt alle Prozesse, welche eine bestimmte Datei geöffnet haben. Folgendes Beispiel zeigt, was `lsof` zu meinem Prozess `portmap` sagt, welcher bei mir gerade die `PID 551` hat:

```
Eiger:~ # lsof -p 551
COMMAND PID USER   FD   TYPE DEVICE    SIZE  NODE NAME
portmap 551 bin   cwd   DIR     3,5     616     2 /
portmap 551 bin   rtd   DIR     3,5     616     2 /
portmap 551 bin   txt   REG     3,5   11280 60202 /sbin/portmap
portmap 551 bin   mem   REG     3,5  104484 10810 /lib/ld-2.3.3.so
portmap 551 bin   mem   REG     3,5   36895 15593 /lib/libwrap.so.0.7.6
portmap 551 bin   mem   REG     3,5   10797 10834 /lib/libutil.so.1
portmap 551 bin   mem   REG     3,5 1349081 10836 /lib/tls/libc.so.6
portmap 551 bin    0u   CHR     1,3         30955 /dev/null
portmap 551 bin    1u   CHR     1,3         30955 /dev/null
portmap 551 bin    2u   CHR     1,3         30955 /dev/null
portmap 551 bin    3u  IPv4    3105           UDP *:sunrpc
portmap 551 bin    4u  IPv4    3106           TCP *:sunrpc (LISTEN)
```

Der Prozess `portmap` hat also elf Dateien geöffnet. Etliche der Ausgabespalten kennst du schon von `ps` und `top`.

Die Spalte `FD` zeigt an, in welcher Weise die offene Datei bzw. das Verzeichnis verwendet wird:

- `cwd`
  Das Verzeichnis ist das aktuelle Verzeichnis des Prozesses (*current working directory*).
- `rtd`
  Das Verzeichnis ist das Wurzelverzeichnis des Prozesses (*root directory*). In der Regel ist dies das Verzeichnis /. Prozesse, welche mit dem Befehl `chroot`[26] in einem „`chroot`-Jail“ gestartet wurden, haben ein anderes Wurzelverzeichnis.
- `txt`
  Diese Datei enthält das vom Prozess ausgeführte Programm. Besonders interessant ist, dass diese Datei seit dem Start des Programmes umbenannt und sogar gelöscht worden sein kann! Wenn du dies versuchst, wirst du sehen, dass `lsof` bei einer Umbenennung den neuen Namen und nach einem Löschen mit einem (`deleted`) darauf hinweist. Der Kernel löscht die Datei erst dann endgültig, wenn sie von keinem Prozess mehr geöffnet ist.
- `mem`
  Diese Datei wurde mittels des Systemaufrufes `mmap` in die Speicher abgebildet (*gemappt*). Der dynamische Linker `ld.so` macht dies mit den dynamisch nachgeladenen Bibliotheken. In dem Beispiel siehst du, dass der PortMapper neben der `libc` auch die `libutil` verwendet.
- `0u`
  Die Datei wurde normal geöffnet und hat den Dateideskriptor `0` (normalerweise Standardeingabe).

[26] siehe Beschreibung auf Seite 103

- `1u`
  Die Datei wurde mit dem Deskriptor `1` geöffnet (normalerweise Standardausgabe).
- `2u`
  Die Datei wurde mit dem Deskriptor `2` geöffnet (normalerweise Standardfehlerkanal).
- `3...`
  Die Datei wurde mit dem Deskriptor `3` (usw.) geöffnet. Der Buchstabe bedeutet Lesezugriff (`r`), Schreibzugriff (`w`) oder wahlweiser Zugriff (`u`).

Die Spalte `TYPE` gibt den Dateityp an, wobei `DIR` (Verzeichnis, *directory*), `CHR` (zeichenorientiertes Gerät, *character device*) und `REG` (normale Datei, *regular file*) die häufigsten sind. In meinem Beispiel siehst du zwei Dateien vom Typ `IPv4`. Es handelt sich um IP-Sockets, und zwar einmal ein TCP- und einmal ein UDP-Socket.

Mit `lsof` kannst du auch die Frage beantworten, *welcher* Prozess eine bestimmte Datei geöffnet hat. Dazu gibst du den Dateinamen als einziges Argument an. In folgendem Beispiel ermittle ich, welche Prozesse gerade die Bibliothek `libcrypt` verwenden:

```
Eiger :~ # lsof /lib/libcrypt.so.1
COMMAND PID    USER  FD   TYPE DEVICE  SIZE NODE NAME
sshd    631    root mem    REG    3,8 43371 4654 /lib/libcrypt.so.1
master  678    root mem    REG    3,8 43371 4654 /lib/libcrypt.so.1
pickup  696 postfix mem    REG    3,8 43371 4654 /lib/libcrypt.so.1
qmgr    697 postfix mem    REG    3,8 43371 4654 /lib/libcrypt.so.1
cupsd   770    root mem    REG    3,8 43371 4654 /lib/libcrypt.so.1
```

4.3.6 Alle Informationen aus erster Hand unter `/proc`

Wem die bisher vorgestellten Werkzeuge immer noch zu wenig Informationen über die Prozesse liefern, findet im `/proc`-Dateisystem die ganze Wahrheit. Auch wenn heute längst nicht mehr alle Dateien unter `/proc` nur Informationen über Prozesse darstellen, war dies der ursprüngliche Zweck dieses Dateisystems. Das Besondere an diesem Diagnoseinstrument ist, dass es kein Programm, sondern eben ein Dateisystem ist.

Und das funktioniert so: Der Linux-Kernel bereitet allerhand nützliche Informationen in Form von Textdateien auf und stellt sie unter `/proc` dar. Diese Dateien existieren nicht wirklich, sondern werden vom Kernel nur vorgegaukelt. Der Inhalt wird vom Kernel immer in dem Moment erzeugt, in dem man die Datei ausliest. So hat man immer aktuelle Informationen.

Anzeigen kannst du die meist kleinen Dateien bequem mit `cat`.

/proc enthält für jeden Prozess ein Unterverzeichnis, dessen Name die PID ist. Dieses enthält eine Hand voll Dateien mit Informationen über den Prozess. Auf meinem Laptop ist momentan gerade 385 die PID vom Prozess dhcpd, dem DHCP-Client-Daemon:

```
Eiger:~ # ls /proc/385
.     auxv     delay    fd           mem     stat    task
..    cmdline  environ  mapped_base  mounts  statm   wchan
attr  cwd      exe      maps         root    status
```

Interessant zur Diagnose sind folgende Dateien:

Die Datei cmdline enthält die Kommandozeile, mit der der Prozess gestartet wurde.

```
Eiger:~ # cat /proc/385/cmdline
/sbin/dhcpcd-H-D-N-Y-t999999-hlinuxeth0
```

Die einzelnen Argumente werden durch binäre Nullbytes getrennt! Dies macht deshalb Sinn, weil die Argumente Leerzeichen und auch alle anderen denkbaren Sonderzeichen enthalten können. Mit dem tr-Befehl[27] kannst du die Nullbytes durch Zeilenumbrüche erstetzen und so eine übersichtlichere Ausgabe erzeugen:

```
Eiger:~ # tr \\0 \\n < /proc/385/cmdline
/sbin/dhcpcd
-H
-D
-N
-Y
-t
999999
-h
linux
eth0
```

Das erste Argument (/sbin/dhcpcd) ist per Konvention der Name des Befehls, mit dem der Prozess gestartet wurde, dies ist aber nur eine Empfehlung an den Programmierer[28] . Auf die Programmdatei selbst zeigt die /proc-Datei exe, die ein symbolischer Link ist:

[27] tr: translate, näheres erfährst du aus der Man-Seite von tr.

[28] In der Man-Seite des Systemaufrufs execve sieht man, dass die Programmdatei als erster Parameter und argv[] als zweiter Parameter übergeben wird, argv[0] ist oben beschriebenes erstes Argument.

```
Eiger:~ # ll /proc/385/exe
lrwxrwxrwx    1 root     root       0 2002-11-05 18:25 /proc/385/exe -> /sbin/dhcpcd
```

Weiterhin interessant ist ein Blick in das *Environment* eines Prozesses. Dies ist eine Liste von Umgebungsvariablen nach dem Schame `NAME=WERT`. Das Environment wird in `environ` aufgelistet und analog zu `cmdline` ausgegeben:

```
Eiger:~ # tr \\0 \\n < /proc/385/environ
CONSOLE=/dev/console
TERM=linux
SHELL=/bin/sh
OLDPWD=/etc/sysconfig/network
INIT_VERSION=sysvinit-2.82
RUN_FROM_RC=yes
REDIRECT=/dev/tty1
COLUMNS=106
PATH=/sbin:/usr/sbin:/bin:/usr/bin:/etc/sysconfig/network/scripts
vga=791
RUNLEVEL=5
PWD=/etc/sysconfig/network
PREVLEVEL=N
LINES=34
HOME=/
SHLVL=4
_=/sbin/startproc
DAEMON=/sbin/dhcpcd
```

Es lohnt sich auf jeden Fall, wenn du dich einmal selbst in `/proc` umsiehst. Eine Dokumentation des `proc`-Dateisystems findest du in der Manpage `man 5 proc` oder – wenn du die Kernelquellen installiert hast – in der Datei `/usr/src/linux/Documentation/filesystems/proc.txt`.

4.4 Benutzer und Gruppen

Eine wichtige Eigenschaft eines Prozesses ist, unter welchem Benutzer er läuft. Ferner gehört jeder Prozess zu einer Reihe von Gruppen, von denen eine die Hauptgruppe ist. Beides hat Einfluss auf die Zugriffe auf bestehende Dateien, das Erzeugen von neuen Dateien und andere Vorgänge.

4.4.1 Gruppen eines Benutzers anzeigen mit `id`

Der Befehl `id` zeigt an, zu welchen Gruppen ein Benutzer gehört. Wird als Argument kein Benutzername angegeben, so wird der aktuelle Benutzer angenommen, also derjenige, dem die Shell gehört, von dem aus der Befehl aufgerufen wurde:

```
Eiger:~> id
uid=5001(mk) gid=100(sysusers) Gruppen=100(sysusers),14(uucp),17(audio),
19(floppy),20(cdrom),1000(users),101(scanner)
Eiger:~> id root
uid=0(root) gid=0(root) Gruppen=0(root)
```

> `id`
>
> zeigt Gruppenzugehörigkeit eines Benutzers. Ohne Angabe eines Benutzernamens wird der aktuelle Benutzer angezeigt.
>
> *id [USER]*

Neben den Namen werden auch die nummerischen IDs angezeigt. Diese haben im Zweifelsfall Vorrang, weil der Kernel intern *nur* mit Nummern arbeitet. Lediglich die Anwenderprogramme verwenden die Dateien `/etc/passwd` und `/etc/group`, um Nummern in Namen umzusetzen.

4.4.2 Benutzer und Gruppe eines Prozesses anzeigen mit `ps`

Um anzuzeigen, unter welchem Benutzer und welcher Gruppe ein bestehender Prozess läuft, kannst du den Befehl `ps` mit einem benutzerdefiniertem Ausgabeformat verwenden. Der Aufruf lautet `ps -o pid,user,group -p` mit der Angabe der PID:

```
Eiger:~> # ps -o pid,user,group -p 3270
  PID USER     GROUP
 3270 mk       sysusers
```

Dabei ist wichtig zu wissen, dass eine *Änderung* der Hauptgruppe eines Benutzers durch die Benutzerverwaltung der Distribution, durch `usermod` oder durch das Editieren von `/etc/passwd` grundsätzlich keinen Niederschlag auf bestehende Prozesse hat. Die Werte UID, GID und Gruppenzugehörigkeit werden beim Schaffen eines neuen Prozesses entweder vom Mutterprozess geerbt oder explizit gesetzt.

Letzteres erfordert aber `root`-Privilegien. Das wiederum bedeutet, dass eine Änderung erst dann wirksam wird, wenn `root` einen neuen Prozess unter dem Namen des Benutzers startet. Dies passiert z. B. bei einer Benutzeranmeldung oder bei einem Benutzerwechsel durch `su`. Das bloße Öffnen eines neuen `xterm` auf der grafischen Oberfläche hingegen genügt nicht, da diese ja selbst als normaler Benutzer mit der bisherigen Gruppenzugehörigkeit läuft und seine Eigenschaften einfach an das `xterm` vererbt.

Im Zweifelsfall kannst du daher mit oben genanntem Befehl die Hauptgruppe eines bestehenden Prozesses explizit prüfen.

4.4.3 Alle Gruppen eines Prozesses anzeigen

> **/proc/PID/status**
>
> listet alle Gruppen eines Prozesses auf (PID: Prozess ID einsetzen).
>
> *grep Groups: /proc/PID/status*

Wie ich dir oben gezeigt habe, kannst du mit dem Befehl id die Gruppenzugehörigkeit des *aktuellen* Prozesses anzeigen. Mit ps hingegen kannst du zu einem *beliebigen* Prozess Werte anzeigen, allerdings nur den Benutzer und die *Hauptgruppe*. Jeder Prozess gehört aber zu einer Reihe von weiteren Gruppen, die der ps-Befehl nicht anzeigen kann. Diese Information erhältst du direkt aus dem proc-Dateisystem, und zwar aus der Datei /proc/PID/status:

```
Eiger:~ # cat /proc/3593/status
Name:   netscape-bin
State:  S (sleeping)
Tgid:   3593
Pid:    3593
PPid:   1298
TracerPid:      0
Uid:    5001    5001    5001    5001
Gid:    100     100     100     100
FDSize: 256
Groups: 100 14 17 19 20 1000 101
VmSize:    81072 kB
VmLck:         0 kB
VmRSS:     61588 kB
VmData:    47504 kB
VmStk:       160 kB
VmExe:       316 kB
VmLib:     21992 kB
SigPnd: 0000000000000000
SigBlk: 0000000000000000
SigIgn: 8000000000001000
SigCgt: 000000038000442f
CapInh: 0000000000000000
CapPrm: 0000000000000000
CapEff: 0000000000000000
```

Natürlich kannst du die gesuchte Zeile auch mit grep herausfischen:

```
Eiger:~ # grep Groups: /proc/3593/status
Groups: 100 14 17 19 20 1000 101
```

Hier siehst du allerdings nur die IDs der Gruppen. Die Namen musst du in der Datei `/etc/group` nachschlagen:

```
Eiger:~ # head /etc/group
root:x:0:
bin:x:1:daemon
daemon:x:2:
sys:x:3:
tty:x:5:mk
disk:x:6:
lp:x:7:
www:x:8:
kmem:x:9:
wheel:x:10:
```

Hier erfährst du auch, welche Benutzer sich in der jeweiligen Gruppe befinden (hier z. B. `mk` in der Gruppe `tty`). Wie oben erwähnt gilt das aber nur für neue Anmeldungen.

4.5 Der Bootvorgang

Unter Bootvorgang verstehe ich alle Schritte vom Start des Bootloaders, der in der Regel ein Auswahlmenü anzeigt, welche Konfiguration zu booten ist, bis hin zur textbasierten oder grafischen Anmeldeaufforderung.

Probleme während des Bootens sind deshalb schwierig zu untersuchen, weil es die erste Möglichkeit für einen Eingriff erst dann gibt, wenn alles vorbei ist. Ist das Problem gravierend, so ist überhaupt keine Anmeldung möglich und folglich auch keine aktive Diagnose.

Deshalb findest du in diesem Kapitel nicht nur Diagnosewerkzeuge, sondern vor allem Hinweise darauf, was noch geht, wenn nichts mehr geht; also wie du ein verkorkstes Linuxsystem entweder doch noch zum Booten bekommst oder wenigstens anderweitig darauf zugreifen kannst, so dass du in der Lage ist, den Fehler zu erforschen und zu beheben.

4.5.1 Der Bootvorgang im kurzen Überblick

Für diejenigen, die den genauen Ablauf des Bootvorganges nicht kennen, schildere ich zunächst kurz, welche Schritte aus Sicht von Linux der Reihe nach beim Starten des Rechners ablaufen. Auf den Bootvorgang der Hardware und des BIOS gehe ich hier nicht ein.

1. Alles beginnt mit dem Start des *Bootloaders*. Für Linux existieren eine ganze Reihe unterschiedlicher Bootloader. Für das Booten von der Festplatte wird meist LILO oder mittlerweile immer öfter GRUB eingesetzt. Beim Booten von Diskette ist Syslinux die erste Wahl, beim Booten von CD oder DVD isolinux. Zum Booten über das Netzwerk benötigst du wieder einen anderen Bootloader, bei Linux heißt dieser in der Regel Etherboot [29].
2. Der Bootloader stellt die *Kommandozeile* für den Kernel zusammen. Dabei greift er auf eine vorgegebene Konfiguration sowie auf aktuelle Benutzereingaben zurück. Linux verarbeitet seine Kommandozeile ähnlich wie ein normales Programm dies tut. Der wichtigste Parameter heißt `root` und legt die Rootpartition fest, also das Dateisystem, auf dem sich das Verzeichnis / befinden soll. Liegt / auf der zweiten Partition der ersten IDE-Festplatte, heißt das z. B. `root=/dev/hda2`.
3. Der Bootloader lädt den Linux-Kernel und die *Initial-Ramdisk* (*Initrd*) in den Hauptspeicher. Dies ist das eigentliche Kunststück des Bootloaders, denn: Zu diesem Zeitpunkt läuft ja noch kein Kernel, also auch kein Treiber für die Festplatte, das Dateisystem, die Netzwerkkarte oder den SCSI-Controller! Die Initrd ist eine Datei, welche in den Speicher geladen wird und ein kleines Dateisystem enthält. Dies wird als vorläufiges Wurzeldateisystem verwendet und unter / gemountet. Die Initrd enthält:
   - Kernelmodule für Festplatten-, SCSI- und RAID-Treiber.
   - Kernelmodule für Dateisysteme.
   - Kernelmodule für Netzwerkkarten (bei Systemen, die vom Netzwerk booten).
   - das Programm `insmod` zum Laden der Module.
   - ein Skript, welches per `insmod` alle Module lädt.

   Theoretisch könnte man alle später verwendeten Kernelmodule in die Initrd packen, notwendig ist dies aber nur für Module, die zum Mounten des Wurzeldateisystems benötigt werden[30]. Die Initrd ist somit die Lösung für das Henne-Ei-Problem, das entsteht, wenn zum Mounten des Wurzeldateisystems Treiber benötigt werden, welche sich auf diesem befinden!
4. Der Linux-Kernel wird mit seiner Kommandozeile und der Initrd gestartet. Nachdem er sich initialisiert hat, mountet er die Initrd nach / und führt das dort enthaltene Skript aus, welches die Module lädt. Erst dann kann das eigentliche Wurzeldateisystem gemountet werden.
5. Als erster Prozess wird das Programm gestartet, welches mit dem Parameter `init=` definiert wurde. Fehlt dieser Parameter, so wird `init=/sbin/init`

[29] Auch GRUB kann man vom Netzwerk booten. Dies wissen zwar nur wenige, aber dieses Feature wird immer beliebter.

[30] Jede gängige Linuxdistribution hat ein Programm oder Skript, das eine optimal auf das System zugeschnittene Initrd erzeugt.

angenommen, also das Programm `/sbin/init` gestartet. Als Argumente bekommt das Programm alle Parameter der Kernelkommandozeile übergeben, die nicht vom Kernel oder einem Modul ausgewertet wurden. Der Startvorgang des Linux-Kernel ist damit abgeschlossen!
Alles, was nun folgt, hat nichts mehr mit Linux an sich zu tun. Die Kontrolle übernimmt das Programm `init`. Es handelt sich dabei um ein „ganz normales" Programm ohne irgendeine Sonderbeziehung zum Kernel.

6. `init` lädt die Datei `/etc/inittab` und wertet diese aus. Diese Datei beschreibt, in welchen *Runleveln* welche Prozesse gestartet werden sollen. Eine Zeile mit dem Schlüsselwort `initdefault` legt fest, welcher Runlevel nach dem Booten erreicht werden soll. Ein späterer Wechsel des Runlevels ist mit dem Befehl `init` möglich. Ferner legt eine Zeile mit dem Schlüsselwort `bootwait` das *Bootskript* fest. Dieses Skript heißt gewöhnlich `/etc/init.d/boot`.
7. `init` führt das Bootskript aus. Das von der Linuxdistribution mitgelieferte Standardbootskript mountet zunächst das `proc`-Dateisystem und führt gegebenenfalls Unterskripten in `/etc/init.d/boot.d` sowie das Skript `/etc/init.d/boot.local` aus, welches für lokale Eintragungen durch den Administrator vorgesehen ist.
8. `init` schaltet in den gewünschten Runlevel[31] und startet die zugehörigen Prozesse. Bei einer gängigen Standardkonfiguration bedeutet dies:
   - Aufruf des Skriptes `/etc/init.d/rc` mit dem Runlevel als Argument, also z. B. `/etc/init.d/rc 5`.
   - Start von sechs virtuellen Konsolen auf Alt F1 bis Alt F6 (mit den Gerätedateien `/dev/tty1` bis `/dev/tty6`)

   Das Skript `/etc/init.d/rc` dient zum Schalten in einen bestimmten Runlevel. Es sorgt dafür, dass die zum Runlevel gehörigen Systemdienste entsprechend dem Runlevel gestartet bzw. die überflüssigen beendet werden. Welcher Dienst wann laufen soll, legen symbolische Links in `/etc/init.d/rc`*X*`.d` fest, wobei *X* der Runlevel ist. Es ist nicht üblich, die Systemdienste direkt über die `inittab` zu konfigurieren, auch wenn dies theoretisch möglich wäre.

Ab dem 5. Schritt ist der Bootvorgang sehr einfach änderbar, was große Vorteile für die Fehlersuche bietet, wie wir weiter unten sehen werden. Du kannst dir fast immer mit Bordmitteln helfen. Bei Problemen in den Schritten 1 bis 4 hilft ein Rettungssystem, wie z. B. das von SUSE LINUX, welches ich weiter unten in Abschnitt 4.5.7 auf Seite 102 beschreibe.

[31] Der Runlevel kann `init` als Argument übergeben werden, ansonsten wird der Eintrag aus der `inittab` verwendet.

4.5.2 Bootmeldungen

> **dmesg**
>
> zeigt Bootmeldungen des Kernels.
>
> *dmesg*

Wenn du dich schon einmal darüber geärgert hast, dass du bestimmte Fehlermeldungen, die beim Booten über den Schirm laufen, nicht schnell genug lesen kannst und zum fünften Mal neu startest, um gespannt auf die gewünschte Meldung zu lauern, solltest du nach dem Booten den Befehl `dmesg` ausprobieren. Der Kernel speichert nämlich alle Meldungen in einem Puffer, den man auch später noch auslesen kann. Wenn der Puffer voll ist, fliegen allerdings alte Meldungen hinten wieder raus, so dass die Bootmeldungen mit der Zeit verloren gehen.

In einer gut gepflegten Linux-Distribution findest du darum alle Bootmeldungen noch mal in einer Logdatei. Bei SUSE ist das `/var/log/boot.msg`, bei Debian Woody `/var/log/dmesg`. Die Meldungen des vorherigen Starts inkl. der Meldungen beim Herunterfahren befinden sich bei SUSE in `/var/log/boot.omsg`.

4.5.3 Booten in andere Runlevel

Wenn du das Problem hast, dass das Booten nicht klappt, weil ein Startskript hängen bleibt oder z. B. die grafische Oberfläche den Rechner zum sofortigen Absturz bringt, kannst du versuchen, das System nur soweit zu booten, dass ein Login möglich ist, der fehlerhafte Dienst aber noch nicht gestartet wird.

Die einfachste Möglichkeit ist, in einen anderen *Runlevel* zu booten. Der Runlevel legt fest, welche Startskripten beim Booten und Herunterfahren ausgeführt werden. Die Linux Standard Base sieht folgende Runlevel vor:

- *0: halt*
  Das System wird heruntergefahren.
- *1: single user mode*
  Einzelbenutzermodus: Es wird nur ein Loginprompt auf der ersten Konsole gestartet. Es wird kein Dienst gestartet, weder ein Netzwerkdienst noch ein lokaler (`cron`, `at`, `lpd`).
- *2: multiuser with no network services exported*
  Betrieb ohne Netzwerkdienste, aber mit mehreren Benutzern. Dieser Runlevel ist nützlich, um Netzwerkdienste vorübergehend abzuschalten. Die Anmeldung geschieht ohne grafischen Oberfläche. Die Netzwerkkarte wird trotzdem konfiguriert, was z. B. das Auslösen einer DHCP-Anfrage zur Folge haben kann.
- *3: normal/full multiuser*
  Normaler Betrieb mit Netzwerkdiensten, jedoch ohne grafische Anmeldung.

- *4: reserved for local use*
  Runlevel 4 kann für eigene Zwecke verwendet werden.
- *5: multiuser with xdm or equivalent*
  Betrieb mit grafischer Anmeldung. Im Unterschied zu Runlevel 3 wird das Startskript `xdm`[32] gestartet, welches eine Anmeldung auf der grafischen Oberfäche ermöglicht.
- *6: reboot*
  Das System wird neu gebootet.

Die Runlevel 0 und 6 könnte man eher als „Stoplevel" bezeichnen, da sie das System anhalten bzw. neu starten. Ein direktes Booten in einen dieser beiden Runlevel ist unsinnig.

Runlevel

0	System herunterfahren
1	Einzelbenutzermodus
2	Mehrbenutzer ohne Netzwerkdienste
3	normal, aber ohne grafische Anmeldung
4	frei für eigene Zwecke
5	normal, mit grafischer Anmeldung
6	System neu starten

Zusätzlich gibt es bei SUSE noch den Runlevel S (großes S), welcher weiter unten in Abschnitt 4.5.4 beschrieben wird:

- *S: Systemrettung*
  Systemrettung, Booten ohne Bootskripten.

Um das Booten in einen anderen Runlevel zu veranlassen, musst du beim Bootloader die Ziffer des Runlevel als Bootparameter angeben. Bei LILO oder GRUB (grafische Version) drückst du dazu nach dem Startbildschirm die Tabulatortaste, damit der nicht automatisch nach 10 Sekunden weiterbootet. Dann gibst du als Bootzeile einfach den Runlevel ein, z. B. einfach eine `1`. Mit [↵] geht's dann weiter.

Bei LILO im Textmodus geht's ähnlich, nur musst du den Namen des Bootimages mit angeben, falls dieser nicht schon vorgegeben ist (meist `linux`). Dahinter kommt ein Leerzeichen und dann der Runlevel. Die Zeile sieht dann z. B. für Runvevel 1 bei einem nicht-grafischen LILO so aus:

```
lilo: linux 1
```

GRUB im Textmodus ist etwas schwieriger zu bedienen. Hier tippst du zunächst [E] (wie edit), und dann in der Parameterzeile ein zweites Mal [E]. Dann kannst du wie bei LILO die Zahl für den Runlevel dranhängen und [↵] drücken. Mit der Taste [B] kannst du dann booten.

[32] `xdm` ist das traditionelle Programm für eine grafische Anmeldung. Seine Abkürzung steht für X11 Display Manager, also ein Programm, welches den grafischen Bildschirm verwaltet (einem Benutzer zuweist). Heute kommt statt `xdm` meist `kdm` oder `gdm` aus dem KDE- bzw. GNOME-Projekt zum Einsatz.

Möglicherweise sieht die Bootkonfiguration noch eine Reihe anderer Parameter vor, welche automatisch vorgegeben werden. In diesem Fall hängst du den Runlevel einfach hinten dran:

```
lilo: linux vga=normal root=/dev/hda2 noapic 1
```

Ich erkläre dies hier deshalb so genau, weil du vom Bootloader keinerlei Rückmeldung erhältst. Er übergibt die Argumente unverändert und ohne Überprüfung an den Linux-Kernel. Dieser fischt sich die Optionen heraus, mit denen er oder seine Kernelmodule etwas anfangen können. Alles, was nicht die Form `variable=wert` hat, bekommt dann das Programm `init` übergeben, welches dafür zuständig ist, in den richtigen Runlevel zu fahren.

Als Runlevel schlage ich vor:

- Runlevel `3`:
  wenn es Probleme mit der grafischen Oberfläche gibt, z. B. Abstürze wegen eines falschen Grafiktreibers oder einer fehlerhaften Konfiguration,
- Runlevel `2`:
  Bei Problemen mit Netzwerkdiensten,
- Runlevel `1`:
  Bei Problemen mit lokalen Diensten wie `cron` und `lpd`, mit Peripheriegeräten oder der Netzwerkkonfiguration des Rechners,
- Runlevel `S`:
  Bei Problemen mit lokalen Dateisystemen oder wenn du sicher sein willst, nichts zu ändern.

4.5.4 Systemrettung im Runlevel S

Bei einigen Distributionen gibt es den speziellen Runlevel `S`, welcher noch restriktiver als Runlevel `1` ist. Im Gegensatz zum Runlevel `1` wird bei S:

- Das Bootskript `/etc/init.d/boot` nicht ausgeführt,
- keine Dateisysteme außer / und `/proc` gemountet[33],
- das Rootdateisystem / nur zum Lesen gemountet!

Runlevel `S` ist nützlich, wenn noch nicht einmal das Mounten der lokalen Partitionen klappt oder auch wenn du sicher sein willst, nichts am System zu ändern, etwa bei Verdacht auf ein gestörtes Dateisystem. Nach dem Erreichen von `S` benötigst du das `root`-Passwort, um dich anzumelden:

[33] Eventuell noch das `usbdevfs`, welche alle angeschlossenen USB-Geräte unter `/proc/bus/usb` zeigt.

```
Master Resource Control: runlevel S has been          reached
Give root passwort to login:
(none):~ #
```

Die Rootpartition ist jetzt nur lesbar gemountet. Im Zweifelsfall kannst du dich mit einem echo-Befehl vergewissern:

```
(none):~ # echo > /datei
bash: /datei: Read-only file system
```

Wenn du wissen willst, welche Partitionen gemountet sind, darfst du dazu nicht den Befehl mount verwenden! Dieser bezieht seine Informationen aus der Datei /etc/mtab, welche der mount-Befehl selbst aktuell hält. Solange das Rootdateisystem nicht schreibbar gemacht wird, ist aber /etc/mtab noch auf dem Stand vom letzten Herunterfahren! Besser ist daher ein Blick nach /proc/mounts, welches immer aktuell ist:

```
(none):~ # cat /proc/mounts
/dev/root / reiserfs ro 0 0
proc /proc proc rw 0 0
usbdevfs /proc/bus/usb usbdevfs rw 0 0
```

Sobald du etwas ändern willst, musst du auf Schreibzugriff umschalten, indem du die Rootpartition als rw remountest. Das geht mit einem mount-Befehl mit den Optionen -o remount,rw:

```
none):~ # mount -o remount,rw /
```

Als Test kannst du eine leere Datei anlegen:

```
(none):~ # echo > /datei
(none):~ # ll /datei
-rw-r--r--    1 root    root              1 Mar 10 16:19 /datei
(none):~ # rm /datei
```

Wichtig: Nach Beendigung der Arbeit musst du dafür sorgen, dass die Rootpartition sauber ungemountet wird. Dies geschieht z. B. durch einen Neustart des Systems mit reboot. Du kannst aber stattdessen auch die Rootpartition wieder read-only mounten und danach das System einfach per Resetknopf neu starten

```
(none):~ # mount -o remount,ro /
```

Sollte aus irgendeinem Grund weder `reboot` noch `mount` klappen, solltest du zumindest den Befehl `sync` eingeben, welcher alle ausstehenden Festplattenpuffer auf die Platte schreibt oder vor dem Reset etwa eine Minute warten, damit der Kernel von sich aus alle Daten weggeschrieben hat.

Es ist übrigens nicht ratsam, ohne Neustart direkt aus `S` heraus in einen anderen Runlevel durchzustarten, da das Ausführen der Bootskripten dabei nicht automatisch nachgeholt wird und alles Mögliche schiefgeht. Besser ist ein Neustart. Noch ein Hinweis: Du kannst beim Bootprompt durch den Parameter `rw` dafür sorgen, dass die Rootpartition sofort schreibbar gemountet wird. Das solltest du allerdings nur dann tun, wenn du dir sicher bist, dass kein Dateisystemcheck notwendig ist. Die komplette Zeile sieht dann z. B. so aus:

```
lilo: linux S rw
```

4.5.5 Booten ohne Passwort

An dieser Stelle verrate ich dir, wie du auch ohne Passwort ins System kommst. Zur Fehlerbehebung gehört nun einmal auch das Wissen, wie man sich helfen kann, wenn man *sein* Rootpasswort verschusselt oder anderweitig zerschossen hast. Dann hilft nämlich auch kein Runlevel `S` mehr.

Praktischerweise kannst du Linux vor dem Booten mitteilen, welches Programm es als erstes starten soll. Dieses Programm ist normalerweise `/sbin/init`, welches die Sache mit den Runlevels abwickelt; es kann sich aber auch um ein beliebiges anderes Programm handeln.

Welches Programm anstelle von `/sbin/init` gestartet werden soll, legst du mit dem Bootparameter `init=` fest. Das Programm muss natürlich mit dem kompletten Pfadnamen angegeben werden, da das Auffinden von Programmen in den üblichen Verzeichnissen nur eine Funktion der `bash` ist, nicht aber eine des Kernels.

Bootest du z. B. mit `init=/bin/bash`, so wird als Programm eine Shell gestartet, welche nicht nach einem Passwort fragt[34]! Jetzt kannst du z. B. mit dem Befehl `passwd` das Passwort von `root` ändern.

```
lilo: linux init=/bin/bash
```

Nach dem Booten kommt sofort der Shellprompt:

```
change_root: old root has d_count=2
Trying to unmount old root ... okay
```

[34]Das Programm, das bei Linux auf den Konsolen Alt F1 bis Alt F6 nach Loginname und Passwort fragt, heißt `/bin/login`.

```
Freeing unused kernel memory: 120k freed
(none):/#
```

Natürlich werden keine Bootskripten ausgeführt, da dies ja sonst /sbin/init macht! Insbesondere wird das proc-Dateisystem nicht gemountet, ohne welches der Befehl ps und andere Befehle nicht funktionieren. Du kannst dies von Hand nachholen durch:

```
(none):/# mount proc -t proc /proc
```

Ferner wird die Rootpartition wieder nur lesbar gemountet und muss von Hand auf Schreibzugriffe vorbereiten werden, wie wir dies schon bei Runlevel S gesehen haben:

```
(none):/# mount -o remount,rw /
```

Erst jetzt kannst du mit dem Befehl passwd das Passwort ändern:

```
(none):/# passwd
Changing password for root.
New password:
Re-enter new password:
Password changed
```

Zu guter Letzt musst du dafür sorgen, dass die Änderung auch wirklich auf der Platte gelandet ist, z. B. durch einen sauberen Neustart:

```
(none):/# reboot
```

Wenn reboot nicht funktioniert, kannst du stattdessen auch wieder wie oben beschrieben die Rootpartition zurück auf ro umschalten.

4.5.6 Booten ohne Bibliotheken mit der sash

Es gibt die unterschiedlichsten Arten, wie man ein System unbrauchbar machen kann. Beispielsweise kann man mit der zentralen Bibliothek libc – also der Datei /lib/libc.so.6 – oder mit dem dynamischen Linker (/lib/ld-2.3.3.so) herumspielen. Da praktisch jedes Programm diese Dateien benötigt, hat ein Fehler fatale Folgen. Dann funktionieren nämlich die einfachsten Befehle nicht mehr, also nicht einmal mehr die bash, ls, cp, mv und mount!

Was aber noch funktioniert, ist eine Spezialshell, die nicht nur ohne dynamische Bibliotheken auskommt, sondern auch alle wichtigen Kommandos fest eingebaut hat. Deshalb heißt diese Shell *Stand-alone Shell*, kurz: `sash`. Die `sash` kommt nicht nur bei `ls`, `cd`, `cp` und `mv` ohne externe Programme aus, sondern kann sogar `mount`, `tar`, `gzip`, `gunzip`, `chown` und `chmod` ausführen. Damit all diese Dingen funktionieren, muss der Kernel lediglich in der Lage sein, die einzige Datei `/bin/sash` erfolgreich zu lesen!

Bei SUSE steckt die `sash` im gleichnamigen Paket und wird standardmäßig installiert.

Da die `sash` wirklich als Notsystem konzipiert wurde, wurde auf alles Unwichtige verzichtet. Die eingebauten Befehle sind primitiv und verfügen nur über die nötigsten Optionen. Die Kommandozeile kann nicht editiert werden, es gibt keine Aufzeichnung der bisherigen Befehle, und auch viele andere Bequemlichkeiten wirst du vergeblich suchen.

Bis auf `cd` beginnen alle eingebauten Befehle mit einem Minuszeichen, um sie von den im System installierten Befehlen zu unterscheiden. Eine genaue Erklärung aller Befehle der `sash` findest du in deren Man-Seite (`man 1 sash`), welche du allerdings nur mit einem funktionierenden `man`-Befehl ansehen kannst. Eine Übersicht über alle eingebauten Befehle liefert `help`. Eine Minierklärung zu einem Befehl kannst du mit `help befehl` aufrufen, wobei du das Minuszeichen nicht vergessen darfst:

```
> help -mount
Mount or remount a filesystem on a directory
usage: -mount [-t type] [-r] [-m] devName dirName
```

Ich habe für dich eine Beispielsitzung gemacht, in der ich bei einem Rechner die Datei `/lib/libc.so.6` wieder herstelle:

Zuerst erzeuge ich auf einem heilen Rechner eine Diskette, auf welche ich eine funktionierende `libc.so.6` kopiere. Wichtig ist hier, kein MS-DOS-Dateisystem zu verwenden, da Linux dafür ein Kernelmodul laden muss. Dies benötigt aber wieder ein funktionierendes `insmod`, welches wiederum die `libc.so.6` benötigt! Ich verwende stattdessen das Dateisystem Minix, welches in der Regel in den Kernel fest einkompiliert ist[35].

Zuerst lege ich auf dem funktionierenden Linux-Rechner `Eiger` eine leere Diskette ein und formatiere diese lowlevel:

```
Eiger: # fdformat -n /dev/fd0
Doppelseitig, 80 Spuren, 18 Sektoren/Spur, Totale Kapazität: 1440kB.
Formatieren ... Beendet
```

[35]Auch bei der Verwendung der Initrd muss der Kernel mindestens *ein* Dateisystem einkompiliert haben. Wie sollte er sonst die Initrd lesen können? Minix ist ein sehr einfaches Dateisystem, welches aber Unix-Attribute unterstützt. Es ist sogar das allererste Dateisystem, das in Linux implementiert wurde!

Als nächstes erzeuge ich auf der Diskette ein Minix-Dateisystem:

```
Eiger: # mkfs.minix /dev/fd0
480 inodes
1440 Blöcke
Firstdatazone=19 (19)
Zonesize=1024
Maxgröße=268966912
```

Um die Datei `/lib/libc.so.6` auf die Diskette zu kopieren, muss ich sie aus Platzgründen erst mit `gzip` komprimieren[36]. Dies sollte ich auf keinen Fall einfach mit `gzip` an Ort und Stelle tun, da sonst auch auf Eiger keine `libc` mehr verfügbar ist! Deshalb kopiere ich die Datei zunächst nach `/tmp` und komprimiere sie dort:

```
Eiger: # cp /lib/libc.so.6 /tmp
Eiger: # gzip /tmp/libc.so.6
```

Jetzt verschiebe ich die gezippte Kopie mit `mv` auf die Diskette. Diese muss ich natürlich vorher mounten und nachher sauber unmounten:

```
Eiger: # mount /dev/fd0 /mnt
Eiger: # mv /tmp/libc.so.6.gz /mnt
Eiger: # umount /mnt
```

Die Diskette ist nun fertig. Ich boote nun den Problemrechner und gebe als Bootparameter `init=/bin/sash` an.

```
lilo: linux init=/bin/sash
```

Der Rechner startet nach dem Booten sofort die `sash`. Hier sorge ich zunächst dafür, dass die Rootpartition schreibbar wird. Mit dem bisher vorgestellten `mount`-Befehl klappt's diesmal nicht, weil der `mount`-Befehl ja nicht funktioniert! Der in der `sash` eingebaute Befehl `-mount` kann das aber auch. Er bekommt die Option `-m` für *remount* übergeben und benötigt die Angabe der Rootpartition (im Beispiel `/dev/hda5`):

```
Trying to unmount old root ... okay
Freeing unused kernel momery: 120k freed
Stand-alone shell (version 3.4)
> -mount -m /dev/hda5 /
```

[36]Die `libc.so.6` hätte gerade noch unkomprimiert auf eine Diskette gepasst, ich will aber zeigen, wie du in der `sash` auch mit `gunzip` arbeiten kannst.

Um die Diskette nach /mnt zu mounten, benötige ich abermals den -mount-Befehl, welcher diesmal mit der Option -t den Dateisystemtyp der Diskette (minix) wissen will[37]:

```
> -mount -t minix /dev/fd0 /mnt
```

Auch ls gibt es als eingebauten Befehl, wieder mit dem Minuszeichen davor:

```
> -ls -l /mnt
.
..
libc.so.6.gz
```

Das Auspacken geschieht mit dem eingebauten gunzip Befehl. Diesem kannst du mit -o direkt den Namen der Ausgabedatei mitgeben. Es schadet übrigens nicht, vorher die alte Version der glibc zu sichern. Vielleicht ist die Fehlerursache ja doch eine andere. Der cd Befehl wird übrigens ohne Minuszeichen aufgerufen, weil es hier keine Verwechslungsgefahr gibt, denn ein /bin/cd gibt es nicht.

```
> cd /lib
> -cp libc.so.6 libc.so.6-ALT
> -gunzip /mnt/libc.so.6.gz -o libc.so.6
```

Wenn der Fehler wirklich an der fehlenden oder kaputten libc.so.6 lag, so funktionieren jetzt alle Befehle wieder, auch der reboot-Befehl, mit dem das System sauber neu gestartet werden kann:

```
> reboot
```

An diesem Beispiel siehst du, wie eine Systemrettung selbst unter widrigen Umständen gelingen kann. Es ist immer eine gute Idee, ein Werkzeug wie die sash installiert zu haben. Wenn das Problem erst einmal da ist, ist es zu spät.

4.5.7 Das SUSE-Rettungssystem

Wenn auch die sash nicht mehr hilft, dann gibt es nur noch eine Rettung: Das Booten eines Linux von CD/DVD und/oder Floppy. Hier eignet sich z. B. das SUSE-Rettungssystem. Es befindet sich bei SUSE Linux auf CD1 bzw. auf der DVD und lässt sich beim Bootmenü auswählen (Rescue System). Wie alle Rettungssysteme startet es ein Linux, ohne auf die Festplatte zuzugreifen. Du hast

[37] Der normale mount-Befehl kennt die Option -t auch. Lässt man sie weg, so probiert er alle bekannten Dateisysteme der Reihe nach aus.

eine Shell und alle notwendigen Programme und Befehle zur Verfügung, so dass du bequem daran gehen kannst, im System aufzuräumen.

Das Rettungssystem muss übrigens keineswegs von der gleichen Distribution sein, wie das auf dem Zielsystem installierte. Mit einem Linux-basierten Rettungssystem kann man sogar auf Windows-PCs das ein oder andere Problem beheben.

Bei den SUSE-Rettungssystemen ist eine Anmeldung als `root` notwendig, für die du allerdings kein Passwort benötigst:

```
...
Starting syslog services                                    done
Starting RPC portmap daemon                                 done
Starting Name Service Cache Daemon                          done
Master Resource Control: runlevel 3 has been                reached

Rescue login: root
Rescue:~ #
```

Der Unterschied zu den bisher vorgestellten Methoden besteht darin, dass die Festplatte des Zielsystems vorerst nicht angerührt wird. Das Rootdateisystem befindet sich stattdessen in einer RAM-Disk im Hauptspeicher. Deshalb musst du das Zielsystem erst einmal mounten, damit du überhaupt darauf zugreifen kannst. Dazu verschaffst du dir am besten mit `fdisk -l` einen Überblick über alle bestehenden Festplattenpartitionen, damit du dich besser daran erinnern kannst, was denn nun gleich wieder die Rootpartition war. Auf meinem Testrechner ist es `/dev/hda3`:

```
Rescue:~ # fdisk -l

Disk /dev/hda: 255 heads, 63 sectors, 1011 cylinders
Units = cylinders of 16065 * 512 bytes

   Device Boot    Start       End  Blocks   Id  System
/dev/hda1             1       128 1028128+  82  Linux swap
/dev/hda2   *       129     10011 79385197+  5  Extended
/dev/hda3           129      4045 31463271  83  Linux
Rescue:~ # mount /dev/hda3 /mnt
Rescue:~ # ls /mnt
.   auto  boot   dev  etc     home  media  opt   root  tmp  var
..  bin   cdrom  dvd  floppy  lib   mnt    proc  sbin  usr
```

Nun kannst du nach Herzenslust im Rootdateisystem des kaputten Linux herumwursteln.

Ein nützlicher Befehl hierbei ist `chroot` (*change root*). Dieser faszinierende Befehl bekommt als Argument ein Verzeichnis übergeben. Es startet dann einen neuen Prozess (Shell), der dieses Verzeichnis als sein Rootverzeichnis definiert hat. `chroot` klappt natürlich nur, wenn dieses Verzeichnis alles hat, was ein Linux so braucht, um eine Shell zu starten, z. B ein Unterverzeichnis `lib` mit einer Datei `libc.so.6` und ein Verzeichnis `bin`, welches das Programm `bash` enthält. Denn nicht nur der Befehl `/bin/bash`, sondern auch der dynamische Linker, die Bibliotheken und alles andere wird aus dem neuen Verzeichnis geholt.

> **chroot**
>
> startet eine neue Shell mit anderem Wurzelverzeichnis.
>
> *chroot VERZEICHNIS*

Wenn also das zu rettende System noch nicht so kaputt ist oder wieder soweit in Ordnung ist, dass du dort eine Shell starten kannst, kannst du mit `chroot /mnt` in das System „hineinwechseln". Eventuell musst du dort weitere Dateisysteme mounten. Beispielsweise ist es gut, ein funktionierendes `/proc`-Dateisystem zu Verfügung zu haben, da sonst etliche Diagnosebefehle nicht funktionieren. Nach der Arbeit verlässt du die `chroot`-Shell mit Strg D oder `exit`, wie ich im Folgenden demonstriere:

```
Rescue:~ # chroot /mnt
Rescue:/ # ls
.   auto  boot   dev  etc     home  media  opt   root  tmp  var
..  bin   cdrom  dvd  floppy  lib   mnt    proc  sbin  usr
Rescue:/ # mount -t proc proc /proc
Resuue:/ # df
Filesystem          1k-blocks      Used Available Use% Mounted on
/dev/hda5            31462300  29981864   1480436  96% /
Rescue:/ # umount /proc
Rescue:/ # exit
exit
```

Nachdem du das Zielsystem repariert hast, solltest du alle Partitionen wieder unmounten, damit alle Dateisysteme korrekt abgeschlossen werden:

```
Rescue:/ # umount /mnt
```

4.6 Kernel

In diesem Kapitel will ich dir Möglichkeiten zeigen, wie du Informationen über den aktuellen oder generellen Zustand des Kernel erhalten kannst. Ich beschränke mich dabei allerdings auf die Sicht des Anwenders und nicht des Anwendungs- oder gar Kernelentwicklers.

4.6.1 Version, Lebensalter und Speicherverbrauch

Der Befehl `uname -r` spuckt die Version des gerade laufenden Linux-Kernel aus:

```
Eiger:~> uname -r
2.6.4-54.5-default
```

Mit der Option `-a` erhältst du noch eine Reihe weiterer Angaben, z. B. den Namen des Rechners, wann der Kernel übersetzt wurde, die Hardwarearchitektur des Rechners (`i686`) und – wenn du Glück hast – den Prozessortyp (hier `athlon`):

> **uname**
>
> Zeigt Kernelversion und andere Informationen.
>
> *uname*
>
> `-r` zeigt nur die Kernelversion
>
> `-a` zeigt alle Informationen

```
Eiger:~> uname -a
Linux Eiger 2.6.4-54.5-default #1 Fri May 7 21:43:10 UTC 2004
i686 athlon i386 GNU/Linux
```

Sehr beliebt ist auch der Befehl `uptime`, mit dem du sehen kannst, wie lange der Rechner seit dem letzten Booten läuft (hier 64 Tage, 23 Stunden und 10 Minuten):

```
Blomberg:~ # uptime
4:42pm up 64 days, 23:10, 1 user, load average: 0.00, 0.00, 0.0C
```

Eine knappe Statistik über den aktuellen Speicherverbrauch von Kernel und Prozessen erhältst du mit dem Befehl `free`, den du am besten mit der Option `-m` aufrufst, damit du die Ausgabe statt in Kilobytes in Megabytes bekommst:

> **uptime**
>
> zeigt, wie lange der Rechner seit dem letzten Neustart läuft.
>
> *uptime*

```
Eiger:~> free -m
             total       used       free     shared    buffers     cached
Mem:           503        463         39          0         70        216
-/+ buffers/cache:        175        327
Swap:          517         11        505
```

Die Interpretation der Ausgabe von `free` löst bei Linuxneulingen immer wieder Verwunderung aus, denn egal wie viel Speicher du in einem Rechner hast – es ist eigentlich nie Speicher frei! Dies ist richtig und falsch zugleich. Der Linux-Kernel versucht nämlich, unbenutzten Speicher nicht einfach brach liegen zu lassen, sondern verwendet ihn zum Zwischenspeichern (*cachen*) von Ein-/Ausgabedaten wie Festplattenblöcken.

> **free**
>
> zeigt die Verwendung von Haupt- und Auslagerungsspeicher (Swapspace).
>
> *free [-m]*
>
> -m Angaben in MB statt in KB

Deshalb musst du die Angaben unter `buffers` und `cached` eigentlich zum freien Speicher hinzuzählen. Genau dies macht die zweite Zeile (aufgrund von Rundungsfehlern stimmt die Summe im Beispiel um 2 MB nicht). Die dritte Zeile gibt Auskunft über die Größe und Verwendung des *Auslagerungsspeichers* (*Swapspace*). Eine kleine Menge von Swapspace ist immer in Benutzung (hier: 11 MB). Nur wenn hier ein merklich höherer Wert steht, bedeutet dies, dass der Hauptspeicher nicht ausreicht.

4.6.2 Module

Kernelmodule sind Erweiterungen des Kernel, welche zur Laufzeit geladen und entfernt werden können. Technisch gesehen sind es dynamische Programmbibliotheken, welche unter `/lib/modules` abgelegt sind und die Endung `.ko` tragen (bis Kernel 2.4 hieß die Endung `.o`).

Kernelmodule sind für Linux grob gesagt das, was man unter anderen Betriebsystemen *Treiber* nennt. Manche Module realisieren aber auch bestimmte Zusatzfunktionen des Kernel, welche nicht mit Hardwaregeräten zu tun haben. Der Kernel 2.6 verfügt bereits über mehr als 1 300 verschiedene Module!

Beim Laden eines Moduls (siehe Man-Seite von `insmod` oder `modprobe`) prüft der Kernel, ob das Laden überhaupt möglich ist. Realisiert das Modul einen Hardwaretreiber, so wird beim Laden geprüft, ob die entsprechende Hardware erkannt wird. Falls nicht, scheitert das Laden des Moduls. Umgekehrt kann man sagen, dass ein erfolgreich geladenes Modul auf vorhandene und korrekt erkannte Hardware hinweist.

Fehler, aber auch Erfolgsmeldungen, die beim Laden eines Moduls auftreten, werden per `syslogd` geloggt und wandern normalerweise in die bekannte Datei `/var/log/messages`. Hier ist zum Beispiel eine Meldung eines erfolgreichen Ladens des Moduls `ntfs`:

```
Dec  5 17:05:30 Eiger kernel: NTFS driver 2.1.0a [Flags: R/O MODULE].
Dec  5 17:05:30 Eiger kernel: NTFS volume version 3.1.
```

Der Befehl `lsmod` zeigt alle derzeit geladenen Module:

```
Eiger:~> lsmod
Module                  Size  Used by
nls_iso8859_1           4224  0
nls_cp437               5888  0
```

```
usb_storage          59584  0
vfat                 14080  0
fat                  43328  1 vfat
usblp                12032  0
nvidia             2069992  12
usbserial            28912  0
parport_pc           35264  0
lp                   10916  0
parport              37704  2 parport_pc,lp
```

Hinter jedem Modul wird eine Liste von anderen Modulen angegeben, welche dieses gerade verwenden. Beispielsweise wird das Modul `parport` von den beiden Modulen `parport_pc` und `lp` verwendet.

Die Spalte `Used` gibt an, wie oft das Modul gerade in Verwendung ist. Ein Modul, bei dem `Used` auf `0` steht und hinter dem auch keine anderen Module angegeben sind, die es gerade benötigen, kann mit dem Befehl `rmmod` entladen werden. In obigem Beispiel gilt das z. B. für das Modul `vfat`:

> **lsmod**
>
> zeigt geladene Kernelmodule.
>
> *lsmod*

```
Eiger:~ # rmmod vfat
```

Bei anderen Modulen scheitert das Entladen:

```
Eiger:~ # rmmod nvidia
ERROR: Module nvidia is in use
```

Seine Informationen bezieht `lsmod` aus der Datei `/proc/modules`:

```
Eiger:~> head /proc/modules
vfat 14080 0 - Live 0xe2de7000
nls_iso8859_1 4224 0 - Live 0xe2dfa000
nls_cp437 5888 0 - Live 0xe2df7000
usb_storage 59584 0 - Live 0xe2e1d000
fat 43328 1 vfat, Live 0xe2dfd000
usblp 12032 0 - Live 0xe2dec000
nvidia 2069992 12 - Live 0xe2f5e000
usbserial 28912 0 - Live 0xe2ce2000
parport_pc 35264 0 - Live 0xe2cd8000
parport 37704 2 parport_pc,lp, Live 0xe2ccd000
```

4.6.3 Kernelparameter

Linux bekommt – ganz wie jedes andere Programm auch – beim Starten eine Zeile von Argumenten als Parameter übergeben. Diese wird beim Booten vom Bootloader festgelegt. Die Parameter bestimmen zum Teil das Verhalten des Kernel selbst und werden zum anderen Teil an die Module und an das Programm `init` weitergereicht.

Wenn du wissen willst, mit welchen Parametern Linux gebootet wurde, kannst du dies in `/proc/cmdline` nachsehen:

```
Eiger:~> cat /proc/cmdline
root=/dev/hda5 vga=0x346 desktop resume=/dev/hda1
```

Eine Erklärung der wichtigsten Kernelparameter erhältst du – wenn du die Kernelquellen wie üblich unter `/usr/src/linux` installiert hast – in der Datei `/usr/src/linux/Documentation/kernel-parameters.txt`.

Kapitel 5

Hardwarediagnose

In Kapitel 4 habe ich grundlegende Werkzeuge und Methoden zur Diagnose vorgestellt, die auf jedem Linuxsystem Gültigkeit haben. Nun will ich zur Diagnose von Problemen kommen, die speziell mit Hardware zu tun haben.

Das wichtigste Ziel einer Hardwarediagnose ist es, herauszufinden, auf welcher Ebene der Fehler liegt. Dabei kommt das Prinzip der Wirkungskette, welches ich in Abschnitt 1.4.3 auf Seite 6 vorgestellt habe, intensiv zum Einsatz. Mit dem in diesem Kapitel vermittelten Grundwissen und den vorgestellten Diagnosemethoden ist es möglich, den Punkt zu finden, an dem die Wirkungskette unterbrochen wird.

Nehmen wir als Beispiel einen Scanner am USB-Anschluss. Du kaufst den Scanner, steckst in an, schaltest ihn ein und startest das Scanprogramm. Der Scanner rührt sich nicht. Sollte er nicht automatisch *erkannt* werden? Was bedeutet überhaupt „erkannt"?

Sehen wir uns die Wirkungskette an:

1. Der USB-Hostcontroller wird erkannt.
2. Der USB-Hostcontroller wird korrekt angesteuert.
3. Der Scanner wird als USB-Gerät erkannt und angezeigt.
4. Der Scanner wird vom Kernel als *Scanner* erkannt.
5. Das Scanprogramm kennt den Typ des Scanners und steuert ihn richtig an.

Das Ziel einer Diagnose ist, die Unterbrechung in der Kette zu orten. Kennst du die richtigen Werkzeuge, so ist dies nicht schwer. Das Ergebnis ist sehr aussagekräftig.

Stell Dir vor, der Fehler liegt zwischen Punkt 2 und 3: der USB-Bus wird korrekt angesteuert, der Scanner wird aber nicht anzeigt. Sowohl grundsätzliche USB-Probleme als auch das Scanprogramm kannst du als Fehlerursache sofort ausschließen. Die Frage, ob der Scanner unterstützt wird, stellt sich auch noch nicht, weil grundsätzlich alle Geräte – auch die unbekannten – angezeigt werden. Das Problem ist in diesem Fall am Scanner selbst zu suchen.

5.1 Prozessor, Speicher und andere innere Werte

5.1.1 Der Prozessor und `/proc/cpuinfo`

> **`/proc/cpuinfo`**
>
> zeigt Informationen über die CPU(s).
>
> *`cat /proc/cpuinfo`*

In der Datei `/proc/cpuinfo` stellt der Kernel einige Informationen über den bzw. die Prozessoren dar. Es handelt sich um eine einfache Textdatei:

```
Eiger:~> cat /proc/cpuinfo
processor       : 0
vendor_id       : GenuineIntel
cpu family      : 6
model           : 11
model name      : Intel(R) Pentium(R) III Mobile CPU      1000MHz
stepping        : 1
cpu MHz         : 996.687
cache size      : 512 KB
fdiv_bug        : no
hlt_bug         : no
f00f_bug        : no
coma_bug        : no
fpu             : yes
fpu_exception   : yes
cpuid level     : 2
wp              : yes
flags           : fpu vme de pse tsc msr pae mce cx8 sep mtrr pge mca ...
bogomips        : 1985.74
```

Neben Informationen über den Hersteller und das Modell erfährst du in `cpu MHz` die Taktrate, unter der der Prozessor läuft. Diese Taktrate wird beim Booten des Kernels ermittelt und ist dann interessant, wenn der Prozessor mehrere Taktfrequenzen unterstützt, wie z. B. einige Laptops.

Die berühmt berüchtigten Bogomips sind eine Wortschöpfung aus MIPS (million instructions per second) und dem englischen Wort *bogus*, was übersetzt soviel heißt wie *schwindlerisch, betrügerisch, Schein-*. Dies will bedeuten, dass diese Zahl nur eine sehr vage Abschätzung für die tatsächliche Leistung der Prozessors ist. Die Bogomips werden vom Kernel benötigt, um eine interne Warteschleife exakt zu kalibrieren. Hier ist es entscheidend, wie oft diese Schleife pro Sekunde durchlaufen wird. Je nachdem, wie optimal der Prozessor gerade diese Schleife abarbeiten kann, kommen mehr oder weniger Bogomips heraus. Die Performanz im realen Leben der CPU hängt aber von mehr Faktoren ab, z. B. von der Größe des Caches (im Beispiel 512 KB).

Hat Linux ein System mit mehreren Prozessoren korrekt erkannt, so wird für jeden Prozessor ein Eintrag angezeigt. Dazu ist es aber erforderlich, einen Mehrprozessor-fähigen Kernel zu booten.

5.1.2 Informationen aus ACPI

> **/proc/acpi**
>
> Information über Prozessor, Stromversorgung, Temperatur und Ähnliches
>
> *cat /proc/acpi*

Wenn du das Glück hast, dass dein Rechner über ACPI verfügt und dieses vom Kernel unterstützt wird, kannst du detaillierte Informationen über die Prozessoren und andere zentrale Komponenten des Systems abrufen. ACPI ist ein von mehreren Firmen gemeinsam veröffentlicher Standard, der eine Schnittstelle definiert, mit der das Betriebssystem über das BIOS Hardwareinformationen (z. B. Stromversorgung, CPU-Frequenz, Temperaturfühler) und Konfigurationseinstellungen (z. B. Zuordnung von Interrupts und anderen Ressourcen zu Hardwarekomponenten) auslesen und verändern kann. ACPI hat den Anspruch, andere Standards wie APM[1] und PNPBIOS[2] zu ersetzen. Einen Überblick über ACPI sowie den Standard selbst findest du unter `www.acpi.info`.

Die Gründerfirmen haben sich das ehrgeizige Ziel gesetzt, sämtliche denkbaren und undenkbaren Arten von Hardwarekonfigurationen zu berücksichtigen und versucht, eine eierlegende Wollmilchsau zu schaffen. ACPI ist sehr komplex geraten. Es ist schon erstaunlich, dass man eine 502-seitige Spezifikation mit sechs Verzeichnisebenen benötigt, um zu beschreiben, wie das Bestriebssystem die aktuelle Temperatur der CPU erfahren kann! ACPI kennt sogar eine eigene Programmiersprache mit einem speziellem Compiler und Disassembler. Trotzdem wird ACPI mittlerweile von Linux unterstützt.

Bei SUSE LINUX wird ab Version 8.1 ACPI automatisch aktiviert, falls das BIOS dazu geeignet erscheint. Wenn es damit Probleme gibt, kannst du ACPI durch den Kernelparameter `acpi=off` explizit abschalten. Umgekehrt kannst du mit `acpi=force` die Aktivierung von ACPI erzwingen, wenn du der Meinung bist, dass du besser weißt als der Kernel, was für deine Hardware richtig ist.

Um ACPI unter Linux zu verwenden, müssen weiterhin einige Kernelmodule geladen sein. Nur dann werden die gewünschten Informationen unter `/proc/acpi` sichtbar. Du kannst dies mit `lsmod` kontrollieren und bei Bedarf die fehlenden Module einfach mit dem `modprobe`-Befehl laden:

[1] **A**dvanced **P**ower **M**anagement

[2] **P**lug 'n' **P**lay BIOS

```
Eiger:~ # modprobe ac
Eiger:~ # modprobe battery
Eiger:~ # modprobe button
Eiger:~ # modprobe fan
Eiger:~ # modprobe processor
Eiger:~ # modprobe thermal
```

Wie du dafür sorgst, dass diese Module bei jedem Booten automatisch geladen werden, hängt von deiner Linux-Distribution ab. Ein Aufnehmen der obigen Befehle in die Datei `/etc/init.d/boot.local` oder `/etc/init.d/boot` sollte aber in jedem Fall funktionieren.

Nach dem Laden der Module kannst du einen Blick nach `/var/log/messages` werfen:

```
Jan 16 15:36:03 Eiger kernel: ACPI: AC Adapter [AC] (on-line)
Jan 16 15:36:03 Eiger kernel: ACPI: Battery Slot [BAT0] (battery absent)
Jan 16 15:36:03 Eiger kernel: ACPI: Battery Slot [BAT1] (battery present)
Jan 16 15:36:03 Eiger kernel: ACPI: Lid Switch [LID]
Jan 16 15:36:03 Eiger kernel: ACPI: Power Button (CM) [PBTN]
Jan 16 15:36:03 Eiger kernel: ACPI: Sleep Button (CM) [SBTN]
Jan 16 15:36:04 Eiger kernel: ACPI: Processor [CPU0] (supports C1 C2, ...
Jan 16 15:36:04 Eiger kernel: ACPI: Thermal Zone [THM] (55 C)
```

Hier siehst du gleich die ersten Informationen der ACPI-Module. Der eigentliche Sinn der Sache ist aber, dass du nun unter `/proc/acpi` allerhand *aktuelle* Informationen über die CPU und andere Hardware sehen kannst.

5.1.3 ACPI: Prozessor

Für jeden Prozessor im System gibt es ein Unterverzeichnis in `/proc/acpi/processor`. Die erste CPU liegt unter `CPU0` (und ist leider meist auch die einzige):

> **/proc/acpi/processor**
> Informationen über die Prozessoren

```
Eiger:~ # cd /proc/acpi/processor/CPU0
Eiger:/proc/acpi/processor/CPU0 # ls
.  ..  info  limit  power  throttling
```

Die Datei `power` gibt Auskunft über die verschiedenen Betriebsmodi der CPU. Dies spielt hauptsächlich bei Laptops eines Rolle, welche den Prozessor zum Zwecke des Stromsparens heruntertakten können. Folgende CPU hat zwei Zustände:

```
Eiger:/proc/acpi/processor/CPU0 # cat power
active state:            C2
default state:           C1
bus master activity:     00000000
states:
    C1:                promotion[C2] demotion[--] latency[000] usage[00002200]
   *C2:                promotion[--] demotion[C1] latency[050] usage[03536489]
    C3:                <not supported>
```

Beim guten alten 2.4er Kernel gab es noch die Datei `performance`, welche Auskunft über die Taktraten und den Stromverbrauch der Zustände gab:

```
Eiger:/proc/acpi/processor/CPU0 # cat performance
state count:                2
active state:               P0
states:
   *P0:                     1000 MHz, 15800 mW, 500 uS
    P1:                     733 MHz, 12500 mW, 500 uS
```

Das obige Beispiel zeigt meinen Laptop mit einem Intel Pentium III Mobile Prozessor. Die CPU kann in zwei Geschwindigkeiten betrieben werden: 1000 MHz und 733 MHz. Aktuell wird sie unter 1000 MHz betrieben (`P0`). Der Stromverbrauch ist 15,8 Watt. Bei 733 MHz wären es nur 12,5 Watt.

5.1.4 ACPI: Stromverbrauch und Akkus

Wo wir gerade beim Stromverbrauch waren: Dieser für mobile Geräte sehr wichtige Faktor wird in den ACPI-Verzeichnissen `ac_adapter` und `battery` dargestellt. Hängt mein Laptop am Tropf, so erfahre ich:

```
Eiger:~ # cat /proc/acpi/ac_adapter/AC/state
state:                   on-line
```

Ohne externe Stromquelle sieht es dann so aus:

```
Eiger:~ # cat /proc/acpi/ac_adapter/AC/state
state:                   off-line
```

> **/proc/acpi/ac_adapter**
>
> Informationen über externe Stromquellen

Gleichzeitig ist dies ein guter Test, um festzustellen, ob das ACPI auch wirklich funktioniert. Dazu kannst du einfach den Stromstecker ein- und ausstecken und testen, ob die Information in `/proc/acpi` auch wirklich aktualisiert wird.

> **/proc/acpi/battery**
>
> Informationen über Laptopakkus

Mindestens ebenso nützlich ist die Information über die Laptopakkus. Hier erfährst du nicht nur den aktuellen Ladezustand in mWh (Milliwattstunden), sondern auch den aktuellen Lade- bzw. Entladestrom (zumindest auf meinem DELL Inspiron 8100). Für jede mögliche Batterie gibt es unter `/proc/acpi/battery` ein Verzeichnis `BAT0`, `BAT1` usw. Interessant sind dort die Dateien `info` (generelle Informationen) und `state` (aktueller Zustand). So sieht die Datei `info` bei meinem Akku aus:

```
Eiger:/proc/acpi/battery/BAT1 # cat info
present:                 yes
design capacity:         59000 mWh
last full capacity:      43680 mWh
battery technology:      rechargeable
design voltage:          14800 mV
design capacity warning: 3000 mWh
design capacity low:     1000 mWh
capacity granularity 1:  200 mWh
capacity granularity 2:  200 mWh
model number:            0002M400
serial number:           3207
battery type:            LION
OEM info:                SANYO
```

Auf diese Art erfahre ich ganz nebenbei, dass die vom Hersteller vorgesehene Kapazität (59000 mWh) beim Aufladen bei weitem nicht erreicht wird, sondern nur 43680 mWh. Ab einer Ladung von 3000 mWh gibt es die erste Warnung (z. B. blinkende Leuchtdiode am Laptop). Unter 1000 mWh sollte das Betriebssystem das Herunterfahren des Systems veranlassen. Die Spannung wird mit 14,8 V anvisiert.

Die aktuellen Werte siehst du in der Datei `state`:

```
Eiger:/proc/acpi/battery/BAT1 # cat state
present:                 yes
capacity state:          ok
charging state:          discharging
present rate:            25716 mW
remaining capacity:      40130 mWh
present voltage:         15681 mV
```

Der Akku steht also aktuell bei 40130 mWh und wird mit 25716 mW entladen, sollte also noch etwa 1 Stunde und 33 Minuten halten. Wenn ich die Festplatte arbeiten lasse:

```
Eiger:/proc/acpi/battery/BAT1 # find / > /dev/null &
[1] 2863
```

kann ich sehen, wie der Entladestrom ansteigt:

```
Eiger:/proc/acpi/battery/BAT1 # cat state
present:                 yes
capacity state:          ok
charging state:          discharging
present rate:            35231 mW
remaining capacity:      34320 mWh
present voltage:         15147 mV
Eiger:/proc/acpi/battery/BAT1 # kill 2863
```

Aus 25 werden immerhin 35 Watt, also 10 Watt zusätzlich für die erhöhte Aktivität der Festplatte.

5.1.5 ACPI: Temperatur

/proc/acpi/thermal_zone
Informationen über Temperatursensoren

Da moderne Prozessoren wahre Stromfresser sind, haben sie allesamt das Problem der Erhitzung. 100% der Energie werden nämlich in Wärme umgewandelt[3]. Selbst der angeblich stromsparende Intel Pentium III mit 1000 MHz genehmigt sich komfortable 16 Watt – genug Leistung, um mit einer Energiesparbirne ein ganzes Zimmer auszuleuchten.

Es ist also nötig, den Prozessor und den ganzen Rechner mit Lüftern zu kühlen. Da diese selbst Strom verbrauchen und außerdem unangenehme Geräusche erzeugen, werden sie – vor allem bei Laptops – nur bei Bedarf eingeschaltet. Wann dies der Fall ist, wird über die Temperatur gesteuert. Da Lüfter mechnische Teile sind, unterliegen sie dem Verschleiß, so dass nach etlichen Jahren Betrieb ein defekter Lüfter nichts ungewöhnliches ist. Dies führt im schlimmsten Fall zu einer überhitzten CPU, die zunächst fehlerhaft arbeitet und zu unerklärlichen Programmabstürzen führt. Bei andauernder oder zu starker Überhitzung wird sie permanent zerstört.

Im Verzeichnis `/proc/acpi/thermal_zone` kannst du Informationen über die im System vorhanden Temperaturfühler abrufen. Für jeden Fühler gibt es ein Unterverzeichnis, in dem du unter anderem die Dateien `state` und `temperature` findest:

[3]Nach dem aktuellen Kenntnisstand der Physik besitzt Information weder eine Ruhemasse noch potentielle oder kinetische Energie.

```
Eiger:~ # cd /proc/acpi/thermal_zone
Eiger:/proc/acpi/thermal_zone # ls
.  ..  THM
Eiger:/proc/acpi/thermal_zone # cd THM
Eiger:/proc/acpi/thermal_zone/THM # cat state
state:                  ok
Eiger:/proc/acpi/thermal_zone/THM # cat temperature
temperature:            47 C
```

Die Temperatur wird in Grad Celsius angegeben.

5.1.6 Hauptspeicher

Hauptspeicher (RAM) macht bei Linux so gut wie nie Probleme, solange es weniger als 4 GB ist. Mit dem bereits in Abschnitt 4.6.1 auf Seite 105 erklärten Befehl `free`, kannst du sehen, wie viel Speicher von Linux erkannt und verwendet wird. Wenn du mehr als 4GB Hauptspeicher verwenden willst, musst du einen für 64GB ausgelegten Kernel booten. Dieser verwendet dann die sogenannte PAE[4] der Pentium Prozessoren (ab Pentium Pro). Unterstützt der Prozessor kein PAE, so ist der Kernel dann nicht lauffähig.

Wenn die Ausgabe von `free` nicht mit den Erwartungen übereinstimmt, kannst du versuchen, die Größe der Speichers dem Kernel beim Booten mitzuteilen. Der Kernelparameter dazu lautet `mem=`. Dahinter schreibst du die Anzahl der Megabytes und ein großes `M`, z. B. `mem=256M`. Diese Angabe muss genau stimmen!

5.1.7 Hardwareuhr und Systemzeit, `hwclock` und `date`

Jeder PC verfügt über eine eingebaute Uhr, die die Zeit auch dann weiterrechnet, wenn der PC ausgeschaltet ist. Sie wird entweder von einem Akku oder von einer Knopfzelle versorgt. Heutzutage gibt es sogar Mainboards, bei denen die Knopfzelle fest eingelötet ist. Nach ein paar Jahren kann es sein, dass diese Batterie leer ist. Der Rechner verliert dann nach jedem Stromverlust die Uhrzeit und die Einstellungen des BIOS.

`hwclock`

Werkzeug zum Auslesen und Einstellen der Hardwareuhr. Ohne Optionen wird die aktuelle Zeit angezeigt.

`hwclock [OPTIONEN]`

`--set --date=D`	stellt Hardwareuhr auf neues Datum / Zeit ein
`--systohc`	lädt die aktuelle Systemzeit in die Hardwareuhr
`--hctosys`	stellt die Systemzeit gemäß der Hardwareuhr ein
`--debug`	ausführliche Ausgabe über die Arbeit von `hwclock`

[4] Physical Address Extension

Mit dem Befehl `hwclock` kannst du die Zeit der Hardwareuhr auslesen. Dies darfst du nicht verwechseln mit der aktuellen Systemzeit! Beide können sich durchaus unterscheiden. Zwar setzt der Kernel die Systemzeit beim Booten zunächst auf die Zeit aus der Hardwareuhr. Die Systemzeit kann später jedoch manuell oder durch einen Netzwerkzeitdienst wie `ntp` geändert werden.

```
Eiger:~ # hwclock
Fre 17 Jan 2004 11:53:10 CET  -0.288100 Sekunden
```

Wenn du genau wissen willst, wie `hwclock` die Zeit bestimmt, kannst du die Option `--debug` angeben:

```
Eiger:~ # hwclock --debug
hwclock von util-linux-2.11u
Benutze /dev/rtc interface to clock.
Letzte Abweichungskorrektur vorgenommen bei 104279726 Sekunden nach 1969
Letzte Kalibrierung vorgenommen bei 1042734429 Sekunden nach 1969
Hardwareuhr geht nach lokaler Zeit Zeit
Die Hardwareuhr läuft vermutlich in lokaler Zeit.
Warte auf Uhrtick...
... erhielt Uhrtick
Zeit gelesen aus Hardwareuhr: 2004/01/17 12:02:09
Zeit der Hardwareuhr: 2004/01/17 12:02:09 = 104280132 Sekunden seit 1969
Fre 17 Jan 2004 12:02:09 CET  -0.765128 Sekunden
```

Die Systemzeit erfährst du mit dem Befehl `date`:

```
Eiger:~ # date
Fre Jan 17 12:05:35 CET 2004
```

Willst du Hardwarezeit und Systemzeit vergleichen, setzt du die beiden Befehle am besten in einer Zeile ab, damit dazwischen möglichst wenig Zeit vergeht:

```
Eiger:~ # hwclock ; date
Fre 17 Jan 2004 12:05:17 CET  -0.145471 Sekunden
Fre Jan 17 12:05:17 CET 2004
```

Willst du beide auf einen einheitlichen Stand bringen, kannst du `hwclock` mit der Option `--systohc` sagen, dass die Systemzeit in die Hardwareuhr geladen werden soll. Die Option `--hctosys` macht es genau umgekehrt.

Mit dem Befehl `hwclock --set` kannst du die Hardwareuhr auf einen bestimmten Wert einstellen:

```
Eiger:~ # hwclock --set --date="2/13/96 16:45:05"
```

Jetzt sind beide Zeiten unterschiedlich:

```
Eiger:~ #  hwclock ; date
Die 13 Feb 1996 16:45:11 CET  -0.477735 Sekunden
Fre Jan 17 12:08:07 CET 2004
```

Durch das Laden der Systemzeit in die Hardwareuhr gehen sie wieder synchron:

```
Eiger:~ # hwclock --systohc
Eiger:~ # hwclock ; date
Fre 17 Jan 2004 12:08:18 CET  -0.574916 Sekunden
Fre Jan 17 12:08:17 CET 2004
```

5.2 Allgemeines zur Peripherie

5.2.1 Grundprinzip des Prozessorbus

Ein Prozessor liest Daten und Befehle aus dem Hauptspeicher, führt Befehle aus und schreibt Daten in den Hauptspeicher zurück. Der Hauptspeicher ist in Zellen zu je 8 Bits – den Bytes – eingeteilt. Jedes Byte hat eine eindeutige Nummer – seine *Adresse* oder *Speicheradresse*. Damit der Prozessor der Elektronik, welche den Hauptspeicher verwaltet, mitteilen kann, auf welche Speicherzelle er zugreifen will, signalisiert er die Speicheradresse als Binärzahl auf einer dafür vorgesehenen Reihe von elektronischen Ausgangsleitungen: den Adressleitungen. Alle Adressleitungen zusammen werden als *Adressbus* bezeichnet.

Aktuelle PC-Prozessoren haben 32 Adressleitungen[5]. Mit ein bisschen Mathematik kann man errechnen, dass man mit 32 Leitungen 2^{32} verschiedene Binärzahlen darstellen kann. Der Prozessor kann also 4 294 967 296 verschiedene Speicherzellen ansprechen: 4 Gigabyte! Natürlich verfügt nicht jeder Rechner über 4 Gigabyte Hauptspeicher. Deshalb unterscheidet man die Größe des Hauptspeichers vom *Adressraum*. Der Adressraum der PC-Prozessoren ist immer 4 Gigabyte groß, der Hauptspeicher hängt natürlich davon ab, wie viele Speicherriegel dem Rechner spendiert wurden.

Nachdem die gewünschte Speicherzelle adressiert wurde, signalisiert der Prozessor dem Speicherbaustein mittels einer speziellen Steuerleitung die *Ein-/Ausgaberichtung*, also ob er die Speicherzelle *auslesen* oder *beschreiben* will. Die hierfür verwendete Leitung ist Teil des *Steuerbus*. Der Steuerbus umfasst noch weitere Leitungen, z. B. die weiter unten beschriebenen *Interruptleitungen*.

Der *Datenbus* besteht aus einer Anzahl von Leitungen, in welchen dann die betroffenen Bits vom bzw. zum Prozessor transportiert werden. Hat der Datenbus 8 Leitungen, so kann der Prozessor immer ein Byte auf einmal lesen bzw. schreiben.

[5]Sowohl Intel als auch AMD entwickeln Prozessoren mit 64 Adressleitungen. Von anderen Herstellern gibt es schon seit längerem derartige Prozessoren.

Man spricht dann von einem 8-Bit-Prozessor. PC-Prozessoren haben 32 Datenleitungen, können also immer 4 Byte auf einmal transportieren.

Adressbus, Steuerbus und Datenbus werden zusammen als *Prozessorbus* bezeichnet.

5.2.2 Zugriff auf Peripheriebausteine

Die Tatsache, dass der Prozessor mithilfe des Prozessorbusses beliebige Speicherzellen lesen und beschreiben kann, wird auf elegante Weise ausgenutzt, um mit *Peripheriebausteinen* zu sprechen. So ein Baustein hat z. B. die Aufgabe, eine serielle Schnittstelle anzusteuern.

Eine Elektronik im Chipsatz des Mainboards sorgt dafür, dass beim Zugriff des Prozessors auf eine bestimmte Speicheradresse nicht auf den Hauptspeicher, sondern auf einen bestimmten Peripheriebaustein zugegriffen wird. Der Prozessor kommuniziert mit dem Baustein durch Lesen und Schreiben von Datenbits auf diese Adresse. Dieses Verfahren heißt *Memory Mapped IO*[6].

Speziell die Intel 80386-kompatiblen Prozessoren kennen darüber hinaus noch das *Port IO*. Dafür verfügt die CPU über eine kleine Anzahl zusätzlicher Signalleitungen, mit welchen direkt Peripheriebausteine verdrahtet werden. Sie bilden einen zusätzlichen kleinen Adressraum der parallel und unabhängig von dem 32-Bit-Adressraum existiert und mit speziellen CPU-Befehlen angesprochen wird. Jede der Port-IO-Adressen wird als *IO Port* bezeichnet. Natürlich muss das Betriebssystem wissen, welche Bausteine welche IO-Ports verwenden. Außerdem kann jeder Port natürlich nur von einem Ein-/Ausgabebaustein verwendet werden.

Der Prozessor verfügt ferner im Steuerbus über eine Reihe von elektronischen Leitungen, mit denen ihm eine andere Komponente signalisieren kann, dass ein bestimmtes Ereignis eingetreten ist. Dieses Ereignis wird als *Interrupt* (Unterbrechung) bezeichnet, weil es den Prozessor bei seiner Arbeit unterbrechen soll.

Ein solcher Interrupt kann z. B. dann auftreten, wenn die serielle Schnittstelle gerade ein Byte empfangen hat, welches nun abholbereit im Peripheriebaustein liegt, der für die serielle Schnittstelle zuständig ist. Der Prozessor kann sich dem Ereignis sofort widmen und anschließend mit seiner Arbeit fortfahren.

Ohne das System der Interrupts müsste der Prozessor regelmäßig von sich aus nachfragen, ob denn nun das nächste Byte schon da ist. Dies nennt man *Polling* und hat den Nachteil, dass es keine optimale Wiederholrate für dieses Nachfragen gibt: Fragt man sehr oft nach, verschwendet der Prozessor wertvolle Rechenzeit, weil die meisten Anfragen dann überflüssig sind. Fragt man sehr selten nach,

[6] IO: Input Output

so gibt es Verzögerungen in der Abwicklung, weil die aktuellen Daten nicht sofort abholt werden.

Je nach Hardwarearchitektur gibt es eine unterschiedliche Anzahl von verschiedenen Interrupts, welche von 0 aufsteigend durchnummeriert sind. Die typische PC-Architektur kennt 16 verschiedene Interrupts.

Zu guter Letzt können Peripheriebausteine auch direkt auf den Hauptspeicher zugreifen, ohne den Prozessor zu bemühen. Sie machen dies, um Rechenzeit zu sparen. Das Verfahren nennt sich DMA[7] und wird eingesetzt, wenn viele Daten in größeren Blöcken übertragen werden. Das ist z. B. bei Zugriffen auf eine Festplatte oder ein CD/DVD-Laufwerk der Fall. Wenn ein Laufwerk DMA benutzt, spricht man von einem Betrieb im DMA-Modus. Zum Betrieb der DMA gibt es mehrere *Kanäle*, bei denen sich die Geräte einig sein müssen, wer welchen verwendet. Das Gegenteil von DMA heißt PIO[8]. Hier wird jedes einzelne Byte durch einen Interrupt signalisiert und der Prozessor jedes Mal in seiner Arbeit unterbrochen.

5.2.3 Interrupts und `/proc/interrupts`

> **`/proc/interrupts`**
>
> Übersicht über die Belegung der Interrupts und Statistik über deren Auftreten.
>
> *`cat /proc/interrupts`*

Probleme mit Interrupts entstehen dadurch, dass die PC-Hardware nur 16 verschiedene Interruptsignale kennt. Einige davon sind für interne Zwecke reserviert. Die restlichen können für serielle Schnittstellen, Erweiterungskarten und ähnliches verwendet werden. Die Zuordnung eines der 16 Interrupts zu einem Gerät erfolgt entweder durch das Gerät (DIP-Schalter oder Jumper) oder durch das BIOS. Die aktuelle Belegung aus Sicht von Linux kannst du in der Datei `/proc/interrupts` erfahren:

```
Eiger:~ # cat /proc/interrupts
           CPU0
  0:    1877539          XT-PIC  timer
  1:      31938          XT-PIC  keyboard
  2:          0          XT-PIC  cascade
  5:          0          XT-PIC  Maestro3
  8:         29          XT-PIC  rtc
  9:          0          XT-PIC  acpi
 10:      10374          XT-PIC  eth0, usb-uhci, PCI device 104c:
ac42, PCI device 104c:ac42
 11:    1120600          XT-PIC  nvidia
 12:     112605          XT-PIC  PS/2 Mouse
```

[7] Direct Memory Access
[8] Programmable In/Out

```
 14:      695817           XT-PIC  ide0
NMI:           0
LOC:           0
ERR:           0
MIS:           0
```

Obiges Beispiel zeigt meinen Laptop. Interrupt 0 ist immer reserviert für den Zeitgeber (`timer`). Dieser wird bei Linux 100 Mal pro Sekunde ausgelöst und löst im Kernel periodische Aufgaben aus.

Interrupt 10 wird hier von vier Geräten gleichzeitig benutzt. Tritt ein solcher Interrupt auf, so muss der Kernel selbst herausfinden, welches der vier Geräte denn nun der Auslöser war. Dieses Vorgehen nennt man *interrupt sharing*. Nicht alle Treiber und Geräte unterstützen das korrekt. Wenn du hier einen Fehler vermutest, kannst du versuchen, über das BIOS eine andere Zuordnung der Interrupts zu erreichen. Bei PCI-Steckkarten ist die Nummer des Interrupts auch abhängig davon, in welchem Slot die Karte steckt.

Die Datei `/proc/interrupts` zeigt nur Interrupts an, welche von Treibern im Linux-Kernel auch tatsächlich verwendet werden. Für jede CPU gibt es eine eigene Spalte mit einem Zähler, wie oft der Interrupt bei dieser CPU bisher aufgetreten ist. Mit dem Befehl

```
Eiger:~ # watch -n 0 cat /proc/interrupts
```

kannst du in Echtzeit mitverfolgen, wie die Zähler hochzählen. Jetzt kannst du versuchen, über das jeweilige Peripheriegerät gezielt einen Interrupt auszulösen. Du kannst z. B. die Maus bewegen oder über das Netzwerk von einem anderen Rechner aus Kontakt aufnehmen, damit die Netzwerkkarte einen Interrupt auslöst. Wenn der richtige Zähler entsprechend hochzählt, weißt du:

- Es gibt eine physikalische Verkabelung von dem Gerät bis zum Prozessor.
- Der Linuxtreiber empfängt die Interrupts und erkennt, von welchem Gerät sie kommen.

Auf diese Art kannst du eine einfache aber effektive Diagnose am unteren Ende der Wirkungskette machen.

5.2.4 IO-Ports und `/proc/ioports`

Analog zu den Interrupts gibt es die Datei `/proc/ioports`. Sie zeigt die Ein-/Ausgabebereiche, die dem Kernel bekannt sind:

```
Eiger:~ # cat /proc/ioports
0000-001f : dma1
```

```
0020-003f : pic1
0040-005f : timer
0060-006f : keyboard
0070-007f : rtc
0080-008f : dma page reg
00a0-00bf : pic2
00c0-00df : dma2
00f0-00ff : fpu
01f0-01f7 : ide0
02f8-02ff : serial(auto)
0378-037a : parport0
03c0-03df : vesafb
03f6-03f6 : ide0
03f8-03ff : serial(auto)
0cf8-0cff : PCI conf1
bfa0-bfaf : PCI device 8086:244a
  bfa0-bfa7 : ide0
  bfa8-bfaf : ide1
c000-cfff : PCI Bus #01
dce0-dcff : PCI device 8086:2442
  dce0-dcff : usb-uhci
```

> **`/proc/ioports`**
>
> Belegung der Ein-/Ausgabebereiche durch Gerätetreiber.
>
> *`cat /proc/ioports`*

Die IO-Ports sind in Hexadezimalschreibweise angegeben. Am bekanntesten sind die Bereiche `02f8-02ff` und `03f8-03ff`, welche seit den Urzeiten der PC-Ära für die seriellen Schnittstellen reserviert sind, und `0378-037f` für die parallele Schnittstelle (`parport0`). Wie gesagt werden nur die dem Kernel bekannten Bereiche angezeigt. Einfluss darauf hat das Laden und Entladen von Modulen. Werden z. B. die Module `lp`, `parport` und `parport_pc` entladen, so verschwindet der Eintrag von `parport0`.

Zur Fehlersuche bei Hardwareproblemen sind die IO-Ports eigentlich nicht mehr von großer Bedeutung. Früher musste man diese Bereiche teilweise auf den Steckkarten mithilfe von kleinen Steckerchen (Jumpern) einstellen und selbst dafür sorgen, dass es zu keinen Problemen mit Überlappungen kam. Heute erledigt das bis auf wenige Ausnahmen die automatische Konfiguration des PCI-Bus.

5.3 Bussysteme und Steckkarten

5.3.1 Grundprinzip des Erweiterungsbus

Über den Prozessorbus kommuniziert der Prozessor mit dem Hauptspeicher und den Peripheriegeräten. Um einen Rechner zu erweitern, kann man neue Hardware direkt an diesen Bus anschließen. Der wichtigste Teil der Adress-, Daten- und Steuerleitungen wird dazu mit einem Steckplatz verdrahtet. Lapidar gesagt kann man den Steckplatz als Erweiterungsbus bezeichnen.

Wird dort eine Karte eingesteckt, so kann der Prozessor mit den dort befindlichen Ein-/Ausgabebausteinen auf die gleiche Art kommunizieren wie mit den auf dem Mainboard befindlichen.

Aus Gründen der Elektronik, Kompatibilität, Kosten und Historie sind die Leitungen des Prozessorbus mit denen des Erweiterungsbus aber nicht zu 100% identisch. Auch gibt es Unterschiede in der Taktfrequenz, mit der Datensignale am Bus geändert werden. Während praktisch jeder PC einen Prozessor mit anderer Taktfrequenz hat, wird ein Erweiterungsbus mit einer definierten Frequenz betrieben, damit Erweiterungskarten in jedem PC funktionieren.

Eine *Bridge* ist eine spezielle Elekronik auf dem Mainboard, die für für die Ansteuerung eines Erweiterungsbus, also für das Umsetzen der Signale zwischen Prozessorbus und Erweiterungsbus, sorgt.

5.3.2 Verschiedene Bussysteme

Nun gibt es etliche verschiedene Bussysteme. Sie unterscheiden sich in der Anzahl und Beschaffenheit der Daten-, Adress- und Steuerleitungen, der Taktfrequenz, in der Steckergeometrie, in elektrischen Spezifikationen und darin, wie das Betriebssystem die Erweiterungskarten erkennen und konfigurieren kann.

Der *XT-Bus* stammt aus den 80er Jahren und sieht eine Datenübertragung mit 8 Bit vor. Um eine XT-Karte zu betreiben, muss man dort mit kleinen Schaltern (auch bekannt als „Mäuseklavier") oder Steckerchen (*Jumpern*) einstellen, welchen Interrupt und welchen IO-Port die Karte verwenden soll. Der XT-Bus ist heute nicht mehr anzutreffen.

Der *ISA-Bus* ist eine Erweiterung des XT-Bus auf 16 Datenleitungen. Er ist aufwärts kompatibel, so dass XT-Karten in einem ISA-Steckplatz Platz finden. Vereinzelt werden noch Mainboards produziert, die einen oder etliche ISA-Steckplätze besitzen. Dies liegt daran, dass dieser Bus einfach ist und in der Industrie noch viele sonderangefertigte Karten für den ISA-Bus im Einsatz sind. Aktuelle Mainboards für PCs werden ohne ISA-Steckplätze ausgeliefert.

ISA PnP (Plug 'n' Play) ist in Bezug auf die Konfiguration eine Erweiterung des ISA-Bus. Erstmals können die Steckkarten über sich selbst Auskunft geben und vom Betriebsystem dynamisch konfiguriert werden. Der Knackpunkt ist hier, welche Steckkarte welche Ressourcen zugewiesen bekommt, als da wären Interrupts, IO-Speicherbereich und DMA-Kanäle. Die PnP-Funktionalität wird durch das BIOS und das Betriebssystem realisiert.

Der *VESA Local Bus* (*VLB*) war ein Versuch, das Problem der langsamen Übertragungsrate des ISA-Bus zu lösen und wurde für Grafikkarten und SCSI-Controller verwendet. Er ist zu allem anderen völlig inkompatibel und konnte sich am Markt nicht behaupten.

Der *PCI-Bus* ist eine komplette Neuentwicklung und völlig inkompatibel mit ISA und ISA PnP. Steckkarten geben umfassend über sich Auskunft und werden vollautomatisch konfiguriert. Die Datenübertragung geschieht mit 32 Bit. PCI ist mittlerweile der dominierende Standard. Alle aktuell verkauften PCs verfügen über PCI-Steckplätze.

AGP[9] ist ein spezieller Steckplatz für Grafikkarten. Jedes aktuelle Mainboard hat davon genau einen. Der AGP-Steckplatz ist besonders nah und schnell mit dem Prozessor verbunden. Eine AGP-Karte verhält sich aber aus Sicht des Betriebsystems wie eine PCI-Karte.

PCMCIA – auch bekannt unter dem Namen *PC Card* oder *Cardbus* – ist eine für Laptops geschaffene Erweiterung des PCI-Standards, die eine andere Form von Steckplätzen und die Möglichkeit des *Hotplug* – also das Hinzufügen und Entfernen von Komponenten im laufenden Betrieb – definiert. Die Steckkarten haben in etwa die Größe von Scheckkarten, sind aber etwas dicker.

Darüber hinaus existieren weitere Bussysteme, die für PCs heute keine Relevanz haben. Da auch der ISA-Bus und der VESA Local Bus heute keine Rolle mehr spielen, gehe ich in diesem Buch nur auf die Bussysteme ein, die auf PCI basieren.

5.3.3 PCI

Die Abkürzkung PCI bedeutet *Peripheral Component Interconnect*, also System zum Anschluss von Peripheriekomponenten. Es handelt sich um einen Standard, der von der *PCI Special Interest Group* (*PCI-SIG*)[10] herausgegeben wird. Leider sind die verschiedenen Spezifikationen nur für Mitglieder oder gegen Bares erhältlich, womit Open-Source Entwicklern der Zugang nahezu unmöglich oder zumindest unzumutbar gemacht wird.

Komponenten werden an den PCI-Bus zum einen durch Steckkarten angebunden, zum anderen aber auch durch Chips, die auf dem Mainboard integriert sind. Diese *Onboard*-Komponenten sind intern mit dem Bus verdrahtet und verhalten sich aus Sicht des Betriebssystems wie Steckkarten. Gängige Beispiele dafür sind USB-Controller, Sound-Chips, IDE-Controller und Netzwerkkartenchips. Bei Laptops findet man auch noch integrierte Modems und Grafik-„Karten" als Onboard-Chips am PCI-Bus.

[9] **A**ccelerated **G**raphics **P**ort

[10] Siehe `http://www.pcisig.org`

Das praktische an PCI ist, dass jede PCI-Komponente über einen kleinen Speicherbereich – den *Config Space* – verfügt, den das Betriebsystem auslesen kann. Dort beschreibt die Komponente sich selbst. Zu den wichtigsten Angeben gehören die Nummer des Herstellers (*Vendor-ID*), die vom Hersteller vergebene Nummer des Gerätetyps (*Device-ID*), die Nummer der Geräteklasse (*Class-ID*) sowie Angaben über die Ressourcen, die die Komponente benötigt, als da wären Interrupts, IO-Bereiche und DMA-Kanäle.

Das Betriebsystem oder sogar schon das BIOS kann dann anhand dieser Angaben versuchen, die Ressourcen so zuzuteilen, dass alle Komponenten befriedigt werden. Anhand von Vendor-ID/Device-ID/Class-ID kann das Betriebsystem und dessen Treiber Hardware automatisch erkennen und zuordnen.

Ein PCI-Bus kennt vier verschiedene Interruptleitungen, welche A, B, C und D genannt werden. Diese können flexibel den 16 Interrupts des PC zugeordnet werden. Bei Mainboards ist in der Regel jedem Steckplatz eine der vier Leitungen zugeordnet. Hat das Mainboard mehr als vier Steckplätze, wird eben eine Leitung mehrfach vergeben und mehrere Karten müssen sich einen Interrupt teilen.

Durch die Wahl des Steckplatzes einer Karte kann man also Einfluss darauf nehmen, welcher Interrupt der Karte zugewiesen wird.

5.3.4 Liste aller PCI-Geräte mit `lspci`

Unter Linux kannst du mit dem Befehl `lspci` alle PCI-Geräte auflisten. Hier ist z. B. die Liste von meinem Laptop:

```
Eiger:~> lspci
00:00.0 Host bridge: Intel Corp. 82815 815 Chipset Host Bridge and Memory
 Controller Hub (rev 04)
00:01.0 PCI bridge: Intel Corp. 82815 815 Chipset AGP Bridge (rev 04)
00:1e.0 PCI bridge: Intel Corp. 82801BAM/CAM PCI Bridge (rev 03)
00:1f.0 ISA bridge: Intel Corp. 82801BAM ISA Bridge (LPC) (rev 03)
00:1f.1 IDE interface: Intel Corp. 82801BAM IDE U100 (rev 03)
00:1f.2 USB Controller: Intel Corp. 82801BA/BAM USB (Hub #1) (rev 03)
01:00.0 VGA compatible controller: nVidia Corporation NV11 [GeForce2 Go] (rev b2)
02:03.0 Multimedia audio controller: ESS Technology ES1983S Maestro-3i PCI Audio
Accelerator (rev 10)
02:06.0 Ethernet controller: 3Com Corporation 3c556 Hurricane CardBus (rev 10)
02:06.1 Communication controller: 3Com Corporation Mini PCI 56k Winmodem (rev 10)
02:0f.0 CardBus bridge: Texas Instruments PCI4451 PC card Cardbus Controller
02:0f.1 CardBus bridge: Texas Instruments PCI4451 PC card Cardbus Controller
02:0f.2 FireWire (IEEE 1394): Texas Instruments PCI4451 IEEE-1394 Controller
```

Hier findest du neben einer Reihe typischer Peripheriegeräte (IDE-Controller, USB-Hostcontroller, Grafikchip, Soundchip, Netzwerkchip, Modemchip und IEEE-1394 Controller) eine andere Klasse von Komponenten: die *Bridges*. Diese Geräte verbinden den PCI-Bus mit einem anderen Bus. Die *Host Bridge* verbindet den PCI-Bus mit dem Prozessorbus. Die *ISA Bridge* bindet etliche historische Peripheriebausteine an, welche sich intern wie ISA-Geräte verhalten[11]. Die *CardBus Bridge* ist bei meinem Laptop gleich zweimal vorhanden: Sie verbindet den PCI-Bus mit einem Erweiterungsschacht für PC-Karten, von denen mein Laptop zwei besitzt.

Genauere Informationen über die Geräte kannst du `lspci` mit der Option `-vvv` entlocken. Hier gebe ich ein Beispiel für meinen USB-Controller und den Grafikchip. Manche Ausgaben erhältst du nur als `root`-Benutzer:

> **`lspci`**
>
> listet angeschlossene PCI-Geräte auf.
>
> *`lspci [-vvv]`*
>
> `-vvv` zeiget alle Detailinformationen zu den Geräten

```
Eiger:~ # lspci -vvv
```

Hier habe ich das meiste ausgelassen...

```
00:1f.2 USB Controller: Intel Corp. 82801BA/BAM USB (Hub #1) (rev 03)
 (prog-if 00 [UHCI])
        Subsystem: Intel Corp.: Unknown device 4541
        Control: I/O+ Mem- BusMaster+ SpecCycle- MemWINV- VGASnoop-
 ParErr- Stepping- SERR- FastB2B-
        Status: Cap- 66Mhz- UDF- FastB2B+ ParErr- DEVSEL=medium >TAbort-
<TAbort- <MAbort- >SERR- <PERR-
        Latency: 0
        Interrupt: pin D routed to IRQ 10
        Region 4: I/O ports at dce0 [size=32]
```

Was kann man hier erkennen? Der USB-Controller ist von Intel und vom Typ *UHCI*[12]. Er ist mit der PCI-Interruptleitung D verbunden, welche hier Interrupt (IRQ) 10 zugeordnet ist. Eine kurze Gegenkontrolle in `/proc/interrupts` bestätigt dies:

```
Eiger:~ # grep 10: /proc/interrupts
 10:      9026    XT-PIC eth0, usb-uhci, PCI device 104c:ac4
```

Als IO-Port wird ein Bereich ab `dce0` verwendet. Dies können wir durch einen Blick nach `/proc/ioports` bestätigen:

```
Eiger:~ # grep dce0 /proc/ioports
dce0-dcff : PCI device 8086:2442
  dce0-dcff : usb-uhci
```

[11] Insofern stimmt es eigentlich nicht, dass der ISA-Bus ausgestorben ist. In der heutigen Form ist es allerdings kein *Erweiterungsbus*, weil sich der komplette Bus mitsamt Komponenten innerhalb eines einzigen hochintegrierten Chips befindet.

[12] Siehe Abschnitt 5.4.9 auf Seite 143.

Die Zeilen `Control:` und `Status:` listen Fähigkeiten bzw. aktuelle Status des Gerätes auf. Achtung: nur ein + hinter der Abkürzung bedeutet ein Vorhandensein der Fähigkeit bzw. einen gesetzten Status.

Bei der Ausgabe des Grafikchips finden sich weitere Angaben:

```
01:00.0 VGA compatible controller: nVidia Corporation NV11 [GeForce2 Go] (rev b2)
(prog-if 00 [VGA])
        Subsystem: Dell Computer Corporation: Unknown device 00e6
        Control: I/O+ Mem+ BusMaster+ SpecCycle- MemWINV- VGASnoop+ ParErr-
Stepping- SERR- FastB2B-
        Status: Cap+ 66Mhz+ UDF- FastB2B+ ParErr- DEVSEL=medium >TAbort- <TAbort-
<MAbort- >SERR- <PERR-
        Latency: 248 (1250ns min, 250ns max)
        Interrupt: pin A routed to IRQ 11
        Region 0: Memory at fc000000 (32-bit, non-prefetchable) [size=16M]
        Region 1: Memory at e0000000 (32-bit, prefetchable) [size=128M]
        Expansion ROM at <unassigned> [disabled] [size=64K]
        Capabilities: [60] Power Management version 2
                Flags: PMEClk- DSI- D1- D2- AuxCurrent=0mA PME(D0-,D1-,D2-,D3hot-,
D3cold-)
                Status: D0 PME-Enable- DSel=0 DScale=0 PME-
        Capabilities: [44] AGP version 2.0
                Status: RQ=31 SBA- 64bit- FW- Rate=x1,x2,x4
                Command: RQ=31 SBA- AGP+ 64bit- FW- Rate=x4
```

Auffällig sind die zwei Einträge der `Capabilities`: Der Grafikchip unterstützt Power Management, kann also zum Zwecke des Stromsparens in eine niedere Bewusstseinsebene abgesenkt werden.

Ferner ist der Grafikchip per bereits erwähntem AGP angeschlossen. AGP kann in verschiedenen Geschwindigkeiten betrieben werden. Mein Chip sagt von sich, dass er die Geschwindigkeiten (Raten) `x1`, `x2` und `x4` (1-fach, 2-fach und 4-fach) beherrscht und gerade mit `Rate=x4`, also dem schnellsten möglichen Modus, betrieben wird.

Eine weitere Angabe, die du hier findest, ist `Latency`:

```
        Latency: 248 (1250ns min, 250ns max)
```

Die Latency beschäftigt sich mit dem Problem, dass immer nur ein Gerät gleichzeitig auf den Bus schreiben kann. Damit nicht ein Gerät den Bus zu lange am Stück belegt, kann man einem Gerät sagen, dass er spätestens nach soundso vielen Buszyklen die Kontrolle an das nächste willige Gerät abgeben soll.

Diese Zahl ist die hinter `Latency` angegebene. Je höher die Zahl, desto länger kann das Gerät den Bus für sich reservieren[13].

[13] Nähere Informationen findest du z. B. auf `http://www.reric.net/linux/pci_latency.html`.

5.3.5 PCI Vendor- und Device-IDs

Jedes PCI-Gerät verfügt über eine Hersteller- und eine Gerätenummer. Diese werden als vierstellige Hexadezimalzahlen geschrieben und identifizieren das Gerät eindeutig. Das Programm `lspci` schlägt bei der Ausgabe die Nummern in der Datei `/usr/share/pci.ids` nach und gibt statt den Nummern die Namen aus. Ist die Hardwarekomponente neuer als die Liste, so taucht sie dort naturgemäß nicht auf.

Auch viele Hardwaretreiber im Linux-Kernel oder anderen Komponenten sowie automatische Konfigurationsprogramme werten die IDs aus, um bestimmte bekannte Komponenten zu identifizieren. Das ist ein Grund, warum ein nagelneuer Rechner leider unter Linux mehr Probleme macht als ein älterer.

Wenn die automatische Hardwareerkennung versagt, kannst du versuchen, zunächst mit `lspci` alle Daten über das problematische Gerät herauszufinden und dann im Internet nach einer Lösung zu recherchieren. Eventuell kannst du das Gerät von Hand konfigurieren.

Eine freiwillig und kostenlos von Jim Boemler gepflegte Liste von PCI Vendor- und Device-IDs findest du unter `http://www.pcidatabase.com/`.

5.4 Externe Schnittstellen

5.4.1 Grundprinzip der seriellen Datenübertragung

Die serielle Schnittstelle ist die einfachste vorstellbare Datenschnittstelle überhaupt und vielleicht auch die älteste. Zwei Rechner oder Geräte sind mit zwei Datenleitungen pro Übertragungsrichtung und einem gemeinsamen Massekabel verbunden.

Will eine Seite Daten senden, so legt sie an das Datenkabel ein wechselndes Muster von zwei Spannungen an, wobei die eine Spannung eine binäre Null und die andere eine binäre Eins bedeutet. Der Standard RS-232, der bei den gängigen seriellen Schnittstellen zum Einsatz kommt, sieht als Signale +12V und -12V vor.

Anders als z. B. beim Morsealphabet gibt es aber zwischen den Signalen – zwischen den Bits – kein Trennzeichen. Die Gegenseite muss also wissen, wo das eine Bit zu Ende ist und das nächste anfängt. Sonst könnte sie bei mehreren aufeinander folgenden gleichen Signalen deren Anzahl nicht feststellen. Dies wird bei RS-232 dadurch gelöst, dass die Signale in einer festgelegten Geschwindigkeit gesendet werden. Diese Geschwingkeit wird als *Baudrate* bezeichnet und in Signalen pro Sekunde gemessen. Da hier ein Signal immer ein Bit bedeutet, kann man auch von Bit/sec sprechen.

Eine häufig anzutreffende Baudrate ist z. B. 9 600. Dabei werden also 9 600 Bit pro Sekunde übertragen, was 1 200 Byte pro Sekunde entspricht. Das ist nicht gerade schnell, wenn man Dateien übertragen will. Zur Kommunikation mit einer Maus, einem einfachen Messgerät oder einem Barcodeleser genügt es aber vollkommen. Übliche Baudraten sind 110, 300, 600, 1 200, 2 400, 4 800, 9 600, 19 200, 38 400, 57 600 und 115 200[14].

Damit bei geringfügigen Geschwindigkeitsschwankungen der Datenstrom nicht allmählich aus dem Tritt kommt, wird am Anfang jedes Datenwortes ein Startbit und am Ende ein oder zwei *Stoppbits* gesendet. Diese sind eigentlich keine Bits, sondern bestimmte Signalmuster, die im normalen Datenstrom nicht vorkommen und mittels derer sich die Gegenstelle synchronisieren kann.

Als weitere Absicherung der Übertragung gibt es die Möglichkeit, beim Senden von 8 Bits das achte Bit als Prüfsumme der anderen sieben aufzufassen. Um zu testen, ob die Prüfsumme korrekt ist, zählt man alle 8 Bits. Diese Zahl muss dann immer *gerade* bzw. *ungerade* sein, je nachdem ob die beiden Seiten gerade oder ungerade *Parität* (*parity*) vereinbart haben. Das Prüfsummenbit nennt man deshalb auch Paritätsbit.

Der Sender muss das Paritätsbit immer so setzen, dass die Prüfsumme gemäß Vereinbarung berechnet wird. Daher kann dieses Bit natürlich nicht mehr zur Datenübertragung verwendet werden. Es können also immer nur 7 Bit an Daten auf einmal übertragen werden. Sehr exotisch sind ferner die Möglichkeiten einer *mark* oder *space* Parität, welche in der Praxis des PC bedeutungslos sind.

Bei einer 1:1-Datenübertragung zwischen zwei Geräten kann ein weiteres Problem auftreten: Der Sender sendet die Daten schneller, als der Empfänger sie verarbeiten kann. Ein Verfahren, bei dem der Empfänger dem Sender mitteilen kann, wann er bereit ist, neue Daten zu empfangen, nennt man Flusssteuerung (*flow control*). Bei der seriellen Übertragung haben sich zwei Verfahren etabliert: Eines per Hardware und eines per Software.

- Beim *hardware flow control* gibt es neben dem Paar der Datenleitungen noch ein Paar von Handshakeleitungen, welche RTS/CTS genannt werden[15]. Über diese Leitungen kann ein Teilnehmer der Gegenseite mitteilen, wann es zur Übertragung bereit ist.
- Beim *software flow control* wird das Verhalten über das Senden zweier spezieller Bytes gesteuert. Diese Bytes haben die Codes 17 und 19 und sind eigens in das ASCII-Alphabet unter der Bezeichnung *XON* und *XOFF* aufgenom-

[14] Alle diese Baudraten sind ganzzahlige Teiler von 115200. Dies hat den Vorteil einer einfachen Implementierung in Elektronik.

[15] **R**eady **T**o **S**end, **C**lear **T**o **S**end

men worden[16]. Deshalb spricht man bei dem Verfahren von *XON/XOFF*. Als Konsequenz können keine Binärdaten übertragen werden, da die beiden Bytes 17 und 19 aus dem Datenstrom entfernt werden!

Zusammengefasst gibt es folgende Übertragungsparameter:

- Baudrate (110, 300, 600, ..., 115 200)
- Anzahl der Datenbits (7 oder 8)
- Anzahl der Stopbits (1, 1,5 oder 2)
- Parität (*none, even, odd, mark, space*)
- Flusssteuerung (*RTS/CTS, XON/XOFF, keine)*

Der Satz an Parametern wird oft in einer Kurzschreibweise geschrieben. 8N1 bedeutet 8 Datenbits, keine Parität, 1 Stoppbit und ist heute sehr gebräuchlich. 7E2 bedeutet z. B. 7 Datenbits, gerade (**e**ven) Parität und 2 Stoppbits.

Man kann sich leicht ausrechnen, wie viele Variationsmöglichkeiten der bisher erklärten Parameter möglich sind. Es sollte einleuchten, dass beide Seiten sich vor der Übertragung über alle Parameter einig sein müssen. Ist nur ein Parameter falsch, so klappt die Übertragung nicht. Das Unangenehme daran ist, dass keine Seite dies feststellen kann, da bei *jeder* Auslegung der Parameter irgendein Bitmuster herauskommt.

Eine automatische Aushandlung von Parametern sieht RS-232 nicht vor. Jedes serielle Gerät und jedes Programm, welches Daten über die serielle Schnittstelle übertägt, muss daher von Hand richtig eingestellt werden.

5.4.2 Serielle Schnittstellen testen mit `echo` und `cat`

Unter Linux sind die seriellen Schnittstellen als Gerätedateien `/dev/ttyS0` und `/dev/ttyS1` vorhanden. Für `/dev/ttyS2` usw. benötigst du in der Regel eine Hardwareerweiterung. Um festzustellen, ob der Kernel eine Schnittstelle erkannt hat, kannst du einfach versuchen, aus ihr zu lesen, z. B. mit dem `cat`-Befehl und einer Eingabeumleitung.

Im Erfolgsfall hängt die Shell und wartet auf Daten von der Schnittstelle und du brichst mit Strg C ab. Existiert die Schnittstelle nicht, erhältst du sofort eine Fehlermeldung:

```
Eiger:~ # cat < /dev/ttyS0
Strg C
Eiger:~ # cat < /dev/ttyS1
```

[16]Softwareflusskontrolle klappt übrigens auch in einem Linux Konsolenfenster oder im `xterm`! Das Drücken von Strg S (S = 19-ter Buchstabe im Alphabet!) stoppt die Ausgabe, Strg Q setzt sie wieder frei.

```
Strg C
Eiger:~ # cat < /dev/ttyS2
cat: -: Eingabe-/Ausgabefehler
```

Wenn der Test erfolgreich war, weißt du, dass der Kernel den Peripheriebaustein für die Schnittstelle richtig erkannt hat und dieser mit dem Prozessor auf normale Weise kommuniziert.

Willst du sicher gehen, dass die Schnittstelle auch mit der Außenwelt richtig kommuniziert, besorgst du dir am besten ein Nullmodem-Kabel. Mit diesem kannst du zwei serielle Schnittstellen von einem oder zwei PCs direkt miteinander verbinden. Das Kabel sollte auf beiden Seiten einen neunpoligen weiblichen Stecker (also Buchse) haben[17].

Wenn du einen Rechner mit zwei Schnittstellen besitzt, verbindest du diese miteinander. Ansonsten benötigst du einen zweiten Linuxrechner als Kommunikationspartner.

In meinem Beispiel gehe ich davon aus, dass dein Rechner zwei Schnittstellen `/dev/ttyS0` und `/dev/ttyS1` hat. Wenn du nach dem Booten des Rechners noch nicht mit den Schnittstellen gespielt hast und so die Einstellungen evtl. geändert hast, muss es möglich sein, in die eine Schnittstelle mit `echo >` einen Text zu senden und gleichzeitig aus der anderen auszulesen:

```
Eiger:~ # cat < /dev/ttyS0
Test
```

```
Eiger:~ # echo Test > /dev/ttyS1
```

Wichtig ist, dass du *zuerst* das Lesen startest und erst dann das Schreiben. Die serielle Schnittstelle speichert keine Daten zwischen, Daten können somit *verpasst* werden. Jetzt solltest du noch die andere Richtung testen, um sicherzugehen, dass auch die zweite Datenleitung funktioniert:

```
Eiger:~ # echo tseT > /dev/ttyS0
```

```
Eiger:~ # cat < /dev/ttyS1
tseT
```

Während der Befehl zum Lesen läuft, kannst du in `/proc/interrupts` sehen, wie die Interrupts ausgelöst werden. Der Zähler beim Eintrag `serial` zählt nach oben:

```
Eiger:~ # grep serial /proc/interrupts
  3:        1136          XT-PIC  serial
```

Das Empfangen der Interrupts ist ein wichtiges Indiz dafür, dass der Schnittstellenbaustein Daten sendet oder empfängt. Dies geschieht unabhängig von den Übertragungsparametern, also z. B. auch bei einer falschen Baudrate.

[17] Ist auf einer Seite ein weiblicher und auf der anderen ein männlicher, handelt es sich wahrscheinlich nicht um ein Nullmodem-Kabel sondern um eine Kabel zum Anschluss eines seriellen Endgerätes, wie z. B. ein Modem.

5.4.3 Serielle Geräte testen über Interrupts

Gerade in der Industrie werden sehr viele Geräte und Maschinen nach wie vor über eine serielle Leitung angesprochen. Viele dieser Geräte sind nur schlecht oder gar nicht dokumentiert, so dass man oft weder die Schnittsellenparameter kennt noch sicher sein kann, dass man das richtige Kabel verwendet. Wenn die Kommunikation nicht klappt und das Gerät keinen Mucks von sich gibt, tappt man erst einmal im Dunkeln:

- Ist das Gerät eingeschaltet?
- Funktioniert das Gerät überhaupt?
- Liegt das Problem vielleicht am Kabel?
- Hat man am Rechner und am Gerät die richtige Steckbuchse verwendet?
- Stimmen die seriellen Parameter?
- Muss das Gerät durch einen Schalter oder Knopf dazu veranlasst werden, sich auf der seriellen Schnittstelle zu melden?

Einen sehr wichtigen Diagnosepunkt in der Wirkungskette kannst du mit Hilfe der *Interrupts* erforschen. Mit der folgenden Methode erfährst du, ob dein Gerät überhaupt irgendwelche Daten über die serielle Schnittstelle sendet, unabhängig von Baudrate, Parität und anderen Einstellungen. Sie macht sich zunutze, dass jedes von der seriellen Schnittstelle empfangene Zeichen einen Interrupt auslöst.

Als Werkzeuge benötigst du nur den Befehl `watch` und die Datei `/proc/interrupts`. Du verkabelst also das Gerät mit dem PC, schaltest es aber vorerst aus. Dann gibst du auf zwei verschiedenen Textfenstern einmal folgenden Befehl ein (ich gehe einfach davon aus, dass du `/dev/ttyS0` als Schnittstelle verwendest):

```
Eiger:~ # cat > /dev/ttyS0
```

Auf dem zweiten Fenster lässt du folgenden Befehl laufen:

```
Eiger:~ # watch -n 1 cat /proc/interrupts
```

In der Ausgabe (zweites Fenster) beobachtest du die Zeile mit dem Eintrag `serial`. Jedes Drücken von [↵] im ersten Fenster sendet nun ein einzelnes Linefeed-Zeichen an das Gerät. Der Interruptzähler im zweiten Fenster zählt dabei um eins nach oben, denn der Peripheriebaustein signalisiert mit dem Interrupt, dass er bereit ist, ein weiteres Zeichen zu senden.

Nun schaltest du das Gerät ein und bedienst es so, dass du meinst, es müsste dabei Daten senden. Sobald dies der Fall ist, wird der Interruptzähler nach oben zählen. Wenn das Gerät sich bereits beim Einschalten spontan meldet, siehst du dies also sofort. Möglicherweise hat das Gerät einen Resetknopf, der es zum Senden veranlasst. Möglicherweise musst du erst durch Drücken von ↵ ein Zeichen senden. In diesem Fall musst du natürlich den Interrupt, der beim Senden entsteht, abziehen, damit kein verfälschtes Bild entsteht.

Die Quintessenz ist: Wenn du Interrupts empfängst ohne selbst Daten gesendet zu haben, kannst du sicher sein, dass das Gerät auf der anderen Seite der seriellen Verbindung Daten gesendet hat. Du weißt dann:

- Das Gerät ist eingeschaltet.
- Das Gerät funktioniert bzw. macht zumindest *etwas*.
- Das Kabel funktioniert mindestens teilweise, auf jeden Fall ist die Empfangsleitung in Ordnung.
- Du hast am PC und am Gerät die richtige Schnittstelle gewählt.
- Du weißt nun, wie du das Gerät dazu bringst, sich zu melden.

Die Fehlerursache musst du dann eher bei den seriellen Parametern oder bei dem Programm suchen, dass du dazu verwenden willst, mit dem Gerät zu reden.

Wenn du *kein* Lebenszeichen empfängst, solltest du zunächst Probleme mit dem Kabel, der Wahl der Schnittstelle oder generell mit dem Gerät in Betracht ziehen.

5.4.4 Serielle Geräte testen mit `minicom`

Wenn du der Meinung bist, dass das Gerät prinzipiell mit dem Rechner redet, aber entweder die seriellen Parameter unklar sind oder du Probleme mit dem Protokoll vermutest, verwendest du am besten das Terminalprogramm `minicom` von Miquel van Smoorenburg.

Der Einfachheit halber kannst du es als `root` aufrufen mit der Option `-s`, um die Einstellungen zur Schnittstelle vorzunehmen. Leider kann man die gewünschte Schnittstelle nicht als Kommandozeilenparameter übergeben.

```
Eiger:~ # minicom -s
```

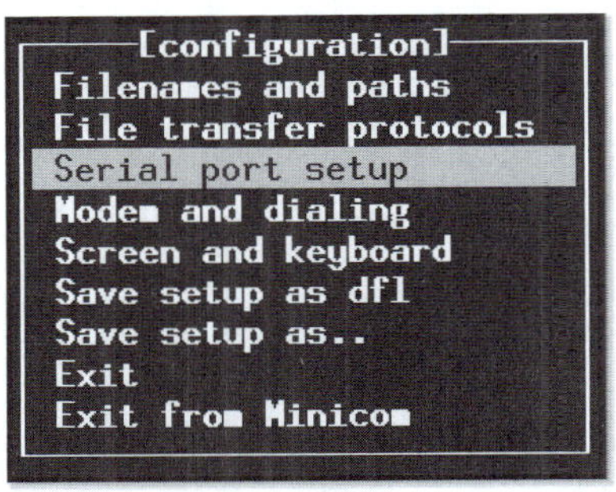

Im erscheinenden Menü wählst du `Serial port setup`. Dort stellst du zuerst mit A die gewünschte Schnittstelle ein (`/dev/modem` ersetzen durch `/dev/ttyS0` oder `/dev/ttyS1`). Danach stellst du mit E Baudrate, Datenbits, Stoppbits und Parität ein. Die Flusskontrolle kannst du mit F und G umstellen.

Verlässt du das Hauptmenü mit `Exit` (nicht mit `Exit from Minicom`), so startet die eigentliche Terminalsitzung. Vorher kannst du bei Bedarf die Einstellungen permanent speichern mit `Save setup as dfl`. In der Terminalsitzung wird jedes Zeichen, das du tippst, *sofort* zum Gerät übertragen. Jedes vom Gerät gesendete Zeichen wird sofort ausgegeben.

```
Welcome to minicom 2.1

OPTIONS: History Buffer, F-key Macros, Search History Buffer, I18n
Compiled on Sep 23 2003, 17:33:16.

Press CTRL-A Z for help on special keys









 CTRL-A Z for help | 57600 8N1 | NOR | Minicom 2.1  | VT102 |   Offline
```

Nützlich sind folgende Tastenkombinationen:

Strg A Z: Menü und Hilfe werden angezeigt.

Strg A Q: Minicom wird beendet.

Manche Geräte sprechen ein ASCII-Protokoll, das man einigermaßen nachvollziehen kann. Ist dies der Fall und kannst du „sinnvollen" Text von der anderen Seite erkennen, so kannst du davon ausgehen, dass du die Übertragungsparameter korrekt gewählt hast. Wenn wenigstens irgendwelche Zeichen kommen, weißt du sicher, dass eine physikalische Verbindung besteht. Jetzt hilft ein Experimentieren mit verschiedenen Übertragungsparametern.

Wenn das Gerät von sich aus keine Zeichen sendet und auch nicht auf Tastendrücke reagiert, kannst du versuchen, es zurückzusetzen mit einem Reset-Knopf oder indem du den Strom aus- und wieder einschaltest.

5.4.5 Die parallele Schnittstelle

Unter Linux ist der parallele Anschluss als `/dev/lp0` verfügbar (ein zweiter wäre `/dev/lp1`). Die parallele Schnittstelle ist ähnlich einfach aufgebaut wie die serielle. Verwendung findet sie zu 95% zum Anschluss eines Druckers.

Ursprünglich ist sie im Gegensatz zur seriellen Leitung als Einbahnstraße konzipiert worden, was dem Vorgang des Druckens ja auch intuitiv entspricht. Die Daten werden in acht Datenleitungen sowie etlichen Hilfsleitungen übertragen.

Letztere signalisieren z. B., dass der Drucker beschäftigt ist oder das Papier ausgegangen ist.

Zum Glück existieren bei einer parallelen Schnittstelle keine Übertragungsparameter. Anstelle eine Baudrate festzulegen, wird die Synchronisation der beiden Kommunikationspartner über eine Extraleitung geregelt[18].

Etwas verkompliziert wurde die Sache durch den Verkauf von Scannern, welche am Parallelport betrieben werden. Nicht nur wurde der Anschluss hier auch zum Lesen verwendet. Da ein normaler PC nur über einen Parallelport verfügt, haben die Scannerhersteller versucht, eine Art Weiche zu erfinden, so dass man an einem einzigen Port nach dem Scanner gleichzeitig einen Drucker anschließen kann. Dieses *port-sharing* wird von Linux unterstützt. Seit der Verbreitung von USB hat es allerdings keine Zukunft mehr.

Ferner gibt es mittlerweile einen Standard, mit dem sich Geräte am parallelen Port selbst zu erkennen geben. Dies ermöglicht dem Betriebssystem, z. B. automatisch den richtigen Treiber zu aktivieren. Unter Linux kannst du diese Diagnoseinformation im `proc`-Dateisystem auslesen. Das Wurzelverzeichnis ist `/proc/sys/dev/parport`. Dort gibt es für jeden Port ein Unterverzeichnis, in dem du unter anderem die Datei `autoprobe` findest[19]:

```
Eiger:~ # cat /proc/sys/dev/parport/parport0/autoprobe
CLASS:PRINTER;
MODEL:HP LaserJet 2100 Series;
MANUFACTURER:Hewlett-Packard;
DESCRIPTION:Hewlett-Packard LaserJet 2100 Series;
COMMAND SET:PJL,MLC,PCL,PCLXL,POSTSCRIPT;
```

Wenn du eine vergleichbare Ausgabe siehst, weißt du:

- Die parallele Verbindung zwischen Rechner und Drucker funktioniert einwandfrei.
- Linux hat die Schnittstelle korrekt eingebunden.

Als nächsten Test kannst du versuchen, auf `/dev/lp0` zu schreiben. Wenn ein Drucker angeschlossen ist, welcher ASCII-Code direkt drucken kann, sollte er dies dann tun.

```
Eiger:~ # echo "Druck doch mal was" > /dev/lp0
bash: /dev/lp0: No such device or address
```

[18] Weil Druckerkabel nicht lang sein müssen, war man hier großzügig mit dem Einführen von zusätzlichen Leitungen.

[19] Fehlt diese Datei bei dir, so musst du dafür sorgen, dass die beiden Module `parport` und `parport_pc` geladen sind. Diese kannst du z. B. von Hand nachladen mit `modprobe parport ; modprobe parport_pc`.

In diesem Beispiel kann der Kernel die Schnittstelle nicht ansprechen, weil sie nicht existiert oder das Modul `lp` nicht geladen ist. Wenn du auf eine Schnittstelle schreibst, welche funktioniert, aber kein Gerät angeschlossen ist, bleibt der Befehl hängen.

5.4.6 Die Tastatur

Ich hatte noch mit keiner PC-Komponente so wenig Probleme wie mit der Tastatur. Abgesehen von ein paar neuen (vielleicht überflüssigen) Tasten hat sich seit Erscheinen der 286er Computer nichts verändert. Irgendwann hat der kleinerere Stecker – der aussieht wie der PS/2 Stecker der Maus – den größeren abgelöst. Die Schnittstelle ist aber identisch geblieben. Das kannst du daran erkennen, dass die Umsetzung vom großen auf den kleinen Stecker und umgekehrt mit einem einfachen und billigen Adapterstück gelingt.

Wenn du eine Tastatur mit speziellen Zusatztasten hast, die nicht standardisiert sind, so interessiert dich sicher, ob und wie diese unter Linux funktionieren.

Tatsache ist, dass bei jedem Drücken und Loslassen einer Taste die Tastatur einen Zahlencode (ein Byte) an den Rechner sendet. Die Codes der Standardtasten sind festgelegt, so dass sich alle PC-Tastaturen gleich verhalten. Welche Codes die zusätzlichen Tasten senden, kannst du unter der grafischen Oberfläche mit dem Programm `xev` testen.

Dieses öffnet ein kleines Fenster, in welchem du den Mauszeiger bewegen musst. Jeder Tastendruck wird dann auf dem Textfenster protokolliert, von dem aus du `xev` gestartet hast. Entscheidend ist das Schlüsselwort `keycode`, welches den Code der gedrückten Taste liefert, der von der Tastatur zum Rechner geschickt wird. In folgendem Beispiel habe ich die Tasten 109 und 129 jeweils einmal gedrückt und wieder losgelassen:

```
KeyPress event, serial 28, synthetic NO, window 0x2000001,
    root 0x78, subw 0x2000002, time 1216357, (53,20), root:(1238,779),
    state 0x0, keycode 109 (keysym 0xffe4, Control_R), same_screen YES,
    XLookupString gives 0 characters:  ""

KeyRelease event, serial 28, synthetic NO, window 0x2000001,
    root 0x78, subw 0x2000002, time 1216473, (53,20), root:(1238,779),
    state 0x4, keycode 109 (keysym 0xffe4, Control_R), same_screen YES,
    XLookupString gives 0 characters:  ""

KeyPress event, serial 28, synthetic NO, window 0x2000001,
    root 0x78, subw 0x2000002, time 1216870, (53,20), root:(1238,779),
    state 0x0, keycode 129 (keysym 0xffca, F13), same_screen YES,
    XLookupString gives 0 characters:  ""
```

```
KeyRelease event, serial 28, synthetic NO, window 0x2000001,
    root 0x78, subw 0x2000002, time 1217048, (53,20), root:(1238,779),
    state 0x0, keycode 129 (keysym 0xffca, F13), same_screen YES,
    XLookupString gives 0 characters:  ""
```

Mit `xev` kannst du also testen, ob alle Tasten funktionieren und welche Codes sie erzeugen. Was dein Programm, Windowmanager oder Desktop mit den Tastendrücken anfängt, ist natürlich eine ganz andere Frage, hat aber sicher nichts mehr mit Hardware zu tun.

5.4.7 PS/2-Maus

Mäuse können an unterschiedlichen Schnittstellen angeschlossen werden. In der Urgeschichte der Mäuse war die bereits beschriebene serielle Schnittstelle üblich. Für einige Mäuse brauchte man sogar eine spezielle Erweiterungskarte.

Heute wird bei einem PC die Maus entweder am USB-Port oder an einer eigens dafür vorgesehenen Buchse angeschlossen: der PS/2-Schnittstelle, welche auf einem normalen Mainboard an der türkisgrünen Farbe erkennbar ist (die Tastaturbuchse daneben ist hell-violett). Unter Linux ist der PS2-Anschluss unter der Gerätedatei `/dev/psaux` verfügbar. Übrigens verbinden fast alle Laptops intern das Touchpad mit dieser Schnittstelle.

Du kannst eine PS/2-Maus testen, indem du die Gerätedatei direkt ausliest. Du könntest das natürlich einfach mit `cat` machen, aber das würde Durcheinander auf deiner Konsole produzieren, weil `/dev/psaux` alle möglichen Binärzeichen ausgibt. Besser ist es, `hexdump` zu verwenden. Wenn du dann die Maus bewegst (oder auf dem Touchpad deines Laptops herumfingerst), sieht das etwa so aus:

```
Eiger:~ # hexdump /dev/psaux
0000000 fd18 1800 00fc fb38 38ff fefb fb38 38fe
0000010 fefc fd38 38fe fefd fe38 38fe feff ff38
0000020 28fe ff00 0028 38ff feff 0028 38fe feff
0000030 0028 38ff feff 0028 28fe fe00 0028 28fe
0000040 fe02 0228 28ff ff03 0328 28ff ff03 0428
0000050 08ff 0004 0528 08ff 0004 0408 0800 0005
0000060 0408 0800 0005 0408 0801 0104 0508 0801
0000070 0203 0308 0802 0204 0308 0802 0203 0208
```

Bekommst du keine Ausgabe, so hängt deine Maus nicht an einer PS/2-Schnittstelle, oder es gibt ein Hardwareproblem. Übrigens: Manche Mainboards erkennen eine Maus an der USB-Schnittstelle und simulieren eine PS/2-Maus. Auch in diesem Fall funktioniert obige Diagnose.

5.4.8 Allgemeines zu USB

Der *Universal Serial Bus* verhält sich zur altehrwürdigen seriellen Schnittstelle etwa so wie das öffentliche Nahverkehrssystem einer europäischen Großstadt zu einem Fahrrad ohne Licht und Schutzbleche. Er versteht sich als eierlegende Wollmilchsau unter den Anschlüssen für Peripheriegeräte: schnell, flexibel, allgemeingültig und außerdem für den Benutzer einfach zu bedienen.

Du kannst dir denken, dass nicht nur die Hardware, sondern auch das Betriebssystem hier kräftig mitarbeiten muss, um diese Ziele zu erreichen. Das Ergebnis ist ein komplexes technisches System das – wenn alles fehlerfrei funktioniert – den genannten Ansprüchen durchaus nahe kommen kann.

Um eine sinnvolle Diagnose machen zu können, muss man natürlich das kleine Einmaleins von USB kennen, weshalb ich hier eine kurze Einführung geben will. Sehr ausführliche Informationen zu USB findest du auf der offiziellen Seite `http://www.usb.org`. Ebenfalls allgemeine Informationen zu USB, aber vor allem einen Überblick über die Linuximplementierung von USB, findest du auf `http://www.linux-usb.org`.

Ursprung

USB wurde 1994 von den vier Partnern Compaq, Intel, Microsoft und NEC ins Leben gerufen. Am 23. September 1998 wurde der bisher wichtigste Standard 1.1 veröffentlicht[20]. Am 27. April 2000 wurde die Version 2.0 des Standards veröffentlicht, welche als wichtigste Neuerung eine höhere Datenübertragungsrate definiert.

Mittlerweile sind auch Hewlett-Packard, Lucent und Phillips am Standardisierungskomitee beteiligt.

Obwohl die Erfinder von USB laut eigener Aussage vor allem das Anschließen von *Telefonen* im Sinn hatten, findet man in der Praxis eher Mäuse, Tastaturen, Kameras, Scanner, Drucker, Netzwerkkarten und Telefonanlagen mit USB-Anschluss.

Grundprinzip

USB ist eine Technologie, die dazu dient, Peripheriegeräte an einen PC anzuschließen. Sie bemüht sich, ältere Schnittstellen, wie die serielle, parallele, PS/2- und Tastaturschnittstelle zu ersetzen. USB hat gegenüber diesen Schnittstellen folgende Vorteile:

- An einen Anschluss lassen sich bis zu 127 Geräte anschließen.

[20] Dieser Standard ist frei und kostenlos verfügbar unter `http://www.usb.org/developers/docs/`.

- Am USB-Anschluss können die unterschiedlichsten Geräte betrieben werden.
- USB 1.1 bietet eine Übertragungsrate von 12 Mbit/sec, USB 2.0 sogar 480 MBit/sec.
- Einfache externe Geräte werden vom USB-Anschluss mit Strom versorgt und kommen ohne eigenes Netzteil aus.
- Geräte können im laufenden Betrieb ein- und ausgesteckt werden. Das Betriebssystem erkennt die Änderungen automatisch.
- Die Geräte geben über sich selbst Auskunft. Das Betriebsystem kann daraufhin automatisch den richtigen Treiber aktivieren.
- Trotzdem ist USB-Hardware einfach und billig zu produzieren.

Verkabelungsstruktur

Alle Kommunikation beginnt beim PC, auch *Host* genannt. Dieser verfügt über einen *USB Host Controller*, der den ganzen Bus ansteuert. Hier gibt es den *OHCI* (von Compaq, Microsoft und NEC) und den *UHCI* (von Intel). Letzterer ist primitiver, daher muss das Betriebssystem mehr Arbeit übernehmen. Ferner gibt es neuerdings den *EHCI*, der USB 2.0 ansteuern kann. Es ist durchaus möglich, dass in einem PC mehrere Host Controller vorhanden sind.

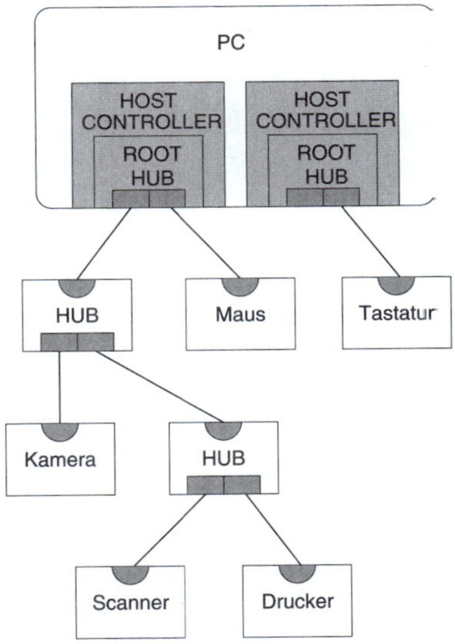

Weiterhin gibt es im USB zwei Arten von *Geräten* (*devices*): *Hubs* und *Funktionen*. Ein Hub ist ein Verteiler, der einen Eingang und mehrere Ausgänge (*ports*) hat. Man benötigt ihn, damit man mehrere Geräte gleichzeitig anschließen kann. Damit man überhaupt etwas anschließen kann, verfügt der Host Controller über einen eingebauten Hub mit einem oder mehreren Ports. Er heißt *Root Hub*, weil er an der Wurzel des Gerätebaumes sitzt.

Die andere Art von Geräten – die Funktionen – sind die eigentlichen Endgeräte (Scanner, Kameras, usw.).

Insgesamt bildet sich eine baumartige Vernetzung, bei der an der Wurzel der Root Hub sitzt. An jeden Port ist dann entweder wieder ein Hub, eine Funktion oder gar nichts angeschlossen. Wenn man den Root Hub nicht mitzählt, kann man insgesamt bis zu 127 Hubs und Funktionen anschließen.

Gerätebeschreibung

Jedes USB-Gerät kann über sich selbst Auskunft geben. Dies geschieht in Form einer Gerätebeschreibung (*device descriptor*). Um dem *U* in USB gerecht zu werden, ist diese Beschreibung flexibel und mehrstufig organisiert.

Zunächst enthält sie einen allgemeinen Teil über das Gerät. Hier erfährt man z. B. eine Seriennummer, bei Hubs die Anzahl der Ports und die unterstützte USB-Version. Weiterhin enthält die Beschreibung eine Liste von *alternativen Konfigurationen*. Die Idee ist, dass das Gerät sich auf mehrere grundsätzlich unterschiedliche Arten betreiben lässt, von denen sich das Betriebsystem eine aussuchen kann. Es handelt sich also um *Varianten* (Ich habe allerdings noch kein einziges USB-Gerät zu Gesicht bekommen, das mehr als eine Konfiguration hat).

Eine Konfiguration definiert neben dem maximal benötigten Stromverbrauch des Gerätes eine Anzahl von *Schnittstellen* (*interfaces*), welche von 0 an aufsteigend nummeriert sind. Damit es nicht zu einfach wird, hat auch jede Schnittstelle wiederum möglicherweise Alternativen. Es kann also sein, dass es das Interface 0 mehrfach gibt. Deshalb existiert bei jeder Schnittstellenbeschreibung eine *Alternate Number*, die auch von 0 an gezählt wird. Ich habe eine kleine Kamera, die eine Reihe von Alternativen für die Schnittstelle 0 bietet, die für unterschiedliche Bildqualitäten stehen.

Wenn du mir bis hierher noch folgen kannst, wirst du dich sicher nicht wundern, dass ein Interface wiederum eine Reihe von *Endpunkten* (*endpoints*) hat. Ein Endpunkt ist gewissermaßen ein logischer Anschluss im Gerät. Wenn ein Anwendungsprogramm mit einem USB-Gerät kommuniziert, dann geschieht das immer mit einem bestimmten Endpunkt. Jedes Gerät nummeriert seine Endpunkte durch. Das Anwendungsprogramm spricht dann z. B. mit Endpunkt 3 von Gerät 17. Ein Endpunkt ist immer entweder zum Senden *oder* zum Empfangen von Daten vorgesehen. Dies wird als Richtung (*direction*) bezeichnet. Die Richtung wird als *in* oder *out* angegeben, was immer aus Sicht des PC gesehen wird. Meine USB-Maus hat genau einen Endpunkt. Dieser ist hat die Richtung *in*, obwohl es aus Sicht der Maus ein Ausgang ist.

Datenflusstypen

Jeder Endpunkt hat einen Datenflusstyp (*data flow type*). In den möglichen Datenflusstypen kann man einen Teil der Flexibilität von USB erkennen. Es gibt davon folgende vier:

- *Control Transfer*:
  Dieser dient zum Austausch von Konfigurationsdaten. Hierüber kann der Host z. B. die Gerätebeschreibung auslesen oder eine der möglichen Konfigurationen auswählen. Jedes Gerät hat implizit genau einen Endpunkt mit diesem Transfertyp. Dieser Endpunkt hat die Nummer 0, taucht nicht in der

Gerätebeschreibung auf und kann – anders als die „richtigen" Endpunkte – in beide Richtungen kommunizieren.

- *Bulk Data Transfer*:
  Ein Endpunkt dieser Übertragungsart dient zum Übermitteln von größeren Datenblöcken, welche nicht zeitkritisch sind. Beispiele sind Bilddaten von Scannern, Bilder von digitalen Fotokameras und Datenblöcke von externen Speichermedien.
- *Interrupt Data Transfer*:
  Mit diesem Flusstyp werden Daten übertragen, die kurz aber zeitkritisch sind. Damit sind z. B. Mausbewegungen und Tastendrücke gemeint. Es werden ja immer nur ein paar Bytes übertragen, diese aber bitte ohne Verzögerung! Der Benutzer will schließlich nicht sekundenlang auf die Auswirkung eines Mausklicks warten, nur weil er gerade gleichzeitig die aktuellen Urlaubsbilder von der digitalen Fotokamera lädt.
- *Isochronous Data Transfer*:
  Diese Art der Übertragung ist sicher die spannendste. Hier wird garantiert, dass der Datenstrom zeitlich gleichmäßig läuft. Einsatzgebiet sind Multimediaströme, z. B. zur Anbindung eines Telefons, Lautsprechers oder einer Webkamera. Wichtig ist hier nicht, dass die Daten mit einer möglichst kurzen Verzögerung übertragen werden, sondern dass alle Daten die gleiche Verzögerung haben. Baut eine Anwendung eine Verbindung zu einem Isochronous-Endpunkt auf, so wird vom USB Host Controller ein genau definierter Teil der maximalen Bandbreite dafür fest reserviert[21]. Somit kann eine Mausbewegung nicht zu einem Knackser im Lautsprecher führen.

Geräteklassen

Welche Form die Daten haben, mit denen eine Anwendung mit einem Gerät bzw. mit einem Endpunkt kommuniziert, legt USB zunächst nicht fest. Über den Control Transfer an Endpunkt 0 können Konfigurationsdaten und Befehle ausgetauscht werden. Die anderen Endpunkte übertragen beliebige Daten. Wie redet man aber z. B. *konkret* mit einer digitalen Kamera. Oder einem Scanner? Oder einer Maus?

Damit nicht jeder Hersteller sein eigenes Süppchen braut – und man wieder anfangen muss, für jede Version von jedem Modell von jedem Hersteller einen eigenen Treiber zu programmieren und installieren – wurde eine Reihe von *Geräteklassen (device class)* standardisiert.

[21] Dies ist eine Funktion, die z. B. Ethernet nicht bieten kann. Eine Punkt-zu-Punkt Verbindung wie die alte serielle oder parallele Schnittstelle hat das Problem hingegen sowieso nicht, weil ja immer nur ein einziges Gerät betrieben werden kann, welchem dann stets die ganze Bandbreite zur Verfügung steht.

Eine solche Geräteklasse beschreibt genau, welche Endpunkte mit welchen Flusstypen es geben muss und welche Daten genau hin- und hergeschickt werden. Das Betriebssystem kommt dann pro Klasse mit einem einzigen generischen Treiber aus, der alle Geräte der gleichen Klasse ansteuern kann.

Ein Beispiel ist die Klasse *storage device*. Alle Geräte dieser Klasse werden durch das Betriebssytem als Festplatte dargestellt[22].

Wer etwas Erfahrung mit Hardwaretreibern hat, ahnt hier schon, dass dieses Ideal nicht immer mit der Praxis übereinstimmt. Manche Hardwarehersteller flicken lieber für jedes neue Modell auf die Schnelle einen eigenen (Windows-)Treiber zusammen, anstelle sich an einen Standard zu halten. Auf der Schachtel der Digitalkamera erfährt man aber nicht, ob es ein USB-Gerät der Klasse *Storage Device* ist – und vom Verkäufer schon gleich zweimal nicht.

Stromversorgung

Eine Nettigkeit von USB ist, dass es seine Geräte mit Strom versorgen kann. Insgesamt steht laut Spezifikation 500 mA zur Verfügung. Die Spannung ist 5 V. Man kommt also auf eine Leistung von 2,5 Watt.

Einen Vierfarb-Laserdrucker kann man damit vielleicht nicht gerade betreiben, aber für kleinere Dinge wie Mäuse, Tastaturen und Hubs reicht es aus. Damit nicht zu viele Verbraucher Strom abzapfen, wird die verfügbare Leistung den Geräten zugeteilt. Jedes Gerät muss anmelden, wie viel Strom es gerne hätte. Meine optische Maus will z. B. 98 mA, also etwa 20% vom Kuchen.

Da nicht immer genug Strom für alle da ist oder ein Gerät vielleicht alleine schon zuviel braucht, können Geräte auch eine eigene Stromversorgung mitbringen. Hubs mit eigener Stromversorgung stellen den Strom den dort angeschlossenen Geräten zur Verfügung.

Übertragungsgeschwindigkeit

Das „normale“ USB kann Geräte in niedriger (*low*) oder voller (*full*) Geschwindigkeit ansteuern. Die niedrige Geschwindigkeit beträgt 1,5 Mbit/sec. Das bedeutet jedoch nicht, dass der Bus dann auch nur zu 10% ausgelastet ist. Vielmehr wird die Signalrate in den Kabeln auf ein Zehntel des Maximums gesenkt. Dies ermöglicht die Verwendung von billigeren Treiberbausteinen, da die Störanfälligkeit hier viel geringer ist. Für eine Maus oder Tastatur ist das gerade ideal[23].

[22] Bei Linux wird dabei eine SCSI-Festplatte simuliert. Stecke ich z. B. meine digitale Fotokamera ein, so habe ich automatisch die Festplatte `/dev/sda`, welche die einzige Partition `/dev/sda1` enthält. Dort liegen die Bilder in einem MS-DOS-Dateisystem.

[23] Eine alte serielle Maus überträgt sogar noch viel langsamer, z. B. mit 9600 Bit/sec. Da ist USB selbst im langsamen Modus 150 mal so schnell!

Für die paar Bytes, die da übertragen werden, kann man locker hinnehmen, dass jedes Byte zehn mal solange braucht wie seine Kollegen von der *Full*-Fraktion.

Bei voller Geschwindigkeit sausen nominell 12 Millionen Bit pro Sekunde durch die Leitung. Faktisch sind davon – wenn man die Protokolldaten abzieht – 10 Mbit/sec. nutzbar. Das sind 1,25 Megabyte pro Sekunde und gerade soviel, wie ältere Netzwerkkarten schafften. Auch wenn dies für Scanner, Drucker und einfache Webcams ausreichen mag, für den Anschluss von Filmkameras oder Festplatten ist das zu langsam.

Deshalb wurde später der USB 2.0-Standard mit einer Übertragungsrate von sagenhaften 480 Mbit/sec eingeführt[24]. Diese nennt sich *high speed* und ist 40 mal schneller als *full speed*[25]. Für USB 2.0 benötigt man allerdings spezielle Hardware, nämlichen einen USB 2.0 Host Controller, USB 2.0 Hubs und USB 2.0-Geräte. Ein schneller Controller bzw. Hub kann zwar ein langsames Gerät ansteuern, aber umgekehrt geht das nicht.

5.4.9 USB-Diagnose unter Linux

Kernelmeldungen

Bevor du an die Diagnose gehen kannst, musst du erst einmal sicherstellen, dass das USB-System des Kernels aktiviert ist. Dieser Abschnitt zeigt dir, wie das bei einem 2.6er Kernel funktioniert. Im Gegensatz zur 2.4er Serie haben sich die Namen der Module teilweise geändert und auch die Log-Meldungen sehen etwas anders aus. Das Grundprinzip ist aber das gleiche.

Zunächst musst du kontrollieren, ob die nötigen Kernelmodule geladen sind. Folgende Tabelle zeigt dir, welche Module welche Funktion haben:

[24]Wahrscheinlich ist es kein Zufall: IEEE 1394, der vermeindliche Konkurrent von USB, schafft schon seit längerem 400 Mbit/sec und ist deshalb bei digitalen Videokameras zu finden.

[25]Vielleicht hätte man bei der Benennung etwas bescheidener anfangen sollen. Für die Zukunft erwarten wir ultra high speed, extremely high speed, mind boggling high speed usw.

Kernel 2.6	Kernel 2.4	Funktion
`usbcore`	`usbcore`	Dieses Modul realisiert die Basisfunktionen von USB im Kernel und wird von allen anderen USB-Modulen benötigt. Es muss als erstes geladen bzw. als letztes entladen werden.
`uhci_hcd`	`usb-uhci`	Treiber für USB Host Controller vom Typ UHCI (Intel).
`ohci_hcd`	`usb-ohci`	Treiber für USB Host Controller vom Typ OHCI (Compaq, Microsoft, NEC)
`ehci_hcd`	`usb-ehci`	Treiber für USB Host Controller vom Typ EHCI (für USB 2.0)
`usbserial`	`usbserial`	Ansteuerung von seriellen USB-Geräten
`hid`	`hid`	Ansteuerung von *Human Interface Devices* per USB, also Maus und Tastatur
`usb_storage`	`usb-storage`	Treiber für USB-Geräte der Klasse *Storage Device*. Das Laden des Moduls führt dazu, dass solche Geräte (z. B. externe Festplatten, USB-Sticks, manche Digitalkameras) als SCSI-Festplatten `/dev/sda`, `/dev/sdb` usw. eingebunden werden.

Damit überhaupt irgendetwas funktioniert, müssen also zumindest zwei Module geladen sein: `usbcore` und eines der `?hci_hdc`-Module (bzw. `usb-?hci` beim 2.4er Kernel). Im Zweifelsfall kannst du die Module von Hand laden. `modprobe` sorgt beim Laden des `?hci_hdc`-Moduls dafür, dass automatisch auch `usbcore` geladen wird.

Folgender Rechner hat einen UHCI-Chipsatz:

```
Eiger:~ # lsmod | egrep 'usb|hcd'
```

Aha, es ist noch kein USB-Modul geladen. Ich lade die Module also von Hand. Ein Versuch, versehentlich statt des UHCI-Moduls das OHCI-Modul zu laden, klappt zwar...

```
Eiger:~ # modprobe ohci_hcd
```

...es wird aber kein Bus erkannt. In `/var/log/messages` finden sich nur zwei Zeilen:

```
May 28 14:17:27 Eiger kernel: ohci_hcd: 2004 Feb 02 USB 1.1 'Open' Host Controller
  (OHCI) Driver (PCI)
May 28 14:17:27 Eiger kernel: ohci_hcd: block sizes: ed 64 td 64
```

Wenn du das richtige Modul lädst – hier `uhci_hcd`, dann sieht die Sache etwas anders aus:

```
Eiger:~ # modprobe uhci_hcd
Eiger:~ # tail -n 9 /var/log/messages
May 28 14:23:02 Eiger kernel: USB Universal Host Controller Interface driver v2.2
May 28 14:23:02 Eiger kernel: uhci_hcd 0000:00:10.0: UHCI Host Controller
May 28 14:23:02 Eiger kernel: uhci_hcd 0000:00:10.0: irq 10, io base 0000d800
May 28 14:23:02 Eiger kernel: uhci_hcd 0000:00:10.0: new USB bus registered, assign
ed bus number 1
May 28 14:23:02 Eiger kernel: usb usb1: Product: UHCI Host Controller
May 28 14:23:02 Eiger kernel: usb usb1: Manufacturer: Linux 2.6.4-54.5-default uhci
_hcd
May 28 14:23:02 Eiger kernel: usb usb1: SerialNumber: 0000:00:10.0
May 28 14:23:02 Eiger kernel: hub 1-0:1.0: USB hub found
May 28 14:23:02 Eiger kernel: hub 1-0:1.0: 2 ports detected
```

Für jeden USB Hub, den der Controller ansteuert, bekommst du eine Meldung (`USB hub found`) und eine Angabe der Anzahl der Anschlüsse (`2 ports detected`).

Wenn an einem der Busse Geräte angesteckt sind, so werden diese auch gleich erkannt und geloggt. Hier eine Maus an Bus 1:

```
May 28 14:23:03 Eiger kernel: usb 1-1: new low speed USB device using address 2
May 28 14:23:03 Eiger kernel: usb 1-1: Product: USB-PS/2 Optical Mouse
May 28 14:23:03 Eiger kernel: usb 1-1: Manufacturer: Logitech
```

Und dann noch ein Scanner von EPSON an Bus 2:

```
May 28 14:23:03 Eiger kernel: usb 2-2: new full speed USB device using address 2
May 28 14:23:03 Eiger kernel: usb 2-2: Product: EPSON Scanner 010F
May 28 14:23:03 Eiger kernel: usb 2-2: Manufacturer: EPSON
```

Das `usbdevfs` und `lsusb`

Zur weiteren Diagnose bietet das Linux-USB-System ein Dateisystem, das ähnlich wie das `proc`-Dateisystem funktioniert. Es heißt `usbdevfs` und muss nach `/proc/bus/usb` gemountet werden. Findest du hier nur ein leeres Verzeichnis, so benötigst du folgenden Befehl:

```
Eiger:~ # mount -t usbdevfs usbdevfs /proc/bus/usb
```

Dort findest du dann für jeden Bus (normalerweise einen, manchmal zwei oder mehr) ein Unterverzeichnis, in dem sich wiederum für jedes angesteckte Gerät eine Datei befindet. In folgenden Beispiel gibt es zwei Busse mit einem bzw. vier Geräten. Der Roothub wird jeweils mitgezählt:

```
Eiger:~ # cd /proc/bus/usb
Eiger:/proc/bus/usb # find
```

```
.
./devices
./drivers
./002
./002/001
./001
./001/001
./001/002
./001/013
./001/018
```

Die Gerätedateien enthalten die USB-Gerätebeschreibung, allerdings im Binärformat. Diese sind in der Datei `devices` nochmal etwas menschenlesbarer aufgeschlüsselt.

> **`lsusb`**
>
> zeigt Informationen über alle angeschlossenen USB-Geräte.
>
> *`lsusb [-v]`*
>
> `-v` zeigt jeweils die komplette Gerätebeschreibung

Ab Kernel 2.6 sind diese Informationen in einem etwas anderen Format zusätzlich in dem neuen `/sys`-Dateisystem vorhanden. Das alte `/proc/bus` soll dadurch irgendwann komplett wegfallen.

Wenn du nicht direkt in `/proc` oder `/sys` nachsiehst, sondern den Befehl `lsusb` verwendest, kann dir das egal sein. `lsusb` listet alle angeschlossenen USB-Geräte auf und schlüsselt – wenn du ihn mit `-v` aufrufst – dessen Gerätebeschreibung gemäß der bereits im letzten Abschnitt beschriebenen Struktur auf. Zuerst kommen die allgemeinen Angaben:

```
Eiger:~ # lsusb -v
Bus 001 Device 018: ID 04b8:010f Seiko Epson Corp. Perfection ???
Device Descriptor:
  bLength                18
  bDescriptorType         1
  bcdUSB               1.10
  bDeviceClass          255 Vendor Specific Class
  bDeviceSubClass         0
  bDeviceProtocol       255
  bMaxPacketSize0         8
  idVendor           0x04b8 Seiko Epson Corp.
  idProduct          0x010f Perfection ???
  bcdDevice            1.00
  iManufacturer           1 EPSON
  iProduct                2 EPSON Scanner 010F
  iSerial                 0
  bNumConfigurations      1
```

Hier handelt es sich um einen Scanner. Eine wichtige Angabe ist die Nummer des Herstellers (`idVendor`) und dessen Produktnummer für das Gerät (`idProduct`).

Beide zusammen bestimmen das Gerätemodell eindeutig. Das System funktioniert analog zu den PCI Vendor- und Product-IDs. Das Linux-USB-System erkennt anhand dieser Angaben, welches Treibermodul geladen werden muss (zu den Treibern komme ich anschließend).

Weiterhin kannst du die Interfaces und Endpunkte ansehen. Folgender Endpunkt des Scanners hat die Richtung `IN` und den Flusstyp *Interrupt Transfer* und dient der Signalisierung der Bedienknöpfe auf der Vorderseite des Scanners:

```
      Endpoint Descriptor:
        bLength                 7
        bDescriptorType         5
        bEndpointAddress     0x81  EP 1 IN
        bmAttributes            3
          Transfer Type            Interrupt
          Synch Type               none
        wMaxPacketSize          1
        bInterval              16
```

Grafische Ansicht mit `usbview`

Alternativ zu `lsusb` gibt es das GTK-basierte grafische Programm `usbview`. Leider funktioniert es in der aktuellen Version nur mit Kernel 2.4, da beim 2.6er Kernel die Datei `/proc/bus/usb/devices` fehlt, aus dem es seine Daten bezieht. Es zeigt dieselbe Information wie `lsusb`, zusätzlich jedoch die Topographie des Gerätebaumes, also auch, welche Geräte an welchem Hub hängen:

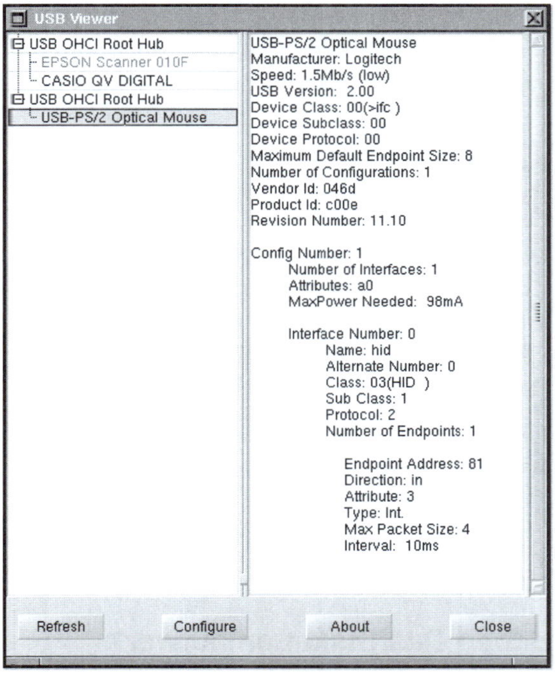

Gerätetreiber

Wenn du das fragliche Gerät mit `lsusb` angezeigt bekommst, es aber trotzdem nicht funktioniert, wie du dir das wünschst, stellt sich als nächstes die Frage nach einem *Treiber*. Da USB-Geräte sehr unterschiedlicher Natur sind, gibt es für Geräteklassen aber auch für Einzelgeräte bestimmter Hersteller

Treibermodule. Die Module findest du unter `/lib/modules/$(uname -r)` im Unterverzeichnis `kernel/drivers/usb`.

Seit Kernel Version 2.4 sorgt unter Linux das Hotplug-System dafür, dass automatisch das richtige Modul geladen wird, sobald ein neues *bekanntes* Gerät im Bus entdeckt wird[26]. Umgekehrt werden nicht mehr benötigte Treiber automatisch entladen. Mit einem Aufruf von `usbmodules --device` kannst du herausfinden, welche Treibermodule einem bestimmten Gerät zugeordnet sind. Als Argument gibst du die Datei der Gerätebeschreibung an. Das folgende Gerät 3 an Bus 1 wird vom Modul `hid` angesteuert:

```
Eiger:~ # usbmodules --device /proc/bus/usb/001/003
hid
```

Hubs benötigen keinen speziellen Treiber. Geräte der Klasse HID (Mäuse, Tastaturen usw.) arbeiten mit dem Modulen `hid` und `hiddev`. Wichtig sind noch `usbserial` für serielle Geräte wie Chipkartenleser und vor allem `usb_storage` für externe USB-Festplatten und alle anderen Geräte, die sich wie solche verhalten.

Ist einem Gerät kein Modul zugeordnet, so wird es nicht direkt vom Kernel unterstützt. Es gibt aber je nach Geräteart andere Möglichkeiten, wie z. B. eine Ansteuerung von Scannern duch das Programm `sane`.

Fazit

Bei einem Problem mit USB solltest du zunächst mit `lsusb` oder `usbview` kontrollieren, ob alle Geräte korrekt angezeigt werden. Ist dies der Fall, musst du kontrollieren, ob ein passendes Treibermodul geladen wurde. Ein Blick in `/var/log/messages` kurz nach dem Einstecken des Gerätes gibt Auskunft über Erfolg oder Misserfolg. Erst wenn Gerät und Treiber in Ordnung scheinen, macht es Sinn, den Fehler beim Anwendungsprogramm zu suchen.

USB-Linux und Hotplug ist noch in lebhafter Entwicklung, so dass gelegentliche Änderungen zu erwarten sind.

5.5 Laufwerke

5.5.1 Das Diskettenlaufwerk

Diskettenlaufwerke verlieren kontinuierlich an Bedeutung. Dies liegt weniger an der Verbreitung von CD-Brennern als vielmehr an der zunehmenden Vernetzung.

[26] Unter `http://linux-hotplug.sourceforge.net/` findest du nähere Informationen zum Hotplug-System von Linux.

Ein Nischendasein fristen Diskettenlaufwerke am ehesten noch beim Installieren von Rechnern über das Netzwerk und bei der Problemsuche bei Bootproblemen.

> **fdformat**
>
> Lowlevel-Formatieren einer Diskette
>
> *fdformat /dev/fd0*

Wenn du Probleme mit dem Laufwerk vermutest, solltest du zuerst mal eine Diskette formatieren. Hierbei meine ich nicht das Anlegen eines Dateisystems (mit `mformat` oder `mkfs`) sondern ein richtiges Initialisieren der Oberfläche mit `fdformat` (auf Englisch: *low level format*):

```
Eiger:~ # fdformat /dev/fd0
Doppelseitig, 80 Spuren, 18 Sektoren/Spur, Totale Kapazität: 1440kB.
Formatieren ... Beendet
Überprüfen ... Beendet
```

Sollte hier bei der Überprüfung ein Fehler auftreten (was bei alten Disketten aus der Rappelkiste eher die Regel als die Ausnahme ist), so entsorgst du die Diskette und probierst es mit einer anderen. Nur wenn sich auch nach der dritten oder vierten Diskette keine Besserung einstellt oder der Fehler auffällig immer bei Spur 0 oder Spur 79 auftritt, kannst du von einem defekten Floppy ausgehen.

Um sicherzugehen, dass das Floppy korrekt justiert ist, kannst du eine Testdiskette erstellen und von einem anderen Rechner aus einlesen und überprüfen. Diskettenlaufwerke positionieren den Schreib-/Lesekopf mit Hilfe eines Schrittmotors, welcher 80 verschiedene von der Mechanik vorgegebene Positionen anfährt. Diese Positionen entsprechen 80 Ringen (Zylindern) auf der Ober- (und Unter-) fläche der Diskette.

Ist die Mechanik dejustiert und die Ringe verschoben, so funktioniert eine Diskette zwar gut, wenn sie mit dem gleichen Laufwerk formatiert, beschrieben und gelesen wird. Auf einem anderen Laufwerk gibt es aber Probleme.

Bei der Erstellung der Testdiskette musst du wissen, dass aus Sicht von Linux eine Diskette zunächst einmal eine Datei der Größe 1 474 560 Bytes ist[27]. Zur Fehlerdiagnose ist es nicht nötig, dort ein Dateisystem anzulegen. Mit `cp` oder sogar `cat` kannst du direkt auf die Diskette schreiben. Für meine Testdiskette erzeuge ich eine Folge zufälliger Bytes der Länge 737 280, also genau der Hälfte von 1 474 560. Diese schreibe ich zweimal hintereinander auf die eben formatierte Diskette:

```
Eiger:~ # dd if=/dev/urandom of=/tmp/testfolge bs=737280 count=1
1+0 Records ein
1+0 Records aus
```

[27]Früher gab es eine größere Zahl an unterschiedlichen Diskettenarten, von SD und DD über HD zu etlichen Exoten. Heute findet man nur noch 3,5"Disketten vom Typ HD. Man verzeihe mir daher, dass ich mich insgeheim auf diesen Typ beschränke. Bei anderen Formaten ist das Vorgehen analog.

```
Eiger:~ # ll /tmp/testfolge
-rw-r--r--    1 root    root      737280 2004-01-22 09:40 /tmp/testfolge
Eiger:~ # cat /tmp/testfolge{,}  > /dev/fd0
```

Der ominöse Befehl dd arbeitet im Grunde wie cat, du kannst aber als Option angeben, dass nur ein bestimmter Bereich kopiert werden soll. Es kopiert eine bestimmte Anzahl (count=) von Blöcken der Länge, die du mit bs= angibst[28]. Wenn du die Syntax {,} nicht kennst, kannst du statt /tmp/testfolge{,} auch /tmp/testfolge /tmp/testfolge schreiben[29].

Zur Sicherheit, dass die Zufallsfolge auch wirklich geschrieben wurde und z. B. nicht lauter Nuller, vergleichst du den Disketteninhalt am besten nochmal mit /tmp/testfolge:

```
Eiger:~ # cmp /dev/fd0 /tmp/testfolge
cmp: EOF auf /tmp/testfolge.
```

Diese Meldung sagt dir, dass cmp beim Vergleich auf das Ende von /tmp/testfolge gestoßen ist (ohne vorher einen Unterschied zu entdecken). Das ist in Ordnung, da die Testfolge ja nur halb so lang wie die Diskette ist. Die zweite Hälfte musst du vorerst nicht prüfen.

Nun legst du die Diskette in einen anderen Rechner und kopierst ihren Inhalt in eine Datei:

```
Wethertop:~ # cat /dev/fd0 > /tmp/lesetest
Wethertop:~ # ll /tmp/lesetest
-rw-r--r--    1 root    root     1474560 Jan 22 10:02 /tmp/lesetest
```

Mit dd kannst du aus der Datei die erste und zweite Hälfte herausschneiden und in /tmp/teil1 bzw. /tmp/teil2 abspeichern:

```
Wethertop:~ # dd if=/tmp/lesetest of=/tmp/teil1 bs=737280 count=1
1+0 Records ein
1+0 Records aus
Wethertop:~ # dd if=/tmp/lesetest of=/tmp/teil2 bs=737280 count=1 skip=1
1+0 Records ein
1+0 Records aus
Wethertop:~ # ll /tmp/teil?
-rw-r--r--    1 root    root      737280 Jan 22 10:03 /tmp/teil1
-rw-r--r--    1 root    root      737280 Jan 22 10:04 /tmp/teil2
```

Mit cmp kannst du die beiden Teile vergleichen:

[28]Diese Art der Parameterübergabe von dd ist sehr untypisch für Unixbefehle. Diese Syntax stammt ursprünglich aus dem gleichnamigen Befehl des IBM System/360 JCL, welcher dort für *Dataset Definition* stand.

[29]oder Abschnitt A.1.3 auf Seite 386 studieren

```
Wethertop:~ # cmp /tmp/teil{1,2}
```

Wenn cmp schweigt, sind die Teile gleich und alles ist gut. Wenn nicht, sieht das z. B. so aus:

```
Wethertop:~ # cmp /tmp/teil{1,2}
/tmp/teil1 /tmp/teil2 differ: char 657306, line 2597
```

Der Vorteil der oben beschriebenen Methode ist, dass man zwar ein zufälliges Testmuster hat, was auch systematische Fehler erkennen kann, man aber keine Netzwerkverbindung zwischen den beiden Rechnern benötigt, um die Testdatei auf anderem Wege zu übertragen.

Wenn der Test erfolgreich ist, kannst du davon ausgehen, dass sowohl die Diskette als auch das erste Diskettenlaufwerk fehlerfrei funktioniert. Das zweite Laufwerk kann zumindest korrekt Lesen.

Wenn das Diskettenlaufwerk überhaupt nichts tut und stattdessen die Laufwerksdiode permanent leuchtet, hast du möglicherweise beim Zusammenbau des Rechners das Flachbandkabel falsch herum aufgesteckt.

5.5.2 Allgemeines zu IDE/ATA und ATAPI

Mitte der achziger Jahre wurde ein Standard entwickelt, mit dem Festplatten am PC betrieben werden. Die so definierte Schnittstelle hieß ursprünglich *AT Attachment*, was auf den AT-Bus des IBM PC/AT zurückgeht. Bekannter ist die Schnittstelle unter dem Namen *IDE (Integrated Drive Electronics)*, welches der Tatsache Rechnung trägt, dass die Elektronik zur Ansteuerung der Plattenmechanik damals erstmals direkt auf der Festplatte angebracht wurde.

Heute ist auf jedem PC-Mainboard ein IDE-Controller mit zwei Kanälen integriert[30]. Jeder Kanal verfügt über einen Pfostenstecker, über den mit einem Flachbandkabel bis zu zwei Geräte angeschlossen werden können.

IDE/ATA war ursprünglich nur für Festplatten konzipiert. Später wurden CD-ROM-Laufwerke populär. Diese wurden zu Beginn über uneinheitliche Schnittstellen betrieben, mal an der Soundkarte, mal am Floppyanschluss, mal mit einer eigenen Steckkarte. Dies führte zur Idee, CD-Laufwerke an der IDE-Schnittstelle zu betreiben.

Das Ergebnis heißt ATAPI (*AT Attachment Packet Interface*). Der ATAPI-Standard deckt eine Vielzahl von Funktionen ab, die bei Festplatten unnötig sind[31]. Aus Sicht des Benutzers gibt es zum Glück keine großen Unterschiede zwischen IDE und ATAPI.

[30] mit Ausnahme von einigen hochgezüchteten Servern, welche ausschließlich mit SCSI arbeiten

[31] Z. B. Wechsel von Medien, Öffnen der Laufwerksschublade, etc.

5.5.3 IDE-Diagnose mit Linux

Die ersten Informationen über den IDE-Controller und die angeschlossenen Laufwerke findest du in den Bootmeldungen. Wenn diese schon vorbeigerauscht sind, kannst du auch später in /var/log/boot.msg nachsehen oder dmesg eingeben. Zuerst meldet sich das generische Linux-IDE-Modul, danach der Treiber für den jeweiligen Controller des Rechners:

```
<6>Uniform Multi-Platform E-IDE driver Revision: 7.00alpha2
<6>ide: Assuming 33MHz system bus speed for PIO modes; override with idebus=xx
<6>VP_IDE: IDE controller at PCI slot 0000:00:11.1
<4>ACPI: No IRQ known for interrupt pin A of device 0000:00:11.1 - using IRQ 255
<6>VP_IDE: chipset revision 6
<6>VP_IDE: not 100%% native mode: will probe irqs later
<6>VP_IDE: VIA vt8235 (rev 00) IDE UDMA133 controller on pci0000:00:11.1
<6>    ide0: BM-DMA at 0xb800-0xb807, BIOS settings: hda:DMA, hdb:DMA
<6>    ide1: BM-DMA at 0xb808-0xb80f, BIOS settings: hdc:DMA, hdd:DMA
```

Dieser Rechner wird von einem Controller mit VIA-Chipsatz betrieben. Er verfügt über die beiden Kanäle ide0 und ide1, welche die (möglichen) Laufwerke hda und hdb bzw. hdc und hdd ansteuern.

Wird überhaupt kein Controller gefunden, macht es keinen Sinn, die Verkabelung der Laufwerke zu prüfen. Eher könnte es sein, dass der Controller einen ungewöhnlichen Chipsatz enthält, für den ein eigenes Kernelmodul geladen werden muss, oder dass der Controller im BIOS deaktiviert wurde. Auch gibt es durchaus Mainboards ohne IDE-Controller. Gerade bei Servern ist oft statt dessen ein SCSI-Controller eingebaut.

Anschließend erfährst du einiges über die Eigenschaften der angeschlossenen Laufwerke und die verwendeten Interrupts der Controller:

```
<4>hda: IC35L080AVVA07-0, ATA DISK drive
<4>hdb: SAMSUNG SP1614N, ATA DISK drive
<4>ide0 at 0x1f0-0x1f7,0x3f6 on irq 14
<4>hdc: Pioneer DVD-ROM ATAPIModel DVD-116 0122, ATAPI CD/DVD-ROM drive
<4>hdd: IBM-DTLA-307045, ATA DISK drive
<4>ide1 at 0x170-0x177,0x376 on irq 15
```

In diesem Rechner sind drei Festplatten (hda, hdb und hdd) und ein DVD-ROM von Pioneer angeschlossen (hdc). letzteres wird als ATAPI-Laufwerk betrieben.

Für jede Festplatte wird anschließend die Größe und Geometrie sowie die Übertragungsart ausgegeben[32]:

```
<4>hda: max request size: 128KiB
<6>hda: 160836480 sectors (82348 MB) w/1863KiB Cache, CHS=65535/16/63, UDMA(100)
<6> hda: hda1 hda2 < hda5 hda6 >
```

[32]CHS: **C**ylinder/**S**ector/**H**eads, siehe dazu auch Abschnitt 4.2.1 auf Seite 72.

Obige Platte wird mit UltraDMA 100 betrieben, was bis zu 100 MB pro Sekunde verspricht, von einer aktuellen Festplatte aber aus mechanischen Gründen nicht erreicht wird. Werden zwei Platten an einem Kanal betrieben und mit voller Geschwindigkeit ausgelesen, kann man aber theoretisch in die Nähe dieser Zahl kommen.

Wenn der Controller erkannt wurde, aber keine Laufwerke, solltest du zunächst versuchen, ob das BIOS die Laufwerke erkennt und auch die Verkabelung überprüfen.

Willst du zwei Geräte an einem Kanal betreiben, so musst du darauf achten, dass eines als *Master* und das andere als *Slave* eingestellt wird[33]. Das Masterlaufwerk wird als `hda` bzw. `hdc` eingebunden, das Slavelaufwerk als `hdb` bzw. `hdd`.

Hervorragende Diagnosemöglichkeiten für IDE/ATAPI findest du im `proc`-Dateisystem, welches dafür das Verzeichnis `/proc/ide` bereithält, so dass man als Linuxbenutzer auf spezielle Diagnoseprogramme nicht angewiesen ist. Hier ist es sogar möglich, Parameter durch einen einfachen `echo`-Befehl zu verändern!

Für jeden Kanal gibt es ein Unterverzeichnis, welches wiederum für jedes vorhandene Laufwerk ein Verzeichnis mit dem Namen `hda`, `hdb`, usw. enthält. Netterweise gibt es noch symbolische Links direkt auf die Laufwerke:

```
Eiger:~ # cd /proc/ide
Eiger:/proc/ide # ll
insgesamt 0
dr-xr-xr-x    4 root     root          0 Jan 22 11:17 .
dr-xr-xr-x  126 root     root          0 Jan 22 09:04 ..
-r--r--r--    1 root     root          0 Jan 22 12:58 drivers
lrwxrwxrwx    1 root     root          8 Jan 22 12:58 hda -> ide0/hda
lrwxrwxrwx    1 root     root          8 Jan 22 12:58 hdb -> ide0/hdb
lrwxrwxrwx    1 root     root          8 Jan 22 12:58 hdc -> ide1/hdc
dr-xr-xr-x    4 root     root          0 Jan 22 11:17 ide0
dr-xr-xr-x    3 root     root          0 Jan 22 12:58 ide1
-r--r--r--    1 root     root          0 Jan 22 12:58 sis
Eiger:/proc/ide # cd hda
Eiger:/proc/ide/hda # ls
.  cache     driver    identify model     smart_thresholds
.. capacity  geometry  media    settings  smart_values
```

Den Inhalt einer Datei kannst du wie gewohnt mit `cat` ausgeben:

```
Eiger:/proc/ide/hda # cat model
HITACHI_DK23CA-30
```

Von den Dateien in den Laufwerksverzeichnissen ist die Datei `settings` am interessantesten. Hier kannst du aktuelle Einstellungen einsehen und sogar *ändern*:

[33]Dazu musst du die kleinen Steckerchen (Jumper), welche sich am Laufwerk neben dem Stecker befinden, richtig einstellen. Mit etwas Glück findest du in der Nähe des Jumperfeldes eine Skizze.

```
Eiger:/proc/ide/hda # cat settings
name                    value           min         max           mode
----                    -----           ---         ---           ----
acoustic                254             0           254           rw
address                 0               0           2             rw
bios_cyl                65535           0           65535         rw
bios_head               16              0           255           rw
bios_sect               63              0           63            rw
bswap                   0               0           1             r
current_speed           69              0           70            rw
failures                0               0           65535         rw
init_speed              12              0           70            rw
io_32bit                1               0           3             rw
keepsettings            0               0           1             rw
lun                     0               0           7             rw
max_failures            1               0           65535         rw
multcount               1               0           16            rw
nice1                   1               0           1             rw
nowerr                  0               0           1             rw
number                  0               0           3             rw
pio_mode                write-only      0           255           w
unmaskirq               1               0           1             rw
using_dma               0               0           1             rw
wcache                  0               0           1             rw
```

Die Spalte ganz rechts gibt an, ob der Wert gelesen und beschrieben (`rw`), *nur* beschrieben (`w`) oder *nur* gelesen werden kann (`r`). Bei einer Änderung muss der neue Wert, den du einstellen willst, in dem von `min` und `max` definierten Bereich liegen.

Zum Ändern verwendest du am einfachsten den Befehl `echo`. In einer Zeile muss hinter dem Variablennamen nach einem Doppelpunkt der Wert angegeben werden. Zur Sicherheit kannst du danach `settings` noch einmal lesen und kontrollieren, ob der geänderte Wert tatsächlich eingetragen wurde. Da es sich bei `settings` um keine echte Datei handelt, gehen alle Änderungen beim Ausschalten des Rechners verloren!

Ich ändere zur Demonstration den Wert `using_dma` von `0` auf `1`:

```
Eiger:/proc/ide/hda # grep using_dma settings
using_dma               0               0           1             rw
Eiger:/proc/ide/hda # echo 'using_dma:1' > settings
Eiger:/proc/ide/hda # grep using_dma settings
using_dma             1               0           1             rw
```

Anhand von `using_dma` kannst du feststellen bzw. festlegen, ob das Laufwerk im schnellen DMA-Modus oder im langsamen PIO-Modus betrieben wird. Näheres zu DMA und PIO findest du im nächsten Abschnitt.

Leider hat sich noch niemand die Mühe gemacht, die Bedeutung der Werte zu dokumentieren, was wahrscheinlich auch daran liegt, dass gerade die geheimnisvolleren von ihnen ohnehin nur für Kernelprogrammierer interessant sind. Wenn du neugierig bist, kannst du in den Kernelquellen in nach deren Bedeutung forschen, und zwar in der Datei `/usr/src/linux/drivers/ide/ide-disk.c`.

Direkt im Verzeichnis `/proc/ide` befindet sich – je nach IDE-Chipsatz – eine Datei, welche generelle Informationen über den Controller und seine Kanäle liefert. Der Aufbau ist abhängig von Chipsatz, weswegen es auch keinen einheitlichen Namen gibt. Hier ist eine Beispielausgabe eines SiS-Chipsatzes:

```
Eiger:~ # cat /proc/ide/sis
SiS 5513 Ultra 100 chipset
--------------- Primary Channel ---------------- Secondary Channel -------------
Channel Status: On                              On
Operation Mode: Compatible                      Compatible
Cable Type:     80 pins                         40 pins
Prefetch Count: 512                             512
Drive 0:        Postwrite Enabled               Postwrite Disabled
                Prefetch  Enabled               Prefetch  Disabled
                UDMA Enabled                    UDMA Enabled
                UDMA Cycle Time    2 CLK        UDMA Cycle Time    6 CLK
                Data Active Time   3 PCICLK     Data Active Time   3 PCICLK
                Data Recovery Time 1 PCICLK     Data Recovery Time 1 PCICLK
Drive 1:        Postwrite Enabled               Postwrite Disabled
                Prefetch  Enabled               Prefetch  Disabled
                UDMA Enabled                    UDMA Disabled
                UDMA Cycle Time    2 CLK        UDMA Cycle Time    Reserved
                Data Active Time   3 PCICLK     Data Active Time   8 PCICLK
                Data Recovery Time 1 PCICLK     Data Recovery Time 12 PCICLK
```

Angezeigt werden hier nicht die Laufwerke, sondern die Einstellungen der vier *möglichen* Laufwerke. Dies betrifft vor allem Einstellungen zur Optimierung der Übertragungsgeschwindigkeit. Hier kannst du sogar ablesen, dass auf dem ersten Kanal ein 80-poliges Kabel aufgesteckt ist (erkennbar an den sehr schmalen Einzeladern). Die Ausgabe bei einem Intel PIIX4 Chipsatz ist um einiges spartanischer:

```
Wethertop:/proc/ide # cat piix

                                Intel PIIX4 Ultra 100 Chipset.
--------------- Primary Channel ---------------- Secondary Channel -------------
                 enabled                          enabled
--------------- drive0 --------- drive1 -------- drive0 ---------- drive1 ------
DMA enabled:    yes              no               no                no
UDMA enabled:   yes              no               no                no
UDMA enabled:   5                X                X                 X
UDMA
DMA
PIO
```

Deutlich übersichtlicher präsentiert sich der Treiber des VIA-Chipsatzes:

```
----------VIA BusMastering IDE Configuration----------------
Driver Version:                      3.34
South Bridge:                        VIA vt82c686a
```

```
Revision:                          ISA 0x22 IDE 0x10
Highest DMA rate:                  UDMA66
BM-DMA base:                       0xd000
PCI clock:                         33.3MHz
Master Read  Cycle IRDY:           0ws
Master Write Cycle IRDY:           0ws
BM IDE Status Register Read Retry: yes
Max DRDY Pulse Width:              No limit
-----------------------Primary IDE-------Secondary IDE------
Read DMA FIFO flush:          yes                 yes
End Sector FIFO flush:         no                  no
Prefetch Buffer:              yes                 yes
Post Write Buffer:            yes                  no
Enabled:                      yes                  no
Simplex only:                  no                  no
Cable Type:                   80w                 40w
-------------------drive0----drive1----drive2----drive3-----
Transfer Mode:          UDMA       PIO       PIO       PIO
Address Setup:          30ns     120ns     120ns     120ns
Cmd Active:             90ns      90ns     480ns     480ns
Cmd Recovery:           30ns      30ns     480ns     480ns
Data Active:            90ns     330ns     330ns     330ns
Data Recovery:          30ns     270ns     270ns     270ns
Cycle Time:             30ns     600ns     600ns     600ns
Transfer Rate:     66.6MB/s   3.3MB/s   3.3MB/s   3.3MB/s
```

5.5.4 Performancekontrolle bei DMA und PIO

Bei Festplatten ist der Betrieb im DMA-Modus besonders wichtig, da sonst – im PIO-Modus – die CPU jedes Byte einzeln am Controller abholen bzw. abliefern muss! Bei DMA schreibt der Controller die Daten selbständig direkt in den Hauptspeicher bzw. liest sie von dort. Dies führt zu einem schnelleren Datendurchsatz und entlastet gleichzeitig den Prozessor.

Ich habe einmal auf einem Rechner mit einer modernen Festplatte den Unterschied zwischen DMA- und PIO-Betrieb gemessen. Dazu habe ich die ersten 100 MB der Platte ausgelesen und mit dem Befehl `time` verglichen, wie viel Zeit dabei benötigt wird. Zuerst im DMA-Modus:

```
Eiger:/proc/ide/hda # echo 'using_dma:1' > settings
Eiger:/proc/ide/hda # time dd if=/dev/hda of=/dev/null bs=1M count=100
100+0 Records ein
100+0 Records aus

real    0m2.297s
user    0m0.000s
sys     0m0.430s
```

Die drei Zeiten sind wie folgt zu interpretieren:

- `real`
  gibt an, dass zwischen Start und Ende des Befehls 2,297 Sekunden vergangen sind.
- `user`
  zählt die Rechenzeit, die der Prozess im Benutzermodus benötigt hat, also die Zeit, die der Prozessor damit verbracht hat, Befehle des Programms auszuführen. Was im Gegensatz zu `real` wegfällt, sind Zeiten, die vom Betriebssystem oder von anderen Prozessen benötigt werden und Wartezeiten. Im meinem Beispiel hatte der Prozess also praktisch nichts zu tun (0,000 Sekunden).
- `sys`
  zeigt an, wie lange der Kernel für den Prozess gearbeitet hat, auch hier ohne Wartezeiten.

Obiges Beispiel bedeutet also, dass von den 2,30 Sekunden nur 0,43 wirklich gerechnet wurde, und zwar im Kernel. Die restliche Zeit sind Wartezeiten – und zwar diejenigen, die entstehen, während die DMA die Daten von der Festplatte in den Speicher schaufelt. Real wurden 43 MB/sec von der Platte gelesen!

Anders sieht es aus, wenn du von DMA auf PIO umschaltest:

```
Eiger:/proc/ide/hda # echo 'using_dma:0' > settings
Eiger:/proc/ide/hda # time dd if=/dev/hda of=/dev/null bs=1M count=100
100+0 Records ein
100+0 Records aus

real    0m21.447s
user    0m0.000s
sys     0m20.740s
```

Jetzt dauert es fast zehnmal so lang! Wieder benötigt der eigentliche Benutzerprozess praktisch keine Rechenzeit. Aber im System werden ganze 20,7 Sekunden damit verbraten, Byte für Byte einzeln vom Controller abzuholen, womit 96,7% der Zeit verbracht wird! Insgesamt kommt man auf magere 4,7 MB pro Sekunde.

An obigem Beispiel kannst du gut sehen, wie du die real *erzielbare* Übertragungsgeschwindigkeit abschätzen kannst. Um den Einfluss von Caches auszuschalten, musst du große Bereiche von mindestens einigen hundert MB lesen. Außerdem ist es wichtig, dass du wie im Beispiel direkt von der Platte liest. Beim Umweg über das Dateisystem verbringt die Platte viel Zeit mit der Bewegung des Schreib-/Lesekopfes.

Eine eingehendere Untersuchung von Platten-Performance findest du in Kapitel 9 auf Seite 359.

5.5.5 Allgemeines zu SCSI

Das *Small Computer System Interface* hat seinen Ursprung bereits im Jahr 1979, hieß aber damals nach seinem Erfinder (und späterem Gründer von Seagate) *Shugart Associates Systems Interface* (*SASI*). SASI wurde später vom ANSI standardisiert und 1986 als SCSI veröffentlicht. Wie IDE wird auch SCSI in erster Linie zum Betrieb von Festplatten eingesetzt. Es ist aber von Anfang an als allgemeine Schnittstelle definiert worden und kann auch für CD-Laufwerke, Bandlaufwerke und Scanner eingesetzt werden.

SCSI ist flexibler und allgemeiner als IDE, kann je nach Version pro Kanal 7 bzw. 15 Geräte ansteuern, erfordert – von reinen Servercomputern abgesehen – einen speziellen Controller als Erweiterungskarte und ist insgesamt um einiges teuerer als IDE.

Vor allem aber ist SCSI *komplex*. Vielleicht ist es mit allen seinen Varianten und Weiterentwicklungen überhaupt das komplexeste existierende Peripheriesystem. Daher werde ich in diesem Buch nur an der Oberfläche kratzen können.

Offizielle Informationsquellen über SCSI im Allgemeinen findest du bei der *SCSITA*[34] und beim *Technical Committee T10*[35].

Ausführliche Informationen über die SCSI-Implementierung von Linux 2.4 findest du im LDP[36] unter `http://www.tldp.org/HOWTO/SCSI-2.4-HOWTO`.

5.5.6 Einfache SCSI-Diagnose unter Linux

Wie bei IDE muss auch bei SCSI zunächst der Controller (SCSI-Eingeweihte nennen ihn *Hostadapter*) vom Kernel erkannt und eingebunden werden. Anders als bei IDE gibt es eine große Vielfalt verschiedener Modelle, so dass hier schon einiges mehr schief gehen kann.

Das Laden der richtigen Module für den SCSI-Controller übernimmt das Installationssystem der Linux-Distribution. Die beste Diagnose findest du in den Bootmeldungen des Kernel (`/var/log/boot.msg` oder `dmesg`). In folgendem Beispiel wird der Treiber für einen Adaptec AHA-2940U2/U2W-Controller geladen:

```
<6>scsi0 : Adaptec AIC7XXX EISA/VLB/PCI SCSI HBA DRIVER, Rev 6.2.8
<4>        <Adaptec 2940 Ultra2 SCSI adapter>
<4>        aic7890/91: Ultra2 Wide Channel A, SCSI Id=7, 32/253 SCBs
```

Jedes SCSI-Gerät hat eine Nummer: die SCSI-ID. Auch der Controller ist ein Gerät und hat demnach eine ID, in meinem Beispiel die 7. Der Treiber durchsucht nun

[34] SCSI Trade Association, `http://www.scsita.org/`

[35] `http://www.t10.org/`

[36] Linux Documentation Project, siehe auch Abschnitt 2.4 auf Seite 24.

automatisch den SCSI-Bus nach Geräten. In meinem Beispiel gibt es einen CD-Brenner und ein DAT-Laufwerk:

```
<4>blk: queue c17f6a14, I/O limit 4095Mb (mask 0xffffffff)
<4>  Vendor: TEAC      Model: CD-R58S           Rev: 1.0H
<4>  Type:   CD-ROM                             ANSI SCSI revision: 02
<4>blk: queue c17f6e14, I/O limit 4095Mb (mask 0xffffffff)
<4>(scsi0:A:0): 10.000MB/s transfers (10.000MHz, offset 15)
<4>  Vendor: WangDAT   Model: Model 3200        Rev: 02.2
<4>  Type:   Sequential-Access                  ANSI SCSI revision: 02
<4>blk: queue c1b04c14, I/O limit 4095Mb (mask 0xffffffff)
<4>(scsi0:A:5): 5.000MB/s transfers (5.000MHz, offset 63)
```

Wenn ein Gerät hier nicht gefunden wird, gibt es wahrscheinlich Probleme mit der Verkabelung, der Stromversorgung oder der BIOS-Einstellung des Controllers[37].

Der folgende Rechner verfügt gleich über zwei SCSI-Controller. Der erste ist ein Adaptec AIC7880 und betreibt ein CD-ROM-Laufwerk:

```
<6>scsi0 : Adaptec AIC7XXX EISA/VLB/PCI SCSI HBA DRIVER, Rev 6.1.13
<4>        <Adaptec aic7880 Ultra SCSI adapter>
<4>        aic7880: Ultra Wide Channel A, SCSI Id=7, 16/255 SCBs
<4>
<4>  Vendor: IBM       Model: CDRM00203     !K  Rev: 8B08
<4>  Type:   CD-ROM                             ANSI SCSI revision: 02
<4>Detected scsi CD-ROM sr0 at scsi0, channel 0, id 6, lun 0
<4>(scsi0:A:6): 10.000MB/s transfers (10.000MHz, offset 15)
<4>sr0: scsi-1 drive
```

Der zweite Controller ist ein IBM RAID-Controller[38], der aktuell eine 4,5GB-Festplatte betreibt:

```
<6>scsi1 : IBM PCI ServeRAID 4.72.00  <ServeRAID>
<4>  Vendor:  IBM      Model:  SERVERAID        Rev:  1.0
<4>  Type:    Direct-Access                     ANSI SCSI revision: 01
<4>Detected scsi disk sda at scsi1, channel 0, id 0, lun 0
<4>  Vendor:  IBM      Model:  SERVERAID        Rev:  1.0
<4>  Type:    Processor                         ANSI SCSI revision: 01
<4>SCSI device sda: 8812544 512-byte hdwr sectors (4512 MB)
```

Bei Festplatten wird anschließend automatisch eine Information über die Partitionierung ausgegeben. Die Platte `sda` aus dem Beispiel hat die beiden Partitionen `sda1` und `sda2`:

[37] Ein SCSI-Controller verfügt über ein eigenes BIOS, in das man beim Booten des Rechners mit einer bestimmten Tastenkombination gelangt. Achte auf Hinweise in den Bootmeldungen.

[38] RAID bedeutet: **R**edundant **A**rray of **I**nexpensive **D**isks. Dabei verteilt der Controller für das Betriebssystem Daten transparent auf mehrere Festplatten. Ziel ist die Steigerung der Performance durch paralleles Arbeiten der Platten und/oder Steigerung der Ausfallsicherheit durch redundante Speicherung der Daten. Heute wird RAID gerne gelesen als Redundant Array of *Independent* Disks, was ziemlicher Blödsinn ist, da die Platten ja gerade *nicht* unabhängig arbeiten.

```
<6>Partition check:
<6> sda: sda1 sda2
```

5.5.7 Informationen aus /proc/scsi

Wie du sicher schon vermutest, gibt es auch im proc-Dateisystem Informationen über das SCSI-System. Du findest sie im Verzeichnis /proc/scsi:

```
Eiger:~ # cd /proc/scsi
Eiger:/proc/scsi # ls
.  ..  aic7xxx  scsi  sg
```

Die Datei scsi gibt Auskunft über alle angeschlossenen SCSI-Geräte:

```
Eiger:/proc/scsi # cat scsi
Attached devices:
Host: scsi0 Channel: 00 Id: 00 Lun: 00
  Vendor: TEAC     Model: CD-R58S              Rev: 1.0H
  Type:   CD-ROM                               ANSI SCSI revision: 02
Host: scsi0 Channel: 00 Id: 03 Lun: 00
  Vendor: WangDAT  Model: Model 3100           Rev: 02.2
  Type:   Sequential-Access                    ANSI SCSI revision: 02
```

Die Angaben sind identisch zu denen aus der Bootmeldung. Wichtig ist auch hier wieder die Angabe zur ID (hier: CD-ROM hat ID 0, DAT-Laufwerk hat ID 3), zum Typ und zum Modell.

Je nach SCSI-Adapter findest du ein eigenes Unterverzeichnis mit dem Namen des Controllermoduls, hier im Beispiel aic7xxx. Dort befindet sich für jeden Controller (meist gibt es nur einen) eine Datei mit dessen Nummer. Diese Datei enthält im Falle von aic7xxx eine Auflistung der Einstellungen aller möglichen Geräte (Targets), hier auszugsweise für Target 0 und Target 1. An Target 0 ist das CD-ROM-Laufwerk angeschlossen[39]:

```
Eiger:/proc/scsi # cd aic7xxx
Eiger:/proc/scsi/aic7xxx # ls
.  ..  0
Zugspitze:/proc/scsi/aic7xxx # head -n 21 0
Adaptec AIC7xxx driver version: 6.2.8
aic7890/91: Ultra2 Wide Channel A, SCSI Id=7, 32/253 SCBs

Serial EEPROM:
0xc3bb 0xc3bb 0xc3bb 0xc3bb 0xc3bb 0xc3bb 0xc3bb 0xc3bb
0xc3bb 0xc3bb 0xc3bb 0xc3bb 0xc3bb 0xc3bb 0xc3bb 0xc3bb
0x18a6 0x1c5d 0x2807 0x0010 0xffff 0xffff 0xffff 0xffff
0xffff 0xffff 0xffff 0xffff 0xffff 0xffff 0xffff 0x98bf
```

[39] Der Befehl head -n 21 zeigt die ersten 21 Zeilen einer Datei bzw. der Daten auf der Standardeingabe.

```
Channel A Target 0 Negotiation Settings
       User: 80.000MB/s transfers (40.000MHz, offset 255, 16bit)
       Goal: 10.000MB/s transfers (10.000MHz, offset 15)
       Curr: 10.000MB/s transfers (10.000MHz, offset 15)
       Channel A Target 0 Lun 0 Settings
               Commands Queued 42
               Commands Active 0
               Command Openings 1
               Max Tagged Openings 0
               Device Queue Frozen Count 0
Channel A Target 1 Negotiation Settings
       User: 80.000MB/s transfers (40.000MHz, offset 255, 16bit)
```

Kapitel 6

Netzwerkdiagnose

Die Kommunikation zwischen Rechnersystemen ist eine von Natur aus komplexe Sache. Komplex heißt aber nicht das Gleiche wie kompliziert: auch wenn die Thematik umfangreich ist, sind die einzelnen Gebiete nicht übermäßig schwierig zu verstehen. Wenn man begriffen hat, wie Netzwerkkommunikation in verschiedene, voneinander gut getrennte Schichten eingeteilt ist, kann man systematisch das jeweilige Problem eingrenzen und lösen. Außerdem sind Netzwerke ein spannendes Gebiet.

6.1 Einteilung in Schichten

Wissenschaftlich werden Kommunikationssysteme in *Schichten* eingeteilt. Jede Schicht hat eine genau definierte Aufgabe und Sichtweise. Auf jeder Schicht wird ein Protokoll abgewickelt. Ein Protokoll ist eine Konvention, nach der mehrere Kommunikationspartner untereinander Meldungen austauschen. Es beschreibt, wann und mit welchem Inhalt Meldungen verschickt und empfangen werden und wie diese kodiert werden.

Ich habe für dich in folgender Grafik einen Überblick über alle wichtigen Netzwerkschichten und den dort verwendeten Protokollen aufgestellt:

<table>
<tr><td>HTTP</td><td>FTP</td><td>SMTP</td><td>POP3</td><td>SSH</td><td>telnet</td><td>...</td><td>DHCP</td><td>DNS</td><td>...</td><td>ping</td><td>traceroute</td><td>...</td></tr>
<tr><td colspan="7">TCP</td><td colspan="3">UDP</td><td colspan="3">ICMP</td></tr>
<tr><td colspan="13">IP</td></tr>
<tr><td colspan="4">ARP</td><td colspan="9">PPP</td></tr>
<tr><td colspan="4">Ethernet</td><td colspan="3">ISDN</td><td colspan="3">Modem</td><td colspan="3">DSL</td></tr>
</table>

Wie du siehst, handelt es sich fast ausnahmslos um Abkürzungen (was in der Netzwerkwelt sehr beliebt ist). Jede Schicht repräsentiert eine technische Ebene.

Ganz unten ist die erste Schicht – Hardware – mit den Protokollen *Ethernet, ISDN, Modem, DSL*.

Diese erste Schicht beschäftigt sich mit Verkabelung, Netzwerkkarten, Modems und ähnlichen Dingen. Weiter oben baut jede Schicht auf der nächst tieferliegenden auf, indem sie deren Dienste nutzt, um ihre eigene Aufgabe zu erfüllen.

Jede der fünf Schichten kennt ein oder mehrere verschiedene Protokolle. In der mittleren Schicht kommt bei Linux nur ein einziges Protokoll zum Einsatz: Das legendäre *Internet Protokoll (IP)*.

Ganz oben in der fünften Schicht, der Anwendungsschicht, findest du so bekannte Protokolle wie HTTP[1] oder SMTP[2].

Damit du in diesem Kapitel immer den Überblick behältst, um welche Stelle im Stapel es gerade geht, habe ich bei jedem Abschnitt eine kleine Kopie des Diagramms eingefügt, in dem die betroffenen Protokolle grau hinterlegt sind.

Wenn du ein Netzwerkproblem hast, heißt das in der Regel, dass in einer der Schichten irgend etwas nicht funktioniert. Nehmen wir z. B. den Fall, dass du mit deinem Browser auf eine Webseite namens `www.kommtnix.de` gehen willst. Statt der Seite kommt eine Fehlermeldung, mit der du nichts anfangen kannst.

Das Problem kann auf jeder der fünf Schichten zu suchen sein, da immer alle Schichten aufeinander aufbauen. Natürlich wird nicht auf jeder Schicht jedes Protokoll verwendet. Wenn ich einmal davon ausgehe, dass dein Rechner per Modem am Internet hängt, dann werden bei dir die in der folgenden Abbildung dargestellten Protokolle verwendet:

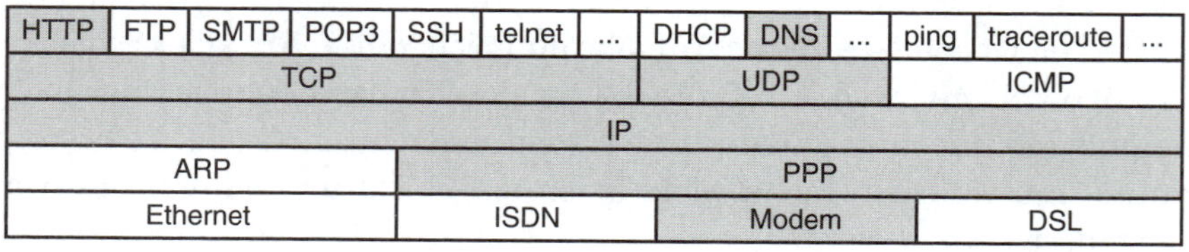

Wichtig für die Fehlerdiagnose ist also, dass du erkennst, in welcher Schicht das Problem liegt. Mit den richtigen Werkzeugen kannst du jede Schicht einzeln testen. Wenn eine Schicht nicht korrekt arbeitet, hat dies Auswirkungen auf alle Schichten, die *darüber* liegen. Die Schichten *darunter* sind nicht betroffen. Wieder einmal greift hier hervorragend das Prinzip der *Wirkungskette*.

In den folgenden Kapiteln stelle ich verschiedene Werkzeuge und Diagnosemöglichkeiten vor, mit denen du Probleme in bestimmten Schichten gezielt eingrenzen kannst.

[1] Das Protokoll des World Wide Web

[2] SMTP dient dem Versenden von E-Mails.

6.2 Die Hardwareschicht

6.2.1 Netzwerkgeräte

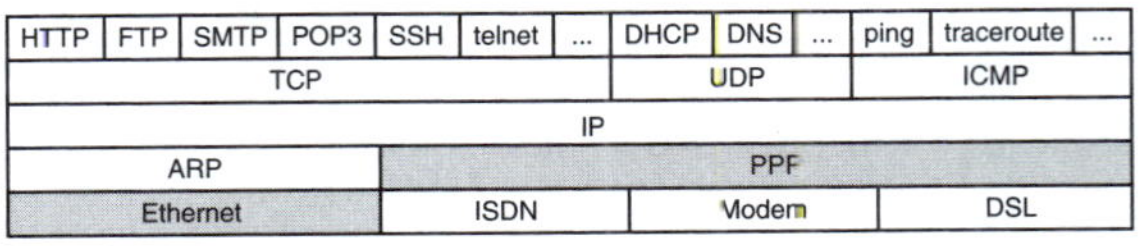

Das Linux-Konzept der *Netzwerkgeräte* (*network devices*) bildet eine Ausnahme zu allen anderen Geräten, da eine Netzwerkkarte nicht als Datei unter `/dev` sichtbar ist und auch nicht mit den typischen Zugriffsmethoden Öffnen, Lesen, Schreiben und Schließen angesprochen werden kann. Alle Netzwerkgeräte werden von Treibern im Kernel realisiert, welche normalerweise als Module nachgeladen werden[3]. Ein Netzwerkgerät ist etwas, das Datenpakete senden und empfangen kann. Um es zu verwenden, muss du es zunächst *aktivieren* und ihm eine *IP-Adresse* zuweisen.

Alle Netzwerkgeräte, für die der Kernel einen Treiber geladen hat, werden in `/proc/net/dev` aufgelistet (hier im Beispiel `lo`, `eth0` und `sit0`):

```
Eiger:~ # cat /proc/net/dev
Inter-|   Receive                                                |  Transmit
 face |bytes packets errs drop fifo frame compressed multicast|bytes packets errs drop fifo colls carrier compress.
    lo:  494677    447    0    0    0     0          0         0   494677 447     0    0    0     0       0        0
  eth0:40206990 51222    0    0    0     0          0         0 42570258 57740   0    0    0   700       1        0
  sit0:        0      0    0    0    0     0          0         0        0     0   0    0    0     0       0        0
```

Hier kannst du auch sehen, wie viele Daten über ein Gerät schon geschickt und empfangen wurden. Eine ähnliche aber etwas knappere Ausgabe bekommst du mit dem Befehl `netstat -ai`:

```
Eiger:~ # netstat -ai
Kernel Schnittstellentabelle
Iface    MTU Met    RX-OK RX-ERR RX-DRP RX-OVR    TX-OK TX-ERR TX-DRP TX-OVR Flg
eth0    1500   0    51220      0      0      0    57738      0      0      0 BMNRU
lo     16436   0      447      0      0      0      447      0      0      0 LRU
sit0    1480   0        0      0      0      0        0      0      0      0 O
```

Nicht alle Netzwerkgeräte entsprechen echten Hardwaregeräten. Beispielsweise ist das Loopback-Device `lo` ein vom Kernel simuliertes Gerät, das Daten an sich selbst überträgt und dafür zuständig ist, dass jeder Rechner sich unter der IP-Adresse `127.0.0.1` selbst erreichen kann.

„Normale" Netzwerkkarten werden mit `eth0`, `eth1` usw. bezeichnet. Daneben gibt es noch die Netzwerkgeräte `ppp0`, `ppp1` usw. für Einwahlverbindungen mittels Modem und DSL sowie `ippp0`, `ippp1` für ISDN-Verbindungen.

Mit dem Gerät `sit0` kann man eine IP Version 6-(IPV6)-Verbindung über eine normale IPV4-Verbindung tunneln.

[3] Anstelle von Modulen kann man Treiber auch fest in den Kernel kompilieren.

Die Geräte `slip0` und `plip0` dienen zur Kommunikation über eine serielle bzw. parallele Schnittstelle und haben in Zeiten der einfachen Verfügbarkeit von Ethernetkomponenten stark an Bedeutung verloren.

Wenn der Netzwerktreiber gestartet wird (das passiert beim Laden des Kernelmoduls), sucht er im Rechner nach geeigneter Hardware. Jeder Treiber ist auf eine ganz bestimmte Liste von Netzwerkchips geeicht. Für jedes passende Gerät wird ein Netzwerkgerät im Kernel erzeugt.

All dies wird mittels `syslog` vom Kernel protokolliert und taucht in der Datei `/var/log/messages` auf. Wird kein einziges passendes Gerät gefunden, so scheitert das Laden des Moduls. Manche Module erzeugen Netzwerkgeräte, die nicht an eine bestimmte Hardware gebunden sind, sondern auf logischer Ebene arbeiten. Neben dem oben erwähnten Geräten `lo` und `sit0` ist dies z. B. das Bonding-Device, mit dem man mehrere Netzkwerkkarten zu einer einzigen kombinieren kann, um den Datendurchsatz dadurch zu steigern. Durch das Laden des Moduls `bonding` kennt der Kernel das neue Gerät `bond0`:

```
Eiger:~ # modprobe bonding
Eiger:~ # tail /var/log/messages  | grep Bonding
Jun  4 13:28:42 Eiger kernel: Ethernet Channel Bonding Driver: v2.6.0 (January 14,
2004)
Eiger:~ # netstat -ai
Kernel Schnittstellentabelle
Iface    MTU Met    RX-OK RX-ERR RX-DRP RX-OVR    TX-OK TX-ERR TX-DRP TX-OVR Flg
bond0  1500   0        0      0      0      0        0      0      0      0 BMm
eth0   1500   0   360428      0      0      0   112733      0      0      0 BMNRU
lo    16436   0      474      0      0      0      474      0      0      0 LRU
sit0   1480   0        0      0      0      0        0      0      0      0 O
```

6.2.2 Aktivierung und Konfiguration der Geräte mit `ifconfig`

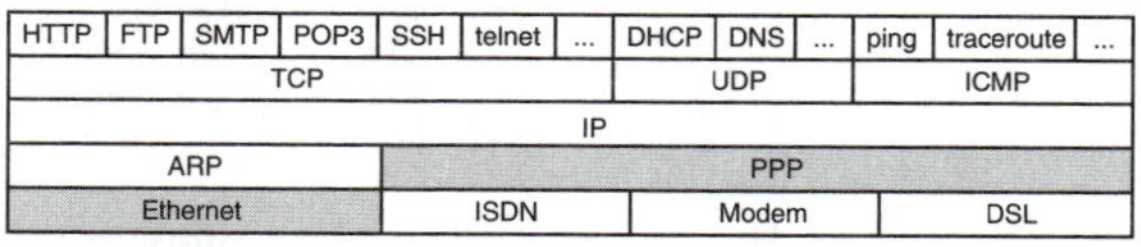

Ist ein Netzwerkgerät erst einmal vorhanden und in `/proc/net/dev` sichtbar, so kannst du Treiberprobleme schon einmal ausschließen. Die nächste Frage ist, ob das Gerät aktiviert und gegebenenfalls mit einer IP-Adresse ausgestattet ist. Dies kannst du mit dem Befehl `ifconfig` überprüfen, der alle aktiven Geräte anzeigt:

```
Eiger:~ # ifconfig
eth0      Protokoll:Ethernet  Hardware Adresse 00:04:76:4C:89:73
          inet Adresse:10.10.0.9  Bcast:10.10.255.255  Maske:255.255.0.0
          inet6 Adresse: fe80::204:76ff:fe4c:8973/10 Gültigkeitsbereich:Verbindung
          UP BROADCAST NOTRAILERS RUNNING MULTICAST  MTU:1500  Metric:1
          RX packets:2373 errors:0 dropped:0 overruns:0 frame:0
          TX packets:2535 errors:0 dropped:0 overruns:0 carrier:33
          Kollisionen:0 Sendewarteschlangenlänge:100
          RX bytes:1863983 (1.7 Mb)  TX bytes:421009 (411.1 Kb)
          Interrupt:10 Basisadresse:0xe800
```

```
lo        Protokoll:Lokale Schleife
          inet Adresse:127.0.0.1  Maske:255.0.0.0
          inet6 Adresse: ::1/128 Gültigkeitsbereich:Maschine
          UP LOOPBACK RUNNING  MTU:16436  Metric:1
          RX packets:740 errors:0 dropped:0 overruns:0 frame:0
          TX packets:740 errors:0 dropped:0 overruns:0 carrier:0
          Kollisionen:0 Sendewarteschlangenlänge:0
          RX bytes:54487 (53.2 Kb)  TX bytes:54487 (53.2 Kb)
```

Ein Gerät, das in /proc/net/dev gelistet, aber von `ifconfig` nicht angezeigt wird, ist nicht aktiviert. Mit der Option `-a` zeigt `ifconfig` auch solche Geräte an.

> **`ifconfig`**
>
> listet alle aktivierten Netzwerkgeräte auf und zeigt deren Konfiguration.
>
> *`ifconfig [GERÄT]`*
>
> `-a` zeigt auch nicht aktivierte Geräte

Wenn ein benötigtes Netzwerkgerät nicht aktiviert ist, hapert es an der Netzwerk-Grundkonfiguration, die du z. B. unter SUSE LINUX mit YaST vornehmen kannst. Jede Distribution hat ein eigenes Werkzeug dafür. Zum Test kannst du ein Gerät von Hand aktivieren. Dazu verwendest du ebenfalls `ifconfig`, gibst aber als Argumente den Namen des Gerätes und das Schlüsselwort up an:

```
Eiger:~ # ifconfig bond0 up
```

6.2.3 Medium und Übetragungsart ermitteln mit `mii-diag`

<table>
<tr><td>HTTP</td><td>FTP</td><td>SMTP</td><td>POP3</td><td>SSH</td><td>telnet</td><td>...</td><td>DHCP</td><td>DNS</td><td>...</td><td>ping</td><td>traceroute</td><td>...</td></tr>
<tr><td colspan="7">TCP</td><td colspan="3">UDP</td><td colspan="3">ICMP</td></tr>
<tr><td colspan="13">IP</td></tr>
<tr><td colspan="4">ARP</td><td colspan="9">PPP</td></tr>
<tr><td colspan="4">Ethernet</td><td colspan="3">ISDN</td><td colspan="3">Modem</td><td colspan="3">DSL</td></tr>
</table>

Bei einer Datenübertragung zwischen zwei Rechnern, gibt es drei verschiedene Arten von Gegenverkehr:

- Simplex (*simplex*)
  Die Datenübertrag ist überhaupt nur in eine durch die Leitung festgelegte Richtung möglich. Vom Prinzip her kann man z. B. die parallele Leitung zum Drucker als Simplexverbindung betrachten[4].
- Halb-Duplex (*half duplex*)
  Die Datenübertragung ist *zu einer Zeit* nur in einer Richtung möglich. Die Umschaltung der Richtung erfolgt automatisch nach Bedarf.
- Voll-Duplex (*full duplex*)
  Die Datenübertragung ist gleichzeitig in beide Richtungen möglich.

Grundsätzlich vollduplexfähig ist z. B. eine serielle RS-232-Verbindung, da jeder Teilnehmer sowohl eine Sende- als auch eine Empfangsleitung hat. Gleiches gilt für USB und DSL.

[4] Heutige Parallelports ermöglichen eine Kommunikation in beide Richtungen, ermöglichen also zumindest Halb-Duplex.

Ein echtes Bussystem wie das 10 MBit-Ethernet mit BNC-Kabel[5], das nur eine einzige Signalader besitzt, kann nur in Halb-Duplex übertragen.

Bei heutigem 100MBit-Ethernet mit den üblichen CAT-5 Verkabelungen ist Voll-Duplexbetrieb grundsätzlich möglich, klappt aber nur, wenn beide Kommunikationspartner und alle Hubs und Switches dazwischen dies ermöglichen. Welcher Modus zum Einsatz kommt, wird meist durch eine automatische Verhandlung (*autonegotiation*) zwischen beiden Partnern ermittelt. Dabei wird auch festgelegt, welche von mehreren möglichen Geschwindigkeiten zum Einsatz kommt (10 MBit, 100 MBit oder 1 000 MBit).

> **`mii-diag`**
>
> ermittelt Medium und Übertragungsart einer Netzwerkkarte.
>
> *`mii-diag [eth0|eth1|eth2...]`*

Mit dem Befehl `mii-diag` kannst du das Ergebnis der Verhandlung bzw. die aktuelle Einstellung einer Netzwerkkarte ermitteln. Außerdem siehst du, ob die Netzwerkkarte *Link beat* hat, also eine Verbindung zu einer anderen Netzwerkkomponente. Dazu gibst du als Argument das Netzwerkgerät an:

```
Eiger:~ # mii-diag eth0
Basic registers of MII PHY #1:  1000 782d 0040 6212 01e1 0081 0000 0000.
 Basic mode control register 0x1000: Auto-negotiation enabled.
 You have link beat, and everything is working OK.
 Your link partner is generating 100baseTx link beat (no autonegotiation)
   End of basic transceiver information.
```

Hier hat die Autonegotiation nicht geklappt, die Leitung wird aus Sicherheitsgründen mit Halb-Duplex betrieben. Wenn du den Netzwerkstecker ziehst, kannst du auch dies erkennen:

```
Eiger:~ # mii-diag eth0
Basic registers of MII PHY #1:  1000 7849 0000 8201 01e1 0000 0000 0000.
 Basic mode control register 0x1000: Auto-negotiation enabled.
 Basic mode status register 0x7849 ... 7849.
   Link status: not established.
   End of basic transceiver information.
```

Auf diese Art kannst du bei einem Verbindungsproblem schon einmal feststellen, ob dein Rechner überhaupt eine physikalische Verbindung zum Hub hat.

Du kannst mit `mii-diag` auch eine Übertragungsart fest einstellen. Wie das geht, zeigt dir `mii-diag --help`. Dies kann aber auch kontraproduktiv sein. Wenn du meinst, dass die Karte Voll-Duplex unterstützt, der Hub dies aber nicht tut und du Voll-Duplex erzwingst, funktioniert die Verbindung zwar scheinbar, die Übertragungsrate geht aber nach unten, statt sich zu verbessern!

---

[5] Ich meine die runden Koaxialkabel, welche immer von einem Rechner zum nächsten gehen und bei jeder Netzwerkkarte mit einem T-förmigen Stecker-Adapter angeschlossen werden.

6.2.4 MAC-Adressen und ARP

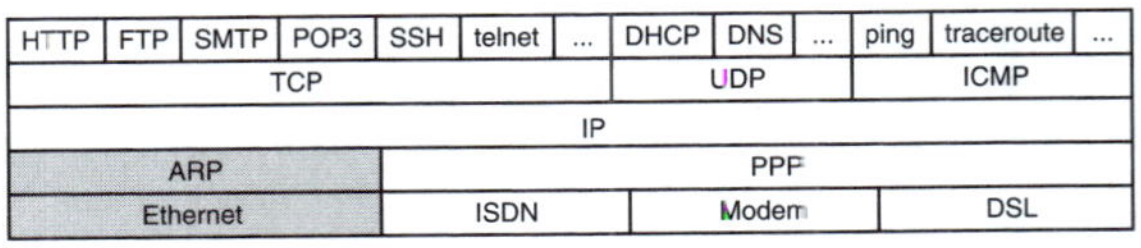

Bei Ethernetgeräten kannst du auch die sogenannte MAC-Adresse (Hardware-Adresse) an der Ausgabe von `ifconfig` ablesen. In meinem obigen Beispiel war das `00:04:76:4C:89:73`. Die MAC-Adresse ist eine weltweit eindeutige Nummer aus 6 Bytes, welche wie im Beispiel erkennbar in einer Hexadezimalnotation mit Doppelpunkten geschrieben wird.

Wenn eine Ethernet-Netzwerkkarte ein Datenpaket auf das lokale Netzwerk schreibt, sehen alle anderen Netzwerkkarten am selben Netz das Paket. Damit klar ist, für wen das Paket bestimmt ist, trägt der Sender seine eigene und die MAC-Adresse des Empfängers ein.

Damit leuchtet sicher ein, dass man auf jeden Fall verhindern muss, dass zwei Karten zufällig die gleiche MAC-Adresse benutzen. Zwar werden die Karten mit einer eindeutigen Adresse ausgeliefert, doch Produktionsfehler kann man natürlich nicht ausschließen. Ferner ist es möglich, die MAC-Adresse per Software zu ändern[6].

Alle Netzwerkanwendungen sind es jedoch gewohnt, mit IP-Adressen zu arbeiten. Wenn eine Anwendung Daten zur IP-Adresse `10.10.0.9` sendet, so muss der Kernel zunächst entscheiden, ob diese Adresse im lokalen Netzwerk liegt oder an einen Router gesendet werden muss, der das Paket weiterleitet, selbst jedoch im lokalen Netz liegt. Dann muss er die MAC-Adresse des Empfängers ermitteln und in das Ethernetpaket eintragen.

Was er dazu benötigt, ist eine Umrechnung von IP-Adressen in MAC-Adressen. Zu diesem Zweck gibt es das Protokoll ARP (*address resolution protocol*).

Ein Rechner, der eine MAC-Adresse zu einer IP-Nummer erfragen will, sendet ein spezielles ARP-Paket gleichzeitig an alle Rechner auf dem lokalen Netz. Dabei lässt er die MAC-Empfängeradresse leer.

Derjenige Rechner, welcher die gesuchte IP-Adresse hat, antwortet auf das Paket. Um wiederholte Anfragen zu vermeiden, merkt sich der Kernel diese Antwort im *ARP-Cache*. Dieser wird periodisch gelöscht, denn eine IP-Adresse kann sich gelegentlich ändern und die Daten im ARP-Cache damit veralten.

Du kannst dir den aktuellen Inhalt des ARP-Cache mit dem Befehl `arp` oder durch einen Blick nach `/proc/net/arp` ansehen. Wenn du Probleme mit der Namensauflösung hast, solltest du bei `arp` die Option `-n` verwenden, welche statt Rechnernamen nur IP-Adressen anzeigt.

[6] Dies geht mit `ifconfig`. Die Änderung gilt allerdings nur temporär bis zum nächsten Neustart des Rechners und wird nicht auf die Netzwerkkarte geschrieben.

```
Blomberg:~ # arp
Address                  HWtype  HWaddress           Flags Mask            Iface
Eiger.zemeplocha.de      ether   00:07:95:27:16:74   C                     eth0
Wethertop.zemeplocha.de ether   00:04:76:4C:89:73   C                     eth0
Blomberg:~ # cat /proc/net/arp
IP address       HW type     Flags       HW address            Mask     Device
10.10.0.3        0x1         0x2         00:07:95:27:16:74     *        eth0
10.10.0.9        0x1         0x2         00:04:76:4C:89:73     *        eth0
```

> **arp**
>
> Programm zum Auslesen und Manipulieren des ARP-Caches
>
> *arp [-n] [-s HOST MAC]*
>
> ---
>
> `-n` verzichtet auf Namensauflösung
>
> `-s H M` erzeugt einen Eintrag, der Rechner `H` die MAC-Adresse `M` zuweist, `H` kann als Name oder IP-Adresse angegeben werden.

Merke: Ein Eintrag eines Rechners im ARP-Cache ist ein todsicheres Indiz dafür, dass dieser Rechner über das Ethernet erreichbar ist! Umgekehrt gilt diese Aussage nicht. Es bedeutet nur, dass der Rechner (in letzter Zeit) nicht kontaktiert wurde.

Probleme mit ARP sind selten aber nicht ausgeschlossen. Wenn du vermutest, das ARP bei dir einen Fehler verursacht, kannst du versuchen, von Hand passende ARP-Einträge zu erzeugen. Diese bleiben dann bis zum nächsten Neustart permanent und unterliegen nicht dem Timeout wie die automatisch ermittelten Einträge. Der Befehl `arp` kennt dafür die Option `-s` (für *set*), welche als Parameter eine IP-Adresse und eine MAC-Adresse übergeben bekommt:

```
Eiger:~ # arp -n
Address                  HWtype  HWaddress           Flags Mask            Iface
10.10.0.7                ether   00:A0:CC:5B:F3:34   C                     eth0
Eiger:~ # arp -s  10.10.0.1  DE:AD:BE:EF:47:11
Eiger:~ # arp -n
Address                  HWtype  HWaddress           Flags Mask            Iface
10.10.0.1                ether   DE:AD:BE:EF:47:11   CM                    eth0
10.10.0.7                ether   00:A0:CC:5B:F3:34   C                     eth0
```

6.2.5 Punkt-zu-Punkt Verbindungen mit PPP

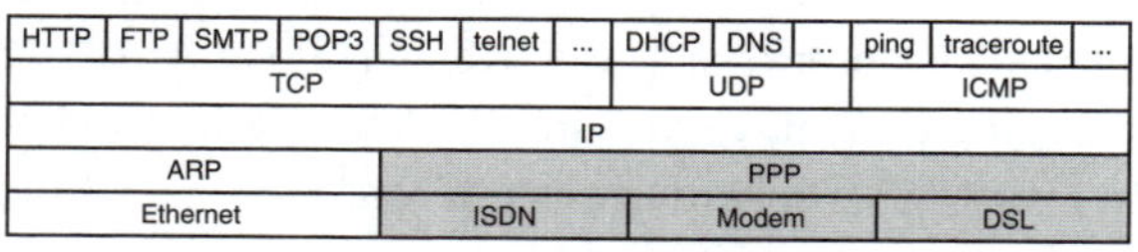

Ethernet wurde speziell für die Netzwerkkommunikation von mehreren lokalen Rechnern an einem Standort entwickelt. Wenn man nur zwei Rechner direkt verbindet, nennt man das Punkt-zu-Punkt Verbindung. Natürlich ist das auch mittels Ethernet möglich[7], aber in der Regel verwendet man andere Medien für Punkt-zu-Punkt-Verbindungen.

Am populärsten für nicht lokale Verbindungen war bis vor kurzem sicherlich die analoge oder digitale Telefonleitung in Verbindung mit einem Modem bzw. einer

[7] Mit einem gekreuzten Kabel (Crossover-Kabel)

ISDN-Karte. Möglich sind aber auch serielle und parallele (Drucker-)Kabel und seit einigen Jahren DSL. All diese Medien haben gemeinsam, dass sie einen Strom von Bytes zwischen zwei Teilnehmern realisieren.

Dinge wie MAC-Adressen und IP-Adressen bräuchte man hier eigentlich nicht, denn der Empfänger ist ja immer klar: die andere Seite. Wenn man jedoch IP-basierte Dienste über so eine Leitung schicken will, muss man etwas bauen, was sich verhält, wie ein lokales Netzwerk mit zwei Teilnehmern:

- Jede Seite simuliert ein virtuelles Netzwerkgerät.
- Das virtuelle Netzwerkgerät bekommt eine IP-Adresse.
- Alle Daten, die die eine Seite in das Netzwerkgerät schickt, kommen auf der Gegenseite heraus.
- Anstelle eines kontinuierlichen Bytestroms werden Datenpakete gesendet.

Um dies abzuwickeln, müssen sich beide Seiten auf ein geeignetes Punkt-zu-Punkt-Protokoll einigen. Die älteren Protokolle SLIP (für serielle Leitungen) und PLIP (für parallele Druckerkabel) sind heute bedeutungslos. Durchgesetzt hat sich das *Point to Point Protocol* (*PPP*), welches in RFC 1661 definiert ist.

Implementiert wird es in Linux durch den PPP-Daemon `pppd`. Dieser wird auf beiden Seiten der Verbindung gestartet und kommuniziert über ein beliebiges Bytestrom-orientiertes Linuxgerät, was nicht nur eine serielle Leitung, sondern sogar eine SSH-Verbindung sein kann. Der `pppd` erzeugt ein virtuelles Netzwerkgerät mit dem Namen `ppp0`, `ppp1`, usw. Wie jedes andere Gerät wird auch dieses von `ifconfig` angezeigt:

```
Eiger:~ # ifconfig ppp1
ppp1      Link encap:Point-to-Point Protocol
          inet addr:10.13.0.7  P-t-P:10.13.0.11  Mask:255.255.255.255
          UP POINTOPOINT RUNNING NOARP MULTICAST  MTU:1500  Metric:1
          RX packets:46 errors:0 dropped:0 overruns:0 frame:0
          TX packets:40 errors:0 dropped:0 overruns:0 carrier:0
          collisions:0 txqueuelen:10
```

Eine Angabe, die nur bei Punkt-zu-Punkt-Geräten zu finden ist, ist die IP-Adresse der Gegenstelle, hier mit `P-t-P:` markiert.

Probleme mit PPP haben in den meisten Fällen mit dem *Aufbau* der Verbindung zu tun – bei Verwendung der Telefonleitung auch *Einwahl* genannt. Wenn die Einwahl nicht klappt, kann man eine fünfstufige Wirkungskette betrachten:

1. Ist das physikalische Medium erreichbar?
2. Ist die Gegenstelle physikalisch erreichbar?
3. Spricht die Gegenstelle das PPP-Protokoll?
4. Erlaubt die Gegenstelle eine Verbindung?

5. Klappt das Routing?

Punkt 1 kannst du durch Prüfen der eigenen Hardware abhaken.

Um Punkt 2 zu klären, kannst du versuchen, eine Datenkommunikation auf Byteebene mit der Gegenstelle herzustellen. Wie das geht, hängt vom Medium ab. Ein Modem an der seriellen Leitung kannst du testen, wie in den Abschnitten 5.4.3 auf Seite 132 und 5.4.4 auf Seite 133 beschrieben. Das ISDN-System macht sich mit Logdateien bemerkbar. DSL wird über eine Netzwerkkarte angesprochen. Ist das Medium eine Softwareverbindung, wie z. B. SecureShell, probierst du eine Sitzung von Hand.

Wenn 1 und 2 kein Problem darstellen, kannst du die Punkte 3 und 4 durch einen Blick in die Logdateien klären. Der `pppd` loggt über den System Logging Daemon mit der Klasse `daemon`[8]. Um eine ausführliche Ausgabe zu erhalten, musst du in `/etc/ppp/options` eine Zeile mit der Option `debug` einfügen. Je nach Konfiguration des `syslogd` finden sich die Meldungen z. B. in `/var/log/messages`. Hier ist ein Beispiel für einen Verbindungsaufbau, der an Punkt 4, der Authentifizierung scheitert.

Zunächst lässt sich eine physikalische Verbindung zur Gegenstelle herstellen:

```
Dec  4 13:46:24 Blomberg pppd[17316]: pppd 2.3.11 started by root, uid 0
Dec  4 13:46:24 Blomberg pppd[17316]: Using interface ppp0
Dec  4 13:46:24 Blomberg pppd[17316]: local  IP address 10.10.0.7
Dec  4 13:46:24 Blomberg pppd[17316]: remote IP address 10.112.112.112
Dec  4 13:47:07 Blomberg pppd[17316]: Starting link
Dec  4 13:47:07 Blomberg pppd[17316]: Perms of /dev/pppox0 are ok, no 'mesg n' ...
Dec  4 13:47:08 Blomberg pppoed[17318]: ppp_connect came back!
Dec  4 13:47:08 Blomberg kernel: pppox_write: illegal 23 chars from user space
Dec  4 13:47:08 Blomberg pppd[17316]: Serial connection established.
Dec  4 13:47:08 Blomberg pppd[17316]: Connect: ppp0 <--> /dev/pppox0
```

Nun beginnt die Authentifizierung:

```
Dec  4 13:47:09 Blomberg pppd[17316]: sent [LCP ConfReq id=0x1 <mru 1490>
 <asyncmap 0x0> <magic 0xd51b5685>]
Dec  4 13:47:09 Blomberg pppd[17316]: rcvd [LCP ConfReq id=0x7 <mru 1492>
 <auth pap> <magic 0x3a5281bb>]
Dec  4 13:47:09 Blomberg pppd[17316]: sent [LCP ConfAck id=0x7 <mru 1492>
 <auth pap> <magic 0x3a5281bb>]
Dec  4 13:47:09 Blomberg pppd[17316]: rcvd [LCP ConfAck id=0x1 <mru 1490>
 <asyncmap 0x0> <magic 0xd51b5685>]
Dec  4 13:47:09 Blomberg pppd[17316]: sent [LCP EchoReq id=0x0 magic=0xd51b5685]
```

Unsere Seite sendet nun Benutzername und Passwort:

```
Dec  4 13:47:09 Blomberg pppd[17316]: sent [PAP AuthReq id=0x1 user="benutzer17"
 password=<hidden>]
```

Die Gegenstelle verwehrt uns nun jedoch den Zugang, weil der Benutzer `benutzer17` nicht bekannt ist. Daraufhin wird die Verbindung wieder abgebaut:

[8]Siehe Kapitel 3.1 auf Seite 28

```
Dec  4 13:47:09 Blomberg pppd[17316]: rcvd [LCP EchoRep id=0x0 magic=0x3a5281bb]
Dec  4 13:47:09 Blomberg pppd[17316]: rcvd [PAP AuthNak id=0x1 "Authorization -
 User Not Present"]
Dec  4 13:47:09 Blomberg pppd[17316]: Remote message: Authorization - User Not
 Present
Dec  4 13:47:09 Blomberg pppd[17316]: PAP authentication failed
Dec  4 13:47:09 Blomberg pppd[17316]: sent [LCP TermReq id=0x2 "Failed to
 authenticate ourselves to peer"]
Dec  4 13:47:09 Blomberg pppd[17316]: rcvd [LCP TermReq id=0x3]
Dec  4 13:47:09 Blomberg pppd[17316]: sent [LCP TermAck id=0x3]
Dec  4 13:47:09 Blomberg pppd[17316]: rcvd [LCP TermAck id=0x2]
Dec  4 13:47:09 Blomberg pppd[17316]: Connection terminated.
```

Hier ist ein Beispiel, wie es weitergehen könnte, wenn die Authentifizierung klappt:

```
Dec  4 13:03:06 Blomberg pppd[16636]: sent [PAP AuthReq id=0x1 user="benutzer123"
 password=<hidden>]
Dec  4 13:03:06 Blomberg pppd[16636]: rcvd [LCP EchoRep id=0x0 magic=0x7efc44d9]
Dec  4 13:03:06 Blomberg pppd[16636]: rcvd [PAP AuthAck id=0x1 "Authorization -
 Success"]
Dec  4 13:03:06 Blomberg pppd[16636]: Remote message: Authorization - Success
Dec  4 13:03:06 Blomberg pppd[16636]: sent [IPCP ConfReq id=0x1 <addr 10.10.0.7>
 <ms-dns1 0.0.0.0>]
```

Jetzt bekommen wir von der Gegenstelle eine IP-Adresse und die Daten eines Nameservers zugewiesen:

```
Dec  4 13:03:06 Blomberg pppd[16636]: rcvd [IPCP ConfReq id=0xd0 <addr 217.5.98.8>]
Dec  4 13:03:06 Blomberg pppd[16636]: sent [IPCP ConfAck id=0xd0 <addr 217.5.98.8>]
Dec  4 13:03:06 Blomberg pppd[16636]: rcvd [IPCP ConfNak id=0x1 <addr 217.235.101.
214> <ms-dns1 212.185.252.201>]
Dec  4 13:03:06 Blomberg pppd[16636]: sent [IPCP ConfReq id=0x2 <addr 217.235.101.
214> <ms-dns1 212.185.252.201>]
Dec  4 13:03:06 Blomberg pppd[16636]: rcvd [IPCP ConfAck id=0x2 <addr 217.235.101.
214> <ms-dns1 212.185.252.201>]
Dec  4 13:03:06 Blomberg pppd[16636]: Local IP address changed to 217.235.101.214
Dec  4 13:03:06 Blomberg pppd[16636]: Remote IP address changed to 217.5.98.8
```

An der folgenden Zeile kannst du erkennen, warum die Verbindung aufgebaut wurde:

```
Dec  4 13:03:07 Blomberg pppd[16636]: Open TCP 217.235.101.214:22785 -> 211.27.26.
149:110
```

Der `pppd` wurde nämlich so konfiguriert, dass er die Verbindung aufbaut, sobald ein Netzwerkpaket über das Gerät geschickt werden soll. In meinem Fall war das ein Programm, das versucht hat, von Rechner `211.27.26.149` Mail abzurufen, was du an der Portnummer `110` erkennst: wenn du in `/etc/services` nachschlägst, siehst du, dass es sich um das *Post Office Protocol - Version 3 (POP3)* handelt:

Mit Problemen bei Punkt 5 – dem Routing – beschäftigt sich der nächste Abschnitt.

6.3 Das Internetprotokoll (IP)

6.3.1 Grundsätzliches zu IP

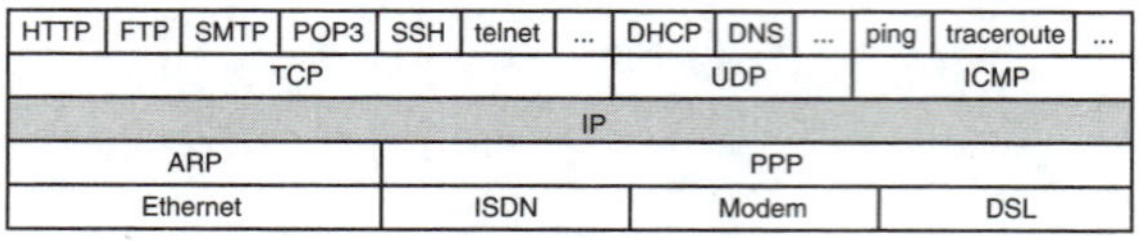

Das *Internet Protokoll* – kurz IP – ist wohl das wichtigste existierende Netzwerkprotokoll! Seine Einfachheit und Flexibilität hat den phänomenalen Erfolg des Internet möglich gemacht. Doch was *ist* IP eigentlich? Was ist seine Aufgabe? Und was kann es *nicht* leisten?

Die Aufgabe von IP ist es, *Datenpakete* von einem Rechner A zu einem anderen Rechner B zu übertragen, wobei ein *indirekter Weg* über Rechner C, D, E usw. genommen werden kann.

Die wichtigsten Worte habe ich mit Absicht kursiv gesetzt: *Datenpakete* und *indirekter Weg*. Sie grenzen IP von der nächst niedrigeren bzw. höheren Schicht ab:

- Um Daten *direkt* von Rechner A zu B zu übertragen, müssen beide Rechner durch ein Kabel oder eine Funkstrecke miteinander verbunden sein. Wären alle Rechner der Welt mit einem einzigen langen Netzwerkkabel verbunden, bräuchte man kein IP, sondern käme mit Ethernet aus.
- Um einen Daten-*Strom* zu realisieren, müssen mehrere Pakete in eine abgesicherte Reihenfolge gebracht werden. Diese Aufgabe übernimmt TCP, denn IP kann nur einzelne Pakete übertragen.

Die zentralen Eigenschaften von IP sind:

- IP übermittelt einzelne Datenpakete mit einer bestimmten maximalen Größe.
- Sender und Empfänger der Pakete sind *Rechner*. IP befasst sich nicht mit der Frage, welcher *Prozess* bzw. welche *Anwendung* auf dem Quell- und Zielrechner die Daten sendet und empfängt.
- Jeder Rechner hat eine *IP-Adresse*. Dies ist eine im Netzkwerk eindeutige Nummer.
- Wenn Rechner A keine direkte Verbindung zu B hat, muss das Paket über *Zwischenstationen* laufen. Diese sind wiederum Rechner mit IP-Adressen. Rechner A sendet das Paket an die erste Zwischenstation. Jede Zwischenstation muss selbst entscheiden, an wen das Paket als nächstes weitergereicht werden muss. Die letzte Zwischenstation sendet das Paket an Rechner B. Die Zwischenstationen nennt man Router oder Hops[9].
- IP garantiert nicht, dass jedes gesendete Paket auch wirklich ankommt!

[9] Ein *„Hop"* ist auf Deutsch ein Hüpfer. Man stellt sich vor, dass das Paket von Rechner zu Rechner hüpft.

- IP garantiert auch nicht, dass die Pakete in der Reihenfolge ankommen, in der sie gesendet wurden!
- IP garantiert nicht einmal, dass jedes Paket *nur einmal* ankommt. Es ist möglich, dass ein Paket aufgrund technischer Probleme bei einem Router *mehrfach* ankommt!

Die Zuordnung der Daten zu Prozessen und die Absicherung der Übertragung wird in höheren Schichten wie TCP und UDP gelöst. Die jahrzehntelange Erfahrung mit dem Internet und seinem Vorgänger ARPANET beweist, dass diese Aufgabenteilung sehr intelligent und praxisnah ist.

Das Internet Protocol in der heute allgegenwärtigen Version 4 wird definiert in RFC 791[10].

6.3.2 Internetadressen

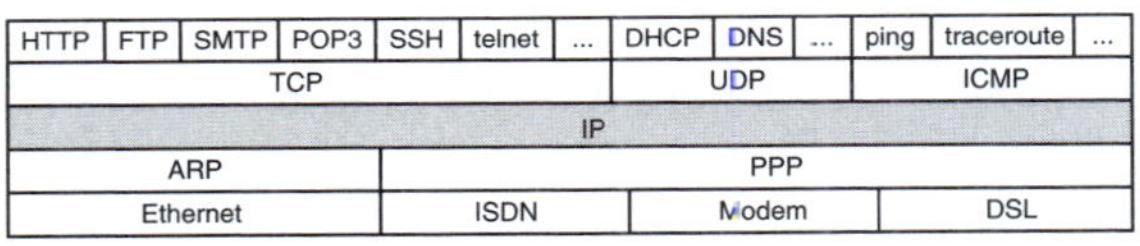

Eine IP-Adresse ist der Idee nach eine Nummer, die ein Netzwerkgerät weltweit eindeutig kennzeichnet. Da die meisten Rechner nur über eine Netzwerkkarte verfügen, spricht man meist von der IP-Adresse des Rechners.

Eine IP-Adresse ist aus vier Bytes zusammengesetzt und wird als vier durch Punkte getrennte Dezimalzahlen von 0 bis 255 geschrieben, also z. B. `10.0.17.254` oder `127.0.0.1`. Es gibt demnach 2^{32} verschiedene IP-Adressen, das sind 4 294 967 296.

Die zentrale Vergabe der Adressen geschah früher durch die *Internet Assigned Numbers Authority* (*IANA*)[11] und heute durch die *Internet Corporation for Assigned Names and Numbers* (*ICANN*)[12] und regionale Unterorganisationen. Um das Auffinden von einzelnen Rechnern einfacher zu machen (siehe Abschnitt 6.3.2 auf Seite 181), werden die Adressen in Blöcken vergeben, die zur Urzeit des Internet sehr großzügig dimensioniert waren. Beispielsweise verfügt die Computerfirma Apple über einen Block von 16 777 216 Adressen, was 0,4% aller IP-Adressen weltweit ausmacht[13]!

[10] `http://www.ietf.org/rfc/rfc0791.txt`

[11] `www.iana.org`

[12] `www.icann.org`

[13] Die Vergabeliste der 256 verschiedenen Blöcke mit je 224 Adressen kann man bei der IANA unter `http://www.iana.org/assignments/ipv4-address-space` einsehen. Es gibt leider eine ganze Reihe von Firmen, welche 17 Mio. Adressen besetzt halten und daher heute für akute Adressknappheit sorgen.

Private Adressen

Durch den Erfolg des Internet sind die Adressen sehr knapp geworden. Aus diesem Grund und auch aus Gründen der Netzwerksicherheit ist man dazu übergegangen, nicht mehr jedem Rechner einer Organisation eine eigene weltweit eindeutige IP-Adresse zuzuordnen. Stattdessen verfügt die ganze Organisation nur noch über eine oder wenige öffentlich eindeutige Adressen. Der Großteil der Rechner wird jeweils mit einer *privaten* Adresse ausgestattet, die nur intern gültig ist und im Internet nicht sichtbar und auch nicht bekannt ist.

Damit so ein interner Rechner trotzdem mit der Außenwelt kommunizieren kann, schickt er alle Daten zunächst an einen Gateway-Rechner, der über eine weltweit eindeutige Adresse verfügt. Dieser sendet die Daten dann in seinem Namen und unter seiner Adresse weiter und leitet umgekehrt die Antworten der Außenwelt wieder an den richtigen internen Rechner weiter. Das Ganze nennt man *Network Address Translation* (*NAT*), oder unter Linux meist *IP-Masquerading*, obwohl das eigentlich nur ein Spezialfall von NAT ist.

Für private Zwecke reserviert sind alle IP-Adressen, die mit `10` oder `192.168` beginnen, sowie die Adressen von `172.16` bis `172.31`[14]. Ich verwende am liebsten die `10`er Adressen, weil die am leichtesten zu merken sind und weil man noch drei der vier Stellen für eine eigene sinnvolle Unterteilung zur Verfügung hat.

Netzwerkadressen

Manchmal will man bei der Konfiguration von Netzwerken eine Einstellung nicht nur für eine einzige IP-Adresse vornehmen, sondern gleich für einen ganzen Block. Am häufigsten kommt dies bei der Definition von Routen oder bei Filterregeln für Firewalls vor. Bei der Planung eines Netzwerkes arrangiert man daher die IP-Adressen so, dass alle Adressen, die logisch miteinander verwandt sind, in einem Block von Adressen liegen, die alle ein gemeinsames Präfix haben, z. B. alle Adressen, die mit `172.16.0` beginnen.

Den Teil der Adresse, der bei allen derselbe ist, bezeichnet man als die *Netzwerkadresse*. Damit die Netzwerkadresse wie eine IP-Adresse geschrieben werden kann, werden die fehlenden Stellen mit Nullen aufgefüllt. In unserem Beispiel wäre die Netzwerkadresse also `172.16.0.0`.

Jetzt muss man natürlich noch dazu sagen, welche der Nullen zur Netzwerkadresse selbst gehören und welche nur aufgefüllt wurden. Der Trick ist, dass man die Anzahl der Bits des gemeinsamen Präfixes angibt, in unserem Beispiel also 24 (nämlich drei Byte). Diese Zahl schreibt man einfach mit einem Schrägstrich hinten an die Netzwerkadresse:

[14] Wenn du es genau wissen willst, kannst du dies in RFC 3330 nachlesen unter `www.ietf.org/rfc/rfc3330.txt`.

172.16.0.0/24

Die restlichen Bits (im Beispiel sind es 8) dienen zur Unterscheidung der IP-Adressen innerhalb des Netzwerkes. Im Netzwerk 172.16.0.0/24 gibt es also insgesamt 256 Adressen, nämlich 172.16.0.0, 172.16.0.1, ..., 172.16.0.255.

Netzmaske

Leider hält sich noch hartnäckig eine andere Darstellungsform um die Länge des Netzwerkteils anzugeben: Die *Netzmaske*. Dies ist eine 32-Bit Binärzahl, welche für alle Bits des Präfixes eine 1 trägt und für alle anderen eine 0, in unserem Beispiel also 11111111 11111111 11111111 00000000.

Geschrieben wird die Netzmaske wieder in Dezimalschreibweise. Unser Beispielnetz sieht dann so aus: 172.16.0.0 netmask 255.255.255.0.

Du kannst auch eine Netzwerkadresse mit einer Netzmaske bauen, die sich nicht an die Bytegrenzen hält, z. B. 192.168.1.16 netmask 255.255.255.252.

Diese Netzwerkmaske lautet in Binärschreibweise:

11111111 11111111 11111111 11111100

Da für den Netzwerkteil bereits 30 der 32 Bits belegt sind, gibt es in diesem Netzwerk genau vier Adressen:

- 192.168.1.16 (letzte Bits 00),
- 192.168.1.17 (01),
- 192.168.1.18 (10) und
- 192.168.1.19 (11).

In diesem Fall ist die Schreibweise mit der Netzmaske besonders umständlich und ich bevorzuge eindeutig 192.168.1.16/30.

Broadcastadresse

In jedem Netzwerkblock haben zwei Adressen eine besondere Bedeutung:

- Die Adresse, bei der alle Rechnerbits 0 sind, ist die Netzwerkadresse, in unserem Beispiel also 192.168.0.0 bzw. 192.168.1.16. Außer zur Angabe des Netzwerkes hat sie keine Bedeutung. Da sie aber früher für Broadcasts verwendet wurde, ist sie heute aus Kompatibilitätsgründen reserviert.
- Die Adresse, bei der alle Rechnerbits 1 sind, ist die *Broadcastadresse*, in unserem Beispiel 192.168.255.255 bzw. 192.168.1.19. Sie dient dazu, alle IP-Adressen des Blocks gleichzeitig anzusprechen.

IP und das Routing

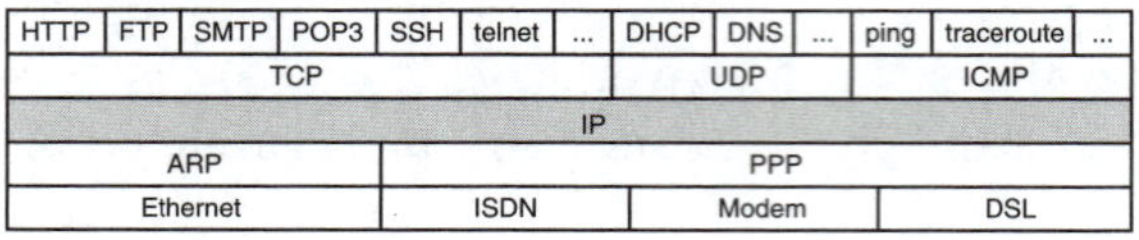

Welche Kerneigenschaft unterscheidet Ethernet von IP? Sowohl Ethernet als auch IP dienen dazu, Datenpakete von einem Rechner zu einem anderen zu senden. IP bedient sich dabei des Ethernetprotokolls, indem es jedes IP-Paket in ein Ethernetpaket einpackt. Warum der Aufwand?

Was IP ausmacht, ist das *Routing*: Während Ethernet nur Pakete an Rechner im selben lokalen Netz versenden kann, ist IP in der Lage, ein Paket an einen Rechner auf der anderen Seite der Erde zu versenden. Dazu wird das Paket von Rechner zu Rechner weitergereicht. Bei jeder Zwischenstation wird von einem Router oder einem *Hop* (Hüpfer) gesprochen.

Wenn ein Router also ein IP-Paket empfängt, das nicht für ihn selbst bestimmt ist, muss er entscheiden, ob er das Paket direkt an den Empfänger zustellen kann, oder ob er es an einen anderen Router weiterleiten muss.

Ich habe z. B. mal eruiert, welche Stationen ein IP-Paket von meinem Laptop bis zum Rechner von `www.hamburg.de` nimmt:

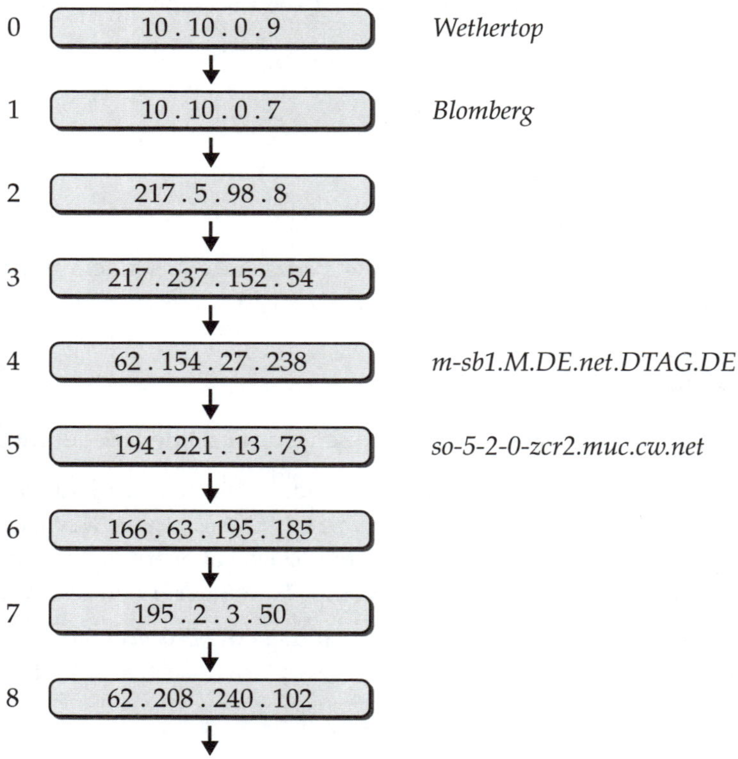

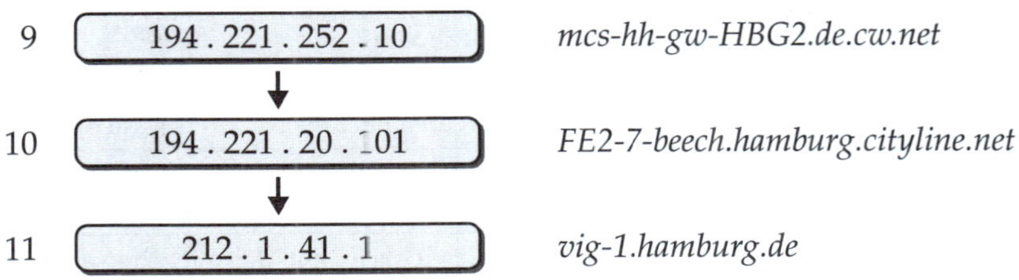

Woher wissen die einzelnen Stationen, welches Datenpaket sie wohin weiterleiten sollen? Solange eine Station nur zwei Netzwerkverbindungen zu anderen Rechnern hat, ist die Frage einfach zu beantworten. Schwierig wird es erst ab der dritten Verbindung, weil der Rechner dann so etwas wie eine Weiche ist.

1. Erhält ein Rechner *mit nur einer Netzwerkverbindung* ein Paket, so ist es für ihn selbst bestimmt.
2. Erhält ein Rechner *mit zwei Netzwerkverbindungen* A und B ein Paket, so ist das Paket entweder für ihn selbst bestimmt (leicht an der Zieladresse zu erkennen) oder nicht. Falls nicht, kann ein Paket, das von A kommt, eigentlich sinnvollerweise nur an B weitergereicht werden und umgekehrt, denn sonst hätte schon der Versender einen Fehler gemacht.
3. Erhält ein Rechner *mit drei Verbindungen* A, B und C ein Paket von A, so ist es entweder für ihn selbst bestimmt oder muss an B *oder* C weitergeleitet werden. Und genau diese Entscheidung zwischen B oder C ist es, was das Routing trickreich macht.

Um die Frage des Routings beantworten zu können, unterhält jeder Rechner eine *Routingtabelle*. Diese Tabelle ist ein Nachschlagewerk, in dem immer links eine oder mehrere Zieladressen stehen und rechts die Verbindung zu diesem Ziel.

Ferner behandelt die Tabelle noch den Fall, dass unter der entsprechenden Verbindung mehr als ein anderer Rechner direkt erreichbar ist. Das ist z. B. der Fall, wenn dort ein Ethernet mit einem LAN angeschlossen ist. In so einem Fall wird noch festgelegt, ob das Paket einfach auf das LAN zu senden ist (*lokale Route*) oder ob es an einen der Rechner zur Weiterleitung gesendet werden soll (*Gateway-Route*).

Da es unmöglich wäre, alle Rechner des Internet in dieser Tabelle aufzulisten, gibt es Einträge, die ganze Netzwerke auf einmal erfassen. Folgende Tabelle zeigt ein Beispiel für eine fingierte Routingtabelle:

Ziel	Router	Gerät	Bedeutung
`10.10.0.0/16`	–	`eth0`	Alle Pakete mit der Zieladresse `10.10.????` werden über die Netzwerkkarte `eth0` gesendet.
`10.11.0.0/16`	–	`eth1`	Alle Pakete mit der Zieladresse `10.11.????` werden über die Netzkwerkarte `eth1` gesendet.
`10.12.0.0/16`	`10.11.0.1`	`eth1`	Alle Pakete mit der Zieladresse `10.12.????` werden über die Netzwerkkarte `eth1` gesendet, und zwar an Rechner `10.11.0.1`. Dieser leitet die Pakete weiter.
`192.77.40.6`	–	`ppp0`	Alle Pakete, die an den Rechner `192.77.40.6` gehen, werden über das Netzwerkgerät `ppp0` gesendet.
`0.0.0.0/0`	`192.77.40.6`	`ppp0`	Alle anderen Pakete werden über `ppp0` an Rechner `192.77.40.6` gesendet, welcher sie dann weiterleiten wird.

Die gleiche Tabelle in der Schreibweise mit Netzmaske sähe etwa so aus:

Ziel	Netzmaske	Router	Gerät
`10.10.0.0`	`255.255.0.0`	–	`eth0`
`10.11.0.0`	`255.255.0.0`	–	`eth1`
`10.12.0.0`	`255.255.0.0`	`10.11.0.1`	`eth1`
`192.77.40.6`	`255.255.255.255`	–	`ppp0`
`0.0.0.0`	`0.0.0.0`	`192.77.40.6`	`ppp0`

Die Einträge werden von oben nach unten abgearbeitet, bis ein passender dabei ist. Der letzte Eintrag aus dem Beispiel passt immer, da er eine leere Netzmaske hat, und daher alle 2^{32} IP-Adressen erfasst. Er bewirkt, dass alle Pakete, auf die nicht eine der anderen Regeln zutrifft, über das Gerät `ppp0` an den Router `192.77.40.6` weitergeleitet werden. Dieser Rechner wird als *Default Gateway* bezeichnet und stellt die Verbindung in das übergeordnete Netz (meist das Internet) dar. Der Eintrag heißt deshalb *Defaultroute.*

Wenn auf einem Arbeitsplatzrechner dieser Eintrag fehlt, kann keine Verbindung mit dem Internet hergestellt werden!

Eine Sache habe ich hier noch unterschlagen: Wenn du genau aufgepasst hast, dann fehlen dir die Einträge in der Tabelle, mit der der Rechner erkennt, welche Pakete an *ihn selbst* gerichtet sind. Dazu sind jedoch keine Einträge nötig, da es hier keine Zweideutigkeit oder Wahlmöglichkeit gibt. Der Kernel kennt ja die IP-Adressen aller seiner Netzwerkkarten und weiß daher, dass Pakete an diese Adressen ihn selbst betreffen.

Routing unter Linux mit `route`

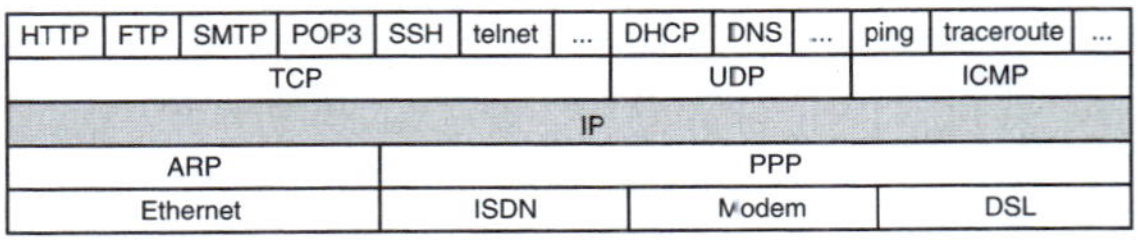

Bei Linux kannst du dir die aktuelle Routingtabelle mit dem Befehl `route` anzeigen lassen. Die Option `-n` verhindert eine Auflösung der IP-Adressen zu Hostnamen und ist hilfreich, wenn aufgrund von Netzwerkproblemen die Namensauflösung gerade nicht funktioniert.

```
Blomberg:~ # route -n
Kernel IP routing table
Destination     Gateway         Genmask         Flags Metric Ref    Use Iface
10.13.0.11      0.0.0.0         255.255.255.255 UH    0      0        0 ppp1
217.5.98.8      0.0.0.0         255.255.255.255 UH    0      0        0 ppp0
10.10.0.0       0.0.0.0         255.255.0.0     U     0      0        0 eth0
10.11.0.0       0.0.0.0         255.255.0.0     U     0      0        0 eth1
10.12.0.0       0.0.0.0         255.255.0.0     U     0      0        0 eth2
0.0.0.0         217.5.98.8      0.0.0.0         UG    0      0        0 ppp0
```

`route`

zeigt die IP-Routingtabelle des Kernels an.

`route [-n]`

`-n` verzichtet auf Namensauflösung, zeigt stattdessen IP-Adressen an.

Der Beispielrechner verfügt über die fünf Netzwerkgeräte `eth0`, `eth1`, `eth2`, `ppp0` und `ppp1`. Als Defaultroute ist `217.5.98.8` eingetragen. Die Spalte `Genmask` zeigt die oben besprochene Netzmaske.

Wenn der Rechner als Router fungieren und also Pakete für andere Rechner weiterleiten soll, muss das Weiterleiten zunächst im Kernel aktiviert sein. Dies wird konfiguriert über die Datei `/proc/sys/net/ipv4/ip_forward`, in der eine `1` stehen muss. Wenn dort eine `0` steht, kannst du mit `echo 1` eine `1` hineinschreiben, was allerdings bei jedem Booten neu erfolgen muss. Bei SUSE LINUX wird dies durch ein Setzen der Variable `IP_FORWARD` auf `yes` in der Datei `/etc/sysconfig/sysctl` erreicht.

```
Eiger:~ # cd /proc/sys/net/ipv4
Eiger:/proc/sys/net/ipv4 # cat ip_forward
0
Eiger:/proc/sys/net/ipv4 # echo 1 > ip_forward
Eiger:/proc/sys/net/ipv4 # cat ip_forward
1
```

Fehler in Routingtabellen sind eine häufige Ursache von Netzwerkproblemen. Eine fehlende oder falsche Defaultroute verhindert die Verbindung eines Rechners mit dem Internet. Wenn man etwas komplexere Netze mit mehreren Routern aufbaut, kann das Routing schon etwas kniffliger werden. Hier hilft ein aufmerksames Studium der Routingtabellen von allen beteiligten Rechern und ein schrittweiser Verbindungstest mit `ping`, wie im folgenden Abschnitt beschrieben wird.

6.3.3 Verbindungstest mit `ping`

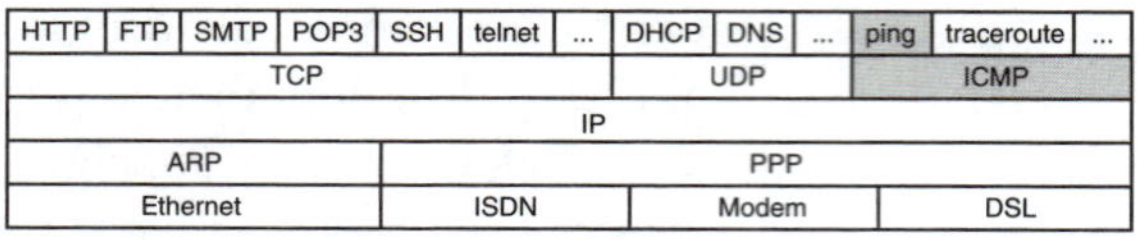

Der mit Sicherheit beliebteste Befehl zur Netzwerkdiagnose heißt `ping`. Dies liegt zum einen daran, dass der Befehl sehr einfach zu handhaben ist und zum anderen natürlich an seinem lustigen Namen.

`ping` kann feststellen, ob eine Netzwerkverbindung zu einem bestimmten anderen Rechner im Internet oder lokalen Netz vorhanden ist. Dazu sendet es mittels des Protokolls *ICMP* ein spezielles Diagnosepaket zu dem fraglichen Rechner. Das **I**nternet **C**ontrol **M**essage **P**rotocol steht auf einer Ebene zu UDP und TCP und setzt auf dem IP-Protokoll auf. Es ist im RFC 792 definiert und dient zur Fehlerbehandlung und Diagnosezwecken[15].

> **ping (einfach)**
>
> testet die IP-Verbinung zu einem anderen Rechner.
>
> *ping IP-ADRESSE / HOSTNAME*

Wenn dieser das Paket erhält, antwortet er mit einem Gegenstück – dem Pong[16]. Wenn das Pong zurückkommt, weißt du, dass der Rechner erreichbar ist und die IP-Schicht und alle darunter liegenden Schichten korrekt funktionieren.

`ping` bekommt als Argument einen Rechnernamen oder eine IP-Adresse übergeben. Bei Verwendung mit Rechnernamen musst du bedenken, dass dazu der Rechnername zunächst in eine IP-Adresse umgerechnet werden muss, was evtl. selbst eine Netzwerkverbindung benötigt (Siehe Abschnitt 6.5 auf Seite 213).

Ohne Angabe von Optionen sendet `ping` pro Sekunde ein Paket an den Zielrechner. Alle eingehenden Pongs werden zusammen mit der Laufzeit angezeigt. Wenn du keine Lust mehr hast, brichst du mit Strg C ab:

```
Eiger:~> ping 194.113.40.2
PING 194.113.40.2 (194.113.40.2) from 10.10.0.9 : 56(84) bytes of data.
64 bytes from 194.113.40.2: icmp_seq=1 ttl=246 time=59.8 ms
64 bytes from 194.113.40.2: icmp_seq=2 ttl=246 time=59.3 ms
64 bytes from 194.113.40.2: icmp_seq=3 ttl=246 time=58.5 ms
64 bytes from 194.113.40.2: icmp_seq=4 ttl=246 time=60.0 ms
64 bytes from 194.113.40.2: icmp_seq=5 ttl=246 time=58.8 ms
Strg C
--- 194.113.40.2 ping statistics ---
5 packets transmitted, 5 received, 0% loss, time 4044ms
rtt min/avg/max/mdev = 58.577/59.340/60.064/0.606 ms
```

[15] Siehe `http://www.ietf.org/rfc/rfc792.txt`.

[16] Das Ping-Paket heißt *echo request*, die Antwort – das Pong – heißt *echo reply*.

In meinem Beispiel wurden alle fünf Ping-Pakete mit Pongs beantwortet. Die durchschnittliche Laufzeit betrug 59,340 ms. Dies ist ein Zeichen einer soliden Internetverbindung. Bei einer lokalen Verbindung im LAN sollte die Laufzeit allerdings deutlich unter einer Millisekunde liegen. Der angepingte Rechner war übrigens `www.muenchen.de`. Jetzt pinge ich mal einen Rechner an, den es nicht gibt:

```
Eiger:~> ping 194.113.40.24
PING 194.113.40.24 (194.113.40.24) from 10.10.0.9 : 56(84) bytes of data.
>From 194.113.40.226: icmp_seq=6 Destination Host Unreachable
>From 194.113.40.226 icmp_seq=6 Destination Host Unreachable
>From 194.113.40.226 icmp_seq=8 Destination Host Unreachable
>From 194.113.40.226 icmp_seq=13 Destination Host Unreachable
>From 194.113.40.226 icmp_seq=16 Destination Host Unreachable
Strg C
--- 194.113.40.24 ping statistics ---
17 packets transmitted, 0 received, +5 errors, 100% loss, time 16051ms
```

An der Ausgabe kannst du Folgendes erkennen:

- Der Wert `icmp_seq` ist die Sequenznummer der verschickten Ping-Pakete. Wir erkennen, dass nur auf die Pakete `6`, `8`, `13` und `16` eine Antwort kam. Die anderen Pakete blieben unbeantwortet. Danach habe ich abgebrochen.
- Zu keinem der 17 Pakete ist eine erfolgreiche Antwort gekommen.
- Die Antworten auf die Pakete `6`, `8`, `13` und `16` sind Fehlermeldung von Rechner `194.113.40.226`, welchen wir ja gar nicht angepingt haben! Die Antworten sind ICMP-Meldungen vom Typ *destination unreachable*. Wie es aussieht ist `194.113.40.226` die letzte Zwischenstation vor dem nicht existierenden Zielrechner. Sie hat erkannt, dass das Ziel nicht erreichbar ist, und hat uns dies mitgeteilt.

Wir lernen also, dass eine Netzwerkverbindung bis zu einem Router sehr nah am Ziel existiert, dieser aber das Ping nicht zum Endziel weiterleiten kann. Dies bedeutet, dass der Router über keinen Eintrag in seiner Routingtabelle für den Zielrechner verfügt oder dass der Zielrechner tatsächlich nicht funktioniert.

Nicht jeder Router ist so kooperativ, dass er Fehlermeldungen sendet. Wenn du einen nicht existierenden oder nicht aktiven Rechner anpingst, kann es sein, dass du überhaupt keine Antwort bekommst:

```
Eiger:~ > ping 10.13.0.8
PING 10.13.0.8 (10.13.0.8) from 10.10.0.9 : 56(84) bytes of data.
Strg C
--- 10.13.0.8 ping statistics ---
6 packets transmitted, 0 received, 100% loss, time 5004ms
```

Das Prinzip der Wirkungskette ist bei der Netzwerkdiagnose außerordentlich wichtig, da man hier besonders lange Wirkungsketten antrifft. Der Befehl `ping` dient zur Diagnose von mehreren Stufen in der Kette:

1. Ein `ping` an `127.0.0.1`, das Loopbackgerät `lo`, sollte immer funktionieren. Wenn dies nicht klappt, ist der Kernel nicht netzwerkfähig oder irgendein Scherzkeks hat `lo` deaktiviert. Ein `ifconfig lo` muss das Gerät anzeigen. Wenn nicht, muss es mit `ifconfig lo up` aktiviert werden können. Wenn dies nicht klappt, hast du wahrscheinlich einen verkorksten Kernel selbst kompiliert und darfst dich nicht wundern, wenn beim Netzwerk überhaupt nichts funktioniert.
2. Mit einem `ping` an die eigene IP-Adresse kannst du prüfen, ob das entsprechende Netzwerkgerät aktiv ist und mit der richtigen IP-Adresse konfiguriert ist.
3. Ein `ping` auf das Defaultgateway stellt fest, ob dieses erreichbar ist.
4. Bei einer Einwahlverbindung kannst du mit einem `ping` auf den Punkt-zu-Punkt Partner feststellen, ob die Verbindung aufgebaut ist. Wenn dies nicht klappt, ist der Fehler bei der Einwahl zu suchen. Der Punkt-zu-Punkt-Partner wird von `ifconfig` angezeigt (im Beispiel `217.5.98.8`):

```
Blomberg:~ # ifconfig ppp0
ppp0  Link encap:Point-to-Point Protocol
      inet addr:217.235.104.66 P-t-P:217.5.98.8 Mask:255.255.255.255
      UP POINTOPOINT RUNNING NOARP MULTICAST  MTU:1490  Metric:1
      RX packets:492448 errors:0 dropped:0 overruns:0 frame:0
      TX packets:462553 errors:0 dropped:0 overruns:0 carrier:0
      collisions:0 txqueuelen:10
```

5. Wenn du das Gateway bzw. den Punkt-zu-Punkt-Partner direkt anpingen kannst, jedoch keinen Rechner *dahinter*, so liegt wahrscheinlich ein Routing-Problem vor. Dieses kann seine Ursache sowohl auf dem Ausgangsrechner, auf dem Gateway als auch beim Punkt-zu-Punkt-Partner haben.

6.3.4 Weitere Möglichkeiten von `ping`

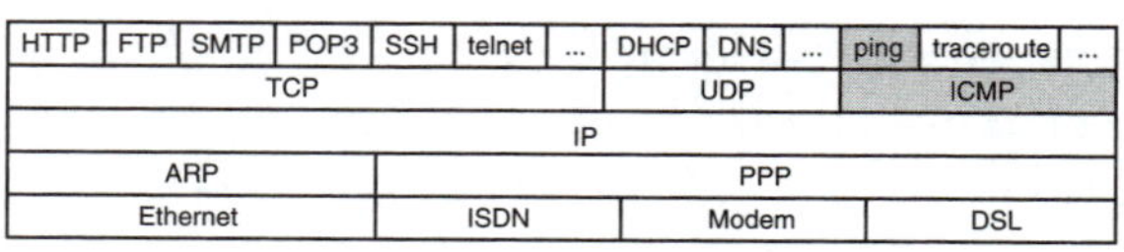

Selbst wenn `ping` bestätigt hat, dass eine Verbindung vorhanden ist, sind seine Möglichkeiten noch nicht erschöpft. `ping` und ICMP bieten noch einige weitergehende Diagnosemöglichkeiten. Mit der Option `-R` wird `ping` dazu veranlasst, alle Hops mitzunotieren, die das Ping- und Pong-Paket durchlaufen. Leider werden nur bis zu 9 Hops aufgezeichnet, da im IP-Header nicht Platz für mehr Einträge ist. Außerdem sind nicht alle Router so nett, überhaupt einen Eintrag zu machen:

```
Wethertop:~> ping -R www.muenchen.de
PING hermes.muenchen.de (194.113.40.2) from 10.10.0.9 : 56(124) bytes of data.
64 bytes from hermes.muenchen.de (194.113.40.2): icmp_seq=1 ttl=246 time=73.3 ms
NOP
RR:     Wethertop.zemeplocha.de (10.10.0.9)
        pD9EB6422.dip0.t-ipconnect.de (217.235.100.34)
        217.237.152.49
        M-gw12.M.net.DTAG.DE (194.25.6.13)
        INXS-gw20.M.net.DTAG.DE (194.25.7.249)
        zcr1-loopback.Munich.cw.net (166.63.194.7)
        zar1-loopback.Munich.cw.net (166.63.194.9)
        isar.muenchen.de (194.113.40.225)
        isar.muenchen.de (194.113.40.193)

64 bytes from hermes.muenchen.de (194.113.40.2): icmp_seq=2 ttl=246 time=73.2 ms
NOP     (same route)
64 bytes from hermes.muenchen.de (194.113.40.2): icmp_seq=3 ttl=246 time=74.0 ms
NOP     (same route)

--- hermes.muenchen.de ping statistics ---
3 packets transmitted, 3 received, 0% loss, time 2028ms
rtt min/avg/max/mdev = 73.243/73 554/74.050/0.354 ms
```

Innerhalb eines lokalen Netzwerkes kannst du alle Rechner gleichzeitig anpingen, um auf einen Blick zu sehen, wer alles über das Netzwerk erreichbar ist. Dazu setzt du die Option `-b` und gibst als Zieladresse eine Broadcastadresse an. Nicht alle Betriebssysteme antworten auf Broadcastpings. Bei Linux kann man dies einstellen in der Datei `/proc/sys/net/ipv4/icmp_echo_ignore_broadcasts`.

In folgendem Beispiel antworten zwei Rechner gleichzeitig auf den `ping`:

```
mk@Wethertop:~> ping -b 10.10.255.255
WARNING: pinging broadcast address
PING 10.10.255.255 (10.10.255.255) from 10.10.0.9 : 56(84) bytes of data.
64 bytes from 10.10.0.9: icmp_seq=1 ttl=64 time=0.045 ms
64 bytes from 10.10.0.3: icmp_seq=1 ttl=255 time=0.147 ms (DUP!)
64 bytes from 10.10.0.9: icmp_seq=2 ttl=64 time=0.037 ms
64 bytes from 10.10.0.3: icmp_seq=2 ttl=255 time=0.135 ms (DUP!)

--- 10.10.255.255 ping statistics ---
2 packets transmitted, 2 received, +2 duplicates, 0% loss, time 999ms
rtt min/avg/max/mdev = 0.037/0.091/0.147/0.050 ms
```

Du kannst `ping` auch dazu verwenden, mit einem Skript automatisch eine Verbindung zu prüfen. Dazu brauchst du die Option `-c`, mit der du die Anzahl der Antwortpakete festlegst, nach denen `ping` abbrechen soll. Gleichzeitig setzt du die Option `-w`, mit der du eine Anzahl von Sekunden definierst, nach denen `ping` abbrechen soll, wenn bis dahin die gewünschte Anzahl von Pongs noch nicht eingetroffen ist.

Der Rückgabewert von ping ist 0, wenn alle Pakete eingetroffen sind und 1 andernfalls. In einem Shellskript kannst du dies verwenden, um automatisiert festzustellen, ob ein Rechner erreichbar ist.

Die Option -q unterdrückt die Ausgaben bei den Antwortpaketen.

ping (komplex)

testet IP-Verbindung zu anderen Rechnern.

ping [OPTIONEN] RECHNER

-R	zeichnet Route auf (bis zu 9 Hops)
-b	Broadcastping, statt RECHNER eine Broadcastadresse angeben
-c N	bricht nach N Antwortpaketen ab
-w T	bricht nach T Sekunden ab
-q	unterdrückt Ausgabe der Antworten
-a	piepst bei jedem Antwortpaket

In folgendem Beispiel teste ich mit einem ping und einem if-then-else Konstrukt, ob der Rechner 10.10.0.7 bzw. 10.10.0.8 erreichbar ist. Falls ja, wird der Text GUT ausgegeben, falls nein der Text SCHLECHT.

```
Eiger:~> if ping -w 5 -q -c 1 10.10.0.7 ; then echo GUT ; \
> else echo SCHLECHT ; fi
PING 10.10.0.7 (10.10.0.7) from 10.10.0.9 : 56(84) bytes of data.

--- 10.10.0.7 ping statistics ---
1 packets transmitted, 1 received, 0% loss, time 0ms
rtt min/avg/max/mdev = 0.269/0.269/0.269/0.000 ms
GUT
```

10.10.0.7 ist erreichbar, und was ist mit 10.10.0.8?

```
Eiger:~> if ping -w 5 -q -c 1 10.10.0.8 ; then echo GUT ; \
> else echo SCHLECHT ; fi
PING 10.10.0.8 (10.10.0.8) from 10.10.0.9 : 56(84) bytes of data.

--- 10.10.0.8 ping statistics ---
3 packets transmitted, 0 received, +4 errors, 100% loss, time 2010ms
, pipe 3
SCHLECHT
```

Zu guter Letzt gibt's noch ein akustisches Schmankerl: Mit der Option -a (a für *audible*) stößt der Rechner bei jeder eintreffenden Antwort einen Pieps aus. Wenn du das nächste Mal hinter den Schaltschrank kriechst, um in armdicken Kabelsträngen das richtige Patchkabel zu finden, wirst du diese Option schätzen lernen.

6.3.5 Bandbreitenschätzung mit `bing`

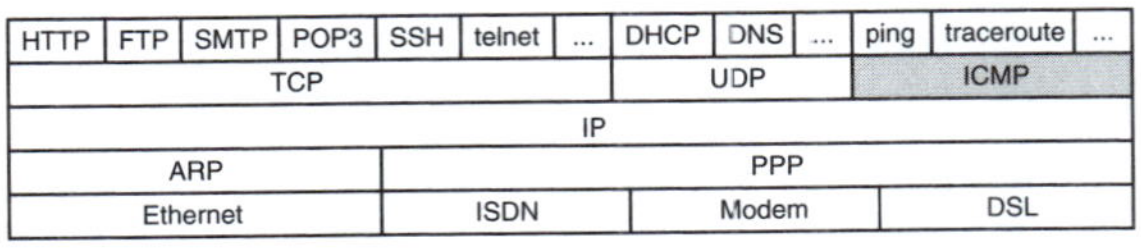

Unter der *Bandbreite* (*band width*) einer Verbindung versteht man die Anzahl an Datenbits, die pro Sekunde durch eine Leitung geschickt werden können.

Der Ursprung des Wortes findet sich in der analogen Fernmeldetechnik, wo die Breite eines Frequenzbandes Auskunft gab über die zu übertragende Datenmenge. Heute wird die Bandbreite gemessen in Bit pro Sekunde, meist in KBit/s, MBit/s oder GBit/s. Das „pro Sekunde" lässt man manchmal weg und spricht dann z. B. von einer 100 MBit-Leitung.

Hier musst du immer aufpassen, dass du das nicht mit 100 MByte pro Sekunde verwechselst, denn da alle Daten, die im Internet übertragen werden, in Bytes gerechnet werden, interessiert natürlich die Anzahl der Bytes pro Sekunde. Hier musst du also durch acht teilen: eine 100 MBit-Leitung kann theoretisch maximal 12,5 MByte pro Sekunde übertragen!

Dabei musst du noch einrechnen, dass haufenweise Daten übertragen werden, die zum Abwickeln der verschiedenen Protokolle benötigt werden. Bei einer HTTP-Verbindung zu einem Webserver musst du beispielsweise einen Protokollkopf von HTTP und die Paketköpfe von TCP, IP und Ethernet bzw. PPP einrechnen.

Ferner musst du die Hin- und Rückrichtung unterscheiden. Es gibt Leitungen, die asymmetrisch sind und in den beiden Richtungen eine unterschiedliche Bandbreite haben. Dazu gehört z. B. ADSL, bei dem „asymmetric" schon im Begriff enthalten ist[17], oder das 56KBit/s Modem, das die versprochenen 56KBit/s nur in eine Richtung bringt!

> **`bing`**
>
> schätzt die Netzwerkbandbreite zwischen zwei Rechnern ab, die auf der gleichen Strecke liegen.
>
> `bing` *`RECHNERNAH RECHNERFERN`*

Das Werkzeug `bing` dient dem Abschätzen der tatsächlichen Bandbreite zwischen zwei Rechnern. Es ist nicht nur von seinem Namen her, sondern auch von den Optionen stark an `ping` angelehnt. Hauptunterschied zu `ping` ist, dass du bei `bing` nicht nur einen, sondern gleich zwei Rechner als Argumente angibst.

Beide Rechner müssen auf der gleichen Übertragungsstrecke liegen, wobei der erste der nähere und der zweite der weiter entfernte Rechner sein muss. Als ersten Rechner kannst du natürlich auch `localhost` angeben. `bing` sendet jeweils ein großes und ein kleines *echo request*-Paket an beide Rechner und ermittelt anhand der Laufzeitunterschiede die Bandbreite zwischen den beiden Rechnern:

[17] ADSL: **A**symmetric **D**igital **S**ubscriber **L**ine, asymmetrische digitale Mietleitung

```
Eiger:~> bing 10.10.0.7 www.muenchen.de
BING    10.10.0.7 (10.10.0.7) and hermes.muenchen.de (194.113.40.2)
        44 and 108 data bytes
1024 bits in 0.000ms
1024 bits in -0.023ms: -44521739bps, -0.000022ms per bit
1024 bits in 1.784ms: 573991bps, 0.001742ms per bit
1024 bits in 1.785ms: 573669bps, 0.001743ms per bit
1024 bits in -0.022ms: -46545455bps, -0.000021ms per bit
1024 bits in 3.562ms: 287479bps, 0.003479ms per bit
1024 bits in 1.253ms: 817239bps, 0.001224ms per bit
1024 bits in 9.159ms: 111803bps, 0.008944ms per bit
1024 bits in 9.180ms: 111547bps, 0.008965ms per bit
1024 bits in 9.179ms: 111559bps, 0.008964ms per bit
```

Sobald du mit Strg C abbrichst, erhältst du eine Zusammenfassung:

```
--- 10.10.0.7 statistics ---
bytes   out    in   dup  loss   rtt (ms): min       avg       max
   44    45    45          0%            0.190     0.222     0.486
  108    45    45          0%            0.188     0.230     0.377

--- hermes.muenchen.de statistics ---
bytes   out    in   dup  loss   rtt (ms): min       avg       max
   44    45    45          0%          289.108   308.319   411.244
  108    45    44          2%          298.289   311.618   397.422

--- estimated link characteristics ---
warning: rtt big host1 0.188ms < rtt small host2 0.190ms
estimated throughput 111535bps
minimum delay per packet 282.606ms (31520 bits)

average statistics (experimental) :
packet loss: small 0%, big 2%, total 1%
average throughput 311152bps
average delay per packet 301.785ms (33659 bits)
weighted average throughput 307694bps
```

In diesem Beispiel wird ein durchschnittlicher Durchsatz (*throughput*) von 311152 Bit/sec erreicht, also 311KBit/s. Der Hauptbegrenzungsfaktor zwischen den Rechnern ist dabei eine DSL-Leitung mit 768 KBit/s *Downlink* (Richtung zu mir) und 128 KBit/s *Uplink* (Richtung ins Netz).

Da `bing` nur die Gesamtlaufzeit der Ping-Pakete messen kann und daher nicht in der Lage ist, die unterschiedlichen Bandbreiten in beide Richtungen zu berücksichtigen, ist das Ergebnis natürlich mit Vorsicht zu genießen. Auch aus anderen Gründen sind die Messungen von `bing` nicht gerade präzise. Die ungefähre Größenordnung kann man aber gelten lassen.

Was für `bing` spricht, ist die Tatsache, dass es einfach aufzurufen ist und sogar die Bandbreite zwischen zwei entfernten Routern abschätzen kann, auf die man nicht einmal Zugriffsrechte hat.

6.3.6 Routen verfolgen mit `traceroute`

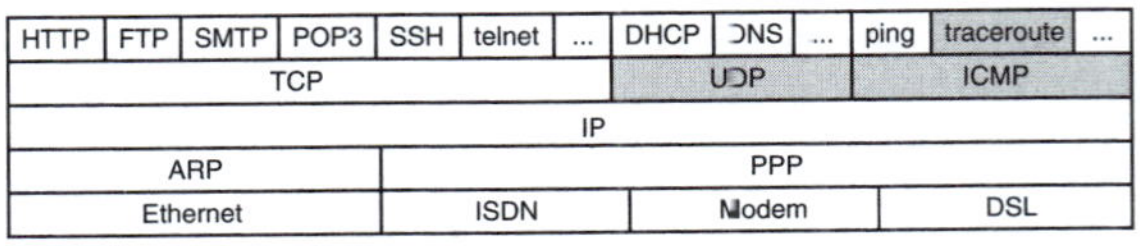

Neben `ping` und `bing` gibt es ein weiteres Werkzeug, das von ICMP Gebrauch macht: `traceroute`. Es macht sich zunutze, dass es in jedem IP-Paket einen Zähler gibt, der verhindern soll, dass ein Paket bei einem Routingfehler in einer Endlosschleife bis in alle Ewigkeit durchs Netz geistert.

Dieser Zähler heißt *TTL* (*time to live*) und wird am Anfang der Reise eines Paketes auf 255 gesetzt. Jeder Hop verringert den Zähler um eins. Sobald bei einem Hop der Zähler auf 0 fällt, wird das Paket gelöscht und an den Sender eine *ICMP time exceeded*-Message zurückgesendet.

> **`traceroute`**
>
> bestimmt die genaue Route zu einem Zielrechner.
>
> `traceroute ZIELRECHNER`
>
> `-n` unterdrückt die Auflösung von IPs in Hostnamen

`traceroute` verwendet diese Methode, um festzustellen, welchen Weg ein Paket zu einem Zielrechner Z zurücklegt. Dazu sendet es zunächst ein UDP-Paket an Z und setzt dabei den TTL-Zähler statt auf 255 auf 1. Das führt dazu, dass schon beim ersten Hop TTL auf 0 fällt und dieser mit *time exceeded* antwortet. Am Absender der Antwort erkennt `traceroute`, welcher Router der erste Hop ist. Nun beginnt das Spiel von vorne, diesmal mit TTL auf 2. Sobald eine Antwort vom Zielrechner kommt, ist die Route vollständig ermittelt.

Da bei ICMP und UDP Pakete auf dem Weg verloren gehen können, sendet `traceroute` jedes Paket gleich dreimal. Trotzdem kann es immer vorkommen, dass manche Zwischenstationen nicht mit *time exceeded* antworten, was zu Lücken in der Ausgabe führt.

Ferner geht `traceroute` davon aus, das jedes Paket von der Quelle zum Ziel den *gleichen* Weg nimmt, was im Internet zwar nicht garantiert wird, aber eine meist richtige Annahme ist. Routen ändern sich zwar gelegentlich, aber das passiert in der Praxis eher in Zeitabständen von Stunden oder Tagen.

Es ist sehr interessant zu beobachten, wie wenig Einfluss die geographische Entfernung zwischen zwei Rechnern auf die Entfernung im Internet hat. Mein Testnetzwerk befindet sich in München. Zur Demonstration von `traceroute` habe ich ermittelt, welchen Weg die IP-Pakete zum Internetauftritt der bayerischen Landeshauptstadt nehmen:

```
Eiger:~> traceroute www.muenchen.de
traceroute to www.muenchen.de (194.113.40.2), 30 hops max, 40 byte pack..
 1  Blomberg.zemeplocha.de (10.10.0.7) 0.551 ms  0.721 ms  0.783 ms
 2  217.5.98.8  57.754 ms  66.023 ms  73.270 ms
 3  217.237.152.50  79.925 ms  89.626 ms  95.613 ms
 4  INXS-gw20.M.net.DTAG.DE (194.25.6.14)  105.160 ms  111.279 ms
 5  zcr1-so-4-2-2.Munich.cw.net (208.175.230.13)  226.082 ms 234.672 ms
 6  zar1-ge-0-3-0.Munich.cw.net (208.175.230.195) 250.664 ms 257.862 ms
 7  208.175.230.66  172.844 ms  180.058 ms  186.782 ms
 8  194.113.40.226  126.550 ms  134.181 ms  142.460 ms
 9  * * *
10  * * *
11  * * *
12  194.113.40.226(N!)  59.958 ms * *
```

Ein Sternchen bedeutet ein fehlendes Antwortpaket. Die Zeitangaben beziehen sich auf die Dauer zwischen dem Ping und der Antwort. Hier kommt zum Vergleich mal die Route zu `www.leo.org`, ein Server, welcher ebenfalls in München steht:

```
Wethertop:~ # traceroute www.leo.org
traceroute to www.leo.org (131.159.72.21), 30 hops max, 40 byte packets
 1  Blomberg.zemeplocha.de (10.10.0.7)  0.667 ms  0.748 ms  0.805 ms
 2  217.5.98.8  58.431 ms  67.455 ms  73.941 ms
 3  217.237.152.54  81.624 ms  87.580 ms  97.017 ms
 4  L-EA1.L.DE.NET.DTAG.DE (62.154.89.118)  111.548 ms  120.199 ms
 5  ir-leipzig2.g-win.dfn.de (188.1.50.1)  137.987 ms  142.054 ms
 6  cr-leipzig1.g-win.dfn.de (188.1.70.1)  156.613 ms  165.696 ms
 7  cr-muenchen1.g-win.dfn.de (188.1.18.209)  183.924 ms  190.818 ms
 8  ar-muenchen1.g-win.dfn.de (188.1.74.2)  135.655 ms  144.575 ms
 9  csrwan.lrz-muenchen.de (188.1.37.14)  71.573 ms  77.765 ms
10  csrwan-neu.lrz-muenchen.de (129.187.9.18)  94.283 ms  103.361 ms
11  csr0aa.lrz-muenchen.de (129.187.1.253)  118.815 ms  125.590 ms
12  gatekeeper.informatik.tu-muenchen.de (131.159.252.1)  140.217 ms
13  nz-srvr3s1-gate.informatik.tu-muenchen.de (131.159.252.141)  165.1...
14  www.leo.org (131.159.72.21)  185.975 ms  194.749 ms  201.130 ms
```

Das Internet ist also der Ansicht, dass der Weg über Leipzig der günstigste ist!

Abesehen von solchen interessanten Untersuchungen kannst du `traceroute` natürlich auch für wirklich nützliche Dinge verwenden, z. B. um Routerproblemen im eigenen Netzwerk auf die Schliche zu kommen. Wenn du ein Ziel nicht erreichen kannst, siehst du nämlich, wie weit die Route funktioniert und an welcher Stelle plötzlich Funkstille eintritt. Das könntest du natürlich auch durch lauter einzelne `ping`-Befehle machen, aber das ist mit `traceroute` etwas bequemer.

6.4 TCP und UDP

6.4.1 Grundsätzliches zu TCP

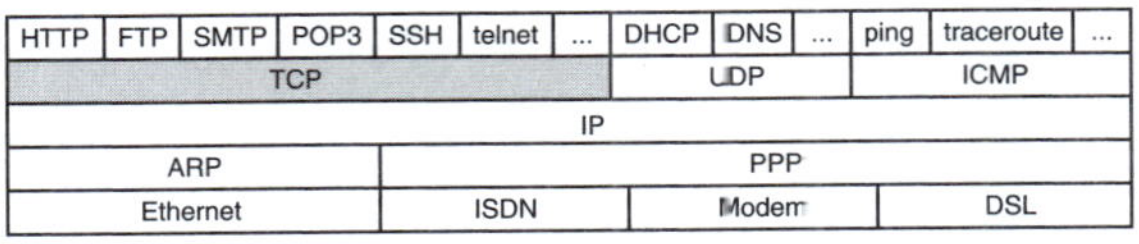

Das Internetprotokoll (IP) ist ein paketvermittelndes Netz. Es überträgt einzelne, zusammenhangslose Datenpakete von Rechner A zu Rechner B, garantiert dabei aber weder das Ankommen noch eine bestimmte Reihenfolge der Pakete. Zudem kann es sogar zu Duplikaten kommen.

Das *Transmission Control Protocol* (*TCP*) behebt diese Probleme und schafft eine abgesicherte Verbindung zwischen zwei Prozessen, die jeweils einzeln auf zwei verschiedenen Rechnern ablaufen. TCP hat folgende Eigenschaften:

- Es ist *verbindungsorientiert*, d. h., vor jeder Kommunikation findet ein *Verbindungsaufbau* statt. Der Linux-Kernel pflegt eine Liste aller aktuellen Verbindungen.
- Es transportiert einen *Strom von Bytes* in beide Richtungen. Alles, was auf der einen Seite hineingeschrieben wird, kommt auf der anderen genau so heraus und umgekehrt. TCP sichert ab, dass alle Bytes korrekt ankommen, die Reihenfolge stimmt und es keine Duplikate gibt.
- Während IP Pakete zwischen *Rechnern* austauscht, transportiert TCP Daten zwischen zwei *Prozessen*.

Wenn man eine TCP-Verbindung zu einem anderen Prozess aufbaut, reicht es nicht, die IP-Adresse des Zielrechners anzugeben. Zusätzlich braucht man eine *Portnummer*. Diese ist nichts anderes als eine Zahl zwischen 1 und 65535, an der der Zielrechner erkennt, welchem Prozess er die Daten zuordnen soll.

Bei einer TCP-Verbindung gibt es immer einen *Client* und einen *Server*. Der Server ist derjenige, der auf einen *Verbindungswunsch* wartet. Er tut dies, indem er ein *Serversocket* erzeugt. Ein Socket ist eine Andockstelle für entweder TCP- oder UDP-Verbindungen. Beim Aktivieren des Sockets wird diesem eine *Portnummer* zugewiesen.

Der Client erzeugt seinerseits ebenfalls ein Socket als Gegenstück. Dies ist ein Clientsocket und kann Verbingungswünsche an einen Server senden. Es hat ebenfalls eine Portnummer.

Der Client initiiert den Verbindungsaufbau, indem er dem Zielrechner einen Verbindungswunsch zu einer bestimmten Portnummer signalisiert. Der Zielrechner prüft, ob unter dieser Portnummer gerade ein Serversocket existiert. Ist dies der Fall, wird der Prozess benachrichtigt, der dieses Socket unterhält. Er kann dann den Verbindungswunsch entweder akzeptieren oder ablehnen.

Damit der Client weiß, zu welcher Portnummer er sich auf dem Server verbinden soll, gibt es eine Konvention, die allgemein bekannte Dienste zu festen Portnummern zuordnet (den *well known ports*). Unter Linux findest du eine Liste der well known ports in der Datei `/etc/services` (hier ein Ausschnitt):

```
Eiger:~> head -n 90 /etc/services | tail
qotd            17/udp  quote # Quote of the Day
msp             18/tcp        # Message Send Protocol
msp             18/udp        # Message Send Protocol
chargen         19/tcp  ttytst source   # Character Generator
chargen         19/udp  ttytst source   # Character Generator
ftp-data        20/tcp        # File Transfer [Default Data]
ftp-data        20/udp        # File Transfer [Default Data]
ftp             21/tcp        # File Transfer [Control]
fsp             21/udp        # official is File Transfer, ftp use no udp
ssh             22/tcp        # SSH Remote Login Protocol
```

TCP ist genial einfach und einfach praktisch. TCP kommt immer dann zum Einsatz, wenn gesichert Daten übertragen werden sollen und es auf Echtzeit nicht ankommt. Fast alle wichtigen Internetdienste setzen auf TCP auf.

6.4.2 TCP-Verbindungen testen mit `telnet`

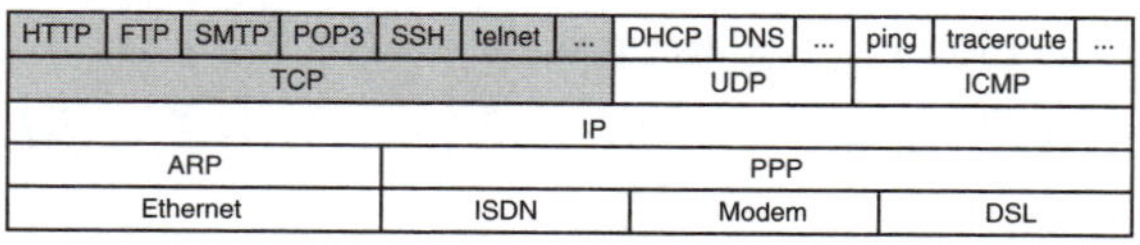

Die Mehrheit aller Netzwerkdienste basiert auf TCP. Dazu gehören z. B. die bekannten Internetprotokolle HTTP, FTP, SMTP, POP3 und SSH. Sehr nützlich für die Fehlerdiagnose ist, dass die meisten dieser Protokolle textbasiert sind.

> **`telnet`**
>
> stellt TCP-Verbindung zu Server her und wickelt diese als interaktiven Textdialog ab.
>
> `telnet` *`SERVER PORTNUMMER/DIENST`*

Bei einem textbasierten Protokoll auf TCP-Basis kannst du mit dem Programm `telnet` eine Verbindung zum Server aufbauen und das Protokoll „von Hand" sprechen[18]. Auf diese Art kannst du Probleme mit dem jeweiligen Anwendungsprogramm (Netscape, Mailer, usw.) ausklammern. Du kannst also in der Wirkungskette eine Diagnose *vor* dem Anwendungsprogramm machen!

`telnet` bekommt als Argumente einen Rechnernamen oder eine IP-Nummer sowie einen Dienstnamen oder eine Portnummer übergeben. Die Dienstnamen sind wie bereits erwähnt in der Datei `/etc/services` definiert.

[18]Der eigentliche Sinn von `telnet` ist ein Remote-Login auf einen Unix-Rechner. Dazu gibt es neben dem Programm `telnet` noch einen Serverprozess auf dem Zielrechner: den `telnetd`. Da `telnet` aber ein unsicheres und leicht zu knackendes Protokoll ist, wird `telnetd` heute nicht mehr verwendet.

Sehr einfach ist beispielsweise das HTTP -Protokoll. Schickst du dem Server ein `GET index.html` mit abschließendem Zeilenendezeichen, so schickt der bereits als Antwort die gewünschte Seite bzw. eine Fehlermeldung. In folgendem Beispiel frage ich die Seite `index.html` auf `http://www.suse.de` ab:

```
Eiger:~> telnet www.suse.de http
Trying 213.95.15.200...
Connected to www.suse.de.
Escape character is '^]'.
GET index.html
```

Und jetzt fängt der Server schon an, das Dokument auszuspucken:

```
<!DOCTYPE HTML PUBLIC "-//W3C//DTD HTML 4.0 Transitional//EN"
"http://www.w3.org/TR/html4/locse.dtd">
<html>
  <head>
```

(Hier habe ich den größten Teil vom HTML-Code der Webseite ausgelassen.)

```
    </table>
  </body>
</html>Connection closed by foreign host.
```

Sobald `telnet` die Zeile `Escape character is '^]'` ausgibt, ist die TCP-Verbindung hergestellt. Du weißt dann, dass auf dem Server der Dienst erreichbar ist.

Die Meldung „`Connection closed by foreign host`" zeigt an, dass die Verbindung vom Server sauber und kooperativ beendet wurde. Dies ist ein Unterschied zu einem einfachen Ziehen des Netzwerksteckers, in welchem Fall beide Seiten eine gewisse Zeit auf den jeweils anderen warten und dann mit einem Fehlermeldung (*connection timed out*) abbrechen würden.

Wenn du die Verbindung mit Strg C nicht beenden kannst, kannst du dies mit Strg [(eckige Klammer zu) und der Eingabe des Befehls `quit` tun.

Viele Internetprotokolle sind ähnlich wie HTTP aufgebaut. Der Client sendet Befehle in Form einer Textzeile, die mit einem Befehlswort (meist vierbuchstabig) beginnt. Ein weiteres Beispiel hierfür das Protokoll POP3 [19], welches zum Abholen von Mails dient.

Wie du am folgenden Beispiel sehen kannst, wird hier das Passwort unverschlüsselt übertragen!

```
Eiger:~> telnet pop.tollermaildienst.de pop3
Trying 212.222.26.189...
```

[19] POP3: **P**ost **O**ffice **P**rotocol Version **3**

```
Connected to pop.tollermaildienst.de.
Escape character is '^]'.
+OK POP3 server ready
```

Der Server begrüßt mich mit einer `OK`-Meldung. Ein Pluszeichen am Anfang der Antwortzeile bedeutet bei POP3 Erfolg, ein Minuszeichen einen Fehler. Nun melde ich mich an. Die Befehle dazu lauten `USER` und `PASS` mit den jeweiligen Angaben des Nutzers bzw. Passwortes:

```
USER ps7845735-ld
+OK
PASS hurraaah
+OK
```

Der Server ist mit meiner Anmeldung zufrieden, die Authentifizierung hat geklappt. Nun kann ich verschiedene POP3-Befehle ausprobieren[20]. Der Befehl `LIST` zeigt die Liste aller vorrätigen Mails an:

```
LIST
+OK
1 2016
```

Aktuell ist nur eine Mail vorhanden. Mit `RETR` und der Nummer 1 kann ich Mail 1 abholen. Nach der Statusmeldung `+OK` kommt direkt innerhalb der Sitzung die komplette Mail.

```
RETR 1
+OK 2016 octets
Return-path: <ld@tollermaildienst.de>
Delivery-date: Sun, 16 Mar 2003 16:16:17 +0100
Received: from [213.65.14.100] (helo=mx0.tollermaildienst.net)
        by mxng02.kundendienst.de with smtp (Exim 3.35 #1)
        id 18uZs1-0005BO-00
        for ld@tollermaildienst.de; Sun, 16 Mar 2003 16:16:17 +0100
Received: (qmail 2957 invoked by alias); 16 Mar 2003 15:16:16 -0000
```

(Jetzt kommen noch weitere Header-Felder, und später der Inhalt der Mail). Der Befehl `DELE` löscht eine bestimmte Mail:

```
DELE 1
+OK
```

Mit `QUIT` wird die Sitzung sauber beendet:

[20] Eine Spezifikation von POP3 findest du im RFC 1225, im Internet unter: `http://www.ietf.org/rfc/rfc1225.txt`.

```
QUIT
+OK
Connection closed by foreign host.
```

Wenn die Authentifizierung nicht klappt, antwortet der POP3-Server mit einer Fehlermeldung und beendet seinerseits sofort die Sitzung:

```
Eiger:~> telnet pop.tollermaildienst.de pop3
Trying 212.222.26.189...
Connected to pop.tollermaildienst.de.
Escape character is '^]'.
+OK POP3 server ready
USER hirni
+OK
PASS geheim
-ERR access denied
Connection closed by foreign host.
```

Das Protokoll SMTP (*Simple Mail Transfer Protocol*) ist ähnlich gestrickt, dient aber umgekehrt zum *Versenden* von Mails. Es wird in RFC 821 definiert[21]. Im Gegensatz zu POP3 sieht es in seiner Grundform keine Authentifizierung vor. Ein sicher konfigurierter Mailserver nimmt aber nur Mails entgegen, die an eine Domain zugestellt werden, die er selbst verwaltet oder die von solch einer ausgehen.

Um eine Mail zu versenden, benötigst du die beiden Befehle `MAIL` und `RCPT` (*recepient*). Die eigentliche Mail leitest du mit dem Befehl `DATA` ein und beendest sie mit einem Punkt in einer eigenen Zeile. Zwischen den Kopffeldern und dem Mailrumpf lässt du eine Leerzeile. `QUIT` beendet die Sitzung:

```
mk@Wethertop:~> telnet smtp.irgendeinserver.de smtp
Trying 212.223.126.222...
Connected to smtp.irgendeinserver.de.
Escape character is '^]'.
220 smtp.irgendeinserver.de ESMTP Postfix
MAIL FROM:jemand@aufdemmond.de
250 Ok
RCPT TO:mk@irgendeinserver.de
250 Ok
DATA
354 End data with <CR><LF>.<CR><LF>
Subject: Hallo Mathias

Diese Mail habe ich von Hand verschickt!
.
250 Ok: queued as 5962D60148
QUIT
221 Bye
Connection closed by foreign host.
```

[21] Im Internet unter `http://www.ietf.org/rfc/rfc0821.txt`

Wie du siehst, ist es nicht sehr schwer, sich als jemand anders auszugeben! Folgender Mailserver weigert sich jedoch, eine Mail an einen Dritten weiterzuleiten:

```
mk@Wethertop:~> telnet smtp.irgendeinserver.de smtp
Trying 212.223.126.222...
Connected to smtp.irgendeinserver.de.
Escape character is '^]'.
220 smtp.irgendeinserver.de ESMTP Postfix
MAIL FROM:niemand@dieganzewelt.de
250 Ok
RCPT TO:mann@aufdemmars.de
554 <mann@aufdemmars.de>: Recipient address rejected: Relay access denied
QUIT
221 Bye
Connection closed by foreign host.
```

Warum habe ich dir diese Protokollsitzungen so genau vorgeführt? Ich will damit drei Dinge zeigen:

1. Viele Internetprotokolle sind einfach „von Hand“ zu sprechen.
2. Du erhältst auf diese Art alle Fehlermeldungen aus erster Hand und unverfälscht durch ein Anwendungsprogramm. Außerdem erhältst du unter Umständen weitere Informationen. Bei obigem Beispiel kannst du z. B. erkennen, dass als Mailserver `postfix` läuft.
3. Du kannst in die Wirkungskette an der Stelle vor dem Anwendungsprogramm eingreifen und so eine präzisere Fehlerdiagnose durchführen.

Nimm als Beispiel den Fall, dass du deine Mail nicht abrufen kannst. Bei deinem Mailprogramm klickst du auf „abholen“ und bekommst entweder gar keine Mail oder eine nichtssagende allgemeine Fehlermeldung. Was ist passiert? Ist keine Mail vorhanden? Ist dein Passwort falsch? Ist der Mailserver nicht erreichbar? Alle diese Fragen kannst du in wenigen Augenblicken beantworten durch eine kurze Sitzung mit `telnet`!

6.4.3 Grundsätzliches zu UDP

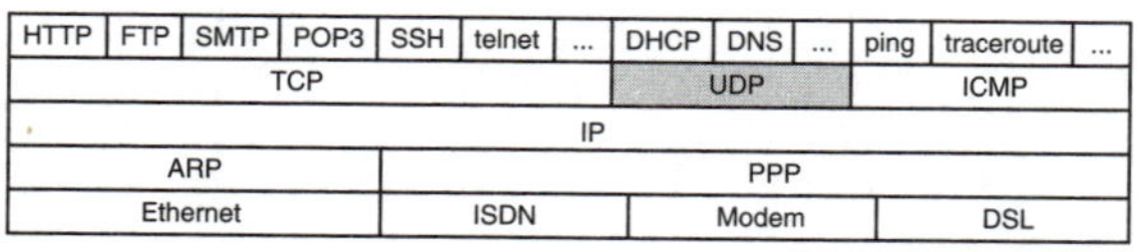

Das *User Datagram Protocol* (*UDP*) ist ein Protokoll, das eine Alternative zu TCP darstellt und ebenfalls auf IP aufsetzt. Im Gegensatz zum verbindungsorientierten TCP ist UDP ein paketvermittelnder Dienst (*datagram*). Es findet also kein Aufbau einer Verbindung statt, welche dann als sichere Datenleitung genutzt wird. Stattdessen werden einzelne UDP-Pakete verschickt. UDP ist definiert im RFC 768[22], das 1980 vom IETF ver-

[22] Siehe `http://www.ietf.org/rfc/rfc768.txt`

öffentlicht wurde. Es wurde eingeführt, um die Dienste DNS[23] und TFTP[24] zu realisieren.

UDP-Pakete werden zwischen Prozessen verschiedener (oder gleicher) Rechner versendet. Analog zu TCP gibt es 65535 verschiedene Portnummern, welche aber nicht mit den Portnummern von TCP in einen Topf geworfen werden. Das bedeutet, dass TCP-Port 1234 und UDP-Port 1234 gleichzeitig von zwei verschiedenen Prozessen für verschiedene Dinge verwendet werden können.

Da bei UDP kein Verbindungsaufbau geschieht, ist es nicht notwendig, zwischen Client und Server zu unterscheiden. Jedes Socket kann immer senden und empfangen.

Ebenso wie IP garantiert auch UDP keine sichere Verbindung. Folgende Fehler können auftreten:

- Pakete können verloren gehen.
- Die Reihenfolge der Pakete kann sich ändern.
- Pakete können Duplikate bekommen (selten).

Warum verwendet man dann nicht gleich direkt IP? Was das Dasein von UDP als Alternative zu IP berechtigt, ist ein wesentlicher Unterschied: UDP sendet Pakete von *Prozess* zu *Prozess* (von Port zu Port), während IP nur von *Rechner* zu *Rechner* versenden kann.

Folgende Vorteile bietet UDP gegenüber TCP:

- Durch den Verzicht auf einen Verbindungsaufbau und ein wiederholtes Senden von fehlenden Paketen ist UDP deutlich verzögerungsfreier und daher besser geeignet für Echtzeitanwendungen wie Computerspiele und Multimediadatenströme, wo ein fehlendes Paket eher toleriert werden kann als ein Stocken der Übertragung.
- Bei UDP ist *Broadcast* möglich. Dies bedeutet, dass ein Paket an alle Rechner eines lokalen Netzwerkes gleichzeitig gesendet werden kann.

Beispiele für Dienste, welche von UDP Gebrauch machen, sind:

- der *Domain Name Service* (*DNS*) (siehe Abschnitt 6.5 auf Seite 213),
- das *Trivial File Transfer Protocol* (*tftp*), das beim Booten über das Netzwerk verwendet wird, um den Kernel zu übertragen,
- das *Bootstrap Protocol* (*BOOTP*)[25] und dessen Erweiterung *Dynamic Host Configuration Protocol* (*DHCP*)[26], mit welchem ein Rechner seine Netzwerkkonfiguration über das Netzwerk beziehen kann,

[23]Siehe Abschnitt 6.5 auf Seite 213

[24]TFTP: Trivial File Transfer Protocol, wird zum Booten über das Netzwerk verwendet und ist sehr primitiv, da es direkt auf der Netzwerkkarte implementiert werden muss.

[25]Siehe `http://ietf.org/rfc/rfc951.txt`

[26]Siehe `http://ietf.org/rfc/rfc2132.txt`

- das *Network Time Protocol* (NTP). Es dient der exakten Zeitsynchronisation zwischen zwei oder mehreren Rechnern,
- Computerspiele mit Echtzeit-Charakter.

Grundsätzlich eignen sich alle Protokolle gut für UDP, bei denen die Daten einer Anfrage oder Antwort in ein einziges Paket passen.

6.4.4 TCP und UDP testen mit `netcat` / `nc`

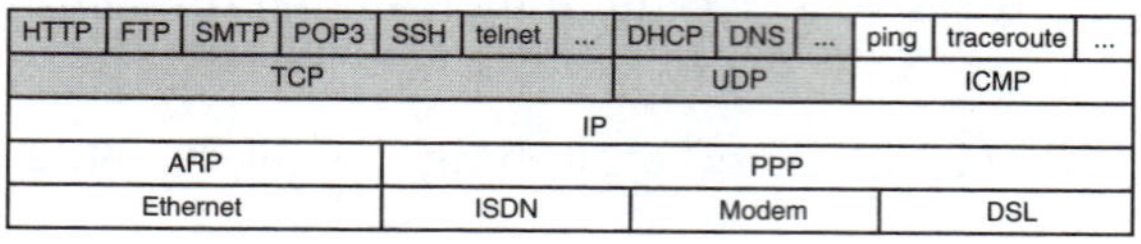

Mit dem in Abschnitt 6.4.2 vorgestellten Befehl `telnet`, kannst du TCP-Verbindungen testen, bei denen du die Rolle des Clients übernimmst. Leider kann `telnet` aber nicht UDP als Protokoll verwenden und auch nicht die Rolle eines Servers spielen. Das Werkzeug `netcat` hingegen – bei Red Hat und Fedora heißt es `nc` – kann all dies.

Es gibt zwei Arten, `netcat` bzw. `nc` aufzurufen, nämlich als *Client* und als *Server* (*listen mode*):

- Beim Aufruf als Client gibst du als Argument den Server und die dortige Portnummer an.
- Beim Aufruf als Server gibst du `-l -p` und die lokale Portnummer an[27].

`netcat` akzeptiert alle eingehenden Verbindungen an diese Portnummer. Die zusätzliche Option `-u` schaltet in beiden Modi auf UDP um.

> **`netcat, nc`**
>
> wickelt TCP- oder UDP-Kommunikation als Client oder Server ab, kommuniziert alle Daten über die Standardein- / ausgabe.
>
> *`netcat -l -p PORT`*
> *`netcat SERVER PORT`*
>
> Achtung: Bei Red Hat und Fedora heißt das Programm `nc`.
>
> | | |
> |---|---|
> | `-l` | startet `netcat` als Server |
> | `-p P` | verwendet `P` als lokale Portnummer |
> | `-u` | verwendet UDP statt TCP |
> | `-vv` | zeigt informative Meldungen an |

Alle Daten, die `netcat` empfängt, gibt es auf der Standardausgabe (*stdout*) aus. Alles, was `netcat` auf der Standardeingabe (*stdin*) liest, schickt es über die Netzwerkverbindung. Deshalb kannst du `netcat` – anders als `telnet` – auch bequem in einer Pipe oder mit der Ein- / Ausgabeumleitung durch < und > verwenden.

Um dies zu illustrieren, zeige ich in folgendem Beispiel, wie du mittels `netcat` von Rechner A zu Rechner B eine Datei übetragen kannst. In meinem Beispiel lasse ich Rechner A den Server spielen.

[27] `-l` steht für local

Auf dem Server muss `netcat` zuerst gestartet werden, da der Client B sonst keine Verbindung aufbauen kann. Die Option `-vv` sorgt für zusätzliche informative Ausgaben. Da `netcat` die Verbindung so lange offen hält, bis die andere Seite sie schließt, muss ich auf einer der beiden Seiten mit Strg C abbrechen. Die Größe meiner Testdatei ist 51200 Bytes. Ich kontrolliere sie vor und nach dem Empfangen mit dem Befehl `wc` (*word count*):

```
A:~> wc --bytes datei
51200 datei
A:~> netcat -vv -l -p 1234 < datei
listening on [any] 1234 ...
connect to [10.10.0.9] from A
  [10.10.0.7] 21344
 sent 51200, rcvd 0
```

```
B:~> netcat -vv A 1234 > datei
B [10.10.0.9] 1234 (search-agent)
 open
 sent 0, rcvd 51200
B:~> wc --bytes datei
51200 datei
```

In meinem Beispiel hat Rechner A die IP-Nummer `10.10.0.7` und Rechner B die Nummer `10.10.0.9`. Als Portnummer verwende ich ohne bestimmten Grund `1234`. In Klammern gibt `netcat` den Dienstnamen `search-agent` aus, welcher in `/etc/services` (zufällig) unter `1234` eingetragen ist.

Du kannst das Ganze auch mit UDP ausprobieren, indem du einfach beiden `netcat`-Befehlen die Option `-u` hinzufügst. Hier kannst du auch ausprobieren, was passiert, wenn du den Client zuerst startest: Im Gegensatz zur TCP-Variante, bei der eine Fehlermeldung kommt, dass keine Verbindung möglich ist, wird bei UDP das Paket einfach losgeschickt, und zwar ins Nirwana.

Ähnlich wie mit `telnet` kannst du auch mit `netcat` Protokolle „zu Fuß“ durchgehen. Im Gegensatz zu `telnet` ist dies sogar im Batch-Betrieb möglich. Beispielsweise fordert der Befehl `GET /index.html` im HTTP-Protokoll die Webseite `/index.html` an. Mit `netcat` kannst du diesen Befehl absetzen und das Ergebnis gleich in eine Datei schicken. In folgendem Beispiel verwende ich `netcat`, um die Datei `http://www.ietf.org/rfc/rfc768.txt` abzuholen und in einer Datei zu speichern, deren erste Zeilen ich mir mit `head` anzeigen lasse:

```
Eiger:~> echo 'GET /rfc/rfc768.txt' | netcat www.ietf.org 80 >rfc768.txt
Eiger:~> head rfc768.txt


RFC 768                                                        J. Postel
                                                                     ISI
                                                          28 August 1980



                         User Datagram Protocol
```

```
                      ----------------------

Introduction
------------


This User Datagram  Protocol  (UDP)  is  defined  to  make  available  a
datagram   mode  of  packet-switched   computer   communication  in  the
environment  of  an  interconnected  set  of  computer  networks.   This
protocol  assumes  that the Internet  Protocol  (IP)  [1] is used as the
underlying protocol.
```

Ähnlich einfach kannst du einen Mini-Webserver aufbauen und per Hand betreiben! Dazu lässt du `netcat` auf Port `80` hören. Die Anfrage des Browsers kommt bei `netcat` im Klartext auf stdout an. Jetzt kannst du die Antwortseite von Hand eintippen und mit Strg C beenden (worauf `netcat` das Wort `punt!` ausgibt):

```
Wethertop:~ # netcat -l -p 80
GET /welcome.html HTTP/1.1
Host: localhost
User-Agent: Mozilla/5.0 (X11; U; Linux i686; en-US; rv:1.0.1) Gecko/2002
0823 Netscape/7.0
Accept: text/xml,application/xml,application/xhtml+xml,text/html;q=0.9,t
ext/plain;q= 0.8,video/x-mng,image/png,image/jpeg,image/gif;q=0.2,text/c
ss,*/*;q=0.1
Accept-Language: de, en;q=0.50
Accept-Encoding: gzip, deflate, compress;q=0.9
Accept-Charset: ISO-8859-1, utf-8;q=0.66, *;q=0.66
Keep-Alive: 300
Connection: keep-alive
Cache-Control: max-age=0

Diese Seite tippe ich jetzt von Hand ein und drücke dann CTRL-C...
Strg C
punt!
```

Auf dem Browser wird der eingetippte Text als Webseite angezeigt! Auf ähnliche Art kannst du mit `netcat` E-Mails senden und abholen, Druckaufträge senden usw.

Warum ist `netcat` nützlich für die Fehlersuche?

- `netcat` kann sowohl den Client als auch den Server simulieren.
- `netcat` kann sowohl TCP als auch UDP verwenden.
- `netcat` ist sehr einfach zu bedienen.
- `netcat` eignet sich also gut für Tests von Client/Server-Anwendungen, bei denen du eine Seite ausklammern willst, um bei der anderen Seite einen Fehler zu suchen.

6.4.5 Sockets und Verbindungen beobachten mit `netstat`

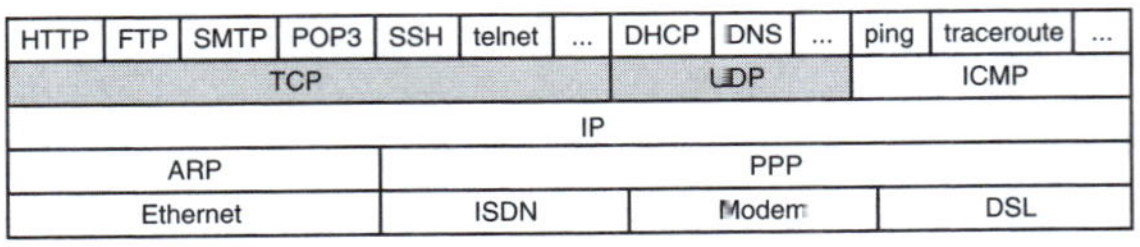

Einen Überblick über alle aktuellen TCP-Verbindungen sowie über Serversockets, die auf Verbinungswünsche warten, kannst du dir mit `netstat` verschaffen.

Standardmäßig zeigt `netstat` auch Verbindungen über lokale Unix-Sockets[28] an, welche aber nichts mit Netzwerk zu tun haben, sondern zur Interprozesskommunikation innerhalb eines Rechners dienen. Deshalb solltest du immer die Option `-u` (UDP), `-t` (TCP) oder `-ut` (beides) verwenden.

Folgendes Beispiel zeigt einen Rechner mit zwei aktiven TCP-Verbindungen, bei denen der Rechner einmal Client (erste Zeile) und einmal Server (zweite Zeile) ist. Als Dienst wurde beide Mal SSH (Port 22) verwendet:

```
Eiger:~> netstat -t
Aktive Internetverbindungen (ohne Server)
Proto Recv-Q Send-Q Local Address              Foreign Address           State
tcp        0      0 Wethertop.zemeplo:32773    Eiger.zemeplocha.de:ssh   VERBUNDEN
tcp        0      0 10.10.0.9:ssh              10.10.0.3:33671           VERBUNDEN
```

Wie bei vielen anderen Netzwerkbefehlen, unterbindet auch hier ein `-n` die Namensauflösung und zeigt Rechner und Dienste als Nummern an:

```
Eiger:~> netstat -tn
Aktive Internetverbindungen (ohne Server)
Proto Recv-Q Send-Q Local Address              Foreign Address           State
tcp        0      0 10.10.0.9:32773            10.10.0.3:22              VERBUNDEN
tcp        0      0 10.10.0.9:22               10.10.0.3:33671           VERBUNDEN
```

`netstat`

listet aktuelle TCP- und UDP-Verbindungen und Sockets auf.

`netstat [OPTIONEN]`

`-u`	zeigt UDP-Sockets
`-t`	zeigt TCP-Verbindungen
`-l`	zeigt Serversockets anstelle der Verbindungen (l steht für *listen*)
`-a`	zeigt Serversockets und Verbindungen
`-n`	verzichtet auf Namensauflösung
`-o`	zeigt Timeoutzähler
`-p`	zeigt zugehörige Prozesse

Seltsamerweise zeigt `netstat` alle Verbindungen, bei denen der lokale Recher *Server* ist, ohnehin nur mit IP-Adressen an.

Die Spalte `State` zeigt den aktuellen Zustand der TCP-Verbindungen. So einfach TCP in der Verwendung ist, so komplex ist seine Implementierung. Eine der komplizierteren Prinzipien bei TCP ist die sogenannte *Finite State Machine* (endlicher Automat), welche die möglichen Zustände und Zustandsübergänge einer TCP-Verbindung auflistet. Der

[28] Unix-Sockets werden fast analog zu TCP-Sockets programmiert, verwenden aber kein IP-Protokoll, sondern verhalten sich eher wie Pipes. Sie sind als Datei im Dateisystem sichtbar und haben den Typ *socket*.

Teufel steckt im Verbindungsauf- und Abbau. Da TCP fehlertolerant sein will, muss an jeder Stelle mit einem verloren gegangenen oder doppelten Paket gerechnet werden.

Auch wenn du die Finite State Machine nicht kennst oder verstehst, kannst du am Zustand einer Verbindung einiges ablesen. Die deutsche Version von `netstat` ist nicht sehr konsequent übersetzt, so dass einige der Zustände in Deutsch ausgegeben werden, andere in Englisch:

- `GESCHLOSSEN / CLOSED`
  Das Socket wird derzeit nicht verwendet, die Verbindung ist geschlossen oder wurde bisher nicht geöffnet.
- `LISTEN`
  Das Socket ist ein Serversocket, das auf einen Verbindungswunsch wartet. Sockets in diesem Zustand werden von `netstat` nur aufgelistet, wenn du die Option `-a` oder `-l` verwendest, wobei letztere dann *nur* die Serversockets zeigt.
- `SYN_SENT`
  Die lokale Seite hat einen aktiven Verbindungswunsch an die andere Seite gesendet und wartet auf die Annahme oder Ablehnung der Verbindung.
- `SYN_RECV`
  Die lokale Seite hat von der anderen Seite einen Verbindungswunsch erhalten. Sie hat den Verbindungswunsch positiv quittiert, also die Verbindung akzeptiert. Jetzt wartet sie gerade auf die Bestätigung von der anderen Seite.
- `VERBUNDEN / ESTABLISHED`
  Die Verbindung besteht, es können Daten übertragen werden.
- `FIN_WAIT1`
  Das Socket wurde von der lokalen Seite aktiv geschlossen und die Verbindung wird gerade abgebaut.
- `FIN_WAIT2`
  Das Socket wurde von der lokalen Seite aktiv geschlossen, nun wird auf ein Verbindungsende von der anderen Seite gewartet.
- `TIME_WAIT`
  Die Netzwerkverbindung wurde von der lokalen Seite aktiv geschlossen, es wird aber noch auf möglicherweise fehlende Pakete gewartet, die sich noch im Netzwerk befinden.
- `CLOSING`
  Beide Seiten haben die Verbindung gleichzeitig geschlossen, es wurden aber noch nicht alle Daten gesendet.
- `CLOSE_WAIT`
  Die Verbindung wurde von der anderen Seite geschlossen. Die lokale Seite schließt das Socket.

- `LAST_ACK`
  Die Verbindung wurde von der anderen Seite geschlossen, die lokale Seite hat das quittiert und wartet auf die letzte Bestätigung.
- `UNKNOWN`
  Der Zustand der Verbindung ist unbekannt.

Bei einem normalen Verbindungsaufbau ist der Zustand `SYN_RECV` so kurz, dass du ihn mit `netstat` nie sehen wirst. Wenn du ihn siehst, bedeutet dies, dass die andere Seite es sich kurzfristig „anders überlegt" hat, und die Verbindung doch nicht aufbauen will.

Diese Technik wird von Hackern beim Portscannen absichtlich genutzt. Sie können auf diese Art feststellen, dass eine Verbindung möglich (ein Port offen) ist, ohne dass die Verbindung tatsächlich zustande kommt und damit in einem Logfile Niederschlag findet.

Ein ähnliches Verfahren kann auch als Denial-Of-Service-Attacke dienen. In einem „SYN-Sturm" werden an einen Server so viele Verbindungsaufbauwünsche pro Sekunde wie möglich geschickt. Das Problem ist, dass der Server das Socket etliche Zeit im Zustand `SYN_RECV` belässt und auf die Quittung wartet. Fünfmal versucht er erneut, den Verbindungsaufbauwunsch zu beantworten[29]. Während dieser Zeit muss der Kernel das Socket unterhalten und dafür Ressourcen im Kernel reservieren.

Mit der Option `-o` gibt `netstat` auch die Werte des jeweiligen Timeoutzählers an. Kombinierst du das mit `watch` (Siehe Abschnitt 4.1.3 auf Seite 50), so kannst du live verfolgen, wie die Verbindungen auf- und abgebaut werden und wie lange es dauert, bis ein Socket aufgrund eines Timeout geschlossen wird. Die Option `-p` zeigt zu jedem Socket den Prozess an, der es geöffnet hat, funktioniert aber nur, wann du `netstat` als `root` aufrufst. Am liebsten rufe ich `netstat` mit allen diesen Optionen gleichzeitig auf[30]:

```
Eiger:~ # watch -n 1 netstat -pantou
Every 1s: netstat -pantou                                   Fri Jun  4 16:19:50 2004

Aktive Internetverbindungen (Server und stehende Verbindungen)
Proto Local Address     Foreign Address   State     PID/Program     Timer
tcp   0.0.0.0:32770     0.0.0.0:*         LISTEN    867/rpc.mountd  keepalive (0,00/0/0)
tcp   127.0.0.1:32770   127.0.0.1:49900   SYN_RECV  -               ein (2,33/0/0)
tcp   127.0.0.1:873     127.0.0.1:49900   SYN_RECV  -               ein (1,68/0/0)
tcp   0.0.0.0:111       0.0.0.0:*         LISTEN    626/portmap     keepalive (0,00/0/0)
tcp   127.0.0.1:111     127.0.0.1:49900   SYN_RECV  -               ein (2,32/0/0)
tcp   0.0.0.0:6000      0.0.0.0:*         LISTEN    1116/X          keepalive (0,00/0/0)
tcp   127.0.0.1:6000    127.0.0.1:49900   SYN_RECV  -               ein (2,32/0/0)
tcp   127.0.0.1:22      127.0.0.1:49900   SYN_RECV  -               ein (1,66/0/0)
tcp   0.0.0.0:631       0.0.0.0:*         LISTEN    722/cupsd       keepalive (0,00/0/0)
tcp   127.0.0.1:631     127.0.0.1:49900   SYN_RECV  -               ein (2,33/0/0)
```

[29] Dies ist z. B. auf 3 änderbar mittels: „`echo 3 > /proc/sys/net/ipv4/tcp_synack_retries`"

[30] Wer die tschechische Kindersendung Pan Tau noch kennt, kann sich vielleicht damit die Optionen `-pantou` merken.

```
tcp  127.0.0.1:25     0.0.0.0:*         LISTEN     784/master       keepalive (0,00/0/0)
tcp  127.0.0.1:25     127.0.0.1:49900   SYN_RECV   -                ein (2,65/0/0)
tcp  10.10.0.3:800    10.10.0.7:2049    VERBUNDEN  -                aus (0.00/0/0)
udp  0.0.0.0:32771    0.0.0.0:*                    867/rpc.mountd   aus (0.00/0/0)
udp  0.0.0.0:68       0.0.0.0:*                    436/dhcpcd       aus (0.00/0/0)
udp  0.0.0.0:886      0.0.0.0:*                    710/rpc.statd    aus (0.00/0/0)
udp  0.0.0.0:631      0.0.0.0:*                    722/cupsd        aus (0.00/0/0)
```

6.4.6 Offene Ports finden mit `nmap`

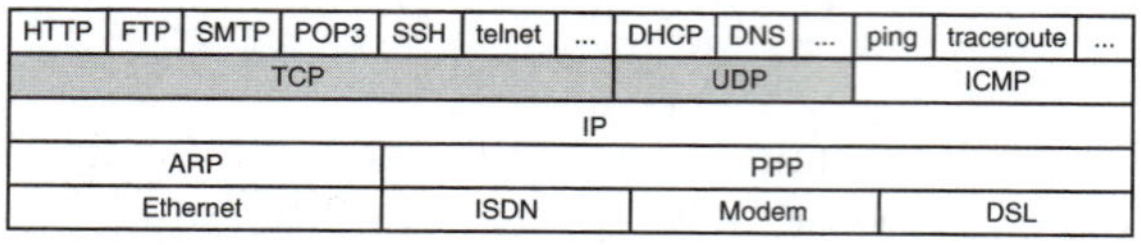

Wenn du wissen willst, welche Serverports auf einem Rechner geöffnet sind, kannst du das mit `netstat -ltu` herausfinden. In zwei Fällen ist dies aber keine befriedigende Lösung:

1. Du hast keinen Login auf dem fraglichen Rechner. Du musst aber nicht unbedingt Böses im Sinn haben, wenn du wissen willst, welche Ports auf einem System erreichbar sind. Es kann auch einfach sein, dass du die Portnummer eines gesuchten Dienstes nicht kennst. Vielleicht handelt es sich auch um ein Embeddedgerät, welches nur per Netzwerk konfiguriert werden kann und weder Bildschirm noch Tastatur besitzt[31].
2. Du willst wissen, welche Ports tatsächlich auch von einem Rechner im Internet aus erreichbar sind und welche von deiner Firewall abgeriegelt werden.

Um dies herauszufinden, hilft nichts anderes, als von einem anderen Rechner aus alle fraglichen Ports der Reihe nach abzuklappern. Ein Programm, welches dies automatisch macht, wird *Portscanner* genannt.

Der unter Linux beliebteste Portscanner ist `nmap` Er probiert nach deinen Vorgaben alle gewünschten Ports aus und listet alle Portnummern auf, zu denen eine Verbindung möglich war.

> **`nmap`**
>
> sucht Rechner nach offenen Ports ab.
>
> *`nmap [OPTIONEN] Zielrechner`*
>
> | | |
> |---|---|
> | `-sT` | schont den Zielrechner und macht einen normalen connect-Scan |
> | `-sU` | scannt UDP-Ports anstelle von TCP |
> | `-p A-E` | scannt alle Ports von `A` bis `E` |

Wenn du die Dokumentation zu `nmap` studierst, wirst du dich vielleicht nicht des Eindrucks erwehren können, dass du hier ein ausgefeiltes Hackertool vor dir hast. Dies liegt nicht zuletzt an den zahlreichen Optionen, mit denen `nmap` versucht, den Portscan zu *verschleiern*. Dies hat `nmap` einen zwielichtigen Ruf eingebracht.

Natürlich verdient das systematische Absuchen nach Sicherheitslücken in fremden Rechnern, *die einen nichts angehen*, keine Anerkennung!

[31] Ein sogenannter *Webtoaster*

Es ist aber kurzsichtig und kindisch, ein so mächtiges Diagnosewerkzeug wie nmap deshalb zu verpönen oder gar zu kriminalisieren! Wie sollst du dich selbst denn vor einem Portscan schützen, wenn du noch nicht einmal an deinem Rechner selbst einen ausprobieren darfst! Auch in anderen Situationen ist nmap nützlich und kann einen schnellen Überblick über die erreichbaren Dienste eines Rechners im lokalen Netz verschaffen.

Als Argument übergibst du nmap den Namen des Zielrechners. Natürlich kannst du hier auch localhost nehmen.

Wenn du kein Hacker bist, solltest du zustätzlich die Option -sT (*connect scan*) angeben, da nmap sonst bei offenen Ports den Verbindungsaufbau nicht sauber quittiert und dann beim Server Sockets im Zustand SYN_RECV hängen bleiben. Wenn du nmap nicht als root aufrufst, gilt die Option -sT automatisch, weil Linux einem normalen Benutzer solche Tricks nicht erlaubt.

Ich habe für dich mal einen Rechner aus meinem lokalen Netzwerk ausgeschnüffelt:

```
Eiger:~ # nmap -sT 10.10.0.3

Starting nmap V. 3.00 ( www.insecure.org/nmap/ )
Interesting ports on Wethertop.zemeplocha.de (10.10.0.3):
(The 1596 ports scanned but not shown below are in state: closed)
Port       State       Service
22/tcp     open        ssh
80/tcp     open        http
111/tcp    open        sunrpc
515/tcp    open        printer
6000/tcp   open        X11

Nmap run completed -- 1 IP address (1 host up) scanned in 0 seconds
```

Ohne weitere Angaben scannt nmap die Portnummern von 1 bis 1024, sowie alle Nummern, die in /etc/services eingetragen sind. Wenn du nicht gerade im lokalen Netz arbeitest, kann dies lange dauern. Deshalb kannst du mit der Option -p auch einzelne Ports (durch Kommata getrennt) oder einen ganzen Bereich (mit Minuszeichen) angeben.

Scanne Port 22, 80 und 443 (SSH, HTTP und HTTPS):

```
Eiger:~ # nmap -p 22,80,443
```

Scanne Ports von 1 bis 1024:

```
Eiger:~ # nmap -p 1-1024
```

Scanne Ports von 1 bis 256 und Port 443:

```
Eiger:~ # nmap -p 1-256,443
```

Die einzige „friedliche“ Option, die ich noch vorstellen will, ist `-sU`. Damit versucht `nmap`, offene UDP-Ports zu finden. Dies ist weit schwieriger und unzuverlässiger als bei TCP, weil UDP ja keinen Verbindungsaufbau kennt und die Gegenseite in der Regel nur dann anwortet, wenn das Testpaket sich an das jeweilige Protokoll des Dienstes hält.

In der Tat macht `nmap` den Scan genau umgekehrt: Es macht sich zunutze, dass ein (kooperativer) Rechner auf ein UDP-Paket an einen nicht offenen Port mit einer ICMP-Meldung vom Typ *port unreachable* antwortet. Alle Ports, von denen keine Fehlermeldung kommt, werden als offen bezeichnet.

Wenn eine Firewall aktiv ist, die allen Netzwerkverkehr auf nicht benutzte Ports abblockt, erscheinen dann aber alle Ports als offen! Die Option `-sU` ist also allenfalls im lokalen Netz nützlich:

```
Eiger:~ # nmap -sU -p 1-100 10.10.0.7

Starting nmap V. 3.00 ( www.insecure.org/nmap/ )
Interesting ports on Blomberg.zemeplocha.de (10.10.0.7):
(The 98 ports scanned but not shown below are in state: closed)
Port       State       Service
53/udp     open        domain
67/udp     open        dhcpserver

Nmap run completed -- 1 IP address (1 host up) scanned in 11 seconds
```

Fazit: `nmap` ist ein einfach zu bedienendes Diagnosewerkzeug, mit dem du dir schnell einen Überblick verschaffen kannst, welche Netzwerkdienste ein Rechner zur Verfügung stellt. Ferner kannst du einen einfachen Sicherheitstest deines eigenen Servers machen. Ein TCP-Dienst, der von `nmap` nicht angezeigt wird, ist auch mit `telnet` nicht erreichbar.

6.4.7 Netzwerkverkehr mithören mit `tcpdump`

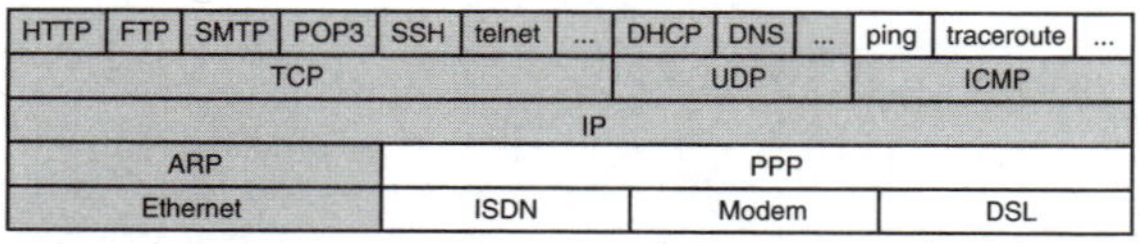

Während `netstat` nur allgemeine Daten über die Verbindungen anzeigt, kannst du mit `tcpdump` alle übertragenen Daten wörtlich „mithören“. Der Netzwerkverkehr wird davon nicht beeinflusst. Innerhalb eines lokalen Netzwerkes kannst du sogar von Rechner A aus Kommunikation zwischen Rechner B und C mithören[32]!

[32] Bei einem geswitchten Netzwerk muss A evtl. im gleichen Segment wie B oder C liegen.

Anders als der Name `tcpdump` vermuten lässt, kann dieses Werkzeug auch UDP- und ICMP-Verkehr, IP-Pakete im Allgemeinen und sogar Ethernet-Header anzeigen und aufschlüsseln. Auch kann es für einige Protokolle Datenpakete der Applikationsschicht, wie z. B. DNS-Anfragen, inhaltlich aufschlüsseln.

`tcpdump` ist als Diagnosewerkzeug schwieriger zu erlernen als z. B. `ping` oder `netcat`, aber dafür universell, flexibel und präzise wie ein Schweizer Uhrwerk.

Einführende Beispiele

In folgendem Beispiel verwende ich `tcpdump`, um UDP-Datenpakete anzuzeigen. Die Option `-n` unterdrückt wie üblich die Auflösung von Rechnernamen:

```
Eiger:~ # tcpdump -n udp
tcpdump: listening on eth0
20:00:36.338392 10.10.0.9.32795 > 10.10.0.7.53: 43044+ A? gibtsnix.xyz. (32) (DF)
20:00:36.339173 10.10.0.7.53 > 10.10.0.9.32795: 43044 NXDomain 0/1/0 (107)
20:00:36.339522 10.10.0.9.32795 > 10.10.0.7.53: 43045+ A? gibtsnix.xyz.local. (46)
  (DF)
20:00:36.340202 10.10.0.7.53 > 10.10.0.9.32795: 43045 NXDomain* 0/1/0 (120)
20:00:39.629105 10.10.0.9.32795 > 10.10.0.7.53: 6541+ A? www.muen.de. (33) (DF)
20:00:39.630154 10.10.0.7.53 > 10.10.0.9.32795: 6541 2/2/2 CNAME web.muen.de.
[|domain]

6 packets received by filter
0 packets dropped by kernel
```

Jede Ausgabezeile entspricht einem IP-Paket und enthält:

1. einen Zeitstempel inkl. Microsekunden (in der ersten Beispielzeile `338392`),
2. IP-Adresse (Rechnername) und Portnummer (Dienstname) des Senders (IP-Adresse `10.10.0.9`, Quellport `32795`),
3. IP-Adresse (Rechnername) und Portnummer (Dienstname) des Empfängers (IP-Adresse `10.10.0.7`, Zielport `53`),
4. einen variablen Datenteil (`43044+ A? gibtsnix.xyz. (32)`).
5. eventuell Flags der IP-Pakete. Ein `(DF)` bedeutet, dass bei dem jeweiligen Paket das *don't fragment*-Bit gesetzt ist, das die Fragmentierung des Paketes durch einen Router verbietet.

Der Aufbau des variablen Datenteils hängt vom Inhalt des Paketes und von den Portnummern ab. `tcpdump` kennt eine ganze Reihe von Protokollen und versucht, die Rohdaten der IP-Pakete nach den Leseregeln der jeweiligen Protokolle aufzuschlüsseln.

In obigem Beispiel sehen wir DNS-Anfragen und -Antworten. Ein Prozess auf Rechner `10.10.0.9` schickt an `10.10.0.7` auf Port `53` (`domain`) die beiden Anfragen `A? gibtsnix.xyz` und `A? gibtsnix.xyz.local`. Die Antwortet lautet beides Mal `NXDomain` (unbekannte Domain).

Eine dritte Anfrage nach `www.muen.de` wird positiv beantwortet mit `CNAME web.muen.de`. Selbst wenn du das DNS-Protokoll nicht verstehst, kannst du dir ein gutes Bild vom Frage- und Antwortspiel des DNS machen.

Folgendes Beispiel schneidet alle ARP-Anfragen und Antworten im lokalen Netzwerk mit[33]:

```
Eiger:~ # tcpdump -n arp
tcpdump: listening on eth0
16:42:21.558038 arp who-has 10.10.0.3 tell 10.10.0.7
16:42:21.558076 arp reply 10.10.0.3 is-at 0:7:95:27:16:74
```

Um 15 Uhr 42, 21 Sekunden und 558038 Mikrosekunden hört die Netzwerkkarte `eth0` eine ARP-Anfrage von Rechner `10.10.0.7`: Er fragt nach der MAC-Adressse von `10.10.0.3`. Gerade mal 38 Mikrosekunden später kommt schon die Antwort: `10.10.0.3` hat die MAC-Adresse `00:07:95:27:16:74`.

Netzwerkkarte angeben

`tcpdump` hört standardmäßig auf der Netzwerkkarte `eth0`. Mit der Option `-i` kannst du eine andere Netzwerkkarte angeben. Es ist damit auch möglich, eine Einwahlverbindung mitzuschneiden, die über PPP läuft[34]. Du musst nur das entsprechende Gerät mit der Option `-i` angeben, z. B:

```
Eiger:~ # tcpdump -i ppp0
```

Ausführlichkeit der Ausgabe

Mit einer Reihe von Optionen kannst du die Art und die Ausführlichkeit der Anzeige steuern. Die schon erwähnte Option `-n` unterbindet das Umrechnen von IP-Adressen und Portnummern in Namen. Neben einer knapperen Anzeige hat dies einen wichtigen Aspekt: Das Nachschlagen der Namen per DNS erzeugt selbst Netzwerkverkehr, der sich wiederum in der Ausgabe niederschlägt!

Auch mit `-N` kannst du die Ausgabe verkürzen: hier werden die Domainnamen weggelassen und nur die Rechnernamen angezeigt, was im lokalen Netzwerk eigentlich immer ausreicht.

So sieht z. B. ein dreimal erfolgreiches `ping` mit der Option `-N` aus. Da `ping` auf ICMP basiert, werden keine Portnummern ausgegeben, die gibt es nur bei TCP und UDP:

```
Eiger:~ # tcpdump -N
09:59:19.812261 Wethertop > Blomberg: icmp: echo request (DF)
```

[33] ARP, **A**dress **R**esolution **P**rotocol: siehe Abschnitt 6.2.4 auf Seite 169

[34] Siehe Abschnitt 6.2.5 auf Seite 170

```
09:59:19.812538 Blomberg > Wethertop: icmp: echo reply
09:59:20.811262 Wethertop > Blomberg: icmp: echo request (DF)
09:59:20.811462 Blomberg > Wethertop: icmp: echo reply
09:59:21.810463 Wethertop > Blomberg: icmp: echo request (DF)
09:59:21.810667 Blomberg > Wethertop: icmp: echo reply
```

Die Option `-q` unterdrückt etliche Informationen, mit denen man sowieso nur etwas anfangen kann, wenn man das jeweilige Protokoll gut kennt. Bei TCP werden z. B. Informationen über Sequenznummern und Quittierungsfenster angegeben, die du wirklich nur benötigst, wenn du auf tiefster TCP-Ebene arbeitest.

Wenn du *zusätzliche* Informationen über die Hardwareebene benötigst, kannst du diese mit `-e` abonnieren.

Bei Ethernetgeräten zeigt `-e` die MAC-Adresse von Sender und Empfänger sowie die Länge des Ethernetpaketes an.

Als Beispiel habe ich noch einmal das gleiche `ping` protokolliert wie im letzten Beispiel, diesmal jedoch mit den Optionen `-eqNt`.

tcpdump

Werkzeug zum Mithören und Analysieren von Netzwerkverkehr

tcpdump [OPTIONEN] [FILTERAUSDRUCK]

`-i G`	hört auf Gerät `G` anstelle von `eth0`
`-n`	zeigt IP- und Portnummern statt Namen
`-N`	zeigt keine Domainnamen
`-q`	lässt Protokollinformationen weg
`-t`	lässt Zeitstempel weg
`-v`	ausführliche Ausgabe
`-vv`	sehr ausführliche Ausgabe
`-vvv`	verdammt ausführliche Ausgabe
`-e`	zeigt Ethernetadressen an
`-x`	zeigt Hexdump an
`-xX`	zeigt Hexdump mit ASCII-Interpretation an
`-s 0`	zeigt komplette Pakete an

Dabei kannst du die MAC-Adresse vom Sender des Ping-Paketes (`00:04:76:4C:89:73`) und der des Gegenübers (`00:A0:CC:5B:F3:34`) erkennen, sowie die Länge des Ethernetpaketes von 98 Byte. Ich habe `ping` mit einer Paketgröße von 56 Bytes Nutzdaten aufgerufen. Daraus kann man 42 Byte Protokolloverhead für Ethernet, IP und ICMP ausrechnen.

Die Option `-t` verhindert die Ausgabe des Zeitstempels am Anfang der Zeile.

```
Eiger:~ # tcpdump -eqNt
tcpdump: listening on eth0
0:4:76:4c:89:73 0:a0:cc:5b:f3:34 98: Wethertop > Blomberg: icmp: echo request (DF)
0:a0:cc:5b:f3:34 0:4:76:4c:89:73 98: Blomberg > Wethertop: icmp: echo reply
0:4:76:4c:89:73 0:a0:cc:5b:f3:34 98: Wethertop > Blomberg: icmp: echo request (DF)
0:a0:cc:5b:f3:34 0:4:76:4c:89:73 98: Blomberg > Wethertop: icmp: echo reply
0:4:76:4c:89:73 0:a0:cc:5b:f3:34 98: Wethertop > Blomberg: icmp: echo request (DF)
0:a0:cc:5b:f3:34 0:4:76:4c:89:73 98: Blomberg > Wethertop: icmp: echo reply
```

Die Optionen `-v`, `-vv` und `-vvv` sind lapidar gesagt dafür da, *mehr*, *noch mehr* und *noch viel mehr* Informationen anzufordern[35]. Was dies genau bedeutet, ist von

[35] Zu merken mit *verbose*, *very verbose* und *very very verbose*

Protokoll zu Protokoll unterschiedlich und in der Man-Seite nachzulesen (`man 1 tcpdump`). Im Zweifelsfall hilft aber auch einfach Experimentieren.

Beispielsweise kannst du dir einmal ansehen, was `traceroute` so alles auf dem Netzwerk veranstaltet, wenn du in einem Fenster eingibst:

```
Eiger:~> traceroute -N 1 -n -F -q 1 213.95.15.200
traceroute to 213.95.15.200 (213.95.15.200), 30 hops max, 40 byte packets
 1  10.10.0.7  0.000 ms
 2  217.5.98.8  56.710 ms
 3  217.237.152.54  57.695 ms
 4  194.25.6.14  57.395 ms
 5  194.59.190.50  57.415 ms
 6  212.218.189.33  73.591 ms
 7  192.135.7.9  75.921 ms
 8  62.128.0.209  81.262 ms
 9  62.128.25.132  87.146 ms
10  *
11  62.128.13.194(N!)  82.969 ms
```

... und dies in einem anderen verfolgst mit:

```
Eiger:~ # tcpdump -ntv 'icmp or udp'
tcpdump: listening on eth0
10.10.0.9.64000 > 213.95.15.200.33434: [udp sum ok] udp 40 (DF) [ttl 1]
(id 7364, len 68)
```

`traceroute` beginnt damit, an den Rechner `213.95.15.200` ein UDP-Paket zu schicken. Der Trick ist dabei, dass der *Time To Live (TTL)*-Zähler auf 1 gesetzt ist. Dieser Zähler wird von `tcpdump` ausgegeben: `[ttl 1]`.

Der erste Router, den das Paket erreicht, ist `10.10.0.7`. Dieser erkennt, dass das UDP-Paket abgelaufen ist, weil TTL bei ihm auf 0 fällt. Er sendet daher eine ICMP-Antwortmeldung vom Typ `time exceeded in-transit`:

```
10.10.0.7 > 10.10.0.9: icmp: time exceeded in-transit [tos 0xc0]
 (ttl 255, id 54605, len 96)
```

Jetzt kommt das zweite UDP-Paket, diesmal ist TTL auf `2` gesetzt:

```
10.10.0.9.64001 > 213.95.15.200.33435: [udp sum ok] udp 40 (DF)
 (ttl 2, id 7365, len 68)
```

Die Fehlermeldung kommt diesmal vom übernächsten Router, hier im Beispiel `217.5.98.8`:

```
217.5.98.8 > 10.10.0.9: icmp: time exceeded in-transit (ttl 126, id 0,
len 56)
```

Das Spiel geht solange weiter, bis der Zielrechner erreicht wird:

```
10.10.0.9.64002 > 213.95.15.200.33436: [udp sum ok] udp 40 (DF) (ttl 3, id 7366, len 68)
217.237.152.54 > 10.10.0.9: icmp: time exceeded in-transit (ttl 253, id 0, len 56)
10.10.0.9.64003 > 213.95.15.200.33437: [udp sum ok] udp 40 (DF) (ttl 4, id 7367, len 68)
194.25.6.14 > 10.10.0.9: icmp: time exceeded in-transit (ttl 251, id 0, len 56)
10.10.0.9.64004 > 213.95.15.200.33438: [udp sum ok] udp 40 (DF) (ttl 5, id 7368, len 68)
194.59.190.50 > 10.10.0.9: icmp: time exceeded in-transit [tos 0xc0]  (ttl 251, id 39247, len 56)
10.10.0.9.64005 > 213.95.15.200.33439: [udp sum ok] udp 40 (DF) (ttl 6, id 7369, len 68)
212.218.189.33 > 10.10.0.9: icmp: time exceeded in-transit (ttl 250, id 0, len 56)
10.10.0.9.64006 > 213.95.15.200.33440: [udp sum ok] udp 40 (DF) (ttl 7, id 7370, len 68)
192.135.7.9 > 10.10.0.9: icmp: time exceeded in-transit [tos 0xc0]  (ttl 249, id 63069, len 56)
10.10.0.9.64007 > 213.95.15.200.33441: [udp sum ok] udp 40 (DF) (ttl 8, id 7371, len 68)
62.128.0.209 > 10.10.0.9: icmp: time exceeded in-transit [tos 0xc0]  (ttl 248, id 17315, len 56)
10.10.0.9.64008 > 213.95.15.200.33442: [udp sum ok] udp 40 (DF) (ttl 9, id 7372, len 68)
62.128.25.132 > 10.10.0.9: icmp: time exceeded in-transit (ttl 55, id 21034, len 56)
10.10.0.9.64009 > 213.95.15.200.33443: [udp sum ok] udp 40 (DF) (ttl 10, id 7373, len 68)
10.10.0.9.64010 > 213.95.15.200.33444: [udp sum ok] udp 40 (DF) (ttl 11, id 7376, len 68)
62.128.13.194 > 10.10.0.9: icmp: net 213.95.15.200 unreachable - admin prohibited [tos 0xc4]  (ttl 245, id 5013, ...
```

Wenn du über den eigentlichen Inhalt der Datenpakete Bescheid wissen willst und ein Protokoll untersuchst, das `tcpdump` nicht analysieren kann, kannst du auch das komplette Paket als Hexdump ausgeben lassen! Dazu dient die Option `-x`.

Ich empfehle dazu, gleich noch ein `-X` hinterherzuschieben, denn dann bekommst du gleich noch eine ASCII-Interpretation dazugeliefert. Die volle Dröhnung kannst du dir dann mit `tcpdump -evvvxX -s 0` geben, wobei `-s 0` verhindert, dass die Pakete bei 68 Bytes abgeschnitten werden. Das macht `tcpdump` nämlich normalerweise, um Zeit zu sparen.

In folgendem Beispiel kannst du einmal die ganze Wahrheit über ein Paket aus dem NTP [36]-Protokoll sehen:

```
Eiger:~ # tcpdump -evvvxX -s 0
tcpdump: listening on eth0
11:39:33.485971 0:a0:cc:5b:f3:34 0:4:76:4c:89:73 ip 90: Blomberg.zemeplocha.de.ntp
> Wethertop.zemeplocha.de.ntp: [udp sum ok] v4 server strat 2 poll 6 prec -17 dist
0.087554 disp 0.020935 ref ntp2.ptb.de@3247900450.446489006 orig 3247900773.4854219
85 rec +0.003443000 xmt +0.003617000 (ttl 64, id 61535, len 76)
0x0000   4500 004c f05f 0000 4011 761e 0a0a 0007        E..L._..@.v.....
0x0010   0a0a 0009 007b 007b 0038 c9ae 2402 06ef        .....{.{.8..$...
0x0020   0000 166a 0000 055c c035 6758 c197 0722        ...j...\.5gh..."
0x0030   724d 1a65 c197 0865 7c44 9dbe c197 0865        rM.e...e|D.....e
0x0040   7d26 41b3 c197 0865 7d31 a8ef                  }&A....e}1..
```

Paketfilter

Normalerweise zeigt `tcpdump` alle Pakete an, die an der Netzwerkkarte vorbeirauschen. In der Regel interessiert man sich aber nur für ein bestimmtes Protokoll, eine bestimmte Verbindung oder einen bestimmten Rechner. Du kannst `tcpdump` die Arbeit überlassen, die interessanten Pakete für dich herauszufiltern. Dazu gibst du nach den Optionen einen *Filterausdruck* an, wie ich es in einigen der Beispiele schon gemacht habe, ohne darauf hinzuweisen.

[36]NTP: Network Time Protocol, definiert in RFC 958, `http://www.ietf.org/rfc/rfc958.txt`

Im einfachsten Fall besteht der Filterausdruck nur aus einem einzelnen Wort – wie z. B. udp. Es werden dann nur Pakete angezeigt, die der Filter akzeptiert, z. B. zeigt `tcpdump udp` nur UDP-Pakete.

Die nützlichsten Filter habe ich dir im nebenstehenden Kasten zusammengestellt. Manche der Filterausdrücke erfordern nach dem Schlüsselwort eine weitere Angabe.

Beim Filter `net` verwendet man für die Angabe des Netzwerkes die Schreibweise mit dem Schrägstrich, wie ich sie in Abschnitt 6.3.2 auf Seite 175 erklärt habe.

Der Filter `port` akzeptiert sowohl eine nummerische Portnummer als auch einen Dienstnamen aus `/etc/services`.

`tcpdump` – Filterausdrücke

`udp`	zeigt UDP-Pakete
`tcp`	zeigt TCP-Pakete
`icmp`	zeigt ICMP-Pakete
`arp`	zeigt ARP-Pakete
`broadcast`	zeigt Broadcastverkehr
`host H`	zeigt Pakete von oder zu Rechner `H`
`src host`	bezieht `host` nur auf die Quelle
`dst host`	bezieht `host` auf das Ziel
`net N/B`	zeigt Verkehr innerhalb, von oder zu Netzwerkadresse/Bitanzahl
`port P`	zeigt TCP/UDP-Pakete von oder zu Port oder Dienst `P`
`src port`	bezieht `port` nur auf die Quelle
`dst port`	bezieht `port` auf das Ziel

Verknüpfungen

`A and B`	`A` und `B` müssen zutreffen
`A or B`	`A` oder `B` muss zutreffen
`not A`	negiert den Filterausdruck `A`
`( A )`	klammert `A` als Teilausdruck

Hier sind einige Beispiele für Filterausdrücke:

Zeige den Netzwerkverkehr von und zu `www.muenchen.de`:

```
Eiger:~ # tcpdump host www.muenchen.de
```

Zeige nur DNS-Abfragen und -Antworten:

```
Eiger:~ # tcpdump port 53
```

oder:

```
Eiger:~ # tcpdump port domain
```

Zeige allen Verkehr von und zum `10.13`er Netz:

```
Eiger:~ # tcpdump net 10.13.0.0/16
```

Vor die Ausdrücke `host` und `port` kannst du noch das Schlüsselwort `src` (Quelle, engl. *source*) oder `dst` (Ziel, engl. *destination*) stellen, womit du die Angabe des Rechners bzw. Ports auf die Quelle oder das Ziel festlegst.

Zeige nur Pakete von `10.10.0.7`:

```
Eiger:~ # tcpdump src host 10.10.0.7
```

Zeige nur Pakete an Port 80:

```
Eiger:~ # tcpdump dst port 80
```

Wenn dir soviel Auswahl noch nicht genügt, kannst du die Ausdrücke mit `and`, `or`, `not` und Klammern `( )` beliebig verschachteln. Bei der Verwendung von Klammern musst du den ganzen Ausdruck vor der Shell schützen, indem du ihn in Hochkommata setzt.

Zeige alle HTTPS- und HTTP-Pakete:

```
Eiger:~ # tcpdump port https or port http
```

Bei `or` in Verbindung mit `port`, `host` und `net` kannst du abkürzen:

```
Eiger:~ # tcpdump port https or http
```

Zeige HTTP-Verbindung mit Rechner `10.17.18.200`:

```
Eiger:~ # tcpdump port http and host 10.17.18.200
```

Zeige UDP-Verkehr der Rechner `10.10.0.7` und `10.10.0.8`:

```
Eiger:~ # tcpdump 'udp and host (10.10.0.7 or 10.10.0.8)'
```

Blende Verkehr mit Rechner `10.10.0.7` aus:

```
Eiger:~ # tcpdump not host 10.10.0.7
```

Auf weitere Möglichkeiten, wie z. B. das Abfragen einzelner Bits von Protokollköpfen, verzichte ich hier. Wie immer findest du die Informationen in der sehr ausführlichen Man-Seite von `tcpdump`. Dort findest du auch eine Erklärung der Ausgabeformate verschiedener Protokolle.

6.5 Namensauflösung mittels DNS

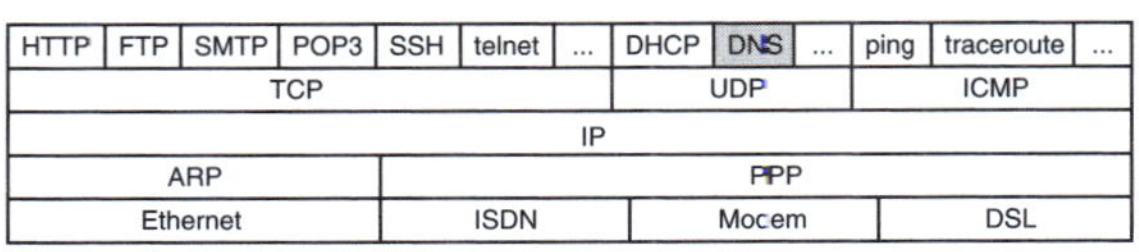

Ein wichtiger Dienst im Internet ist der *Domain Name Service* (*DNS*). Seine primäre Aufgabe ist es, zu einem

Rechnernamen, wie z. B. `www.muenchen.de`, die zugehörige IP-Adresse, wie hier `194.113.40.2`, zu ermitteln. Die Bedeutung von DNS gründet vor allem in der menschlichen Eigenschaft, sich besser Namen als Zahlen merken zu können; Computer können in der Regel mit Zahlen besser umgehen.

Weiterhin kann DNS auch umgekehrt zu einer IP-Adresse den Rechnernamen ermitteln, was man *umgekehrte Namensauflösung* nennt (*reverse name lookup*), und zu einer Domain beispielsweise den zugehörigen Mailserver ermitteln.

DNS kann man aus Sicht des Servers und des Clients betrachten. Der Client fragt – wenn er einen Namen auflösen will – einen *Nameserver*. Welcher dies ist, wird unter Linux in der Datei `/etc/resolv.conf` festgelegt:

```
Eiger:~> grep nameserver /etc/resolv.conf
nameserver 10.10.0.7
```

6.5.1 DNS-Anfrage in Einzelschritten

Die Anfrage an den Nameserver geschieht in der Regel per UDP[37]. Mit dem Befehl `strace` (Siehe Kapitel 7.2.2 auf Seite 242) kannst du beobachten, was z. B. der Befehl `ping` macht, um den Rechnernamen in eine IP-Nummer umzuwandeln:

```
Eiger:~> strace -e socket,connect,send,recvfrom ping www.muenchen.de
```

Ich habe die Ausgabe etwas gekürzt und nur die interessanten Zeilen herausgeschnitten. Als erstes wird ein Socket vom Typ UDP erzeugt[38]:

```
socket(PF_INET, SOCK_DGRAM, IPPROTO_IP) = 3
```

Danach wird das Socket als Client-Socket betrieben und auf den Rechner `10.10.0.7`, Port `53` ausgerichtet[39]:

```
connect(3, {sin_family=AF_INET, sin_port=htons(53),
 sin_addr=inet_addr("10.10.0.7")}}, 28) = 0
```

Als nächstes wird über das Socket eine Anfrage nach der IP-Adresse von `www.muenchen.de` verschickt:

```
send(3, "\340\337\1\0\0\1\0\0\0\3www\10muenchen\2de\0\1"..., 33, 0) = 33
```

[37] DNS-Anfragen kann man auch per TCP stellen.

[38] `PF_INET`: Internetsocket, `SOCK_DGRAM`: Datagram-Socket. Das bedeutet im Falle eines Internetsocket immer UDP.

[39] Obwohl der Systemaufruf `connect` heißt, wird in unserem Falle von UDP keine Verbindung aufgebaut.

Die Antwort lässt nicht lange auf sich warten:

```
recvfrom(3, "\340\337\201\200\0\1\0\2\0\2\0\2\3www\10muenchen\2de\0"...,
 1024, 0, {sin_family=AF_INET, sin_port=htons(53),
 sin_addr=inet_addr("10.10.0.7")}}, [16]) = 142
```

Die Tatsache, dass DNS als Protokoll UDP bevorzugt, hat den Vorteil einer kurzen Antwortzeit. Da jede Anfrage eine einmalige Sache ist, und zudem wenig Daten übertragen werden, würde sich ein Verbindungsauf- und abbau zu diesem Zweck nicht auszahlen.

Die Probleme beginnen allerdings, wenn der Nameserver nicht erreichbar ist, z. B. weil:

- ein falscher Nameserver in `/etc/resolv.conf` eingetragen ist,
- die Netzwerkverbindung zum Nameserverrechner nicht klappt,
- der Nameserver selbst nicht funktioniert.

6.5.2 Probleme mit DNS: Zwei unterschiedliche Symptome

Es gibt zwei Arten von Symptomen einer defekten Namensauflösung:

1. Jeder Versuch einer Namensauflösung scheitert sofort.
2. Jeder Versuch einer Namensauflösung scheitert nach 20 Sekunden.

Das sofortige Scheitern der Anfrage tritt auf, wenn:

- kein Nameserver eingetragen wurde,
- auf dem Rechner, der eingetragen wurde, kein Dienst auf Port 53 (DNS) läuft und der Rechner dies brav per ICMP zurückmeldet (dies ist bei Linux der Normalfall, sofern keine Firewall konfiguriert wurde),
- der Quellrechner erkennt, dass die als Nameserver eingetragene IP-Adresse gar nicht erreichbar sein kann (z. B. Netzwerk auf dem Quellrechner nicht aktiv),
- Ein Router auf dem Weg zum Nameserver erkennt, dass der Nameserver nicht erreichbar ist, und dies per ICMP zurückmeldet.

Ein Scheitern nach 20 Sekunden tritt dann auf, wenn in `/etc/resolv.conf` ein Nameserver eingetragen ist, der per Netzwerk theoretisch erreichbar wäre, aber nicht antwortet. Das ist z. B. der Fall:

- Wenn der Nameserverrechner oder ein Router auf dem Weg dorthin heruntergefahren wurde oder aus einem anderen Grund nicht läuft.
- Eine Firewall auf dem Weg hin und zurück das Frage- oder Antwortpaket abblockt.

Wenn man eine vergebliche Anfrage nach Typ 2 genauer untersucht, sieht man, dass das Anwendungsprogramm insgesamt viermal versucht, eine Anfrage per UDP an den Nameserver zu senden und jedesmal 5 Sekunden auf die Antwortet wartet.

Erst nach vier Versuchen mit insgesamt 20 Sekunden wird mit einer Fehlermeldung abgebrochen. Sind in `/etc/resolv.conf` gar zwei oder drei Nameserver mit dem gleichen Problem eingetragen, so dauert es 40 bzw. 60 Sekunden bis zum Scheitern einer Anfrage!

Da sich in vielen Befehlen DNS-Anfragen implizit verstecken, kann dies zu einem äußerst schleppend arbeitenden System führen. Teilweise finden sogar schon während der Anmeldung Nameserveranfragen statt, auch wenn deren Eregbnis für den Erfolg der Anmeldung nicht relevant ist. So versucht z. B. der SSH-Daemon von SUSE 8.1 einen Kerberosserver im Internet zu kontaktieren[40]. Wenn hier schon die Namensauflösung scheitert, so dauert eine Anmeldung mit SSH mehrere Minuten!

6.5.3 Diagnose von DNS-Problemen

Bei Problemen mit der Namensauflösung kannst du Folgendes tun:

- Einen Blick in `/etc/resolv.conf` werfen, welche Nameserver eingetragen sind,
- mit einem `ping` testen, ob die Nameserver erreichbar sind,
- mit `tcpdump` die Kommunikation mit dem Nameserver beobachten,
- mit einem Aufruf von `strace` wie im obigen Beispiel die Systemaufrufe des Clients verfolgen,
- mit dem Befehl `host` gezielt eine Anfrage an den Nameserver stellen.

Der Befehl `host` stellt an einen beliebigen Nameserver eine Anfrage. Dieser braucht nicht in Datei `/etc/resolv.conf` eingetragen zu sein. Als Argument gibst du den gesuchten Rechnernamen sowie den Nameserver an.

> **host**
>
> testet eine Anfrage an einen Nameserver.
>
> *host NAME [SERVER]*
>
> `-l` listet alle Einträge einer Domain auf

Nur, wenn du letzteren weglässt, wird der in `/etc/resolv.conf` eingetragene Server befragt.

```
Eiger:~ # host www.suse.de 212.185.252.201
Using domain server 212.185.252.201:
```

[40]Nur bei Protokoll-Version 2, diese ist aber mittlerweile Standard!

```
www.suse.de is a nickname for Turing.suse.de
Turing.suse.de has address 213.95.15.200
Turing.suse.de mail is handled (pri=96) by mail.noris.net
Turing.suse.de mail is handled (pri=42) by mail.suse.de
Turing.suse.de mail is handled (pri=69) by kerberos.suse.cz
```

Du kannst kann sogar versuchen, alle Einträge für eine bestimmte Domain auf einmal zu ermitteln. Hierzu dient die Option `-l`:

```
Eiger:~ # host -l suse.de
suse.de name server ns.suse.de
suse.de name server dns1.noris.net
suse.de name server dns2.noris.net
suse.de name server dns3.noris.net
suse.de name server kerberos.suse.cz
suse.de has address 213.95.15.200
laurent.suse.de has address 213.95.15.205
Sdb.suse.de has address 213.95.15.204
hazlett.suse.de has address 213.95.15.66
columbus.suse.de has address 213.95.15.209
ns.suse.de has address 213.95.15.193
...
```

Jetzt kommen noch etwa 30 weitere Rechner, die ich hier nicht mehr aufliste. Aus Sicherheitsgründen erlauben viele Nameserver derartige Anfragen nicht.

6.5.4 DNS Anfragen mit `tcpdump` analysieren

Das weiter oben eingeführte `tcpdump` bietet eine weitere Möglichkeit, Anfragen und Antworten des DNS im Detail zu studieren. `tcpdump` schlüsselt die Informationen der UDP-Pakete, die bei der Namensauflösung versendet werden, sehr genau auf.

Als Aufruffilter für `tcpdump` gibst du am besten `port domain` an. Sehr wichtig ist außerdem die Option `-n`, damit du Nameserveranfragen durch `tcpdump` *selbst* verhinderst. Denn auch diese würden schließlich im Dump auftauchen und das Lesen des Protokolls sehr unübersichtlich machen.

DNS-Anfragen

Folgendes Beispiel zeigt eine Namensauflösung von `isarlinux.de`, welche ich durch einen `ping` ausgelöst habe. Damit die Zeilen nicht so lang werden, habe ich noch mit `-t` die Ausgabe von Zeitstempeln abgeschaltet:

```
Eiger:~ # tcpdump -tn port domain
tcpdump: verbose output suppressed, use -v or -vv for full proto. decode
listening on eth0, link-type EN10MB (Ethernet), capture size 96 bytes
IP 10.10.0.3.32771 > 10.10.0.7.53:  50028+ A? isarlinux.de. (30)
```

Der Nameserver ist in diesem Beispiel `10.10.0.7`. Die Anfrage kommt von `10.10.0.3`. Wir sehen vier Angaben:

- `50028+`
  Dies ist eine Identifikations-Nummer für die Anfrage. Der Resolver kann anhand dieser Nummer die spätere Antwort richtig zuordnen. Bei UDP gibt es ja keine Verbindung und daher erstmal keine Zuordnung von Frage- und Antwortpaketen auf Netzwerkebene.
  Das +-Zeichen ist das *recursion desired flag*. Das bedeutet, dass der Nameserver – wenn er für die Domäne nicht selbst authoritiv ist – automatisch beim zuständigen Namenserver nachfragen und so die Antwort ermitteln soll.
- `A?`
  Hier steht der Anfragetyp (*query type* oder *qtype*). `A` bedeutet die Frage nach einem Adresseintrag, also einer IP-Nummer. Die Anfragetyp `PTR` liefert umgekehrt zu einer IP-Nummer einen Namen, und `MX` ermittelt zu einer Domäne den zuständigen Nameserver.
- `isarlinux.de.`
  Im Datenfeld steht der Inhalt der Anfrage, also hier nach `isarlinux.de.` (bei DNS werden alle Domainnamen mit einem abschließenden Punkt geschrieben).
- `(30)`
  Dieses Paket enthält 30 Bytes an Nutzdaten. Die Daten für IP- und UDP-Header werden nicht miteingerechnet.

DNS-Antworten

Das nächste UDP-Paket enthält die Antwort vom Nameserver:

```
IP 10.10.0.7.53 > 10.10.0.3.32771:  50028 1/2/2 A 217.160.140.72 (121)
```

Diese Angaben sind wie folgt zu lesen:

- `50028`
  Die Referenznummer für die Zuordnung zur Anfrage.
- `1/2/2`
  Das Antwortpaket enthält:
  - einen Datensatz mit der Antwort
  - zwei Datensätze mit Angaben über die Nameserver, die für die Antwort authoritiv sind

   ➢ 2 zusätzliche Datensätze

- ❑ `A 217.160.140.72`
  Der Typ des ersten Datensatzes ist `A` – also eine IP-Nummer – und zwar die Nummer `217.160.140.72`.
- ❑ `(121)`
  Das Paket enthält 121 Bytes an Nutzdaten.

Jetzt kommen noch Frage- und Antwort-Pakete einer umgekehrten Namensauflösung, welche auch durch den `ping`-Befehl verursacht ist:

```
IP 10.10.0.3.32771 > 10.10.0.7.53:
50029+ PTR? 72.140.160.217.in-addr.arpa. (45)
```

Der Anfragetype ist diesmal `PTR` – umgekehrte Namensauflösung. Als Anfragedatum wird die IP-Adresse in der seltsamen umgekehrten Schreibweise `72.140.160.217.in-addr.arpa.` angegeben. Mit diesem Trick wickelt das DNS die Rückwärtsauflösung ab wie eine normale Vorwärtsauflösung unter der speziellen Domäne `in-addr.arpa`.

Die Antwort schlüsselt `tcpdump` leider nicht weiter auf:

```
IP 10.10.0.7.53 > 10.10.0.3.32771:  50029 1/3/3 (195)
```

Fehlermeldungen vom Nameserver

Interessant ist auch eine *negative* Antwort vom Typ `NXDomain`, hier im Beispiel auf die Anfrage nach `gibt.nix`:

```
IP 10.10.0.3.32771 > 10.10.0.7.53:  31373+ A? gibt.nix. (26)
IP 10.10.0.7.53 > 10.10.0.3.32771:  31373 NXDomain 0/1/0 (104)
```

Kurz darauf versucht der Resolver noch, die Domainnamen aus der Suchliste in `/etc/resolv.conf` hintendranzuhängen (hier `local.de`)[41], scheitert aber wieder:

```
IP 10.10.0.3.32771 > 10.10.0.7.53:  31374+ A? gibt.nix.local.de.
IP 10.10.0.7.53 > 10.10.0.3.32771:  31374 NXDomain* 0/1/0 (117)
```

IPV6-Adressen

Das IP-Protokoll der Zukunft heißt *IPV6 – Internet Protocol Version 6*, und zwar schon seit vielen Jahren. Durchgesetzt hat es sich zwar noch nicht, aktuelle Linux-Distributionen unterstützen es aber bereits weitgehend. Ein wichtiger Unterschied

[41] Das Schlüsselwort in `/etc/resolv.conf` heißt `search`.

zu IPV4 – dem aktuellen Protokoll – sind die der IP-Adressen, welche bei V6 nicht mehr 32 sondern ganze 128 Bit lang sind.

Damit man im DNS auch 128-bittige Adressen hinterlegen kann, wurde der Daten- und Anfragetyp `AAAA` geschaffen. Manchen Programme versuchen mittlerweile immer zuerst eine `AAAA`-Adresse zu finden und nur, wenn es diese nicht gibt, einen `A`-Eintrag. Im `tcpdump` sieht das dann z. B. so aus:

```
10.10.0.3.32771 > 10.10.0.7.53:  56045+ AAAA? www.google.de. (31)
10.10.0.7.53 > 10.10.0.3.32771:  56045 2/1/0 CNAME[|domain]
10.10.0.3.32771 > 10.10.0.7.53:  56046+ A? www.google.de. (31)
10.10.0.7.53 > 10.10.0.3.32771:  56046 4/10/0 CNAME[|domain]
```

6.6 Diagnose von `iptables`

6.6.1 Paketfilter und Firewall

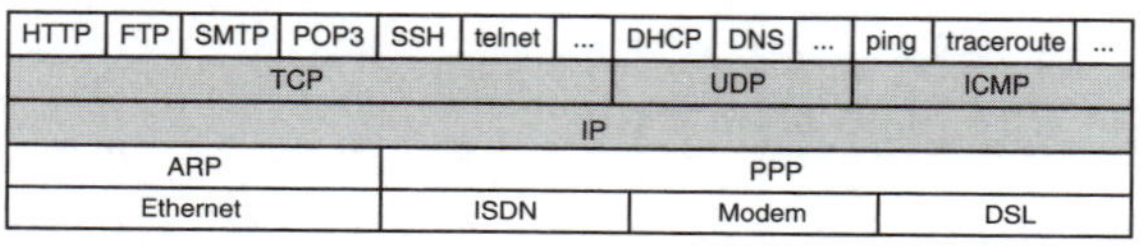

Eine Firewall schirmt einen Rechner oder ein lokales Netzwerk vor Netzwerkzugriffen aus dem Internet ab. Deren wichtigster Bestandteil ist ein *Paketfilter*. Dieser kontrolliert jedes eingehende, ausgehende oder durchzuleitende IP-Paket und entscheidet, ob es passieren darf, zurückgewiesen oder einfach weggeworfen wird. Auf diese Art soll verhindert werden, dass Angreifer von außen auf Dienste zugreifen können, welche gar nicht für sie gedacht sind, und dass Benutzer hinter der Firewall umgekehrt nicht durch ungesicherten Verkehr nach außen das interne Netzwerk gefährden.

Aufgrund der Art und Weise, wie ein Paketfilter funktioniert, gibt es zwei prinzipielle Arten von Fehlern:

1. *Sicherheitsprobleme*: Das Verhindern einer Angriffsmöglichkeit von außen klappt nicht, einem Angreifer stehen mehr Funktionen zur Verfügung als gewünscht. Die Firewall ist *nicht restriktiv genug*.
2. *funktionale Probleme*: Ein Benutzer innerhalb oder außerhalb der Firewall kann einen eigentlich zulässigen Dienst nicht verwenden, weil die Firewall diesen unnötigerweise blockiert. Die Firewall ist *zu restriktiv*.

Das Entdecken von Sicherheitsproblemen ist deshalb schwierig, weil es zunächst keine Symptome gibt, weil ja alles funktioniert – eigentlich sogar zuviel! Im Rahmen von regelmäßigen Sicherheitsüberprüfungen muss man gezielt nach Schwachstellen suchen. Dabei kann einem z. B. einen Portscanner wie `nmap` helfen.

Bei funktionalen Problemen hingegen gibt es sehr auffällige Symptome. Der häufigste Fall ist, dass Benutzer innerhalb der Firewall einen bestimmten Dienst nicht nutzen können. Probleme machen hier vor allem Dienste, die aktiv eine Verbindung nach innen aufbauen (z. B. kann sich `ftp` so verhalten) und UDP-Dienste, da die Firewall aufgrund der Verbindungslosigkeit von UDP wenig Kontextinformationen hat, mit denen sie gezielt filtern kann.

Der Linux-Kernel 2.6 ist seit langem die erste Hauptversion, bei der der Paketfilter *nicht* komplett neu geschrieben wurde. Nachdem man sich beim Kernel 2.0 an `ipfwadm` gewöhnt hatte, beim 2.2er Kernel auf `ipchains` umlernen musste und bei der Version 2.4 dann wieder `iptables` angesagt war, darf man sich diesmal freuen: `iptables` ist uns geblieben. Beim dritten Anlauf *musste* ja etwas Perfektes herauskommen.

Wir werden uns also kurz mit `iptables` befassen. Nachdem dieses Buch aber keines über Netzwerksicherheit ist, werde ich dir ausschließlich bei der zweiten Fehlerart helfen können: wenn der Filter zuviele Pakete blockiert und somit ein gewünschter Dienst nicht funktioniert.

Was du hier benötigst, sind Informationen über die blockierten Pakete. `tcpdump` hilft nämlich nicht immer weiter, da es alle eingehenden Pakete grundsätzlich anzeigt, auch wenn `iptables` diese kurz darauf abwürgt. Stattdessen werden wir den Paketfilter veranlassen, für uns Logmeldungen auszugeben.

6.6.2 Die drei Regelketten

Dazu ist zunächst wichtig, dass du die drei Regelketten kennenlernst: `INPUT`, `OUTPUT` und `FORWARD`. Jedes IP-Paket durchläuft nämlich immer *genau eine* Kette von Filterregeln:

Kette	Bedeutung
`INPUT`	wird von IP-Paketen durchlaufen, welche von außen kommen und an lokale Prozesse (Serverdienste oder Clients) gerichtet sind.
`OUTPUT`	IP-Pakete, welche von lokalen Prozessen erzeugt und über eine Netzwerkkarte nach außen versendet werden, durchlaufen die Kette `OUTPUT`.
`FORWARD`	IP-Pakete, welche von einer Netzwerkkarte von außen kommen und – über meist eine andere Netzwerkkarte – nach außen zu einem anderen Rechner weitergeleitet werden sollen, durchlaufen `FORWARD`.

Jede Regel der Kette beschreibt eine Bedingung für ein IP-Paket und eine Aktion für den Fall, dass die Regel zutrifft. Folgende Aktionen sind möglich:

Aktion	Bedeutung
`ACCEPT`	Das Paket darf passieren. Die Kette ist damit beendet.
`DROP`	Das Paket wird weggeworfen und die Kette beendet.
`REJECT`	Das Paket wird weggeworfen und die Kette beendet. Es geht aber eine ICMP-Nachricht an den Absender.
`LOG`	Es wird eine Logmeldung erzeugt und die Regelkette wird fortgesetzt.
`TCPMSS`	Bei dieser obskuren Aktion wird `iptables` benutzt, um die Fragmentierung von IP-Paketen in TCP-Verbindungen zu vermeiden. Sie soll uns hier nicht weiter interessieren.
`jump`	Es wird zu einer benutzerdefinierten Regelkette verzweigt, dessen Name als Name der Aktion gilt.

6.6.3 Ketten anzeigen

Zum Anzeigen und Manipulieren der Regelketten dient der Befehl `iptables`. Die Option `-L` bedeutet *list*, dahinter kannst du den Namen einer Kette angeben – sofern du willst, dass nur eine der Ketten angezeigt wird. Bei einem System mit leeren Regelketten sieht das so aus:

```
Eiger:~ # iptables -L
Chain INPUT (policy ACCEPT)
target     prot opt source               destination

Chain FORWARD (policy ACCEPT)
target     prot opt source               destination

Chain OUTPUT (policy ACCEPT)
target     prot opt source               destination
```

Bei jeder Kette steht in Klammern die *Default-Policy*. Dies ist die Aktion für den Fall, dass keine der Regeln zutrifft. In obigem Beispiel ist die Default-Policy bei allen drei Ketten `ACCEPT`: Es werden alle Pakete durchgelassen. Dies ist die Grundeinstellung bei einem frisch gebooteten Kernel.

`iptables`

Filterketten des Paketfilters anzeigen und manipulieren

`iptables -L KETTE OPTIONEN`
`iptables -I KETTE NR REGEL -j LOG`

`-L`	listet eine oder alle Ketten auf
`-n`	unterdrückt Namensauflösung
`-v`	zeigt Paketzähler
`--line-numbers`	zeigt Regelnummern
`-I`	fügt eine Regel in eine Kette ein

Wenn der Paketfilter zur Verwendung in einer Firewall konfiguriert wurde, sehen die Ketten natürlich anders aus. Üblich ist die Aktion `DROP` als Default-Policy. Hier ist ein kleiner Auszug (wie gewohnt verhindert `-n` eine Umrechnung von IP-Adressen in Rechnernamen):

```
Blomberg:~ # iptables -n -L INPUT
Chain INPUT (policy DROP)
target     prot opt source              destination
ACCEPT     all  --  0.0.0.0/0           0.0.0.0/0
ACCEPT     udp  --  0.0.0.0/0           0.0.0.0/0           state NEW,
RELATED,ESTABLISHED udp dpts:137:138
ACCEPT     udp  --  0.0.0.0/0           0.0.0.0/0           state NEW,
RELATED,ESTABLISHED udp dpts:137:138
DROP       all  --  127.0.0.0/8         0.0.0.0/0
DROP       all  --  217.235.113.170     0.0.0.0/0
input_ext  all  --  0.0.0.0/0           217.235.113.170
input_int  all  --  0.0.0.0/0           10.10.0.7
input_int  all  --  0.0.0.0/0           10.13.0.7
DROP       all  --  0.0.0.0/0           0.0.0.0/0
```

6.6.4 Paketzähler

Was macht man nun, wenn man den Paketfilter verdächtigt, unberechtigterweise Pakete wegzuwerfen? Am einfachsten ist es, wenn du dazu die eingebauten Paketzähler verwendest. Zunächst setzt du alle Zähler auf 0:

```
Blomberg:~ # iptables --zero
```

Wenn du nun die Regelketten mit der Option `-v` auflistest, wird bei jeder Regel die Anzahl der Pakete und Bytes angezeigt, die von dieser Regel bereits erfasst wurden. Hier ist ein Auszug:

```
Blomberg:~ # iptables -vn -L INPUT
Chain INPUT (policy DROP 0 packets, 0 bytes)
 pkts bytes target prot opt in    out  source       destination
    0     0 DROP   all  --  ppp1  *    0.0.0.0/0    10.10.255.255
    0     0 DROP   all  --  ppp1  *    0.0.0.0/0    255.255.255.255
    0     0 DROP   all  --  eth0  *    0.0.0.0/0    217.235.113.170
    1  1345 DROP   all  --  ppp1  *    0.0.0.0/0    217.235.113.170
    0     0 DROP   all  --  *     *    0.0.0.0/0    0.0.0.0/0
```

Die fett gedruckte Regel wurde seit dem Nullsetzen von einem Paket „gematcht“. Da die Aktion `DROP` ist, wurde also aufgrund dieser Regel ein Paket weggeworfen.

6.6.5 Logmeldungen

Was du jetzt noch nicht weißt, ist *welches* Paket verloren gegangen ist. Um das herauszufinden, kannst du eine Regel einbauen, welche eine Logmeldung ausgibt. Die Log-Regel baust du direkt vor diejenige Regel ein, welche das Paket verschluckt. Dazu musst du zunächst die Regelkette noch einmal auflisten, und zwar diesmal mit der Option `--line-numbers`:

```
Blomberg:~ # iptables --line-numbers -n -L INPUT
Chain INPUT (policy DROP 0 packets, 0 bytes)
num pkts bytes  target prot opt in      out  source          destination
1      0     0  DROP   all  --  ppp1     *   0.0.0.0/0       10.10.255.255
2      0     0  DROP   all  --  ppp1     *   0.0.0.0/0       255.255.255.255
3      0     0  DROP   all  --  eth0     *   0.0.0.0/0       217.235.113.170
4      1  1345  DROP   all  --  ppp1     *   0.0.0.0/0       217.235.113.170
5      0     0  DROP   all  --  *        *   0.0.0.0/0       0.0.0.0/0
```

Unsere fragliche Regel hat also die Nummer 4. Jetzt fügst du vor dieser Regel die LOG-Regel ein:

```
Blomberg:~ # iptables -I INPUT 4 -j LOG --log-prefix 'ACHTUNG: '
```

Das Beispiel kannst du fast 1:1 übernehmen, du musst nur `INPUT` durch den Namen der gewünschten Kette ersetzen und statt der `4` die entsprechende Regelnummer einsetzen.

Ein Kontrolle zeigt, dass die Regel eingefügt wurde:

```
Blomberg:~ # iptables --line-numbers -n -L INPUT
Chain INPUT (policy DROP 0 packets, 0 bytes)
num pkts bytes  target prot opt in      out  source          destination
1      0     0  DROP   all  --  ppp1     *   0.0.0.0/0       10.10.255.255
2      0     0  DROP   all  --  ppp1     *   0.0.0.0/0       255.255.255.255
3      0     0  DROP   all  --  eth0     *   0.0.0.0/0       217.235.113.170
4      0     0  LOG    all  --  *        *   0.0.0.0/0       0.0.0.0/0
LOG flags 0 level 4 prefix 'ACHTUNG: '
5      1  1345  DROP   all  --  ppp1     *   0.0.0.0/0       217.235.113.170
6      0     0  DROP   all  --  *        *   0.0.0.0/0       0.0.0.0/0
```

Von nun an werden alle Pakete, welche diese Stelle der Kette durchlaufen, über `syslog` geloggt, tauchen also in `/var/log/messages` auf. So ein Eintrag sieht z. B. so aus:

```
Jun  8 20:37:55 Blomberg kernel: ACHTUNG: IN=eth0 OUT= MAC=00:a0:cc:5b:f
3:34:00:0b:6a:f1:bd:da:08:00 SRC=10.10.0.3 DST=10.10.0.7 LEN=100 TOS=0x1
0 PREC=0x00 TTL=64 ID=33903 DF PROTO=TCP SPT=33218 DPT=22 WINDOW=63160 R
ES=0x00 ACK PSH URGP=0
```

Die wichtigsten Informationen habe ich hervorgehoben – die waren nämlich der Zweck der Übung: die IP-Adressen und Portnummern von Quelle und Ziel des Paketes.

Eine wichtige Sache darfst du hier jedoch nicht vergessen: Auf die beschriebene Art werden *alle* Pakete geloggt, welche die Stelle der Regelkette durchlaufen, auch solche, die von der folgenden Regel *nicht* erfasst werden. Für die Fehlersuche reicht es meist trotzdem. Wenn nicht, kannst du beim Befehl zum Einfügen der Filterregel noch mit dem Option `-s` / `-d` bzw. `-sport` / `-dport` die IP-Adresse bzw. Portnummern von Quelle und Ziel auf die gleiche Art einschränken, wie die zu untersuchende Filterregel das macht. Nähere Informationen findest du in der Man-Seite zu `iptables`.

6.7 Weitere Diagnosewerkzeuge

Es gibt noch einen ganzen Sack voll weiterer Diagnosewerkzeuge für das Netzwerk. Manche sind Nischenprodukte für spezielle Programme oder Protokolle, andere stellen Informationen einfach anders dar, als die von mir erklärten, z. B. als Weboberfläche oder mit einem grafischen Programm. Folgende Tabelle zeigt einige davon:

Programm	Homepage und Beschreibung	SUSE-Paket
`dhcpdump`	`http://www.mavetju.org/download/` Schlüsselt mit Hilfe von `tcpdump` DHCP-Nachrichten sehr ausführlich auf. Man sieht genau, welche Optionen angefragt und übermittelt werden.	`dhcp-tools`
`ethereal`	`http://www.ethereal.com` Grafischer Ersatz für `tcpdump`, welcher zahlreiche Protokolle aufschlüsseln kann.	`ethereal`
`ngrep`	`http://ngrep.sourceforge.net` Alternative zu `tcpdump` mit ähnlichen Optionen. Hier kannst du in Anlehnung an `grep` nach Texten in den Netzwerkdaten suchen.	`ngrep`
`ntop`	`http://www.ntop.org` Netzwerkmonitor, der die Netzwerkströme von allen Rechnern im lokalen Netzwerk – auch die nach draußen – aufzeichnet und statistisch analysiert. `ntop` enthält einen kleinen eingebauten Webserver, welcher die Ergebnisse als HTML aufbereitet.	`ntop`

6.8 Ein ausführliches Beispiel

In diesem Kapitel habe ich eine große Zahl an Netzwerktechniken und Diagnosemitteln vorgestellt, allerdings jedes für sich alleine. Ich möchte einiges von dem nun in einem größeren Bild zusammenfügen, damit du lernst, wie du die Werkzeuge in der Praxis einsetzen kannst.

Dazu demonstriere ich die Fehlersuche an einem ausführlichen Beispiel. Auch wenn ich versuche, ein möglichst authentisches Szenario zu wählen, weiche ich aus didaktischen Gründen in zwei Punkten von der Realität ab:

- In meinem Beispiel gibt es nicht nur ein einziges Problem, sondern eine ganze Hand voll.
- Einige der Probleme würden in der Praxis durch den Einsatz von DHCP vermieden werden.

6.8.1 Das Beispiel

Deine Begeisterung für Linux hat deinen Chef angesteckt. Weil er davon überzeugt ist, technisch noch nicht zum alten Eisen zu gehören, hat er sich selbst einen Linuxrechner installiert und an das lokale Netzwerk der Firma angeschlossen. Tatsächlich hat er es geschafft, einen Benutzer anzulegen, sich als dieser anzumelden und den Mailer von Netscape zu starten.

Damit möchte er nun seine Mails abrufen. Er ist der Meinung, dass er alles richtig gemacht hat, aber natürlich funktioniert mal wieder gar nichts. Nun sollst du untersuchen, wo das Problem liegt. Es kann sich ja sicher nur um eine Kleinigkeit handeln.

Die Firma hat vereinfacht dargestellt folgende Netzwerktopologie:

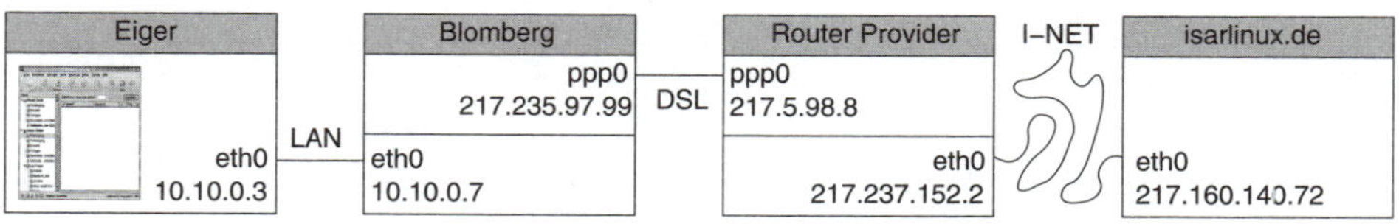

- Der Rechner deines Chefs heißt `Eiger` und hat die IP-Adresse `10.10.0.3`. Euer Einwahlrouter ist ein Linuxrechner mit dem Namen `Blomberg`, welcher auf dem internen Netzwerk die IP-Adresse `10.10.0.7` hat (Netzwerkgerät `eth0`) und per DSL mit dem Provider über das Gerät `ppp0` verbunden ist. Die IP-Adresse von `ppp0` wird jedes Mal bei der Einwahl vom Provider zugewiesen und ist im aktuellen Fall z. B. `217.235.97.99`. Per IP-Masquerading verschafft `Blomberg` allen Rechnern im privaten `10.10`er

Netz Zugang zum Internet. Weiterhin läuft auf `Eiger` ein Nameserver für die Namensauflösung.

- Der Router des Providers stellt die Verbindung ins Internet her. Der Zielrechner, bei dem die Mails mit POP3 abgeholt werden sollen, hat die IP-Adresse `217.160.140.72` und heißt `isarlinux.de`.
- Du hast Zugriff auf die Rechner `Eiger` und `Blomberg` und ebenfalls auf `isarlinux.de`, welches ein vom Provider gemieteter Rechner ist, der direkt mit dem Internet verbunden ist.

6.8.2 Die Wirkungskette

Bevor du dich ans Werk machst, überlegst du kurz, wo der günstigste Anfangspunkt für eine Diagnose ist. Dazu machst du dir klar, wie die Wirkungskette aussieht. Eine einfache mögliche Sichtweise ist die folgende:

1. `Eiger` hat eine für IP konfigurierte Netzwerkkarte.
2. `Eiger` hat eine physikalische Verbindung zum LAN.
3. Die Netzwerkkarte von `Eiger` kann mit der von `Blomberg` kommunizieren.
4. `Eiger` kann mit `Blomberg` auf IP-Ebene kommunizieren.
5. `Blomberg` routet `Eiger` weiter, so dass `Eiger` mit dem Internet kommunizieren kann.
6. `Eiger` kann den Zielrechner `isarlinux.de` erreichen.
7. `Eiger` kann mit dem POP3-Server auf `isarlinux.de` kommunizieren.
8. Der POP3-Server auf `isarlinux.de` erlaubt einen Zugriff und sendet die Mails.

Eine erste Diagnose sollte etwa in der Mitte der Wirkungskette ansetzen, da so die meisten Fehlerquellen in einem Schritt ausgeschlossen werden können. In unserem Beispiel könntest du bei Punkt 5 ansetzen: `Eiger` kann mit dem Internet kommunizieren. Dieser Punkt bietet sich auch deshalb an, weil er mit dem Befehl `ping` einfach zu testen ist.

6.8.3 Diagnose mit `ping`

Du meldest dich also auf `Eiger` an und probierst einen `ping` auf einen Rechner, bei dem du sicher weißt, dass er immer erreichbar ist, z. B. `www.susepress.de`:

```
Eiger:~ # ping www.susepress.de
ping: unknown host www.susepress.de
```

Der ping scheitert schon daran, dass der Name www.susepress.de unbekannt ist. Hier gibt es also ein Problem mit der Namensauflösung. Nun kannst du versuchen, zunächst den ping direkt mit einer bekannten IP-Adresse im Internet zu versuchen. Auf einem anderen Rechner ermittelst du die Adresse von www.susepress.de: 213.95.15.200. Der nächste Versuch:

```
Eiger:~ # ping 213.95.15.200
connect: Network is unreachable
```

Der ping kommt also nicht durch, eine Verbindung ins Internet ist nicht möglich. Die Wirkungskette ist demnach schon vor Punkt 5 unterbrochen. Kannst du überhaupt den Router Blomberg erreichen (Wirkungskette Punkt 4)?

```
Eiger:~ # ping 10.10.0.7
PING 10.10.0.7 (10.10.0.7) from 10.10.0.3: 56(84) bytes of data.
>From 10.10.0.3: icmp_seq=1 Destintation Host Unreachable
>From 10.10.0.3 icmp_seq=1 Destintation Host Unreachable
>From 10.10.0.3 icmp_seq=2 Destintation Host Unreachable
>From 10.10.0.3 icmp_seq=3 Destintation Host Unreachable

--- 10.10.0.7 ping statistics ---
4 packets transmitted, 0 received, +4 errors, 100% loss, time 3023ms
,pipe 3
```

Der Router ist auch nicht erreichbar! Hat der Rechner überhaupt eine vernünftige Netzwerkkonfiguration? Wenn das der Fall ist, muss er sich selbst anpingen lassen, und zwar auf seiner externen IP-Adresse 10.10.0.3:

```
Eiger:~ # ping 10.10.0.3
PING 10.10.0.3 (10.10.0.3) from 10.10.0.3: 56(84) bytes of data.
64 bytes from 10.10.0.3: icmp_seq=1 ttl=255 time=0.036 ms
64 bytes from 10.10.0.3: icmp_seq=2 ttl=255 time=0.031 ms
64 bytes from 10.10.0.3: icmp_seq=3 ttl=255 time=0.030 ms

--- 10.10.0.3 ping statistics ---
3 packets transmitted, 3 received, 0% loss, time 2015ms
rtt min/avg/max/mdev = 0.030/0.032/0.036/0.005 ms
```

Gut, das klappt. Eine Kontrolle mit ifconfig bestätigt, dass die Netzwerkkarte richtig konfiguriert ist:

```
Eiger:~ # ifconfig eth0
eth0      Link encap:Ethernet  HWaddr 00:07:95:27:16:74
          inet addr:10.10.0.3  Bcast:10.10.255.255  Mask:255.255.0.0
          inet6 addr: fe00:207:95ff:fe27:1674/10 Scope:Link
          UP BROADCAST NOTRAILERS MULTICAST  MTU:1500  Metric:1
          RX packets:0 errors:0 dropped:0 overruns:0 frame:0
          TX packets:291 errors:0 dropped:0 everruns:0 carrier:0
          collisions:0 txqueuelen:100
          RX bytes:0 (0.0 b)  TX bytes:39543 (38.6 Kb)
          Interrupt: 12 Base address:0xdc00
```

Was hier jedoch auffällt, ist der Eintrag `RX packets:0`. Es wurde noch kein einziges Paket empfangen, seit dem der Rechner gestartet wurde!

6.8.4 Link testen mit `mii-diag`

Was kann hier das Problem sein? Die Netzwerkkarte wurde richtig konfiguriert, eine Verbindung mit dem Router ist aber nicht möglich. Besteht überhaupt eine Verbindung zum LAN? Das Netzwerkkabel ist eingesteckt, das hast du schon kontrolliert. Mal sehen, ob die Netzwerkkarte der gleichen Meinung ist:

```
Eiger:~ # mii-diag eth0
Basic registers of MII PHY #1:  1000 7849 0000 8201 01e1 0000 0000 0000.
 Basic mode control register 0x1000: Auto-negotiation enabled.
 Basic mode status register 0x7849 ... 7849.
   Link status: not established.
   End of basic transceiver information.
```

Keine Verbindung zum Netz! Jetzt ist es an der Zeit, die Netzwerkverkabelung zu testen, denn der Fehler muss irgendwo auf der Strecke zwischen Netzwerkkarte und Hub oder Switch liegen. Nachdem du das Kabel, den Hub und die Netzwerkdose kontrolliert hast, kannst du den Fehler finden: Dein Chef hat das Netzwerkkabel statt in die Netzwerkdose in die *Telefondose* gesteckt! Du korrigierst das und probierst erneut ein `ping` zum Router:

```
Eiger:~ # ping 10.10.0.7
PING 10.10.0.7 (10.10.0.7) from 10.10.0.3 : 56(84) bytes of data.
64 bytes from 10.10.0.7: icmp_seq=1 ttl=64 time=0.466 ms
64 bytes from 10.10.0.7: icmp_seq=2 ttl=64 time=0.442 ms
64 bytes from 10.10.0.7: icmp_seq=3 ttl=64 time=0.417 ms

--- 10.10.0.7 ping statistics ---
3 packets transmitted, 3 received, 0% loss, time 1998ms
rtt min/avg/max/mdev = 0.417/0.441/0.466/0.031 ms
```

6.8.5 Routingprobleme

Der Router ist also erreichbar. Dann müsste ja jetzt auch die Verbindung ins Internet klappen oder?

```
Eiger:~ # ping 213.95.15.200
connect: Network is unreachable
```

Sonderbar ist hier, dass `ping` gar nicht erst anfängt, Pakete loszusenden. Es bricht sofort mit der Fehlermeldung ab, dass das Zielnetzwerk gar nicht erreichbar ist. Hier muss ein systematisches Problem vorliegen. Wenn ein ganzes Netzwerk nicht erreichbar ist, handelt es sich meist um ein Routingproblem. Der Quellrechner weiß gar nicht, wo er die ping-Pakete hinsenden soll.

Ein Blick in die Routingtabelle schafft Klarheit:

```
Eiger:~ # route -n
Kernel IP routing table
Destination     Gateway         Genmask         Flags Metric Ref    Use Iface
10.10.0.0       0.0.0.0         255.255.0.0     U     0      0        0 eth0
```

Die Tabelle enthält nur einen einzigen Eintrag. Dieser besagt: Route alle Pakete, die an das Netzwerk 10.10.0.0/16 gehen, über das Interface eth0. Die IP-Adresse 213.95.15.200 liegt nicht in diesem Netz. Für sie gibt es also keinen passenden Eintrag und somit keine Route!

Was hier fehlt, ist eine *Defaultroute*. Dein Chef hat kein Gateway eingetragen!

Du holst das nach und trägst mit dem Netzwerkkonfigurationsprogramm deiner Distribution als Defaultgateway 10.10.0.7 ein. Danach prüfst du erneut die Routingtabelle:

```
Eiger:~ # route -n
Kernel IP routing table
Destination     Gateway         Genmask         Flags Metric Ref    Use Iface
10.10.0.0       0.0.0.0         255.255.0.0     U     0      0        0 eth0
0.0.0.0         10.10.0.7       0.0.0.0         UG    0      0        0 eth0
```

Der neue Eintrag bewirkt, dass alle Pakete, die nicht durch einen der anderen Einträge explizit geroutet werden, über eth0 an den Gatewayrechner 10.10.0.7 weitergeleitet werden.

6.8.6 Einwahl per DSL

Aber *jetzt* muss der Weg ins Netz der Netze doch frei sein! Erneut versuchst du einen ping nach www.susepress.de:

```
Eiger:~ # ping 213.95.15.200
PING 213.95.15.200 (213.95.15.200) from 10.10.0.3 : 56(84) bytes of data.

--- 213.95.15.200 ping statistics ---
4 packets transmitted, 0 received, 100% loss, time 3017ms
```

Die Verbindung klappt immer noch nicht! Der Fehler ist aber diesmal ein anderer: ping hat nun Pakete verschickt, aber keine Antwort erhalten. Wo bleiben die Pakete stecken? Mit dem Befehl traceroute kannst du ermitteln, wie weit die Pakete kommen:

```
Eiger:~ # traceroute 213.95.15.200
traceroute to 213.95.15.200 (213.95.15.200), 30 hops max, 40 byte packets
 1  Blomberg.zemeplocha.de  10.10.0.7)  1 ms  1 ms  0 ms
 2  * * *
 3  * * *
 4  * * *
```

Bis zum Router `Blomberg` kommen die Pakete durch, alles danach verschwindet im Nirwana. Wie es aussieht, liegt das Problem diesmal am Router `Blomberg`! Um das zu ergründen, loggst du dich auf `Blomberg` ein und versuchst, von dort aus ins Internet zu kommen:

```
Blomberg:~ # ping 213.95.15.200
connect: Network is unreachable
```

Das kennst du schon: Hier muss ein Routingproblem vorliegen. Also siehst du in die Routingtabelle:

```
Blomberg:~ # route -n
Kernel IP routing table
Destination     Gateway         Genmask         Flags Metric Ref    Use Iface
10.10.0.0       0.0.0.0         255.255.0.0     U     0      0        0 eth0
10.11.0.0       0.0.0.0         255.255.0.0     U     0      0        0 eth1
10.12.0.0       0.0.0.0         255.255.0.0     U     0      0        0 eth2
```

Auch hier gibt es keine Defaultroute. Was aber noch mehr verblüfft ist, dass es überhaupt keine Route für das Netzwerkgerät `ppp0` gibt, welches die Verbindung ins Internet herstellen soll! Wo ist `ppp0`?

```
Blomberg:~ # ifconfig ppp0
ppp0: error fetching interface information: Device not found
```

Es gibt kein `ppp0`! Dieses Gerät sollte eigentlich die Einwahl ins Netz per DSL realisieren. Hier scheint das Problem zu liegen. Geräte vom Typ ppp werden von einem laufenden ppp-Daemon erzeugt. Dieser erzeugt Logmeldungen per `syslog`. Also hilft ein Blick nach `/var/log/messages`:

```
Blomberg:~ # grep pppd /var/log/messages | tail
Mar 24 09:23:22 Blomberg pppd[21529]: Couldn't increase MRU to 1500
Mar 24 09:23:22 Blomberg pppd[21529]: Setting MTU to 1492.
Mar 24 09:23:22 Blomberg pppd[21529]: Remote message: 0012 PSMUN002 0503278636 ...
Mar 24 09:23:22 Blomberg pppd[21529]: PAP authentication failed
Mar 24 09:23:22 Blomberg pppd[21529]: Setting MTU to 1492.
Mar 24 09:23:22 Blomberg pppd[21629]: Couldn't increase MRU to 1500
Mar 24 09:23:22 Blomberg pppd[21629]: Connection terminated.
Mar 24 09:23:22 Blomberg pppd[21629]: Doing disconnect
Mar 24 09:23:22 Blomberg pppd[21629]: Exit.
Mar 24 09:23:23 Blomberg modify_resolvconf: Service smpppd tried to modify ...
```

Die entscheidende Zeile ist die oben hervorgehobene Antwortzeile:

```
Mar 24 09:23:22 Blomberg pppd[21629]: PAP authentication failed
```

Der Provider hat die Verbindung nicht zugelassen wegen eines Authentifizierungsproblemes. Mit anderen Worten: Benutzername und Passwort passen nicht. Du kontrollierst die DSL-Konfiguration mit dem Setupprogramm deiner Distributotion und stellst fest, dass dein Administrator-Kollege hier etwas herumgespielt hat. Du stellst wieder die richtigen Werte ein und nun klappt die Einwahl und die Verbindung ins Internet:

```
Blomberg:~ # ping 213.95.15.200
PING 213.95.15.200 (213.95.15.200) from 217.235.99.233 : 56(84) bytes of data.
64 bytes from 213.95.15.200: icmp_seq=1 ttl=246 time=62.8 ms
64 bytes from 213.95.15.200: icmp_seq=2 ttl=246 time=62.2 ms

--- 213.95.15.200 ping statistics ---
2 packets transmitted, 2 received, 0% loss, time 1010ms
rtt min/avg/max/mdev = 62.238/62.537/62.837/0.390 ms
```

6.8.7 DNS

Auch vom Rechner `Eiger` aus klappt nun die Verbindung. Zufrieden darüber, dass du heute schon drei Probleme gelöst hast, versuchst du nun, die E-Mail abzurufen. Leider ist heute alles wie verhext: es klappt immer noch nicht! Das Mailprogramm kann den Rechner `isarlinux.de` nicht finden. Du kontrollierst das mit `ping`:

```
Eiger:~ # ping isarlinux.de
ping: unknown host isarlinux.de
```

Zum Namen `isarlinux.de` kann keine IP-Adresse ermittelt werden. Mit dem Befehl `host` versuchst du direkt eine Namensauflösung:

```
Eiger:~ # host isarlinux.de
Host not found, try again.
```

Was passiert hier? Als Nameserver in deinem Netzwerk fungiert `Blomberg`. Mit `host` kannst du direkt eine DNS-Anfrage an Blomberg senden:

```
Eiger:~ # host isarlinux.de Blomberg
Error in looking up server name:
```

Das konnte ja nicht klappen. Der Name `Blomberg` kann ja auch nicht aufgelöst werden. Du musst stattdessen seine IP-Adresse angeben:

```
Eiger:~ # host isarlinux.de 10.10.0.7
Using domain server 10.10.0.7:
isarlinux.de has address 217.160.140.72
```

Der Nameserver funktioniert also, nur scheint unser Rechner ihn nicht zu *verwenden*. Die Namensauflösung wird in `/etc/resolv.conf` konfiguriert:

```
Eiger:~ # grep -v ^# /etc/resolv.conf
search zemeplocha.de
```

Was hier fehlt, ist eine Eintrag für den Nameserver. Dein Chef hat also keinen Nameserver eingetragen. Du holst das dem dem Setupwerkzeug nach und kontrollierst anschließend noch einmal die Datei:

```
Eiger:~ # grep -v ^# /etc/resolv.conf
search zemeplocha.de
nameserver 10.10.0.7
```

Jetzt ist der Nameserver korrekt eingetragen. Endlich klappt der `ping` auch mit Namensauflösung:

```
Eiger:~ # ping isarlinux.de
PING isarlinux.de (217.160.140.72) from 10.10.0.3 : 56(84) bytes of data.
64 bytes from rootsrv (217.160.140.72): icmp_seq=1 ttl=248 time=69.1 ms
64 bytes from rootsrv (217.160.140.72): icmp_seq=2 ttl=248 time=68.6 ms

--- isarlinux.de ping statistics ---
2 packets transmitted, 2 received, 0% loss, time 1016ms
rtt min/avg/max/mdev = 68.635/68.917/69.199/0.282 ms
```

6.8.8 POP3-Server

Problem Nummer vier gelöst. Schade eigentlich, dass der Mailabruf *trotzdem* noch nicht funktioniert! Diesmal meldet der Mailer, dass der Server nicht antwortet. Du kontrollierst das, indem du dich mit Hilfe von `telnet` direkt mit dem POP3-Server verbindest:

```
Eiger:~ # telnet isarlinux.de pop3
Trying 217.160.140.72...
```

Es kommt keine Antwort, `telnet` bleibt hängen. Es ist tatsächlich kein POP3-Server erreichbar. Mit nmap kannst du dir einen Überblick verschaffen, welche Ports auf dem Zielrechner erreichbar sind. Dieser Schritt ist nicht unbedingt nötig, verschafft aber eine Übersicht über den allgemeinen Zustand des Servers. Du solltest einen Portscan natürlich nur dann tun, wenn der Zielrechner dein *eigener* Rechner ist!

```
Eiger:~ # nmap isarlinux.de

Starting nmap V. 2.5BETA30 (www.insecure.org/nmap/ )
```

```
Interesting ports on isarlinux.de (217.160.140.72):
(The 1544 ports scanned but not shown below are in state: filtered)
Port       State      Service
22/tcp     open       ssh
25/tcp     open       smtp
80/tcp     open       http
113/tcp    closed     auth
443/tcp    open       https
```

Dies sieht nach einem normal konfigurierten Server aus, der zwar einige Dienste anbietet, aber nicht POP3. Das letzte zu lösende Problem liegt also darin, den POP3-Server auf `isarlinux.de` zu aktivieren.

Diesmal war dein Kollege der Missetäter. Nachdem du mit ihm geklärt hast, warum er den POP3-Server heute morgen abgeschaltet hat, und er das inzwischen wieder in Ordnung gebracht hat, kannst du einen neuen Test mit `telnet` machen:

```
Eiger:~ # telnet isarlinux.de pop3
Trying 217.160.140.72...
Connected to isarlinux.de.
Escape character is '^]'.
+OK ready  <25034.1048496184@isarlinux.de>
```

Es funkioniert, der Server antwortet! Und siehe da: Auch dein Chef kann nun seine Mail abrufen.

6.8.9 Fazit

Wie du siehst, gibt es praktisch in jeder Situation eine Diagnosemöglichkeit, mit der du sehr genau die Problemstelle ausleuchten kannst. In der Realität ist es wahrscheinlich selten so wie im Beispiel, dass gleich fünf Probleme auf einmal auftauchen. Aber selbst in so einem Fall kannst du dich systematisch voranarbeiten.

Durch einen gezielten Einsatz des Prinzips der Wirkungskette kannst du viel Zeit sparen. Im Beispiel wurde auf ein langes Herumprobieren mit den Einstellungen des Mailprogramms verzichtet. Ein kurzer `ping`-Befehl hat sofort gezeigt, dass dies sinnlose Zeitverschwendung gewesen wäre.

Auf Anwendungsebene ist ein kurzer Test mit `telnet` schneller und zuverlässiger als ein direkter Test mit dem Anwendungsprogramm.

Um Fehler mit den Netzwerkeinstellungen bei Arbeitsplatzrechnern zu vermeiden, kann man DHCP einsetzen. Die Einstellungen werden dann automatisch von Server bezogen.

Kapitel 7

Programme und Prozesse

Zwar ist Linux das beste Betriebssystem aller Zeiten, doch vor Anwendungsprogrammen fraglicher Qualität ist es auch nicht sicher. Aber: bei Abstürzen oder ähnlichen Fiesheiten von fehlerhafter Software musst du dich noch lange nicht geschlagen geben. Wie immer bietet Linux auch in dieser Situation nützliche Diagnosemöglichkeiten, mit denen du dir Einblick in die Innereien eines Programmes oder sogar eines laufenden Prozesses verschaffen kannst.

In manchen Fällen kannst du sogar einen wild gewordenen Prozess bei „lebendigem Leibe“ wieder zur Vernunft bringen. Dies klingt nicht nur spannend, sondern ist es auch!

Dieses Kapitel beschreibt Werkzeuge und Methoden, mit denen du ein Programm oder einen laufenden Prozess sehr genau analysieren kannst. Die Möglichkeiten, die ich hier beschreiben werde, gehen deutlich über den Inhalt von Kapitel 4 hinaus.

Nicht zuletzt werde ich dir die unschlagbare Universalwaffe der Fehlersuche schlechthin zeigen: `strace`!

7.1 Untersuchen von Binaries

7.1.1 Dynamische Bibliotheken unter Linux

Die meisten Programme unter Linux sind in C oder C++ geschrieben. Dabei erzeugt der Compiler aus dem Quellcode ein vom Prozessor direkt ausführbares Programm – das *Executable* oder *Binary*. Da Programmierer Funktionen von allgemeiner Bedeutung nicht für jedes Programm aufs Neue schreiben wollen, haben sie das Konzept der *Bibliothek* (*library*) erfunden.

Eine Bibliothek ist ebenfalls in C oder C++ geschrieben und wird auch vom Compiler übersetzt. Im Gegensatz zu einem normalen Programm ist sie nicht direkt ausführbar, sondern enthält Programmcode, der von anderen Programmen verwendet werden kann. Damit ein Programm eine Bibliothek verwenden kann, muss es mit dieser *gebunden (gelinkt)* werden.

Unter Linux werden bis auf einige bewusste Ausnahmen alle Programme *dynamisch* gelinkt. Dies bedeutet, dass die Bibliotheken erst nach dem Start des Programmes – zur Laufzeit – geladen und in den Prozess eingebunden werden. Dynamische Bibliotheken sind also separate Dateien, zu erkennen an der Endung `.so`, evtl. mit einer Versionsnummer, z. B. `libc.so.6`. Weil eine dynamische Bibliothek von mehreren Prozessen gleichzeitig verwendet werden kann und dazu nur einmal in den Speicher geladen sein muss, wird sie auch als *shared library* bezeichnet.

Manche Bibliotheken werden als Beigabe zu einem Programm mitgeliefert, weil sie nur von diesem benötigt werden. Andere sind von allgemeiner Bedeutung und werden als eigenständige Softwareprojekte gepflegt. Pflege bedeutet Weiterentwicklung und das wiederum Veränderung. Nicht jede Version eines Programmes arbeitet also mit jeder Version einer Bibliothek zusammen.

Dieses Problem – unter Windows bekannt als die „DLL-Hölle"[1] – wird unter Linux dadurch gelöst, dass mehrere Versionen einer Bibliothek gleichzeitig installiert sein können. Der Name der `.so`-Datei enthält deshalb eine Versionsnummer[2]. Jedes Programm weiß, welche Version einer Bibliothek es benötigt und greift so auf die richtige Datei zu. Man sagt dann, das Programm ist gegen eine bestimmte Version der Bibliothek gelinkt.

Da jedoch nicht jede Änderung einer Bibliothek automatisch ein Problem für alle bestehenden Programme macht und es umständlich wäre, jede Bibliothek in jeder existierenden Version zu installieren, gibt es unter Linux ein mehrstufiges Versionssystem. Die Versionnummer ist aufgeteilt in mehrere Teile. Der erste Teil ist die *Major Version* und erscheint als erstes hinter dem `.so`. Konvention ist, dass nur sie über die Kompatibilität entscheidet.

Wird eine Bibliothek in einer Weise weiterentwickelt, dass Programme, die gegen die alte Version gelinkt sind, mit der neuen nicht mehr funktionieren, so muss der Entwickler der Bibliothek dessen Major Version erhöhen. Der Major Version können durch Punkte getrennt weitere Unterversionsnummern (*Minor Versions*) folgen. Eine Erhöhung der Minor Version darf per Definition nicht zu einer Inkompatibilität führen.

Wo eine Bibliothek installiert ist, gibt es zu jeder Major Version einen symbolischen Link auf die jeweils aktuellste Unterversion:

[1] DLL ist unter Windows, was unter Linux `.so` ist.

[2] Unter Windows ist dies nicht der Fall. Viele Programme sind „egoistisch" und installieren ihre eigene Version einer DLL und überschreiben damit ggf. eine bereits existierende Version.

```
Eiger:~> cd /lib
Eiger:/lib> ll libpam.*
lrwxrwxrwx  root root       14 2002-09-27 15:24 libpam.so.0 -> libpam.so.0.77
-rwxr-xr-x  root root    35112 2002-09-09 18:01 libpam.so.0.77
```

Manchmal gibt es noch einen Link ohne Versionsnummer auf die überhaupt aktuellste Version:

```
Eiger:/lib> ll libcap.so*
lrwxrwxrwx  1 root root     11 2004-04-11 20:03 libcap.so -> libcap.so.1
lrwxrwxrwx  1 root root     14 2004-04-11 20:03 libcap.so.1 -> libcap.so.1.92
-rwxr-xr-x  1 root root  33287 2004-04-06 03:14 libcap.so.1.92
```

Wichtig ist die Erkenntnis, dass eventuelle Ziffern *vor* dem `.so` nicht die Major Version kennzeichnen, sondern gewissermaßen lediglich zum Namen der Bibliothek gerechnet werden:

```
Eiger:/lib> cd /usr/lib
Eiger:/usr/lib> ll libxml2.so*
lrwxrwxrwx  1 root root      16 2004-04-26 11:39 libxml2.so -> libxml2.so.2.6.7
lrwxrwxrwx  1 root root      16 2004-04-11 20:06 libxml2.so.2 -> libxml2.so.2.6.7
-rwxr-xr-x  1 root root 1145089 2004-04-06 03:32 libxml2.so.2.6.7
```

Die Bibliothek heißt hier `libxml2`, die Major Version ist zufällig auch 2. Die ebenfalls vorhandene `libxml.so.1.8.17` ist praktisch eine völlig andere Bibliothek und mit `libxml2` *nicht* kompatibel. Das größte Durcheinander herrscht bei der von allen C++-Programmen verwendeten `libstdc++`:

```
Eiger:/usr/lib> ls -Gg libstdc++*so*
-rwxr-xr-x  1 358408 2000-11-15 11:34 libstdc++-3-libc6.1-2-2.10.0.so
-rwxr-xr-x  1 379414 2003-01-10 15:33 libstdc++-3-libc6.2-2-2.10.0.so
-rwxr-xr-x  1 358513 2000-01-23 18:36 libstdc++-libc6.1-1.so.2
lrwxrwxrwx  1     31 2004-04-11 20:06 libstdc++-libc6.1-2.so.3
   -> libstdc++-3-libc6.1-2-2.10.0.so
lrwxrwxrwx  1     31 2004-04-11 20:06 libstdc++-libc6.2-2.so.3
   -> libstdc++-3-libc6.2-2-2.10.0.so
lrwxrwxrwx  1     18 2004-04-11 20:26 libstdc++.so -> libstdc++.so.5.0.5
lrwxrwxrwx  1     20 2004-04-11 20:06 libstdc++.so.2.7.2 -> libstdc++.so.2.7.2.8
-rwxr-xr-x  1 245395 1999-08-25 12:40 libstdc++.so.2.7.2.8
lrwxrwxrwx  1     18 2004-04-11 20:06 libstdc++.so.2.8 -> libstdc++.so.2.8.0
-rwxr-xr-x  1 325815 1998-10-14 13:23 libstdc++.so.2.8.0
lrwxrwxrwx  1     18 2004-04-11 20:06 libstdc++.so.2.9 -> libstdc++.so.2.9.0
-rwxr-xr-x  1 352298 1999-06-29 09:21 libstdc++.so.2.9.0
lrwxrwxrwx  1     18 2004-04-11 20:03 libstdc++.so.5 -> libstdc++.so.5.0.5
-rwxr-xr-x  1 965717 2004-04-06 02:46 libstdc++.so.5.0.5
```

Neben `libstdc++.so`, die es hier in den Versionen `2.7.2.8`, `2.8.0`, `2.9.0` und `5.0.5` gibt, findet man noch

- eine `libstdc++-3-libc6.1-2-2.10.0.so`,
- eine `libstdc++-3-libc6.2-2-2.10.0.so` und
- eine `libstdc++-libc6.1-1.so.2`.

Dies sind alles technisch gesehen unterschiedliche Bibliotheken. Die zahlreichen Nummern sind keine echten Bibliotheks-Versionsnummern!

Durch das System der Namen und Versionsnummern ist gewährleistet, dass ein Programm nur Bibliotheken lädt, mit denen es sich verträgt. Wenn nicht für jede benötigte Bibliothek eine kompatible Version vorhanden ist, kann das Programm nicht starten. Rufst du das Programm von einem Terminal aus auf, bekommst du einen Hinweis auf die fehlende Bibliothek. Weiter unten zeige ich dir ein Beispiel für so einen Fall.

7.1.2 Verwendete Bibliotheken auflisten mit `ldd`

Mit dem Programm `ldd` kannst du auflisten, gegen welche Bibliotheken ein Binary gelinkt ist:

```
Eiger:~> ldd /bin/true
        libc.so.6 => /lib/libc.so.6 (0x40029000)
        /lib/ld-linux.so.2 => /lib/ld-linux.so.2 (0x40000000)
```

Links vom Pfeil => steht immer die Bibliothek gemeinsam mit der benötigten Version. Rechts steht die Datei, die als passend erkannt wurde und beim Programmstart geladen werden würde.

> **ldd**
>
> listet alle referenzierten Bibliotheken eines Binaries auf, funktioniert für Programme und Bibliotheken.
>
> *ldd DATEINAME*

`/lib/ld-linux.so.2` ist als Ausnahme gar keine Bibliothek, sondern der dynamische Linker: Ein Programm, welches für das Laden der Bibliotheken zuständig ist.

Wie es aussieht, wenn eine Bibliothek nicht gefunden wird, kannst du in folgendem Beispiel erkennen. Dazu verschiebe ich die `libaa.so.1` vorübergehend nach `/tmp`:

```
Eiger:~ # mv /usr/lib/libaa.so.1
libaa.so.1      libaa.so.1.0.4
Eiger:~ # mv /usr/lib/libaa.so.1.0.4 /tmp
Eiger:~ # aafire
aafire: error while loading shared libraries: libaa.so.1: cannot open shared object
file: No such file or directory
Eiger:~ # ldd /usr/bin/aafire
        linux-gate.so.1 =>  (0xffffe000)
        libaa.so.1 => not found
        libslang-utf8.so.1 => /usr/lib/libslang-utf8.so.1 (0x40030000)
        libm.so.6 => /lib/tls/libm.so.6 (0x400a2000)
        libX11.so.6 => /usr/X11R6/lib/libX11.so.6 (0x400c5000)
        libgpm.so.1 => /usr/lib/libgpm.so.1 (0x401c1000)
        libc.so.6 => /lib/tls/libc.so.6 (0x401c7000)
        libdl.so.2 => /lib/libdl.so.2 (0x402dc000)
        /lib/ld-linux.so.2 => /lib/ld-linux.so.2 (0x40000000)
        libncurses.so.5 => /lib/libncurses.so.5 (0x402df000)
Eiger:~ # mv /tmp/libaa.so.1.0.4 /usr/lib
```

So etwas solltest du übrigens nur mit Bibliotheken ausprobieren, von denen du sicher weißt, dass sie von keinem wichtigen Programm benötigt werden. Besonders kritisch sind die Bibliotheken, die von der Shell benötigt werden, weil ohne sie keine Kommandozeile und kein einziges Shellskript mehr funktioniert.

```
Eiger:~> ldd /bin/bash
        linux-gate.so.1 =>  (0xffffe000)
        libreadline.so.4 => /lib/libreadline.so.4 (0x40030000)
        libhistory.so.4 => /lib/libhistory.so.4 (0x4005c000)
        libncurses.so.5 => /lib/libncurses.so.5 (0x40063000)
        libdl.so.2 => /lib/libdl.so.2 (0x400a9000)
        libc.so.6 => /lib/tls/libc.so.6 (0x400ac000)
        /lib/ld-linux.so.2 => /lib/ld-linux.so.2 (0x40000000)
```

Im übrigen können auch Bibliotheken selbst gegen anderen Bibliotheken dynamisch gelinkt sein:

```
Eiger:~> ldd /lib/libreadline.so.4
        linux-gate.so.1 =>  (0xffffe000)
        libncurses.so.5 => /lib/libncurses.so.5 (0x40045000)
        libc.so.6 => /lib/tls/libc.so.6 (0x4008a000)
        /lib/ld-linux.so.2 => /lib/ld-linux.so.2 (0x80000000)
```

Der Aufruf von `ldd` auf ein Programm zeigt sowohl die Bibliotheken, auf die das Programm direkt zugreift, als auch solche, die indirekt von einer der anderen Bibliotheken verwendet werden.

Der dynamische Linker sucht an folgenden Stellen nach passenden Bibliotheken:

1. in den Verzeichnissen, die von der Variable `LD_LIBRARY_PATH` aufgelistet werden (diese Variable ist normalerweise *leer*),
2. in den Verzeichnissen, die in der Datei `/etc/ld.so.conf` aufgelistet sind,
3. im Verzeichnis `/lib`,
4. im Verzeichnis `/usr/lib`.

Übrigens – falls du dich wunderst, warum bei der Bibliothek `linux-gate.so.1` kein Pfadname angegeben ist: Diese Bibliothek wird vom Kernel bereitgestellt und ist gar nicht als Datei vorhanden. Sie wickelt Systemaufrufe zwischen Programm und Kernel ab und soll diese beschleunigen.

7.1.3 Binaries analysieren mit `objdump`

Wenn dir die Angaben von `ldd` zu ungenau sind, kannst du dir mit `objdump` die volle Wahrheit holen. Dieses Werkzeug kann ein Executable oder eine Bibliothek inhaltlich allumfassend aufschlüsseln. Es kann wesentlich mehr zeigen, als nur, welche Bibliotheken verwendet werden.

Die Dokumentation von `objdump` spricht davon, dass dieses Werkzeug für die Entwickler von Compiler und Linker gedacht ist, die damit feststellen können, ob hinten ein korrektes Programm oder eine korrekte Bibliothek herauskommt.

Ich kann mich dieser Meinung anschließen, da `objdump` zur Fehlersuche einfach viel zu viele und zu ausführliche Informationen ausgibt, so dass man kaum eine Chance hat, damit einen Fehler aufzuspüren.

Trotzdem will ich es dir nicht vorenthalten, weil es durchaus interessant sein kann, zu sehen, wie z. B. der Maschinencode der Bibliotheksfunktion `sin` aussieht, welche den Sinus einer Fließkommazahl berechnet. Die Funktion `sin` ist in der grundlegenden Mathematik-Bibliothek `libm.so` enthalten.

Das Ergebnis ist frappierend: Der Pentium-Prozessor (und AMD auch) hat einen eigenen Maschinenbefehl für Sinus! Hier ist der Beweis:

```
Eiger:~> objdump -d /usr/lib/libm.so  | fgrep -A 20 '<sin>'
00008b60 <sin>:
    8b60:       dd 44 24 04             fldl   0x4(%esp,1)
    8b64:       d9 fe                   fsin
    8b66:       df e0                   fnstsw %ax
    8b68:       a9 00 04 00 00          test   $0x400,%eax
    8b6d:       75 01                   jne    8b70 <sin+0x10>
    8b6f:       c3                      ret
    8b70:       d9 eb                   fldpi
    8b72:       d8 c0                   fadd   %st(0),%st
    8b74:       d9 c9                   fxch   %st(1)
    8b76:       d9 f5                   fprem1
    8b78:       df e0                   fnstsw %ax
    8b7a:       a9 00 04 00 00          test   $0x400,%eax
    8b7f:       75 f5                   jne    8b76 <sin+0x16>
    8b81:       dd d9                   fstp   %st(1)
    8b83:       d9 fe                   fsin
    8b85:       c3                      ret
    8b86:       90                      nop
    8b87:       90                      nop
    8b88:       90                      nop
    8b89:       90                      nop
```

Die Syntax des Intel-Assemblercodes ist auch mir nicht geläufig, aber man kann unschwer erraten, dass `fsin` den Sinus berechnet. Der Befehl `ret` bedeutet *return* und beendet den Funktionsaufruf, `test` vergleicht zwei Zahlen und das anschließende `jne` (*jump if not equal*) verzweigt bei einer Ungleichheit.

> **`objdump`**
>
> schlüsselt ein Programm oder eine Bibliothek auf.
>
> *`objdump [-x] [-d] DATEI`*
>
> | | |
> |---|---|
> | `-x` | listet Funktionen und andere Einträge auf |
> | `-d` | zeigt den Assemblercode |

In der mittleren Spalte siehst du den Maschinencode der Assemblerbefehle als Hexzahlen, so wie sie der Prozessor zu Gesicht bekommt.

Wenn du Lust bekommen hast, in deinem System ein bisschen herumzuschnüffeln, dann kannst du neben `-d` für Disassemblieren auch `-x` ausprobieren, welches die Funktionen und etliche andere Einträge des Binaries dem Namen nach auflistet.

7.2 System- und Bibliotheksaufrufe

7.2.1 Grundsätzliches zu Systemaufrufen

Mein Liebling bei der Fehlersuche ist sicherlich `strace` (sprich "*Ess-träiß*"). Es teilt dir mit, welche Systemaufrufe (*system calls*) ein Prozess macht. Dazu schadet es nicht, wenn ich etwas Hintergrundwissen über die Systemaufrufe von Linux vermittle, bevor ich `strace` im Detail vorstelle.

Der Linux-Kernel ist das einzige Programm auf deinem Linuxrechner, das nicht als Prozess abläuft. Er führt sein Eigenleben und ist an keine Regeln gebunden. Er kann jederzeit jede Speicherzelle ändern, jedes Gerät ansprechen, jeden Befehl ausführen oder tun, was ihm sonst gerade in den Sinn kommt.

Diese Freiheit ist natürlich auch gefährlich, weil ein Programmierfehler zum Absturz des ganzen Rechners oder zu schlimmeren Dingen wie einer gelöschten Festplatte führen kann. Trotzdem müssen wir dem Kernel vertrauen, weil es ohne ihn einfach nicht geht. Nun wird Linux zum Glück von vielen guten Programmiern entwickelt, so dass dies nicht schwer fällt.

Anders sieht es im „Userland" aus. Hier tummeln sich die Benutzer und deren Programme, die von weiß der Teufel wem programmiert wurden, vielleicht sogar von uns selbst! Damit nicht ein Programmierfehler oder ein böswilliges Programm das ganze System destabilisieren kann, schützt der Kernel sich selbst vor den Prozessen und auch die Prozesse voreinander. Kein Prozess kann einfach im Arbeitsspeicher von anderen Prozessen herumschreiben oder auf Geräte zugreifen, die für einen anderen Prozess reserviert sind.

Immer, wenn ein Prozess etwas an seiner Außenwelt abfragen oder ändern will, muss er dem Kernel dies über einen Systemaufruf mitteilen. Selbst wenn der Prozess mit einem anderen Prozess reden will, kann er das nicht direkt tun, sondern benötigt die Vermittlung durch den Kernel.

Anders formuliert kann man sagen: Alles was ein Prozess faktisch macht, geschieht durch einen Systemaufruf. Den Rest seiner Zeit verbringt er mit internen Berechnungen, wie z. B. dem Vergleichen und Verändern von internen Werten. Ohne Systemaufruf kann er weder neue Werte einlesen noch seine Ergebnisse ausgeben, speichern oder anderweitig auf die Außenwelt einwirken.

7.2.2 Systemaufrufe protokollieren mit `strace`

Wenn man nun von außen beobachten könnte, welche Systemaufrufe ein Prozess macht, so hätte man ein vollständiges Bild von dessen Aktivitäten. Dies haben natürlich auch die Kernelentwickler erkannt und uns eine Möglichkeit beschert, dies zu tun. Dazu bietet der Kernel eine Schnittstelle, mit der ein Prozess einen anderen beobachten (*tracen*) kann.

Hier dockt das Werkzeug `strace` an. Du kannst `strace` auf zwei Arten aufrufen: Entweder nennst du `strace` die Kommandozeile eines Programmes, das gestartet und beobachtet werden soll, oder du teilst ihm mit der Option `-p` die PID eines bereits laufenden Prozesses mit. `strace` wird sich dann an diesen Prozess andocken wie die Polizei, wenn sie ein Telefongespräch anzapft.

`strace`

protokolliert Systemaufrufe eines Prozesses.

`strace [OPTIONEN] BEFEHL ARGUMENTE`
`strace [OPTIONEN] -p PID`

`-p PID`	dockt an Prozess Nummer `PID` an
`-o D`	schreibt Ausgabe in Datei `D`
`-f`	verfolgt auch Unterprozesse
`-e A,B,...`	zeigt nur Systemaufrufe `A`, `B`, ...
`-v`	zeigt Argumente ungekürzt

Kennst du das Programm `true`? Es ist ein sehr einfaches Programm, das einzig und allein dazu dient, als Rückgabewert (*exitcode*) den Wert 0 zurückzuliefern, was die Shell als „erfolgreich" oder „wahr" wertet. Nach dem LSB-Standard liegt dies unter `/bin`. Man möchte meinen, dass hierfür keine Systemaufrufe nötig sind, oder? Sehen wir doch mal, was unser `strace` dazu sagt:

```
Eiger:~ # strace /bin/true
execve("/bin/true", ["/bin/true"], [/* 67 vars */]) = 0
uname({sys="Linux", node="Wethertop", ...}) = 0
brk(0)                                  = 0x8049b40
mmap2(NULL, 4096, PROT_READ|PROT_WRITE, MAP_PRIVATE|MAP_ANONYMOUS, -1, 0) =
0x40013000
open("/etc/ld.so.preload", O_RDONLY)    = -1 ENOENT (No such file or directory)
open("/etc/ld.so.cache", O_RDONLY)      = 3
fstat64(3, {st_mode=S_IFREG|0644, st_size=74411, ...}) = 0
mmap2(NULL, 74411, PROT_READ, MAP_PRIVATE, 3, 0) = 0x40014000
close(3)                                = 0
open("/lib/libc.so.6", O_RDONLY)        = 3
read(3, "\177ELF\1\1\1\0\0\0\0\0\0\0\0\0\3\0\3\0\1\0\0\0\300\205"..., 1024) = 1024
fstat64(3, {st_mode=S_IFREG|0755, st_size=1312470, ...}) = 0
mmap2(NULL, 1169856, PROT_READ|PROT_EXEC, MAP_PRIVATE, 3, 0) = 0x40027000
mprotect(0x4013b000, 39360, PROT_NONE)  = 0
mmap2(0x4013b000, 24576, PROT_READ|PROT_WRITE, MAP_PRIVATE|MAP_FIXED, 3, 0x113) =
0x4013b000
mmap2(0x40141000, 14784, PROT_READ|PROT_WRITE, MAP_PRIVATE|MAP_FIXED|MAP_ANONYMOUS,
 -1, 0) = 0x40141000
close(3)                                = 0
munmap(0x40014000, 74411)               = 0
brk(0)                                  = 0x8049b40
brk(0x8049b68)                          = 0x8049b68
brk(0x804a000)                          = 0x804a000
open("/usr/share/locale/locale.alias", O_RDONLY) = 3
```

Hier habe ich die Hälfte ausgelassen...

```
open("/usr/lib/locale/de_DE+ero/LC_TIME", O_RDONLY) = -1 ENOENT (No such file
 or directory)
open("/usr/lib/locale/de_DE@euro/LC_TIME", O_RDONLY) = 3
fstat64(3, {st_mode=S_IFREG|0644, st_size=2381, ...}) = 0
mmap2(NULL, 2381, PROT_READ, MAP_PRIVATE, 3, 0) = 0x4001c000
close(3)                                = 0
open("/usr/lib/locale/de_DE+euro/LC_NUMERIC", O_RDONLY) = -1 ENOENT (No such file
 or directory)
open("/usr/lib/locale/de_DE@euro/LC_NUMERIC", O_RDONLY) = 3
fstat64(3, {st_mode=S_IFREG|0644, st_size=60, ...}) = 0
mmap2(NULL, 60, PROT_READ, MAP_PRIVATE, 3, 0) = 0x4001d000
close(3)                                = 0
brk(0x804d000)                          = 0x804d000
open("/usr/lib/locale/de_DE+euro/LC_CTYPE", O_RDONLY) = -1 ENOENT (No such file
 or directory)
open("/usr/lib/locale/de_DE@euro/LC_CTYPE", O_RDONLY) = 3
fstat64(3, {st_mode=S_IFREG|0644, st_size=201916, ...}) = 0
mmap2(NULL, 201916, PROT_READ, MAP_PRIVATE, 3, 0) = 0x40145000
close(3)                                = 0
_exit(0)                                = ?
```

Jede Zeile protokolliert einen Systemaufruf! Systemrufe liefern als Rückgabewert immer eine Zahl, wobei eine negative Zahl einen Fehler signalisiert. In unserem Beispiel wird als erstes `execve` aufgerufen:

```
execve("/bin/true", ["/bin/true"], [/* 67 vars */]) = 0
```

Dieser Aufruf lädt ein Programm und startet dessen Ausführung. `execve` wird mit drei Argumenten aufgerufen:

- dem Dateinamen des auszuführenden Programmes,
- der Liste der Argumente, auch Argumentenvektor (*argv*) genannt. Das erste Argument ist laut Konvention der Name des Programmes oder Prozesses, in diesem Fall ebenfalls `/bin/true`,
- der Liste der Umgebungsvariablen (environment), welche wir schon in `/proc/`*<PID>*`/environ` kennengelern haben. Diese wird von `strace` nicht komplett aufgelistet, sondern nur durch den Hinweis `/* 67 vars */` angedeutet.

Die letzte Zeile zeigt den einzigen Systemaufruf, für den es keinen Rückgabewert gibt: `exit`. Das Argument (hier 0) wird als Rückgabewert an den Vaterprozess zurückgegeben:

```
_exit(0) = ?
```

Die meisten anderen Systemaufrufe aus dem Beispiel werden von der Internationalisierung der Systembibliothek `glibc` hervorgerufen und sind für `/bin/true` eigentlich überflüssig, weil es hier ohnehin keine Texte zu übersetzen gibt.

Wir können spaßeshalber mal das Protokoll von /bin/true mit dem von /bin/false vergleichen. Mit der Option -o sagst du strace, dass es seine Ausgabe in eine Datei schreiben soll.

```
Eiger:~ # strace -o /tmp/true.trace /bin/true
Eiger:~ # strace -o /tmp/false.trace /bin/false
Eiger:~ # diff /tmp/{true,false}.trace
1c1
< execve("/bin/true", ["/bin/true"], [/* 67 vars */]) = 0
---
> execve("/bin/false", ["/bin/false"], [/* 67 vars */]) = 0
90c90
< _exit(0)                                        = ?
---
> _exit(1)                                        = ?
```

Wie erwartet unterscheiden sich die Protokolle in genau zwei Aufrufen: Beim Start des Programmes und beim Rückgabewert. Alle anderen Systemaufrufe sind völlig identisch!

Um uns vom Ballast der Internationalisierung zu befreien können wir auch unser eigenes true programmieren, welches nicht 0, sondern z. B. 8 als Rückgabewert liefert, und uns dessen Protokoll ansehen. So ein Programm ist nicht schwer zu schreiben. Genau gesagt handelt es sich fast um das kürzeste mögliche C-Programm überhaupt:

```
int main() { return 8; }
```

Es ist so kurz, dass ich es einfach mit einem echo-Befehl erzeuge. Als Name verwende ich t, den Quellcode lege ich in t.c ab.

```
Eiger:~ # cd /tmp
Eiger:~ # echo 'int main() { return 8; }' > t.c
```

Zum Übersetzen dient der GNU-C-Compiler gcc, den ich mit -static aufrufe. Damit erzeuge ich ein statisch gelinktes Binary, was ohne Nachladen von Bibliotheken auskommt, was unser strace mit zusätzlichen Aufrufen belasten würde:

```
Eiger:~ # gcc -static -o t t.c
```

Ein Test beweist, dass das Programm t als Rückgabewert 8 liefert:

```
Eiger:/tmp> ./t
Eiger:/tmp> echo $?
8
```

Wenn ich nun strace auf unser Programm ansetze, sieht das schon deutlich übersichtlicher aus:

```
Eiger:~ # strace ./t
execve("./t", ["t"], [/* 63 vars */])   = 0
fcntl64(0, F_GETFD)                     = 0
fcntl64(1, F_GETFD)                     = 0
fcntl64(2, F_GETFD)                     = 0
uname(sys="Linux", node="Wethertop", ...) = 0
geteuid32()                             = 5001
getuid32()                              = 5001
getegid32()                             = 1000
getgid32()                              = 1000
brk(0)                                  = 0x80a3ce8
brk(0x80a3d08)                          = 0x80a3d08
brk(0x80a4000)                          = 0x80a4000
_exit(8)                                = ?
```

Die Tatsache, dass außer `execve` und `_exit` noch weitere Systemaufrufe ausgeführt werden, liegt in dem Startcode begründet, den der C-Compiler automatisch in jedes Programm einbindet.

7.2.3 Wichtige Systemaufrufe

Um die Ausgabe von `strace` interpretieren zu können, benötigst du einen Überblick über die Systemaufrufe. Nun gibt es derer eine ganze Menge. `strace` kennt derzeit namentlich 263 verschiedene Systemaufrufe. Zum Glück ist für die Fehlersuche aber die Kenntnis einer recht kleinen Zahl vollkommen ausreichend Diese werde ich nun vorstellen.

Wenn du die Man-Seiten des LDP installiert hast[3], kannst du zudem zu jedem Systemaufruf eine Man-Seite aufrufen. Beim Aufruf von `man` solltest du immer die Kategorie – nämlich 2 - mit angeben, damit du nicht stattdessen die Beschreibung eines gleichnamigen Befehls auf den Schirm bekommst, also z. B. `man 2 open`.

Weißt du schon, welche Systemaufrufe dich interessieren, so kannst du `strace` mit der Option `-e` auch sagen, dass überhaupt nur diese angezeigt werden. Das kann die Ausgabe deutlich übersichtlicher machen. Beispielsweise kannst du in obigem Beispiel nur die Aufrufe `execve` und `_exit` anzeigen lassen:

```
Eiger:~> strace -e execve,_exit /bin/true
execve("/bin/true", ["/bin/true"], [/* 62 vars */]) = 0
_exit(0)                                = ?
```

Hier folgt nun die Beschreibung der wichtigsten Systemaufrufe:

7.2.4 Systemaufrufe: Dateizugriffe

Der erste Schwung von Systemaufrufen dient dem Lesen und Schreiben in Dateien, Pipes und Geräten.

[3]Bei SUSE LINUX im Paket `man-pages`

- `open`
  `open` erhält als Argumente einen Dateinamen und einen Zugriffsmodus übergeben und liefert bei Erfolg als Rückgabewert eine positive Zahl, den *Dateideskriptor*. Über diese Zahl wird die Datei später mittels `read`, `write`, `close` und etlichen anderen Systemaufrufen angesprochen.
  Ein neuer Prozess erbt in der Regel die Dateideskriptoren 0, 1 und 2 (stdin, stdout und stderr) vom Vaterprozess. Deshalb liefert der erste Aufruf von `open` dann die 3. Bei der Interpretation von Systemtraces sind die Filedeskriptoren deshalb wichtig, weil du bei späteren Aufrufen so erkennen kannst, auf welche Dateien sich Lese- und Schreiboperationen beziehen.
  Liefert `open` einen Rückgabewert von -1, so ist ein Fehler aufgetreten. Die Datei konnte nicht geöffnet werden. Dies ist sehr interessant für die Fehlersuche! In einem solchen Fall gibt `strace` nämlich zusätzlich den Fehler aus, der die Ursache des Scheiterns beschreibt, und zwar zum einen den Namen der C-Konstante für den Fehlercode und zum anderen einen menschenlesbaren Text. Die Fehlercodes sind über alle Systemaufrufe hinweg normiert[4].
  Das zweite Argument beschreibt den Zugriffsmodus. Es gibt folgende Möglichkeiten:
  - `O_RDONLY`: Die Datei soll nur zum Lesen geöffnet werden.
  - `O_WRONLY`: Die Datei soll nur zum Schreiben geöffnet werden.
  - `O_RDWR`: Die Datei soll zum Lesen und zum Schreiben geöffnet werden.

  Für die Fehlersuche haben die `open`-Aufrufe gleich zwei Bedeutungen: Zum einen kannst du sehen, welche Dateien ein Programm öffnet oder versucht zu öffnen. Dies beantwortet z. B. schnell die Fragen:
  - Welche Konfigurationsdateien liest das Programm?
  - Wohin schreibt das Programm Logdateien?

  Hast du noch nie damit gekämpft, dass ein Programm auf eine Konfigurationsdatei nicht reagiert, die du verzweifelt editierst? Manche Programme klappern eine ganze Latte von möglichen Orten nach Konfigurationsdateien ab und meckern auch nicht, wenn sie dort nichts finden. Schau doch einfach mal mit `strace -e open`, ob deine Datei überhaupt geöffent wird! Vielleicht siehst du sogar, wo die Konfigurationsdatei wirklich gesucht (und nicht gefunden) wird.
  Zum anderen kannst du sehen, *warum* gewisse Dateien nicht geöffnet werden können, auch wenn das Programm keine aussagekräftige Fehlermeldung ausgibt. Beispielsweise kann es sein, dass ein Programm keine Logdatei schreibt, weil es keinen Schreibzugriff auf das entsprechende Verzeichnis hat. `open` scheitert dann mit dem Fehler `EACCES (Permission denied)`.

[4] Eine Liste aller Fehlercodes findest du in `/usr/include/asm-generic/errno.h`. Dazu musst du die Entwicklerdateien der `glibc` installieren.

- `close`
  Der Aufruf `close` ist das Gegenstück zu `open`, aber zur Fehlersuche weniger interessant. Es bekommt als Argument den Deskriptor einer zu schließenden Datei übergeben. Dieser Deskriptor steht damit wieder zur Verfügung und kann beim nächsten Aufruf von `open` wieder als Rückgabewert erscheinen. Er zeigt dann auf eine ganz andere Datei!
- `read`, `write`
  `read` und `write` dienen zum Lesen und Schreiben in geöffneten Dateien. Als erstes Argument wird der Dateideskriptor eingesetzt, den `open` zurückgeliefert hat.
  Andere Möglichkeiten des Schreibens hat der Prozess nicht. Egal, wie der Ausgabebefehl in einer Programmiersprache auch heißen mag, ob `printf` oder `putc` in C, ob `echo` in der Shell, ob `writeln` in Pascal – am Ende kommt immer ein `write`-Aufruf heraus, welcher von `strace` protokolliert wird!
  `strace` gibt jeweils die ersten 32 Byte der gelesenen oder geschriebenen Daten aus. Wenn du mehr sehen willst, kannst du dies mit der Option `-s 500` z. B. auf 500 Zeichen setzen.

Mit einem `strace` des Befehls `dd` kannst du dir sehr gut ansehen, wie die vier genannten Systemaufrufe zusammenarbeiten. Alles ist eigentlich sehr klar und einfach und funktioniert genau so, wie man es erwartet.

Der Befehl `dd` kopiert Daten aus einer Datei in eine andere. Mit `if=` und `of=` gibst du Quell- und Zieldatei an, mit `bs=` die Größe der zu kopierenden Blöcke und mit `count=` deren Anzahl. Mit `strace` kannst du sehen, dass `dd` in der Tat für jeden Block ein `read` und ein `write` durchführt! Ich zeige dir hier ein gekürztes `strace`, bei dem ich die überflüssigen Zeilen einfach weggelassen habe:

```
Eiger:~> strace -e open,close,read,write dd if=/etc/passwd of=/dev/null bs=27 \
> count=3
open("/etc/passwd", O_RDONLY|O_LARGEFILE) = 0
open("/dev/null", O_WRONLY|O_CREAT|O_TRUNC|O_LARGEFILE, 0666) = 1
```

Zunächst wurden die beiden Dateien `/etc/passwd` als 0 and `/dev/null` als 1 geöffnet. Jetzt wird dreimal je ein Block von je 27 Byte von 0 gelesen und nach 1 geschrieben:

```
read(0, "root:x:0:0:root:/root:/bin/", 27) = 27
write(1, "root:x:0:0:root:/root:/bin/", 27) = 27
read(0, "bash\nbin:x:1:1:bin:/bin:/bi", 27) = 27
write(1, "bash\nbin:x:1:1:bin:/bin:/bi", 27) = 27
read(0, "n/bash\ndaemon:x:2:2:Daemon:", 27) = 27
write(1, "n/bash\ndaemon:x:2:2:Daemon:", 27) = 27
```

Am Ende werden beide Dateien ordnungsgemäß geschlossen:

```
close(0)                              = 0
close(1)                              = 0
```

7.2.5 Systemaufrufe: Verzeichnisse und Dateiattribute

- `chdir`, `mkdir`, `rmdir`, `rename`, `unlink`

  `chdir` wechselt das aktuelle Arbeitsverzeichnis und entspricht dem Shell-Befehl `cd`. `mkdir` erzeugt ein neues Verzeichnis, `rmdir` entfernt ein bestehendes nicht-leeres Verzeichnis. `unlink` dient dem Löschen einer Datei. Alle genannten Aufrufe werden mit einem Dateinamen als einzigem Argument aufgerufen und liefern im Erfolgsfalle als Rückgabewert 0.

  `rename` benennt eine Datei um oder verschiebt sie innerhalb eines Dateisystems. Auch hier bedeutet ein Rückgabewert von 0 Erfolg.

  Hierbei ist bemerkenswert, dass zwar der Befehl `mv` sehr wohl eine Datei auf ein anderes Dateisystem verschieben kann, nicht jedoch der Systemaufruf `rename`, welcher bei einem Versuch desselben mit dem Fehler `EXDEV` `(Invalid cross-device link)` antwortet. In so einem Fall muss `mv` die Datei Byte für Byte kopieren. Folgende Beispielsitzung geht davon aus, dass unter `/tmp` ein eigenes Dateisystem gemountet ist[5]:

```
Eiger:~ # cd /tmp
Eiger:/tmp # echo 'Kleine Datei mit wenig Inhalt' > hirn
Eiger:/tmp # strace -e rename mv hirn hirn2
rename("hirn", "hirn2")
```

  Dieser Fall war sehr einfach: `mv` verwendet `rename`, um die Datei umzubenennen. Anders sieht dies aus, wenn die Datei `hirn2` in ein anderes Dateisystem verschoben werden soll:

```
Eiger:/tmp # strace -e open,close,read,write,rename,unlink mv hirn2 /
```

  Hier habe ich etwas gekürzt...

```
rename("hirn2", "/hirn2")             = -1 EXDEV (Invalid cross-device link)
open("hirn2", O_RDONLY|O_LARGEFILE)   = 3
open("/hirn2", O_WRONLY|O_CREAT|O_LARGEFILE, 0100644) = 4
read(3, "Kleine Datei mit wenig Inhalt\n", 4096) = 30
write(4, "Kleine Datei mit wenig Inhalt\n", 30) = 30
read(3, "", 4096)                     = 0
close(4)                              = 0
close(3)                              = 0
unlink("hirn2")                       = 0
```

  `mv` versucht zunächst wieder ein `rename`, welches allerdings scheitert, weil die Zieldatei auf einem anderen Dateisystem liegt. Daraufhin öffnet der `mv`-Befehl die alte Datei zum Lesen, die neue zum Schreiben und überträgt den Inhalt „von Hand" in die neue Datei. Erst wenn das Kopieren erfolgreich abgeschlossen ist, entfernt `mv` die Originaldatei mit `unlink`.

[5]Tatsächlich kann dies sinnvoll sein. Auf meinen Rechnern habe ich das *tmpfs* nach `/tmp` gemountet. Es hält seine Dateien im Haupt- und Swapspeicher. Nach einem Reboot sind alle Daten verschwunden, was aus meiner Sicht eine gute Eigenschaft eines *temporären* Dateisystems ist.

Sehr schön kann man am Beispiel auch wieder die Arbeitsweise von `read` und `write` erkennen. Das `\n` am Ende des Strings stellt das Zeichen für Newline (ASCII 10) dar, das alle C-Programmierer kennen.

- `chmod`, `fchmod`, `chown`, `fchown`, `lchown`, `stat`, `fstat`, `lstat`, `stat64`, `fstat64`, `lstat64`
  Die Familie `chmod`, `chown` und `stat` dient zum Ändern und Abfragen von Dateiattributen. Die Versionen mit dem `f` am Anfang nehmen als Argument den Deskriptor einer geöffneten Datei, also eine Zahl. Die Versionen ohne Buchstabe werden mit einem Pfadnamen als Argument aufgerufen. Die `l`-Versionen sind mit diesen identisch, verhalten sich jedoch anders, wenn die Zieldatei ein symbolischer Link ist: Während die einfachen Versionen das *Linkziel* adressieren, meinen die `l` -Versionen den *Link selbst*. Bei `stat` gibt es jeweils noch eine 64-Bit-Version, welche bei Linux mittlerweile Standard ist. Wenn `strace` also bei `-e stat` wider Erwarten schweigt, solltest du es mal mit `-e stat64` probieren.
  `chmod` ändert die Zugriffsrechte (*permissions*) einer Datei. Die Rechte werden als Oktalzahl übergeben, wobei die letzten drei Ziffern für die Rechte von Benutzer, Gruppe und Anderen stehen. Die genaue Bedeutung der Rechte wird in der Manpage von `chmod (2)` erläutert. Um die Zugriffsrechte einer Datei ändern zu können, muss man deren Besitzer bzw. `root` sein.
  `chown` ändert den Besitzer und die Gruppe (*owership*) einer Datei auf einmal[6]. Den Besitzer einer Datei kann nur `root` ändern, die Gruppe kann auch der Besitzer ändern, vorausgesetzt er ist auch Mitglied der neuen Gruppe.
  `stat` ermittelt Informationen über eine Datei, wozu Zugriffsrechte, Besitzer, Größe und Zugriffszeiten gehören. Eine genaue Beschreibung findest du bei `man 2 stat`. Bemerkenswert ist, dass viele Programme `stat` dazu verwenden, um festzustellen, ob eine Datei existiert oder z. B. ausführbar ist. Manche Dienste akzeptieren Konfigurationsdateien nur dann, wenn die Zugriffsrechte einen Lesezugriff für jedermann außer dem Eigner verbieten. Im Zweifelsfall wird die Datei dann gar nicht erst geöffent und ein `strace -e open` bleibt schweigsam.

7.2.6 Systemaufrufe: Netzwerk

Die nächste Kategorie von Systemaufrufen behandelt Netzwerkverbindungen. Dabei werden Verbindungen über das Internet mittels TCP und UDP (Typ *INET*) sehr ähnlich behandelt wie Verbindungen über *Unix Domain Sockets* (Typ *Unix*). Letztere werden auch manchmal als *local sockets* oder einfach *Unix sockets* bezeichnet. Bei beiden unterscheidet man zwischen Server- und Clientsockets.

[6] Der gleichnamig Shell-Befehl `chown` kann dies auch. Der Befehl `chgrp` hat keinen entsprechenden Systemaufruf.

- `socket`, `bind`, `listen`, `accept`, `connect`
  Diese Aufrufe dienen dem *Verbindungsaufbau*. Als erstes wird immer `socket` aufgerufen, das ein Socket erzeugt und einen Socketdeskriptor zurückgibt, der vom System quasi als Dateideskriptor behandelt wird.
  Mittels `bind` wird dem Socket eine Adresse zugeordnet. Bei den Internetsockets ist dies eine Portnummer und im Falle eines TCP-Clientsockets noch die Zieladresse des Serverrechners.
  Bei Unix-Sockets ist die Adresse ein Dateiname. Beispielsweise legt X11 unter `/tmp/.X11-unix/X0` ein Socket an, über das die lokalen Clientprogramme sich verbinden können. Unix-Sockets können nur zur lokalen Kommunikation verwendet werden, haben aber den Sicherheitsvorteil, dass sich keine Angreifer aus dem Netzwerk verbinden können, und dass man die Zugriffskontrolle für andere Prozesse durch die Zugriffsrechte der Socketdatei steuern kann. Außerdem entsteht viel weniger Protokollaufwand, da kein TCP/IP verwendet wird.
  Um ein Serversocket in Betrieb zu nehmen, wird `listen` aufgerufen, was dem Kernel befiehlt, auf eingehende Verbindungswünsche zu horchen. Der zweite Parameter ist das sogenannte *backlog*. Hier gibt man an, wie viele Verbindungswünsche maximal in die Warteschlange aufgenommen werden, solange der Prozess keine Zeit hat, diese mit `accept` zu bedienen. Alle weiteren Verbindungswünsche werden abgewiesen.
  `accept` nimmt einen Verbindungswunsch an und liefert als Rückgabe einen Dateideskriptor zu einem neuen Socket, über das dann der eigentliche Netzwerkverkehr abgewickelt wird.
  Im Falle eines Clientsockets ruft man `connect` auf, um sich mit einem Serversocket auf einem anderen oder demselben Rechner zu verbinden. Im Erfolgsfalle kann man direkt über den Socketdeskriptor des Clientsockets kommunizieren.
- `send`, `sendto`, `recv`, `recvfrom`
  Prozesse können über die Sockets entweder wie mit einer Datei über `read` und `write` oder aber mit `send`, `sendto`, `recv` und `recvfrom` kommunizieren. `strace` zeigt in beiden Fällen die Daten an, welche übertragen werden. Die Varianten `...to` bzw. `...from` der Befehle arbeiten mit Sockets, die nicht verbunden sind, und kommen z. B. bei UDP zum Einsatz.

7.2.7 Systemaufrufe: UIDs und GIDs

`setuid`, `getuid`, `setgid`, `getgid` und Varianten

Diese Aufrufe dienen zum Setzen bzw. Abfragen der user *ID (UID)* bzw. *group ID (GID)* des aktuellen Prozesses. Hier gibt es zahlreiche Abwandlungen:

- Für jeden der obigen Aufrufe gibt es zusätzlich eine Variante für 32-bittige UIDs und GIDs. Dies ist eine Erweiterung, die es ermöglicht, mehr als 65 536 verschiedene Benutzer und Gruppen auf einem System zur Verfügung zu haben. An den Namen der Systemaufrufe wird dann eine 32 angehängt, z. B. `setgid32`.
- Analog zu `setuid/getuid` und Konsorten gibt es noch `seteuid` und `setegid`, das die *effektive* UID bzw. GID setzt. Die effektive UID/GID bestimmt, welche Zugriffsrechte der Prozess ausübt, ist also maßgeblich, wenn der Benutzer oder die Gruppenzugehörigkeit mit den Zugriffsrechten einer Datei verglichen werden. Die *reale* UID/GID zeigt an, welcher Benutzer den Prozess gestartet hat. Beispielsweise wird bei einem Programm mit gesetztem SUID-Bit (z. B. `ping`) nur die effektive UID/GID geändert. Erst wenn das SUID-Programm dann selbst einen neuen Prozess startet, wird die EUID des alten Prozesses die UID des neuen!
- Zur Bequemlichkeit gibt es noch die Aufrufe `setreuid`, `getreuid`, usw., welche die reale (`r`) und die effektive (`e`) UID bzw. GID auf einmal setzen bzw. lesen.
- Analog dazu gibt es noch `setresuid`, `getresuid`, usw. welche die reale (`r`), effektive (`e`) und gespeicherte (`s`) UID bzw. GID setzen und lesen. Die gespeicherte UID ist die effektive UID vor deren letzter Änderung. Mit diesem Mechanismus kann der Prozess zu seiner alten UID zurückkehren. Dies muss man unter dem Gesichtspunkt sehen, dass ja nur der Benutzer `root` beliebig seine UID und GID ändern kann. Wird der Prozess vorübergehend durch `seteuid` zum normalen Benutzer hätte er ja das Problem, dass er später nicht wieder `root` werden dürfte, weil ja nur `root` die UID ändern kann. Daher darf ein normaler Benutzer als Ausnahme mittels `seteuid` zur gespeicherten UID zurückkehren.

Wenn du dir die Sache mit den UIDs etwas genauer ansehen willst, findest du in den Man-Seiten der oben genannten Systemaufrufe weitere Informationen.

7.2.8 Systemaufrufe: Warten

Die häufigste Sache, die ein Prozess macht, ist: Warten! Denn meistens gibt es gerade nichts zu berechnen und der Prozess wartet dann auf Eingaben des Benutzers, auf Daten aus dem Netzwerk, auf den nächsten Datenblock von der Festplatte, auf die Ergebnisse eines anderen Prozesses oder einfach, bis eine bestimmte Zeit vergangen ist.

In den Anfängen der Computerei, als es noch keine Prozesse gab und der Computer immer nur eine Sache zu einer Zeit gemacht hat, hat der Programmierer dann einfach eine Warteschleife programmiert, in der er unentwegt abfragte, ob eines der gewünschten Ereignisse stattgefunden hatte. Wenn nicht, dann ging's einfach in den nächsten Durchlauf der Schleife.

Als man begann, mehrere Programe gleichzeitig laufen zu lassen, stellte sich heraus, dass dieses Vorgehen ziemliche Nachteile hatte, denn die Rechenzeit, in der der arme Computer in der Warteschleife herumwirbelte, fehlte ihm natürlich für all die anderen Prozesse, die gerade dabei waren, unheimlich nützliche Berechnungen anzustellen. Um dieses Problem zu beseitigen, hat man ihm erstmal einen Namen gegeben: *Busy wait*, zu Deutsch *geschäftiges Warten*.

Da Unix-Systeme von Anfang an für den Betrieb von mehreren Benutzern gleichzeitig vorgesehen waren, hat man sich schon frühzeitig eine Lösung überlegt: Das Warten erledigt ausschließlich der Kernel. Ein Prozess, der warten will, sagt dem Kernel, auf welche Ereignisse er warten will, und legt sich vorübergehend schlafen. Erst wenn eines der Ereignisse eintritt, weckt der Kernel den Prozess wieder auf. Dieser kann sich dann gleich ans Werk machen und das Ereignis verarbeiten.

Etliche Systemaufrufe haben diesen Mechanismus implizit eingebaut. Beispielsweise warten `read` und `write` automatisch, wenn der Datentransfer vorübergehend stockt, weil die Festplatte, ein anderer Prozess oder eine andere Komponente noch Zeit für die Übertragung benötigt.

Sobald ein Prozess jedoch auf mehrere Ereignisse *gleichzeitig* warten will, benötigt er einen speziellen Systemaufruf zum Warten, welcher traditionell `select` heißt.

- `select`
  `select` wartet auf drei Klassen von Ereignissen:
  - Dateideskriptoren
  - Signale
  - Zeitüberschreitung

  Die Dateideskriptoren werden in drei Listen übergeben. Am wichtigsten ist die erste Liste, welche diejenigen Deskriptoren enthält, bei denen auf *Lesezugriff* gewartet wird. Sobald einer davon lesbar ist, kehrt `select` zurück und teilt dem Aufrufer mit, welche Dateien nun lesbar sind. Bei Serversockets bedeutet die Lesbarkeit, dass ein Verbindungswunsch ansteht, welcher mit `connect` quittiert werden kann. Bei Pipes und normalen Sockets bedeutet Lesbarkeit, dass der Prozess auf der anderen Seite Daten geschickt hat.
  Die zweite Liste umfasst Deskriptoren, bei denen auf *Schreibzugriff* gewartet wird. Dies wird weniger häufig verwendet, da Prozesse selten während des Schreibens auf andere Ereignisse warten.
  Die dritte Liste nennt Deskriptoren, bei denen auf einen *Fehler* gewartet wird, der z. B. dann auftritt, wenn die Gegenseite eine Pipe oder ein Socket schließt.

  Ferner kehrt `select` zurück, wenn der Prozess ein *Signal* empfängt oder eine vorher festgelegte *Zeit* abgelaufen ist.

Wenn ein Prozess gerade nichts zu tun hat und in einem `select`-Aufruf hängt, kannst du mit `strace` sehr gut beobachten, auf welche Ereignisse der Prozess wartet. Um zu erfahren, welche Dateien sich hinter den Dateideskriptoren verbergen, kannst du den bereits in Abschnitt 4.3.5 auf Seite 84 eingeführten Befehl `lsof` verwenden.
Ich habe für dich einmal auf meinem Rechner untersucht, was der `pickup`-Prozess des Mailservers *Postfix* macht:

```
Eiger:~ # ps ax | grep pickup
 6843 ?        S      0:00 pickup -l -t fifo -u
Eiger:~ # strace -p 6843
select(7, [5 6], [], [5 6], 84, 730000 <unfinished ...>
```

Hier habe ich mit Strg C abgebrochen. Die drei Listen der Deskriptoren werden in eckigen Klammern angezeigt: Auf `[5,6]` wird zum Lesen gewartet, auf Schreibzugriffe wird nicht gewartet, ebenfalls auf `[5,6]` wird auf einen Fehler gewartet und außerdem soll das Warten spätestens nach 84 Sekunden und 730 ms beendet werden.
`5` und `6` sind Dateideskriptoren. Welche Dateien sich dahinter verbergen, kannst du mit dem Befehl `lsof` herausfinden. Die Optionen `-a -d 5,6` sorgen dafür, dass nur diese beiden Deskriptoren aufgelistet werden, was ich gemacht habe, um meinem Verlag etwas Papier zu sparen.

```
Eiger:~ # lsof -p 6843 -a -d 5,6
COMMAND  PID    USER   FD   TYPE     DEVICE SIZE   NODE NAME
pickup  6843 postfix   5u  unix 0xc34d6120      7185080 socket
pickup  6843 postfix   6u  FIFO        3,8        28341 /var/spool/postfix/
public/pickup
```

`5` ist ein Unix-Socket, `6` ist eine Namedpipe (FIFO) mit dem vollen Pfadnamen `/var/spool/postfix/public/pickup`, welche von `ll` mit dem Buchstaben `p` symbolisiert wird:

```
Eiger:~ # ll /var/spool/postfix/public/pickup
prw--w--w-    1 postfix  postfix     0 2002-11-07 14:10 /var/spool/postfix/
public/pickup
```

Eine Namedpipe kannst du übrigens mit dem Befehl `mkfifo` anlegen. Es ist eine Datei, wo alles, was man auf der einen Seite reinschreibt, auf der anderen wieder herauskommt. Sie wird zur Interprozesskommunikation verwendet.
Nun will ich näher untersuchen, wer auf der anderen Seite des Unix-Sockets hängt. `lsof` meldet als `NODE` die Nummer `7185080`. Dies ist eine Kernel-interne Nummer für das Socket.
Wenn du `netstat` mit der Option `-p` aufrufst, so erfährst du die PID und den Namen des Prozesses, dem dieses Socket gehört. Mittels `grep` filtere ich die Zeile mit unserem Socket heraus, was wiederum Papier und Zeit spart:

```
Eiger:~ # netstat -p | grep 7185080
unix  3      [ ]         STREAM     VERBUNDEN      7185080 1533/master
```

Das Socket gehört also Prozess Nummer 1533, der Name des Prosses ist `master`. Ein Aufruf von `pstree` klärt die Situation auf:

```
Eiger:~ # pstree -p 1533
master(1533)-+-pickup(6843)
             `-qmgr(5125)
```

Der `pickup`-Prozess wurde vom `master`-Prozess gestartet und komuniziert über das Unix-Socket mit seinem Vater! Ein Blick in die offenen Dateien von Prozess `1533` bestätigt dies, dort hat das Socket die Dateinummer `16`:

```
Eiger:~ # lsof -p 1533 | grep 7185080
master  1533 root   16u  unix 0xc34d6120       7185080 socket
```

Wie du siehst, kannst du dir hier einen ganz hübschen Einblick verschaffen. Das hilft vor allem in Situationen, in denen ein Prozess hängt und scheinbar auf nichts mehr reagiert.

- `poll`
  Der Systemaufruf `poll` ist eine neue linuxspezifische Variante von `select`, die eine komplett andere Aufrufschnittstelle hat und im Gegensatz zu `select` keine Beschränkung in der Anzahl der gleichzeitig bewarteten Deskriptoren auferlegt. `select` kann nämlich maximal auf 1024 Deskriptoren gleichzeitig warten. Leider ist `strace` bei der Ausgabe der Argumente von `poll` schweigsam, so dass man nur sieht, *dass* gewartet wird, aber nicht *auf was*.
  Verwendet wird `poll` z. B. vom RPC Portmap-Daemon. Die meisten Programme arbeiten zum Glück mit `select`, was die Fehlersuche deutlich erleichtert.
- `pause`, `nanosleep`
  Einfache Wartebefehle sind ferner `nanosleep`, der nach einer bestimmten Zeit von Nanosekunden zurückkehrt oder wenn vorher ein Signal eintrifft, und `pause`, das nur auf das Eintreffen irgendeines Signals wartet. Beide Aufrufe könnten theoretisch auch durch ein `select` ersetzt werden.

7.2.9 Systemaufrufe: Erzeugen und Beenden von Prozessen

- `fork`
  `fork` ist vielleicht der spannendste Systemaufruf überhaupt. Er bewirkt quasi eine schizophrene Persönlichkeitsspaltung des Prozesses!
  Etwas technischer ausgedrückt erschafft `fork` eine identische Kopie des aktuellen Prozesses, die sich nur in einer Sache vom Original unterscheidet: In der Prozess-ID.
  Wenn ein Prozess `fork` aufruft, kehrt dieser Aufruf gewissermaßen zweimal gleichzeitig zurück: Einmal als ursprünglicher Prozess und einmal als der neue. Beide Prozesse führen dann erst einmal das gleiche Programm

aus. Damit die beiden Prozesse erkennen können, wer der alte und wer der neue ist, liefert `fork` für den neuen Prozess den Rückgabewert `0` und für den alten die PID vom neuen Prozess. Der alte Prozess wird Vaterprozess genannt und ist verantwortlich für seinen Sohn.

Wenn du mir nicht glaubst, kannst du es selbst ausprobieren mit einem kleinen C-Programm, welches nach dem `fork()` nur eine Textzeile ausgibt und sich dann beendet.

```
Eiger:~> cat > f.c
int main() {
  fork();
  write(0, "Ich bin zwei Prozesse.\n", 23);
}
Eiger:~> gcc -o f f.c
Eiger:~> ./f
Ich bin zwei Prozesse.
Ich bin zwei Prozesse.
```

`fork` ist deshalb so wichtig, weil es unter Unix die einzige Methode ist, einen neuen Prozess zu starten. Alle Prozesse, die auf deinem Rechner laufen, sind also mit `fork` erzeugt worden, bis auf den ersten, welchen der Kernel selbst geschaffen hat (wahrscheinlich aus der Rippe eines Subtraktionswerkes).

Nun betrifft die wunderbare Vermehrung von Prozessen aber auch `strace`: welchen der beiden Prozesse soll es verfolgen? `strace` entscheidet sich normalerweise für den Vaterprozess. Vom zweiten erfährst du nur, wenn du `strace` mit der Option `-f` (*follow*) aufrufst.

Ich illustriere dies mit einem Mini-Programm, das nur einen `write`-Befehl mit einer leeren Zeichenkette erzeugt:

```
Eiger:~ # echo 'int main() { fork(); write(0, "", 0); }' > f.c
Eiger:~ # gcc -o f f.c
```

`strace` rufe ich mit `-e fork,write,_exit` auf, damit nur die für uns interessanten Dinge gezeigt werden. Zuerst das Ganze ohne `-f`:

```
Eiger:~ # strace -e fork,write,_exit ./f
fork()                                  = 7912
--- SIGCHLD (Child exited) ---
write(0, "", 0)                         = 0
_exit(0)                                = ?
```

Und nun mit der `-f`-Option:

```
Eiger:~ # strace -f -e fork,write,_exit ./f
fork()                                  = 7915
[pid  7914] write(0, "", 0 <unfinished ...>
[pid  7915] write(0, "", 0 <unfinished ...>
[pid  7914] <... write resumed> )       = 0
```

```
[pid  7915] <... write resumed> )          = 0
[pid  7914] _exit(0)                       = ?
[pid  7915] _exit(0)                       = ?
```

Sobald mehr als ein Prozess existiert, zeigt `strace` bei jedem Systemaufruf die PID des Prozesses an, welcher diesen tätigt.

- `execve`
  Da es natürlich langweilig ist, lauter gleiche Prozesse zu haben, gibt es einen mindestens ebenso wichtigen Systemaufruf, der meist auf `fork` folgt: `execve`. Dieser ersetzt das aktuell laufende Programm durch ein anderes. Dazu bekommt `execve` als erstes Argument einen Pfadnamen übergeben, der auf eine ausführbare Datei zeigen muss. Der Kernel lädt dann diese Datei als neues Programm des aktuellen Prozesses.
  Handelt es sich um eine Textdatei, welche mit `#!` beginnt, so wird stattdessen das dahinter angegebene Programm mit der Textdatei als Argument gestartet. Deshalb beginnen Shellskripten mit `#!/bin/sh` oder `#!/bin/bash`. Ferner bekommt `execve` die Kommandozeilenargumente und die Umgebungsvariablen für das neue Programm übergeben.
  Wenn du ein Programm mit `strace` verfolgst, wirst du sehen, dass der erste Aufruf immer `execve` ist. Das heißt aber nicht, dass das Programm sich selbst startet. Wenn du oben genau gelesen hast, kannst du die Frage vielleicht selbst beantworten. Der neue Prozess wird mit `fork` erzeugt. Erst danach kann `execve` aufgerufen werden, da ja sonst der alte Prozess ersetzt werden würde, also z. B. die Shell. Folglich startet tatsächlich erst der neue Prozess das Programm.

- `vfork`
  Der Systemaufruf `vfork` wurde als Optimierung des häufigen Falles eingeführt, dass unmittelbar nach einem `fork` ein `execve` erfolgt. Das komplette Kopieren des Prozesses ist dann unnötig, weil dieser ja sofort danach ohnehin durch ein neues Programm komplett überschrieben wird. `vfork` verzichtet auf das Kopieren, legt aber dafür strenge Restriktionen auf, die besagen, dass nach `vfork` entweder `execve` oder `_exit` kommen muss und bis dahin keine weiteren Systemaufrufe oder Änderungen an Daten des Prozesses erfolgen dürfen.
  Dies hat auch Auswirkungen auf `strace`, welches nach einem `vfork` nur dem *neuen* Prozess folgt, und zwar auch mit der Option `-f`! Speziell für diesen Fall kenn `strace` die Option `-F`, welche versucht, einen `vfork` korrekt zu behandeln. Dies benötigt aber Funktionen im Kernel, die nicht immer vorhanden sind und klappt deshalb auch nicht unbedingt.
  Zum Glück ist `vfork` jedoch selten und die Probleme mit `strace` deshalb auch.

- _exit
  _exit beendet den aktuellen Prozess und legt dabei den Exitcode fest. Dieser wird dem Vaterprozess gemeldet, sobald dieser wait4 oder waitpid aufruft (siehe nächster Abschnitt). Da der Aufruf _exit nie zurückkehrt (wohin? Der Prozess ist ja dadurch beendet worden), gibt es auch keinen Rückgabewert und strace gibt stattdessen nur ein Fragezeichen aus.

- wait4, waitpid
  Die Aufrufe wait4 und waitpid, die sich nur in den Aufrufparametern unterscheiden, behandeln das Beenden eines Prozesses aus der Sicht des Vaterprozesses. Jeder Prozess, der auf deinem Rechner läuft, wurde von einem anderen Prozess mittels fork oder oder vfork erzeugt.
  Der Vaterprozess hat die Verantwortung, seine Sohnprozesse nach deren Ableben mittels eines wait4 oder waitpid wieder „einzusammeln" und dabei den Exitcode abzuholen.
  Die Zeit vom Aufruf von _exit eines Prozesses bis zum Aufruf von wait4/waitpid durch seinen Vaters verbringt ersterer in einem Zwischenstadium als *„Zombie"*. Erst durch das wait4/waitpid des Vaters kann er diesem seinen Rückgabewert und seine Todesursache übermitteln. Das System gibt erst dann alle Ressourcen frei und der Prozess findet endlich seine ewige Ruhe.
  Der Unterschied zwischen wait4 und waitpid ist, dass bei wait4 eine Statistik über die vom Sohnprozess verbrauchten Systemressourcen (CPU-Zeit) abgerufen werden kann.

7.2.10 Systemaufrufe: Speicherverwaltung und Übriges

Meine letzte Gruppe von Systemaufrufen ist etwas zusammengewürfelt. Diese Aufrufe sind für die Fehlersuche nicht wichtig, kommen aber in großer Menge in jedem strace-Protokoll vor.

- mmap2, munmap, mprotect
  mmap2, munmap und mprotect dienen dem Abbilden von Dateiinhalten in Bereiche des Prozessadressraumes. Der dynamische Linker verwendet dies zum Laden der Bibliotheken.

- brk
  brk teilt dem Kernel mit, dass der Prozess mehr Arbeitsspeicher wünscht. Dadurch wird der Heap vergrößert, also das Segment, in dem dynamisch belegter Speicher liegt.

- uname
  uname ermittelt die Version des Betriebsystems, die Hardwarearchitektur, sowie den Rechnernamen. uname wird von fast allen Programmen als erster Systemaufruf nach execve aufgerufen. Nur mit der Option -v zeigt

strace alle Parameter des Systemrufes an (welche in diesem Fall Rückgabewerte sind) an:

```
Eiger:~> strace -v -e uname true
uname({sysname="Linux", nodename="Eiger", release="2.6.4-54.
5-default", version="#1 Fri May 7 21:43:10 UTC 2004", machine
="i686"}) = 0
```

7.2.11 strace in der Praxis

Nach all der Theorie will ich dir anhand von Beispielen den praktischen Einsatz von strace zeigen. Stell dir vor, du verwendest ein Programm und weißt nicht, wo dieses nach seiner Konfigurationsdatei sucht. Stell dir vor, es gibt sogar mehrere mögliche Plätze, aber die Dokumentation ist ungenau und schweigt sich aus, in welcher Reihenfolge die Dateien verarbeitet werden.

Ich führe dies mal am Beispiel von OpenSSH vor, das ein verschlüsseltes Login auf einen anderen Rechner ermöglicht. Mit strace -f -e open untersuche ich, welche Konfigurationsdateien das Programm ssh öffnet. Die Ausgabe leite ich mit der Option -o trace in die Datei trace um, aus der ich nacher mit grep Informationen über das Öffnen der Bibliotheken entferne, weil diese hier nicht interessant sind:

```
mk@Eiger:~> strace -f -o trace -e open ssh gibts.nicht.de
8470: ssh: gibts.nicht.de: Name or service not known
mk@linux:~> grep -v /lib/ trace
8470  open("/etc/ld.so.preload", O_RDONLY) = -1 ENOENT (No such file or
 directory)
8470  open("/etc/ld.so.cache", O_RDONLY) = 3
8470  open("/etc/nsswitch.conf", O_RDONLY) = 3
8470  open("/etc/ld.so.cache", O_RDONLY) = 3
```

Bis hier ist alles nur normaler Kram, den ein Programm so nach dem Starten macht. Jetzt schaut ssh in die Datei /etc/passwd – wahrscheinlich um zu ermitteln, welches Homeverzeichnis der aktuelle Benutzer (mk) hat (in meinem Fall ist dies /home/mk).

```
8470 open("/etc/passwd", O_RDONLY) = 3
```

Jetzt kommt der erste interessante Eintrag:

```
8470 open("/home/mk/.ssh/config", O_RDONLY|O_LARGEFILE) = -1 ENOENT (No
 such file or directory)
```

Als erste mögliche Konfigurationsdatei wurde versucht, /home/mk/.ssh/config zu öffnen. Diese Datei existiert jedoch nicht (ENOENT). Der nächste Kandidat ist /etc/ssh/ssh_config und kann geöffnet werden:

```
8470 open("/etc/ssh/ssh_config", O_RDONLY|O_LARGEFILE) = 3
```

Alles Weitere beschäftigt sich hauptsächlich mit der Namensauflösung (/etc/hosts, /etc/services und /etc/resolv.conf) und mit dem Zufallsgenerator (/dev/urandom):

```
8470 open("/dev/urandom", O_RDONLY) = 3
8470 open("/etc/ld.so.cache", O_RDONLY) = 3
8470 open("/etc/services", O_RDONLY) = 3
8470 open("/etc/resolv.conf", O_RDONLY) = 3
8470 open("/etc/host.conf", O_RDONLY) = 3
8470 open("/etc/hosts", O_RDONLY) = 3
8470 open("/etc/ld.so.cache", O_RDONLY) = 3
8470 open("/etc/resolv.conf", O_RDONLY) = 3
8470 open("/etc/hosts", O_RDONLY) = 3
```

Das Ergebnis der Untersuchung ist also: ssh sucht *zuerst* im Homeverzeichnis des Benutzers die Datei .ssh/config und *erst dann* die globale Konfiguration /etc/ ssh/ssh_config. Deshalb kann man davon ausgehen, dass globale Optionen die benutzerspezifischen *überschreiben*.

Dies ist durchaus bemerkenswert, da das bei den meisten anderen Programmen genau umgekehrt geregelt ist. Da ssh eine sicherheitskritische und auch sehr sicherheitsbewusste Anwendung ist, soll dem Systemadministrator hier das letzte Machtwort über die Konfiguration gelassen werden!

Als zweites Beispiel will ich den in Kapitel 3.1 vorgestellten syslogd heranziehen. Nehmen wir an, syslogd soll über das Netzwerk Meldungen von einem anderen Rechner entgegennehmen. Dies klappt jedoch nicht. Der lokale syslogd reagiert nicht und spuckt keine Fehlermeldung aus. Mit strace untersuche ich, was syslogd gerade macht. Dazu docke ich mit der Option -p an den laufenden Prozess an. Mit pidof ermittele ich vorher seine PID:

```
Eiger:~ # pidof syslogd
453
Eiger:~ # strace -p 453
select(1, [0], NULL, NULL, NULL
```

Hier sehe ich, dass syslogd im Systemaufruf select steckt. Er wartet darauf, dass die Datei 0 lesbar wird. Ich breche strace mit **Strg** **C** ab und sehe mir mittels lsof an, welche Dateien syslogd geöffnet hat und vor allem, was Datei 0 ist:

```
Wethertop:~ # lsof -p 453
COMMAND PID USER   FD    TYPE      DEVICE    SIZE   NODE NAME
syslogd 453 root  cwd     DIR         3,8     600      2 /
syslogd 453 root  rtd     DIR         3,8     600      2 /
```

```
syslogd 453 root  txt    REG         3,8    29368  32392 /sbin/syslogd
syslogd 453 root  mem    REG         3,8    84688 199768 /lib/ld-2.2.5.so
syslogd 453 root  mem    REG         3,8    44415 199923 /lib/libnss_files.so.2
syslogd 453 root  mem    REG         3,8    15234 199922 /lib/libnss_dns.so.2
syslogd 453 root  mem    REG         3,8 1312470 199769 /lib/libc.so.6
syslogd 453 root  mem    REG         3,8    70044 199925 /lib/libresolv.so.2
```

Jetzt kommt die interessante Zeile:

```
syslogd 453 root     0u  unix 0xc48b2080            1270 /dev/log
```

Die restlichen Dateideskriptoren sind für das Schreiben der Logdateien zuständig:

```
syslogd 453 root    1w   CHR        4,10            20855 /dev/tty10
syslogd 453 root    2u  FIFO         3,8            21381 /dev/xconsole
syslogd 453 root    3w   REG         3,8     63493  32409 /var/log/mail
syslogd 453 root    4w   REG         3,8         0  32411 /var/log/news/news.crit
syslogd 453 root    5w   REG         3,8         0  32412 /var/log/news/news.err
syslogd 453 root    6w   REG         3,8         0  32413 /var/log/news/news.notice
syslogd 453 root    7w   REG         3,8    535970  42230 /var/log/warn
syslogd 453 root    8w   REG         3,8    535970  42230 /var/log/warn
syslogd 453 root    9w   REG         3,8 2454795  32407 /var/log/messages
```

Ich lerne also, dass `syslogd` *ausschließlich* auf dem Unix-Socket `/dev/log` hört. Von einem Netzwerksocket ist keine Spur! Dass keine Pakete über das Netzwerk akzeptiert werden, ist also klar. Nach einem Studium der Dokumentation (oder einen Blick in Abschnitt 3.1.2) ändere ich die Konfiguration entsprechend und sehe mir die Sache erneut an:

```
Eiger:~ # rcsyslog restart
Shutting down syslog services                                        done
Starting syslog services                                             done
Eiger:~ # pidof syslogd
2628
Eiger:~ # strace -p 2628
select(15, [0 14], NULL, NULL, NULL <unfinished ...>
Eiger:~ # lsof -p 2628 | egrep -v '/var/log|/lib'
COMMAND  PID USER   FD   TYPE     DEVICE    SIZE    NODE NAME
syslogd 2628 root  cwd    DIR        3,8     600       2 /
syslogd 2628 root  rtd    DIR        3,8     600       2 /
syslogd 2628 root  txt    REG        3,8   29368   32392 /sbin/syslogd
syslogd 2628 root   0u   unix 0xc48b2a40         2047878 /dev/log
syslogd 2628 root   1w    CHR       4,10           20855 /dev/tty10
syslogd 2628 root   2u   FIFO        3,8           21381 /dev/xconsole
syslogd 2628 root  14u   IPv6    2047880             UDP *:syslog
```

Der `syslogd` wartet nun auf Dateien `0` und `14`. Letztere ist ein UDP-Socket auf dem Port `syslog`, wie du an der Ausgabe von `lsof` erkennen kannst. Jetzt müsste es also möglich sein, Daten über das Netzwerk zu schicken.

Um dies zu testen, setze ich wieder ein `strace` an und verwende von einem anderen Fenster aus `netcat`[7], um eine einfache Testmeldung an den besagten Port zu senden:

```
Eiger:~> echo Testmeldung | netcat -u localhost syslog
```

Das vorher gestartete `strace` zeigt nun:

```
Eiger:~ # strace -p 2628
select(15, [0 14], NULL, NULL, NULL)     = 1 (in [14])
recvfrom(14, "Testmeldung\n", 1022, 0, {sin_family=AF_INET6,
 sin6_port=htons(32779), inet_pton(AF_INET6, "::ffff:127.0.0.1",
 &sin6_addr), sin6_flowinfo=0, sin6_scope_id=0}, [28]) = 12
```

Der `select`-Aufruf kehrt mit einer `1` und dem Hinweis `in [14]` zurück. Dies bedeutet: Ein Filedeskriptor ist lesbar geworden, und zwar Nummer 14: das UDP-Socket. Der nächste Aufruf heißt `recvfrom` und empfängt von diesem Socket Daten.

Sogar der Text der Meldung, die Netzwerkadresse und die Portnummer des Senders werden von `strace` angezeigt! Ein Blick nach `/var/log/messages` würde offenbaren, dass die Meldung tatsächlich geloggt wurde.

7.2.12 Beispiel: `xscanimage` als normaler Benutzer verwenden

Da ich `strace` für die Fehlersuche einfach nicht genug loben kann, will ich dir die Verwendung an zwei weiteren Beispielen zeigen. Beides sind Fälle aus meiner eigenen Erfahrung.

Mein erstes Beispiel betrifft ein Problem beim Scannen mit SANE[8] unter SUSE LINUX 8.1. SANE enthält das Kommandozeilenprogramm `scanimage`, welches ein Bild von einem Scanner am USB, parallelen oder SCSI-Anschluss einliest und als Grafikdatei speichert. Das ebenfalls zu SANE gehörige grafische Programm `xscanimage` ruft seinerseits `scanimage` auf, um ein Bild einzulesen und bietet einen grafischen Dialog mit Einstellreglern, Vorschau und anderen Möglichkeiten.

Nachdem mein Scanner (ein EPSON PERFECTION 1250) von der älteren Version von SANE noch nicht korrekt unterstützt wurde, wagte ich bei SUSE LINUX 8.1 einen neuen Versuch und war erfreut, dass YaST den Scanner sofort erkannte und automatisch konfigurierte.

[7] Siehe Abschnitt 6.4.4 auf Seite 198

[8] SANE bedeutet **S**canner **A**ccess **N**ow **E**asy. Die Homepage von SANE findest du im Internet unter `http://www.mostang.com/sane`.

Als ich dann als Benutzer `mk` das Programm `xscanimage` starten wollte, kam die erste Enttäuschung:

```
Eiger:~> xscanimage
[xscanimage] No scanners were identified. If you were expecting something
          different, check that the scanner is plugged in, turned on and
          detected by sane-find-scanner (if appropriate). Please read
          the documentation which came with this software (README, FAQ,
          manpages).
```

Kein Scanner gefunden! Oje. Natürlich erwartete ich etwas anderes: YaST hatte den Scanner ja gerade angezeigt und konfiguriert!

Sicherlich hätte ich jetzt dem Hinweis auf das Programm `sane-find-scanner` folgen können oder am Ende sogar die Dokumentation lesen. Aus Gewohnheit zückte ich lieber `strace`!

Da das Ansprechen von Geräten bei Linux auf jeden Fall das Öffnen von Gerätedateien in `/dev` voraussetzt, verwendete ich die Option `-e open`, um dies zu verfolgen. Ferner setzte ich die Option `-f`, um etwaige Subprozesse gleich mitzuverfolgen. In diesem Fall war das wichtig, da `xscanimage` seinerseits `scanimage` als Unterprozess aufruft.

Da die Ausgabe etwas länglich war, lenkte ich sie mit der Option `-o` in eine Datei mit dem Namen `trace` um:

```
Eiger:~> strace -o trace -f -e open xscanimage
[xscanimage] No scanners were identified. If you were expecting something
          different, check that the scanner is plugged in, turned on and
          detected by sane-find-scanner (if appropriate). Please read
          the documentation which came with this software (README, FAQ,
          manpages).
```

Nun suchte ich in `trace` nach Zugriffen auf Gerätedateien, um zu sehen, ob `scanimage` überhaupt versucht, auf den Scanner zuzugreifen:

```
Eiger:~> grep /dev trace
1714  open("/dev/pt_drv", O_RDONLY)      = -1 ENOENT (No such file or directory)
1714  open("/dev/usbscanner", O_RDWR)    = -1 EACCES (Permission denied)
```

Die Bedeutung von `/dev/pt_drv` kannst du z. B. mit Google ermitteln. Es handelt sich um ein spezielles Device für Plustek Scanner, konnte also nichts mit meinem EPSON-Gerät zu tun haben. Des Rätsels Lösung fand ich aber gleich in der zweiten Zeile:

1. `scanimage` versuchte, die Datei `/dev/usbscanner` zu öffnen. Da der Scanner tatsächlich am USB-Port hing, sah das gut aus.

2. Der Scanner wurde mit O_RDWR geöffnet, also zum Lesen und Schreiben. Warum muss auf einen Scanner geschrieben werden, es werden doch nur Bilder geladen? Das Schreiben wird benötigt, um dem Scanner Befehle und Parameter zu senden (z. B. Auflösung, Aussschnitt, Befehl zum Scannen).
3. Das Öffnen scheiterte mit Permission denied!

Ein Blick auf die Gerätedatei zeigte:

```
Eiger:~> ll /dev/usbscanner
crw-rw-r--    1 root     scanner  180,  48 2002-09-09 22:25 /dev/usbscanner
```

Die Zugriffsrechte waren rw-rw-r--. Der Besitzer war root, die Gruppe war scanner. Dies bedeutete:

- root durfte die Datei zum Lesen und zum Schreiben öffnen.
- Alle aus der Gruppe scanner konnten die Datei ebenfalls zum Lesen und Schreiben öffnen.
- Alle übrigen Benutzer können die Datei *nur zum Lesen* öffnen!

Jetzt musste ich nur noch wissen, ob ich zur Gruppe scanner gehöre:

```
Eiger:~> groups
sysusers audio floppy cdrom users
```

Die Antwort war *nein*. Hier lag also das Problem: Nur Benutzer in der Gruppe scanner dürfen scannen. Ich musste also nur dafür sorgen, dass mein Benutzer mk in diese Gruppe aufgenommen wurde. Nach einer Neuanmeldung bestätigte groups, dass das Aufnehmen geklappt hatte:

```
Eiger:~> groups
sysusers audio floppy cdrom users scanner
```

Und xscanimage funktionierte!

7.2.13 Bibliotheksaufrufe anzeigen mit ltrace

Was strace für Systemaufrufe ist, ist ltrace für Aufrufe in dynamische Bibliotheken (das l steht für *library*). Gezeigt werden dabei nur solche Aufrufe, die in eine (andere) Bibliothek hineingehen. Funktionsaufrufe innerhalb des Programmes selbst werden nicht gezeigt. Aufrufe von Funktionen in statisch gelinkten Bibliotheken (solche mit der Endung .a) können von ltrace ebenso nicht erfasst werden, weil diese schon beim Kompilieren des Programmes in diesem aufgehen und im fertigen Programm nicht mehr als Bibliotheken erkennbar sind. Bis auf wenige Ausnahmen kommen jedoch unter Linux ausschließlich dynamische Bibliotheken zum Einsatz, so dass dies keine große Einschränkung ist.

Eine Auflistung aller Funktionen in dynamischen Bibliotheken wäre sinnlos. Allein die `libc`, welche praktisch von jedem Programm geladen wird, enthält über 1 000 verschiedene Funktionen. Außerdem gibt es eine unbegrenzte Zahl von weiteren mehr oder weniger speziellen Bibliotheken, die zum Teil nur von einem einzigen Programm verwendet werden.

Wenn du aus dem Namen einer Funktion nicht schlau wirst, kannst du versuchen, in der Texinfo-Dokumentation zur `libc` (`info libc`) oder in den Man-Seiten des LDP Informationen zu finden. Bei Aufrufen in die `libc` klappt dies meistens.

Nichtsdestotrotz kann dir `ltrace` nützliche Informationen liefern. Besonders praktisch ist, dass viele Optionen von `strace` übernommen wurden: da wären z. B. `-p`, `-f`, `-o` und `-e`.

`ltrace`

protokolliert Bibliotheksaufrufe und Systemaufrufe eines Prozesses.

`ltrace [OPTIONEN] BEFEHLSAUFRUF...`
`ltrace [OPTIONEN] -p PID`

`-p PID`	dockt an Prozess Nummer `PID` an
`-o D`	schreibt die Ausgabe in Datei `D`
`-f`	verfolgt auch Unterprozesse
`-e A,B,...`	zeigt nur Bibliotheksaufrufe `A`, `B`, ...
`-S`	zeigt zusätzlich Systemaufrufe
`-n S`	rückt pro Aufrufebene `S` Spalten ein

Genau genommen ist `ltrace` sogar die allgemeinere Variante von `strace`, denn mit der Option `-S` kannst du die Systemaufrufe gleich mit ausgeben lassen. Diese werden bei der Ausgabe mit einem vorangestellten `SYS_` gekennzeichnet.

Zur Anzeige gibt es ferner die Option `-n`, die der Tatsache Rechnung trägt, dass Bibliotheksaufrufe *verschachtelt* sein können. Innerhalb einer Bibliotheksfunktion kann nämlich durchaus eine andere Bibliotheksfunktion oder eine Systemfunktion aufgerufen werden. Mit `-n` kannst du vorschreiben, um wie viele Spalten pro Schachtelungstiefe eingerückt werden soll. Ich habe das mal ausprobiert anhand des Befehls `ls /media`. Um die Wälder zu schonen, habe ich mich auf ein paar einzelne Bibliotheksfunktionen beschränkt:

```
Eiger:~> ls /media
cdrecorder  cdrom  floppy  sda1
Eiger:~> ltrace -e qsort,strlen,strcoll -n 4 ls /media
strlen("0")                                          = 1
strlen("/media")                                     = 6
qsort(0x0805c178, 1, 120, 0x0804c790)                = <void>
strlen("/media")                                     = 6
strlen("sda1")                                       = 4
strlen("cdrom")                                      = 5
strlen("cdrecorder")                                 = 10
strlen("floppy")                                     = 6
qsort(0x0805c178, 4, 120, 0x0804c790 <unfinished ...>
    strcoll("sda1", "cdrom")                         = 16
```

```
    strcoll("cdrecorder", "floppy")                    = -3
    strcoll("cdrom", "cdrecorder")                     = 10
    strcoll("cdrom", "floppy")                         = -3
    strcoll("sda1", "floppy")                          = 13
<... qsort resumed> )                                  = <void>
cdrecorder  cdrom  floppy  sda1
+++ exited (status 0) +++
```

Die Funktion qsort sortiert eine Liste von Elementen. Diese ruft wiederum strcoll auf, welche zwei Zeichenketten miteinander vergleicht. Natürlich kann der Rückgabewert von qsort erst dann ausgegeben werden, wenn dieses fertig ist, weshalb am Anfang des Aufrufes nur <unfinished ...> steht. Erst am Ende kommt das Ergebnis (hier <void>).

Manchmal haben Programme einen Fehler, der zu einer Endlosschleife führt. Wenn innerhalb dieser Schleife kein Systemaufruf gemacht wird, hat dies zwei Folgen:

1. Der Prozess erzeugt 100% CPU-Auslastung, da keine Wartezustände auftreten.
2. strace zeigt keine Ausgabe!

Hier lohnt es sich, mit ltrace nachzusehen, ob Bibliotheksaufrufe stattfinden. Falls ja, kannst du vielleicht so die Ursache der Endlosschleife ergründen!

7.3 Signale

7.3.1 Was sind Signale?

Ein Signal ist eines von 32 oder 64 vordefinierten Kommandos, die der Linux-Kernel an einen Prozess senden kann. Der Prozess stellt lediglich fest, *dass* er ein bestimmtes Signal empfangen hat. Weitere Informationen zu dem Signal bekommt er nicht. Der Prozess muss selbst wissen, wie er darauf reagiert.

Wenn ein Prozess ein Signal empfängt, bedeutet das selten etwas Gutes. Meist ist irgendetwas schiefgelaufen. Deshalb ist das normale Verhalten, dass sich der Prozess sofort beendet. Mit dem Systemaufruf signal kann ein Prozess für ein bestimmtes Signal eine eigene Signalbehandlungsroutine (*signal handler*) installieren, die ein abweichendes Verhalten implementiert. Wenn ein Prozess dadurch das Beenden verhindert, spricht man auch vom *Abfangen* des Signals.

Die Namen aller möglichen Signale kannst du z. B. mit kill -l ermitteln:

```
Eiger:~> kill -l
 1) SIGHUP       2) SIGINT       3) SIGQUIT      4) SIGILL
 5) SIGTRAP      6) SIGABRT      7) SIGBUS       8) SIGFPE
```

```
 9) SIGKILL      10) SIGUSR1      11) SIGSEGV      12) SIGUSR2
13) SIGPIPE      14) SIGALRM      15) SIGTERM      17) SIGCHLD
18) SIGCONT      19) SIGSTOP      20) SIGTSTP      21) SIGTTIN
22) SIGTTOU      23) SIGURG       24) SIGXCPU      25) SIGXFSZ
26) SIGVTALRM    27) SIGPROF      28) SIGWINCH     29) SIGIO
30) SIGPWR       31) SIGSYS       32) SIGRTMIN     33) SIGRTMIN+1
34) SIGRTMIN+2   35) SIGRTMIN+3   36) SIGRTMIN+4   37) SIGRTMIN+5
38) SIGRTMIN+6   39) SIGRTMIN+7   40) SIGRTMIN+8   41) SIGRTMIN+9
42) SIGRTMIN+10 43) SIGRTMIN+11 44) SIGRTMIN+12 45) SIGRTMIN+13
46) SIGRTMIN+14 47) SIGRTMIN+15 48) SIGRTMAX-15 49) SIGRTMAX-14
50) SIGRTMAX-13 51) SIGRTMAX-12 52) SIGRTMAX-11 53) SIGRTMAX-10
54) SIGRTMAX-9   55) SIGRTMAX-8   56) SIGRTMAX-7   57) SIGRTMAX-6
58) SIGRTMAX-5   59) SIGRTMAX-4   60) SIGRTMAX-3   61) SIGRTMAX-2
62) SIGRTMAX-1   63) SIGRTMAX
```

Außerdem existiert eine Man-Seite, welche die Signale kurz beschreibt (`man 7 signal`):

```
Eiger:~> man 7 signal
SIGNAL(7)                  Verschiedenes                    SIGNAL(7)


BEZEICHNUNG
      signal - Liste der verfügbaren Signale

BESCHREIBUNG
      Linux unterstützt folgende Signale:

                 |      |        |
      Signalname | Wert | Aktion | Bemerkung
      -----------+------+--------+-------------------------------------
      SIGHUP     |    1 | A      | Verbindung beendet (Aufgehängt)
      SIGINT     |    2 | A      | Interrupt-Signal von der Tastatur
      SIGQUIT    |    3 | A      | Quit-Signal von der Tastatur
      SIGILL     |    4 | A      | Falsche Instruktion
      SIGTRAP    |    5 | CG     | Überwachung/Stop Punkt
      SIGABRT    |    6 | C      | Abbruch
      SIGUNUSED  |    7 | AG     | Nicht verwendet
      SIGFPE     |    8 | C      | Fliesskomma Überschreitung
      SIGKILL    |    9 | AEF    | Beendigungssignal
      SIGUSR1    |   10 | A      | Benutzer-definiertes Signal 1
      SIGSEGV    |   11 | C      | Ungültige Speicherreferenz
      SIGUSR2    |   12 | A      | Benutzer-definiertes Signal 2
      SIGPIPE    |   13 | A      | Schreiben in eine Pipeline ohne Lesen
      SIGALRM    |   14 | A      | Zeitsignal von alarm(1).
      SIGTERM    |   15 | A      | Beendigungssignal
      SIGSTKFLT  |   16 | AG     | Stack-Fehler im Koprozessor
      SIGCHLD    |   17 | B      | Kind-Prozess beendet
      SIGCONT    |   18 |        | Weiterfahren, wenn gestoppt
      SIGSTOP    |   19 | DEF    | Prozessstop
      SIGTSTP    |   20 | D      | Stop getippt an einem TTY
      SIGTTIN    |   21 | D      | TTY Eingabe für Hintergrundsprozesse
      SIGTTOU    |   22 | D      | TTY Ausgabe für Hintergrundsprozesse
```

```
SIGIO       |  23 | AG     | E/A Fehler
SIGXCPU     |  24 | AG     | CPU Zeitlimite überschritten
SIGXFSZ     |  25 | AG     | Dateien Grössenlimite überschritten
SIGVTALRM   |  26 | AG     | Virtueller Zeitalarm (???)
SIGPROF     |  27 | AG     | Profile Signal
SIGWINCH    |  29 | BG     | Fenster Grössenänderung
```

Die Buchstaben in der Spalte `Aktion` haben folgende Bedeutung:

- `A` Normalerweise wird der Prozess abgebrochen.
- `B` Normalerweise wird dieses Signal ignoriert.
- `C` Normalerweise wird ein Coredump erzeugt.
- `D` Normalerweise wird der Prozess gestoppt.
- `E` Das Signal kann nicht abgefangen werden.
- `F` Das Signal kann nicht ignoriert werden.
- `G` Dies ist kein POSIX.1-konformes Signal.

Die wichtigsten Signale will ich in folgender Tabelle noch einmal näher unter die Lupe nehmen:

Tabelle 7.1: wichtige Signale

Nr	Kürzel	Name	Bedeutung
1	`HUP`	Aufgelegt *hung up*	`HUP` ist ein Relikt aus der Zeit der Einwahlterminals. Dieses Signal teilt dem Prozess mit, dass die Gegenstelle (den Hörer) aufgelegt hat. Es wird heute von manchen Prozessen als Hinweis interpretiert, dass sich Konfigurationsdateien geändert haben. Beispielsweise verhält sich `init` so. Nach einer Änderung an `/etc/inittab` kannst du mit `killall -HUP init` dem `init`-Prozess Bescheid sagen, dass er die Datei neu einlesen soll.
2	`INT`	Unterbrochen *interrupted*	Der Benutzer an der Tastatur hat dem Prozess mitgeteilt, er möge sich bitte umgehend beenden. Dies geschieht, wenn man einen Prozess mit Strg C beendet.
4	`ILL`	Falsche Instruktion *illegal instruction*	Die CPU ist auf einen nicht definierten Befehlscode gestoßen, was bedeutet, dass ein Sprungbefehl sein Ziel verfehlt oder der Programmcode fehlerhaft übersetzt wurde oder kaputtgegangen ist – äußerst selten.

Tabelle 7.1 – Fortsetzung

Nr	Kürzel	Name	Bedeutung
6	`ABRT`	Abbruch *aborted*	Der Prozess hat selbst beschlossen, dass er abgebrochen werden muss. Dies wird oft zum Debuggen verwendet, da man so an einer interessanten Programmstelle einen Coredump erzwingen kann.
8	`FPE`	Fließkommafehler *floating point exception*	Ein Ausnahmefehler bei der Fließkommaarithmetik ist aufgetreten.
9	`KILL`	Getötet *killed*	Dieses Signal kann vom Prozess nicht abgefangen werden! Der Prozess wird auf der Stelle abgebrochen (gekillt, abgeschossen). Der Prozess hat auch keine Gelegenheit mehr, Ausgabepuffer auf die Festplatte zu schreiben oder andere interne Daten zu sichern.
11	`SEGV`	Segmentfehler *segmentation fault*	Der Prozess hat auf einen geschützen Speicherbereich auf eine nicht erlaubte Art zugegriffen. Wenn dieses Signal nicht mit Absicht – etwa zu Testzwecken – gesendet wurde, ist die Ursache entweder defekter Hauptspeicher oder ein Programmierfehler im Programm oder einer Bibliothek. Es ist eine häufige Absturzursache von Programmen. Oft hat hier der Programmierer bei der Speicherverwaltung, der Behandlung von Zeigern oder der Überprüfung von maximalen Längen von Puffern unsauber gearbeitet. Dieses Signal kann auch auf eine nicht kompatible Bibliothek hinweisen.
14	`ALRM`	Wecker *alarm*	Der Kernel teilt dem Prozess mit, dass der Wecker abgelaufen ist. Der Prozess hatte davor mittels des Systemaufrufs `alarm` selbst darum gebeten. Dieses Signal ist harmlos.

Tabelle 7.1 – Fortsetzung

Nr	Kürzel	Name	Bedeutung
15	`TERM`	Beendet *terminated*	Die deutsche Übersetzung von „quit“ und „terminate“ heißt leider gleichermaßen beenden. Für die Prozesse ist die Auswirkung ebenfalls die gleiche, nur dass traditionell ein Beenden durch Drücken von Strg C mit Signal 2 (`QUIT`) und durch den Befehl `kill` mit Signal 15 (`TERM`) geschieht.
17	`CHILD`	Kindprozess *child process*	Ein Kindprozess wurde angehalten oder beendet.
18	`CONT`	Weitermachen *continue*	Wenn ein Prozess mit dem Signal `STOP` oder `TSTP` angehalten wurde (s. u.), so wird er durch dieses Signal zum Weitermachen aufgefordert.
19	`STOP`	Anhalten *stop*	Dieses Signal kann – ebenso wie `KILL` – nicht vom Prozess abgefangen werden. Der Prozess wird vorübergehend angehalten. Mit Signal 18 wird der Prozess fortgesetzt.
20	`TSTP`	Angehalten per TTY *TTY stop*	Das Signal 20 wird von der Shell erzeugt, wenn du Strg Z drückst. Die Wirkung ist die gleiche wie bei Signal 19, nur das dieses Signal abgefangen werden kann.

7.3.2 Signale senden mit `kill` und `killall`

Mit dem Befehl `kill` kannst du einem Prozess ein Signal senden. Als Parameter gibst du die PID des Prozesses an. Ohne weitere Option wird das Signal `15` (`TERM`) gesendet.

Willst du ein anderes Signal als `15` senden, so gibst du dessen Nummer oder Namen mit einem Minuszeichen als Option an, also z. B. `kill -9 12345` oder `kill -KILL 12345`.

> **`kill`**
>
> sendet ein Signal an einen Prozess.
>
> *`kill [-SIGNAL] PID`*
>
> | | |
> |---|---|
> | `-9` | sendet Signal `9` anstelle von `15` |
> | `-STOP` | sendet Signal `STOP` anstelle von `15` |
> | `-l` | listet alle Signale auf |

Wenn du die PID gerade nicht weißt oder wenn du mehrere Prozess mit dem gleichen Namen auf einmal signalisieren willst, so kannst du dazu `killall` verwenden. Statt der PID gibst du den Namen eines Prozesses an. Das Signal wird an alle Prozesse mit diesem Namen geschickt. Die Angabe des Signals funktioniert wie bei `kill`.

`killall`

sendet ein Signal an alle Prozess mit einem bestimmten Namen.

`killall [-SIGNAL] NAME`

`-9`	sendet Signal `9` anstelle von `15`
`-STOP`	sendet Signal `STOP` anstelle von `15`

Im Übrigen wird jedem einleuchten, dass man als normaler Benutzer nur Signale an seine eigenen Prozesse senden kann. Nur `root` kann an einen beliebigen Prozess ein Signal senden.

7.3.3 Ein kleines Programm zum Testen von Signalen

Ich habe für dich ein kleines C-Programm geschrieben, das alle Signale – soweit möglich – abfängt und eine Signalbehandlung installiert, welche die Nummer der empfangenen Signale ausgibt[9]. So kannst du testen, welche Tastenkombinationen der Shell welche Signale auslösen und welche Signale nicht abgefangen werden können:

```
#include <stdio.h>

/* Signalhandler: Gibt eine Zeile mit der Signalnummer aus. */
signal_handler(int signum)
{
    printf("Signal %d empfangen.\n", signum);
}

/* Hauptfunktion: Installiert für alle Signale von 1 bis 31 den Handler,
   geht danach in eine endlose Warteschleife */
main()
{
    int i;                                /* deklariere Variable i */
    for (i=1; i<32; i++)                  /* Schleife über alle 32 Signale */
        signal(i, signal_handler);        /* installiere Handler für Signal i */
    while (1) sleep(1);                   /* Endlosschleife */
}
```

Wenn du das Programm in die Datei `sigtest.c` speicherst, kannst du es mit `gcc` übersetzen:

```
Eiger:~> gcc -o sigtest sigtest.c
```

Anschließend kannst du es starten. Ein Drücken von Strg C beendet das Programm nicht: das Signal 2 wird abgefangen. Unser Signalhandler gibt eine Meldung aus:

[9] Du findest das Programm im Internet unter `http://mathias-kettner.de/diagnosebuch.html`.

```
Eiger:~> ./sigtest
[Strg][C]
Signal 2 empfangen.
```

Ein Drücken von [Strg][Z] erzeugt Signal `20` (`TSTP`). Dieses Signal wird ebenfalls abgefangen:

```
Signal 20 empfangen.
```

Sendest du mit `killall -19 sigtest` das Signal `STOP`, so wird das Programm angehalten. Signal `19` kann nicht abgefangen werden:

```
[1]+ Stopped ./sigtest
```

Der Befehl `fg` der Shell macht das gleiche wie Signal `18`: Der Prozess wird fortgesetzt. Interessanterweise sieht der Prozess dann selbst, dass er Signal 18 empfangen hat. Die Signalbehandlung wird aufgerufen, obwohl der Effekt des Signals – das Fortsetzen – ja schon stattgefunden hat:

```
Eiger:~> fg
./sigtest
Signal 18 empfangen.
```

Endgültig beenden kannst du den Prozess nur mit Signal `9` (`KILL`). Der Befehl lautet hier `killall -9 sigtest`:

```
Getötet
```

Oder, bei englischer Spracheinstellung:

```
Killed
```

7.3.4 Segmentfehler (segmentation fault)

Bei bestimmten Fehlersituationen sendet der Kernel spontan ein Signal an einen Prozess, ohne dass der Programmierer dies vorgesehen hat. Die Folge ist ein sofortiger Programmabsturz.

Am berüchtigsten ist der Segmentfehler (*segmentation fault* oder *segmentation violation*). Das zugehörige Signal `11` (`SEGV`) wird vom Kernel geschickt, wenn der Prozess einen unerlaubten Speicherzugriff gemacht hat. Die Bedeutung kommt dem gleich, was manche auf einem anderen Betriebssystem täglich als „allgemeine Schutzverletzung“ erleben.

Dazu musst du wissen, dass der Adressraum eines Prozesses in *Segmente* eingeteilt ist. Jedes Segment hat eine bestimmte Aufgabe. So gibt es z. B. ein *Textsegment*, in dem der ausführbare Programmcode liegt, und verschiedene Datensegmente.

Auf ein Segment kann der Prozess auf drei verschiedene Arten zugreifen:

- lesend
- schreibend
- ausführend

Bei jedem Segment ist vermerkt, welche Zugriffsarten erlaubt sind. Geschieht ein Zugriff auf ein Segment auf eine unerlaubte Art oder geschieht ein Zugriff auf eine Speicheradresse, die innerhalb gar keines Segmentes liegt, folgt ein Segmentfehler, und der Prozess erhält Signal `11`.

Wenn man einmal von der Möglichkeit eines defektem Hauptspeichers absieht, ist die Ursache für Segmentfehler in einem fehlerhaften Programm zu suchen. Selbst, wenn der Programmierer sein Programm eingehend getestet hat, kommt es immer wieder vor, dass er bestimmte Umstände nicht vorhergesehen hat. Diese Umstände können unterschiedlichster Art sein, z. B. das Fehlen einer Datei, eine zu lange Benutzereingabe oder das Verwenden einer falschen Version einer Bibliothek.

Generell gilt die Regel: Bei einem Segmentfehler ist nie der Anwender schuld. Selbst bei einer fehlerhaften Konfiguration, fehlenden Dateien oder anderen fehlerhaften oder vielleicht nur unüblichen Umständen darf ein fehlerfreies Programm nie auf diese Art abstürzen. Wenn es das trotzdem tut, hilft dir diese Erkenntnis allerdings auch nicht wirklich weiter, oder?

7.3.5 Möglichkeiten, mit einem Segmentfehler umzugehen

Was kannst du also bei einem Segmentation Fault tun, wenn du den Programmierer nicht kennst oder dieser nicht bereit ist, den Fehler selbst zu untersuchen? Du kannst:

a) das Handtuch werfen und mit den Abstürzen leben,

b) versuchen, eine neue Version der Software zu erhalten, bei der das Problem nicht auftritt,

c) herausfinden, unter welchen Umständen der Segmentfehler auftritt und die Umstände vermeiden,

d) den Segmentfehler orten und – falls vorhanden – im Quellcode beheben!

Die Optionen a) und b) kommen für dich natürlich nicht in Frage, denn du willst als gründlicher Mensch den Fehler an der Wurzel beheben[10]!

Die Optionen c) und d) erfordern eine genauere Diagnose der Fehlerumstände. Am besten geht das mit der Hilfe von Coredumps und einem Debugger, wie ich im Anschluss zeigen werde.

Option d) ist natürlich die anspruchsvollste Variante, aber die einzig wirklich befriedigende. Der Arbeit am Quellcode habe ich deshalb ein eigenes Kapitel gewidmet.

7.4 Debugging unter Linux

7.4.1 Was ist ein Debugger?

Bug ist im Programmiererjargon die Bezeichnung für einen durch menschlichen Irrtum des Programmierers entstandenen systematischen Fehler in einem Programm[11]. Ein *Debugger* ist ein Programm, das dem Programmierer beim Entfernen von *Bugs* behilflich sein will. Zwar richtet sich dieses Buch nicht in erster Linie an Programmierer, ich werde aber zeigen, warum ein Debugger auch für andere interessant sein kann.

Ein Debugger ermöglicht, die Ausführung eines Programmes Schritt für Schritt zu verfolgen. Man kann jederzeit sehen, wo sich das Programm gerade befindet, welche Variablen welche Werte haben, welche Funktionen aufgerufen werden usw. Ist das Programm mit einer bestimmten Option kompiliert worden, so kann der Debugger auch jeweils die Stelle im Quellcode anzeigen, an der sich das Programm befindet. Beim Abfragen von Variablen kann man sich auf die Namen im Quellcode beziehen, sofern dieser zur Verfügung steht.

Neben der Fähigkeit, einen laufendenden Prozess zu beobachten, können manche Debugger auch ein abgestürztes Programm *post mortem* – nach dem Tode – untersuchen. Dazu legt das Betriebssystem beim Absturz ein komplettes Abbild des Prozesses in seinem letzten Zustand in einer Datei ab. Diese wird dann vom Debugger analysiert. Bei Unix und Linux nennt man diese Datei *Coredump*. Der Name geht zurück auf die Zeit der Kernspeicher, wo jedes Bit durch einen ringförmigen Magnetkern realisiert war.

[10] Warum hättest du sonst dieses Buch gekauft?

[11] Bug kann man z. B. mit „Ungeziefer" übersetzen. Es gibt auch eine zoologisch präzisere Übersetzung: *Schnabelkerf, lat. Hemiptera*. Vergl. dazu auch *Weber, H. (1930). Biologie der Hemipteren - Eine Naturgeschichte der Schnabelkerfe, Berlin, Springer Verlag, Seite 453.* Die Schnabelkerfe teilen sich auf in die Untergruppen der Wanzen (Heteroptera) und der Zikaden und Pflanzensauger (Homoptera). Charakteristisch für Schnabelkerfe ist die Umbildung der Mundwerkzeuge zu einem Stechrüssel. Es sind etwa 40 000 Arten von Schnabelkerfen bekannt!

7.4.2 Der GNU-Debugger gdb

Der Debugger der Wahl unter Linux heißt GNU Debugger, kurz gdb. Der gdb ist kommandozeilenorientiert, was ihn universell einsetzbar macht. Wer auf die Maus nicht verzichten kann, für den haben verschiedene Leute grafische Oberflächen um gdb herum programmiert. Die bekanntesten heißen ddd und kdbg. Beide rufen ihrerseits gdb auf, um die eigentliche Arbeit zu erledigen.

Du kannst gdb auf drei Arten verwenden:

- gdb startet ein Programm unter seiner Kontrolle.
- gdb dockt an einen laufenden Prozess an.
- gdb analysiert einen Coredump.

Die ersten beiden Arten entsprechen denen von strace und ltrace. Die dritte Art ist eine besondere Fähigkeit von gdb.

7.4.3 Starten von Programmen unter gdb

Um ein Programm unter gdb laufen zu lassen rufst du einfach gdb mit dem Namen des Programmes auf. Ich demonstriere das einmal am Beispiel des Programmes cat:

```
Eiger:~> gdb cat
GNU gdb 5.2.1
Copyright 2002 Free Software Foundation, Inc.
GDB is free software, covered by the GNU General Public License, and you are
welcome to change it and/or distribute copies of it under certain conditions.
Type "show copying" to see the conditions.
There is absolutely no warranty for GDB.  Type "show warranty" for details.
This GDB was configured as "i586-suse-linux"...(no debugging symbols found)...
(gdb)
```

gdb begrüßt uns mit Copyright-Hinweisen und erwartet unsere Befehle. Der Hinweis no debugging symbols found sagt uns, dass cat ohne Debug-Informationen kompiliert wurde. Somit werden wir nicht in der Lage sein, direkt den Quellcode zu sehen.

Das Programm cat wurde bis jetzt noch nicht gestartet. Die Programmargumente für cat kann man nicht analog zu strace direkt beim Aufruf von gdb angeben. Es gibt dazu den Befehl set args:

```
(gdb) set args /etc/shells
```

Dies entspricht also insgesamt dem Aufruf cat /etc/shells. Der Befehl run startet das Programm:

```
(gdb) run
Starting program: /bin/cat /etc/shells
/bin/ash
/bin/bash
/bin/bash1
/bin/csh
/bin/false
/bin/ksh
/bin/sh
/bin/tcsh
/bin/true
/bin/zsh
/usr/bin/csh
/usr/bin/ksh
/usr/bin/passwd
/usr/bin/bash
/usr/bin/rbash
/usr/bin/tcsh
/usr/bin/zsh
(no debugging symbols found)...(no debugging symbols found)...
Program exited normally.
```

Der gdb wird übrigens mit Strg D oder dem Befehl quit beendet:

```
(gdb) quit
```

Mit dem versprochenen Verfolgen von einzelnen Schritten war's wohl nix, denn run lässt das Programm ganz normal durchlaufen. Allerdings greift der Debugger immer dann ein, wenn das Proramm ein Signal empfängt, also z. B. ein Strg C oder einen Segmentfehler.

Nun kann man das mit cat schwer testen, weil das so schnell durchläuft. Besser ist ein Programm, das auf eine Eingabe wartet, z. B. eine ganz normale Shell. Auch diese kann man im Debugger laufen lassen.

```
Eiger:~> gdb bash
GNU gdb 5.2.1
Copyright 2002 Free Software Foundation, Inc.
GDB is free software, covered by the GNU General Public License, and you are
welcome to change it and/or distribute copies of it under certain conditions.
Type "show copying" to see the conditions.
There is absolutely no warranty for GDB.  Type "show warranty" for details.
This GDB was configured as "i586-suse-linux"...(no debugging symbols found)...
(gdb) run
Starting program: /bin/bash
Eiger:~>
```

Dass nun ein Shell-Prompt erscheint, darf dich nicht wundern: der gdb läuft schon weiter, aber wir haben ja gerade eben eine Shell gestartet, und die gibt nunmal als erstes den Prompt aus. Die Shell läuft jetzt *im* Debugger!

Das Drücken von Strg C sendet der Shell das Signal SIGINT. Jetzt springt der Debugger an und übernimmt die Kontrolle:

```
Program received signal SIGINT, Interrupt.
0x40161a94 in read () from /lib/libc.so.6
(gdb)
```

Mit dem Befehl `cont` können wir das Programm fortsetzen:

```
(gdb) cont
Continuing.
```

Jetzt simulieren wir einen einen Segmentfehler. Dazu senden wir einfach das entsprechende Signal von einer anderen Shell aus mit dem `kill`-Befehl. Erst einmal müssen wir die PID der debuggten Shell herausfinden. Ich suche dazu erst den Prozess von `gdb` selbst und zeige dann mit `pstree` dessen Unterprozesse an:

```
Andereshell:~> pidof gdb
4008
Andereshell:~> pstree -p 4008
gdb(4008)---bash(4009)
```

Die PID der `bash`, die im `gdb` läuft, ist also `4009`. Wir können nun ein `SIGSEGV` senden:

```
Andereshell:~> kill -SEGV 4009
```

Unser Debugger springt wieder an:

```
Program received signal SIGSEGV, Segmentation fault.
0x40161a94 in read () from /lib/libc.so.6
(gdb)
```

Ein Fortsetzen ist jetzt nicht mehr möglich, da `SIGSEGV` den Prozess immer beendet. Der Debugger hat aber den kaputten Shellprozess noch nicht aufgeräumt, so dass du ihn immer noch untersuchen kannst.

7.4.4 Allgemeines zum Aufrufstapel

Bevor ich dir zeige, wie du mit dem `gdb` den Stapel eines Prozesses untersuchen kannst, werde ich ein paar Worte für Nicht-Programmierer verlieren, um zu verdeutlichen, wozu das nützlich ist und wie man die Informationen interpretieren muss.

In der Urzeit der Programmierung von Rechenmaschinen war ein Programm eine Liste von Rechenoperationen, die linear – eine nach der anderen – durchlaufen wurden. Es gab also keine Variationen im Programmablauf.

Um die Programmierung flexibler zu machen, wurden später *Sprungbefehle* eingeführt. Ein solcher Sprungbefehl sorgt dafür, dass das Programm seinen Lauf an einer anderen Stelle fortführt. Ein Sprungbefehl kann an eine Bedingung geknüpft sein, also kann z. B. sinngemäß bedeuten: *„Wenn das Ergebnis der letzten Operation Null war, dann springe zu Programmzeile 17"*. Auf diese Art kann man Fallunterscheidungen und Schleifen programmieren.

Durch die neue Flexibilität war es möglich, sehr komplexe Programme zu entwerfen. Dabei entstand der Wunsch, Befehlsfolgen, die man an vielen Stellen eines Programmes benötigt - z. B. die Berechnung einer Quadratwurzel – nur einmal zu programmieren und von mehreren Stellen aus *aufzurufen*. Das Aufrufen besteht aus einem Sprungbefehl, der an die Programmstelle springt, an der die Wurzel berechnet wird. Eine derartige Hilfsberechnung wird als *Prozedur* oder *Funktion* bezeichnet.

Und hier kommt ein Problem ins Spiel: Woher weiß der Computer – nachdem er die Wurzel berechnet hat – wohin er zurückspringen soll? Er muss sich merken, *von wo aus* die Wurzelberechnung angesprungen wurde, damit er später dort fortsetzen kann.

Er speichert also vor dem Sprung zur Wurzelberechnung die aktuelle Programmstelle (*Programmadresse*) in einer Speicherzelle, damit er anschließend hier fortsetzen kann. Sobald die Wurzelberechnung fertig ist, holt er sich die gemerkte Programmadresse und springt dorthin zurück. Man spricht deshalb von der *Rücksprungadresse*.

Was ist nun, wenn innerhalb der Wurzelberechnung wiederum eine andere Funktion aufgerufen werden soll, z. B. eine Multiplikation? Der Computer muss sich dann auch noch merken, wo er die Wurzelberechnung unterbrochen hat und hat nun schon zwei Rücksprungadressen im Speicher. Dieses Spiel kann man beliebig fortsetzen.

Man kann die gemerkten Rücksprungadressen wie einen Stapel (*Aufrufstapel, Stack, Callstack*) ansehen: Bei jedem Sprung in eine Funktion wird eine Adresse auf den Stapel gelegt. Ist eine Funktion fertig, holt der Computer einfach die oberste Adresse vom Stapel und kehrt dorthin zurück. So einen Stapel gibt seit Jahrzehnten in jedem Computer. Bei einem Multitaskingsystem wie Linux hat sogar jeder Prozess seinen eigenen Stapel.

gdb

Der GNU-Debugger

```
gdb PROGRAMM [core]
gdb -p PID
```

`-p PID`	dockt an laufenden Prozess an

Befehle

`set args`	legt die Programmargumente fest
`run`	startet das Programm
`cont`	setzt den Ablauf fort
`bt`	zeigt den Aufrufstapel
`frame N`	wählt Funktion Nummer `N` aus
`return`	lässt die gewählte Funktion sofort zurückkehren
`quit`	beendet den Debugger
`help`	zeigt die eingebaute Hilfe an

Da der Stapel eingentlich eine praktische Sache ist, wird er noch für andere Dinge verwendet. Man kann dort beliebige Daten ablegen, solange man immer in der richtigen Reihenfolge darauflegt und herunternimmt. Unter Linux wird der Stapel z. B. auch dazu verwendet, *Aufrufparameter* für Funktionen abzulegen.

Wenn also beispielsweise die Funktion Wurzel(x) aufgerufen wird, so geschieht das mit einem konkreten Wert für x, z. B. für $x = 2{,}5$. Vor dem Aufruf der Wurzelfunktion wird neben der Rücksprungadresse nun auch die 2,5 abgelegt. Die Wurzelfunktion schaut auf dem Stapel nach (ohne ihn zu ändern) und weiß so, aus welchem Wert sie die Wurzel ziehen soll. Nach dem Rücksprung wird neben der Rücksprungadresse auch die 2,5 wieder weggeräumt.

Vielleicht verstehst du jetzt, warum der Stapel so nützlich für die Fehlersuche ist: Wenn du ein Programm anhältst, so kannst du anhand des aktuellen Stapels sehen, in welcher Funktion das Programm gerade steckt und mit welchen Parametern diese Funktion aufgerufen wurde. Außerdem siehst du, von *woher* die Funktion aufgerufen wurde: nämlich aus einer anderen Funktion heraus. Auch diese hat wieder Aufrufparameter und wurde von der nächst höheren Funktion aufgerufen usw.

Du kannst die Aufrufe bis zur Hauptfunktion zurückverfolgen, mit der das Programm gestartet wurde.

7.4.5 Aufrufstapel mit `gdb` untersuchen

Der `gdb`-Befehl `bt` (*backtrace*) zeigt den aktuellen Stapel des Prozesses. Dazu muss dass Programm natürlich gestartet worden sein und `gdb` muss die Kontrolle haben, also das Programm angehalten haben. Ich nehme als Beispiel wieder eine `bash`:

```
Eiger:~> gdb bash
GNU gdb 5.2.1
Copyright 2002 Free Software Foundation, Inc.
GDB is free software, covered by the GNU General Public License, and you are
welcome to change it and/or distribute copies of it under certain conditions.
Type "show copying" to see the conditions.
There is absolutely no warranty for GDB.  Type "show warranty" for details.
This GDB was configured as "i586-suse-linux"...(no debugging symbols found)...
(gdb) run
Starting program: /bin/bash
Eiger:~>
```

Nun unterbreche ich die `bash` durch Strg C und gebe den Befehl `bt` ein:

```
Program received signal SIGINT, Interrupt.
0x40161a94 in read () from /lib/libc.so.6
(gdb) bt
#0  0x40161a94 in read () from /lib/libc.so.6
#1  0x40053674 in __JCR_LIST__ () from /lib/libreadline.so.4
#2  0x40046129 in rl_read_key () at ../input.c:411
```

```
#3  0x4003447e in readline_internal_char () at ../readline.c:422
#4  0x40034685 in readline_internal_charloop () at ../readline.c:489
#5  0x400346be in readline_internal () at ../readline.c:503
#6  0x4003418f in readline (prompt=0xfffffe00 <Address 0xfffffe00 out of bounds>)
    at ../readline.c:299
#7  0x0805a1b5 in yy_input_name ()
#8  0x0805a12c in yy_input_name ()
#9  0x0805aa25 in read_secondary_line ()
#10 0x0805b50c in reset_parser ()
#11 0x0805af94 in execute_prompt_command ()
#12 0x0805a013 in yyparse ()
#13 0x08058f14 in parse_command ()
#14 0x08058f8e in read_command ()
#15 0x08058cb9 in reader_loop ()
#16 0x0805723b in main ()
#17 0x400ba4a2 in __libc_start_main () from /lib/libc.so.6
```

Folgende Dinge kannst du hier sehen:

- Als allererste Funktion wurde `__libc_start_main ()` aufgerufen. Diese Funktion wird also auch als letztes verlassen. Es ist das unterste Element des Stapels.
- Der Prozess befindet sich gerade in der 17-ten Unterfunktion, und zwar in `read()`[12].
- Anhand der Funktionsnamen kannst du mit etwas Fantasie oder Wissen erkennen, wie die `bash` arbeitet: z. B. liest `read_command()` jeweils den nächsten Befehl und analysiert (parst) ihn durch Aufruf der Funktion `parse_command()`.

Manche Funktionen liegen in Bibliotheken. Eine Funktion in einer Bibliothek kann wiederum eine Funktion in der gleichen oder einer anderen Bibliothek aufrufen, sehr selten aber nur wieder eine Funktion aus dem eigentlichen Programm[13].

Wichtig ist zu verstehen, dass alle diese Funktionen nicht nacheinander, sondern *ineinander* ablaufen.

7.4.6 Ein chirurgischer Eingriff

Der `gdb` kann in den Ablauf eines Prozesses aktiv eingreifen! Als Beispiel starte ich im `gdb` eine Shell, die nicht im interaktiven Modus arbeitet, sondern als Argument eine Befehlszeile übergeben bekommt, nämlich eine Endlosschleife. Der Befehl ohne `gdb` lautet so:

```
Eiger:~> while true; do true; done
```

Damit dafür ein neuer Prozess erzeugt wird, musst du obige Zeile als Minishellskript in einer eigenen Shell starten:

[12] Es handelt sich um den Systemaufruf `read`, siehe dazu Abschnitt 7.2.4 auf Seite 245.

[13] Dieses Verfahren nennt man *callback*.

```
Eiger:~> bash -c "while true; do true; done"
```

Jetzt das Ganze im GNU-Debugger:

```
Eiger:~> gdb bash
GNU gdb 5.2.1
Copyright 2002 Free Software Foundation, Inc.
GDB is free software, covered by the GNU General Public License, and you are
welcome to change it and/or distribute copies of it under certain conditions.
Type "show copying" to see the conditions.
There is absolutely no warranty for GDB.  Type "show warranty" for details.
This GDB was configured as "i586-suse-linux"...(no debugging symbols found)...
(gdb) set args -c "while true; do true; done"
(gdb) run
Starting program: /bin/bash -c "while true; do true; done"
```

Nun halte ich das Programm wieder mit Strg C an und lasse mir den Stapel anzeigen:

```
Program received signal SIGINT, Interrupt.
0x0807e076 in unquoted_glob_pattern_p ()
(gdb) bt
#0  0x0807e076 in unquoted_glob_pattern_p ()
#1  0x0807ab98 in expand_words_shellexp ()
#2  0x0807b15c in expand_words_shellexp ()
#3  0x0807ab09 in expand_words ()
#4  0x08065bd8 in execute_command_internal ()
#5  0x08063258 in execute_command_internal ()
#6  0x08062d84 in execute_command ()
#7  0x08065438 in execute_command_internal ()
#8  0x080653d9 in execute_command_internal ()
#9  0x08063441 in execute_command_internal ()
#10 0x08090671 in parse_and_execute ()
#11 0x08057e70 in disable_priv_mode ()
#12 0x0805718d in main ()
#13 0x400ba4a2 in __libc_start_main () from /lib/libc.so.6
```

Mit dem Befehl `frame` und einer Nummer wähle ich ein Stelle auf dem Stapel – eine Funktion – aus. Ich wähle `parse_and_execute()`:

```
(gdb) frame 10
#10 0x08090671 in parse_and_execute ()
```

Jetzt kommt der Eingriff!

Der Befehl `return` sorgt dafür, dass die Funktion `parse_and_execute()` auf der Stelle beendet wird und das Programm dort fortgesetzt, wo sie aufgerufen wurde:

```
(gdb) return
Make selected stack frame return now? (y or n) y
#0 0x08057e70 in disable_priv_mode ()
```

`bt` zeigt die neue Situation. Achtung: Der Stapel wird neu nummeriert, die aktuelle Position (*stack frame*) hat immer die Nummer 0[14]:

```
(gdb) bt
#0 0x08057e70 in disable_priv_mode ()
#1 0x0805718d in main ()
#2 0x400ba4a2 in __libc_start_main () from /lib/libc.so.6
```

Mit `cont` gebe ich dem Programm die Kontrolle zurück. Die Shell setzt die Ausführung fort:

```
(gdb) cont
Continuing.

Program exited normally.
```

Das Programm hat sich – aus seiner Sicht – völlig normal beendet! Dies ist ein großer Unterschied zu einem „Abschießen" mit `kill`, das den Prozess sofort terminiert. Der `return`-Befehl des `gdb` sorgt dafür, dass eine einzelne Funktion frühzeitig beendet wird. Die nächst höhere Funktion, welche diese aufgerufen hat, kann zunächst nicht erkennen, dass hier manipuliert wurde.

Und keinesfalls muss dadurch immer das Programm beendet werden, wie ich in einem späteren Beispiel zeigen werde. Dort wirst du sehen, dass `gdb` der letzte Retter in der Not sein kann!

7.4.7 Andocken an laufende Prozesse

Nicht immer ist es möglich, den fraglichen Prozess im `gdb` zu starten. Vielleicht wird er als Unterprozess von einem anderen aufgerufen, über den du keine Kontrolle hast. Vielleicht tritt auch ein akutes Problem in einem bereits laufenden Prozess ein, das du sofort untersuchen willst, ohne den Prozess neu zu starten.

Für diesen Fall kannst du `gdb` direkt an einen laufenden Prozess andocken. Dazu brauchst du nur die Prozess-ID und rufst `gdb` dann mit der von `strace` bekannten Option `-p` auf. Die Prozess-ID kannst du wie gewohnt mit `pstree -p` oder `pidof` ermitteln. Ich demonstriere das hier mal am Prozess `cron`. Der `cron`-Daemon läuft auf sogut wie jedem Linuxsystem. Er ruft zu definierbaren Zeiten Programme und Shellskripten auf.:

```
Eiger:~ # pidof cron
892
Eiger:~ # gdb -p 892
GNU gdb 5.2.1
Copyright 2002 Free Software Foundation, Inc.
```

[14] Ich fände es sinnvoller, wenn `gdb` die Nummerierung genau umgekert vornehmen würde, also dass die Startfunktion immer die Nummer 0 hätte!

```
GDB is free software, covered by the GNU General Public License, and you are
welcome to change it and/or distribute copies of it under certain conditions.
Type "show copying" to see the conditions.
There is absolutely no warranty for GDB.  Type "show warranty" for details.
This GDB was configured as "i586-suse-linux".
Attaching to process 892
Reading symbols from /usr/sbin/cron...(no debugging symbols found)...done.
Reading symbols from /lib/libc.so.6...(no debugging symbols found)...done.
Loaded symbols for /lib/libc.so.6
Reading symbols from /lib/ld-linux.so.2...(no debugging symbols found)...done.
Loaded symbols for /lib/ld-linux.so.2
Reading symbols from /lib/libnss_compat.so.2...(no debugging symbols found)...done.
Loaded symbols for /lib/libnss_compat.so.2
Reading symbols from /lib/libnsl.so.1...(no debugging symbols found)...done.
Loaded symbols for /lib/libnsl.so.1
0x400c6d01 in nanosleep () from /lib/libc.so.6
```

Wenn du den `gdb` mit `quit` verlässt, wird `cron` nicht beendet, sondern läuft ungehindert weiter. Hierbei verhält sich `gdb` genauso wie `strace`:

```
(gdb) quit
The program is running. Quit anyway (and detach it)? (y or n) y
Detaching from program: /usr/sbin/cron, process 892
```

Es versteht sich von selbst, dass du – wenn du nicht `root` bist – nur an deine eigenen Prozesse andocken kannst, und auch nur an solche, die nicht durch das SUID- oder SGID-Bit unter einem anderen Benutzer oder einer anderen Gruppe laufen. Probierst du es doch, meckert `gdb` mit der Meldung:

```
ptrace: Operation not permitted.
```

7.4.8 Untersuchen von Coredumps

Die dritte Möglichkeit, einen Prozess mit `gdb` zu untersuchen, ist post mortem – nach dem Tode. Dies wird von Linux dadurch unterstützt, dass der Kernel von einem durch ein „fatales“ Signal beendeten Prozess ein Speicherabbild erzeugt und als Datei ablegt.

Diese Datei trägt den Namen `core`. Da `core`-Dateien sehr groß sein können, ist die Erzeugung von Coredumps möglicherweise auf deiner Distribution standardmäßig abgeschaltet. Einschalten kannst du sie mit folgendem Befehl, was allerdings nur Prozesse betrifft, die auch von dieser Shell gestartet wurden:

```
Eiger:~ # ulimit -c unlimited
```

Je nach Distribution kann es sein, dass du auch als normaler Benutzer Coredumps erzeugen kannst. Im Zweifelsfall hilft hier einfach ausprobieren.

Zur Demonstration starte ich das Programm `sleep` mit einer genug langen Zeit. Durch das `&` wird `sleep` im Hintergrund gestartet, so dass ich auf derselben Shell dem Programm gleich anschließend mit `kill` ein `SEGV`-Signal schicken kann. Damit simuliere ich einen Segmentfehler, also genau das, was passiert, wenn ein Programm mit dem berüchtigten `Segmentation fault` abstürzt:

```
Eiger:~ # sleep 10000 &
[1] 1983
Eiger:~ # kill -SEGV 1983
Eiger:~ # ll core
-rw-------    1 root     root        90112 2003-02-06 12:40 core
[1]+  Speicherzugriffsfehler  (core dumped) sleep 10000
```

Du darfst dich nicht davon verwirren lassen, dass die Ausgabe `Speicherzugriffsfehler (core dumped)` erst etwas später erscheint. Dies ist eine Eigenart der Shell in Zusammenhang mit dem `&`.

Wenn du irgendwo eine `core`-Datei findest, kannst du mit `file` ermitteln, von welchem Programm sie stammt und durch welches Signal der Dump ausgelöst wurde:

```
Eiger:~ # file core
core: ELF 32-bit LSB core file of 'sleep' (signal 11), Intel 80386,
 version 1 (SYSV), from 'sleep'
```

Nun kannst du `gdb` darauf ansetzen. Er bekommt als Argument das Programm und die Coredatei übergeben:

```
Eiger:~ # gdb /bin/sleep core
GNU gdb 5.2.1
Copyright 2002 Free Software Foundation, Inc.
GDB is free software, covered by the GNU General Public License, and you are
welcome to change it and/or distribute copies of it under certain conditions.
Type "show copying" to see the conditions.
There is absolutely no warranty for GDB.  Type "show warranty" for details.
This GDB was configured as "i586-suse-linux"...(no debugging symbols found)...
```

In der Ausgabe siehst du, mit welchem Befehl der gedumpte Prozess gestartet wurde und mit welchem Signal sein Untergang eingeleitet wurde:

```
Core was generated by `sleep 10000'.
Program terminated with signal 11, Segmentation fault.
```

Nun kommt der übliche Versuch, Debuggingsymbole zu finden, was immer nur dann klappt, wenn das Programm bzw. die Bibliothek mit einer speziellen Option kompiliert und gelinkt wurde[15]:

```
Reading symbols from /lib/libc.so.6...(no debugging symbols found)...done.
Loaded symbols for /lib/libc.so.6
Reading symbols from /lib/ld-linux.so.2...(no debugging symbols found)...done.
Loaded symbols for /lib/ld-linux.so.2
```

[15] Bei `gcc` heißt diese Option `-g`.

Und schließlich die Angabe, in welcher Funktion sich der Prozess zuletzt befunden hat:

```
#0 0x400c6d01 in nanosleep () from /lib/libc.so.6
```

Mit `bt` kannst du wie gewohnt den Stapel anzeigen:

```
(gdb) bt
#0  0x400c6d01 in nanosleep () from /lib/libc.so.6
#1  0x400c6bd9 in sleep () from /lib/libc.so.6
#2  0x08048912 in error ()
#3  0x400414a2 in __libc_start_main () from /lib/libc.so.6
```

Natürlich kannst du den Prozess nicht mit `cont` oder `return` fortzusetzen. Es gibt ja gar keinen Prozess mehr!

```
(gdb) cont
The program is not being run.
```

Übrigens: Wenn du eine `core`-Datei findest und nicht weißt, in welchem Verzeichnis genau sich das abgestürzte Programm befindet – `file` spuckt nur den Namen aus –, so kannst du sie mit `strings` und `grep` durchsuchen nach dem Namen des Programmes:

```
Eiger:~ # strings core | grep sleep
sleep
sleep 100
sleep
xnanosleep
xnanosleep.c
sleep
_=/bin/sleep
/bin/sleep
```

7.4.9 Die Bedienung des GNU-Debuggers

Da `gdb` sehr GNU-ig ist und GNU anstelle von Man-Seiten das eigene `info`-System bevorzugt, ist die Man-Seite von `gdb` sehr mager. Ausführlichere Informationen findest du auf der Info-Seite, die du mit `info gdb` oder `pinfo gdb` aufrufen kannst.

Darüber hinaus hat `gdb` ein eingebautes Hilfesystem, welches du mit dem Befehl `help` aufrufst:

```
(gdb) help
List of classes of commands:

aliases -- Aliases of other commands
```

```
breakpoints -- Making program stop at certain points
data -- Examining data
files -- Specifying and examining files
internals -- Maintenance commands
obscure -- Obscure features
running -- Running the program
stack -- Examining the stack
status -- Status inquiries
support -- Support facilities
tracepoints -- Tracing of program execution without stopping the program
user-defined -- User-defined commands

Type "help" followed by a class name for a list of commands in that class.
Type "help" followed by command name for full documentation.
Command name abbreviations are allowed if unambiguous.
```

In die aufgelisteten Unterkapitel kommst du mit `help` und dessen Namen, z. B.

```
(gdb) help running
Running the program.

List of commands:

attach -- Attach to a process or file outside of GDB
continue -- Continue program being debugged
detach -- Detach a process or file previously attached
```

usw...

Du kannst auch Hilfe zu einem Befehl anzeigen, vorausgesetzt, du weißt, wie er heißt:

```
(gdb) help bt
Print backtrace of all stack frames, or innermost COUNT frames.
With a negative argument, print outermost -COUNT frames.
Use of the 'full' qualifier also prints the values of local variables.
```

7.4.10 Eine spektakuläre Rettungsaktion

Bei der Arbeit mit dem vorliegenden Buch hat mich `gdb` einmal selbst gerettet. Das ursprüngliche Manuskript verfasste ich mit OpenOffice.org unter Linux. Dort entdeckte ich im Menü *Ansicht* den Punkt *Online-Layout* und wurde neugierig, was sich dahinter wohl verberge.

OpenOffice.org begann damit, irgendetwas an der Darstellung umzustellen, wurde aber mit dem Rechnen nicht mehr fertig. Als nach etlichen Sekunden eifrigen Rechnens immer noch keine Reaktion vom Programm zu spüren war, schien die Lage eindeutig: Endlosschleife.

Das Programm war in irgendeinen Zustand geraten, in dem es sich festgerannt hatte. Was mir garnicht gefiel, war die Tatsache, dass nun natürlich auch kein

Speichern der letzten Änderungen mehr möglich war! Dies ist für einen Autor natürlich immer eine kleine Katastrophe. Was tun also?

Mit `top` stellte ich fest, dass tatsächlich der Prozess `soffice.bin` von OpenOffice.org wie wild rechnete (hier fett hervorgehoben):

```
  3:03pm  up  4:49, 16 users,  load average: 0.68, 0.53, 0.23
91 processes: 84 sleeping, 5 running, 1 zombie, 1 stopped
CPU states: 99.0% user,  0.9% system,  0.0% nice,  0.0% idle
Mem:    515120K av,  504396K used,   10724K free,       0K shrd,   64356K buff
Swap:   530104K av,     620K used,  529484K free                  183808K cached

  PID USER      PRI  NI  SIZE  RSS SHARE STAT %CPU %MEM   TIME COMMAND
 7935 mk         25   0 54012  52M 37524 R    99.0 10.4   0:17 soffice.bin
 7967 mk         15   0  1072 1072   836 R     0.5  0.2   0:00 top
 1113 root       15   0  291M  35M  4616 R     0.3  7.0   2:43 X
    1 root       15   0   236  236   204 S     0.0  0.0   0:04 init
    2 root       15   0     0    0     0 SW    0.0  0.0   0:00 keventd
    3 root       34  19     0    0     0 SWN   0.0  0.0   0:00 ksoftirqd_CPU0
```

Nun versuchte ich, mittels `strace` festzustellen, woraus die Endlosschleife bestand:

```
Eiger:~> strace -p 7935
```

Leider kam von `strace` keine Ausgabe. Ich musste es mit Strg+C abbrechen. Dies bedeutete, dass in der Endlosschleife kein Systemaufruf erfolgte, das gute OpenOffice.org also völlig mit sich selbst beschäftigt war.

Ich musste also ein schwereres Geschütz auffahren: gdb!

```
Eiger:~> gdb -p 7935
GNU gdb 5.2.1
Copyright 2002 Free Software Foundation, Inc.
GDB is free software, covered by the GNU General Public License, and you are
welcome to change it and/or distribute copies of it under certain
conditions.
Type "show copying" to see the conditions.
There is absolutely no warranty for GDB.  Type "show warranty" for details.
This GDB was configured as "i586-suse-linux".
Attaching to process 7935
Reading symbols from /opt/OpenOffice.org/program/soffice.bin...
(no debugging symbols found)...done.
```

Jetzt kamen etwa 200 Zeilen der folgenden Art:

```
Reading symbols from /opt/OpenOffice.org/program/libsvl641li.so...
(no debugging symbols found)...done.
Loaded symbols for /opt/OpenOffice.org/program/libsvl641li.so
Reading symbols from /opt/OpenOffice.org/program/libvcl641li.so...
(no debugging symbols found)...done.
Loaded symbols for /opt/OpenOffice.org/program/libvcl641li.so
```

OpenOffice.org verwendet eine Unmenge von Bibliotheken, die es größtenteils selbst mitbringt. Irgendwann kam dann doch noch der gdb-Prompt. Hier stellte ich mit bt fest, was der Prozess gerade machte:

```
(gdb) bt
#0  0x40580721 in rtl_freeMemory () from /opt/OpenOffice.org/program/libsal.so.3
#1  0x4465fedc in SwLayAction::InternalAction() () from /opt/OpenOffice.org/program
/libsw641li.so
#2  0x4465f95c in SwLayAction::Action() ()   from /opt/OpenOffice.org/program/libsw
641li.so
...
```

Damit die Ausgabe in diesem Buch etwas übersichtlicher aussieht, lasse ich ab jetzt immer die Angabe from /opt/OpenOffice.org/... weg, welche angibt, in welcher Bibliothek die besagte Funktion zu finden ist. Also nochmal von vorne:

```
(gdb) bt
#0  0x40580721 in rtl_freeMemory ()
#1  0x4465fedc in SwLayAction::InternalAction() ()
#2  0x4465f95c in SwLayAction::Action() ()
#3  0x44664aeb in SwLayIdle::SwLayIdle(SwRootFrm*, SwViewImp*) ()
#4  0x4452c12c in ViewShell::LayoutIdle() ()
#5  0x44748845 in SwDoc::DoIdleJobs(Timer*) ()
#6  0x447487c6 in SwDoc::LinkStubDoIdleJobs(void*, void*) ()
#7  0x401fbf30 in Timer::Timeout() ()
#8  0x401fbc41 in ImplTimerCallbackProc() ()
#9  0x40386a76 in SalData::Timeout() const ()
#10 0x4038661e in SalXLib::CheckTimeout() ()
#11 0x403868df in SalXLib::Yield(unsigned char) ()
#12 0x4038fd74 in SalInstance::Yield(unsigned char) ()
#13 0x401f8a59 in Application::Yield() ()
#14 0x401f8987 in Application::Execute() ()
#15 0x0805e441 in Desktop::Main() ()
#16 0x401fb1c1 in SVMain() ()
#17 0x4038577c in main ()
#18 0x40b884a2 in __libc_start_main ()
```

Ich wurde daraus noch nicht schlau und ließ das Programm mit cont noch ein bisschen weitermachen. Kurz darauf hielt ich es wieder mit Strg+C an:

```
(gdb) cont
Continuing.

Program received signal SIGINT, Interrupt.
[Switching to Thread 1024 (LWP 7935)]
0x4041e84d in uno_type_destructData ()
```

Hier habe ich wieder ein bt gemacht. Diesmal ging die Verschachtelung sogar bis in die 30ste Unterfunktion (hier gekürzt):

```
(gdb) bt
#0  0x4041e84d in uno_type_destructData ()
#1  0x4041f12c in cppu::__destructElements(void*, _typelib_TypeDescri...
#2  0x40422a38 in cppu::__destructSequence(_sal_Sequence*, _typelib_T...
```

...und einige Ebenen höher:

```
#12 0x446615f7 in SwLayAction::FormatLayout(SwLayoutFrm*, unsigned char)
#13 0x4465fedc in SwLayAction::InternalAction() ()
#14 0x4465f95c in SwLayAction::Action() ()
#15 0x44664aeb in SwLayIdle::SwLayIdle(SwRootFrm*, SwViewImp*) ()
#16 0x4452c12c in ViewShell::LayoutIdle() ()
```

...und schließlich:

```
#27 0x0805e441 in Desktop::Main() ()
#28 0x401fb1c1 in SVMain() ()
#29 0x4038577c in main ()
#30 0x40b884a2 in __libc_start_main ()
```

An den Namen der Funktionen konnte ich erkennen, dass das Programm gerade mit dem Berechnen des Layouts beschäftigt war. Irgendwie schien diese Berechnung in eine Endlosschleife geraten zu sein!

Meine Idee war, die Schleife nun „gewaltsam" durch einen Eingriff von außen zu beenden. Dazu musste ich eine Funktion zurückkehren lassen, welche nicht *innerhalb* der Endlosschleife aufgerufen wird, sondern diese bewirkt. Allerdings sollte die gewählte Funktion nicht zu nahe an der Hauptfunktion liegen. Wenn ich z. B. `main()` gestoppt hätte, hätte sich ja sofort das Programm beendet und mit dem Speichern meiner Änderungen wäre es Essig gewesen!

Mein erster Kandidat war – wegen des logisch erscheinenden Namens – die Funktion `FormatLayout()`[16], hier mit der Frame-Nummer 12:

```
(gdb) frame 12
#12 0x446615f7 in SwLayAction::FormatLayout(SwLayoutFrm*, unsigned char) ()
(gdb) return
Make selected stack frame return now? (y or n) y

#0  0x4465fedc in SwLayAction::InternalAction() ()
(gdb) cont
Continuing.
```

Leider war das nicht von Erfolg gekrönt: die Endlosschleife lief munter weiter. Ich musste also etwas näher bei der Wurzel ansetzen. Mit Strg C noch einmal abgebrochen ließ ich erneut den Callstack ausgeben:

[16]Hatte ich den ersten Callstack mit dem zweiten genau verglichen, so hätte ich festgestellt, dass diese Funktion, da sie im ersten Callstack gar nicht auftaucht, nicht *außerhalb* der Endlosschleife liegen kann! Die gesuchte Funktion musste zu *jedem* Zeitpunkt im Callstack sichtbar sein.

```
Program received signal SIGINT, Interrupt.
0x4466bfb0 in SwRootFrm::GrowFrm(long, unsigned char, unsigned char) ()
(gdb) bt
#0  0x4466bfb0 in SwRootFrm::GrowFrm(long, unsigned char, unsigned char)
#1  0x4466af60 in SwPageFrm::AdjustRootSize(SwPageChg, SwRect const*) ()
#2  0x44695392 in SwFrm::AdjustNeighbourhood(long, unsigned char) ()
```

...u.s.w...

```
#12 0x44664aeb in SwLayIdle::SwLayIdle(SwRootFrm*, SwViewImp*) ()
#13 0x4452c12c in ViewShell::LayoutIdle() ()
#14 0x44748845 in SwDoc::DoIdleJobs(Timer*) ()
```

...und schließlich die letzten beiden Funktionen:

```
#26 0x4038577c in main () from /opt/OpenOffice.org/program/libvcl641li.so
#27 0x40b884a2 in __libc_start_main () from /lib/libc.so.6
```

Die Funktion `LayoutIdle()` war auch schon in den ersten beiden Callstacks zu sehen gewesen, vier Ebenen über `FormatLayout()`[17]. Also machte ich hier den nächsten Versuch. Und diesmal mit Erfolg:

```
(gdb) frame 13
#13 0x4452c12c in ViewShell::LayoutIdle() ()
   from /opt/OpenOffice.org/program/libsw641li.so
(gdb) return
Make selected stack frame return now? (y or n) y

#0  0x44748845 in SwDoc::DoIdleJobs(Timer*) ()
   from /opt/OpenOffice.org/program/libsw641li.so
(gdb) cont
Continuing.
```

Die Endlosschleife war weg und OpenOffice reagierte wieder, auch wenn statt meines Buches nur die Hintergrundfarbe zu sehen war! Natürlich war meine erste Handlung, das Dokument zu speichern. Ich ahnte, dass das Programm durch meine Manipulation nun in einem angeknacksten Zustand war, was sich auch bestätigte, als ich es beenden wollte:

```
Program received signal SIGSEGV, Segmentation fault.
0x4038c3f5 in SalDisplay::Yield(unsigned char) ()
   from /opt/OpenOffice.org/program/libvcl641li.so
```

Zugegeben: hier kann man nicht von einer Fehlerbehebung nach der von mir propagierten „gründlichen" Methode sprechen. Weder wurde die Ursache des

[17] OpenOffice.org hat scheinbar ein System, das in den Zeiten, in denen der Benutzer untätig (*idle*) ist, gewisse Routineaufgaben übernimmt, z. B. die korrekte Darstellung des Layouts zu berechnet.

Fehlers wirklich klar, noch konnte ich den Fehler an der Wurzel beheben. Aber immerhin konnte ich meine Arbeitsergebnisse retten und weiß nun, dass man das Online-Layout besser nicht anfasst, wenn einem etwas an seiner Arbeit liegt.

Und man muss sich vor Augen halten: Die hier beschriebene Methode basiert nicht auf der Tatsache, das OpenOffice.org zufällig ein Open-Source-Produkt ist. Sie klappt mit jedem – auch kommerziellen – Programm. Was zum Tragen kommt, ist die klare Struktur und Offenheit von Linux und die Verfügbarkeit von mächtigen Diagnosewerkzeugen als Standardausstattung jeder professionellen Linuxdistribution.

Kapitel 8

An die Quellen

8.1 Nur kein Respekt!

Wenn dir alle bisher beschriebenen Möglichkeiten immer noch nicht ausreichen, um deinen Problemen auf die Schliche zu kommen, hast du bei Linux immer noch eine weitere Möglichkeit: Den Griff zum Quellcode!

Diese einmalige Möglichkeit verdanken wir dem Gedanken der Open-Source-Software. Während Anwendern von proprietären, geschlossenen Systemen geraten wird, *„wenn das Problem weiterhin besteht"* sich bitte *„an den Hersteller"* zu wenden – bei dem man von einer Telefonwarteschlange zur nächsten weitergereicht wird – bleibt dir als Linuxer stets die *Ultima Ratio*[1] eines Blicks in den Quellcode.

Leider machen nur wenige Linuxadministratoren von dieser Möglichkeit Gebrauch. Sie befürchten, dass sie das fremde Programm nicht verstehen, den fremden Programmcode nicht lesen können. Sie denken, dass dies der Suche nach einer Nadel im Heuhaufen gleicht, dass sie eh keine Chance haben, etwas zu finden. All das sind überflüssige Befürchtungen!

Kein Mensch behauptet, dass du das fremde Programm überhaupt verstehen musst! Für die meisten Dinge musst du noch nicht einmal programmieren können. Allein die im Quellcode enthaltenen Kommentare können schon manch ein Rätsel lösen, das selbst nach einem intensiven Studium der Dokumentation oder längeren Sitzungen mit `strace` und `ltrace` ungeklärt bleibt.

Wenn du die Programmiersprache – es handelt sich fast immer um C oder C++ – zumindest passiv in Grundzügen verstehst, kannst du sogar noch mehr Informationen herausziehen. Der Quellcode ist immerhin die letztlich ultimativ richtige Dokumentation, denn er beschreibt ganz genau, was das Progamm macht. Er be-

---

[1] *Ultima Ratio*: letzter Ausweg. Mehr Sprüche für Angeber gibt's auf `http://www.spruecheportal.de/latein.html`.

schreibt es sogar so präzise, dass ein Computer es ausführen kann! Deshalb kann man sagen, dass der Quellcode die einzige Dokumentation ist, die zu hundert Prozent *korrekt und vollständig* ist.

Man kann es vielleicht mit der Bedeutung des Gesetzestextes für Richter vergleichen. Es gibt regaleweise dicke Bücher mit Kommentaren und Diskussionen zu Gesetzen. Am Ende zählt aber nur, was im Gesetz steht – nicht mehr und nicht weniger. Wenn du also etwas wirklich *genau* wissen willst: Nur ein Blick in die Quellen gibt dir definitiv und verlässlich Antwort.

Aber damit sind die Möglichkeiten noch nicht erschöpft. Wenn du zumindest einige einfache Befehle der Programmiersprache kennst, kannst du dir selbst zusätzliche Diagnosemeldungen einbauen. Ich nenne dies *printf-Debugging*, weil in C der Standardbefehl, um eine Zeile Text auszugeben, `printf` lautet. Ich werde dir in diesem Kapitel verraten, mit welchen Befehlen du in verschiedenen Sprachen printf-Debugging machen kannst.

Wenn das Programm selbst an anderer Stelle Diagnoseausgaben macht, kannst du diese Stellen einfach kopieren und durch einen eigenen Text ersetzen, musst also noch nicht einmal die Syntax der Sprache kennen. Alles, was du hierzu wissen musst, ist, wie du aus dem geänderten Quellcode wieder ein lauffähiges Programm machst. Auch dies werde ich in diesem Kapitel vorführen.

Auf der vierten und höchsten Stufe auf der Erfolgsleiter stehst du, wenn du in dem fremden Programm tatsächlich einen (*den*) Fehler gefunden hast und ihn beseitigen kannst. Im Großteil der Fälle besteht das Beseitigen des Fehlers aus einer einzigen oder einigen wenigen geänderten Programmzeilen. Es ist eine Sache der Ehre, dass du diese Informationen – wenn du dich von der Richtigkeit überzeugt hast – dem Autor zukommen lässt. In welcher Form dies üblich ist, werde ich als Abschluss des Kapitels erläutern.

Wenn du jetzt neugierig geworden bist, solltest du unbedingt weiterlesen!

Wenn eine Idee nicht zuerst absurd erscheint,
taugt sie nichts.
– Albert Einstein

8.2 Interpretersprachen vs. Compilersprachen

Bei der Arbeit mit Quellcodes gibt es eine wichtige Einteilung der Programmiersprachen in zwei Gruppen:

- Interpretersprachen
- Compilersprachen

Der wichtigste Unterschied liegt darin, dass bei Interpretersprachen der Quellcode direkt ausgeführt wird, also keine vorherige Übersetzung stattfindet. Vielmehr wird die Sprache von einem eigens dazu notwendigen Programm – dem Interpreter – erst zur Laufzeit Befehl für Befehl analysiert und ausgeführt. Beispiele für Interpretersprachen sind die Shell, Perl und PHP.

Bei Compilersprachen gibt es ein analoges Hilfsprogram: den Compiler. Dieser übersetzt den Quellcode aber schon vor dem Programmlauf in Maschinensprache, welche vom Prozessor des Rechners direkt ausgeführt werden kann. Klar ist, dass das Programm dann schneller läuft, als bei Interpretersprachen. Aber nach jeder Änderung am Quellcode ist etwas Mühe nötig, bis man wieder ein lauffähiges Programm hat. Beispiele für Compilersprachen sind C und C++.

Darüber hinaus gibt es noch Zwittersprachen, die die Nachteile beider Methoden in sich vereinigen. Dabei erzeugt der Compiler erst einen für die Interpretation optimierten Zwischencode, manchmal Bytecode genannt. Dieser wird dann von einem Programm namens *virtueller Maschine* zur Laufzeit interpretiert. Natürlich ist die virtuelle Maschine nichts anderes als ein Interpreter, aber das würde nicht so toll klingen.

Prominentestes Beispiel für so eine Sprache ist *Java*. Um fair zu sein, muss ich hinzufügen, dass es doch einen Vorteil gegenüber reinen Interpretersprachen gibt: Durch die Vorübersetzung laufen die Programme schneller. Für unsere Aufgabe der Suche nach der Wahrheit im Quellcode kann man die Zwittersprachen zu den Compilersprachen zählen, weil eben die Notwendigkeit des Übersetzens hier den entscheidenden Unterschied macht.

In diesem Kapitel werde ich etliche Compiler- und Interpretersprachen besprechen und dir zeigen, wie man in Programmen dieser Sprachen systematisch nach einem Fehler suchen kann.

Dabei werde ich dir zeigen, wie du Änderungen an fremden Programmen vornehmen kannst, um zusätzliche Diagnoseausgaben zu erzeugen, auch wenn du die jeweilige Sprache nicht kennst oder gar nicht programmieren kannst.

Mit Absicht verzichte ich auf eine Einführung in die einzelnen Programmiersprachen und beschränke mich stringent auf die Dinge, die für die Fehlerdiagnose nützlich sind.

8.3 Interpretersprachen

8.3.1 Allgemeines zu Interpretersprachen

Der Vorteil von Interpretersprachen bei der Fehlersuche ist der, dass es eigentlich gar keinen Quellcode gibt. Genau gesagt gibt es *nur* den Quellcode, und den hat man immer, denn der wird ja direkt ausgeführt.

Die häufigste Interpretersprache bei Linux ist die *Shell*, wichtig sind auch noch *Perl* und *PHP*. Eine Basic-Variante gibt es (zum Glück!) unter Linux noch nicht bzw. kenne ich keine und ich kenne auch keinen, der eine kennt oder von jemand gehört hat, der jemand kennt, der eine kennt oder von einer gehört hat oder gar verwendet!

Um den Quellcode eines Interpreter-Programmes anzuzeigen, musst du nur wissen, in welchem Verzeichnis es installiert ist, und kannst es mit `less` anzeigen. Dabei hilft der Befehl `which`, dem du als Argument den Befehl übergibst, unter dem du das Programm aufrufst:

```
Eiger:~> which Netscape
/usr/X11R6/bin/Netscape
Eiger:~> which zgrep
/usr/bin/zgrep
```

Hast du das Programm gefunden, so kannst du es mit `less` anzeigen[2]. Willst du Änderungen machen, so solltest du vor der ersten Änderung eine Kopie des Originals anlegen. Erstens kannst du – wenn du etwas durcheinander gebracht hast – die ursprüngliche Version wieder herstellen. Zweitens kannst du – wenn du etwas repariert hast – einen Patch erstellen, wie ich dir in Abschnitt 8.6.1 auf Seite 338 zeigen werde[3].

8.3.2 Shellskripte

Eigentlich ist ein Shellskript eine sehr einfache Sache: Statt Befehle auf der Kommandozeile einzugeben, schreibst du diese Zeile für Zeile in eine Textdatei und machst diese dann mit `chmod +x datei` ausführbar. Das Skript kann dann wie ein Programm ausgeführt werden.

Zur vollwertigen Programmiersprache wird die Shell durch eine Reihe von Zusatzkonstrukten wie Schleifen, Fallunterscheidungen, Variablen und Funktionen, die man auf der Kommandozeile selten oder gar nicht einsetzt. In Linux und anderen Unixen hat die Shell als Programmiersprache ein große Bedeutung. Egal ob es um die Vorgänge beim Booten, Startskripten oder anderen Automatismen geht: Die Shell ist das, was Linux im Innersten zusammenhält.

Ein sehr einfacher Shellbefehl heißt `echo`. Er gibt einfach alles, was er als Argumente übergeben bekommt, auf der Standardausgabe aus, also im aktuellen

[2]Wenn du als `root` arbeitest, verwende wirklich `less` und nicht einen Texteditor wie `vi` oder `jmacs`. Allzuleicht kann es dir sonst passieren, dass du versehentlich eine Änderung am Programm machst.

[3]Ein Patch ist eine automatisch erstellte Textdatei, die alle Unterschiede zwischen zwei Quellcodeversionen auflistet. Mit einem Patch kann man automatisch aus der einen Version die andere gewinnen und umgekehrt.

Fenster. Wie alle Befehle kannst du ihn sowohl auf der Kommandozeile als auch in einem Shellskript verwenden. Um die Shell davon abzuhalten, in dem Text Steuerzeichen auszuwerten, schreibst du den Text am besten in Anführungszeichen.

```
Eiger:~> echo "Dies ist ein toller Text."
Dies ist ein toller Text.
```

Das ganze stecke ich jetzt in ein Minishellprogramm. Anstelle eines Editors verwende ich `cat >`.

```
Eiger:~> cat > shellprogramm
echo "Dies ist ein noch tollerer Text."
Strg D
```

Weiter geht's mit dem Ausführbarmachen des Shellskriptes:

```
Eiger:~> ll shellprogramm
-rw-r--r--    1 mk   users     40 2002-12-06 11:35 shellprogramm
Eiger:~> chmod +x shellprogramm
Eiger:~> ll shellprogramm
-rwxr-xr-x    1 mk   users     40 2002-12-06 11:35 shellprogramm
```

Und schon kann ich es ausführen[4]:

```
Eiger:~> ./shellprogramm
Dies ist ein noch tollerer Text.
```

Einen kompletten Einstieg in die Shellprogrammierung zu geben, kann sicherlich nicht Aufgabe dieses Buches sein, ist für die Fehlersuche aber auch nicht nötig. Ich will hier nur auf einige hilfreiche Dinge hinweisen.

Mit `echo` kannst du, wie oben gesehen, einen Text ausgeben. Dies brauchst du für das printf-Debugging. Sinnvoll ist, die Ausgabe auf den Standardfehlerkanal umzulenken, damit sie nicht geschluckt wird, wenn die Ausgabe des Shellskripts von einem anderen Programm eingelesen wird. Dazu stellst du an das Ende der `echo`-Zeile ein `>&2`:

[4]Wenn man auf der Shell einen Befehl eingibt, sucht sie in einer Reihe von Verzeichnissen – welche in der Variable `$PATH` aufgelistet sind – nach einer ausführbaren Datei und startet diese als Programm. Manchmal ist das aktuelle Verzeichnis – der Punkt – auch im Pfad und man könnte das Programm aus dem Beispiel einfach mit `shellprogramm` aufrufen. Wenn im Befehlsname mindestens ein Schrägstrich vorkommt, sucht die Shell nicht im Pfad, sondern interpretiert den Befehl als Dateiname. Das kann man sich zur Nutze machen und ein Programm, z. B. `shellprogramm`, im aktuellen Verzeichnis mit `./shellprogramm` aufrufen.

```
#!/bin/sh
# Dies ist irgendein fremdes Shellskript
# ...
echo "Alles noch in Ordnung bis hier!" >&2
# ...
```

Übrigens ist es unter Linux üblich, dass in der ersten Zeile eines Shellskriptes `#!/bin/sh` steht. Am `#!` erkennt der Linux-Kernel, dass es sich um ein ausführbares Programm in einer Interpretersprache handelt. Danach folgt der Name des Interpreters, in diesem Fall `/bin/sh`. Fehlt die erste Zeile, so nimmt Linux immer `/bin/sh` an.

Wenn du an die Ausgabe des `echo`-Befehls trotzdem nicht herankommst, weil das Skript in einem ungünstigen Kontext aufgerufen wird, so kannst du die Ausgabe auch in eine Logdatei umleiten und diese später auswerten. Dazu schreibst du ans Ende der `echo`-Zeile `>> logdatei`, wenn du die Zeile *anhängen* willst, oder `> logdatei`, wenn du eine eventuell bestehende Logdatei *überschreiben* willst. Natürlich solltest du dies dann nur beim ersten `echo`-Befehl machen, weil die Datei ja sonst ständig wieder gelöscht würde.

Bei der Angabe der Logdatei ist es besser, wenn du immer einen absoluten Pfad angibst. Es ist dann egal, in welchem Verzeichnis das Skript gerade arbeitet:

```
#!/bin/bash
# Noch so ein komisches Shellskript
#
echo "Hier ist die erste Debugausgabe." > /tmp/debuglog
# das Skript geht weiter...
echo "Und jetzt wird diese Stelle erreicht." >> /tmp/debuglog
# usw...
```

Die dritte Möglichkeit ist die Verwendung des `syslogd`, wozu du den Befehl `logger` verwendest, den ich bereits im Abschnitt 3.1.5 auf Seite 34 erklärt habe:

```
logger "Diese Meldung geht ins System-Log"
```

Weiterhin solltest du wissen, wie in der Shell *Variablen* funktionieren. Shellvariablen enthalten immer Texte. Eine Zuweisung erfolgt durch eine Zeile der Form `NAME=Wert`. Wenn du den Wert später verwenden willst, musst du der Variable ein Dollarzeichen `$` voranstellen. Dies kannst du auch innerhalb von *doppelten* Anführungszeichen machen:

```
#!/bin/sh
VORNAME=Mathias
NACHNAME=Kettner
```

```
TEXT_MIT_LEERZEICHEN="Muss in Anführungszeichen"

echo "Der Autor ist $VORNAME $NACHNAME" >> /tmp/logdatei
```

Zum Schluss zeige ich dir noch einige in der Shell fest eingebaute Spezialvariablen, welche du zum Verstehen der Skripten unbedingt kennen solltest:

- Die Variablen `$1`, `$2`, `$3` usw. stehen für das erste, zweite, dritte Kommanozeilenargument, mit dem das Skript aufgerufen wurde.
- Die Variable `$*` steht für die Liste *aller* Kommandozeilenargumente.
- Die Variable `$0` steht für den Namen des Shellskriptes.
- Die Variable `$$` steht für die Prozess-ID der Shell, welche das Skript ausführt.
- Die Variable `$?` steht für den Rückgabewert des letzten Befehls. Nur ein Wert von `0` bedeutet Erfolg.

```
#!/bin/sh
# Dies ist ein ominöses Skript, dass irgendwann von irgendeinem anderen
# verschachtelten Unterskript aufgerufen wird und irgenwo einen Fehler
# produziert.
echo "Das Skript $0 wurde mit den Argumenten $* aufgerufen" > /tmp/debuglog
echo "Prozess-ID: $$" >> /tmp/debuglog

# viele komische Befehle...

# Was macht nur dieser Befehl hier? Vielleicht scheitert er?
arglpfrmft -s -X -e '/^(\([0-9]\+,[0-9][0-9] \+DM\))$/s//\1/p'
echo "Rückgabewert von arglpfrmft: $?"
```

Sehr ausführliche Informationen über die Bash findest du in der Man-Seite (`man 1 bash`) oder etwas übersichtlicher im Info-Dokument (`info bash` oder `pinfo bash`). Auch ein gutes Buch über die Bash schadet nicht, denn Wissen über Shellprogrammierung kann man bei Linux eigentlich nie genug haben.

Weiterhin will ich noch einmal auf die Option `-x` hinweisen, die ich in Kapitel 3.3 auf Seite 41 beschreibe.

8.3.3 Perl

Die Sprache Perl ist sehr beliebt, vielleicht auch deshalb, weil sie sehr großzügig ist, was die Syntax betrifft. Alles Mögliche, was man aus C, Shell, `awk`, `sed` und ein Dutzend anderer Programmiersprachen kennt, hat eine gute Chance, unter Perl genauso zu funktionieren. Man kann bei einem Perl-Programm alle möglichen Zeichen weglassen und das Programm hat immer noch eine Bedeutung und tut irgendetwas. Sogar einzelne Zeichen können für ganze Befehlszeilen stehen.

All das macht es einfach und schnell, Perl-Programme zu *schreiben*.

All das macht es schwer und mühsam, Perl-Programme zu *lesen*!

Natürlich kann man auch saubere, übersichtliche Perl-Programme schreiben. Komischerweise sind aber Programmierer, die diese Arbeitsweise bevorzugen, selten Perl-Programmierer. In der real existierenden Welt ist es daher oft nicht einfach, sich in einem fremden Perl-Programm zurechtzufinden[5].

In Perl funktioniert printf-Debugging ähnlich wie in der Shell, nur ist die Syntax etwas anders. Um einen Text auf der Fehlerausgabe auszugeben, verwendest du den Befehl `print` wie im folgenden Beispiel gezeigt:

```
#!/usr/bin/perl
print STDERR "Die Prozess-ID ist $$. Das klappt auch in Perl!\n";
```

Wichtig ist der Strichpunkt am Zeilenende. Außerdem wird nicht automatisch ein Zeilenumbruch eingefügt, weshalb du selbst ein `\n` anfügen musst. Willst du die Ausgabe in eine Logdatei umlenken, musst du diese – anders als bei der Shell – erst zum Schreiben öffnen. Dies geschieht mit dem `open`-Befehl. Du vergibst einen beliebigen Namen, den du später bei `print` anstelle von `STDERR` einsetzt. Beachte auch das wichtige Größerzeichen > vor dem Dateinamen:

```
#!/usr/bin/perl
# Logdatei öffnen
open(LOGDATEI, ">/tmp/perllog") or die "Kann Logdatei nicht öffnen!\n";

# Ausgabe in Logdatei schreiben.
print LOGDATEI "Bis hierher klappt alles.\n";
```

Ganz praktisch ist auch der Befehl `die`, mit dem eine Fehlermeldung ausgegeben und dann das Perlprogramm sofort abgebrochen wird. Du kannst es mit der Verknüpfung `or` hinter einen Befehl hängen. Das `die` wird dann ausgeführt, wenn der Befehl scheitert.

Wenn du das Perlmodul `Sys::Syslog` installiert hast (z. B. bei SUSE automatisch), kannst du auch per `syslogd` loggen.

```
#!/usr/bin/perl

# Das syslog-Modul muss erst geladen werden.
use Sys::Syslog;

# Jetzt kannst du loggen. Die Klasse und Priorität wird nicht mit einem
# Punkt, sondern mit einem Balken getrennt. Vergiss nicht das Komma!
syslog "user|debug", "Hier kommt eine Meldung per syslogd";
```

Weitere Informationen über Perl findest du auf der offiziellen Webseite unter `http://www.perl.com` (welche von O'Reilly betrieben wird).

[5] Ausnahmen bestätigen die Regel. Solltest ausgerechnet du ein Freund von Perl sein, so gilt alles Gesagte natürlich nur für die anderen Programmierer!

8.3.4 PHP

Die Sprache PHP ist in den letzten Jahren ausgesprochen populär geworden. Obwohl es sich um eine allgemeingültige Sprache vergleichbar zu Perl handelt, wird sie nahezu ausnahmslos dazu verwendet, um Webapplikationen zu schreiben. Dabei läuft PHP als ein Modul im Apache-Webserver und erzeugt dynamisch HTML-Seiten in dem Moment, wo sie abgerufen werden.

Die Syntax von PHP ist stringenter und aufgeräumter als die von Perl und ist stark an C orientiert. Mit Perl und der Shell hat PHP die Behandlung von Variablen gemeinsam, die ebenfalls mit dem Dollarzeichen notiert und in Textketten eingesetzt werden können. Im Gegensatz zur Shell muss das Dollarzeichen auch bei einer Zuweisung eines Wertes vor den Variablennamen geschrieben werden:

```
$NAME="Mathias Kettner";
```

Wenn ein PHP-Skript von Apache aufgerufen wird, sind die PHP-Stellen zwischen `<?` und `?>` eingebettet. Alles andere wird als HTML direkt an den Browser ausgeliefert.

Wenn du printf-Debugging machen willst, musst du dich entscheiden, wo die Meldungen hingehen sollen: Zum Benutzer am Browser oder zu dem System, auf dem der Webserver Apache läuft. In ersterem Fall verwendest du den Befehl `print`, wobei du den Text wie in C in Klammern und Anführungszeichen schreibst. An das Ende der Zeile stellst du einen Strichpunkt.

Hierbei musst du bedenken, dass die Ausgabe als HTML interpretiert wird. Um einen Zeilenumbruch zu erzwingen, kannst du das HTML-Kürzel `<br>` verwenden. Zudem kannst du die Meldung in `<b>` und `</b>` einschließen, um Fettschrift zu erreichen:

```
<?
   // Dies ist PHP Code
   $vorname="Mathias";
   $nachname="Kettner";
   print("Meldung geht an den Browser. <b>$vorname $nachname</b><br>");
?>
```

Wenn du die Meldung lieber auf dem Server haben willst, verwendest du stattdessen die Funktion `error_log()`, die als Parameter erst die Meldung und dann eine 0 übergeben bekommt:

```
<?
   // Ein anderes PHP-Programm
   error_log("Diese Meldung landet in der Apache-Logdatei", 0);
?>
```

Die Meldung wandert in die Fehlerdatei von Apache, welche in `httpd.conf` mit der Direktive `ErrorLog` festgelegt wird[6]. Wenn du in eine eigene Logdatei loggen willst, gibst du als zweiten Parameter statt der 0 eine 3 an und als zusätzlichen Parameter den Namen dieser Logdatei. Die Meldung wird dann an die Datei hinten angehängt.

Du musst allerdings sicherstellen, dass der Benutzer, unter dessen Account Apache läuft (z. B. `nobody` oder `wwwrun`), auch berechtigt ist, diese Datei anzulegen. Das Verzeichnis `/var/log` hat normalerweise nur für `root` eine Möglichkeit, Dateien anzulegen. Im Zweifelsfall verwendest du einfach eine Datei in `/tmp`:

```
<?
  // Diesmal loggen wir in eine eigene Datei
  error_log("Bisher scheint alles zu klappen", 3, "/tmp/phplog");
?>
```

In PHP gibt es noch eine weitere nützliche Funktion zum Debuggen: `phpinfo()`. Diese Funktion gibt alle möglichen Informationen als HTML-Code aus (und sendet dies zum Browser). Dabei werden auch alle Variablen ausgegeben, inklusive der HTML-Variablen, die der Benutzer beim Aufruf der Seite angegeben hat (z. B. durch Ausfüllen eines Formulars).

```
<?
    // Kompletten Zustand von PHP ausgeben:
    phpinfo();
?>
```

8.3.5 Python

Die Sprache Python ist für eine Programmiersprache sehr jung. Der Name hat nichts mit einem Reptil zu tun, sondern ist inspiriert von der britischen Komiker-Gruppe „Monty Python". Es handelt sich um eine relativ saubere Sprache mit einem großen Angebot an Funktionen und Bibliotheken. Vom Konzept her ist sie prozedural und objektorientiert.

Python-Dateien enden per Konvention auf `.py`. Es handelt sich wie bei den bisher vorgestellen Interpretersprachen um reine Textdateien. Die erste Zeile lautet meist:

```
#! /usr/bin/env python
```

oder:

```
#! /usr/bin/python
```

[6]Bei SUSE ist dies `/var/log/httpd/error_log`.

Die erste Schreibweise hat den Vorteil, dass sie funktioniert, egal ob der Pyhton-Interpreter in `/usr/bin/python` oder `/usr/local/bin/python` zu finden ist.

Das printf-Debugging funktioniert bei Python sehr ähnlich wie bei den anderen vorgestellten Sprachen. Der Befehl `print('Text')` gibt einen Befehl auf der Standardausgabe aus:

```
#! /usr/bin/python
print('Hallo Welt')
```

Die Zeile wird nicht mit Strichpunkt abgeschlossen! Anders als andere Sprachen misst Python der Einrückung der Programmzeilen eine Bedeutung bei. Ein eingefügter `print`-Befehl muss unbedingt auf der gleichen Spalte beginnen, wie die übrigen Zeilen der jeweiligen Programmstelle, wenn man die Bedeutung des Programmes erhalten will.

Wenn du nach `stderr` ausgeben willst, so klappt das mit `print` nicht. Stattdessen kannst du den Befehl `write` verwenden, welchen du aber erst importieren musst:

```
#! /usr/bin/python

# Befehl write verfügbar machen
from os import write

# Debugausgabe nach stderr, das ist Filedeskriptor 2
write(2, 'Programmstelle eins\n')

# Filedeskriptor 1 steht für stdout, also die normale Ausgabe
write(1, 'Programmstelle zwei\n')
```

Wie du vielleicht bemerkt hast, musst du bei `write` das Zeileende mit `\n` selbst hinzufügen, während `print` dies automatisch macht.

Wenn du in einem Kontext bist, bei dem du an die Ausgabe nicht herankommst, ist die einfachste Alternative die Verwendung des Syslog-Daemons. Die hier benötigte Funktion heißt `syslog` und muss ebenfalls importiert werden:

```
#! /usr/bin/python

# Funktionen aus dem Paket syslog importieren
from syslog import *

# Jetzt eine Meldung im syslog ausgeben
syslog('Noch kein Absturz bis hierher')
```

In /var/log/messages erscheint dann folgende Zeile:

```
Mar 22 12:16:58 Eiger python: Noch kein Absturz bis hierher
```

Was in Python anders ist als bei anderen Sprachen, ist die Ausgabe von Werten von Variablen. Folgende Methode klappt bei allen drei vorgestellten Ausgabebefehlen:

Wenn du den Wert der Variablen dateiname ausgeben willst, setzt du direkt in den String die Schreibweise %(dateiname) ein. Dahinter muss eine Formatierungsanweisung kommen, die an das printf von C angelehnt ist. Für Strings brauchst du ein s, für Ganzahlen ein d, für Fließkommazahlen ein f. Nach dem String muss dann unbedingt noch ein % vars() stehen. Das % ist ein Operator, der in einem String Variablen gemäß eines Arrays substituriert:

```
#! /usr/bin/python
from os import write

# Einige Variablen mit Werten belegen
anzahl=42
dateiname='/usr/local/bin/crack'
mwst=0.16

# Aktuelle Werte ausgeben nach stderr
write(2, 'Datei: %(dateiname)s, Anzahl: %(anzahl)d, MWSt.:
 %(mwst)f\n' % vars())
```

Die Ausgabe dieses Programms lautet:

```
Datei: /usr/local/bin/crack, Anzahl: 42, MWSt.: 0.160000
```

8.4 Compilersprachen

Sobald man ein Programm schreibt, das große Datenmengen verarbeitet, schnell sein muss oder systemnahe Funktionen benötigt, kommt man an Compilersprachen nicht vorbei. Die mit Abstand wichtigste Sprache unter Linux ist C, in der der Linux-Kernel, die libc und fast alle Systemkomponenten geschrieben sind, wenn man mal von den Shellskripten absieht, die das Drumherum steuern. C++ ist eine nahtlose Erweiterung von C. Abgesehen von einer spitzfindigen Ausnahme ist jedes C-Programm gleichzeitig ein syntaktisch korrektes C++-Programm. In C++ kann man Bibliotheken verwenden, die in C geschrieben wurden. Sogar umgekehrt ist dies teilweise möglich.

Unter Linux bisher weniger Bedeutung hat die Sprache *Java*, welche ich aus eingangs erwähnten Gründen hier zu den Compilersprachen zähle. Andere Compilersprachen, wie z. B. Objective-C und Pascal, sind unter Linux zwar verfügbar, gehören aber eher zu den Kuriositäten.

8.4.1 Quellcodes besorgen

Da bei einer Compilersprache der Quellcode zum Betrieb eines Programmes nicht notwendig ist, ist es auch der Regelfall, dass dieser nicht installiert ist. Ein Distributor von Open-Source-Software, welche meist der *GNU General Public License (GPL)* oder einer ähnlichen Lizenz unterliegt, ist verpflichtet, dem Empfänger auch den Quellcode auszuliefern oder anderweitig zur Verfügung zu stellen. Die Linuxdistributoren kommen dem nach, indem sie die Quellcodes aller Open-Source-Programme mit ausliefern.

Bis auf die Ausnahme Debian verwenden alle großen Linuxdistributionen RPM als Format für Softwarepakete. Die Quellcodes liegen dann als Source-RPMs mit der Endung `.src.rpm` oder `.spm` auf der CD bzw. DVD oder im Internet.

Bei SUSE LINUX befinden sich die Quellcodes nicht mehr auf den CDs sondern auf einer eigenen zweiseitigen DVD (SuSE LINUX 9.1). Hier musst du acht geben: Die eine Seite enthält die Quellen für „normale" i386-kompatbile Prozessoren, die andere für die 64-Bit CPUs. Bei Red Hat 9 („Shrike") befinden sich die Quellen auf CD 4, 5 und 6, jeweils im Verzeichnis SRPMS.

Solch ein Source-RPM enthält nicht nur die Originalquellen der Software, sondern auch – in Form von *Patches* – alle Änderungen, die der Distributor gemacht hat, um die Software an seine Distribution anzupassen oder Fehler zu beheben.

Wenn man sich Open-Source-Software selbst aus dem Internet holt, findet man immer auch den Quellcode, manchmal sogar ausschließlich. Quellen werden in der Regel als `.tar.gz`-Datei – auch Tarball genannt – bereitgestellt.

Wie du Software im Quellcode auspacken, analysieren, übersetzen und debuggen kannst, zeige ich dir in den folgenden Abschnitten.

8.4.2 Entwicklungswerkzeuge vorbereiten

Zum Vorbereiten und Compilieren des Quellcodes sind eine ganze Menge Entwicklungswerkzeuge und Programmierbibliotheken nötig. All diese Dinge sind ebenfalls als Open-Source-Programme erhältlich und auf jeder *professionellen* Linuxdistribution enthalten[7].

[7]SuSE LINUX Personal enthält keine Entwicklerwerkzeuge. Du kannst die RPM-Pakete aber auch per FTP von `ftp.suse.com` holen. Die Pakete für SuSE LINUX 9.1 findest du im Verzeichnis `/pub/suse/i386/9.1/suse/src`.

Welche Software-Pakete du mindestens installiert haben solltest, habe ich für die in Anhang B.3 aufgeführt.

8.4.3 Fremde Quellen auspacken

Quellcodes kommen in drei verschiedenen Verpackungen vor:

- als Tarbälle,
- Source-RPMs und
- normale RPMs.

Quellen als Tarball

Tarbälle sind mit GNU-`gzip` (oder selten `bzip2`) komprimierte `tar`-Archive. Sie besitzen die Endungen

- `.tar.gz` oder
- `.tgz`[8] bzw.
- `.tar.bz2` (Im Falle einer Komprimierung mit `bzip2` anstelle von `gzip`).

tar

packt Tarbälle (Archive mit den Endungen `.tar`, `.tar.gz`, `.tgz` und `.tar.bz2`) aus. Der Modus wird ohne Minuszeichen geschrieben.

tar MODUS DATEINAME

`xzf`	packt `.tar.gz`- und `.tgz`-Archive aus
`xjf`	packt `.tar.bz2`-Archive aus
`xf`	packt `.tar`-Archive aus

Zum Auspacken erzeugst du – am besten als normaler Benutzer – ein Unterverzeichnis, kopierst den Tarball hinein, und rufst dort `tar` mit dem entsprechenden Modus auf.

Der Modus steht ohne Minuszeichen, das `f` muss als letztes stehen. Folgendes Beispiel zeigt dir, wie du den Quellcode von `strace` der Version 4.4 auspacken musst. Der Tarball befindet sich in meinem Beispiel im Verzeichnis `/tmp`.

Zuerst lege ich das Arbeitsverzeichnis `bauen` an und kopiere mir den Tarball hinein:

```
Eiger:~> mkdir bauen
Eiger:~> cd bauen
Eiger:~/bauen> cp /tmp/strace-4.4.tar.gz .
Eiger:~/bauen> ll
insgesamt 392
-rw-r--r--    1 mk      users    398273 2002-12-09 13:48 strace-4.4.tar.gz
```

Nun kann ich `tar` mit dem Modus `xzf` verwenden, um ihn auszupacken:

[8] Windows kann Dateinamen mit mehreren Endungen nicht korrekt behandeln.

```
Eiger:~/bauen> tar xzf strace-4.4.tar.gz
```

Neu einstanden ist das Verzeichnis `strace-4.4`. Dieses Unterverzeichnis war mit im Archiv eingepackt, was das übliche Vorgehen ist. Es gibt allerdings auch Tarbälle, die sich direkt ins aktuelle Verzeichnis auspacken.

```
Eiger:~/bauen> ll
insgesamt 394
drwxr-xr-x    8 mk     sysusers     1640 2001-08-19 14:25 strace-4.4
-rw-r--r--    1 mk     sysusers   398273 2002-12-09 13:48 strace-4.4.tar.gz
```

Die eigentlichen Quellen liegen also im Verzeichnis `strace-4.4`:

```
Eiger:~/bauen> cd strace-4.4
Eiger:~/bauen/strace-4.4> ls
COPYRIGHT        README-svr4    defs.h        net.c           svr4
CREDITS          TODO           desc.c        proc.c          syscall.c
ChangeLog        acconfig.h     errnoent.sh   process.c       syscallent.sh
INSTALL          aclocal.m4     file.c        resource.c      system.c
Makefile.in      bjm.c          freebsd       signal.c        term.c
NEWS             config.guess   install-sh    signalent.sh    test
PORTING          config.h.in    io.c          sock.c          time.c
README           config.sub     ioctl.c       strace-graph    util.c
README-CVS       configure      ioctlsort.c   strace.1        version.c
README-freebsd   configure.in   ipc.c         strace.c        xlate.el
README-linux     cvsbuild       linux         stream.c
README-sunos4    debian         mem.c         sunos4
```

Wenn das Archiv die Endung `bz2` trägt, wurde es mit `bzip2` komprimiert. Dieses Verfahren ist bei weitem nicht so verbreitet wie `gzip`, erreicht aber etwas bessere Resultate bei der Komprimierung[9]. Wenn du Glück hast, kann deine Version von `tar` direkt mit `bzip2` umgehen. In so einem Fall verwendest du einfach statt des `z` ein `j`:

```
Eiger:~/bauen> ll
insgesamt 392
-rw-r--r--  1 mk  users  281443 2002-12-09 13:48 strace-4.4.tar.bz2
Eiger:~/bauen> tar xjf strace-4.4.tar.bz2
```

Wenn dies nicht klappt, musst du das Archiv vorher von Hand dekomprimieren. Am besten machst du dies, ohne dabei eine temporäre Datei zu erzeugen, indem du mit `bzcat` auf die Standardausgabe dekomprimierst und `tar` dann direkt von der Standardeingabe lesen lässt. `tar` macht dies, wenn du als Dateinamen ein Minuszeichen angibst. Natürlich wird `tar` dann weder mit `z` noch mit `j` aufgerufen:

```
Eiger:~/bauen> bzcat strace-4.4.tar.bz2 | tar xf -
```

[9] Im Beispiel von `strace` erreicht `gzip` eine Größe von 398 273 Byte. Mit `bzip2` sind es nur 281 443 Byte, also doch ein merklicher Unterschied!

Source-RPMs

Source-RPMs (SRPMs) erkennst du an der Endung `.src.rpm` oder `.spm`. Sie sind nicht einfach ein Ersatz von Tarbällen, sondern Komplettpakete, aus denen mit einem einzigen Befehl fertige, installierbare RPM-Pakete erzeugt werden können. Wenn du eine Linux-Distribution verwendest, die auf RPM basiert, so findest du dort oder gegebenenfalls auf dem FTP-Server des Distributors zu allen mitgelieferten Paketen auch die zugehörigen Source-RPMs.

Ein SRPM enthält folgende Bestandteile:

- allgemeine Informationen über das Paket (Name, Beschreibung, Version, Autoren, Urheberrechtshinweise, etc.)
- die Quellcodes als ein oder mehrere Tarbälle
- alle Änderungen des Distributors in Form von Patches (Endung `.dif` oder `.diff` oder `.patch`)
- Skripten zum Vorbereiten der Quellen (`%prep`), Übersetzen der Quellen (`%build`) und Installieren der fertigen Software (`%install`)
- eine genaue Liste aller Dateien, die installiert werden (`%files`)
- einige Skripten, die in das fertige RPM aufgenommen werden und die beim Installieren oder Deinstallieren des RPM-Paketes ausgeführt werden (`%pre`, `%post`, `%preun`, `%postun`)

Bis auf die Quellen und die Patches sind alle anderen Informationen und Skripten in einer Datei mit der Endung `.spec` enthalten: der Spec-Datei.

Ein gutes SRPM hat viele Vorteile und ist sehr hilfreich in allen Stufen der Arbeit mit dem Quellcode. Das Auspacken des Quellcodes eines SRPMs geschieht in zwei Schritten: Zuerst musst du das SRPM installieren, dann die Quellen vorbereiten.

> **rpm**
>
> installiert SRPM-Pakete.
>
> *rpm -hiv program-1.2.3.src.rpm*
>
> | | |
> |---|---|
> | `-i` | bedeutet Installation |
> | `-h` | erzeugt Fortschrittsbalken aus Kanalgittern |
> | `-v` | gibt den Namen des Paketes mit aus |

Das Installieren eines SRPMs geschieht auf die gleiche Art, wie bei einem RPM. Du arbeitest am einfachsten als `root`. Entweder installierst du das SRPM über die Paketverwaltung deiner Distribution oder du rufst den Befehl `rpm` von Hand auf.

Als Optionen verwendest du am besten `-hiv`, wobei eigentlich nur das `-i` (*install*) nötig ist. Durch das `h` und `v` wird noch der Name des Paketes und eine nette Zeile von Kanalgittern ausgegeben, die den Fortschritt anzeigen. Die Tarbälle und Patches werden nach `/usr/src/packages/SOURCES` installiert. Die Specdatei wandert in das Verzeichnis /usr/src/packages/SPECS. Am besten wechselst du dann eben dort hin.

Dort rufst du den Befehl rpmbuild -bp mit der Specdatei als Argument auf[10]. Dadurch werden die Quellen ausgepackt und die Patches auf die Originalquellen angewandt und somit die Änderungen des Paketerstellers eingearbeitet.

Ich stelle das hier mal am Beispiel des strace-Pakets von SUSE LINUX 9.0 vor, welches dort in der Version 4.4.98 enthalten ist. Zuerst installiere ich das Source-RPM, welches ich mir zuvor von der CD nach /tmp kopiert habe:

```
Eiger:~ # rpm -hiv /tmp/strace-4.4.98-54.src.rpm
   1:strace                 ########################################## [100%]
```

Im Verzeichnis /usr/src/packages/SOURCES kann ich sehen, welche Quell-Dateien installiert wurden:

```
Eiger:~ # cd /usr/src/packages/SOURCES
Eiger:/usr/src/packages/SOURCES # ls
.  .. strace-4.4.98.diff strace-4.4.98-quota.diff strace-4.4.98.tar.bz2
```

Die Spec-Datei wurde in das Verzeichnis /usr/src/packages/SPEC installiert:

```
Eiger:/usr/src/packages/SOURCES # cd ../SPECS
Eiger:/usr/src/packages/SPECS # ls -l
insgesamt 8
drwxrwxrwt    2 root     root           80 2003-10-22 10:18 .
drwxr-xr-x    7 root     root          168 2003-10-22 06:41 ..
-rw-r--r--    1 root     root         7283 2003-09-23 19:37 strace.spec
```

Quellen, Patches und die Spec-Datei sind vorhanden. Nun kann es mit der Vorbereitung der Quellen losgehen :

```
Eiger:/usr/src/packages/SPECS # rpmbuild -bp strace.spec
Ausführung(%prep): /bin/sh -e /var/tmp/rpm-tmp.85805
+ umask 022
+ cd /usr/src/packages/BUILD
+ cd /usr/src/packages/BUILD
```

Jetzt kommt eine ewig lange Ausgabe, anhand derer du genau verfolgen kannst, wie die Quellen ausgepackt und die Patches angewandt werden. Was hier passiert, ist das Ausführen eines Shellskriptes, welches in der Spec-Datei enthalten und zum Vorbereiten der Quellen da ist (in der Spec-Datei durch das Schlüsselwort %prep eingeleitet). Es wird mit der Option -x ausgeführt[11].

[10] Bei RPM Version 3 oder älter heißt der Aufruf nicht rpmbuild -bp, sondern einfach rpm -bp.

[11] Zur Option -x bei Shellskripten siehe Kapitel 3.3 auf Seite 41

Wenn das Paket einigermaßen ordentlich aufgebaut ist und du alle im Anhang beschriebenen Entwicklerwerkzeuge installiert hast (insbesondere `diff` und `patch` dürfen nicht fehlen), kannst du davon ausgehen, dass bis hierher alles gut geht. Bei SuSE LINUX 9.1 meckert `rpmbuild` mittlerweile sofort, wenn noch spezielle Entwickler-Pakete fehlen. Dies sieht z. B. so aus:

```
Eiger:/usr/src/packages/SPECS # rpmbuild -bp strace.spec
error: Failed build dependencies:
        libacl-devel is needed by strace-4.5.2-21
```

In diesem Fall musst du das Paket `libacl-devel` nachinstallieren.

Die ausgepackten und zum Kompilieren vorbereiteten Quellen befinden sich nun in einem Unterverzeichnis von `/usr/src/packages/BUILD`:

```
Eiger:/usr/src/packages/SPECS # cd ../BUILD
Eiger:/usr/src/packages/BUILD # ls
.  ..  strace-4.4.98
```

Wie du siehst, ist beim Auspacken der Quellen das Unterverzeichnis `strace-4.4.98` entstanden. Dort findest du die eigentlichen Quellcodes von `strace`:

```
Eiger:/usr/src/packages/BUILD # cd strace-4.4.98
Eiger:/usr/src/packages/BUILD/strace-4.4.98 # ls
.              debian        mem.c            signalent.sh
..             defs.h        missing          sock.c
acinclude.m4   depcomp       mkinstalldirs    strace.1
aclocal.m4     desc.c        net.c            strace.c
AUTHORS        errnoent.sh   NEWS             strace-graph
bjm.c          file.c        PORTING          strace.spec
ChangeLog      freebsd       proc.c           stream.c
compile        INSTALL       process.c        sunos4
config.guess   install-sh    README           svr4
config.h.in    io.c          README-CVS       syscall.c
config.sub     ioctl.c       README-freebsd   syscallent.sh
configure      ioctlsort.c   README-linux     system.c
configure.ac   ipc.c         README-sunos4    term.c
COPYING        linux         README-svr4      time.c
COPYRIGHT      Makefile.am   resource.c       TODO
CREDITS        Makefile.in   signal.c         util.c
```

Quellen in normalen RPMs

Die dritte Darreichungsform von Quellcodes sind RPM-Pakete. Hier kommen beim Installieren die Quellen bereits ausgepackt aus dem Paket. Derzeit ist mir nur ein einziges Programm bekannt, bei dem die Quellen von den Distributoren so ausgeliefert werden: Linux, oder um genau zu sein: der Linux-Kernel. Beispielsweise gibt es bei SUSE LINUX 9.1 das RPM-Paket `kernel-source-2.6.4-52.i586.rpm`, welches die Quellen zum Kernel 2.6.4 enthält und diese nach `/usr/src/linux-2.6.4-52` installiert.

8.4.4 In den Quellen recherchieren

Der häufigste Grund für einen Blick in den Quellcode ist unvollständig oder ungenau dokumentierte Software. Die Quellen geben ultimativ Auskunft über alle Eigenschaften der Software. Es gibt dort drei unterschiedliche Orte, an denen du Informationen finden kannst:

- in speziellen Dokumentationsdateien
- in Kommentaren im Programmcode
- im Programmcode selbst

Dokumentationsdateien sind – falls vorhanden – einfach zu finden. Bei typischen Open-Source-Quellen befinden sich zumindest im Hauptverzeichnis Textdateien, welche ganz in GROSSBUCHSTABEN geschrieben sind. Interessant sind vor allem die `README`-Dateien, welche einen ersten Einstieg in die Software vermitteln. In einer Datei mit dem Namen `COPYING` findest du üblicherweise die GNU General Public License (GPL) in der Version 2, welche dir mitteilt, unter welchen Bedingungen du die Software nutzen, verändern und weitergeben darfst. `NEWS` und `ChangeLog` sind – der Dokumentationsfaulheit vieler Programmierer wegen – meist leer und nur vorhanden, um den GNU-Konventionen zu genügen.

Manchmal gibt es ein spezielles Unterverzeichnis `doc`, in dem ausführlichere Dokumentation zu finden ist. Der Inhalt dieses Verzeichnisses wird aber meist ohnehin in das System installiert, so dass du hierfür nicht unbedingt den Quellcode hättest auspacken müssen.

Spannender ist natürlich ein Blick in den Programmcode selbst. Bei Linux ist es üblich, dass

- C-Dateien mit der Endung `.c`,
- C++-Dateien mit `.cc` und
- Headerdateien von C und C++ gleichermaßen mit `.h`

benannt werden. Je nach Komplexität der Software befinden sich diese Dateien entweder im Hauptverzeichnis des Quellcodes (wie im Beispiel), oder in einem oder mehreren Unterverzeichnissen. Wenn es nur eines gibt, heißt dies meist `src` Der Programmcode selbst (Variablen- und Funktionsnamen, Inline-Dokumentation) ist wie die Dateinamen und die Dokumentation in englischer Sprache gehalten.

Software, die ursprünglich kommerziell war und erst später geöffnet wurde, hält sich praktisch nie an diese Konventionen. Hier braut jeder Hersteller sein eigenes Süppchen. Wer schon einmal versucht hat, französischsprachigen Quellcode zu lesen, ohne wirklich Französich zu können, wird verstehen, was ich meine. Bei anderen Herstellern muss man feststellen, dass die C- oder Pascal-Dateien anstelle aussagekräftiger Namen einfach durchnummeriert wurden! Man muss dabei bedenken, dass diese Software einfach nie dafür konzipiert war, von Fremden gelesen oder gar kompiliert zu werden. Trotzdem liefert so manches kommerzielle Programm eine schwache Vorstellung, wenn es um Verständlichkeit geht. Es reicht eben nicht, einfach den Quellcode ins Internet zu stellen, um aus einer Software richtig gute Open-Source-Software zu machen!

Nun stellt sich die Frage, in welcher Datei die gesuchte Information zu finden ist. Die Namen der Dateien sind – von obigen Ausnahmen abgesehen – der erste Anhaltspunkt für deren Sinn. Wenn du selbst C programmieren kannst, dann kannst du versuchen, nach der `main()`-Funktion zu suchen (dem Haupteinstiegspunkt in das Programm) und dich von dort aus weiterzuhangeln. Aber auch wenn du des Cs nicht mächtig bist, kannst du gezielt nach Informationen suchen. Als Ankerpunkt bietet sich an:

- Konfigurationsoptionen
- Fehlermeldungen
- andere Ausgabetexte
- Pfadnamen zu bekannten Konfigurationsdateien

Findest du z. B. in einer Logdatei oder an einer anderen Stelle eine bestimmte Fehlermeldung, so kannst du mittels des Dreiergespanns `find`, `grep` und `xargs`[12] nach der Programmstelle suchen, an welcher der Fehler gemeldet wird. Dort findest du in der Regel in unmittelbarer Nähe etwas Dokumentation oder einige aufschlussreiche Programmzeilen dazu.

Ich habe das einmal ausprobiert mit der Fehlermeldung „`trouble opening proc file`“, die `strace` unter bestimmten Umständen ausgibt. In folgendem Beispiel lasse ich zur besseren Übersicht im Prompt den Namen des Verzeichnisses weg, das hier `/usr/src/packages/BUILD/strace-4.4.98` lautet. Die `grep`-Option `-n` sorgt für eine Ausgabe der Zeilennummer der Fundstelle. Der Suchbegriff `*.[ch]` findet alle Dateien, die auf `.c` oder `.h` enden.

```
Eiger # find -name "*.[ch]" | xargs grep -n 'trouble opening proc file'
./strace.c:386:    fprintf(stderr, "trouble opening proc file\n");
./strace.c:533:            fprintf(stderr, "trouble opening proc file\n");
```

In der Datei `strace.c` gibt es zwei Treffer! Die erste Stelle sieht so aus (zu deiner Übersicht habe ich die Zeilen nummeriert):

[12] Siehe Abschnitt 4.1.9 auf Seite 60

```
        if (proc_open(tcp, 1) < 0) {
                fprintf(stderr, "trouble opening proc file\n");
                droptcb(tcp);
                continue;
        }
```

Der Befehl `fprintf` gibt die gesuchte Fehlermeldung auf dem Standardfehlerkanal aus. Wie du siehst, steht diese Ausgabe innerhalb eines `if`-Blockes. Der Block wird nur dann ausgeführt, wenn die Bedingung in den Klammern nach dem `if` erfüllt ist. Hier im Beispiel heißt das konkret, dass die Fehlermeldung immer dann kommt, wenn `proc_open(tcp, 1) < 0`, wenn also der Funktionsaufruf `proc_open(tcp, 1)` einen Wert kleiner als Null liefert.

Was aber macht die Funktion `proc_open()`? Als erstes müssen wir klären, ob die Funktion ein Bestandteil von `strace` ist oder ob es sich um eine allgemeine Funktion aus irgendeiner Systembibliothek handelt. Dazu können wir mal testweise die Man-Seite zu `proc_open` aufrufen, falls es eine gibt:

```
Eiger # man proc_open
Kein Manual-Eintrag für proc_open vorhanden
```

Man-Seite ist also keine vorhanden. Das deutet darauf hin, dass es zumindest keine allgemein bekannte Standardfunktion ist. Die nächste Vermutung ist daher, dass es sich um eine `strace`-eigene Funktion handelt. Falls dies so ist, muss es möglich sein, die Stelle zu finden, wo diese Funktion implementiert ist. Zeit für den nächsten Einsatz von `find`, `xargs` und `grep`!

```
Eiger # find -name "*.[ch]" | xargs grep -n 'proc_open'
./defs.h:489:extern int proc_open P((struct tcb *tcp, int attaching));
./process.c:470:                if (proc_open(tcpchild, 2) < 0)
./strace.c:385:         if (proc_open(tcp, 1) < 0) {
./strace.c:466:             /* Kludge for SGI, see proc_open for details. */
./strace.c:532:                 if (proc_open(tcp, 0) < 0) {
./strace.c:647:proc_open(tcp, attaching)
```

Sechs Treffer! Heißt das, dass es sechs verschiedene Versionen von `proc_open` gibt? Nein. In der Programmiersprache C gibt es folgende Möglichkeiten, warum der Name einer Funktion im Programmtext auftaucht:

1. Die Funktion wird *implementiert*. Jede Funktion kann im ganzen Programm genau einmal implementiert werden. Die Implementierung steckt zu 99% in einer `.c`-Datei.
2. Die Funktion wird *deklariert*. Das ist eine Besonderheit der Programmiersprache C. Dabei wird in einer `.h`-Datei die Aufrufkonvention der Funktion beschrieben, damit sie von einem anderen Programmteil aus verwendet

werden kann. Eine Deklaration umfasst lediglich Namen und Typ der Funktion und ihrer Argumente. Zur Fehlersuche sind die Deklarationen uninteressant.

3. Die Funktion wird *aufgerufen*. Aufrufen heißt anders ausgedrückt *verwenden*. Solche Stellen gibt es natürlich einige oder zumindest eine, sonst wäre die Funktion ja überflüssig. Eine dieser Stellen haben wir oben gefunden: in der Bedingung des `if`-Blockes.
4. Ein *Kommentar* enthält den Funktionsnamen. Kommentare können grundsätzlich alles enthalten, was der Programmierer für erwähnenswert hält, also auch den Namen einer Funktion. Vielleicht will er uns damit etwas Wissenwertes mitteilen.

Was wir suchen, ist die *Implementierung* von `proc_open`, also Möglichkeit 1. Wir wollen ja wissen, was die Funktion genau macht. Außerdem kann man in der Implementierung am ehesten Kommentare über die Funktion finden. Untersuchen wir also alle sechs Fundstellen und ordnen sie einer der genannten vier Möglichkeiten zu:

```
./defs.h:489:extern int proc_open P((struct tcb *tcp, int attaching));
```

Hier handelt es sich um eine Deklaration (Möglichkeit 2). Erkennen kannst du das daran, dass hinter der schließenden Klammer sofort ein Strichpunkt folgt und dass innerhalb der Klammer Typenbezeichnungen stehen, z. B. `struct tcb *` oder `int`. Außerdem liegt die Fundstelle in einer `.h`-Datei.

```
./process.c:470:                if (proc_open(tcpchild, 2) < 0)
./strace.c:385:             if (proc_open(tcp, 1) < 0) {
```

An diesen beiden Stellen wird die Funktion aufgerufen. Das ist deshalb sicher, weil sie mit konkreten Werten aufgerufen wird (hier `tcpchild, 2` bzw. `tcp, 1`) und innerhalb eines Befehls steckt. Die zweite der beiden Stellen ist ja genau diejenige, wo wir `proc_open` zum ersten mal gefunden haben.

```
./strace.c:466:             /* Kludge for SGI, see proc_open for details. */
```

Hier haben wir Möglichkeit 3: eine Kommentarzeile. Kommentare in C und C++ werden entweder in `/*` und `*/` eingeschlossen oder beginnen mit einem `//`.

```
./strace.c:532:                 if (proc_open(tcp, 0) < 0) {
```

Dies ist ein weiterer Aufruf.

```
./strace.c:647:proc_open(tcp, attaching)
```

Der sechste Treffer ist schließlich die Implementierung. Der wichtigste Hinweis ist: das proc_open steht ganz am *Zeilenanfang*. Der Aufruf einer Funktion kann niemals am Zeilenanfang stehen. Um das sicherzustellen, sehen wir uns die Programmstelle genauer an:

```
#ifdef USE_PROCFS
int
proc_open(tcp, attaching)
struct tcb *tcp;
int attaching;
{
        char proc[32];
        long arg;
#ifdef SVR4
        sysset_t sc_enter, sc_exit;
        sigset_t signals;
        fltset_t faults;
#endif
#ifndef HAVE_POLLABLE_PROCFS
        static int last_pfd;
#endif

#ifdef HAVE_MP_PROCFS
        /* Open the process pseudo-files in /proc. */
        sprintf(proc, "/proc/%d/ctl", tcp->pid);
        if ((tcp->pfd = open(proc, O_WRONLY|O_EXCL)) < 0) {
                perror("strace: open(\"/proc/...\", ...)");
                return -1;
```

Zugegeben: sehr übersichtlich ist diese Programmstelle nicht gerade. Trotzdem sind wir am Ziel unserer Suche angekommen. Die Auflösung der rätselhaften Fehlermeldung findet sich in dem einzigen Kommentar dieser Stelle:

```
    /* Open the process pseudo-files in /proc. */
```

Das in der Fehlermeldung erwähnte proc file hat also etwas zu tun mit dem proc-Dateisystem. strace versucht, auf eine Datei in /proc zuzugreifen. Wie es aussieht, geht das schief. Die Funktion proc_open scheitert, liefert einen Rückgabewert kleiner Null und strace bricht mit der bekannten Fehlermeldung ab

Wie du an diesem Beispiel sehen kannst, ist bei dieser Art von Fehlersuche durchaus etwas Entdeckergeist gefragt. Andererseits siehst du aber auch, dass es nicht unbedingt nötig ist, gut oder überhaupt C programmieren zu können, um etwas zu finden. Mit find, xargs und grep bewaffnet brauchst du auch nicht vor einem sehr umfangreichen Quellcode wie dem Linux-Kernel zurückschrecken.

8.4.5 Fundstellen im Linux-Kernel

Auch in den heiligen Quellen von Linux selbst kannst du nach Erleuchtung suchen[13]. Bevor du vor Begeisterung über die Möglichkeiten von `find`, `xargs` und `grep` sofort anfängst, den kompletten Kernel zu durchfräsen, solltest du einen Blick in das Dokumentationsverzeichnis werfen[14].

Du findest es unter `/usr/src/linux/Documentation`. Dort gibt es etwa 500 Dokumentationsdateien. Die Datei `00-INDEX` enthält eine Liste aller Dateien zusammen mit jeweils einer kurzen Erklärung:

```
Eiger:~> cd /usr/src/linux/Documentation
Eiger:/usr/src/linux/Documentation> head -n 20 00-INDEX

This is a brief list of all the files in ./linux/Documentation and what
they contain. If you add a documentation file, please list it here in
alphabetical order as well, or risk being hunted down like a rabid dog.
Please try and keep the descriptions small enough to fit on one line.
                                                        Thanks -- Paul G.

Following translations are available on the WWW:

    - Japanese, maintained by the JF Project (JF@linux.or.jp), at
      http://www.linux.or.jp/JF/

00-INDEX
        - this file.
BUG-HUNTING
        - brute force method of doing binary search of patches to find bug.
Changes
        - list of changes that break older software packages.
CodingStyle
        - how the boss likes the C code in the kernel to look.
```

In jedem Unterverzeichnis gibt es eine ähliche Indexdatei.

Eine direkte Suche in den C-Dateien kann Fragen zu Hardwaretreibern klären. Wird mein spezieller Chip mit der Nummer X-123/ABC unterstützt? Gibt es damit besondere Probleme? Welches Modul muss ich verwenden? Welche Optionen versteht das Modul?

Um diese und weitere Fragen zu beantworten, suchst du am besten im Unterverzeichnis `drivers`, also in `/usr/src/linux/drivers`. Dort befindet sich für jede Art oder Klasse von Hardware ein weiteres Unterverzeichnis. Wenn du nicht weißt, in welcher Datei du suchen sollst, kannst du wieder `grep` anwerfen.

In den Kommentaren der Treiberquellen findest du unter anderem:

- präzise Hinweise, welche Typen, Baureihen und Versionen der Hardware unterstützt werden,

[13]Matthäus 7,8: *Denn jeder, der bittet, empfängt; und wer sucht, der findet; und wer anklopft, dem wird aufgetan.*

[14]Allein die `.c`- und `.h`-Dateien des Kernels 2.6.5 umfassen 163 Megabyte!

- die möglichen Optionen für modprobe und insmod zum Laden des Moduls,
- Hinweise auf Änderungen und Probleme des Treibers,
- die Namen der Autoren

In manchen Verzeichnissen findest du weitere README-Dateien, die bestimmte Treiber dokumentieren.

Als Beispiel nehme ich den Treiber 3c59x, der für eine Reihe von 3COM-Netzwerkkarten zuständig ist. Er befindet sich im Verzeichnis drivers/net:

```
Eiger:/usr/src/linux> cd drivers/net
Eiger:/usr/src/linux/drivers/net> head 3c59x.c
/* EtherLinkXL.c: A 3Com EtherLink PCI III/XL ethernet driver for linux. */
/*
        Written 1996-1999 by Donald Becker.

        This software may be used and distributed according to the terms
        of the GNU General Public License, incorporated herein by reference.

        This driver is for the 3Com "Vortex" and "Boomerang" series ethercards.
        Members of the series include Fast EtherLink 3c590/3c592/3c595/3c597
        and the EtherLink XL 3c900 and 3c905 cards.
```

Hier findest du also schon einmal eine Liste der von diesem Modul unterstützten Karten bzw. Chips. Wenn du wissen willst, welche Parameter du beim Laden des Moduls verwenden kannst, musst du nach dem Text MODULE_PARM suchen.

```
Eiger:/usr/src/linux/drivers/net> grep MODULE_PARM 3c59x.c
MODULE_PARM(debug, "i");
MODULE_PARM(options, "1-" __MODULE_STRING(8) "i");
MODULE_PARM(full_duplex, "1-" __MODULE_STRING(8) "i");
MODULE_PARM(hw_checksums, "1-" __MODULE_STRING(8) "i");
MODULE_PARM(flow_ctrl, "1-" __MODULE_STRING(8) "i");
MODULE_PARM(enable_wol, "1-" __MODULE_STRING(8) "i");
MODULE_PARM(rx_copybreak, "i");
MODULE_PARM(max_interrupt_work, "i");
MODULE_PARM(compaq_ioaddr, "i")
MODULE_PARM(compaq_irq, "i");
MODULE_PARM(compaq_device_id, "i");
MODULE_PARM(watchdog, "i");
MODULE_PARM_DESC(debug, "3c59x debug level (0-6)");
MODULE_PARM_DESC(options, "3c59x: Bits 0-3: media type, bit 9: full duplex");
MODULE_PARM_DESC(full_duplex, "3c59x full duplex setting(s) (1)");
MODULE_PARM_DESC(flow_ctrl, "3c59x 802.3x flow control usage (PAUSE only) (0-1)");
MODULE_PARM_DESC(enable_wol, "3c59x: Turn on Wake-on-LAN for adapter(s) (0-1)");
MODULE_PARM_DESC(rx_copybreak, "3c59x copy breakpoint for copy-only-tiny-frames");
MODULE_PARM_DESC(max_interrupt_work, "3c59x maximum events handled per interrupt");
MODULE_PARM_DESC(watchdog, "3c59x transmit timeout in milliseconds");
```

Praktischerweise gibt es bei diesem Modul für jeden Parameter gleich eine Erklärung. Beispielsweise kannst du mit dem Parameter debug die Ausführlichkeit der Logausgaben bestimmen, welche zum syslogd gehen. Hier kannst du eine Zahl von 0 bis 6 angeben, wobei du davon ausgehen kannst, dass ein Wert von 6 die meisten Ausgaben produziert.

Ein weiteres Beispiel aus der Praxis stammt aus meiner Arbeit an Kapitel 5, in dem es um Hardware geht. Im `proc`-Dateisystem gibt es eine Datei für jedes IDE-Laufwerk, welche aktuelle Einstellungen anzeigt, z. B. `/proc/ide/hda/settings`[15]:

```
Eiger:~ # cat /proc/ide/hda/settings
name                value           min         max         mode
----                -----           ---         ---         ----
acoustic            0               0           254         rw
address             0               0           2           rw
bios_cyl            3648            0           65535       rw
bswap               0               0           1           r
pio_mode            write-only      0           255         w
using_dma           1               0           1           rw
```

Die Spalte `mode` deutet darauf hin, dass manche Einstellungen nur gelesen, andere aber auch geschrieben werden können. Ein Blick in die Dokumentation des `proc`-Dateisystems – in den Kernel-Quellcodes in der Datei `/usr/src/linux/Documentation/filesystems/proc.txt` – erwähnt zwar obige Datei, enthält aber keinen Hinweis darauf, dass und vor allem *wie* man Einstellungen ändern kann. Das Spannende ist, dass beim Versuch, in die Datei zu schreiben, der Kernel scheinbar versucht, das Geschriebene zu interpretieren:

```
Eiger:~ # cd /proc/ide/hda
Eiger:/proc/ide/hda # echo 'using_dma 0' > settings
Eiger:/proc/ide/hda # tail -n 1 /var/log/messages
Jan 22 11:23:23 Eiger kernel: proc_ide_write_settings(): parse error
```

Da die Meldung `proc_ide_write_settings(): parse error` vom Kernel ausgegeben wird, ist es ein Einfaches, die Stelle in den Kernelquellen zu finden, an der sie erzeugt wird:

```
Eiger:~ # cd /usr/src/linux
Eiger:/usr/src/linux # find -name "*.c" | \
> xargs grep 'proc_ide_write_settings(): parse error'
./drivers/ide/ide-proc.c:       printk("proc_ide_write_settings(): parse error\n");
Eiger:/usr/src/linux # less drivers/ide/ide-proc.c
```

Gleich im Kommentar am Anfang der Datei findet sich die Auflösung:

```
 * Drive/Driver settings can be retrieved by reading the drive's
 * "settings" files.  e.g.    "cat /proc/ide0/hda/settings"
 * To write a new value "val" into a specific setting "name", use:
 *   echo "name:val" >/proc/ide/ide0/hda/settings
```

Man muß also einen Doppelpunkt zwischen dem Namen und dem Wert setzen! Dies ist schnell ausprobiert:

[15] Siehe Abschnitt 5.5.3 auf Seite 152.

```
Eiger:/usr/src/linux # echo 'using_dma:0' > /proc/ide/ide0/hda/settings
Eiger:/usr/src/linux # tail -n 1 /var/log/messages
Jan 22 11:33:41 Eiger kernel: hda: DMA disabled
Eiger:/usr/src/linux # grep using_dma /proc/ide/ide0/hda/settings
using_dma            0            0            1            rw
```

Und schon funktioniert es! Na wenn das kein Beweis dafür ist, dass man auch als Nicht-C-Programmierer etwas mit den Linuxquellen anfangen kann!

8.4.6 Übersetzen der Quellen bei Tarbällen mittels make

Damit aus dem Quellcode ein ausführbares Programm wird, musst du es erst übersetzen (*kompilieren*). Dabei wird aus den C- und C++-Dateien ein ausführbares Linuxprogramm generiert.

Welche Schritte zum Übersetzen bei einem bestimmten Programm notwendig sind, ist sehr unterschiedlich. Es kann sein, dass die Übersetzung über mehrere Zwischenschritte geht, je nach Unix-Variante andere Parameter benötigt oder andere Spezialitäten aufweist.

Aus diesem Grund ist es üblich, dass der Programmierer alle notwendigen Schritte in einem oder mehreren *Makefiles* ablegt. Ein Makefile ist eine Textdatei mit dem Namen `Makefile`, die anhand von Regeln beschreibt, wie über mehrere Zwischenschritte aus den Quelldateien die fertigen Programmdateien generiert und diese installiert werden. Übliche Schritte sind unter anderem:

- Kompilieren der Quellcodes in Objektcodes (Endung `.o`). Diese Aufgabe erledigt der C- oder C++-Compiler `gcc` bzw. `g++`.
- Linken (Binden) der Objektdateien zu Bibliotheken (Endung `.so`) oder zu einem ausführbaren Programm. Dies erledigt der Linker `ld`, welcher auch durch `gcc` / `g++` aufgerufen werden kann.
- Generieren von Dokumentationsdateien (HTML, Man-Seiten) aus Quelldateien durch spezielle Skripten.
- Installation der Dateien an die richtigen Stellen im System.

Die Makefiles werden vom Programm `make` interpretiert und ausgeführt. Rufst du einfach `make` auf, so sucht dies im aktuellen Verzeichnis nach einer Datei mit dem Namen `Makefile` oder `makefile` und führt diese aus. Alle Einzelheiten über `make` kannst du in der Info-Seite erfahren (`info make`). Findest du also nach dem Auspacken eines Tarballs ein `Makefile`, so kannst du durch einen Aufruf von `make` die Übersetzung starten.

Als Beispiel habe ich für dich ein kleines Programm kompiliert, das ich selbst geschrieben habe und welches ein VPN mittels SSH aufbaut[16]. Der Quellcode

[16] VPN: **V**irtual **P**rivate **N**etwork: Mein Programm arbeitet nach der von Matthew D. Wilson in seinem VPN HOWTO vorgestellten Methode mittels Remotelogin per SSH und dem ppp-Daemon.

steckt in der Datei vpn-1.0.2.tar.gz. Ich habe dafür ein Unterverzeichnis mit dem Namen VPN angelegt und den Tarball hineinkopiert:

```
Eiger:~/VPN> ls
vpn-1.0.2.tar.gz
```

Mit dem tar-Befehl packe ich nun die Quellen aus. Es entsteht das Unterverzeichnis vpn-1.0.2. Dort befinden sich die Quellcodes:

```
Eiger:~/VPN> tar xzf vpn-1.0.2.tar.gz
Eiger:~/VPN> ls
vpn-1.0.2  vpn-1.0.2.tar.gz
Eiger:~/VPN> cd vpn-1.0.2
Eiger:~/VPN/vpn-1.0.2> ls
Makefile  VPN.h          ip-up.local    sleepsecs.h  vpn.spec
VPN.cc    ip-down.local  sleepsecs.cc   vpn.cc       vpn_sysconfig
```

Wie du siehst, gibt es auch ein Makefile. Du kannst also das Kompilieren anstoßen mittels make, und zwar am besten als normaler Benutzer:

```
Eiger:~/VPN/vpn-1.0.2> make
g++ -O2 -Wall -pedantic -lutil vpn.cc VPN.cc sleepsecs.cc -o vpn
```

Bei diesem einfachen Programm wurde nur ein einziges Mal der Compiler gestartet. Neu entstanden ist die Datei vpn – das fertige Programm. Wenn du nicht sicher bist, was beim Compilieren eigentlich erzeugt wurde, kannst du die Dateien mit ll -rt nach Alter sortiert ausgeben, die jüngsten zuletzt:

```
Eiger:~/VPN/vpn-1.0.2> ll -rt
insgesamt 80
-rw-r--r--    1 mk       users          90 2002-01-28 11:45 sleepsecs.h
-rw-r--r--    1 mk       users         166 2002-01-28 11:45 sleepsecs.cc
-rw-r--r--    1 mk       users        3273 2002-10-01 18:34 vpn.cc
-rw-r--r--    1 mk       users        7172 2002-10-01 18:34 VPN.cc
-rw-r--r--    1 mk       users        1057 2003-03-21 15:34 VPN.h
-rw-r--r--    1 mk       users         609 2003-03-21 15:56 vpn_sysconfig
-rwxr-xr-x    1 mk       users         891 2003-03-21 16:13 ip-up.local
-rw-r--r--    1 mk       users        1280 2003-03-21 16:14 Makefile
-rwxr-xr-x    1 mk       users         708 2003-03-21 16:17 ip-down.local
-rw-r--r--    1 mk       users         909 2003-03-21 16:17 vpn.spec
-rwxr-xr-x    1 mk       users       33077 2003-03-25 17:43 vpn
```

Auch der Befehl file gibt Auskunft:

```
Eiger:~/VPN/vpn-1.0.2> file vpn
vpn: ELF 32-bit LSB executable, Intel 80386, version 1 (SYSV), dynamical
ly linked (uses shared libs), not stripped
```

Dateien vom Typ ELF sind immer Binärdateien, also Bibliotheken oder ausführbare Programme. Es handelt sich immer Produkte der Kompilation. Der ausgelieferte Quellcode enthält niemals Binärdateien, denn sonst wäre es ja kein Quellcode!

Du kannst das Programm nun direkt starten, ohne es zu installieren. Dabei musst du unbedingt die Notation mit dem Punkt verwenden, da sonst eine eventuell installierte Version gestartet wird:

```
Eiger:~/VPN/vpn-1.0.2> ./vpn
Usage: vpn [OPTIONS] name
-i|--identity SSH-IDENTITY-FILE
-L|--localip IP
-R|--remoteip IP
-s|--vpnserver HOST
-l|--login LOGIN ON REMOTE HOST
-h|--hostroute HOSTROUTE
-f|--logfile FILE
--keepalive
```

Beim direkten Starten ohne Installation kann es natürlich das Problem geben, dass das Programm auf Dateien zugreift, die es an bestimmten Stellen im System erwartet, z. B. Konfigurationsdateien oder Datenbankdateien. Bei der Fehlersuche ist es aber die Regel, dass man das Programm bereits im System installiert hat, also alle benötigten Dateien vorhanden sind.

Und genau so soll es auch sein: dein Ziel ist ja nicht, dass in der selbstkompilierten Version der Fehler *weg* ist, sondern dass er *unverändert auftritt*! Also ist es gut, wenn du mit Ausnahme der Binaries, welche zu zum Zwecke des printf-Debugging ändern *musst*, alle anderen Dateien unverändert weiterverwendest.

8.4.7 `autoconf` und `automake`

Da das Schreiben von Makefiles aufwändig ist und immer dann besonders kompliziert wird, wenn der Quellcode nicht nur auf verschiedenen Linuxvarianten, sondern auch auf anderen Unix-artigen Betriebssystemen kompilierbar sein soll, hat sich bei Open-Source-Software eine Sammlung aufeinander abgestimmter Werkzeuge durchgesetzt, welche zum einen automatisch Makefiles erzeugen (`automake`) und zum anderen Skripten erzeugen, welche die aktuelle Konfiguration des Zielrechners automatisch ermitteln und die jeweiligen Besonderheiten beim Übersetzen berücksichtigen (`autoconf`).

Aufrufen des configure-Skriptes

Quellen, die mit `autoconf` / `automake` erstellt wurden, erkennst du daran, dass du im Hauptverzeichnis ein Skript mit dem Namen `configure` findest. Wenn so ein `configure`-Skript vorhanden ist, solltest du nie `make` direkt aufrufen, selbst wenn auch ein Makefile vorhanden ist. Stattdessen startest du `configure` mit der `./`-Notation. Ich demonstriere das wieder mal am Beispiel von `strace`, dessen Quellen ich oben als Tarball installiert hatte:

```
Eiger:~/strace-4.4> ./configure
checking build system type... i686-suse-linux
checking host system type... i686-suse-linux
checking target system type... i686-suse-linux
checking for supported operating system... linux
checking for supported architecture... i386
checking for gcc... gcc
```

Das `configure`-Skript prüft das Vorhandensein aller zum Übersetzen benötigten Bibliotheken und Werkzeuge und stellt Besonderheiten des Systems fest. Jeder Test und sein Ergebnis werden ausgegeben. Auf diese Art geht es einige Bildschirmseiten weiter. Wenn alle Tests erfolgreich durchlaufen, dann sieht das Ende etwa so aus:

```
checking for sys_siglist declaration in signal.h or unistd.h... yes
checking for _sys_siglist declaration... yes
configure: creating ./config.status
config.status: creating Makefile
config.status: creating linux/Makefile
config.status: creating config.h
```

Wichtig ist dabei der Hinweis, dass ein oder mehrere Makefiles erzeugt wurden. Ist das der Fall, so kannst du die Übersetzung, wie in Abschnitt 8.4.6 auf Seite 318 erklärt, mit `make` starten.

`configure`-Optionen

Du kannst das `configure`-Skript auch mit Optionen aufrufen. Mit den Optionen kannst du z. B.

- festlegen, wohin das Programm später installiert werden soll,
- angeben, wo bestimmte Programme und Bibliotheken liegen, die zum Übersetzen benötigt werden,
- Zusatzfunktionen der zu übersetzenden Software ein- und ausschalten,
- die Arbeitsweise von `configure` selbst beeinflussen.

Welche Optionen es gibt, erfährst du durch einen Aufruf von `configure` mit der Option `--help`. Als Beispiel zeige ich dir die `configure`-Optionen der freien SOCKS-Implementierung Dante[17]:

[17] Dante lebt im Internet unter `http://www.inet.no/dante/`

```
Eiger:~/dante-1.1.13> ./configure --help
`configure' configures this package to adapt to many kinds of systems.

Usage: ./configure [OPTION]... [VAR=VALUE]...

To assign environment variables (e.g., CC, CFLAGS...), specify them as
VAR=VALUE.  See below for descriptions of some of the useful variables.

Defaults for the options are specified in brackets.

Configuration:
  -h, --help              display this help and exit
      --help=short        display options specific to this package
      --help=recursive    display the short help of all the included packages
  -V, --version           display version information and exit
  -q, --quiet, --silent   do not print `checking...' messages
      --cache-file=FILE   cache test results in FILE [disabled]
  -C, --config-cache      alias for `--cache-file=config.cache'
  -n, --no-create         do not create output files
      --srcdir=DIR        find the sources in DIR [configure dir or `..']
```

Bis hierher wurden allgemeine Optionen erklärt, die `configure` selbst konfigurieren. Jetzt folgen Optionen, die den Installationsort der fertigen Software bestimmen:

```
Installation directories:
  --prefix=PREFIX         install architecture-independent files in PREFIX
                          [/usr/local]
  --exec-prefix=EPREFIX   install architecture-dependent files in EPREFIX
                          [PREFIX]

By default, `make install' will install all the files in
`/usr/local/bin', `/usr/local/lib' etc.  You can specify
an installation prefix other than `/usr/local' using `--prefix',
for instance `--prefix=$HOME'.

For better control, use the options below.

Fine tuning of the installation directories:
  --bindir=DIR           user executables [EPREFIX/bin]
  --sbindir=DIR          system admin executables [EPREFIX/sbin]
  --libexecdir=DIR       program executables [EPREFIX/libexec]
  --datadir=DIR          read-only architecture-independent data [PREFIX/share]
  --sysconfdir=DIR       read-only single-machine data [PREFIX/etc]
  --sharedstatedir=DIR   modifiable architecture-independent data [PREFIX/com]
  --localstatedir=DIR    modifiable single-machine data [PREFIX/var]
  --libdir=DIR           object code libraries [EPREFIX/lib]
  --includedir=DIR       C header files [PREFIX/include]
  --oldincludedir=DIR    C header files for non-gcc [/usr/include]
  --infodir=DIR          info documentation [PREFIX/info]
  --mandir=DIR           man documentation [PREFIX/man]
```

Die Werte in eckigen Klammern zeigen die Standardeinstellung, die verwendet wird, wenn du die jeweilige Option nicht angibst. Im Beispiel wird Dante nach `/usr/local` installiert, was der übliche Ort für selbst kompilierte Software ist. Mit der Option `--prefix=/opt` könntest du stattdessen nach `/opt` installieren.

Folgende Optionen bieten die Möglichkeit, die Namen der ausführbaren Programme mit einem Präfix oder Suffix zu versehen, etwa um zwei verschiedene Versionen parallel zu installieren:

```
Program names:
  --program-prefix=PREFIX            prepend PREFIX to installed program names
  --program-suffix=SUFFIX            append SUFFIX to installed program names
  --program-transform-name=PROGRAM   run sed PROGRAM on installed program names
```

Neben den Optionen, die nützlich sind, wenn du die Software für ein anderes System kompilieren willst ...

```
System types:
  --build=BUILD     configure for building on BUILD [guessed]
  --host=HOST       build programs to run on HOST [BUILD]
```

... folgen nun endlich die eigentlich interessanten Dinge: Optionen, mit denen du Programmfeatures ein- und ausschalten kannst:

```
Optional Features:
  --disable-FEATURE       do not include FEATURE (same as --enable-FEATURE=no)
  --enable-FEATURE[=ARG]  include FEATURE [ARG=yes]
  --disable-dependency-tracking Speeds up one-time builds
  --enable-dependency-tracking  Do not reject slow dependency extractors
  --enable-shared=PKGS  build shared libraries default=yes
  --enable-static=PKGS  build static libraries default=yes
  --enable-fast-install=PKGS  optimize for fast installation default=yes
  --disable-libtool-lock  avoid locking (might break parallel builds)
  --enable-internal       enable internal extensions
  --enable-debug          compile with debugging support
  --enable-warnings       show compilation warnings
  --enable-diagnostic     enable diagnostic
  --enable-profiling      compile with profiling support in server
  --enable-linting        enable lint
  --disable-libwrap       never use libwrap, even if it is available
  --disable-pidfile       disable server pidfile creation
  --disable-preload       disable preloading in server and client
  --disable-clientdl      disable support for preloading in the client
  --disable-serverdl      disable support for preloading in the server
```

Dante kann z. B. Unterstützung für die `libwrap` einkompilieren. Dadurch werden gewisse Sicherheitskontrollen unterstützt. Mit der Option `--disable-libwrap` könntest du das abschalten, z. B., weil dir die `libwrap` fehlt und die Funktion für deine Fehlersuche nicht relevant ist. Der Aufruf von `configure` würde dann so aussehen:

```
Eiger:~/dante-1.1.13> ./configure --disable-libwrap
```

Der letzte Block verspricht eine ähnliche Bedeutung, dient aber eher zum Festlegen von Pfaden und Dateinamen:

```
Optional Packages:
  --with-PACKAGE[=ARG]     use PACKAGE [ARG=yes]
  --without-PACKAGE        do not use PACKAGE (same as --with-PACKAGE=no)
  --with-gnu-ld            assume the C compiler uses GNU ld default=no
  --with-pic               try to use only PIC/non-PIC objects default=use both
  --with-domainname=NAME   hardcode local domainname (only on broken platforms)
  --with-socks-conf=FILE   change location of socks client configuration file
  --with-sockd-conf=FILE   change location of socks server configuration file
  --with-pidfile=FILE      change location of server pidfile
  --with-libc=NAME         manually set name of c library if necessary
```

Welche Optionen das `configure`-Skript anbietet, ist von Programm zu Programm sehr unterschiedlich. Es lohnt sich auf jeden Fall, einen Blick darauf zu werfen.

Fazit: Wenn das `configure`-Skript ohne Optionen nicht glatt durchläuft, solltest du mit `./configure --help` nachsehen, ob du eine Option findest, die im Zusammenhang mit der Fehlermeldung steht, die den Abbruch verursacht hat. Vielleicht gibt es einen Parameter, den `configure` nicht automatisch ermitteln kann und den du ihm per Option mitteilen musst.

Häufige Fehler

Leider ist ein Abbruch von `configure` mit einer Fehlermeldung nicht gerade selten. In den meisten Fällen liegt dies:

- an einer fehlenden Bibliothek oder
- an einer zu alten Version einer Bibliothek oder
- an einem fehlenden Werkzeug.

Bist du dir nicht klar, was die Fehlermeldung genau bedeutet bzw. ob sie wirklich *stimmt*, so kann dir ein Blick in die Datei `config.log` helfen. In dieser Logdatei notiert `configure` alle internen Schritte, die bei den Tests ablaufen.

Bei manchen Distributionen gibt es zu vielen Bibliotheken jeweils zwei Pakete. Das eine enthält nur die diejenigen Dateien, welche zur Laufzeit benötigt werden. Das andere enthält Dateien, die man zum Übersetzen von Programmen braucht, wenn man die Bibliothek einbinden will[18]. Wenn `configure` das Fehlen einer Bibliothek bemeckert, von der du eigentlich glaubst, sie installiert zu haben, solltest du also prüfen, ob du auch die Entwicklerdateien installiert hast.

Hast du eine zu alte Version einer Bibliothek oder ist die fehlende Bibliothek nicht in deiner Distribution enthalten, bist du leider gezwungen, einen Exkurs einzulegen und erst die fehlende Bibliothek aus dem Internet zu holen, zu übersetzen und zu installieren. Nun können natürlich wieder neue Probleme auftreten, andere Bibliotheken fehlen und andere Gemeinheiten auftrefen. Manchmal braucht

[18]Bei SUSE enden die Namen der Entwicklerpakete auf `-devel`, z. B. `libpng` und `libpng-devel`.

man einen langen Atem, um wieder den Weg zurück zu dem Problem zu finden, das man *eigentlich* untersuchen wollte.

Aber: All diese Probleme wirst du nur dann haben, wenn du einen Fehler in einem Programm suchst, welches du dir selbst aus dem Internet besorgt hast. Alle Programme, die auf deiner Distribution enthalten sind, sind dort auch im Quellcode verfügbar, und zwar meist als Source-RPMs. Ein Source-RPM lässt sich wesentlich einfacher übersetzen. Wie das geht, zeige ich dir im nächsten Abschnitt.

8.4.8 Übersetzen der Quellen bei Source-RPMs

Da du beim Übersetzen von Software mit `make` und `configure` auf viele Besonderheiten stoßen kannst und auch nicht jedes Stück Software sich nach dem Normalschema problemlos übersetzen lässt, kannst du froh sein, wenn du ein passendes Source-RPM hast.

Für die Fehlersuche hat das Source-RPM deshalb eine so große Bedeutung, weil es dir ermöglicht, die Software *exakt* so zu übersetzen, wie es der Distributor gemacht hat. Das selbst kompilierte Programm verhält sich dann genau so wie das vorkompilierte und zeigt auch die gleichen Fehlersymptome. Und genau um das geht es uns ja!

> **`rpm, rpmbuild`**
>
> verarbeitet SRPMS: Packt Quellen aus, kompiliert, installiert und erzeugt RPM-Pakete. Bis RPM Version 3: `rpm -b`, ab RPM Version 4: `rpmbuild -b`
>
> `rpm       ` *`OPTIONEN paket.spec`*
> `rpmbuild ` *`OPTIONEN paket.spec`*
>
> | | |
> |---|---|
> | `-bp` | packt die Quellen aus und spielt Patches ein |
> | `-bc` | wie `-bp`, kompiliert anschließend |
> | `-bi` | wie `-bc`, installiert anschließend |
> | `-ba` | macht alle Schritte und generiert danach ein RPM und ein neues SRPM |
>
> `--short-circuit` nur für `-bc` und `-bi`: überspringt alle vorhergehenden Phasen

Um ein Source-RPM zu übersetzen, gehst du wie in Abschnitt 8.4.3 auf Seite 306 beschrieben vor, nur rufst du statt `rpmbuild -bp` ein `rpmbuild -bc` auf[19]. Das `c` steht für Kompilieren. RPM führt dann zuerst das Auspacken der Quellen und dann das Kompilieren durch. Ich zeige das mal am Beispiel des SRPM von `strace` von SUSE LINUX 9.0:

```
Eiger:/usr/src/packages/SPECS # rpmbuild -bc strace.spec
Executing(%prep): /bin/sh -e /var/tmp/rpm-tmp.39106
+ umask 022
+ cd /usr/src/packages/BUILD
+ cd /usr/src/packages/BUILD
```

[19]Bei RPM Version 3 oder älter lautet der Aufruf `rpm -bc`.

... so geht's eine Minute weiter. Nach dem Auspacken beginnt automatisch das Kompilieren. Die letzten beiden Zeilen lauten ...

```
make[1]: Leaving directory '/usr/src/packages/BUILD/strace-4.4.98'
+ exit 0
```

... alles fertig kompiliert. Das fertige Programm findest du im `BUILD`-Verzeichnis, in dem das Unterverzeichnis `strace-4.4.98` durch das Auspacken der Quellen entstanden ist:

```
Eiger:/usr/src/packages/SPECS # cd ../BUILD
Eiger:/usr/src/packages/BUILD # ls
.  ..  strace-4.4.98
Eiger:/usr/src/packages/BUILD # cd strace-4.4.98
```

Das fertige Binary heißt wie erwartet `strace`:

```
Eiger:/usr/src/packages/BUILD/strace-4.4.98 # ls -l strace
-rwxr-xr-x    1 root     root       158284 2003-10-22 10:52 strace
```

Du kannst es direkt aufrufen:

```
Eiger:/usr/src/packages/BUILD/strace-4.4.98 # ./strace
usage: strace [-dffhiqrtttTvVxx] [-a column] [-e expr] ... [-o file]
              [-p pid] ... [-s strsize] [-u username] [-E var=val] ..
              [command [arg ...]]
   or: strace -c [-e expr] ... [-O overhead] [-S sortby] [-E var=val] ..
              [command [arg ...]]
```

Wenn das Kompilieren mit Fehlermeldungen abbricht, obwohl das Source-RPM direkt von deiner Distribution kommt, liegt es mit Sicherheit daran, dass du nicht alle benötigten Pakete installiert hast. Entweder fehlen Bibliotheken oder Werkzeuge. Versuche anhand der Fehlermeldungen herauszufinden, welche Pakete du nachinstallieren musst. An den Optionen von `configure` liegt es mit Sicherheit nicht!

Um das Problem der fehlenden Pakete in den Griff zu bekommen, hat SuSE schon seit Jahren in den Spec-Dateien zwei Kommentarzeilen, welche diejenigen Pakete auflisten, die SUSE selbst zum Übersetzen installiert hatte. Hier am Beispiel von `strace` auf SuSE LINUX 9.0:

```
# neededforbuild  libacl-devel
# usedforbuild    aaa_base acl attr bash bind-utils bison bzip2 coreutils cpio
cpp cvs cyrus-sasl db devs diffutils e2fsprogs file filesystem fillup findutils
 flex gawk gdbm-devel glibc glibc-devel glibc-locale gpm grep groff gzip info
 insserv kbd less libacl libattr libgcc libstdc++ libxcrypt m4 make man mktemp
 modutils ncurses ncurses-devel net-tools netcfg openldap2-client openssl pam
pam-devel pam-modules patch permissions popt ps rcs readline sed sendmail shadow
syslogd sysvinit tar texinfo timezone unzip util-linux vim zlib zlib-devel
autoconf automake binutils cracklib gcc gdbm gettext libacl-devel libtool perl
 rpm
```

Die Zeile `#neededforbuild` gibt eine Liste von Paketen an, die du mit YaST (nicht mit `rpm` direkt) installieren musst. YaST installiert möglicherweise noch weitere Pakete, welche von diesen abhängen. Die Zeile `# usedforbuild` ist die komplette Liste der Pakete, welche auf dem Rechner tatsächlich installiert war, mit dem SUSE das RPM-Paket gebaut hat. Im Zweifelsfall kannst du diese Liste mit der Ausgabe von `rpm -qa` vergleichen und so feststellen, ob du auch wirklich alle Pakete hast.

Mittlerweile verwendet SuSE einen neu hinzugekommenen Mechanismus von RPM: das Schlüsselwort `BuildRequires:` listet die Pakete auf, welche früher bei `usedforbuild` standen. Der Unterschied: fehlt eines dieser Pakete, so weist dich `rpmbuid` sofort darauf hin und lässt dich nicht erst in Fehlermeldungen des `configure`-Skriptes rennen.

8.4.9 Überprüfen der Kompilation

Hast du alle Hürden des Kompilierens genommen, so solltest du nun sicherstellen, dass das selbstkompilierte Programm mit dem originalen – welches den Fehler erzeugt – exakt übereinstimmt. Solange du dein Programm noch nicht installiert hast, kannst du mit `cmp` prüfen, ob es zu 100 % mit dem installierten Originalprogramm übereinstimmt[20].

Ist dies nicht der Fall, so kann es trotzdem sein, dass das Ergebnis gleichbedeutend ist. Es kann z. B. sein, dass im Kompilat Datum und Uhrzeit der Kompilation oder der Name des Rechners enthalten ist, auf dem kompiliert wurde. Diese Änderungen sind minimal und dürfen sich in der Dateigröße nicht oder nur kaum auswirken. Wenn du Zweifel hast, kannst du `cmp` mit der Option `-l` aufrufen. Dies zeigt *alle* Unterschiede an, nicht nur den ersten. Handelt es sich nur um ein paar Bytes, kannst du davon ausgehen, dass die Kompilation geklappt hat.

Wenn die Dateien auffällig unterschiedlich sind, kann es trotzdem sein, dass beide vom Resultat gleichbedeutend sind. Möglicherweise sind bei der installierten Version die Symbolinformationen entfernt worden, um das Programm kleiner zu machen. Du kannst dann vorerst trotzdem weitermachen. Wichtig ist aber, dass du besonders darauf achtest, dass auch mit dem selbstübersetzten Programm der gesuchten Fehler in der gleichen Form auftritt.

8.4.10 Installieren

Je nach Komplexität des Programmes kannst du entweder das fertige Kompilat direkt ausführen oder musst es zunächst installieren. In obigem Fall von `strace` siehst du ein Beispiel, bei dem ein direktes Ausführen möglich ist. Bei umfangreicherer Software müssen eine Menge Dateien installiert sein. Diese sind aber ja

[20] Siehe Abschnitt 4.1.17 auf Seite 71

schon aus der Installation des Originalprogrammes vorhanden. Du solltest daher zunächst versuchen, den gesuchten Fehler *ohne* ein Installieren zu reproduzieren.

Tarbälle installiert man soweit nicht anders dokumentiert mit `make install`.

Bei Source-RPMs laufen normalerweise die Schritte Vorbereiten, Kompilieren und Installieren direkt hintereinander ab. Dazu verwendest du *statt* `rpmbuild -bc` gleich ein `rpmbuild -bi`. Es werden dann automatisch die Schritte *prepare, compile* und *install* der Reihe nach ausgeführt. Wenn du die Schritte prepare und compile schon hinter dir hast, kannst du auch mit `rpmbuild --short-circuit -bi` direkt zum Installieren übergehen.

Probleme beim Installieren sind selten, da ja nur Dateien kopiert werden. Natürlich muss du als `root` arbeiten, da die Dateien in Systemverzeichnisse geschrieben werden.

8.4.11 Den Fehler festnageln

Bevor du daran gehst, systematisch Änderungen am Quellcode zu machen und deren Einfluss auf das Programmverhalten zu testen, musst du sichergehen, dass du den gesuchten Fehler auch mit der selbstkompilierten Version zuverlässig reproduzieren kannst. Erst wenn sie sich wie die Originalversion verhält, macht eine Fehlersuche Sinn! Andernfalls kannst du viel Zeit an der falschen Stelle vertrödeln!

Wenn der Fehler beim Eigenkompilat *nicht* auftritt, solltest du nicht zufrieden das Problem als gelöst ansehen, sondern dich eher fragen, ob du nicht beim Übersetzen einen Fehler gemachst hat. Halte dich an die goldene Regel: Fehler festnageln – Ursache finden – Fehler beheben, und zwar in dieser Reihenfolge.

Fehler verschwinden nicht von selbst!

8.4.12 Änderungen machen

Hast du das Programm aus einem Tarball übersetzt, so kannst du einfach direkt am Quellcode Änderungen machen, diesen dann wie beim ersten Mal übersetzen und dann das Programm wieder ausführen (und ggf. wieder vorher installieren). Wenn du nur Änderungen an `.c`- und `.h`-Dateien vorgenommen hast, ist es nicht nötig, das `configure`-Skript erneut laufen zu lassen. Ein einfacher Aufruf von `make` sollte reichen.

Dabei wirst du feststellen, dass das Übersetzen viel schneller als beim ersten Mal geht, weil das Makefile dafür sorgt, dass nur die geänderten Dateien und davon abhängige neu übersetzt werden.

Wichtig ist, das du `make` unbedingt im Hauptverzeichnis aufrufst. Ansonsten wird nur ein Teil der Software neu übersetzt und deine Änderungen werden nicht aktiv!

Arbeitest du mit einem Source-RPM, so musst du aufpassen, dass deine Änderungen nicht durch ein neues Auspacken der Quellen überschrieben werden. Dies würde bei einem Aufruf von `rpmbuild -bc` oder `rpmbuild -bi` nämlich passieren. Stattdessen musst du die beiden Schritte Kompilieren und ggf. Installieren einzeln aufrufen, und zwar mit `rpmbuild --short-circuit -bc` bzw. `rpmbuild --short-circuit -bi`. Wenn du dies beherzigst, kannst du direkt in den ausgepackten Quelldateien Änderungen vornehmen.

8.4.13 printf-Debugging

Nachdem du nun endlich in der Lage bist, das fremde Stück Software im Quellcode vorzubereiten, zu übersetzen, ggf. auch zu installieren und den gesuchten Fehler auch mit der selbstkompilierten Version zu reproduzieren, kannst du dich wieder deiner eigentlichen Mission widmen: der Fehlersuche!

Da es nun schon weit zurückliegt, wiederhole ich kurz, *warum* wir uns überhaupt mit dem Thema der Übersetzung beschäftigt haben: Wir wollen `printf`-Debugging in Compilersprachen durchführen.

Sollte es dir damit gelingen, den Fehler zu finden, und liegt dieser Fehler tatsächlich im Quellcode, so ist die Behebung des Fehlers durch eine chirurgische Programmänderung der krönende Abschluss, nimmt aber zeitlich gesehen bei weitem den kleinsten Teil in Anspruch.

Die wichtigste Methode des Debuggens von fremdem Quellcode besteht also darin, an geeigneten Stellen Diagnoseausgaben einzubauen. Dazu musst du zwei Fragen beantworten können:

- Wo sind geeignete Stellen?
- Wie baust du Diagnoseausgaben ein?

Die erste Frage klärst du durch eine Kombination von der in Abschnitt 8.4.4 auf Seite 309 beschriebenen Recherchemethode und mehrfach wiederholenden Tests. Dazu machst du dir erst klar, welche ungefähren Programmstellen für dein Problem relevant sein könnten und spickst dann den Quellcode mit Ausgaben der Art „`Habe Stelle XYZ erreicht`“.

Dann übersetzt du das Programm, lässt es laufen und notierst dir die letzte noch *vor* und die erste *nach* dem Auftreten des Fehlersymptoms ausgegebenen Meldung. Falls das Programm durch den Fehler abstürzt, notierst du dir die erste Meldung, welche nach der Logik des Quellcodes als nächstes hätte kommen müssen.

Dadurch kannst du den Fehlerort auf eine mehr oder weniger kleine Passage im Quellcode eingrenzen. Ist die Passage noch zu groß, kannst du jetzt innerhalb der Passage weitere Meldungen einbauen und so die Fehlerstelle weiter einkreisen. Wenn alles gut geht, hast du am Ende eine einzige Programmzeile isoliert.

Weiterhin kannst du auch Werte von Variablen in den Meldungen ausgeben, um so mehr über die Rahmenbedingungen zu erfahren, unter denen der Fehler auftritt.

Die zweite Frage – nämlich wie du Diagnoseausgaben erzeugst – erkläre ich in folgendem Abschnitt.

8.4.14 Debug-Ausgabe in C und C++

Der einfachste Weg, in C und C++ eine Debug-Ausgabe zu erzeugen, ist das Schreiben eines Textes auf den Standardfehlerkanal (`stderr`). Dazu verwendest du die Funktion `fprintf`, welche als erstes Argument `stderr` und als zweites den auszugebenden Text übergeben bekommt. Du kannst die Zeile an geeignete Stellen in `.c`- oder `.cc`-Dateien einbauen:

```
/* Diagnoseausgabe */
fprintf(stderr, "Habe Stelle 17 erreicht.\n");
```

Zweckmäßigerweise habe ich ans Ende des Textes ein Zeilenendezeichen `\n` eingefügt, da `fprintf` das nicht automatisch macht. Wenn das Kompilieren nach der Änderung nicht mehr klappt und der Compiler über ein unbekanntes Symbol `fprintf` oder `stderr` meckert, musst du die Include-Datei `stdio.h` einbinden. Dazu stellst du ganz an den Anfang der Datei den Befehl `#include <stdio.h>`:

```
/* Anfang der .c- oder .cc-Datei: stdio.h einbinden */
#include <stdio.h>

int irgendeinefunktion(int parameter1, char *parameter2)
{
   /* Irgendwelche Befehle... */
   fprintf(stderr, "Bin in irgendeinerfunktion.\n");
   /* Irgendwas anderes... */
}
```

Mit `fprintf` kannst du auch aktuelle Werte von Variablen oder Funktionsparametern ausgeben. Dazu fügst du in den Text zunächst Platzhalter ein und gibst dann die auszugebenden Werte als zusätzliche Parameter zu `fprintf` an. Folgende Platzhalter sind nützlich:

- `%d`
  Gibt eine positive oder negative ganze Zahl vom type `int`, `short` oder `long` aus.
- `%f`
  Gibt eine Fließkommazahl vom Typ `double` oder `float` aus.
- `%s`
  Gibt einen Text vom Type `char *` aus.

```
int kaputte_funktion(int anzahl, char *dateiname)
{
    double wurzel = 17.37746;

   fprintf(stderr, "Kaputte Funktion, anzahl=%d, Datei=%s, wurzel=%f\n",
           anzahl, dateiname, wurzel);
}
```

Wenn die Zeile zu lang und unübersichtlich wird, kannst du einfach eine neue anfangen, allerdings nicht innerhalb einer Zeichenkette. Der Befehl muss in jedem Fall unbedingt mit einem Strichpunkt beendet werden.

Wenn du nach Problemen mit Berechtigungen oder Unterprozessen suchst, kannst du mit den `get...()`-Systemaufrufen ein paar nützliche Informationen zu dem Thema ausgeben lassen:

- `getpid()`
  liefert die Prozess-ID
- `geteuid()`
  Liefert die effektive User-ID
- `getegid()`
  Liefert die effektive Group-ID

```
/* Am Dateianfang eventuell nötig: */
#include <unistd.h>
#include <sys/types.h>

/* Programmcode ... */

  /* Aktuelle Werte ausgeben: */
  fprintf(stderr, "Prozess-ID: %d, Benutzer-ID (UID): %d, Gruppe: %d\n",
          getpid(), geteuid(), getegid());
```

Wenn du es mit einem Programmabsturz zu tun hast, musst du sicherstellen, dass die Meldung auch wirklich noch ausgegeben wird, bevor der Absturz eintritt. Dazu musst du wissen, dass `fprintf` den Text nicht immer sofort ausgibt. Bei einem Absturz gehen möglicherweise zurückgehaltene Texte verloren. Mit dem Befehl `fflush(stderr);` kannst du aber jederzeit eine sofortige Ausgabe von eventuell zurückgehaltenen Texten erzwingen:

```
fprintf(stderr, "Gleich krachts...\n");
fflush(stderr); /* Ausgabe erzwingen */

/* Jetzt kommt die Stelle, wo es kracht... */
```

Damit du die Texte, die nach `stderr` gehen, überhaupt lesen kannst, musst du das Programm auf einer Textkonsole starten. Manchmal ist dies nicht möglich, z. B., weil das fragliche Programm von einem anderen aufgerufen wird, zu dem du keinen Zugriff hast. In diesem Fall kannst du dir helfen, indem du die Meldungen in eine Datei schreibst.

Anders als bei der Shell ist dies in C etwas umständlich, da du die Datei zunächst zum Schreiben öffnen musst. Damit du keine Probleme mit den Variablendeklarationen bekommst, fasst du den Befehl in geschweifte Klammern ein. Das klappt dann bei C und bei C++ und kann an jeder Stelle verwendet werden[21]:

```
{ /* Diagnoseausgabe 1 */
  FILE *diagfile;
  diagfile = fopen("/tmp/diag.out", "a");
  fprintf(diagfile, "Ich lebe noch!\n");
  fclose(diagfile);
}

/* weitere Programmzeilen fraglichen Inhalts... */

{ /* Diagnoseausgabe 2 */
  FILE *diagfile;
  diagfile = fopen("/tmp/diag.out", "a");
  fprintf(diagfile, "Ich lebe immer noch!!!\n");
  fclose(diagfile);
}
```

Das `"a"` sorgt dafür, dass die Datei im Anfügemodus geöffnet wird. Du solltest also vor jedem Programmstart die alte Diagnosedatei `/tmp/diag.out` löschen, damit du nicht alte mit aktuellen Meldungen verwechselst.

Auch den Syslog-Daemon kannst du für die Ausgabe verwenden. Wie das geht, erfährst du in Abschnitt 3.1.6 auf Seite 36.

[21]Natürlich sollte man im realen Leben so nicht programmieren, sondern eine eigene Funktion daraus machen und außerdem den Rückgabewert von `fopen` auf einen Fehlerfall abfragen. Aber bei der Fehlersuche spielt Eleganz keine Rolle, da man – sobald man den Fehler gefunden hat – die Ausgaben ohnehin wieder entfernt.

8.5 printf-Debugging im Kernel

8.5.1 Vorbereitungen

Das `printf`-Debuggen im Linux-Kernel ist nicht viel schwieriger als in einem normalen Programm. Allerdings funktioniert das Kompilieren und vor allem das Ausführen anders. Und es ist spannender!

Bei der Fehlersuche im Kernel gehst du prinzipiell vor wie bei den C-Programmen. Zuerst kompilierst du einen eigenen Kernel, verwendest ihn oder zumindest das fragliche Modul und reproduzierst den Fehler. Erst wenn sich dein Kernel genauso verhält wie das Original, kannst du mit der eigentlichen Fehlersuche beginnen.

Zunächst musst Du den Quellcode installieren, und zwar genau den richtigen, also genau die Kernelversion, mit der dein System auch läuft. Wenn du den normalen Kernel von deiner Distribution verwendest, musst du auch dort das entsprechende RPM-Paket mit den Kernelquellen suchen und installieren.

Es ist möglich, dass deine Distribution zwei Versionen der Kernelquellen enthält: die von der Distribution angepassten und die originalen ohne Änderungen. Wie in Abschnitt 8.4.3 auf Seite 308 bereits erwähnt, werden die Quellen nicht als SRPM, sondern als normales RPM-Paket installiert. Du findest die Quellen nach der Installation in `/usr/src/linux`.

Als nächstes benötigst du eine *Konfiguration* des Kernels. Diese von Hand zu erstellen erfordert Ausdauer und vor allem umfangreiches Fachwissen. Außerdem benötigst du eine Konfiguration, die exakt derjenigen deines gerade laufenden Kernels entspricht.

Deshalb verwendest du nicht `make menuconfig` oder `make xconfig`, auch wenn du das irgendwo gelesen hast. Stattdessen holst du dir die Konfiguration des gerade laufenden Kernels aus dem `proc`-Dateisystem! Die steckt dort nämlich in der Datei `/proc/config.gz`. Speziell dafür gibt es den Aufruf `make cloneconfig`[22]:

```
Eiger:/usr/src/linux # make cloneconfig
```

Wenn du alles richtig gemacht hast, rauschen nun einige tausend Zeilen an dir vorbei, die du getrost alle ignorieren kannst.

[22]Das Vorhandensein von `/proc/config.gz` und die Funktion „`make cloneconfig`“ ist leider SUSE-spezifisch und nicht auf allen Distributionen zu finden. Im Zweifelsfall musst du die Dokumentation deiner Distribution durchstöbern, um die Kernelkonfiguration deines aktuellen Kernels zu finden. Diese Datei kopierst du nach `/usr/src/linux/.config` und startest „`make oldconfig`“.

8.5.2 Den Kernel übersetzen

Der Kernel ist jetzt bereit, übersetzt zu werden. Der Befehl dazu lautet[23]:

```
Eiger:/usr/src/linux # make clean && make bzImage && make modules
```

Und das kann dauern! Früher waren die Rechner langsamer und einige Stunden Wartezeit musste man schon einplanen. Heute sind die Rechner schneller, der Kernel dafür aber viel größer. Auch heute ist eine Teepause an dieser Stelle sicher keine schlechte Idee.

Mit dem neuen Kernel 2.6 wurde das Build-System gründlich aufgeräumt. Deutlich sichtbar ist sind die neuen knappen und übersichtlichen Ausgaben zum Kompiliervorgang. Es wird nur noch die Datei angezeigt, welche gerade übersetzt wird, und die Art der Operation[24]:

```
  AS      arch/i386/kernel/efi_stub.o
  CC      arch/i386/kernel/early_printk.o
  SYSCALL arch/i386/kernel/vsyscall-syms.o
  LD      arch/i386/kernel/built-in.o
  AS      arch/i386/kernel/head.o
  CC      arch/i386/kernel/init_task.o
  CPP     arch/i386/kernel/vmlinux.lds.s
```

Durch den zusätzlichen Befehl `make modules` werden die Kernelmodule übersetzt. Mit großer Wahrscheinlichkeit wirst du deinen Fehler nämlich in einem Kernelmodul suchen[25].

8.5.3 Den Kernel installieren

Ob du den selbstkompilierten Kernel installieren musst, hängt davon ab, ob dein Fehler in einem *Kernelmodul* steckt, oder im *Rumpfkernel*. In ersterem Fall ist keine Neuinstallation des Kernel nötig. Wenn das Modul nicht zwingend zum Betrieb notwendig ist und sich mit `rmmod` entladen lässt, musst du noch nicht einmal neu booten und musst auch die Module nicht installieren[26].

Unter `/usr/src/linux/arch/i386/boot` findest du den fertig kompilierten Kernel. Der Dateiname ist `bzImage`. Um diesen zu installieren, musst du ihn

---

[23] Bei Kernel Version 2.4 musste man vorher noch ein `make dep` aufrufen. Das ist mit Kernel 2.6 überflüssig geworden.

[24] Für Neugierige: `AS` = Assember, `CC` = C-Compiler, `SYSCALL` = Systemaufruf, `LD` = Linker, `CPP` = C-Präprozessor

[25] Zu Kernelmodulen siehe auch Abschnitt 8.5.2 auf Seite 333 und Abschnitt 4.6.2 auf Seite 106.

[26] Manche Module werden von anderen Modulen benötigt. Möglicherweise musst du also vorher erst eine Reihe anderer Module entladen. Auch musst du dafür sorgen, dass die durch das Modul bereitgestellte Funktionalität nicht benötigt wird, also z. B. das Netzwerk herunterfahren, eine Partition unmounten oder ähnliche Dinge tun.

ins Verzeichnis /boot kopieren und zwar so, dass dein Bootloader ihn auch verwendet. Der Standarddateiname heißt /boot/vmlinuz. Wenn du als Bootloader lilo verwendest, musst du noch lilo aufrufen, bei GRUB ist dies nicht nötig. Danach kannst du neu booten und hoffen, dass dein neuer Kernel auch wirklich verwendet wird und außerdem auch noch funktioniert[27].

Wenn du nur Änderungen an einem Modul vornehmen willst, ist die Sache einfacher. In diesem Fall kannst du das alte Modul mit rmmod entladen und direkt das kompilierte Modul aus dem Verzeichnis mit dem Quellcode nehmen und mit insmod laden. Manchmal lässt sich das Modul nicht entladen:

```
Eiger:~ # rmmod reiserfs
reiserfs: Device or resource busy
```

In einem solchen Fall kopierst du das selbst kompilierte Kernelmodul an die richtige Stelle in /lib/modules und bootest danach neu.

Wenn sich das Modul nicht laden lässt, kann es daran liegen, dass es bereits im Kernel fest einkompiliert ist. In diesem Falle musst du leider den Kernel neu installieren und neu booten.

8.5.4 Meldungen ausgeben mit printk

Auch und gerade im Linux-Kernel ist printf-Debugging die wichtigste Methode zur Fehlersuche. Der Kernel hat eine spezielle Funktion für diesen Zweck: printk. Dies ist sehr nützlich, da es im Kernel keine Standardausgabe wie bei Prozessen gibt. printk arbeitet genau wie fprintf, nur dass man den ersten Parameter (stderr) weglässt. Hier ist ein Ausschnitt aus dem Modul reiserfs:

```
printk ("reiserfs: Unrecognized mount option %s\n", this_char);
```

Die Ausgaben von printk wandern zum syslogd mit der Klasse kern. Als Priorität wird standardmäßig 4 (warning) verwendet[28]. Wenn du eine andere Priorität willst, setzt du eine Ziffer in spitze Klammern direkt an den Anfang des Textes:

```
printk ("<3>Diese Meldung kommt mit Prio 3 (err)\n");
```

[27] Geschickt ist, wenn man immer noch einen Kernel bootfähig parat hat, von dem man sicher weiß, dass er funktioniert. Du kannst den neuen Kernel z. B. nach /boot/vmlinz-test kopieren. Dazu benötigst du einen zusätzlichen Eintrag in der Bootkonfiguration. Bei LILO trägst du dies in der Datei /etc/lilo.conf ein und rufst danach den Befehl lilo auf. Bei GRUB erfolgt der Eintrag in /etc/grub/menu.lst und wird automatisch aktiv.

[28] Zu den Prioritäten von syslogd siehe Abschnitt 3.1.3 auf Seite 30

Nachdem du Änderungen gemacht hast, musst du den Kernel bzw. das Modul neu übersetzen. Das Übersetzen des Kernels geschieht wieder durch ein `make bzImage`. Bei einer Änderung an einem Modul benötigst du `make modules`. Dabei musst du im Verzeichnis `/usr/src/linux` sein.

Danach musst du entweder den Kernel bzw. das Modul installieren und neu booten, oder besser mit `rmmod` das alte Module entladen und mit `insmod` das neue laden, wenn das geht. Wenn du alles richtig gemacht hast, erscheinen jetzt im Systemlog deine Meldungen von `printk`!

8.5.5 Ein komplettes Beispiel

Um dir zu beweisen, wie einfach es ist, eine Änderung am Kernel zu machen, zeige ich es dir an einem einfachen Beispiel. Ich verwende dazu das Modul `vfat`, welches das Dateisystem VFAT implementiert. VFAT ist eine Erweiterungs des ursprünglichen MS-DOS-Dateisystems, mit dem es möglich ist, längere Dateinamen als im Format 8.3[29] zu verwenden. Ich werde das Modul so erweitern, dass beim Neuanlegen eines Verzeichnisses eine Kernelmeldung ausgegeben wird.

Als erstes installiere ich die Kernelquellen von meinem SUSE LINUX 9.1, das ich unter `/suse` gemountet habe:

```
Eiger:~ # rpm -hUv /suse/suse/i586/kernel-source-2.6.4-54.5.i586.rpm
kernel-source                ##################################################
```

Jetzt erzeuge ich eine Konfiguration, die identisch mit der des laufenden Kernels ist:

```
Eiger:~ # cd /usr/src/linux
Eiger:/usr/src/linux # make cloneconfig
scripts/kconfig/conf -o arch/i386/Kconfig
```

Jetzt fliegen ein paar tausen ähnliche Zeilen vorüber, bis endlich folgende Meldung kommt:

```
*
* Build options
*
Configuration name (CFGNAME) [default] default
Release number (RELEASE) [54.5] 54.5
```

Bei einem Kernel 2.4 musst du nun mit `make dep` die Abhängigkeiten neu berechnen. Beim 2.6er Kernel ist das nicht mehr nötig, und du kannst gleich mit `make clean` weitermachen:

[29] Beispielsweise ist `maximal8.htm` im Format 8.3; aber nicht `laenger.html`, da hier die Endung `html` hinter dem Punkt vier Zeichen lang ist.

```
Eiger:/usr/src/linux # make clean
  CLEAN   arch/i386/boot/compressed
  CLEAN   arch/i386/boot
  CLEAN   arch/i386/kernel
  CLEAN   drivers/atm
  CLEAN   drivers/char
  CLEAN   drivers/ieee1394
  CLEAN   drivers/pci
  CLEAN   drivers/scsi/qla2xxx
  CLEAN   init
  CLEAN   kernel
  CLEAN   lib
  CLEAN   usr
  CLEAN   scripts/basic
  CLEAN   scripts/genksyms
  CLEAN   scripts/kconfig
  CLEAN   scripts
  CLEAN   .tmp_versions include/config
  CLEAN   include/asm-i386/asm_offsets.h vmlinux System.map include/linux/autoco
nf.h include/linux/version.h include/asm .tmp_kallsyms1.o .tmp_kallsyms1.S .tmp_
kallsyms2.o .tmp_kallsyms2.S .tmp_versions .tmp_vmlinux1 .tmp_vmlinux2
```

Die eigentliche Knochenarbeit für den Rechner kommt jetzt: das Kompilieren des Rumpfkernels und der Module. Ich gebe deshalb beide Befehle in einer Zeile, damit ich meine Teepause nicht nach einer Viertelstunde unterbrechen muss, um den zweiten Befehl einzugeben:

```
Eiger:/usr/src/linux # make bzImage && make modules
  CHK     include/linux/version.h
  UPD     include/linux/version.h
  SYMLINK include/asm -> include/asm-i386
  HOSTCC  scripts/basic/fixdep
  HOSTCC  scripts/basic/split-include
  HOSTCC  scripts/basic/docproc
```

...usw. Zeit zum Teetrinken. Jetzt werden über 10 Millionen Zeilen Quellcode übersetzt! Das Ende des Kompiliervorganges ist ganz unspektakulär und sieht so aus:

```
  LD [M]  drivers/char/ftape/compressor/zft-compressor.ko
  CC      lib/zlib_deflate/zlib_deflate.mod.o
  LD [M]  lib/zlib_deflate/zlib_deflate.ko
  CC      drivers/net/znet.mod.o
  LD [M]  drivers/net/znet.ko
```

Das `vfat`-Modul liegt im Verzeichnis `fs/vfat`. Ich probiere zunächst, ob ich das selbstkompilierte Modul laden kann und ob es funktioniert. Mein Testrechner verfügt über eine Partition des Typs `vfat`, die ich immer unter `/data` gemountet habe. Damit ich das Modul `vfat` entladen kann, muss ich diese Partition zunächst unmounten:

```
Eiger:/usr/src/linux # umount /data
Eiger:/usr/src/linux # rmmod vfat
```

Nun kann ich das selbstkompilierte Modul laden. Dazu gebe ich `insmod` direkt den Dateinamen des Moduls:

```
Eiger:/usr/src/linux # cd fs/vfat
Eiger:/usr/src/linux/fs/vfat # insmod vfat.o
```

Das Modul ist geladen. Eine Kontrolle mit `lsmod` beweist das:

```
Eiger:/usr/src/linux/fs/vfat # lsmod | grep fat
vfat                     11392   0
fat                      43328   1 vfat
```

Nun müsste sich auch die Partition `/data` wieder mounten lassen:

```
Eiger:/usr/src/linux/fs/vfat # mount /data
Eiger:/usr/src/linux/fs/vfat # mkdir /data/test
Eiger:/usr/src/linux/fs/vfat # rmdir /data/test
```

Gut. Auch das Anlegen und Löschen von Verzeichnissen klappt noch. Mein selbst kompiliertes Modul scheint zu funktionieren. Jetzt kann ich versuchen, eine Änderung zu machen. Dazu öffne ich die Datei `namei.c` im Editor `jmacs` und suche nach '`mkdir`'. Ich finde die Funktion `vfat_mkdir` und füge nach den Variablendeklarationen eine `printk`-Zeile ein[30]:

```
    I A   * [namei.c]            Row 1133 Col 56    4:54  Ctrl-X H for help

int vfat_mkdir(struct inode *dir,struct dentry* dentry,int mode)
{
        struct super_block *sb = dir->i_sb;
        struct inode *inode = NULL;
        struct vfat_slot_info sinfo;
        struct buffer_head *bh = NULL;
        struct msdos_dir_entry *de;
        int res;

        printk("<3>Jemand legt ein Verzeichnis an!\n");

        lock_kernel();
        res = vfat_add_entry(dir, &dentry->d_name, 1, &sinfo, &bh, &de);
```

Das war's. Nachdem ich gespeichert habe, begebe ich mich wieder in das Verzeichnis `/usr/src/linux` und rufe `make modules` auf. Das geht bedeutend schneller als beim ersten Mal, weil ja nur das `vfat`-Modul neu übersetzt werden muss:

[30] In der Programmiersprache C darf der erste Befehl erst nach den Variablendeklaration kommen. In C++ kann man Befehle und Deklarationen beliebig abwechseln.

```
Eiger:/usr/src/linux/fs/vfat # cd ../..
Eiger:/usr/src/linux # make modules
  CHK     include/linux/version.h
make[1]: »arch/i386/kernel/asm-offsets.s« ist bereits aktualisiert.
  CC [M]  fs/vfat/namei.o
  LD [M]  fs/vfat/vfat.o
```

Jetzt versuche ich, das alte Modul duch das neue zu ersetzen:

```
Eiger:/usr/src/linux # umount /data
Eiger:/usr/src/linux # rmmod vfat
Eiger:/usr/src/linux # insmod fs/vfat/vfat.o
Eiger:/usr/src/linux # mount /data
```

Ich kann das neue Modul laden und auch `/data` wieder mounten. Das Spannende kommt jetzt: Ich lege ein Verzeichnis an:

```
Eiger:/usr/src/linux # mkdir /data/test
```

Und jetzt werfe ich mal einen Blick nach `/var/log/messages`:

```
Wethertop:/usr/src/linux # tail -n 1 /var/log/messages
Jun  8 15:52:54 Eiger kernel: Jemand legt ein Verzeichnis an!
```

Na, wenn das kein Erfolg ist! Aber schwer war es eigentlich nicht, oder? Wie du siehst, kochen auch die Kernelhacker nur mit Wasser.

8.6 Den Fehler beheben

8.6.1 Einen Patch erstellen

Wenn du tatsächlich einen Fehler im Quellcode gefunden hast und weißt, wie du ihn beheben kannst, erstellst du am besten einen Patch. Dies ist eine mit `diff` erstellte Textdatei, welche alle Änderungen an den Quelldateien beschreibt, die notwendig sind, um den Fehler zu beheben. Diesen kannst du dann dem Autor oder Distributor schicken, der ihn dann in die offizielle Version einpflegen kann.

Um einen Patch zu erstellen, gehst du am besten wie folgt vor: Zunächst probierst du die Änderung noch einmal aus und testest, ob der Fehler wirklich damit verschwunden ist. Zum Vergleich probierst du es noch einmal ohne Änderung. Der Fehler muss nun wieder auftreten. Ohne diese Gegenkontrolle kannst du nicht sicher sein, dass deine Änderung den Fehler wirklich behebt!

Nachdem du so lange nach dem Fehler gesucht und mit der Änderung experimentiert hast, kennst du sie sicher auswendig. Deshalb löscht du das Verzeichnis mit dem von dir geänderten Quellcode nun komplett! Danach packst den den Quellcode noch einmal auf die gleiche Art wie beim ersten mal aus. Ich mache das hier nochmal am Beispiel von `strace`:

```
Eiger:~> tar xzf strace-4.4.tar.gz
```

Das entstandene Verzeichnis benennst du um in `strace-4.4p`. Das kleine `p` steht für Patch.

```
Eiger:~> mv strace-4.4 strace-4.4p
```

Nun packst du die Quellen *noch einmal* aus:

```
Eiger:~> tar xzf strace-4.4.tar.gz
```

Du hast jetzt zwei inhaltlich völlig identische Verzeichnisse `strace-4.4` und `strace-4.4p`. Nun editierst du den Quellcode im Verzeichnis `strace-4.4p` und arbeitest deine Änderung ein. Nehmen wir an, du änderst die Dateien `strace.c` und `time.c`:

```
Eiger:~> cd strace-4.4p
Eiger:~/strace-4.4p> jmacs strace.c
Eiger:~/strace-4.4p> jmacs time.c
```

Jetzt kannst du einen Patch erstellen. Dazu wechselst du wieder ein Verzeichnis nach oben und machst ein rekursives `diff` auf die beiden Verzeichnisse. Das originale Verzeichnis steht dabei unbedingt an erster Stelle.

`diff` bekommt die Optionen `-r` für Rekursion und `-u` übergeben, damit als Ausgabeformat ein unified Diff erzeugt wird, was in der Entwicklergemeinde üblich ist.

```
Eiger:~/strace-4.4p> cd ..
Eiger:~> diff -r -u strace-4.4 strace-4.4p
diff -r -u strace-4.4/strace.c strace-4.4p/strace.c
--- strace-4.4/strace.c 2003-03-27 16:01:00.000000000 +0100
+++ strace-4.4p/strace.c        2001-08-03 13:43:35.000000000 +0200
@@ -352,7 +352,7 @@
                if (!(tcp->flags & TCB_INUSE) || !(tcp->flags & TCB_ATTACHED))
                        continue;
 #ifdef USE_PROCFS
-               if (proc_open(tcp, 1) > 0) {
+               if (proc_open(tcp, 1) < 0) {
                        fprintf(stderr, "trouble opening proc file\n");
                        droptcb(tcp);
                        continue;
diff -r -u strace-4.4/time.c strace-4.4p/time.c
--- strace-4.4/time.c   2003-03-27 16:02:42.000000000 +0100
+++ strace-4.4p/time.c  2000-11-25 04:53:55.000000000 +0100
@@ -180,11 +180,8 @@
```

```
                printtv(tcp, tcp->u_arg[0]);
                tprintf(", ");
        } else {
-               if (syserror(tcp)) {
+               if (syserror(tcp))
                        tprintf("%#lx", tcp->u_arg[1]);
-                       printtv(tcp, tcp->u_arg[1]);
-
-               }
                else
                        printtv(tcp, tcp->u_arg[1]);
        }
```

Hier kannst du noch einmal alle Änderungen auf einen Blick sehen. Zeilen mit einem + kommen hinzu, Zeilen mit einem - fallen weg. Aufpassen musst du auf folgende Zeilen:

```
Nur in strace-4.4: strace.c~.
```

So etwas gehört nicht in den Patch. Hier hat der Editor `jmacs` eine Sicherheitskopie unter dem Namen `strace.c~` angelegt. Diese solltest vor dem Aufruf von `diff` löschen.

```
Eiger:~> rm strace-4.4p/*~
```

Wenn du zufrieden bist mit dem Ergebnis, führst du den `diff`-Befehl noch einmal aus, lenkst die Ausgabe aber in eine Datei um:

```
Eiger:~> diff -r -u strace-4.4 strace-4.4p > strace-4.4p.dif
```

Fertig ist dein Patch. Theoretisch könntest du ihn jetzt dem Autor des Programmes schicken, aber es versteht sich von selbst, dass du ihn vorher testest. Du willst dich ja nicht blamieren! Wie das geht, erfährst du gleich im Anschluss.

Das Erstellen eines Patches bei der Verwendung eines Source-RPMs geht analog, nur dass du zum Auspacken nicht `tar xzf`, sondern `rpmbuild -bp strace.spec` verwendest, und dass die beiden Unterverzeichnisse in `/usr/src/packages/BUILD` liegen.

8.6.2 Den Patch testen

Der Patch ist eine Datei, die alle Änderungen beschreibt, die du an den Quellcodes in einem Verzeichnis gemacht hast. Du kannst ihn auf den Originalzustand der Quellcodes anwenden und es ensteht dabei wie durch Magie deine geänderte Version. Das Anwenden geschieht mit dem Befehl `patch`, welcher die Patchdatei auf der Standardeingabe als Argument übergeben bekommt.

Anders als bei `diff` musst du dich beim Aufruf von `patch` *innerhalb* des zu patchenden Quellverzeichnisses befinden. Zum Testen werde ich jetzt den Patch von `strace` auf das originale Quellverzeichnis anwenden:

```
Eiger:~> cd strace-4.4
Eiger:~/strace-4.4> patch < ../strace-4.4p.dif
patching file strace.c
patching file time.c
```

Nach dem Patchen kannst du wie gewohnt das Programm übersetzen und zum letzen Mal testen.

Bei der Arbeit mit einem Source-RPM kannst du zunächst auf die gleiche Art vorgehen. Du musst den Patch nach dem Aufruf von `rpm build -bp` einspielen und dann das Kompilieren wieder separat mit `rpmbuild --short-circuit -bc` anstoßen. Wenn du ehrgeizig bist, kannst du den Patch auch gleich direkt in das RPM einbauen. Wie das geht, zeigt der nächste Abschnitt.

8.6.3 Den Patch in das RPM einbauen

Wenn du die Spec-Datei von `strace` näher ansiehst – hier wieder am Beispiel der Version von SUSE LINUX 9.0 – so wird dir auffallen, dass einige Zeilen augenscheinlich Patches behandeln. Manche davon sind im Kopfbereich:

```
Patch:         strace-%version.diff
Patch1:        strace-%version-quota.diff
```

Andere findest du in der `%prep`-Sektion:

```
%prep
%setup
%patch
%patch1
```

Auf die gleiche Art kannst du einen eigenen Patch hinzufügen. Dazu sind fünf Schritte notwendig:

1. *Patch kopieren*
   Als erstes legst du deinen Patch dort ab, wo auch die anderen Quellen und Patches liegen – nämlich im Verzeichnis `/usr/src/packages/SOURCES`. Nehmen wir an, dein Patch heißt `strace-4.4.98p.dif`.

   ```
   Eiger:~ # cp strace-4.4.98p.dif /usr/src/packages/SOURCES
   ```

2. *Patch deklarieren*
   Jetzt editierst die die Spec-Datei `strace.spec`. Im Kopfbereich fügst du eine Zeile für deinen Patch an:

   ```
   Patch:         strace-%version.diff
   Patch1:        strace-%version-quota.diff
   # Eigener Patch zum Beheben von Fehler XYZ
   Patch2:        strace-4.4.98p.dif
   ```

Wenn dein Patch der einzige ist, kannst du statt `Patch0:` auch einfach `Patch:` schreiben.

3. *Patch aufrufen*
Damit dein Patch verwendet wird, musst du in der `%prep`-Sektion ein passendes `%patch`-Makro einfügen:

```
%prep
%setup
%patch
%patch1
# Patch aufrufen, -p1 schneidet eine Verzeichnisebene weg
%patch2 -p1
```

Warum haben manche Makros ein `-p1` und andere nicht? Dies hängt davon ab, wie der Patch erstellt wurde. Bei der von mir beschriebenen Methode ist bei den Pfadangaben im Patch stets der Name des Verzeichnisses enthalten. Hier ist ein Ausschnitt:

```
--- strace-4.4.98/strace.c 2003-03-27 16:01:00.000000000 +0100
+++ strace-4.4.98p/strace.c        2001-10-22 13:43:35.000000000 +0200
```

RPM erwartet die Patches aber eigentlich relativ zum Quellverzeichnis. Das würde dann so aussehen:

```
--- strace.c 2003-03-27 16:01:00.000000000 +0100
+++ strace.c          2001-10-22 13:43:35.000000000 +0200
```

Mit der Option `-p1` kannst du RPM sagen, dass er den Patch so verstehen soll, dass von jedem Pfad vorne ein Verzeichnis weggeschnitten wird.

4. *Releasenummer erhöhen*
Da du am RPM-Paket etwas geändert hast, musst du nun dessen Releasenummer um eins erhöhen. Das machst du im Kopfbereich der Spec-Datei:

```
Provides:      strace
Autoreqprov:   on
Version:       4.4.98
# Aus 54 mach 55
Release:       55
Summary:       Trace system calls of a program
```

Die fertige RPM-Datei trägt die Releasenummer im Namen. Sie wird dann `strace-4.4.98-55.i386.rpm` heißen. Beim Installieren des Paketes wird die Releasenummer auch in die RPM-Datenbank eingetragen. Nur wenn du das Release erhöhst, kannst du mit `rpm -hUv` ein Update des Paketes machen. Ansonsten wird sich RPM beschweren, dass das Paket bereits installiert ist.

5. *Testen*
Nachdem du den Patch eingebaut und die Releasenummer erhöht hast, musst du nur noch ausprobieren, ob alles funktioniert. Mit `rpmbuild -bc`

kannst du das Paket nun kompilieren. Dein Patch wird jetzt nach dem Auspacken der Quellen automatisch eingespielt.
Alternativ kannst du als letzte Krönung auch gleich ein `rpmbuild -ba` aufrufen. Damit wird das Programm nicht nur kompiliert, sondern auch installiert und vor allem wird ein RPM-Paket und ein neues Source-RPM erzeugt:

```
Eiger:/usr/src/packages/SPECS # rpmbuild -ba strace.spec
```

Dass dein Patch auch wirklich verwendet wird, erkennst du an folgender Meldung:

```
+ echo 'Patch #2 (strace-4.4.98p.dif):'
Patch #2 (strace-4.4.98p.dif):
+ patch -p1 -s
```

Wenn alles geklappt hat, endet der Prozess mit folgenden Meldungen:

```
Geschrieben: /usr/src/packages/SRPMS/strace-4.4.98-55.src.rpm
Geschrieben: /usr/src/packages/RPMS/i386/strace-4.4.98-55.i386.rpm
Ausführung(%clean): /bin/sh -e /var/tmp/rpm-tmp.15172
+ umask 022
+ cd /usr/src/packages/BUILD
+ cd strace-4.4.98
+ rm -rf /var/tmp/strace-4.4.98-build
+ exit 0
```

Die Früchte deiner Arbeit liegen in Form von zwei Dateien vor:

- `/usr/src/packages/SRPMS/strace-4.4.98-55.src.rpm`
  das neue Source-RPM mit der geänderten Spec-Datei und deinem Patch
- `/usr/src/packages/RPMS/i386/strace-4.4.98-55.i386.rpm`
  das fertige Binary-RPM, bereit, um installiert zu werden

Das RPM-Paket kannst du wie gewohnt mit `rpm -hUv` installieren:

```
Eiger:~ # rpm -hUv /usr/src/packages/RPMS/i386/strace-4.4.98-55.i386.rpm
Preparing...                ########################################### [100%]
   1:strace                 ########################################### [100%]
```

Jetzt kannst du ein allerletztes Mal testen, ob das Programm wirklich so funktioniert, wie du dir das vorstellst, und dann den Patch dem Autor schicken.

8.6.4 Dem Autor den Patch schicken

Es ist schon einige Arbeit, einen sauberen Patch zu erstellen. Wie wäre es, wenn du dafür sorgst, dass nicht viele Menschen auf der Welt die gleiche Arbeit wie du machen müssen? Schicke den Patch doch einfach dem Autor! Erkläre ihm mit einer kleinen E-Mail, auf welche Programmversion du dich beziehst, welchen Fehler du behoben hast und wie dein Patch funktioniert. Im Anhang – oder wenn es nur ein paar Zeilen sind direkt im Text – schickst du deinen Patch. Wenn es ein bisher unbekannter Fehler ist, wird der Autor sicher dankbar sein.

Stell dir einfach vor, *du* entwickelst in deiner Freizeit ein Programm und ein Benutzer aus dem Internet weist dich nicht nur auf einen Fehler hin, sondern serviert dir dazu gleich einen sorgfältig erstellen Patch! So sieht gute Zusammenarbeit aus. Und nur so sind Gemeinschaftsprojekte wie der Linux-Kernel überhaupt möglich geworden. Natürlich darfst du auch nicht enttäuscht sein, wenn der Autor deinen Patch ablehnt. Vielleicht hat er eine bessere Lösung für das Problem, immerhin kennt er sein Programm am besten. Vielleicht arbeitet er auch gerade an einer neuen Programmversion, bei der das Problem schon behoben ist.

Falls du einen Fehler in einem Paket von der Distribution findest, kann es auch sein, dass der Fehler gar nicht vom eigentlichen Autor verursacht wurde. Im Zweifelsfall ist es dann besser, wenn du den Patch nicht dem Autor, sondern dem Distributor schickst.

Kapitel 9

Performanceprobleme

Wenn du ein Performanceproblem hast, bedeutet das lapidar gesagt, dass irgendetwas zwar vollkommen korrekt funktioniert, aber zu *langsam*. Dass es hier nicht nur um Bedienkomfort geht, sondern für ein Projekt zum kritischen Problem werden kann, zeigen viele Beispiele aus der Praxis. Scheinbar sind vor allem große und ehrgeizige Projekte besonders gefährdet[1].

Ursache ist oft genug die trügerische Annahme, dass – sobald die neue Software erst fertig sein wird – die verfügbaren Rechner ohnehin so schnell sein werden, dass man sich um Performance keine Gedanken zu machen braucht. Am Ende liegt man dann aber teilweise um Größenordnungen daneben. In der Praxis bedeutet dass z. B. , dass zwischen dem Anklicken eines Knopfes und dem Erscheinen der nächsten Maske eine gute Viertelstunde vergeht. Selbst mit zehnmal so schnellen Rechnern wäre so ein System unbrauchbar.

Du musst dir einmal vor Augen halten, dass heute jeder Billigrechner vom Supermarkt in der Lage ist, 2 000 000 000 Befehle pro Sekunde auszuführen. Und ein solcher Befehl kann so komplex sein wie das Multiplizieren von zwei 15-stelligen Fließkommazahlen! Auch andere Hardwarekomponenten wie Netzwerke, Festplatten und Bussysteme sind heute so schnell, dass man das *eigentliche* Problem meist an einer anderen Stelle suchen muss.

Die erste und zentrale Frage bei jedem Performanceproblem muss also danach sein, wo *genau* die Zeit verloren geht. Hier gibt es zahlreiche und teilweise sehr überraschende Antworten. Doch leider ist auch hier wieder der Fehler verbreitet, diese wichtige Frage zu überspringen. Anstelle dessen wird sofort versucht, mit der Problembehebung zu beginnen, meist durch wahlloses Aufrüsten von Hard-

[1] Wenn du dich nicht vor einem englischsprachigen Buch scheust, kann ich dir den Titel *Software Runaways* von *Robert L. Glass* empfehlen (Prentice Hall, ISBN 0-13-673443-X). Hier berichten verschiedene Autoren über berühmte tragisch gescheiterte Großprojekte, wo – teilweise durch Performanceprobleme – Milliarden in den Sand gesetzt wurden.

ware – sei es durch zusätzlichen Hauptspeicher, einen schnelleren Prozessor oder gar einen ganzen Cluster von Computern.

Wie auch bisher in diesem Buch werden wir uns also eingehend mit dem Thema *Diagnose* beschäftigen. Die *Behebung* des Problems ist dann oft eine Kleinigkeit.

9.1 Zeitmessung

Nehmen wir also an, du hast einen Prozess, welcher unangemessen lange für seine Aufgabe benötigt, nur schleppend reagiert oder anderweitig auf sich warten lässt. Mit was verbringt er nur seine Zeit?

Die einfachste Antwort wäre, dass der Prozess einfach solange braucht, um das Ergebnis zu *berechnen*. Das bedeutet, dass der Prozessor tatsächlich pausenlos beschäftigt ist und wie wild – mit sagen wir 2 Milliarden Befehlen pro Sekunde – dem Ergebnis entgegenhetzt. Ob dies der Fall ist, kann man unter Linux einfach feststellen, da das System über die Nutzung der CPU penibel Buch führt.

9.1.1 Zeitmessung bei Befehlen

> **`time`**
>
> misst die Ausführungsdauer einer Shell-Befehlszeile
>
> `time BEFEHL ARGUMENTE...`
> `time { BEFEHL1 ; BEFEHL2 ; ... }`

Wenn du einer Befehlszeile das Schlüsselwort `time` voranstellst, so gibt die Shell nach deren Beendigung aus, wie viel Zeit dabei verbraucht wurde. In folgendem Beispiel messe ich, wie lange es dauert, 1 Gigabyte von `/dev/zero` nach `/dev/null` zu kopieren. Beide Geräte simulieren unendliche Datenströme, erzeugen also keine Plattenzugriffe. Der `dd`-Befehl sorgt hier dafür, dass das Kopieren nach eben 1 GB abgebrochen wird:

```
Eiger:~> time dd if=/dev/zero of=/dev/null bs=1G count=1
1+0 Datensätze ein
1+0 Datensätze aus

real    0m0.020s
user    0m0.001s
sys     0m0.012s
```

Insgesamt werden drei Zeiten – auf Millisekunden gerundet – ausgegeben. Wenn du obige Zeile mehrfach ausführst, wirst du feststellen, dass die Werte relativ stark schwanken, selbst bei kleinen Werten um ± zwei Millisekunden. Wenn man Performanceprobleme untersucht, geht es aber nie um Unterschiede im einstelligen Prozentbereich, sondern immer um substantielle Größenordnungen.

Wie musst du nun die drei Zeitangaben interpretieren?

`real`	zeigt die real vergangene Zeit.
`user`	zeigt die vom Prozess verbrauchte CPU-Zeit im Benutzermodus.
`sys`	zeigt die vom Kernel im Auftrag des Prozesses verbrauchte CPU-Zeit.

Sobald ein Prozess die CPU zugeteilt bekommt, wird die Zeit auf dessen `user`-Zähler gebucht. In dem Moment, wo der Prozess in den Kernel eintritt – also einen Systemaufruf tätigt – wird solange auf `sys` gebucht, bis der Systemaufruf zurückkehrt. So gesehen ist `user` + `sys` die vom Prozess insgesamt verbratene CPU-Zeit.

Müsste dann nicht immer `user` + `sys` = `real` gelten? Anders gefragt: Wo sind in unserem Beispiel die fehlenden 7 Millisekunden abgeblieben? Ganz einfach: es gibt zwei weitere Möglichkeiten, wie Zeit vergehen kann:

- Ein Systemaufruf versetzt den Prozess oft in einem *Wartezustand*. Der Prozess wartet dann z. B. auf ein Ein-/Ausgabegerät, ein Netzwerkpaket, ein Signal oder einen Zeitgeber. Während ein Prozess wartet, wird sein Zeitkonto eingefroren.
- Andere Prozesse im System benötigen ebenfalls CPU-Zeit.

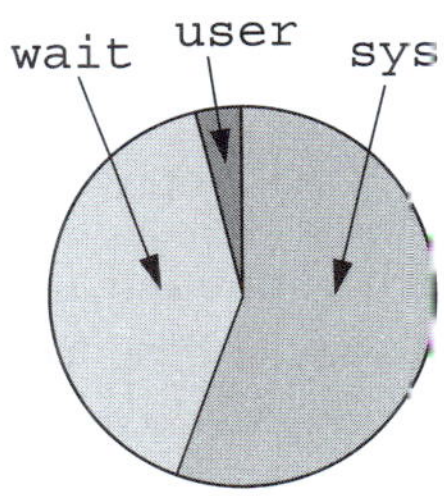

Wenn wir mit diesem Wissen unser Beispiel erneut betrachten, dann macht es Sinn, eine vierte Zeitkomponente `wait` einzuführen, die aufsummiert, wie lange der Prozess auf die CPU oder externe Ereignisse warten musste. Es gilt dann die Formel `user` + `sys` + `wait` = `real`. Wenn wir bei der Zeitmessung darauf achten, dass kein anderer laufender Prozess Rechenzeit stiehlt, so können wir die Wartenzeit `wait` zu 100% dem zu untersuchenden Prozess zurechnen, also Wartezeiten auf Ressourcen, die der Prozess benötigt.

Die Einteilung in `user`, `sys` und `wait` ist deshalb sinnvoll, weil sie die weitergehende Diagnose steuert. Wenn nämlich der Löwenanteil der Zeit in einem der drei Segmente liegt – und das ist oft genug der Fall – so hängt die weitergehende Suche grundlegend davon ab, in welchem:

- `user`
  Der Hauptteil der Zeit wird durch Rechenoperationen im Benutzerprozess selbst verbraucht. Gründe können sein:
  - inhärent aufwändige Berechnungen, wie z. B. eine komplexe Verschlüsselung umfangreicher Daten,
  - schlechte Programmierung, wie z. B. ein zu primitiver Sortieralgorithmus, welcher mit zunehmend großer Datenmenge sein Zeitverhalten extrem verschlechtert,

  - ➢ Verwendung einer Interpretersprache anstelle von C/C++: Rechenintensive Aufgaben können mit Java oder gar mit der Shell nicht so effizient wie in C abgearbeitet werden, da das Laufzeitsystem einer solchen Sprache Rechenzeit und Speicherplatz beansprucht. Der Unterschied zwischen C und Assembler ist – entgegen landläufiger Meinung – bis auf wenige Sonderfälle vernachlässigbar.

- ❑ `sys`
  Die meiste Zeit wird durch Arbeit im Kernel verbraucht. Ein möglicher Grund sind Ein-/Ausgabeoperationen mit einem sehr ungünstigem Übertragungsmodus. Ein klassischer Fall hierfür ist das Ansteuern einer Festplatte oder eines DVD-Laufwerks ohne DMA – also im PIO-Modus. Anders als bei DMA muss der Kernel dann jedes Byte einzeln dem Controller übergeben und auf dessen Bestätigung warten. Ein solches Beispiel habe ich bereits in Abschnitt 5.5.4 vorgestellt.

  Aber auch andere komplexe Berechnungen können im Kernel stattfinden, z. B. das Verschlüsseln eines Dateisystems.

- ❑ `wait`
  Wenn der Prozess die meiste Zeit mit Warten beschäftigt ist, kann man das Problem sicher nicht mit einem schnelleren Prozessor oder einer anderen Programmiersprache lösen. Gewartet wird in der Regel auf:
  - ➢ Festplattenzugriffe
  - ➢ Netzwerkdaten

Ein besonderer Fall tritt ein, wenn unnötig viele Systemaufrufe dafür sorgen, dass eine Sache besonders ineffizient gemacht wird. Du kannst dies sehr schön mit dem Befehl `dd` ausprobieren. Dieser Befehl kopiert Daten blockweise. Die Blockgröße kannst du mit der Option `bs=` festgelegen. Jeder Block entspricht genau einem Pärchen der Systemaufrufe `read` und `write`. Du kannst dies mit `strace` sehr leicht überprüfen. Dazu kopierst du 30 000 Null-Bytes in eine Datei, zuerst mit einer Blockgröße von 10 000 Byte:

```
Eiger:~> strace -e read,write dd if=/dev/zero of=/tmp/test bs=10000 count=3
read(3, "\177ELF\1\1\1\0\0\0\0\0\0\0\0\0\3\0\3\0\1\0\0\0\360U\1"..., 512) = 512
read(3, "# Locale name alias data base.\n#"..., 4096) = 2528
read(3, "", 4096)                       = 0
read(0, "\0\0\0\0\0\0\0\0\0\0\0\0\0\0\0\0\0\0\0\0\0\0\0\0\0\0\0"..., 10000) = 10000
write(1, "\0\0\0\0\0\0\0\0\0\0\0\0\0\0\0\0\0\0\0\0\0\0\0\0\0\0\0"..., 10000) = 10000
read(0, "\0\0\0\0\0\0\0\0\0\0\0\0\0\0\0\0\0\0\0\0\0\0\0\0\0\0\0"..., 10000) = 10000
write(1, "\0\0\0\0\0\0\0\0\0\0\0\0\0\0\0\0\0\0\0\0\0\0\0\0\0\0\0"..., 10000) = 10000
read(0, "\0\0\0\0\0\0\0\0\0\0\0\0\0\0\0\0\0\0\0\0\0\0\0\0\0\0\0"..., 10000) = 10000
write(1, "\0\0\0\0\0\0\0\0\0\0\0\0\0\0\0\0\0\0\0\0\0\0\0\0\0\0\0"..., 10000) = 10000
write(2, "3+0 Datens\303\244tze ein\n", 203+0 Datensätze ein
) = 20
write(2, "3+0 Datens\303\244tze aus\n", 203+0 Datensätze aus
) = 20
```

Hier kannst du gut erkennen, wie dd dreimal jeweils 10 000 Bytes auf einmal liest und schreibt. Die dazu benötigte Zeit ist vernachlässigbar:

```
Eiger:~> time dd if=/dev/zero of=/tmp/test bs=10000 count=3
3+0 Datensätze ein
3+0 Datensätze aus

real    0m0.008s
user    0m0.001s
sys     0m0.002s
```

Die 1 bzw. 2 Millisekunden für user und sys liegen im Bereich des „Grundrauschens". Anders sieht es aus, wenn du als Blockgröße 1 Byte nimmst und stattdessen 30 000 Blöcke kopierst:

```
Eiger:~> time dd if=/dev/zero of=/tmp/test bs=1 count=30000
30000+0 Datensätze ein
30000+0 Datensätze aus

real    0m0.230s
user    0m0.007s
sys     0m0.211s
```

Für das gleiche Ergebnis werden auf einmal 211 Millisekunden im Kernel verbraucht – fast 30 mal soviel! Der Zeitbedarf im Userspace ist dabei kaum angestiegen. Wenn du den Befehl wieder mit strace protokollieren würdest, dann würdest du feststellen, dass dd tätsächlich 30 000 read- und ebensoviele write-Systemaufrufe macht.

9.1.2 Differentielle Zeitmessung

Wie wir gerade gesehen haben, kannst du mit time messen, wie lange der Rechner für die Ausführung eines Programmes benötigt. Manchmal will man aber noch feststellen, *welche Operation* im Programm wie lange dauert. Ich erkläre das am besten an einem Beispiel:

Bei der Entwicklung einer Web-Anwendung mit PHP stellte sich bei mir irgendwann die Erkenntnis ein, dass das Abrufen einer Seite einfach viel zu lange dauert. Ein potentieller Kunde hatte angefragt, wieviele Anfragen denn das System pro Sekunde verarbeiten könne, und mein eigener subjektiver Eindruck von der Geschwindigkeit war nicht besonders gut.

Um eine stichhaltige Aussage machen zu können, testete ich die Performance der Anwendung, indem ich eine bestimmte Seite mit wget automatisch abholte und dabei mit time Zeit nahm. Falls du wget noch nicht kennst, lohnt sich ein Blick in die Man-Seite. Dieses kleine, aber nette Programm holt Dateien per HTTP und FTP – und zwar im Batchmodus von der Kommandozeile. Im einfachsten und meist ausreichenden Fall gibst du einfach eine URL an und wget holt die Datei:

```
Eiger:~> wget http://linuxproblem.org/index.html
--10:06:03--  http://linuxproblem.org/index.html
           => 'index.html'
Auflösen des Hostnamen linuxproblem.org.... 217.160.140.72
Verbindungsaufbau zu linuxproblem.org[217.160.140.72]:80... verbunden.
HTTP Anforderung gesendet, warte auf Antwort... 200 OK
Länge: 2,440 [text/html]

100%[====================================>] 2,440          --.--K/s

10:06:03 (223.47 KB/s) - »index.html« gespeichert [2440/2440]
```

Um eine möglichst genaue Messung zu bekommen, die nicht so stark von zufälligen Schwankungen abhängt, habe ich `wget` 100 Mal in einer Schleife aufgerufen. Ich habe das in ein Shellskript `zeitmess.sh` gepackt, das ungefähr so aussah:

```
N=0
while [ $N -lt 100 ]
do
    N=$(( N + 1 ))
    wget --quiet http://10.10.0.7/test/index.php
done
```

Das Ganze mit `time` aufgerufen ergab:

```
Eiger:~> time ./zeitmess.sh

real    0m21.821s
user    0m0.702s
sys     0m0.611s
```

21,8 Sekunden für 100 Seiten macht nach Adam Riese 218 ms pro Seitenaufruf. Die Frage war nur, für was *genau* diese Zeit verbraucht wurde. Weiter unten werde ich dir zeigen, wie du in so einem Fall mit `tcpdump` abschätzen könntest, wieviel der Zeit mit der Netzwerkübertragung verbraten wird. Da der Test hier im lokalen Netz lief, war dieser Teil aber verschwindend gering.

Was mich hier weiterbrachte war ein kleiner Trick, welchen ich *differentielle Zeitmessung* nennen will. Die Idee ist, die Dauer für Teiloperationen nicht direkt zu messen, sondern über den Zeitunterschied der auftritt, wenn man sie dazunimmt bzw. weglässt.

Ich stellte mir zunächst die Frage, ob der Webserver so lange für die Antwort brauchte, oder ob das Abarbeiten des PHP-Skriptes so aufwändig war. Ich änderte also mein obiges Testskript so, dass es nicht `index.php`, sondern eine statische Seite `index.html` aufrufte. Es ergaben sich folgende Zeiten:

```
Eiger:~> time ./zeitmess-html.sh

real    0m1.606s
user    0m0.657s
sys     0m0.375s
```

Statt ursprünglich 128 ms waren es jetzt nur noch 16 ms pro Seite. Wenn man mal unterschlägt, dass das Laden der statischen Seite durch den Server einen Teil der 16 ms braucht, so kann man etwa sagen, dass 202 ms für die Berechnung des PHP-Skripts gebraucht wurden und nur 16 ms für den ganzen Rest.

Auf die gleiche Art testete ich nun Varianten im PHP-Skript. Ich klemmte z. B. die Benutzer-Authentifizierung ab und verbesserte dadurch die Zeit von 218 ms auf 124 ms, also um satte 94 ms, oder 43% der Gesamtzeit. Die Lösung war jetzt natürlich nicht, das System ohne Authentifizierung zu betreiben, aber es war kein großes Problem mit der neuen Erkenntnis im Kopf das PHP-Programm an der richtigen Stelle etwas zu verbessern und so deutlich Rechenzeit zu sparen.

Weitere Beispiele

In sehr vielen Fällen ist ein Vorgehen wie das gerade geschilderte möglich. Weitere Beispiele sind:

- *Wie lange dauert die Auflösung des Rechnernamens beim Abholen einer Seite?* Du holst die Seite mit IP-Adresse statt Rechnername ab und misst den Unterschied.
- *Das Laden eines großen Bildes mit `gimp` dauert 3 Minuten. Liegt das daran, dass das Homeverzeichnis per NFS gemountet ist?* Du legst einen Benutzer mit lokalem Homeverzeichnis an, startest dort `gimp` und misst den Zeitunterschied.
- *Das Drucken einer bestimmten Datei dauert ewig. Ist der Drucker so langsam oder liegt es am Aufbereiten der Seite durch das Drucksystem?* Du druckst statt zum Drucker in eine Datei und misst den Unterschied.

Fazit

Die Methode der differentiellen Zeitmessung erlaubt dir, Einzeloperationen in komplexen Vorgängen isoliert zu messen und so genauer festzustellen, wo wertvolle Zeit verloren geht.

9.1.3 Zeitmessung bei Serverdiensten

Wenn du die Performance von Serverdiensten untersuchen willst – z. B. von einem Webserver – kommst du mit dem Befehl `time` nur mit ein paar Tricks weiter. Zunächst musst du nämlich herausfinden, wie du den Dienst im Vordergrund laufen lassen kannst. Und hierfür gibt es leider keine allgemeingültige Anleitung.

Am besten wirfst du einen Blick in das Startskript des Dienstes in `/etc/init.d`, um zu sehen, mit welchen Optionen der eigentliche Serverprozess aufgerufen wird. Noch einfacher geht es, wenn du dieses mit `bash -x` aufrufst[2]. Ich zeige das hier mal am Beispiel von `xntp` unter SuSE LINUX 8.1. Dies geht einfacher als unter 9.1, da `xntp` hier noch nicht in einer `chroot`-Umgebung läuft:

```
Blomberg:~ # bash -x /etc/init.d/xntpd start
+ test -f /etc/sysconfig/xntp
+ . /etc/sysconfig/xntp
++ XNTPD_INITIAL_NTPDATE=AUTO-2
```

...jetzt kommen etliche Variablenbelegungen und anderer Kram. Ausschau halten musst du nach Zeilen mit `startproc`, `/usr/bin` oder `/usr/sbin`.

Hier kommt die Stelle, an der der Daemonprozess gestartet wird:

```
+ startproc /usr/sbin/ntpd -U ntp
```

`startproc` ist ein Hilfsbefehl für das Startskript. Der eigentliche Aufruf des Daemons ist `/usr/sbin/ntpd -U ntp`. Diesen Befehl könntest du nun prinzipiell mit `time` aufrufen:

```
Blomberg:~ # time /usr/sbin/ntpd -U ntp

real    0m0.078s
user    0m0.010s
sys     0m0.000s
```

Seltsam ist nur, dass der Dienst sich nach 78 Millisekunden schon wieder beendet hat. Eigentlich sollte er doch laufen, bis du ihn abbrichst, oder? Und in der Tat tut er das auch, wie ein Aufruf von `ps` beweist:

```
Blomberg:~ # ps ax | grep ntp
30531 ?        SL     0:00 /usr/sbin/ntpd -U ntp
30540 pts/6    S      0:00 grep ntp
```

Das Problem hier ist nämlich, dass der Befehl `ntpd` den eigentlichen Daemon als separaten Prozess aufruft und im Hintergrund startet. Es ist wie eine Art Startskript im Startskript. Viele Serverprozesse arbeiten auf diese Weise.

Um dieses Problem zu vermeiden, kennen die meisten Daemonen eine spezielle Option, mit der du obiges Verhalten – den sogenannten „Daemon mode" –

[2]Das Verfolgen von Shellskripten mittels `bash -x` erkläre ich in Abschnitt 3.3.

verhindern kannst. Sie sorgt dafür, dass der Prozess im Vordergrund läuft. In der Man-Seite wird manchmal auch vom „Debugmodus" gesprochen. Bei `ntpd` heißt die Option in klassischer Weise `-d`. Das steht für *Debug* und sorgt zudem dafür, dass Logmeldungen nicht zu `syslog` gehen, sondern direkt auf die Konsole:

```
Blomberg:~ # time /usr/sbin/ntpd -d -U ntp
create_sockets(123)
interface <lo> OK
interface <eth0> OK
interface <eth1> OK
interface <ppp0> OK
interface <ppp1> OK
```

Jetzt läuft der Prozess wie gewünscht im Vordergrund und `time` führt Buch über die verbrauchte Rechenzeit. Wenn du nach einer Weile mit Strg C abbrichst, bekommst du auch das gewünschte Ergebnis:

```
Strg C

real    1m27.834s
user    0m0.040s
sys     0m0.050s
```

In diesem Beispiel ist der Prozess fast eineinhalb Minuten gelaufen und hat dabei gerade mal 90 Millisekunden Rechenzeit verbraucht. So verhält sich ein gesunder Daemon, der nur gelegentlich zu tun hat.

Damit das Ergebnis aussagekräftig ist, musst du natürlich den Dienst, sobald er läuft, mit seinem üblichen Aufgabenpensum konfrontieren. Du lässt das dann über einen repräsentativen Zeitraum laufen, der lang genug ist, um die Zeitaufwände durch das Starten und Beenden des Dienstes auszugleichen.

9.1.4 Zeitmessung von laufenden Prozessen

Das Verfahren aus dem letzten Abschnitt hat leider einige gravierende Schwächen:

- Es ist umständlich.
- Nicht jeder Serverdienst hat einen Debugmodus für den Start im Vordergrund.
- Durch den Start im Vordergrund kann die Performance des Dienstes beeinflusst werden. Bei vielen Diensten ist es üblich, dass nicht nur ein, sondern gleich mehrere Prozesse parallel Anfragen bearbeiten. Der Debugmodus kann natürlich nur mit einem einzigen arbeiten und verfälscht somit das Ergebnis.

- ❑ Falls dein Performanceproblem nur gelegentlich auftritt, wirst du es dann sofort untersuchen wollen. Ein Neustart des Dienstes wird dir diese Möglichkeit verpatzen.

Wir brauchen also eine Möglichkeit, bereits laufende Prozesse zu untersuchen. Hier hilft uns der Prozessmonitor `top`, den ich bereits im Abschnitt 4.3.3 vorgestellt habe. Rufst du ihn mit `-i` auf, so zeigt er nur die gerade aktiven Prozesse (Zustand `RUNNING`):

```
top - 12:51:39 up  3:55, 26 users,  load average: 2.17, 1.31, 0.56
Tasks: 143 total,   1 running, 142 sleeping,   0 stopped,   0 zombie
Cpu(s):  92.4% us,  7.3% sy,  0.0% ni,  0.1% id,  0.0% wa,  0.0% hi,  0.0% si
Mem:     516744k total,   511664k used,     5080k free,    12168k buffers
Swap:   1028120k total,    13956k used,  1014164k free,    91152k cached

  PID USER      PRI  NI  SIZE  RSS SHARE STAT %CPU %MEM   TIME COMMAND
31573 wwwrun     19   0  7404 7404  5944 R    48.7  5.8   0:12 httpd
30786 root       16   0   916  916   696 R     2.9  0.7   0:08 top
32130 mysql      20   0  1808 1432  1332 R     0.0  1.1   0:00 mysqld
```

Die drei interessanten Stellen habe ich mit Fettschrift hervorgehoben:

- ❑ `load average`
  Über die Bedeutung dieser drei Werte – zu deutsch *Durchschnittslast* oder *durchschnittliche Prozessorlast* oder einfach nur *Last* – wird immer wieder gerätselt, spekuliert und diskutiert. Dabei ist die Erklärung ganz einfach: Es handelt sich um die *durchschnittliche Anzahl arbeitender Prozesse in den letzten 1, 5 und 15 Minuten*. Mit *arbeitend* meine ich Prozesse, welche den Status `RUNNING` haben, also gerade die CPU für sich beanspruchen wollen.

  An diesen Zahlen kannst du hervorragend einen CPU-Engpass diagnostizieren oder ausschließen. Dem liegt eine einfache Erkenntnis zu Grunde: Ist die Last größer als die Anzahl der Prozessoren, so müssen manchmal Prozesse auf eine CPU warten. Das wiederum bedeutet, dass das System schneller wäre, wenn man mehr CPUs hätte.

  Liegt die Last hingegen *darunter* – also bei einer CPU unter `1.00` – so hilft ein Aufrüsten mit weiteren Prozessoren nicht. Auch eine schnellere CPU wird wenig bewirken können.

  Übrigens: auch mit dem Befehl `uptime` kannst du die aktuellen Lastwerte anzeigen lassen (hier sogar auf Deutsch):

```
Eiger:~ # uptime
 12:52pm  an   3:56,  26 Benutzer,  Durchschnittslast: 2,17, 1,31, 0,56
```

- ❑ `CPU states`
  Mit einem aktuellen Kernel und einem ebenfalls aktuellen `top`-Befehl kannst du neben den Werten `sy` (`system`) und `us` (`user`) eine ganze Reihe weiterer prozentualer Zeiten ablesen. Insgesamt summieren sie sich auf 100%. Die Werte haben folgende Bedeutung:

Abk.	Name	Bedeutung
`us`	*user*	Zeit, die die CPU mit der Bearbeitung von Prozessen im Userspace verbringt. Dieser Wert entspricht der Ausgabe `user` des `time`-Befehls.
`sy`	*system*	Zeit, die die CPU mit Berechnungen im Kernel verbringt, was der Ausgabe `sys` von `time` entspricht.
`ni`	*nice*	Werden Prozesse mit dem Befehl `nice` oder `renice` mit veränderter Priorität gestartet, so wird deren Rechenzeit auf dieses Konto gebucht. Dabei handelt es sich um Rechenzeit von Prozessen im Benutzermodus. `ni` gehört also eigentlich zu `us`.
`id`	*idle*	Zeit, in der die CPU weder rechnet noch auf etwas wartet
`wa`	*iowait*	Dieser und die weiteren Werte sind nur in einer aktuellen Version von `top` zu finden, aber sehr interessant. `iowait` oder kurz `wa` zeigt die Zeit, in der die CPU nichts anderes tun kann, als auf die Beendigung von Ein-/Ausgabeoperationen zu warten und in der es auch keine rechnenden Prozesse gibt, welche die CPU einsetzen könnten. Dazu zählt *nicht* das unspezifische Warten eines Prozesses auf Benutzereingaben oder andere asynchrone Ereignisse. Das machen die meisten Prozesse nämlich ständig. Solange es mindestens einen Prozess gibt, der einfach nur rechnet und keine Daten von außen braucht, ist `iowait` immer 0. Anders ausgedrückt: Ein hoher Wert von `iowait` deutet auf einen Flaschenhals in der IO-Performance hin.
`hi`	*hardware interrupt*	Zeit, die der Kernel mit dem Abarbeiten von Hardware-Interrupts verbringt. Diese werden z. B. bei jeder Beendigung einer IO-Operation erzeugt. Wird eine Festplatte oder ein DVD-Laufwerk im PIO-Modus betrieben, so wird pro Byte ein Interrupt ausgelöst. Wenn du das Beispiel aus Abschnitt 5.5.4 ausprobierst, kannst du nebenbei ein `top` laufen lassen und beobachten, wie beim PIO-Modus der `hi`-Wert in die Höhe klettert.
`si`	*software interrupt*	Zeit, in der der Kernel Software-Interrupts verarbeitet. Diese werden für interne Zwecke in der Systemprogrammierung verwendet. Die Zeit kannst du am ehesten zu `sy` hinzurechnen.

❑ `%CPU`

Die Spalte `%CPU` der Prozesstabelle gibt an, wie viel Prozent der *reellen* Zeit der jeweilige Prozess die CPU zur Verfügung hat und nutzt (`user` und `sys` zusammengenommen). Der Wert ist natürlich nur dann größer als 0, wenn der Prozess im Zustand `RUNNING` ist. Die Spalte summiert sich auf zu maximal 100% pro CPU im System.

Anhand dieser Angaben kannst du sehr schnell sehen, welche Prozesse gerade zu welchen Teilen Rechenlast erzeugen. Allerdings handelt es sich hier um eine Momentaufnahme und keine Durchschnittswerte.

Zusammengefasst ergeben sich folgende Schlussfolgerungen:

❑ Ist die Systemlast größer als die Zahl der Prozessoren, so müssen arbeitswillige Prozesse auf eine freie CPU warten. Das bremst natürlich die Performance.

❑ Zeit, die die CPU mit `iowait` verbringt, liegt brach. Bei einem Server kann es Sinn machen, zusätzliche Prozesse zu starten, um die Zeit auszunutzen.

❑ Geht ein nennenswerter Teil der Zeit in Hardwareinterrupts (`hi`), so kannst du versuchen, durch eine bessere Ansteuerung der Peripherie (DMA, anderer Bus) die CPU zu entlasten.

9.2 Speicherengpässe und Swappen

Je mehr Hauptspeicher du in einen Rechner hineinsteckst, desto schneller wird er – *oder?* Naja – auf jeden Fall wird er nicht langsamer, sofern du nicht mit schlechteren Speicherbausteinen nachrüstest.

In der Tat hat die Größe des Arbeitsspeichers einen großen Einfluß auf die Gesamtperformance eines Systems. Aber wie immer steckt auch hier der Teufel im Detail. Aber Auswirkung hat die Größe des Hauptspeichers nun *genau*?

❑ Ist nicht genug Hauptspeicher vorhanden, um alle Prozesse zu beherbergen, so müssen Teile von Prozessen in *Swapspace* ausgelagert werden, d. h. auf die Festplatte kopiert und von dort bei Bedarf wieder geladen werden. Ein Plattenzugriff dauert um Größenordnungen länger als ein Speicherzugriff.

❑ Hast du hingegen Hauptspeicher übrig, so kann Linux diesen automatisch dazu nutzen, Festplattenblöcke zu puffern (*cachen*). Die Zahl der Lesezugriffe wird dadurch verringert und das System beschleunigt.

❑ Einige Applikationen – allen voran Datenbanken – implementieren ihre eigenen Caching-Algorithmen und laufen deutlich schneller, wenn viel Speicher vorhanden ist.

Letztlich läuft sich also alles darauf hinaus, dass Speicher dazu verwendet wird, um Ein-/Ausgabeoperationen (kurz *IO*) zu vermeiden. Dies muss nicht auf die Festplatte alleine beschränkt sein, sondern kann auch Netzwerkverkehr betreffen. Daraus wiederum folgt, dass ein Speicherausbau nur dann hilft, wenn es überhaupt IO zu vermeiden gibt!

Ob das der Fall ist, solltest du vor einem Ausbau also unbedingt untersuchen. Dazu können dir die Überlegungen aus dem vorangegangenen Abschnitt dienen. Ein Beispiel: Wenn die CPU immer zu 100% am Anschlag arbeitet, kann es gar nicht sein, dass sie durch IO ausgebremst wird!

Wichtig ist es auch, dass du weißt, wie du die Ausgabe des Befehls `free` richtig interpretierst. Dazu ein Beispiel. Die Option `-m` sorgt hier für eine Ausgabe im Megabyte (1024×1024 Bytes).:

```
Eiger:~> free -m
             total       used       free     shared    buffers     cached
Mem:           504        290        213          0         40         62
-/+ buffers/cache:        187        316
Swap:         1004         27        976
```

Obiger Rechner verfügt über 512 MB Hauptspeicher. `free` zeigt davon nur 504 an, der Rest verpufft irgendwo im Kernel, als Rundungsungenauigkeit oder ist aufgrund von Schwächen in der PC-Architektur nicht nutzbar. Abgesehen davon gilt die Regel `total` = `used` + `free`.

Die Angaben `buffers` und `cached` zeigen, wieviel des zu `used` gerechneten Speichers vom Kernel intern für Puffer bzw. zum Cachen von Festplattenblöcken verwendet wird. Genau genommen kann dieser Speicher als frei bezeichnet werden, weil er vom Kernel nur „ausgeliehen" ist und bei Bedarf sofort wieder frei gemacht wird.

Diesem Umstand trägt die zweite Zeile Rechnung. Hier wird `used` und `free` anders interpretiert. Diesmal wird `buffers` und `cached` zu `free` hinzugerechnet. Somit weißt du, wieviel Speicher tatsächlich noch für Benutzerprozesse zur Verfügung steht, bevor geswappt werden muss.

Um das Caching des Kernels zu testen, starte ich in einem anderen Fenster folgenden Befehl:

```
Eiger:~> grep -r irgendwas /usr
```

Der rekursive `grep`-Befehl öffnet und liest der Reihe nach alle Dateien unter `/usr`. Die Festplattenblöcke, die der Kernel dabei lädt, wandern in den Puffercache, der aufgrund der Fülle an Hauptspeicher vom Kernel kräftig erweitert wird. Ich warte eine Weile und rufe dann wieder `free` auf:

```
Eiger:~> free -m
             total       used       free     shared    buffers     cached
Mem:           504        501          2          0         53        231
-/+ buffers/cache:        216        287
Swap:         1004         27        976
```

Wie du sehen kannst, hat Linux mittlerweile den kompletten freien Speicher (bis auf 2 MB) als Cache umfunktioniert, welcher jetzt auf 231 MB angewachsen ist. Wenn ich den `grep`-Befehl ein zweites Mal laufen lasse, kann er auf 231 MB gespeicherte Daten zugreifen.

Es versteht sich von selbst, dass eine Speichererweiterung erst dann zum Tragen kommt, wenn der `free`-Zähler der ersten Zeile gegen 0 sinkt. Denn solange noch Speicher brach liegt, kannst du das System durch zusätzlichen Speicher natürlich nicht beschleunigen.

Die dritte Zeile schließlich zeigt die Nutzung des *Swapspaces*. Ein paar MB sind immer reserviert für die interne Verwaltung. Sollte der Wert `used` aber deutlich ansteigen, so bedeutet das, dass der Speicher nicht mehr für alle Prozesse ausreicht. Jetzt gibt es zwei Möglichkeiten:

- Im besseren Fall werden nur *inaktive* Prozesse ausgelagert. Das ist ein typischer Fall bei einem Arbeitsplatzrechner, wo der Benutzer mehrere größere Programme offen hat und gelegentlich zwischen ihnen wechselt. Er wird feststellen, dass der Wechsel schleppend ist, aber die Programme normal laufen.
- Im schlimmeren Fall muss der Kernel Teile von *aktiven* Prozessen auslagern. Aber da diese ständig wieder benötigt werden, beginnt ein emsiges Hin- und Herswappen, welches die Systemleistung drastisch reduziert. Da natürlich auch kein Speicher für Festplattenpuffer mehr übrig ist, bedeutet dies Turnübungen für den Lesekopf der Festplatte und eine ständig wartende CPU.
  Für einem Server bedeutet dies den Performance-GAU: Das System bricht im schlechtesten Augenblick zusammen – nämlich dann, wenn die meisten Anfragen kommen. Du Server sollte dann so umkonfiguriert werden, dass er weniger Anfragen *parallel* bearbeitet.

Manchmal beginnt ein eigentlich richtig dimensioniertes System trotzdem wie wild zu swappen. Dafür gibt es in der Regel zwei Gründe:

- Ein einzelner Prozess läuft Amok und frisst immer mehr Speicher. Dies kannst du leicht mit `top` feststellen[3].
- Es werden laufend neue Prozesse erzeugt, die sich nicht mehr beenden. Dies zeigt z. B. ein Aufruf von `pstree`.

[3]...sofern du noch Geduld hast, die Anmeldung und das Starten von `top` abzuwarten. Es kann sein, dass der Rechner nur sehr schleppend reagiert.

9.3 Festplatten

9.3.1 Lese- und Positionierungsgeschwindigkeit

Die Geschwindigkeit von Festplatten hat sich leider nicht so rasant entwickelt, wie deren Kapazitäten oder die Rechenleistung von CPUs. Zwar sind die Übertragungsraten durchaus ansehnlich gestiegen, aber kaum verbessert hat sich im Laufe der Jahre die Geschwindigkeit, mit der die Schreib-/Leseköpfe positioniert werden.

Um diese beiden Größen zu messen, habe ich für dich ein kleines und sehr einfach zu bedienendes C-Programm geschrieben. Da kannst es kostenlos auf `http://mathias-kettner.de/diagnosebuch_downloads.html` herunterladen. Dort findest du die Dateien `readperf` und `readperf.c`[4]. Ersteres ist die unter SuSE LINUX 9.1 kompilierte Fassung. Das zweite ist der Quellcode, den du dir einfach selbst kompilieren kannst, und zwar so:

```
Eiger:~> gcc -o readperf readperf.c
```

Wenn du das kompilierte Programm dann nach `/usr/local/bin` installierst, kannst du es von überall her einfach aufrufen:

```
Eiger:~ # cp readperf /usr/local/bin
```

`readperf` macht auf einem Blockgerät (Festplatte, Partition, CD-ROM oder DVD) folgende beiden Tests:

- *Lesen am Stück*
  Fünf Sekunden lang liest das Programm Datenblöcke der Größe 1 Megabyte am Stück. Anschließend berechnet es daraus die Übertragungsrate. Wenn du als Gerät z. B. `/dev/hda` angibst, so wird direkt von der ersten IDE-Festplatte gelesen. Das Dateisystem wird dabei umgangen und hat daher auch keinen Einfluss.
- *Positionierung*
  Weitere fünf Sekunden wird im ganzen Gerät immer zufällig ein Block der Größe 512 Bytes ausgewählt und gelesen. Dazu muss der Lesekopf auf eine bestimmte Stelle der Platte positionieren. Das eigentliche Lesen des Blockes geht so schnell, dass es die Messung nicht maßgeblich verfälscht.

Die zu untersuchenden Festplatte oder Partitionen gibst du einfach als Argumente an. Hier ist ein Beispiel, welches die beiden Festplatten `/dev/hda` und `/dev/hdb` vergleicht:

[4] Du kannst das Programm gerne ändern und auch weitergeben. Die Benutzung ist aber ohne Garantie und auf eigene Gefahr. Einzelheiten erfährst du auf der oben angegebenen Webseite.

```
Eiger:~ # readperf /dev/hda /dev/hdb
IO performance test version 1.0.0 -- Copyright Mathias Kettner
This software is licensed under GPL - use at your own risk.

DEVICE                  CONTINOUS            RANDOM SEEK
---------------------------------------------------------
/dev/hda               45.21 MB/sec         12.2 ms/seek
/dev/hdb               55.98 MB/sec         13.8 ms/seek
```

Daraus wird auch klar, welches Problem die Lesekopfbewegungen für die Performance bedeuten können: Wärend die erste Messung den Optimalfall darstellt, ist der `RANDOM SEEK`-Test gewissermaßen der ungünstigste Fall: Jeder Block liegt an einer völlig anderen Stelle der Platte. Anhand der Information, dass ein Block 512 Byte groß ist, kann man die Übertragungsrate in diesem Fall berechnen:

Im Fall von `/dev/hda` bedeutet dies 512 Byte in 12,2 Millisekunden, also 512 000 Byte in 12,2 Sekunden. Das ergibt umgedreht etwa 41 KB/sec oder 0,040 MB/sec! Das ist gerade mal 0,09% der optimalen Performance. Das Lesen von zufällig verteilten Blöcken dauert also 1130-mal so lange wie das Lesen eines kontinuierlichen Stücks!

9.3.2 Partitionsgrößen

Du kannst den Performancetest auch auf eine einzelne Partition anwenden. Ich vergleiche hier mal die Platte `hda` mit deren erster Partition `hda1`:

```
Eiger:~ # readperf /dev/hda /dev/hda1
IO performance test version 1.0.0 -- Copyright Mathias Kettner
This software is licensed under GPL - use at your own risk.

DEVICE                  CONTINOUS            RANDOM SEEK
---------------------------------------------------------
/dev/hda               44.99 MB/sec         12.6 ms/seek
/dev/hda1              45.10 MB/sec          5.5 ms/seek
```

Das Ergebnis ist bemerkenswert: Die Leserate ist bei beiden etwa gleich, aber die Positionierung ist in `hda1` mehr als doppelt so schnell! Warum?

Die Antwort ist einleuchtend: Die Partition `hda1` entspricht einem zylindrischen Teilbereich der Platte. Nachdem dieser kleiner ist, als die ganze Platte, muss der Lesekopf einfach kürzere Wege zurücklegen.

9.3.3 Der Einfluss von Caches

Um das Problem der langsamen Positionierungen abzufedern, werden *Caches* eingesetzt. Dies sind Speicherbereiche, in denen einmal gelesene Blöcke für den späteren Gebrauch vorgehalten werden, um so ein tatsächliches Lesen von der Platte zu vermeiden.

Unter Linux haben mehrere Arten von Caches einen Einfluss auf die Plattenperformance:

- *Der Linux-Buffercache*
  Wie wir weiter oben schon gesehen haben, nutzt Linux freien Hauptspeicher, um Festplattenblöcke zu puffern. Dabei wird versucht, zu ahnen, welche Blöcke in Zukunft besonders häufig gebraucht werden. Dies sind z. B. Blöcke, in denen das Dateisystem Metainformationen abspeichert.
- *Der Linux-Verzeichniscache*
  Die mit Abstand häufigste Informationen, die von einer Festplatte geholt werden (müssten), sind Angaben zu Verzeichnissen, allen voran zum Wurzelverzeichnis. Beim Zugriff auf die Datei `/usr/local/bin/readperf` werden Informationen aus vier verschiedenen Verzeichnissen benötigt, welche auf mindestens vier verschiedenen Festplattenblöcken abgelegt sind. Deshalb hält Linux einen Cache von Verzeichniseinträgen. Beim Perfomancetest direkt auf `/dev/hda` hat dieser natürlich keinen Einfluss, da hier ohne Dateisystem gearbeitet wird.
- *Caches auf der Festplatte oder dem Controller*
  Moderne IDE-Festplatten, aber auch SCSI-Controller und -Platten besitzen Caches von einige Megabytes Größe. Unter Linux ist der Einfluss dieser Caches gering, da mit dem Buffercache ein wesentlicher größerer Cache zur Verfügung steht. Auch müssen bei einem von der Platte gecachten Block die Daten trotzdem über den Bus übertragen werden.
  Die Größe des Caches einer IDE-Platte kannst du mit `hdparm` ermitteln:

```
Eiger:~ # hdparm -i /dev/hdb | grep BuffSize
 BuffType=DualPortCache, BuffSize=8192kB, MaxMultSect=16, ...
Eiger:~ # hdparm -i /dev/hdd | grep BuffSize
 BuffType=DualPortCache, BuffSize=1916kB, MaxMultSect=16, ...
```

Bei Performance-Messungen musst du die Caches natürlich berücksichtigen, da sie die Ergebnisse unter Umständen stark verfälschen. Prinzipiell hast du dazu drei Möglichkeiten:

- Du verwendest Messdaten, die viel größer sind als der Cache. Dieser kann dann nur noch einen kleinen Teil der Daten speichern. Das Ergebnis wird nur noch minimal verfälscht.
- Du arbeitest bei jedem Test mit „frischen" Daten, welche garantiert noch nicht im Cache sind.
- Du greifst am Cache vorbei auf direkt die Hardware zu.

Bei meinem Programm `readperf` wird der *Festplatten-Cache* mittels der ersten beiden Methoden ausgeschaltet. Beim Lesen von etwa 200 MB in fünf Sekunden hat selbst ein Cache von 8 MB wenig Einfluss. Beim Positionieren werden Blöcke völlig zufällig von der ganzen Platte gelesen. Die Wahrscheinlichkeit, dass dabei einmal ein bereits gecachter Block gelesen wird, ist marginal.

Um den *Linux-Puffercache* zu umgehen, brauchen wir jedoch eine zusätzliche Methode: *Raw-Devices!*

9.3.4 Raw-Devices

Ein Raw-Device ist ein Gerät, mit dem man auf ein Block-Gerät zugreift und dabei den Pufferchache umgeht. Unter Linux findest du die Raw-Devices als Gerätedateien unter `/dev/raw`. Sie heißen `raw1`, `raw2`, usw. Um ein Raw-Device zu verwenden, musst du es erst an ein Block-Gerät binden. Das geht mit dem Befehl `raw`. Folgendes Beispiel bindet die Partition `/dev/hda1` and das Raw-Device `/dev/raw/raw1`:

```
Eiger:~ # raw /dev/raw/raw1 /dev/hda1
/dev/raw/raw1:  bound to major 3, minor 1
```

Anschließend kannst du den Performancetest direkt auf das Raw-Device laufen lassen, oder sogar beide Geräte miteinander vergleichen:

```
Eiger:~ # readperf /dev/hda1 /dev/raw/raw1
IO performance test version 1.0.0 -- Copyright Mathias Kettner
This software is licensed under GPL - use at your own risk.

DEVICE                   CONTINOUS          RANDOM SEEK
--------------------------------------------------------------
/dev/hda1               45.12 MB/sec         5.8 ms/seek
/dev/raw/raw1           44.97 MB/sec         6.7 ms/seek
```

Wie zu erwarten, sind die Werte beim Zugriff auf das Raw-Device etwas ungünstiger (realistischer). Übrigens: Ab Kernel 2.6 kannst du auf ein Raw-Device nur dann zugreifen, wenn das zugehörige Block-Gerät gerade nicht gemountet ist.

9.4 Einfluss des Dateisystems

In der Regel greift man auf die Festplatte nicht direkt zu, sondern über ein *Dateisystem*. Ein Dateisystem ist eine Struktur, in der Dateien und Verzeichnisse in einem Blockgerät organisiert sind. Neben den eigentlichen Daten werden auch Datei- und Verzeichnisnamen, Dateiattribute und eine Liste der freien und belegten Bereiche abgelegt.

Manche Dateisystem führen ein *Journal*. Dies ist ein gesonderter Datenbereich auf der Festplatte oder Partition, in dem bei Änderungen an der Struktur (z. B. Anlegen, Löschen oder Vergrößern einer Datei) diese zunächst dort vermerkt werden. Ein eigener Prozess pflegt diese Änderungen dann nach und nach in das richtige Dateisystem ein.

Wenn nun der Rechner mitten im Betrieb hart abgeschaltet wird, so können anhand des Journals die Änderungen komplettiert werden. Geschieht das Abschalten, während gerade das Journal selbst beschrieben wird, so wird die Änderung einfach komplett verworfen. In jedem Fall bleibt die Struktur des Dateisystems immer *konsistent*. Dies hat zwei Vorteile:

- Auch nach einem harten Abschalten ist beim Booten kein Dateisystemcheck nötig. Lediglich das Journal muss noch abgearbeitet werden.
- Das Dateisystem kann nicht korrumpiert werden.

Ein Journal hat aber auch einen Nachteil: Jede Strukturänderung muss insgesamt zweimal auf die Platte geschrieben werden. Das bedeutet einen Verlust an Schreibperformance.

Unterschiedliche Dateisysteme haben teils sehr unterschiedliche Zeit-Eigenschaften. Manchmal gibt es unter speziellen Umständen eine extreme Verschlechterung (oder Verbesserung). Ein drastiges Beispiel ist das Dateisystem von MS-DOS: Ab einigen hundert Dateien in einem Verzeichnis wird die Performance spürbar schlechter. Bei tausenden Dateien ist ein Einsatz nicht mehr praktikabel.

Moderne Dateisysteme wie das ReiserFS hingegen stecken selbst Millionen Dateien in einem Verzeichnis locker weg[5].

Um ein bisschen zu illustrieren, welchen Einfluss das Dateisystem auf die Performance hat, habe ich eine Reihe von Versuchen gemacht, in denen ich die Dateisysteme `ext2`, `ext3`, `reiserfs` und `jfs`[6] verglichen habe. Dabei habe jedes Mal die gleiche Festplattenpartition verwendet (Größe etwa 1 GB). Die Zeiten habe ich absichtlich auf eine Sekunde gerundet, da sie von Mal zu Mal etwas schwanken. Hier sind die Ergebnisse:

Test	ext2	ext3	reiserfs	jfs
60 000 Verzeichnisse anlegen	8 s	23 s	5 s	9 s
diese mit `find` durchlaufen	84 s	11 s	2 s	1 s
60 000 Dateien anlegen	119 s	34 s	6 s	8 s
1GB-Datei schreiben	27 s	20 s	30 s	26 s
1GB-Datei lesen	20 s	20 s	22 s	29 s

[5] Du solltest so ein Verzeichnis dann allerdings nicht mehr mit einem Datei-Browser öffnen...
[6] von IBM

Die Quintessenz dieses Tests ist der, dass die neuen Dateisysteme `reiserfs` und `jfs` im Vergleich zu dem alten `ext2` und auch dessen Nachfolger `ext3` beim Umgang mit vielen Dateien und Verzeichnissen – also mit den Strukturinformationen – wesentlich performanter arbeiten. Beim Zugriff auf große Dateien spielen die Unterschiede kaum ein Rolle. Auch sieht man den negativen Einfluss des Journals beim Anlegen der Verzeichnisse unter `ext3` im Gegensatz zu `ext2`.

Allerdings lässt der Test auch viele Fragen offen, z. B. :

- Wie skaliert das Dateisystem beim Einsatz mehrerer Prozessoren?
- Gibt es ein Problem mit der schleichenden Fragmentierung von Dateien, wenn das Dateisystem länger in Betrieb ist?
- Wie verhält sich die Performance, wenn das Dateisystem nahezu voll ist?

Wenn du das Dateisystem als Ursache deines Performanceproblems vermutest, musst du also Tests unter den örtlichen Gegebenheiten machen, um ein aussagekräftiges Ergebnis zu bekommen. Für solche Experimente kannst du gerne mein Skript verwenden, mit dem ich obige Versuche gemacht habe. Du findest es unter `http://mathias-kettner.de/diagnosebuch_downloads.html`.

9.5 Netzwerk

Vernetzte Computer sind ein ideales Tummelfeld für mysteriöse Probleme. Vor allem die Ursache eines seltsamen Zeitverhaltens scheint oft unerklärlich. Allzuschnell wird das Problem auf die zu geringe Bandbreite geschoben und schnellere Leitungen gefordert. Warum das nicht immer hilft, werden wir in diesem Abschnitt untersuchen.

Auch im Zusammenhang mit dem Netzwerk müssen wir uns erst wieder überlegen, was es für Möglichkeiten gibt, *Zeit* zu verbrauchen:

- *Datenübertragung und Bandbreite*
  Jede Netzwerkverbindung ist begrenzt in der Menge an Daten, die man pro Sekunde durch die Leitung pumpen kann. Die maximale Geschwindigkeit nennt man *Bandbreite*. Der Begriff kommt aus der Funktechnik und hat mit der Breite eines Frequenzbandes zu tun. In der Welt von TCP/IP gibt man die Bandbreite aber gewöhnlich in *Kilo-*, *Mega-* oder *Gigabit pro Sekunde* (KBit/s, Kb/s, MBit/s, usw.) an. Dies darfst du natürlich nicht verwechseln mit Kilo*byte* pro Sekunde (KB/s), denn ein Byte besteht bekanntlich aus acht Bit. Wenn nun ein Prozess 1 Megabyte an Daten übertragen muss, und die Bandbreite ist 1 MBit/s, dann dauert das eben nicht eine, sondern acht Sekunden.

- *Laufzeiten*
  Neben der Bandbreite ist die Laufzeit eines Datenpaketes eine ebenso wichtige Performance-Größe. Was nützt es, wenn man 20 Terabyte pro Sekunde übertragen kann, es aber zwei Tage braucht, bis das erste Bit auf der anderen Seite ankommt? Dieses Verhalten hat man z. B., wenn man einen Lastwagen mit einer 40 Tonnen-Ladung DVDs auf die Reise nach Spanien schickt[7].
- *Wartezeiten*
  Netzwerk bedeutet fast immer ein Frage-/Antwortspiel. Ein Client fragt einen Server und wartet auf dessen Antwort. Natürlich braucht der Server Zeit, um diese zu berechnen oder von seiner Festplatte zu holen. Aus Sicht des Clients ist aber erstmal nicht erkennbar, ob die Zeit auf dem Hinweg, bei der Verarbeitung oder dem Rückweg verloren geht.
- *Rechenzeit im Protokollstapel*
  Bevor Daten auf die Reise gehen, müssen Sie in ein bestimmtes Format gebracht werden. Für jede Protokollebene (z. B. Ethernet, IP und TCP) muss für jedes Paket ein Kopf und eine Prüfsumme berechnet werden. Manche Protokolle sehen zusätzlich Verschlüsselung vor. All dies kostet Rechenzeit. Man braucht schon einen sehr schnellen Rechner, damit dieser eine Gigabit-Netzwerkkarte schnell genug mit Daten versorgen kann. Mein alter Server schafft mit seiner 200 MHz-CPU nicht mal 100 MBit/sec, wie wir später sehen werden.
- *Fehlerrate*
  Wenn du es mit einem Funknetz zu tun hast (z. B. Wireless LAN), wirst du auf das Problem stoßen, dass die versprochene Bandbreite von z. B. 11 MBit/sec nur unter optimalen Bedinungen erreicht wird. Ist der Äther gestört, so müssen Pakete mehrfach übertragen oder die Bandbreite gedrosselt werden.

Das Ziel der Performance-Diagnose ist also auch hier wieder, genau zu analysieren, wo die Zeit verloren geht. Ein Erhöhen der Bandbreite hilft nur in einem der oben genannten Fälle.

9.5.1 Bandbreitenmessung mit `iptraf`

Wenn du als Ursache für die schlechte Performance eine zu kleine Netzwerkbandbreite vermutest, kannst du deren Auslastung mit dem praktischen Werkzeug `iptraf` komfortabel beobachten. `iptraf` lauscht auf der Netzwerkkarte nach Paketen und erstellt verschiedene Arten von Statistiken. Die Daten werden pro Netzwerkkarte gesammelt und dargestellt.

[7] Genau nachgerechnet habe ich's nicht, aber in seinem berühmten Buch über Computer-Netzwerke hat *Andrew S. Tanenbaum* ein ähnliches Beispiel durchgerechnet.

Das Programm läuft im Textmodus. Du startest es als `root` durch Eingabe von `iptraf`, woraufhin es dich mit folgendem Menü begrüßt:

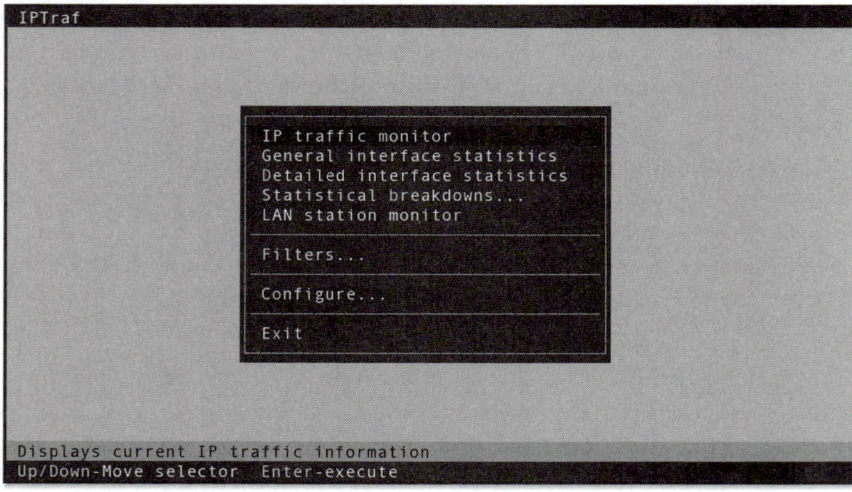

Allgemeine Übersicht

Als erstes wollen wir nur eine grobe Übersicht über den aktuellen Netzwerkverkehr bekommen. Dazu wählst du den zweiten Punkt: `General interface statistics`. Was jetzt folgt, präsentiert sich so[8]:

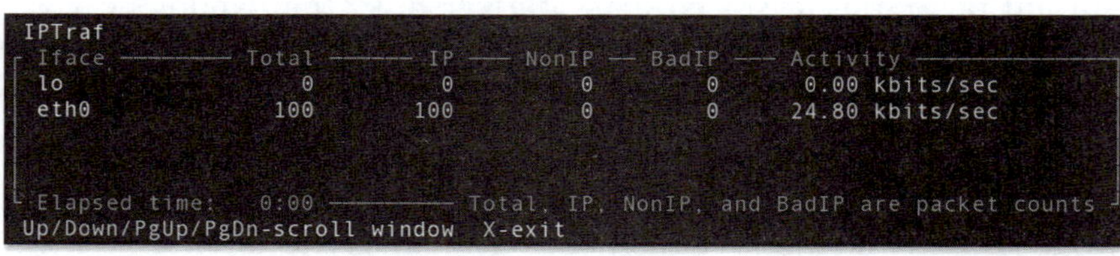

`iptraf` zählt für jedes Netzwerkgerät die ein- und ausgehenden Pakete und ermittelt daraus die *benutzte* Bandbreite. In unserem Beispiel bedeutet das:

- Über das interne Gerät `lo` ist seit dem Öffnen des Fensters kein Verkehr gelaufen. `lo` wird für die IP-Adresse `127.0.0.1` (`localhost`) benutzt.
- Über die externe Netzwerkkarte `eth0` sind 100 Pakete gesendet oder empfangen worden. Wenn du das Fenster offen lässt, kannst du sehen, wie die Pakete hochzählen, wenn es Netzwerkverkehr gibt.
- Die ungefähre benutzte Bandbreite liegt bei 24,8 KBit/sec.

[8]Damit es übersichtlicher wird, habe ich bei den folgenden Bildschirmfotos den „leeren Bauch:" herausgeschnitten.

Bedeutet das nun, dass das Netzwerk schon am Anschlag arbeitet? In unserem Beispiel sicherlich nicht, denn hier ist eine 100 MBit-Karte im Einsatz, über welche gerade mal 0,024 MBit an Daten gehen. Du musst folgende Faktoren berücksichtigen:

- Die laut Spezifikation maximale Bandbreite von Ethernet wird selbst unter optimalen Bedingungen nie erreicht. Dazu gibt es verschiedene Gründe, wie z. B. die Art, wie das Medium für die Übertragungsrate reserviert wird.
- `iptraf` zählt nur die Größe der *IP-Pakete*. Jedes Paket belegt aber auf dem Netz zusätzlich Bandbreite für die Informationen der Link-Ebene (z. B. Ethernet oder PPP).
- `iptraf` zählt nur Pakete, die von oder zu dem eigenen Rechner gehen. Das Netzwerk wird aber auch durch die Kommunikation anderer Rechner untereinander belegt.

Weil Spekulationen uns aber hier nicht weiterhelfen, brauchen wir eine Methode, um die *tatsächliche* maximal nutzbare Bandbreite in unserem Netz zu bestimmen. Und die ist nicht nur vom Netzwerk abhängig, sondern auch von den jeweils beteiligten Rechnern. Wir müssen also sorgfältig arbeiten und stets die Verbindung zwischen zwei bestimmen Rechnern separat messen, wobei wir dafür sorgen müssen, dass das Netzwerk nicht gleichzeitig durch Verkehr von anderen Rechnern belegt ist.

Den nötigen Netzwerkverkehr kannst du einfach mit dem Befehl `netcat` erzeugen, den ich schon in Abschnitt 6.4.4 vorgestellt habe. Auf einem der beiden Rechner lässt du `netcat` im Servermodus laufen und auf eine Verbindung warten. Als Datenquelle bietet sich natürlich `/dev/zero` an, welches unendliche viele binäre Nullen ausspuckt. Auf der anderen Seite startest du `netcat` als Client und lenkst die geholten Daten nach `/dev/null` um.

Beide Rechner arbeiten dann sehr effektiv zusammen, um sinnlose Nullen über die Leitung ins Datengrab zu schaufeln. Weil aber `netcat` sehr primitiv ist und `/dev/zero` und `/dev/null` die schnellsten Geräte überhaupt sind, kannst du davon ausgehen, dass die Daten wirklich mit der optimalen Geschwindigkeit übertragen werden.

Ich zeige dir das Vorgehen an einem Beispiel mit zwei Rechnern `A` und `B`:

Den Server spielt `A`. Dort musst du `netcat` als erstes starten, und zwar mit der Option `-l` für *listen*. Als Portnummer verwendest du z. B. 9999.

```
A:~> netcat -lp 9999 </dev/zero
```

Anschließend startest du `netcat` auch auf `B` und sagst ihm, dass er sich zu Rechner `A` auf Port 9999 verbinden soll:

```
B:~> netcat A 9999 >/dev/null
```

Jetzt zeigt `iptraf` schon ganz andere Werte:

```
IPTraf
┌ Iface ──────── Total ─────── IP ─── NonIP ── BadIP ─── Activity ──────────────┐
│ lo                  0          0        0        0       0.00 kbits/sec       │
│ eth0           137540     137540        0        0   39509.40 kbits/sec       │
│                                                                               │
└ Elapsed time:    0:00 ───────── Total, IP, NonIP, and BadIP are packet counts ┘
Up/Down/PgUp/PgDn-scroll window  X-exit
```

Über eth0 gehen jetzt fast 40 MBit/sec. Das ist schon ganz erklecklich, aber eigentlich hatten wir ja einen Wert erwartet, der in Richtung 100 MBit/sec geht. Das dies auch möglich ist, beweist ein weiterer Versuch, diesmal zwischen Rechner A und C:

```
IPTraf
┌ Iface ──────── Total ─────── IP ─── NonIP ── BadIP ─── Activity ──────────────┐
│ lo                  0          0        0        0       0.00 kbits/sec       │
│ eth0          1291269    1291269        0        0   81699.00 kbits/sec       │
│                                                                               │
└ Elapsed time:    0:18 ───────── Total, IP, NonIP, and BadIP are packet counts ┘
Up/Down/PgUp/PgDn-scroll window  X-exit
```

Hier gehen immerhin 82 MBit/sec über die Leitung. Der begrenzende Faktor im ersten Beispiel war Rechner B, welcher schlicht über zu wenig CPU-Performance verfügt, um die Daten schnell genug von und zur Netzwerkkarte zu transportieren.

Voll-Duplex und Halb-Duplex

Bei Überlegungen zu Datenübertragung und Bandbreite solltest du immer Kopf haben, dass es zwei Übertragungsrichtungen gibt: hin und her, rein und raus, Senden und Empfangen. Wie ist das nun mit der Bandbreite: zählt hier nur eine Richtung, oder wird ein *gleichzeitiger* Verkehr in beiden Richtungen addiert? Diese Information wird leider von Hardware-Herstellern systematisch verschleiert. Einige Beispiele:

- Sogenannte 56 KBit-Modems erreichen diese Geschwindigkeit nur in eine Richtung, nämlich Downstream – also zum Surfer.
- Bei 100 MBit-Ethernet gibt es die Betriebsarten Halb-Duplex und Voll-Duplex. Nur in der zweiten können in beiden Richtungen *gleichzeitig* 100 MBit/sec übertragen werden.
- Beim 1000 MBit-Ethernet (*Gigabit-Ethernet*) auf Kupferkabeln ist grundsätzlich nur Halb-Duplex möglich. Wenn es Verkehr in beide Richtungen gibt, ist das also in gewisser Hinsicht nur *fünf* mal so schnell wie 100 MBit Voll-Duplex.

Ob deine Leitung Voll-Duplex verwendet, kannst du mit dem in Abschnitt 6.2.3 vorgestellten mii-diag feststellen. Das aussagekräftigste Ergebnis bekommst du aber durch eine Messung ähnlich der obigen. Du machst das Experiment einfach zweimal gleichzeitig über Kreuz. Auf jedem Rechner startest du zweimal netcat, einmal als Sender, einmal als Empfänger. Das erste Paar von Programmen sieht z. B. so aus:

```
A:~> netcat -lp 9999 </dev/zero
```

```
B:~> netcat A 9999 >/dev/null
```

Im zweiten Paar von Fenstern drehst du den Spieß um, wobei du hier den Befehl auf Rechner B zuerst starten musst:

```
A:~> netcat A 9999 >/dev/null
```

```
B:~> netcat -lp 9999 </dev/zero
```

Wenn deine Netzwerkverbindung zwischen den beiden Rechnern Voll-Duplex-fähig ist, so kann nun die gemessene Bandbreite den doppelten Wert erreichen, wie bei einer einseitigen Übertragung.

Um dir Klarheit zu verschaffen, kannst du wieder iptraf aufrufen, diesmal aber gleich den dritten Menüpunkt Detailed interface statistics auswählen. Hier musst du nun noch die Netzwerkkarte auswählen, da die Statistik immer nur eine auf einmal darstellen kann. In der Regel wird das eth0 sein.

In folgendem Beispiel wird eine eingehende Rate von 44 MBit/sec und eine ausgehende Rate von 41 MBit/sec gemessen, was sich auf eine Gesamtrate von 85 MBit/sec addiert.

```
IPTraf
┌ Statistics for eth0 ─────────────────────────────────────────────────────
│
│              Total      Total   Incoming   Incoming   Outgoing   Outgoing
│            Packets      Bytes    Packets      Bytes    Packets      Bytes
│ Total:      695574    725100K     378966    431581K     317660    294882K
│ IP:         695042    715354K     378966    426276K     317660    290144K
│ TCP:        698167    718055K     380012    427348K     318703    290707K
│ UDP:            37       3425         20       2118         17       1307
│ ICMP:            0          0          0          0          0          0
│ Other IP:        0          0          0          0          0          0
│ Non-IP:          0          0          0          0          0          0
│
│
│ Total rates:      85463.5 kbits/sec         Broadcast packets:          4
│                   10256.6 packets/sec       Broadcast bytes:          712
│
│ Incoming rates:   44207.2 kbits/sec
│                    5271.4 packets/sec
│                                             IP checksum errors:         0
│ Outgoing rates:   41317.5 kbits/sec
│                    4985.2 packets/sec
└ Elapsed time:   0:02 ──────────────────────────────────────────────────────
X-exit
```

Sobald du den netcat-Prozess mit den ausgehenden Daten beendest, steigt die Rate für den eingehenden auf über 80 MBit/sec.

Messen bei Einwahlleitungen

Wenn du eine Leitung durchmessen willst, welche du nur einseitig kontrollierst, musst du anders vorgehen. Ich meine damit das Problem, dass du schlecht auf dem Einwahl-Server deines Providers ein netcat starten kannst.

Da Einwahlleitungen aber meist schmalbandig sind, ist es leicht, die nötige Netzlast mit anderen Mitteln zu erzeugen. Es bietet sich z. B. ein größerer FTP-Download an. Wichtig ist nur, dass du auf einen FTP-Server gehst, von dem du sicher bist, dass er die Daten schnell genug für deine Leitung anliefern kann. Von mir aus ist z. B. `ftp.leo.org` gut erreichbar.

Den `ftp`-Client rufst du auf der Kommandozeile auf mit:

```
Eiger:~> ftp ftp.leo.org
```

Als Name und Passwort nimmst du z. B. `ftp` und deine E-Mail-Adresse. Am FTP-Prompt wechselst du nach `pub/knoppix` and lädst ein aktuelles ISO-Image herunter. Der FTP-Client zeigt dir die aktuelle Bandbreite an (hier 87,92 KBit/sec):

```
ftp> cd pub/knoppix
250 CWD command successful.
ftp> mget KNOPPIX*.iso
mget KNOPPIX_V3.4-2004-05-10-DE.iso [anpqy?]? y
229 Entering Extended Passive Mode (|||58889|)
150 Opening BINARY mode data connection for 'KNOPPIX_V3.4-200...
  0% |                           |   115 KB  87.92 KB/s  1:41:53 ETA
```

Etwas schwieriger ist es, die Upstream-Richtung zu testen – also das Senden von Daten ins Internet. Es gibt dafür weniger freie Dienste zum Experimentieren. Du könntest z. B. versuchen, eine etwas größere E-Mail zu versenden und gleichzeitig mit `iptraf` den Verkehr beobachten.

Aktuellen Verkehr beobachten

Nachdem du gemessen hast, wie sich der Netzwerkverkehr im *optimalen* Fall verhält, kannst du dich wieder deinem Performance-Problem widmen. Schließlich drehte sich ja alles um die Frage, ob die Netzwerkbandbreite hier den Flaschenhals darstellt. Es gilt jetzt also, zwei Dinge zu untersuchen:

- ❑ Ist die maximale Bandbreite des Netzes ausgeschöpft?
- ❑ Falls ja, welche Dienste verursachen den Verkehr?

Die Beantwortung der ersten Frage sollte kein Problem darstellen, da du den Optimalfall nun kennst und mit den aktuellen Werten vergleichen kannst, welche du mit `iptraf` ermittelst.

Für die Klärung der zweiten Frage bietet `iptraf` den Menüpunkt `Statistical breakdowns...` mit der Unterauswahl `By TCP/UDP port`. Nach der Auswahl der Netzwerkkarte gelangst du in folgenden Bildschirm:

```
IPTraf
┌ Proto/Port ──────── Pkts ─── Bytes ── PktsTo ─ BytesTo  PktsFrom BytesFrom ─┐
│ TCP/800               702   251184      322    131164       380    120020   │
│ TCP/22                  4      720        2       104         2       616   │
│ UDP/991                 2      228        1       120         1       108   │
│ UDP/770                10      788        5       444         5       344   │
│ UDP/604                 8      560        4       224         4       336   │
│ UDP/53                 26     2933       13       817        13      2116   │
│ UDP/631                 6      984        3       492         3       492   │
│ TCP/80                122    66388       64      3798        58     62590   │
│ UDP/123                 4      304        2       152         2       152   │
│                                                                             │
└ 9 entries ──────── Elapsed time:   0:01 ─────────────────────────────────────┘
 Protocol data rates (kbits/s):      22.60 in       20.40 out       43.20 total
 Up/Down/PgUp/PgDn-scroll window  S-sort  X-exit
```

Was du hier siehst, ist eine Aufstellung des TCP- und UDP-Verkehrs anhand der Portnummern. Leider zeigt `iptraf` nur aufsummierte Werte seit dem Öffnen des Fensters und keine aktuellen Mittelwerte der Datenraten. Um zu erkennen, welche Verbindung den Löwenanteil des Verkehrs ausmacht, sollte das aber genügen.

Im Beispiel wird der Hauptverkehr durch eine TCP-Verbindung mit Port 800 verursacht. Mit `netstat` kannst du dir Einzelheiten der Verbindungen anzeigen lassen:

```
Eiger:~> netstat -tn
Aktive Internetverbindungen (ohne Server)
Proto Recv-Q Send-Q  Local Address        Foreign Address        State
tcp        0      0  10.10.0.3:799        10.10.0.7:1026         VERBUNDEN
tcp        0      0  10.10.0.3:33960      195.135.220.3:80       TIME_WAIT
tcp        0      0  10.10.0.3:33957      195.135.220.3:80       TIME_WAIT
tcp        0      0  10.10.0.3:33958      195.135.220.3:80       TIME_WAIT
tcp        0      0  10.10.0.3:33959      195.135.220.3:80       TIME_WAIT
tcp        0      0  10.10.0.3:800        10.10.0.7:2049         VERBUNDEN
tcp        0      0  10.10.0.3:32929      10.10.0.9:22           VERBUNDEN
tcp        0      0  10.10.0.3:32930      10.10.0.9:22           VERBUNDEN
tcp        1      0  10.10.0.3:33944      10.10.0.7:631          CLOSE_WAIT
tcp        0      0  10.10.0.3:32981      217.160.140.72:22      VERBUNDEN
```

In diesem Beispiel handelt es sich um eine Verbindung zu Port 2049 des Rechners `10.10.0.7`. Falls du nicht auswendig weißt, was die Portnummer bedeutet, kannst du in `/etc/services` nachsehen. In unserem Fall handelt es sich um eine NFS-Verbindung[9].

9.5.2 Laufzeiten messen mit `ping`

Während beim Übertragen größerer Datenmengen natürlich die Bandbreite das entscheidende Element ist, gibt es Anwendungen, bei denen eher die *Latenzzeit* entscheidend ist – also die Zeit von der Anfrage bis zum Beginn der meist kurzen Antwort.

[9]NFS: Network File System

Ein gutes Beispiel ist die Auflösung von Rechnernamen über DNS: die Frage- und Antworttelegramme sind nicht mal 100 Bytes groß. Was nützt es, wenn die Antwort mit 1 GBit/sec übertragen wird, es aber eine halbe Minute dauert, bis sie eintrifft?

Die Latenzzeit von der Anfrage bis zur Antwort setzt sich aus zwei Komponenten zusammen:

- Paketlaufzeiten
- Verarbeitung durch den Server

Die Paketlaufzeiten lassen sich am einfachsten mit `ping` ermitteln. Der Zielrechner antwortet so schnell er kann – denn der Ping wird vom Betriebssystemkern selbst beantwortet, ohne dass dort ein Benutzer-Prozess aktiv werden muss.

Ich habe testweise mal einen Ping zu meinem Fileserver im lokalen Netzwerk gemacht. Die Antwortpakete treffen bereits nach etwa 0,6 ms ein:

```
Eiger:~> ping -n Blomberg
PING Blomberg.local.de (10.10.0.7) 56(84) bytes of data.
64 bytes from 10.10.0.7: icmp_seq=1 ttl=64 time=0.591 ms
64 bytes from 10.10.0.7: icmp_seq=2 ttl=64 time=0.614 ms
64 bytes from 10.10.0.7: icmp_seq=3 ttl=64 time=0.601 ms

--- Blomberg.local.de ping statistics ---
3 packets transmitted, 3 received, 0% packet loss, time 2000ms
rtt min/avg/max/mdev = 0.591/0.602/0.614/0.009 ms
```

Zu `www.mathias-kettner.de` müssen sich die Pakete über eine DSL-Leitung quetschen und brauchen dazu schon mehr als 100-mal so lang, nämlich etwa 68 ms:

```
Eiger:~> ping -n www.mathias-kettner.de
PING www.mathias-kettner.de (217.160.140.72) 56(84) bytes of data.
64 bytes from 217.160.140.72: icmp_seq=1 ttl=248 time=67.4 ms
64 bytes from 217.160.140.72: icmp_seq=2 ttl=248 time=68.0 ms
64 bytes from 217.160.140.72: icmp_seq=3 ttl=248 time=69.0 ms

--- www.mathias-kettner.de ping statistics ---
3 packets transmitted, 3 received, 0% packet loss, time 2003ms
rtt min/avg/max/mdev = 67.472/68.179/69.015/0.704 ms
```

`ping` gibt in der letzten Zeile eine Statistik über alle Pakete aus:

Abk.	Bedeutung
`rtt`	*round trip time* (*RTT*): Gesamtzeit für einen Hin- und Rückweg
`min`	RTT des schnellsten Paketes
`avg`	durchschnittliche RTT
`max`	RTT das langsamsten Paketes
`mdev`	*mean deviation* (mittlere Abweichung): Dieser Wert zeigt an, wie ungleichmäßig die Laufzeiten verteilt sind. Bei einer guten und nicht verstopften Leitung sollte dieser Wert unter 2% der mittleren Laufzeit liegen. Das bedeutet, dass alle Pakete praktisch gleich schnell sind.

Wenn die durchschnittliche RTT eines Pings 67 ms beträgt, so bedeutet das, dass jede Antwort auf eine Anfrage *egal welcher Art* mindestens 67 ms dauert. Das ist so ähnlich, wie mit der Lichtgeschwindigkeit: schneller geht's einfach nicht, nur langsamer.

9.5.3 Wartezeiten

Wie oben erwähnt kommt zur Laufzeit der Frage- und Antwortpakete noch die Bearbeitungszeit des Servers hinzu. Um die Gesamtwartezeit zu ermitteln, hast du zwei Möglichkeiten:

- Du simulierst die Anfrage mit einem Testprogramm und verwendest `time`, um dessen Laufzeit zu messen.
- Du beobachtest den realen Netzwerkverkehr mit `tcpdump`.

Die zweite Methode hat den Vorteil, dass du keinen Eingriff in dein laufendes System vornehmen musst. Gerade wenn dein Performanceproblem nur in einer Grenzsituation auftritt, ist das wichtig. Allerdings benötigst du Geduld für ein bisschen Erbsenzählerei.

Ich illustriere das am besten an am Beispiel eines Abrufs einer Webseite von `mathias-kettner.de`. Bevor ich mit meinem Browser die Seite abrufe, lasse ich in einem anderen Fenster `tcpdump` laufen. Mit dem Schlüsselwort `host` selektiere ich Pakete von und zum Zielrechner.

Zusätzlich lasse ich noch mit `udp port domain` alle Pakete auflisten, die mit DNS-Anfragen zu tun haben. Die Ausgabe von `tcpdump` leite ich in die Datei `dump` um, damit ich sie anschließend in Ruhe analysieren kann. Die Option `-n` unterbindet das Auflösen von Rechnernamen durch `tcpdump`, was ja wiederum selbst Netzwerkverkehr auslösen würde.

```
Eiger:~ # tcpdump -n host mathias-kettner.de or udp port domain > dump
tcpdump: verbose output suppressed, use -v or -vv for full proto. decode
listening on eth0, link-type EN10MB (Ethernet), capture size 96 bytes
30 packets captured
```

```
36 packets received by filter
0 packets dropped by kernel
```

Nun kann man den Dump in Ruhe mit `less` ansehen. Die ersten paar Zeilen zeigen die Namensauflösung:

```
14:39:58.985823 IP 10.10.0.3.32771 > 10.10.0.7.53:
    7600+ AAAA? mathias-kettner.de. (36)
14:39:59.383058 IP 10.10.0.7.53 > 10.10.0.3.32771:
    7600 0/1/0 (94)
[...]
```

Damit das Ganze etwas übersichtlicher ist, lasse ich die IP-Adressen weg, und kann dir so in jeder Zeile ein Paket zeigen:

```
14:39:58.985823  45344+  AAAA? mathias-kettner.de. (36)
14:39:59.383058  45344   0/1/0 (94)
14:39:59.383423  45345+  AAAA? mathias-kettner.de.local.de. (50)
14:39:59.419924  45345   NXDomain* 0/1/0 (121)
14:39:59.420148  45346+  A? mathias-kettner.de. (36)
14:40:01.549944  45346   1/2/2 A 217.160.140.72 (127)
```

Wie man das liest, habe ich bereits in Abschnitt 6.5.4 geschildert. Als erstes fällt die Tatsache auf, dass insgesamt sechs Pakete über's Netz gehen, – also jeweils drei Fragen und Antworten. Eigentliche sollte doch eine Frage mit Antwort ausreichen. Was ist die Ursache?

- Zuerst wird nach einem `AAAA`-Eintrag gesucht: einer IPV6-Adresse. Dazu gibt es zwar keine Fehlermeldung, aber `0` Antwortdatensätze.
- Anschließend versucht der Resolver eine weitere Anfrage für jeden Eintrag in der `search`-Liste in `/etc/resolv.conf`, welche hier zum Glück nur einen Eintrag enthält: `local.de`. Natürlich führt auch das nicht zum Erfolg.
- Erst im dritten Ansatz fragt der Resolver nach einem `A`-Eintrag und erhält auch eine Antwort.

Anhand der Zeitstempel der IP-Pakete im Dump kannst du jetzt noch berechnen, wie lange jede einzelne Phase dauert. Für das Beispiel habe ich die Ergebnisse in folgender Tabelle zusammengefasst:

Aktion	*Dauer*
Zeit vom Absenden der ersten Anfrage bis zum Erhalt der Antwort	397 ms
Verarbeitung durch den Resolver, Stellen der nächsten Anfrage	< 1 ms
Zeit bis zum Erhalt der zweiten Antwort	37 ms
Verarbeitung durch den Resolver, Stellen der dritten Anfrage	< 1 ms
Zeit bis zum Erhalt der dritten Antwort	2130 ms

Die überflüssigen Anfragen nach IPV6-Adressen kosten hier also immerhin fast eine halbe Sekunde!

Der Rest des Dumps zeigt die Kommunikation mit dem Webserver. Zum Verbindungsaufbau werden drei Pakete benötigt, bei deren ersten beiden das `SYN`-Flag gesetzt ist (`tcpdump` zeigt das durch den Buchstaben `S`):

```
14:40:01.550778 IP 10.10.0.3.33041 > 217.160.140.72.80: S 1588751602:1588751602(0)
win 5840 <mss 1460,sackOK,timestamp 14750016 0,nop,wscale 0>
14:40:01.622175 IP 217.160.140.72.80 > 10.10.0.3.33041: S 1405181521:1405181521(0)
ack 1588751603 win 5792 <mss 1460,sackOK,timestamp 3142760404 14750016,nop,wscale 0>
14:40:01.622257 IP 10.10.0.3.33041 > 217.160.140.72.80: . ack 1 win 5840
<nop,nop,timestamp 14750088 3142760404>
```

In weiteren 18 Paketen werden Nutzdaten ausgetauscht, bis schließlich der Client mit einem `FIN`-Pakete den Verbindungsabbau einleitet (Buchstabe `F`):

```
14:40:01.916586 IP 10.10.0.3.33041 > 217.160.140.72.80: F
116:116(0) ack 10258 win 25920 <nop,nop,timestamp 14750382 3142760429>
14:40:01.990292 IP 217.160.140.72.80 > 10.10.0.3.33041: F
10258:10258(0) ack 117 win 5792 <nop,nop,timestamp 3142760441 14750382>
14:40:01.990350 IP 10.10.0.3.33041 > 217.160.140.72.80: .
ack 10259 win 25920 <nop,nop,timestamp 14750456 3142760441>
```

Anhand der Zeitstempel kannst du genau sehen, welche Phase wie lange dauert. Hier im Beispiel ist das:

Aktion	*Dauer*
Verbindungsaufbau	75 ms
Zeit, bis die ersten Daten vom Webserver kommen	95 ms
Dauer der Übertragung der Daten	171 ms
letzte Empfangsquittung und Verbindungsabbau	98 ms

An diesen Zahlen kannst du übrigens auch sehen, dass ein RTT von 67 ms nicht bedeutet, dass zwei aufeinanderfolgende Pakete vom Server immer mindestens 67 ms Abstand haben. Der Server wartet nämlich bei der normalen Datenübertragung nicht die Quittung jedes einzelnen Paketes ab, sondern sendet erstmal munter drauf los. Beim Verbindungsauf- und abbau hingegen muss jede Seite jeweils die Antwort der anderen abwarten, bevor sie weitermachen kann.

Wenn du die Zeiten zusammenrechnest, müsste dir auffallen, dass von den 439 ms für die gesamte HTTP-Übertragung nur 171 ms für die Übertragung der eigentlichen Daten verbraucht wurde – gerade mal 39%! Das bedeutet aber auch, dass man durch eine Erhöhung der Bandbreite nur diese 39% optimieren kann. Weit mehr würde *hier* eine Verringerung der Paketlaufzeiten bringen.

Wenn du die Namensauflösung mit einrechnest, so entfallen auf die Datenübertragung sogar nur 5,7% der insgesamt 3003 ms! Hier müsstest du aber dann noch untersuchen, wie stark sich Caching-Effekte des Nameservers oder des Resolvers auswirken, also ob die Namensauflösung beim zweiten Mal schneller geht.

9.5.4 Zusammenfassung

- Im Netzwerk wird Zeit benötigt für *Datenübertragung*, *Paketlaufzeiten* und *Bearbeitungszeiten*.
- Bei der Übertragung größerer Datenmengen solltest du die *optimale* und *aktuelle genutzte* Bandbreite untersuchen.
- Die *Round Trip Time* bestimmt die optimale Latenzzeit zwischen einem Frage- und dem zugehörigen Antwortpaket. Sie ist der wesentliche Zeitfaktor bei der Übertragung kurzer Datenpakete und beim Verbindungsauf- und abbau.
- Die Namensauflösung kann einen erheblichen Teil der Gesamtzeit einer Übertragung ausmachen. Zusätzlich zu Buche schlagen systematisch überflüssige Anfragen verschiedener Art.
- Mit `tcpdump` kannst du auf die Microsekunde genau ermitteln, für welche Dinge wie viel Zeit benötigt wird.

9.6 Kompression von Daten

9.6.1 Grundüberlegungen

Zur Komprimierung von Daten wird unter Linux meist `gzip` eingesetzt. Sie hat den Zweck, die Datenmenge ohne Informationsverlust zu reduzieren. Hierbei soll entweder Speicherplatz oder Übertragungszeit gespart werden. Die Zeitersparnis entsteht dadurch, dass weniger Daten übertragen werden müssen.

Der Pferdefuß daran ist, dass die Komprimierung und Dekomprimierung erstmal zusätzlich Zeit kostet, nur eine *andere Art* von Zeit. Bei der Komprimierung zur Beschleunigung der Datenübertragung wird also eine Ersparnis an *Übertragungszeit* mit einem Mehr an *CPU-Zeit* erkauft.

Aus dieser einfachen Erkenntnis folgt, dass Komprimierung nur dann hilft, wenn die Netzwerk-Bandbreite der limitierende Faktor ist, und *schadet*, wenn die CPU zu langsam ist, die Daten schnell genug ein- und auszupacken.

Ein weiterer Faktor muss berücksichtigt werden: Die Effektivität der Komprimierung hängt von der Art der Daten ab – genau gesagt von ihrer *Redundanz*. Folgende Tabelle zeigt einige Beispiele für Kompressionsraten von `gzip`:

Datei	Art	voher	nachher	Faktor
/dev/zero	binäre Nullen	100 000	132	757,6
/etc/services	Textdatei	596 411	170 076	3,5
/bin/bash	Binärdatei, Executable	447 256	221 774	2,0
/boot/vmlinuz	komprimierter Kernel	1 468 824	1 458 190	1,0
/dev/urandom	Zufallszahlen	100 000	100 038	1,0
	verschlüsselte Daten	100 000	100 038	1,0
	Netzwerkverkehr	100 000	22 797	4,4

Für die letzte Zeile der Tabelle habe ich eine Zeit lang mit `tcpdump` den Netzwerkverkehr aufgezeichnet und in die Datei `dump` geschrieben. `tcpdump` kennt hierfür die Option `-w`. Wichtig ist außerdem die Option `-s0`, weil sonst von jedem Paket nur die ersten 68 Byte aufgezeichnet werden:

```
Eiger:~ # tcpdump -s0 -w dump
```

Die Kompressionsrate bei Netzwerkverkehr hängt natürlich von der Art der Daten ab und kann sehr unterschiedlich sein. Mit obiger Methode kannst du die mögliche Kompressionsrate aber leicht bestimmen.

Das Fazit dieser Aufstellung ist:

- Realistische Kompressionsfaktoren liegen zwischen 1 und 4.
- *verschlüsselte, völlig zufällige* oder bereits *komprimierte* Daten lassen sich nicht weiter komprimieren.

Um zu entscheiden, ob es sich lohnt, Daten vor der Netzwerkübertragung zu komprimieren, musst du also folgende Faktoren einberechnen:

- die Netzwerkbandbreite
- die Kompressionsrate
- die Dauer für das Komprimieren und Dekomprimieren

9.6.2 OpenSSH

Leider gibt es keine Methode, IP-Verkehr generell zu komprimieren. Mit dem flexiblen Werkzeug OpenSSH lassen sich aber einzelne TCP-Verbindungen verschlüsseln und – über die Option `-C` – auch komprimieren. Auch hier kommt intern derselbe Kompressionsalgorithmus wie bei `gzip` zum Einsatz.

Mit einem Beispiel möchte ich demonstrieren, wie der oben besprochene Zusammenhang zwischen CPU-Belastung durch Kompression und Beschleunigung der Übertragung genau gemessen werden kann. Als Beispiel übertrage ich die Datei `/etc/services`, welche `gzip` mit dem Faktor 3,5 komprimieren kann. Ziel ist der Rechner `isarlinux.de` im Internet. Der begrenzende Faktor für die Bandbreite ist hier ein DSL-Anschluss mit 128KBit/sec upstream.

Zunächst das Ganze ohne Kompression: Mittels `cat` lese ich die Datei ein und übergebe sie per Pipe an `ssh`. Dieser liest die Daten von der Standardeingabe, verbindet sich zu `isarlinux.de` und führt dort den Befehl `time wc` aus. `ssh` sendet diesem Befehl die über das Netz übertragenen Daten auf der Standardeingabe. `wc` (*word count*) liest die Daten und zählt die Anzahl der Zeilen, Worte und Zeichen.

Der `time`-Befehl misst die Laufzeit des `wc` auf dem *Zielsystem*. Dadurch erreiche ich, dass die Zeit für die *Verbindungsaufbau* von `ssh` nicht mitberechnet wird. Dies wäre nämlich der Fall, wenn ich den `time`-Befehl ganz an den Anfang der Zeile gestellt hätte.

Das Ganze sieht dann so aus:

```
Eiger:~> cat /etc/services | ssh isarlinux.de "time wc"
  12481   60564  596411

real    0m36.013s
user    0m0.010s
sys     0m0.000s
```

Und nun schalte ich bei `ssh` mittels `-C` die Kompression ein:

```
Eiger:~> cat /etc/services | ssh -C linuxproblem.org "time wc"
  12481   60564  596411

real    0m11.520s
user    0m0.040s
sys     0m0.000s
```

Durch die Kompression ist die Übertragungsdauer von 36 sec auf 11,5 sec gesunken, also um den Faktor 3,1. Dies entspricht zumindest fast dem Verhältnis der Kompressionsrate.

Anders sieht die Sache aber aus, wenn ich die Datei im lokelen 100 MBit-Netz übertrage: Zuerst wieder ohne Kompression:

```
Eiger:~> cat /etc/services | ssh Wethertop "time wc"
  12481   60564  596411

real    0m0.056s
user    0m0.017s
sys     0m0.005s
```

Und jetzt mit Kompression:

```
Eiger:~> cat /etc/services | ssh -C Wethertop "time wc"
  12481   60564  596411

real    0m0.093s
user    0m0.016s
sys     0m0.002s
```

In diesem Beispiel *steigt* die Übertragungsdauer durch die Kompression von 56 ms auf 93 ms.

9.7 Verschlüsselung

9.7.1 Performance unterschiedlicher Algorithmen

Die Verschlüsselung von Daten hat mit der Komprimierung gemeinsam, dass das Ausgangsprodukt eine zufällige Bytefolge ist und dass auch hier massenweise CPU-Zeit verbraten wird. Wenn man Verschlüsselung und Komprimierung kombiniert, muss man natürlich zuerst komprimieren und dann verschlüsseln. Denn andersherum müsste man den Chiffretext komprimieren, welcher sich aber – als praktisch zufällige Bytefolge – nicht komprimieren lässt, wie ich oben gezeigt habe.

Anders als bei der Komprimierung stehen für die Verschlüsselung meist verschiedene Algorithmen zur Auswahl. Diese unterscheiden sich nicht nur in ihrer Sicherheit, sondern auch in der benötigten Rechenleistung. Es gibt also langsame und schnelle Chiffren.

Die Vermutung, dass besonders die sicheren Chiffren langsam – weil aufwändig – sind, stimmt dabei nicht. Bei der Entwicklung moderner Verschlüsselungsmethoden wurde verstärkt auf den Aspekt der Rechenlast geachtet.

Folgende Tabelle zeigt die Zeit für die Ver- bzw. Entschlüsselung einer 10MB großen Datei auf einem Athlon XP 2000+ sowie die Verschlüsselungsgeschwindigkeit in Bits pro Sekunde. Als Implementierung wurde das Kommandozeilenprogramm `mcrypt` auf SuSE LINUX 9.1 eingesetzt:

Algorithmus	verschlüsseln	entschlüsseln	Datenrate
`arcfour`	379 ms	395 ms	211 MBit/sec
`blowfish`	428 ms	443 ms	187 MBit/sec
`cast-128`	469 ms	483 ms	170 MBit/sec
`twofish`	557 ms	450 ms	144 MBit/sec
`cast-256`	719 ms	741 ms	111 MBit/sec
`rc2`	1310 ms	1037 ms	61 MBit/sec
`rijndael-256`	1339 ms	1359 ms	60 MBit/sec
`rijndael-192`	1348 ms	1385 ms	59 MBit/sec
`rijndael-128`	1387 ms	1396 ms	58 MBit/sec
`des`	1813 ms	1847 ms	44 MBit/sec
`tripledes`	4125 ms	4151 ms	19 MBit/sec

Dazu möchte ich Folgendes bemerken:

- Der bis vor kurzem am weitesten verbreitete Algorithmus – der *Data Encryption Standard* oder kurz *DES* verwendet nur 56-Bit Schlüssel und gilt heute als unsicher. Trotzdem ist er der zweitlangsamste Algorithmus der Tabelle.
- Um DES auf 128 Bit-Schlüssel aufzubohren, wurde ein Verfahren namens Triple-DES (auch 3DES) eingeführt, welcher DES dreimal hintereinander ausführt – und auch dreimal so lange braucht. Wegen seiner Verwandschaft zum Wald- und Wiesen-Algorithmus DES ist der Triple-DES weit verbreitet.
- Der Algorithmus des niederländischen Kryptographen *Rijndael*[10] wurde in einem offenen Wettbewerb als Nachfolger des DES nominiert und heißt daher auch *AES*: *Advanced Encryption Standard*. Er verwendet variable Schlüssellängen, gilt als sehr sicher und ist deutlich schneller als 3DES.
- Auch Blowfish gilt als sicher – zumindest laut dessen Erfinder und sehr bekannten Kryptoexperten *Bruce Schneier*.

9.7.2 Algorithmus wählen bei OpenSSH

Beim Aufruf von `ssh` kannst du den gewünschten Algorithmus mit der Option `-c` angeben. Möglich sind `arcfour`, `blowfish`, `cast128-cbc`, `aes256-cbc`, `aes192-cbc`, `aes128-cbc` und `3des-cbc`. Die Standardeinstellung ist `aes128-cbc`, sofern beide Seiten dies unterstützen.

Analog zur Komprimierung kannst du den Einfluss einfach testen. Ich übertrage mal den Linux-Kernel mit der Normaleinstellung:

[10] Das bedeutet auf Deutsch wohl so viel wie *Rheintal* und wird auch ähnlich ausgesprochen.

```
Eiger:~> cat /boot/vmlinuz | ssh blomberg "time wc"
   5357   31140 1468824

real    0m1.538s
user    0m0.250s
sys     0m0.040s
```

Und nun mit Blowfish:

```
Eiger:~> cat /boot/vmlinuz | ssh -c blowfish blomberg "time wc"
   5357   31140 1468824

real    0m0.997s
user    0m0.180s
sys     0m0.030s
```

Der Geschwindigkeitsgewinn beträgt hier immerhin mehr als ein Drittel.

Anhang A

Handwerkszeug

Die Themen, die ich in diesem Kapitel vorstellen will, sind etwas bunt zusammengewürfelt und haben mit dem Lösen von Problemen nur indirekt zu tun. Ich habe sie in dieses Buch aufgenommen, weil ich hier entweder weit verbreitete Wissenslücken sehe oder dir einfach ein paar Tipps geben will, wie du effizienter mit deinem Linuxsystem arbeiten kannst.

A.1 Effizientes Arbeiten mit der Bash

Wenn jemand über die „benutzerunfreundliche" Kommandozeile jammert und ich seine Arbeitsweise auf selbiger beobachte, stelle ich immer fest, dass der jemand viele hilfreiche Bedienfunktionen nicht kennt und mühsam alles stets aufs Neue tippt. Deshalb will ich dir jetzt ein paar sehr nützliche Dinge zeigen, von denen du vielleicht schon einige kennst, wahrscheinlich aber nicht alle.

A.1.1 Die Tabulatortaste

Die Tabulatortaste [⇥] dient dem automatischen Vervollständigen von Befehlen und Dateinamen. Du schreibst zunächst nur den oder die ersten Buchstaben. Beim Betätigen von [⇥] sucht die Shell nach möglichen Vervollständigungen. Gibt es nur eine, so wird diese sofort eingesetzt. Gibt es mehrere Möglichkeiten, so setzt die Shell so viele Zeichen ein, wie noch bei allen gleich sind und piept dann. Jetzt kannst du entweder den Rest von Hand tippen oder einfach wieder nur einen Buchstaben und abermals mit [⇥] testen, ob der Name diesmal eindeutig ist. Drückst du mehrfach hintereinander auf [⇥], so bekommst du eine Liste aller Möglichkeiten angezeigt.

Du kannst sogar [⇥] drücken, ganz ohne etwas eingegeben zu haben. Die Shell sucht dann einfach *alle* Befehle bzw. Dateinamen im aktuellen Verzeichnis.

Stehst du dabei am Anfang der Zeile, sucht die Shell immer nach einem Befehl. Wenn du z. B. nur noch weißt, dass der Befehl mit `load` angefangen hat, so tippst du `load` und dann zweimal auf [⇥]:

```
Eiger:~> load[⇥] [⇥]
```

Die Shell sucht nun alle Befehle und ausführbaren Programme, die mit `load` anfangen und zeigt diese an. Danach wird die angefangene Kommandozeile mit dem `load` erneut ausgegeben.

```
load-gnomecard-addressbook  loadshlib
load-pine-addressbook       loadunimap
loadkeys
Eiger:~> load
```

Erinnerst du dich, dass dein Befehl `loadkeys` hieß, dann tippst du nur ein `k` und dann abermals [⇥]:

```
Eiger:~> loadk[⇥]
```

Die Shell ist nun so freundlich, den Befehl für dich fertig zu schreiben. Sie fügt sogar netterweise gleich noch ein Leerzeichen an, damit du dahinter bequem weitertippen kannst:

```
Eiger:~> loadkeys
```

Gleiches geht mit Dateinamen. Praktisch ist das z. B., wenn du auf eine Datei in einem tief verschachtelten Verzeichnis zugreifen willst, zu dem du den Pfad nicht mehr genau weißt. Wenn du als Befehl `cd` getippt hast, weiß die Shell sogar, dass nun ein Verzeichnisname kommen muss, und sucht entsprechend!

```
Eiger:~> cd /[⇥] [⇥]
CDs     boot    dev     lib     opt     sbin    tmp     windows
auto    cd      etc     media   proc    srv     usr
bin     data    home    mnt     root    suse    var
Eiger:~> cd /var/[⇥] [⇥]
X11R6   games   log     named   spool   ucd-snmp
adm     lib     mail    opt     state
cache   lock    mtrack  run     tmp
Eiger:~> cd /var/X[⇥]
```

Jetzt gibt es nur ein Verzeichnis, welches mit einem großen `X` beginnt und die Shell setzt den Verzeichnisnamen ein:

```
Eiger:~> cd /var/X11R6/
```

Besonders praktisch ist die automatische Ersetzung auch, wenn du Dateinamen mit vielen Leer- oder Sonderzeichen hast, z. B. `Prüfung München 17. 3. 2003.sxw`. Die Shell ist so hilfsbereit, die Leerzeichen sachgerecht durch einen vorangestellten Backslash zu schützen:

```
Eiger:~> openoffice Pr[Tab]
```

Und die Shell macht daraus:

```
Eiger:~> openoffice Prüfung\ München\ 17.\ 8.\ 2002.sxw
```

Praktisch, oder?

A.1.2 Die Historie

Mindestens genauso wichtig wie der Tabulator ist das Zurückholen von früheren Befehlen mit der [↑]-Taste. Drückst du sie einmal, erscheint die Kommandozeile, die du zuletzt ausgeführt hast. Jedes weitere Pfeildrücken bringt eine jeweils ältere Zeile hervor. Mit [↓] kannst du wieder zurück zu den neueren Zeilen fahren. Das Ganze nennt sich die *Historie*.

Natürlich kannst du einen so in die Kommandozeile geholten Befehl vor dem Ausführen noch verändern. Mit [Strg][C] brichst du ab und bekommst wieder eine leere Zeile.

Mit dem Befehl `history` kannst du dir die ganze bisherige Befehlshistorie anzeigen lassen. Wie gewohnt kannst du bei längeren Ausgaben auch mit `less` und `grep` arbeiten.

> **`history`**
>
> zeigt frühere Befehle an.
>
> *`history`*

Einen Trick, den leider nur wenige kennen, macht die Historie aber erst wirklich komfortabel: Mit der Taste [Strg][R] kannst du in der Historie rückwärts inkrementell suchen! Wenn du Emacs als Editor verwendest, wirst du sofort verstehen, was ich meine. Wenn nicht, mache ich für dich ein Beispiel: Die letzten paar Befehle meiner Historie lauten wie folgt:

```
Eiger:~ # history | tail
  492  man id
  493  id
  494  usermod -G sysusers,audio,cdrom,users,scanner mk
  495  ll hirn2
  496  killall cat
```

```
497  killall -9 cat
498  jmacs Fortschritt
499  groups
500  history
501  history | tail
```

Nehmen wir an, ich weiß, dass ich einen `usermod` Befehl getippt hatte, und will einen ähnlichen Befehl nochmal ausführen. Die Befehlszeile liegt aber schon länger zurück, so dass ein Suchen mit den Pfeiltasten langwierig ist. Stattdessen drücke ich Strg R. Die Shell springt in den Suchmodus:

```
(reverse-i-search)'':
```

Jetzt tippe ich ein `u` (erster Buchstabe von `usermod`). Die Shell findet als jüngste Zeile mit einem `u` den Befehl `groups`:

```
(reverse-i-search)'u': groups
```

Nun tippe ich den nächsten Buchstaben von `usermod`: das `s`:

```
(reverse-i-search)'us': usermod -G sysusers,audio,cdrom,users,scanner mk
```

Schwupps - schon ist die Zeile da. Ich kann jetzt:

- Nochmal Strg R drücken: Dann wird in der Historie weiter zurück nach dem nächsten passenden Befehl gesucht,
- mit ↑ und ↓ weiter in der Historie navigieren,
- den Befehl editieren und ausführen,
- mit Strg C abbrechen.

Du solltest das wirklich mal ausprobieren, die paar Minuten das zu lernen, werden sich bald auszahlen!

A.1.3 Die geschweiften Klammern { und }

Die Bedeutung der geschweiften Klammern (*braces*) ist ebenfalls wenig bekannt, aber sehr praktisch. Du kannst damit verblüffende Vereinfachungen erzielen, und wirst sie lieben, wenn du tippfaul bist. Und zwar funktionieren sie so:

Wenn die Shell innerhalb von einem *Wort* (also z. B. einem Dateinamen) auf ein Konstukt der Form {`a,b,c,...`} stößt, so ersetzt sie dieses Wort durch mehrere Worte, bei denen der geschweifte Ausdruck jeweils durch eine der Varianten in der Klammer ersetzt wird. Beispielsweise ersetzt die Shell

```
Apfel{baum,kern,mus}
```

durch:

```
Apfelbaum Apfelkern Apfelmus
```

Das macht sie völlig unabhängig davon, ob es irgendwelche Dateien mit diesen Namen gibt oder nicht. Es ist ein ganz anderer Mechanismus als bei den Jokerzeichen `*` und `?`, die sich immer auf vorhandene Dateien beziehen. Die geschweiften Klammern haben mit Dateinamen eigentlich nichts zu tun.

Wenn du in einem Wort mehrere Schweifungen verwendest, so läuft die Ersetzung mehrmals ab und produziert unter Umständen einen ganzen Haufen von Worten:

```
Kapitel{1,2,3}{a,b}
```

wird ersetzt zu:

```
Kapitel1a Kapitel1b Kapitel2a Kapitel2b Kapitel3a Kapitel3b
```

Du kannst das mit einem `echo`-Befehl ausprobieren:

```
Eiger:~> echo Ka{mi,no}ne
Kamine Kanone
```

Ein Teil in der Klammer kann auch leer sein, die Klammer muss aber mindestens zwei Alternativen enthalten:

```
Eiger:~> echo Rotwein{,essig}
Rotwein Rotweinessig
```

Für was kann man so etwas brauchen? Zum Beispiel zum Kopieren oder Umbenennen von Dateien:

```
Eiger:~> cp Arbeit_20040401{,_kopie}.sxw
```

... macht das gleiche wie:

```
Eiger:~> cp Arbeit_20040401.sxw Arbeit_20040401_kopie.sxw
```

Praktisch ist es auch beim Konvertieren von Grafikdateien:

```
Eiger:~> convert Bildschirmfoto17.{png,jpg}
```

Du kannst auf die Art auch eine Reihe von Unterverzeichnissen auf einmal erzeugen:

```
Eiger:~/sepp> mkdir Ablage_{1,2,3,4,5}
Eiger:~/sepp> ls
Ablage_1 Ablage_2 Ablage_3 Ablage_4 Ablage_5
```

Wenn Jokerzeichen vorkommen, werden diese erst *nach* der Ersetzung der Schweifungen ausgewertet. Der Befehl `ls *.{S,c}` bewirkt also das gleiche wie `ls *.S *.c`

```
Eiger:~> ls /usr/src/linux/arch/i386/lib/*.{S,c}
/usr/src/linux/arch/i386/lib/checksum.S
/usr/src/linux/arch/i386/lib/dec_and_lock.c
/usr/src/linux/arch/i386/lib/delay.c
/usr/src/linux/arch/i386/lib/getuser.S
/usr/src/linux/arch/i386/lib/iodebug.c
/usr/src/linux/arch/i386/lib/memcpy.c
/usr/src/linux/arch/i386/lib/mmx.c
/usr/src/linux/arch/i386/lib/old-checksum.c
/usr/src/linux/arch/i386/lib/strstr.c
/usr/src/linux/arch/i386/lib/usercopy.c
```

Wenn dir Sonntag abends langweilig ist, kannst du einmal folgenden Befehl ausprobieren:

```
Eiger:~> touch {0,1,2,3}{0,1,2,3}{0,1,2,3}{0,1,2,3}{0,1,2,3}{0,1,2,3}
```

A.2 Wichtige Funktionen der Shell

In den Beispielen dieses Buches verwende ich etliche Funktionen der Shell, ohne diese an Ort und Stelle einzuführen. Ich hole dies hier nach, für den Fall, dass du mit der Shell noch nicht so vertraut bist.

Dabei erkläre ich kurz und knackig die Konstrukte aus meinen Beispielen, ohne eine allgemeine Einführung in die Welt der Shell zu geben.

A.2.1 Backslashes und Anführungszeichen

Für die Shell haben eine ganze Reihe von Zeichen eine besondere Bedeutung. Beispielsweise trennt ein Leerzeichen zwei Argumente. Manchmal will man aber diese Zeichen wörtlich dem Programm übergeben, das man aufruft. Dazu muss man die Zeichen für die Shell außer Kraft setzen. Man nennt das *Quoting*.

Es gibt in der normalen Shell drei Arten von Quoting:

- \ Backslashes
- ' einfache Anführungszeichen
- " doppelte Anführungszeichen

Backslashes

Stellt man einem Zeichen einen Backslash voran, so verliert dieses Zeichen für die Shell die Sonderbedeutung. Das gilt übrigens auch für den Backslash selbst:

```
Eiger:~> mkdir Verzeichnis\ mit\ Leerzeichen
Eiger:~> mkdir Backslash\\hier
Eiger:~> ls
Verzeichnis mit Leerzeichen       Backslash\hier
```

Einfache Anführungszeichen (Hochkommata)

Bei längeren Passagen sind Backslashes etwas lästig. Stattdessen kann man einen ganzen Text in einfache Anführungszeichen setzen. Damit werden alle Shell-Sonderzeichen abgeschaltet:

```
Eiger:~> mkdir '!@#$"%^&*( )-=|\'
Eiger:~> ls
!@#$"%^&*( )-=|\
```

Doppelte Anführungszeichen

Die doppelten Anführungszeichen sind eigentlich wie die einfachen, lassen aber zwei Sonderzeichen am Leben:

- ! Ausrufezeichen
- $ Dollarzeichen

Das Ausrufezeichen stammt aus der Zeit, als es noch nicht möglich war, einen alten Befehl mittels Pfeiltasten und Strg R aus der Historie zu holen und zu editieren. Man kann damit eine alte Befehlszeile in die aktuelle Zeile einsetzen. Aus meiner Sicht ist dies heute überflüssig. Nur bei den doppelten Anführungszeichen kann man eben darüber stolpern:

```
Eiger:~> echo "Hallo!"
bash: !": event not found
Eiger:~> echo 'Hallo!'
Hallo!
```

Übrigens wird das Ausrufezeichen nur im *interaktiven* Modus der Shell ausgewertet, nicht in Shellskripten.

Die Tatsache, dass das Dollarzeichen durch die doppelten Anführungszeichen *nicht* deaktiviert wird, ist gerade das Praktische. Es wird für drei Arten von Ersetzung benötigt:

- Variablenersetzung
- arithmethische Ausdrücke
- Kommandoersetzung (siehe Abschnitt A.2.4 weiter unten)

Das Einbinden von Variablen in Texte ist somit sehr praktisch:

```
Eiger:~> echo "Meine PID ist $$, 2 + 8 ist $((2+8))"
Meine PID ist 20803, 2 + 8 ist 10
```

A.2.2 Ausgabeumlenkung

Mit der Ausgabeumlenkung sorgt man dafür, dass die Ausgabe, die ein Programm normalerweise auf das Terminalfenster schreibt, stattdessen in eine Datei geschrieben wird. Dazu schreibst du am Ende der Zeile ein Größerzeichen „>" und einen Dateinamen. Diese Datei wird automatisch erzeugt bzw. *überschrieben*, wenn sie bereits existiert:

```
mk@Wethertop:~> echo 'Hallo Mathias!'
Hallo Mathias!
mk@Wethertop:~> echo 'Hallo Mathias!' >gruss
mk@Wethertop:~> cat gruss
Hallo Mathias!
```

Schreibst du statt einem gleich zwei Größerzeichen „>>", so wird die Zieldatei – falls sie existiert – nicht überschrieben, sondern es wird hinten angehängt. Das eignet sich z. B. gut zum Erzeugen von Logdateien:

```
mk@Wethertop:~> echo "Zeile 1" > test
mk@Wethertop:~> echo "Zeile 2" >> test
mk@Wethertop:~> cat test
Zeile 1
Zeile 2
```

Wenn die Datei vorher noch nicht existiert, wird sie automatisch angelegt, >> verhält sich dann genauso wie >.

Wenn Programme *Fehlermeldungen* erzeugen, dann lassen sich diese mit > und >> nicht umleiten. Sie gehen immer auf den Bildschirm. Man spricht vom Standardfehlerkanal (stderr). Diesen kannst du umleiten mit 2> bzw. 2>>.

A.2.3 Pipes

Pipes funktionieren ähnlich wie die Ausgabeumlenkung, nur dass die Ausgabe diesmal nicht in eine Datei, sondern als Eingabe in einen weiteren Befehl gelenkt wird. Beide Befehle werden mit dem Pipesymbol „|“, dem senkrechten Balken, verbunden.

Sehr häufig wird als zweiter Teil einer Pipe der Befehl `grep` verwendet, mit dem man dann Zeilen in Ausgaben des ersten Befehls herausfiltern kann. Beispielsweise liefert der Befehl `ps ax` eine Liste aller Prozesse. Interessieren dich nur Prozesse, die im Namen `getty` enthalten, gibst du einfach folgende Zeile ein:

```
Eiger:~> ps ax | grep getty
  783 tty1     S      0:00 /sbin/mingetty --noclear tty1
  784 tty2     S      0:00 /sbin/mingetty tty2
  785 tty3     S      0:00 /sbin/mingetty tty3
  786 tty4     S      0:00 /sbin/mingetty tty4
  787 tty5     S      0:00 /sbin/mingetty tty5
  788 tty6     S      0:00 /sbin/mingetty tty6
22375 pts/9    R      0:00 grep getty
```

Genauso wie die Ausgabeumlenkung gilt auch für die Pipe, dass Fehlermeldungen nicht durch die Pipe gesendet, sondern direkt auf dem Terminalfenster ausgegeben werden[1].

A.2.4 Kommandoersetzung

Kommandoersetzung bedeutet, dass der Text, den ein Befehl ausgibt, direkt in die Kommandozeile eines zweiten Befehls eingesetzt wird. Meist handelt es sich dabei um kurze Ausgaben. Beispielsweise liefert der Befehl `pidof mingetty` die PIDs aller Prozesse mit dem Namen `mingetty`:

```
Eiger:~ # pidof mingetty
788 787 786 785 784 783
```

Willst du allen diesen Prozessen mit `kill` ein Signal senden, so würdest du dann eingeben[2]:

```
Eiger:~ # kill 788 787 786 785 784 783
```

[1] Leider kann man den Fehlerkanal nicht einfach separat mit 2| pipen. Man kann aber vor dem Pipen Standardausgabe und Fehlerkanal mit `2>&1` zusammenfassen, also z. B. `befehl 2>&1 | grep ausdruck`. Es gehen dann beide Kanäle gemeinsam durch die Pipe.

[2] Wenn man mal von der Möglichkeit des Befehls `killall` absieht.

Diese beiden Schritte kannst du mittels Kommandoersetzung in einer Zeile schreiben. Dazu setzt du den Befehl `pidof mingetty` in die Form `$(...)` und schreibst ihn hinter das `kill`:

```
Eiger:~ # kill $(pidof mingetty)
```

Die Shell führt nun zunächst den Befehl `pidof mingetty` aus und setzt dann dessen Ausgabe direkt in die Kommandozeile ein[3]. Danach wird `kill` ausgeführt.

Ein anderes praktisches Beispiel ist das Einsetzen eines Datums in einen Text, z. B. in einen Dateinamen. Der Befehl `date '+%Y-%m-%d'` gibt das aktuelle Datum wie folgt aus:

```
Eiger:~> date '+%Y-%m-%d'
2004-10-22
```

Damit kannst du beispielsweise eine Fehlermeldung in eine Logdatei schreiben, deren Name das aktuelle Datum enthält:

```
Eiger:~> echo Fehler >> "errorlog-$(date '+%Y-%m-%d').log"
Eiger:~> cat errorlog-2004-10-22.log
Fehler
```

[3]Auch hier werden eventuelle Fehlermeldungen direkt auf das Terminal geschrieben und *nicht* eingesetzt.

A.3 Texteditoren

Wenn man von den einfachen Dingen wie `cd`, `ls`, `grep` und `cat` absieht, ist der Texteditor das wichtigste Werkzeug eines Linuxadministrators. Da die Bedienung eines solchen Gewohnheits- und Geschmackssache ist, gibt es einen ewigen Ideologiestreit um den „besten" Texteditor.

Ich weiß, dass ich mich damit leicht aufs Glatteis begebe, will aber denjenigen unter euch, die noch keinen Lieblingseditor haben, hier eine kleine Auswahl anbieten. Alle Editoren, die ich hier vorstelle, funktionieren auch (oder nur) auf der Kommandozeile, benötigen also keine grafische Oberfläche. Das Augenmerk lege ich dabei nicht auf einen Einsatz für das Schreiben umfangreicher C-Programme, sondern auf das gelegentliche Editieren von Konfigurationsdateien und kleinen Shellskripten.

Alle Editoren können aufgerufen werden mit „*editor* `dateiname`", wobei die Datei automatisch erzeugt wird, falls sie noch nicht existiert.

Aus historischen Gründen ist bei Linux `vi` als Standardeditor eingestellt und wird von vielen Programmen automatisch aufgerufen, wenn es etwas zu editieren gibt. Dies wird festgelegt mit der Variablen `EDITOR`. Um z. B. `joe` zu deinem Defaulteditor zu machen, fügst du folgende Zeile in `~/.bashrc` ein:

```
# Setze Standardeditor
export EDITOR=joe
```

Wenn das für alle Benutzer gelten soll, setzt du die Variable stattdessen in der Datei `/etc/profile`.

Auf den folgenden Seiten stelle ich folgende Editoren vor:

- `vi`, den traditionellen Unix-Ur-Texteditor,
- `joe`, einen kleinen, leichter zu lernenden Editor,
- `jmacs`, eine Variante von `joe` mit Emacs-Tastenbelegung,
- `zile`, einen extrem schlanker Emacs-Nachbau,
- `mc`, den Editor aus dem Midnight-Commander.

Wie gewohnt findest du in Anhang B eine Anleitung, wie du diese Editoren installieren kannst, falls sie auf deinem System nicht verfügbar sind.

A.3.1 `vi`

Der `vi` („Wie-Ei") ist der Klassiker unter den Unix-Editoren. Seines Zeichens älter als Linux und scheinbar älter als Tastaturen mit Cursortasten ist er auf jedem Linuxsystem zu finden. Er zeichnet sich vor allem durch eine Bedienung aus, die für Neulinge sehr gewöhnungsbedürftig ist. Das Programm, welches man unter Linux mit dem Befehl `vi` aufruft, heißt eigentlich `vim`[4], ist aber kompatibel zum Ur-`vi`.

Was `vi` so gewöhnungsbedürftig macht, sind seine verschiedenen *Modi*. Nach dem Start ist `vi` im *Befehlsmodus*. Alle Tasten, die du im Befehlsmodus tippst, haben die Wirkung von Befehlen, und zwar ohne [Alt] oder [Strg]!

Um Zeichen zu einzugeben, musst du erst in den Einfüge- oder Überschreibemodus wechseln. Von dort aus kommst du mit [Esc] immer zum Befehlsmodus zurück.

Mit dem Doppelpunkt kommst du in einen dritten Modus: in die Befehlszeile. Hier kannst du spezielle Kurzbefehle eingeben, die du mit [↵] abschließt. Am wichtigsten ist [:] [Q] [!] [↵], um abzubrechen ohne zu speichern, und [:] [X] [↵] um zu speichern und dann zu beenden.

`vi`

Traditioneller Unix-Texteditor

`vi DATEINAME`

Wichtige Tasten im Befehlsmodus:

[I]	wechselt in den Einfügemodus, alle weiteren Zeichen werden eingefügt.
[A]	Anfügemodus: wie [I], springt aber ein Zeichen weiter nach rechts. Notwendig, wenn du am Zeilenende etwas einfügen willst.
[O]	wechselt in den Überschreibemodus, alle getippten Zeichen überschreiben den aktuellen Text
[X]	löscht das Zeichen *unter* dem Cursor
[⇧] [X]	löscht das Zeichen *rechts* vom Cursor
[D] [D]	löscht eine Zeile
[/]	sucht vorwärts im Text nach regulärem Ausdruck
[N]	springt zur nächsten Fundstelle
[:]	öffnet die `vi`-Befehlszeile

Tasten im Einfüge- und Überschreibemodus:

[Esc]	zurück zum Befehlsmodus

Befehle in der `vi`-Befehlszeile werden mit [↵] abgeschickt:

[U]	macht die letzte Änderung rückgängig
[X]	speichert und beendet
[Q] [!]	beendet ohne zu speichern

Wenn du `vi` noch nicht kennst, solltest du eventuell in Erwägung ziehen, dir lieber einen anderen Editor anzueignen. Da aber `vi` auf vielen Systemen Standardeditor ist, solltest du zumindest wissen, wie du mit `vi` einfache Änderungen machen kannst oder wenigstens heil wieder herauskommst, wenn du ihn aus Versehen gestartet hast.

[4] vim: `vi improved`

A.3.2 `joe`

Von Unixgurus belächelt, bei Pragmatikern unter Linux beliebt ist `joe` (Joe's own editor). Dieser sehr schlanke Editor hat den Nachteil, dass er nicht auf jedem System vorhanden ist und nachinstalliert werden muss. Dafür ist er aber sehr sparsam und einfacher zu bedienen als `vi`. Aufgrund seines geringen Speicherverbrauchs ist er gut geeignet für Minidistributionen[5].

`joe` kennt keine Modi und läßt sich bedienen, wie ein „normaler" Editor, wenn man mal davon absieht, dass er keine Pulldown-Menüs hat. Für die Tastenbelegung gibt es aber eine kleine Onlinehilfe, die du mit [Strg][K] [H] ein- und ausblenden kannst.

Übrigens: Unter Linux ist es Standard, dass [Strg] durch ein Hütchen (^) symbolisiert wird. Somit bedeutet `^KB`, das gleiche wie [Strg][K] [B].

`joe`

Joe's Own Editor, einfacher und schlanker Texteditor

`joe [-asis] DATEINAME`

`-asis`	zeigt Umlaute korrekt an
[Strg][K] [H]	blendet die Hilfe ein- und aus
[Esc] [.]	blättert die Hilfe eine Seite vor
[Esc] [,]	blättert die Hilfe eine Seite zurück
[Strg][K] [X]	speichert und beendet
[Strg][C]	bricht ab, ohne zu speichern
[Strg][Y]	löscht eine Zeile
[Strg][K] [U]	springt an den Dateianfang
[Strg][K] [V]	springt ans Dateiende
[Strg][K] [F]	sucht nach einem Text
[Strg][⇧][-]	macht die letzte Änderung rückgängig
[Strg][K] [B]	markiert den Blockanfang
[Strg][K] [K]	markiert das Blockende
[Strg][K] [M]	verschiebt den markierten Block zur Cursorposition
[Strg][K] [C]	kopiert den markierten Block zur Cursorposition

```
Terminal
   Help Screen     turn off with ^KH     more help with ESC . (^[.)
 CURSOR           GO TO             BLOCK        DELETE     MISC          EXIT
 ^B left ^F right ^U  prev. screen  ^KB begin    ^D char.   ^KJ reformat  ^KX save
 ^P up    ^N down ^V  next screen   ^KK end      ^Y line    ^T  options   ^C  abort
 ^Z previous word ^A  beg. of line  ^KM move     ^W >word   ^R  refresh   ^KZ shell
 ^X next word     ^E  end of line   ^KC copy     ^O word<   ^@  insert    FILE
 SEARCH           ^KU top of file   ^KW file     ^J >line   SPELL         ^KE edit
 ^KF find text    ^KV end of file   ^KY delete   ^_ undo    ^[N word      ^KR insert
 ^L  find next    ^KL to line No.   ^K/ filter   ^^ redo    ^[L file      ^KD save
   IW    /home/mk/joe                      Row 6     Col 1      7:32  Ctrl-K H for help
Mit dem Texteditor joe kann man - im Gegensatz zu vi - alle Cursortasten
so verwenden, wie man es gewohnt ist. Zwar gibt es keine Menüs, aber man
kann mit Ctrl-K H eine Hilfe aufrufen, die alle Tasten erklärt.

Viel Spaß beim Editieren
```

[5] `vim`: 980 232 Bytes, `joe`: 187 320 Bytes

A.3.3 jmacs

Genau genommen ist `jmacs` kein eigener Editor, sondern es handelt sich um `joe`! Wenn `joe` jedoch über einen symbolischen Link in `/usr/bin` als `jmacs` aufgerufen wird, bekommt dieser eine andere Tastaturbelegung, welche stark an den Editor Emacs angelehnt ist.

Emacs und seine Variante XEmacs sind bei Programmierern sehr beliebt, weil sie deren Arbeit gut unterstützen, z. B. durch syntaktische Hervorhebung und automatische Einrückung für zahlreiche Programmiersprachen.

Um mal eben eine kleine Konfigurationsdatei zu editieren, ist der Griff zu Emacs dagegen umständlich, weil der Editor langsam lädt und standardmäßig nicht installiert wird[6].

Damit Emacs-Benutzer auch bei Gelegenheitseditierungen auf ihre gewohnte Tastenbelegung nicht verzichten müssen, gibt es also `jmacs`.

`jmacs`

Joe mit Emacs-artiger Tastenbelegung

`jmacs [-asis] DATEINAME`

`-asis`	zeigt Umlaute korrekt an
Strg X H	blendet die Hilfe ein/aus
Strg X Strg C	speichert und beendet
Strg X K	bricht ab, ohne zu speichern
Strg K	löscht bis zum Zeilenende in die Ablage (mehrfaches Zeilenlöschen bringt einen Block in die Ablage)
Esc <	springt an den Dateianfang
Esc >	springt zum Dateiende
Strg S	sucht nach Text (inkrementell)
Strg ⇧ -	macht die letzte Änderung rückgängig
Strg ␣	markiert den Blockanfang (zum Markieren des Endes mit dem Cursor zum Blockende fahren)
Strg W	schneidet den markierten Block in die Ablage aus
Alt W	kopiert den markierten Block in die Ablage
Strg Y	fügt die Ablage ein

Wenn du weder `joe` noch `jmacs` kennst und dir gerade überlegst, welche Tastenbelegung du bequemer findest, dann solltest du daran denken, dass es vielleicht später einmal interessant sein könnte, Emacs zu lernen. Wenn du dann bereits mit `jmacs` umgehen kannst, ist das ganz einfach. Übrigens arbeitet auch die Shell mit einer an Emacs angelehnten Tastenbelegung. Wen wundert's – stammen doch beide aus dem GNU-Projekt.

Und hier noch ein wichtiger Hinweis: Bei den Emacs-artigen Editoren musst du streng unterscheiden zwischen Strg X C und Strg X Strg C und ähnlichen Kombinationen. Dabei ist es entscheidend, ob du die zweite Taste *mit* oder *ohne* Strg drückst!

[6] Größe der Binaries von Emacs: 4 102 452 Byte (21 mal `joe`), XEmacs: 5 238 388 Byte (27 mal `joe`), dazu kommen noch zahlreiche Dateien in der Emacs-Variante von LISP.

A.3.4 `zile`

Meine neueste Entdeckung unter den Text-Editoren ist `zile`. Er ist nicht nur Emacs-ähnlich, sondern sein Entwickler – der Italiener Sandro Sigala – hat ihn gerade mit dem Ziel geschaffen, dem echten Emacs so ähnlich wie nur *irgendwie möglich* zu sein. Noch dazu ist `zile` mit seinen 99 824 Bytes nochmal knapp halb so groß wie `joe/jmacs` und gerade mal 2,2% so groß, wie der echte Emacs! Es versteht sich von selbst, dass `zile` blitzschnell startet, selbst auf ältester Hardware.

Auch `zile` verfügt über eine eingebaute Hilfe, die man praktischerweise mit [F10] aufrufen kann. Mit [F9] kannst du in der Hilfe blättern. Sollte [F10] nicht funktionieren, kannst du die Hilfe alternativ mit [Strg][H] [Strg][H] aufrufen.

Hierbei ist zu beachten, dass alle Tastenkombinationen in der Emacs-typischen Schreibweise notiert werden. Beispielsweise wird die Tastenkombination [Strg][X] [Strg][C] hier geschrieben als `C-x C-c`. Die Taste [Alt] wird durch ein `M` symbolisiert.

`zile`

Sehr kleiner sehr Emacs-ähnlicher Texteditor

`zile DATEINAME`

Taste	Funktion
[F10]	blendet die Hilfe ein/aus
[F9]	blättert in der Hilfe
[Strg][X] [Strg][S]	speichert
[Strg][X] [Strg][W]	speichert unter anderem Namen
[Strg][X] [Strg][C]	beendet, fragt – falls die Datei geändert wurde – ob gespeichert werden soll
[Strg][K]	löscht bis zum Zeilenende in die Ablage (mehrfaches Zeilenlöschen bringt einen Block in die Ablage)
[Esc] [<]	springt an den Dateianfang
[Esc] [>]	springt zum Dateiende
[Strg][S]	sucht vorwärts nach Text (inkrementell)
[Strg][⇧][-]	macht die letzte Änderung rückgängig
[Strg][ ]	markiert den Blockanfang (zum Markieren des Endes mit dem Cursor zum Blockende fahren)
[Strg][W]	schneidet den markierten Block in die Ablage aus
[Alt][W]	kopiert den markierten Block in die Ablage
[Strg][Y]	fügt die Ablage ein

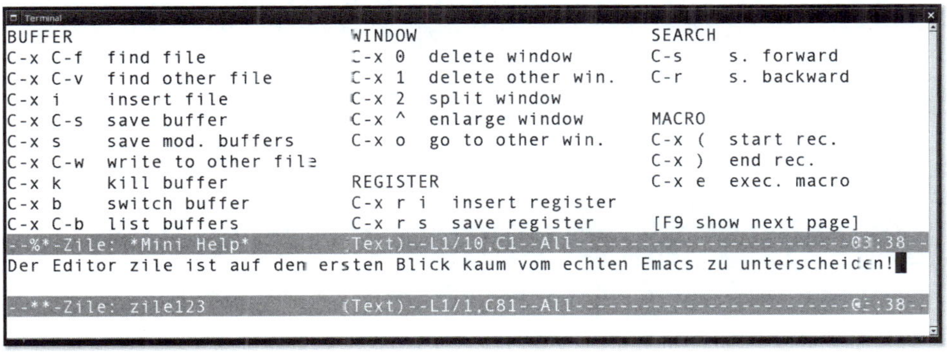

```
BUFFER                              WINDOW                          SEARCH
C-x C-f   find file                 C-x 0   delete window           C-s     s. forward
C-x C-v   find other file           C-x 1   delete other win.       C-r     s. backward
C-x i     insert file               C-x 2   split window
C-x C-s   save buffer               C-x ^   enlarge window          MACRO
C-x s     save mod. buffers         C-x o   go to other win.        C-x (   start rec.
C-x C-w   write to other file                                       C-x )   end rec.
C-x k     kill buffer               REGISTER                        C-x e   exec. macro
C-x b     switch buffer             C-x r i   insert register
C-x C-b   list buffers              C-x r s   save register         [F9 show next page]
--%*-Zile: *Mini Help*              (Text)--L1/10,C1--All-----------------------03:38-
Der Editor zile ist auf den ersten Blick kaum vom echten Emacs zu unterscheiden!

--**-Zile: zile123                  (Text)--L1/1,C81--All-----------------------03:38-
```

A.3.5 `mcedit`

`mcedit`

Editor des Midnight-Commanders

`mcedit DATEINAME`

F1	blendet die Hilfe ein/aus
F9	blendet das Menü ein
Esc Esc	bricht das Menü ab
F2	speichert
F10	beendet und fragt – falls die Datei geändert wurde – ob gespeichert werden soll
Strg K	löscht bis zum Zeilenende
F3	markiert den Blockanfang, beim zweiten Drücken das Blockende
F5	kopiert den markierten Block an die Cursorposition
F6	verschiebt den markierten Block an die Cursorposition
F7	sucht im Text

Der Editor `mcedit` ist eigentlich ein Bestandteil des *Midnight Commanders*, kann aber auch separat aufgerufen werden[7]. Auch er arbeitet ausschließlich im Textmodus.

Anders als die anderen vorgestellten Editoren genießt er aber komplette Maus-Unterstützung und verfügt sobar über Pull-Down-Menüs. Selbst Windows-gewohnte Benutzer sollten sich hier also wie zu Hause fühlen.

Die Menüs kannst du entweder durch Drücken von F9 oder durch Klicken auf die oberere Statuszeile aufrufen. Damit die Maus auch auf der Linux-Konsole verfügbar ist, muss dort die Mausunterstützung generell aktiviert sein. Dies erledigt das Programm `gpm`, welches evtl. mit `/etc/init.d/gpm start` gestartet werden muss.

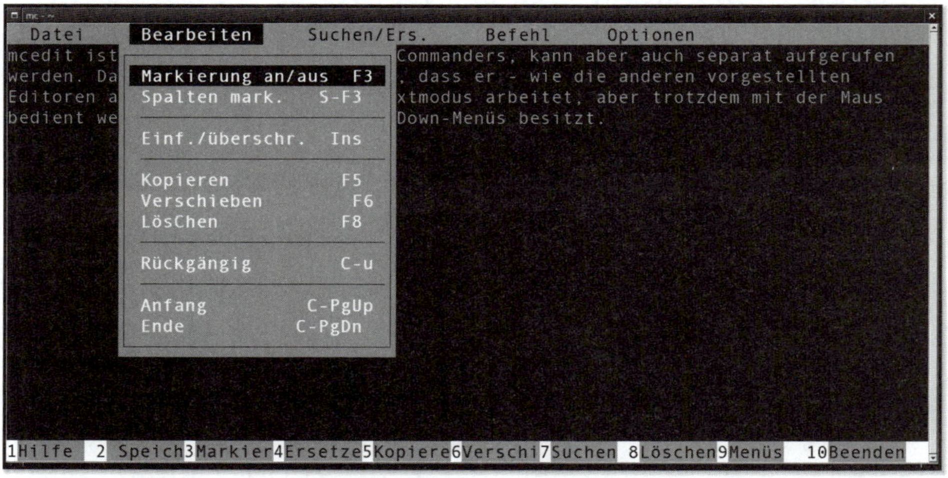

[7]Der Midnight Commander wird mit `mc` aufgerufen und meist durch das Paket `mc` installiert.

A.4 Reguläre Ausdrücke

Reguläre Ausdrücke sind an so vielen Stellen von Linux zu finden und so hilfreich, dass Grundkenntnisse darin sehr nützlich sind. Sie werden von Texteditoren und von Programmen wie `grep`, `sed`, `awk`, `logsurfer` und vielen mehr verwendet.

Ein regulärer Ausdruck ist ein Suchbegriff. Vergleicht man ihn mit einer konkreten Textstelle, *passt (matcht)* er oder er passt eben nicht. Dabei betrachtet man noch die genaue Passage, auf die der Ausdruck passt (in den folgenden Beispielen in Fettschrift und grau hinterlegt). Insofern sind reguläre Ausdrücke vom Konzept her sehr ähnlich zu den Dateinamenjokern `*` und `?`, aber:

- Reguläre Ausdrücke sind wesentlich mächtiger.
- Sie werden selten für Dateinamen verwendet.
- `*` und `?` haben bei regulären Ausdrücken eine ganz andere Bedeutung.
- Ein regulärer Ausdruck muss immer nur auf einen *Teil* des Textes passen. Dateinamen müssen hingegen von `*` und `?` *komplett* erfasst werden.

A.4.1 Regeln

Reguläre Ausdrücke setzen sich aus Einzelelementen zusammen, die sich beliebig kombinieren lassen. Ich erkläre alle erlaubten Ausdrücke in Form folgender Regeln:

Regel 1

Alle Zeichen, die keine besondere Bedeutung haben, passen auf sich selbst. Eine besondere Bedeutung haben die Zeichen `. ? * + { } [ ] ( ) | \ ^` und `$`. Groß-/Kleinschreibung wird unterschieden.

Ausdruck	passt auf	passt nicht auf
`Hirni`	**Hirni**baldi Du **Hirni**!	hirni
`!@-#„:ö`	17**!@-#„:ö**41	!@-#„:Ö

Regel 2

Der Backslash \ hebt die Sonderbedeutung des folgenden Zeichens auf, welches dann wieder für sich selbst steht.

Ausdruck	passt auf	passt nicht auf
\(	**(**	\
\\	****	/

Regel 3

Der Punkt . steht für ein beliebiges Zeichen.

Ausdruck	passt auf	passt nicht auf
Mon..er	**Monster**farm Le**Monnier**e **Mon.\er**	Monaster monster
...	**123**45 1**234**5 12**345**	12

Regel 4

Steht nach einem Einzelzeichen oder einem anderen Element ein Fragezeichen ?, so ist das Zeichen oder andere Element optional, kann also auftreten oder nicht.

Ausdruck	passt auf	passt nicht auf
ab?c	**ac** **abc**	ab?c abbc
12.?	**12** **12x** Aberhop**123**4	nur1

Regel 5

Steht nach einem Einzelzeichen oder Element ein Stern *, so kann sich dieses Zeichen oder Element keinmal, einmal oder mehrfach wiederholen.

Ausdruck	passt auf	passt nicht auf
ab*c	**ac** **abc** Ra**abbc**dek A**abc**C	ab*c AaBbCc
Grill.*	**Grill** **Grille** **Grillfete** **Grillieren** !$**Grilloha!Was&^@ist%4das??**	Kühlergrill

Regel 6

Das Pluszeichen + funktioniert wie der Stern, erfordert aber mindestens ein Vorkommen.

Ausdruck	passt auf	passt nicht auf
ab+c	**abc** Ra**abbc**dek A**abc**C	ac ab*c AaBbCc

Regel 7

Geschweifte Klammern { und } sind eine Verallgemeinerung von * und + und werden verwendet, um die genaue Anzahl der Wiederholungen festzulegen.

{*n*} passt auf *n* Wiederholungen, {*n*,*m*} auf mindestens *n* und höchstens *m*, {*n*,} auf mindestens *n* Wiederholungen. Die Schreibweise {,*m*} ist nicht erlaubt und muss durch{0,*m*} ersetzt werden!

Ausdruck	passt auf	passt nicht auf
-x{1,3}-	**-x-** **-xx-** **-xxx-**	-- -xxxx-
U{2,}f	**UUf** **UUUf**	Uf

Regel 8a

Mit `[` und `]` und dazwischen einer Liste von Zeichen kann man eine Zeichenklasse einschließen. Das ganze Konstrukt passt auf ein beliebiges in der Liste enthaltenes Zeichen.

Ausdruck	passt auf	passt nicht auf
`[0123456789]`	**4** alle**8**tung	a
`[01]{2}`	**00** **01** **10** **11**	123 1

Regel 8b

Ein Hütchen (*caret*) ^ als erstes Zeichen in der Zeichenklasse dreht den Sinn um und schließt genau die Zeichen der Liste aus.

Ausdruck	passt auf	passt nicht auf
`[^12345]`	**6** **L** **$**	2

Regel 8c

Ein Minuszeichen - in einer Zeichenklasse definiert einen ganzen Bereich von Ziffern oder Buchstaben.

Ausdruck	passt auf	passt nicht auf
`[0-9a-z]*`	**y3wf** **096ab8ndfcv7y6** }|{**y3wf**}{}	^%$*$ YOW WURPUW ROG

Regel 8d

Um innerhalb einer Zeichenklasse eines der Zeichen `[ ] ^ -` aufzunehmen, muss man es an eine Stelle stellen, an der die Sonderbedeutung keinen Sinn macht.

Ausdruck	passt auf	passt nicht auf
`[]]`	**]**	[
`[[]`	**[**	]
`[-^1-3]`	**-** **^** **2**	%

Regel 8e

Der Ausdruck `[:space:]` innerhalb einer Zeichenklasse steht für beliebige Weißräume (whitespaces), womit Leerzeichen, Tabulatoren und Zeilenumbrüche gemeint sind. Merke: Die eckigen Klammern kommen zu denen der Zeichenklasse an sich hinzu!

Ausdruck	passt auf	passt nicht auf
`a[[:space:]]b`	**a b** a ***[TAB]***b	a[b a:b

Regel 9

Das Hütchen ^ passt auf den Zeilenanfang, das Dollarzeichen $ auf das Zeilenende. Dies ist bemerkenswert, weil Zeilenanfang bzw. Ende nur eine Stelle markieren, aber selbst aus keinem Zeichen bestehen.

Ausdruck	passt auf	passt nicht auf
`^IST=5`	**IST=5** **IST=5**0	MIST=5
`^x$`	**x**	ax xb axbsdv

Regel 10

Mittels Klammern (und) wird eine Passage zu einem Element gruppiert, auf welches dann wieder * + ? oder {,} angewandt werden kann.

Ausdruck	passt auf	passt nicht auf
(hugo)+	abc**hugo**123 abc**hugohugo**123	abc123
((ab){2}x){2}	**ababxababx**	ababx abababab

Regel 11

Der senkrechte Balken | bedeutet „oder" und wird zwischen zwei alternative Ausdrücke gestellt. Oft werden Klammern und Balken kombiniert.

Ausdruck	passt auf	passt nicht auf
rot|grün	**rot** **grün** **rot**grün rot**grün**	gelb blau
Schw(a|ei)n	**Schwan**z **Schwein**	Schwalbe

A.4.2 weitere Beispiele

[0-9]{5}	passt auf alle fünfstelligen Ziffernfolgen (Postleitzahlen)
^$	passt auf alle leeren Zeilen
.*	passt auf alles überhaupt
^[^#]	passt auf Zeilen, die nicht mit # beginnen

A.4.3 einfache und erweiterte reguläre Ausdrücke

Alle obigen Regeln gelten für *erweiterte* reguläre Ausdrücke (*extended regular expressions*). Der Grund ist der, dass diese paradoxerweise einfacher sind als die *einfachen regulären Ausdrücke* (*basic regular expressions*). Die Ursache liegt in Unix-Pionierzeiten, bevor uns das GNU-Projekt das Leben einfacher gemacht hat.

Die einfachen regulären Ausdrücke unterscheiden sich von den erweiterten lediglich darin, dass die Zeichen ? + { } | ( ) ihre spezielle Bedeutung verlieren und diese nur durch einen vorangestellten Backslash *erlangen*.

`grep` verwendet im Normalfall einfache reguläre Ausdrücke, kann mit der Option `-E` aber dazu veranlasst werden, die bequemeren erweiterten Ausdrücke zu verwenden. Dasselbe erreichst du, wenn du `grep` als `egrep` aufrufst.

<table>
<tr><th>erweiterte reguläre Ausdrücke</th><th>einfache reguläre Ausdrücke</th></tr>
<tr><td><code>rot|grün</code></td><td><code>rot\|grün</code></td></tr>
<tr><td><code>(a|b)\2,3\.+</code></td><td><code>\(a\|b\)\2,3\.\+</code></td></tr>
</table>

Einfache reguläre Ausdrücke verwenden z. B. der Streameditor `sed`, `less` und `vi`. Mit der Option `-r` kannst du `sed` auf erweiterte reguläre Ausdrücke umstellen.

A.5 Hexadezimalzahlen

A.5.1 Der Name

Hexadezimal besteht aus den Silben *hexa* und *dezimal*. Ersteres kommt aus dem Griechischen (hexa = sechs), letzteres kommt aus dem Lateinischen (decem = zehn). Besserwisser mahnen daher mit erhobenem Zeigefinger, man müsse entweder hexadekadisch oder sedezimal sagen. Aber wer hat gesagt, dass es verboten ist, Fremdwörter aus mehreren Sprachen zu bilden? Auf jeden Fall ist für Computerleute das 16er System das *Hexadezimalsystem*.

A.5.2 Der Sinn

Irgendwann in der Schule lernt jeder im Mathematikunterricht, dass es neben dem landläufigen Dezimalsystem noch andere Zahlensysteme gibt. Was ist ein Zahlensystem? In erster Linie dient es zum Schreiben einer Zahl auf ein Blatt Papier. Ein gutes Zahlensystem ermöglicht, beliebige Zahlen übersichtlich darzustellen. Das einfachste System ist es, die Zahl durch eine Anzahl von Strichen zu malen, was z. B. in Comics gelangweilte Gefängnisinsassen an einer Wand praktizieren.

Genial im Vergleich erscheint die Ziffernmethode: Man einigt sich auf eine feste Menge von Symbolen als Ziffern, z. B. 0, 1, 2, 3, 4, 5, 6, 7, 8, 9. Jede Ziffer repräsentiert eine Zahl von Null bis Anzahl-der-Ziffern-minus-Eins, im Zehnersystem also von 0 bis 9. Will man eine größere Zahl darstellen, so schreibt man mehrere Ziffern hintereinander, zählt die erste (rechte) Ziffer einfach, die nächste (links daneben liegende) Anzahl-der-Ziffern-fach – also beim Zehnersystem zehnfach, die übernächste 100-fach usw. Mit dieser Darstellung kann man dann sogar rechnen, indem man z. B. ziffernweise addiert und einen Übertrag beachtet.

Warum haben wir gerade 10 Ziffern? Weil man das gerade praktisch an den Fingern abzählen kann! Wer dagegen meint, das liege daran, weil doch die Zehn so eine praktische runde Zahl ist, der verwechselt Ursache und Folge. Hätten wir dreizehn Finger, wäre eben die 13 eine runde Zahl, geschrieben als *1 0*. Für zehn, elf und zwölf hätten wir dann eigene Ziffern - insgesamt 13 Stück.

Computer haben aber keine Finger. Für sie ist die Zehn überhaupt nicht rund, weil man zehn Ziffern schlecht in einem Bit speichern kann. Deshalb rechnen Computer im Zweiersystem, weil die beiden nötigen Ziffern, Null und Eins, wunderbar und bequem in einem Bit unterkommen. Für Computer ist also alles rund, was sich durch zwei teilen lässt.

Besonders rund sind für Computer Binärzahlen, die mit einer Eins beginnen und bei denen sich auch die Anzahl der folgenden Nullen durch zwei oder noch besser durch eine Zweierpotenz teilen lässt. Die Binärzahl

```
1 0000 0000 0000 0000
```

ist also kugelrund! Deshalb gefällt es dem Computer auch besser, 1 024 Bytes zu einem Kilobyte zusammenzufassen und nicht 1 000.

Eine für den Computer runde Zahl ist im menschlichen Dezimalsystem aber alles andere als übersichtlich. Die Zahl 2^{32} – binär geschrieben eine Eins mit 32 Nullen – lautet dezimal 4 294 967 296.

Der Trick der Computerleute der Pionierzeit besteht nun darin, dass man immer vier binäre Stellen zusammenfasst. Hier gibt es dann 16 Möglichkeiten. Man braucht also 16 Symbole und landet automatisch beim Hexadezimalsystem. Als Symbole nimmt man einfach die 0 bis 9 und A, B, C, D, E und F. Das A bedeutet 10, B ist 11 und das F die 15.

Wie beim Zehnersystem jede Stelle einen Wert hat, der das 10-fache der vorherigen Stelle ist, geht es nun in 16er Schritten, 2B ist also 2 mal 16 plus 11, also dezimal 43. Damit man eine Hexadezimalzahl nicht mit einer Dezimalzahl verwechseln kann, schreibt man ein `0x` davor, also z. B. `0x2B` oder `0x2b`.

Wegen der Verwandschaft mit den Binärzahlen sind runde Hex-Zahlen auch runde Binärzahlen, z. B. ist binär `1 0000 0000` im 16er System `0x100`.

Praktisch sind Hex-Zahlen auch deshalb, weil die im Computer üblichen Zahlenbereiche sich damit immer mit einer festen Anzahl von Stellen darstellen lassen. Ein Byte lässt sich immer als zweistellige Hex-Zahl schreiben, eine 32-Bit-Adresse als achtstellige. Auch aus diesem Grund sind Hexdumps beliebt zur Darstellung von Binärdaten.

A.5.3 Das Umrechnen

Das Umrechnen zwischen Dezimal- und Hex-Zahlen mit Stift und Papier ist mühsam. Auf der Kommandozeile geht es einfacher, z. B. mit `printf` und `echo`:

Umrechnen von Dezimal in Hexadezimal:

```
Eiger:~> printf "0x%x\n" 100
0x64
Eiger:~> printf "0x%x\n" 256
0x100
Eiger:~> printf "0x%x\n" 3735928495
0xdeadbeaf
```

Die umgekehrte Richtung ist noch einfacher. Die Shell interpretiert alles innerhalb von `$((` und `))` als Rechenausdrücke, Hex-Zahlen werden durch `0x` markiert:

```
Eiger:~> echo $(( 0x3e8 ))
1000
Eiger:~> echo $(( 0xfea1dead ))
4272021165
```

A.6 Die Verzeichnisstruktur von Linux

A.6.1 Der Filesystem Hierarchy Standard

Die Zeiten, in denen ein Betriebsystem es sich leisten konnte, alle Dateien in ein einziges Verzeichnis zu packen, sind vorbei. Bei Unix hat man von Anfang an auf eine sinnvolle Struktur von Unterverzeichnissen geachtet. Dabei hatte man nicht nur die Übersichtlichkeit, sondern auch technische Aspekte im Auge.

Beispielsweise ist es bei Unix möglich, Festplattenpartitionen oder Netzwerklaufwerke an Unterverzeichnisse zu binden (zu *mounten*). Ein solches Verzeichnis kann Sondereigenschaften besitzen, wie z. B., dass seine Dateien nicht veränderbar sind oder dass es von Rechnern unterschiedlicher Hardwarearchitektur oder gar unterschiedlicher Betriebsysteme gleichzeitig verwendet wird.

Mit dem *Filesystem Hierarchy Standard (FHS)*[8] wurde die Verzeichnisstruktur von Linux, die aus den Wurzeln von Unix entstanden ist, von historischen Altlasten befreit, sauber geordnet und vor allem genau definiert. Die aktuelle Version des Standards ist 2.3 und muss von jeder Linuxdistribution eingehalten werden, wenn sie sich LSB-konform nennen will[9]. Wenn man die Grundzüge des FHS kennt, findet man sich im Dateisystem von Linux besser zurecht und kann zudem eigene Dateien am richtigen Ort ablegen.

Bei meiner nun folgenden Beschreibung der Verzeichnisstruktur von Linux orientiere ich mich am FHS 2.3, habe aber keinen Anspruch, diesen vollständig oder

[8] Die Homepage des FHS ist unter `http://www.pathname.com/fhs/` zu finden.

[9] **L**inux **S**tandard **B**ase: Siehe `http://linuxbase.org`

exakt wiederzugeben. Vielmehr will ich eine Orientierungshilfe und eine Grundlage zur Entscheidung geben, welche Datei du am besten wohin packst. Auch will ich aktuellen Entwicklungen berücksichtigen, die noch nicht in den FHS aufgenommen wurden.

A.6.2 Die Rootpartition

Wie man weiß, muss sich nicht der komplette Verzeichnisbaum auf einer einzigen Festplattenpartition befinden. An beliebigen Stellen können weitere Partitionen, Netzwerkverzeichnisse oder virtuelle Dateisysteme eingebunden werden.

Dabei musst du allerdings bedenken, dass der Vorgang des Einbindens bei jedem Booten aufs Neue erfolgen muss und dazu natürlich etliche Dateien benötigt werden.

Das fängt an beim `mount`-Befehl und geht weiter mit Bibliotheken, die dieser braucht, mit der Shell, grundlegenden Netzwerkdiensten und anderen Systemkomponenten. All diese Dinge müssen sich in der Rootpartition befinden, denn diese ist die einzige, die nicht explizit gemountet werden muss.

A.6.3 Das Wurzelverzeichnis

Im Wurzelverzeichnis (Rootverzeichnis) liegen keine Dateien. Welche Unterverzeichnisse existieren dürfen oder müssen ist im FHS festgelegt. Auf jedem Linuxsystem zu finden sind folgende Verzeichnisse:

- `/etc`
  Konfigurationsdateien. Unter Linux bedeutet dies in der Regel Textdateien, die mit einem Editor gepflegt werden. Für komplexere Programme, die über mehr als eine Konfigurationsdatei verfügen, kann es jeweils eigene Unterverzeichnisse unter `/etc` geben. `/etc` muss in der Rootpartition liegen.
- `/bin`
  Essentielle ausführbare Systemprogramme. Das Verzeichnis `/bin` liegt immer in der Rootpartition. Alle Programme, die zum Einbinden anderer Partitionen oder zur Rettung des Systems erforderlich sind, müssen unter `/bin` oder `/sbin` liegen. Unter `/bin` liegen keine Anwenderprogramme.
- `/sbin`
  Essentielle Programme für `root`. Dieses Verzeichnis entspricht `/bin`, enthält aber Programme, die nur `root` benötigt bzw. von anderen Benutzern sowieso nicht verwendet werden können, da sie `root`-Rechte benötigen.
- `/lib`
  Essentielle Bibliotheken. Alle Bibliotheken, die von Programmen in `/bin` oder `/sbin` benötigt werden, müssen unter `/lib` liegen. Dazu gehört als wichtigstes die C-Bibliothek (`/lib/libc.so.6`) und der dynamische Linker,

der diese und alle anderen Bibliotheken lädt (`/lib/ld-linux.so.2`)[10]. Es versteht sich von selbst, dass auch `/lib` in der Rootpartition liegen muss.

- ❏ `/dev`
  Gerätedateien (device nodes). Die hier enthaltenen Spezialdateien sind zum Zugriff auf Geräte – auch auf Festplatten – notwendig, und müssen daher ebenfalls in der Rootpartition liegen.
- ❏ `/usr`
  Anwenderdateien. Unter diesem Verzeichnis sind alle Anwenderprogramme installiert, d. h. die nicht veränderlichen Dateien wie Programme, Bibliotheken, Dokumentation usw. Dies ist der größte Teil der Dateien überhaupt. `/usr` kann in einer eigenen Partition liegen.
- ❏ `/var`
  Variable Dateien. Hier liegen lapidar gesagt *Daten*, also Dateien, welche von Anwender- und Systemprogrammen geschrieben und geändert werden. Dazu gehören Logdateien, Datenbanken, E-Mails, Druckaufträge usw. Was *nicht* unter `/var` liegt, sind private Dateien der Anwender. Normale Benutzer haben keinen Schreibzugriff auf Dateien in `/var`.
- ❏ `/tmp`
  Temporäre Dateien. Eine temporäre Datei ist ein Zwischenergebnis, dass man nur solange benötigt, bis das Endergebnis fertig ist. Jeder Benutzer kann Dateien in `/tmp` ablegen. Das System muss aber nicht garantieren, dass Dateien unter `/tmp` einem Neustart des Rechners überleben!
- ❏ `/boot`
  Bootlader. Hier liegen alle Dateien, die zum Laden und Starten des Kernel benötigt werden. `/boot` kann ausdrücklich eine eigene Partition sein.

Folgende Verzeichnisse sind strikt gesprochen nicht lebenswichtig, aber immer vorhanden.

- ❏ `/proc`
  `proc`-Dateisystem. Die Dateien in diesem Verzeichnis liegen nicht auf einer Festplatte, sondern werden vom Kernel simuliert, welcher damit innere Werte darstellt oder veränderbar macht. Viele zentrale Diagnoseprogramme, wie z. B. `ps` oder `free`, beziehen ihre Information aus `/proc` und verweigern ihren Dienst, wenn dieses fehlt.
- ❏ `/mnt`
  Temporärer Mountpunkt. Wenn der Administrator „mal eben" ein Dateisystem mounten will, um dort etwas nachzusehen, eine Sicherung zu machen usw., kann er dieses nach `/mnt` mounten.

[10] Wenn du nicht glaubst, dass diese Dateien so wichtig sind, kannst du mal versuchen, sie umzubenennen. Danach kannst du dann die Methode in Abschnitt 4.5.6 auf Seite 99 üben, mit der man ein völlig lahmgelegtes System reparieren kann.

- `/home`
  Unter `/home` liegt in der Regel für jeden normalen Benutzer ein Unterverzeichnis, dass dessen Anmeldenamen trägt und das ihm gehört. Es ist sein *Homeverzeichnis*. Ein normaler Benutzer kann demnach auf einem Linux-System genau an zwei Stellen Dateien ablegen und ändern:
  - In seinem Homeverzeichnis und
  - unter `/tmp`.

  Hieraus ergibt sich der große Vorteil, dass Benutzerdaten klar getrennt aufbewahrt werden. Eingeschlossen sind z. B. auch sämtliche persönlichen Konfigurationseinstellungen von Browser und E-Mailprogramm, die Lieblingstastaturbelegung des Textprogrammes usw.
  Dies erleichert sowohl ein Backup als auch eine Neuinstallation ungemein, weil aus Sicht des Anwenders dazu nur `/home` gesichert werden muss. Auch ein Umzug eines Benutzers auf einen anderen Rechner oder die Auslagerung von `/home` auf einen Netzwerkserver ist einfach.
  Bei großen Installationen ist es üblich, unter `/home` eine weitere Hierarchieebene einzuführen, z. B. `/home/studenten`, `/home/mitarbeiter`. Eine nachträgliche Umstrukturierung kann aber schwierig sein! Wenn aus `/home/meier` ein `/home/studenten/meier` wird, hat das Auswirkungen auf sämtliche absoluten Pfade zu Dateien im Homeverzeichnis. Diese verstecken sich in etlichen Dateien, in denen Anwendungsprogramme persönliche Einstellungen speichern. Beispielsweise kann es sein, dass der Mailer die gespeicherten E-Mails nicht mehr findet.
- `/root`
  Homeverzeichnis von `root`. Bitte sag zu diesem Verzeichnis niemals „Rootverzeichnis", sonst ist die Verwirrung perfekt. Es handelt sich lediglich um das Homeverzeichnis des Benutzers `root`. Hier kann `root` Dateien ablegen, die er zur Administration des Rechners benötigt, wie z. B. RPM-Pakete oder Kopien von Konfigurationsdateien. Was hier *nicht* liegt, ist z. B. eine Bedienungsanleitung des RAID-Controllers oder der Einkaufszettel des Administrators.

Gelegentlich findet man auch noch folgende Verzeichnisse:

- `/opt`
  Zusätzliche Softwarepakete. Hier liegen fette Programmpakete, wie z. B. KDE, OpenOffice.org oder Gnome. Um den Sinn und Zweck von `/opt` gab es einige Diskussionen, weil es keine klare Abgrenzung von `/usr` gibt. `/opt` ist vor allem deshalb beliebt, weil es in `/usr` schon so unübersichtlich ist. Wenn man ein eigenes Programm mit dem Namen `hirn` schreibt, bietet sich `/opt/hirn` als Installationsort an. Variable Dateien sollen dann unter `/var/opt/hirn` und Einstellungen unter `/etc/opt/hirn` abgelegt werden.

- `/media`
  Mountpunkte für Wechselmedien. In `/media` gibt es für CD-ROM, DVD und Floppy leere Unterverzeichnisse, welche als Mountpunkte dienen.

- `/srv`
  Datenverzeichnisse von Serverdiensten. Dieses Verzeichnis ist noch nicht standardisiert, wird aber von SUSE-Distributionen verwendet. Es enthält Daten von Webservern, FTP-Servern und anderen Diensten unter `/srv/www`, `/srv/ftp` usw.

A.6.4 Die `/usr`-Hierarchie

Der Name `/usr` führt regelmäßig zu Verwirrungen, da der Name vermuten lässt, hier lägen *persönliche* Benutzerdaten, also dass, was unter `/home` liegt. Vielmehr deutet `/usr` an, dass hier zwar *Userdaten* liegen, aber gemeint ist die Abgrenzung zu *Systemdaten*.

Unter `/usr` liegen installierte Anwendungsprogramme, unveränderliche Datenbanken, Dokumentation, Quellcodes, Programmierbibliotheken und alles weitere, was man so zu zum Arbeiten benötigt. Einzig `/opt` macht Konkurrenz, wie ich bereits erwähnt habe. In `/usr` gibt es unter anderem folgende Unterverzeichnisse:

- `/usr/bin`
  Ausführbare Programme. Alles, was hier liegt, kann man direkt ausführen. Aus historischen Gründen liegen hier jedoch hauptsächlich Programme, welche im Textmodus arbeiten.

- `/usr/sbin`
  Programme für root. Programme in diesem Verzeichnis werden nur vom Benutzer `root` benötigt, die Daten, die solche Programme bearbeiten, sind normalen Benutzern unzugänglich. Hier liegen beispielsweise auch die Binaries von Serverdiensten, wie `httpd` (Webserver) oder `sshd` (Secure-Shell Daemon).

- `/usr/lib`
  Bibliotheken und Anwendungen. Dieses Verzeichnis ist leider ein Kraut-und-Rüben-Verzeichnis. Das Wort `lib` steht für Library, wird aber leider in doppeltem Sinne interpretiert. Zum einen finden sich hier – analog zu `/lib` – dynamische und statische Programmbibliotheken, welche von Binaries verwendet werden – in diesem Falle die Rüben.
  Zum anderen gibt es das Kraut: Unterverzeichnisse für komplexere Programmpakete, welche hier beliebige Daten ablegen können. Seit Einführung des FHS gilt allerdings die Regel, dass Daten, welche nicht von der Hardwarearchitektur abhängen, nach `/usr/share` gehören. Nicht alle Programmpakete halten sich daran.

- `/usr/share`
  Architekturunabhängige Daten. Mit Architektur ist in diesem Zusammenhang die Kompatibilität des Prozessors gemeint. Binaries für einen Pentium-kompatiblen Prozessor sind auf einem Power-PC-Prozessor nicht verwendbar. Viele Dateien sind aber vom Prozessor unabhängig, z. B. Dokumentation, Multimediadaten und Datenbanken.
  Unter `/usr/share` liegen also Daten, die alle Linuxsysteme unterschiedlicher Architektur gleichsam verwenden können. Dadurch kann `/usr/share` als Netzwerkverzeichnis eingebunden werden, auch wenn Systeme unterschiedlicher Hardwarearchitektur vorhanden sind. Außerdem wurde durch `/usr/share` das Durcheinander in `/usr/lib` etwas aufgeräumt.
  Wichtige Unterverzeichnisse von `/usr/share` sind `man` (Man-Seiten), `info` (Info-Dokumentation), `doc` (weitere Dokumentation) und `locale` (Lokalisierung, also z. B. Programmtexte in spanischer Sprache). Die Man-Seiten lagen früher direkt unter `/usr/man`. Dieses Verzeichnis gibt es unter Linux nicht mehr.
- `/usr/src`
  Quellcodes. Üblich ist, dass hier der Linuxquellcode in einem Unterverzeichnis liegt, dessen Name mit der Versionsnummer endet, also beispielsweise `/usr/src/linux-2.6.8-pre3`. So lassen sich mehrere Versionen parallel installieren. Weiterhin gibt es einen symbolischen Link mit dem Namen `linux`, der auf die aktuell verwendete Version zeigt. In das Unterverzeichnis `packages` werden Source-RPMs installiert.
- `/usr/include`
  Include-Dateien. Für Nicht-C-Programmierer: Include-Dateien werden beim Kompilieren von C- und C++-Programmen benötigt und enthalten Beschreibungen von einzubindenen Bibliotheken, feste Systemparameter und teilweise auch Hilfsfunktionen. Die Namen der Dateien enden auf `.h` (h steht für *header*).
- `/usr/X11R6`
  X11 Window System. Hier ist X11 Release 6, das grafische System von Linux, zu Hause. Als Unterverzeichnisse gibt es eine abgespeckte Hierarchie, wie unter `/usr`, z. B. `bin`, `lib`, `share`, `man` und `include` mit den entsprechenden Bedeutungen.
  Aus logischer Sicht gibt es keinen Grund, warum X11 eine Extrawurst bekommt und sich nicht an den Standard hält. Da dieses Verzeichniss aber schon seit dem Paläolithikum von X11 hier liegt und sich alle daran gewöhnt haben, haben die Dogmatiker des FHS hier nachgegeben und den Status-Quo in den Standard übernommen[11].

[11] Paläolithikum: Altsteinzeit

- `/usr/local`
  Lokale Daten und Programme. Unter `/usr/local` spannt sich eine Hierarchie auf, welche der unter `/usr` ähnelt. Auch hier gibt es wieder ein `bin`, `lib`, `share`, `src`, `include` und `sbin`. Hier kannst du Programme installieren, die du selbst aus dem Internet geholt oder vielleicht sogar selbst geschrieben hast. Vor einer kompletten Neuinstallation kannst du `/usr/local` separat sichern und anschließend wieder einspielen.

A.6.5 Die `/var`-Hierarchie

Wie ich ich in der Kurzbeschreibung schon erwähnt habe, enthält `/var` variable Daten. Dies können System- oder Anwendungsdaten sein. Mit *Systemdaten* meine ich z. B. Logdateien, wie `/var/log/messages`. *Anwendungsdaten* sind z. B. das Arbeitsverzeichnis eines Mailservers oder eines HTTP-Proxies. Hiervon abgrenzen muss man *Benutzerdaten*. Das sind Dateien, die einem *bestimmten* Benutzer gehören und von diesem selbst verwaltet werden und unter `/home` liegen.

- `/var/log`
  Logdateien. Für komplexere eigenständige Programme können Unterverzeichnisse existieren, z. B. `/var/log/httpd`.
- `/var/lib`
  Programmdaten. Der Name `lib` hat hier wieder nichts zu tun mit Bibliotheken. Der Name ist eine Analogie zu dem Kraut in `/usr/lib`. Wenn ein Programm `abc` konstante und variable Daten hat, können diese unter `/usr/lib/abc` bzw. `/var/lib/abc` liegen.
- `/var/lock`
  Lockdateien. Eine Lockdatei soll ausschließen, dass zwei Prozesse gleichzeitig auf bestimmte Dateien oder Geräte zugreifen. Man kann eine Lockdatei auch als Reservierung bezeichnen.
  Wenn ein Prozess auf die vereinbarten Daten zugreifen will, muss er zunächst die Lockdatei anlegen. Existiert diese schon, so darf er nicht zugreifen und muss sich beenden oder abwarten, bis der andere – der die Lockdatei erzeugt hat – diese wieder entfernt und so den Zugriff freigibt. Das Ganze wird aber vom Kernel nicht unterstützt und klappt nur, wenn sich alle beteiligten Programme daran halten.
- `/var/named`
  Daten des Nameservers. Der Logik nach sollte der DNS-Nameserver seine Daten eher unter `/var/lib/named` oder neuerdings unter `/srv/named` ablegen. `/var/named` ist aber nach wie vor Standard dafür.

- `/var/opt`
  Variable Daten von `/opt`*-Programmen.* Programme, die unter `/opt` installiert sind, sollen ihre variablen Daten hier ablegen. Liegt das Programm z. B. unter `/opt/hirn`, so sollten dessen Daten unter `/var/opt/hirn` liegen.

- `/var/run`
  Laufzeitdaten. Alle hier enthaltenen Dateien beschreiben den aktuellen Zustand von laufenden Prozessen seit dem letzten Booten. Beim Booten werden alle Dateien unter `/var/run` gelöscht! Programme mit mehr als einer Datei unter `/var/run` sollen ein Unterverzeichnis anlegen.
  Besondere Aufmerksamkeit kommt den PID-Dateien zu. Diese geben Auskunft über die Prozess-ID eines bestimmten Dienstes. Eine PID-Datei endet auf `.pid` und enthält als einzelne Textzeile die Prozess-ID in Dezimalschreibweise:

  ```
  Eiger:~ # cat /var/pid/sshd.pid
  739
  Eiger:~ # pidof sshd
  739
  ```

  Warum werden die PID-Dateien benötigt, wenn es auch `pidof` gibt? Weil `pidof` Prozesse nur nach dem Namen erkennt und der nicht eindeutig ist. Manche Serverdienste starten mehrere Unterprozesse, welche alle den gleichen Namen wie der Hauptprozess haben.

- `/var/spool`
  Spooldateien. Mit Spooldateien werden Warteschlangen realisiert, in denen Daten auf ihre Abfertigung durch einen Dienst warten. Typische Fälle sind der Druckserver, der alle noch nicht fertigen Druckaufträge speichert, oder der Mailserver, der ausgehende noch nicht verschickte Mails aufbewahrt. Jeder Dienst hat hier ein eigenes Unterverzeichnis.

- `/var/tmp`
  Nicht ganz so temporäre Dateien. Dieses Verzeichnis hat einen ähnlichen Zweck wie `/tmp`, garantiert jedoch, dass Dateien einen Reboot überleben, also nicht wirklich temporär, sondern persistent sind.

- `/var/cache`
  Cache-Dateien. Eine Cache-Datei speichert frühere Ergebnisse mit dem Ziel, dass diese später – wenn sie zufällig wieder benötigt werden – nicht noch einmal neu berechnet bzw. beschafft werden müssen. Hier liegen vorformatierte Man-Seiten, vorberechnete LaTeX-Fonts, von einem Proxy gecachte Webseiten und ähnliche Dinge.
  Cache-Dateien haben die kennzeichnende Eigenschaft, dass sie ohne Datenverlust jederzeit gelöscht werden können, da sie im Bedarfsfalle automatisch neu berechnet werden. Eine Datei, auf die dies nicht zutrifft, ist hier am falschen Ort. Bei einer Datensicherung kann man daher auf ein Sichern von `/var/cache` verzichten.

Anhang B

Alle Werkzeuge

B.1 Nachinstallieren von Software

Dieser Anhang soll dir helfen, wenn ein im Buch vorgestelltes Werkzeug auf deinem System nicht installiert ist. Als erstes solltest du dann prüfen, ob das entsprechende Paket auf deiner Distribution enthalten ist. Da die Namen der Pakete nicht immer mit dem Namen des Werkzeugs übereinstimmen, habe ich die Paketnamen für die Distributionen *SUSE LINUX 9.1*, *Red Hat Fedora Core 2* und *Debian 3.0 (Woody)* aufgelistet. In der Regel behalten die Distributoren die Paketnamen von Version zu Version bei, so dass das unter SuSE LINUX 9.1 angegebene Paket auch bei SuSE LINUX 9.0 oder SLES 8 unter diesem Namen zu erwarten ist.

Für das Installieren eines Paketes gibt es bei jeder Distribution eine eigene optimierte Lösung. Bei SUSE LINUX kannst du `yast` mit der Option `-i` verwenden, welcher dich falls nötig dazu auffordert, die richtige CD einzulegen. Hier ist ein Beispiel für das Paket `joe`:

```
suse:~ # yast -i joe
```

Für den Fall, dass du keine CD oder DVD parat hast oder nur über die arg abgemagerte Personal-Variante verfügst, kannst du fehlende Pakete auch über das Internet installieren. Entweder holst du die RPM-Pakete von Hand per FTP, z. B. von `ftp://ftp.leo.org/pub/suse/i386/9.1/suse/i586/`, oder du fügst mit dem YaST2-Menüpunkt *Software / Installationsquelle wechseln* eine Installationsquelle vom Typ FTP hinzu und gibst als Server `ftp.leo.org` und als Pfad `/pub/suse/i386/9.1` an.

Auch auf Fedora gibt es ein bequemes Werkzeug zum intelligenten Installieren von Paketen. Es heißt `yum` und wird wie folgt aufgerufen:

```
fedora:~ # yum install joe
```

Bei SUSE LINUX, Fedora/Red Hat und anderen RPM-basierten Distributionen kannst du natürlich auch die RPM-Datei von Hand installieren. Du holst sie dir entweder von der CD oder per FTP aus dem Internet. Das Installieren geht dann z. B. so:

```
rpm-distro:~ # rpm -i joe-2.9.8-378.i586.rpm
```

Debian Woody verwendet kein RPM, hat aber dafür das mächtige und beliebte APT: Das Installieren geht am einfachsten mit `apt-get`:

```
suse:~ # apt-get install joe
Reading Package Lists... Done
Building Dependency Tree... Done
The following NEW packages will be installed:
  joe
0 packages upgraded, 1 newly installed, 0 to remove and 59  not upgraded.
Need to get 135kB of archives. After unpacking 325kB will be used.
Get:1 ftp://ftp.de.debian.org stable/main joe 2.8-20 [135kB]
Fetched 135kB in 2s (55.8kB/s)
Selecting previously deselected package joe.
(Reading database ... 51481 files and directories currently installed.)
Unpacking joe (from .../archives/joe_2.8-20_i386.deb) ...
Setting up joe (2.8-20) ...
```

Für den Fall, dass du kein vorkompiliertes Paket für deine Distribution findest, habe ich die außerdem die Internetseiten der Projekte für dich herausgesucht, sofern sie auffindbar waren.

B.2 Diagnosewerkzeuge

Und hier kommt die Liste der Pakete:

Werzeug	**SuSE LINUX 9.1**	**Fedora Core 2**	**Debian 3.0 (Woody)** *Projekt-Homepage*
`apropos`	`man`	`man`	`man-db` *http://www.nongnu.org/man-db/*
`arp`	`net-tools`	`net-tools`	`net-tools` *http://www.tazenda.demon.co.uk/phil/net-tools/*
`bing`	`bing`		`bing`

Werzeug	SuSE LINUX 9.1	Fedora Core 2	Debian 3.0 (Woody)
			Projekt-Homepage
chroot	coreutils	coreutils	shellutils
			http://www.gnu.org/software/coreutils/
cmp	diffutils	diffutils	diff
			http://www.gnu.org/software/diffutils/
df	coreutils	coreutils	fileutils
			http://www.gnu.org/software/coreutils/
diff	diffutils	diffutils	diff
			http://www.gnu.org/software/diffutils/
dmesg	util-linux	util-linux	util-linux
			http://kernel.org/pub/linux/utils/util-linux
emacs	emacs-x11	emacs	emacs20
			http://www.gnu.org/software/emacs/emacs.html
ethereal	ethereal	ethereal-gnome	ethereal
			http://ethereal.com/
fdformat	util-linux	util-linux	util-linux
			http://kernel.org/pub/linux/utils/util-linux
fdisk	util-linux	util-linux	util-linux
			http://kernel.org/pub/linux/utils/util-linux
file	file	file	file
			ftp://ftp.astron.com/pub/file/
find	findutils	findutils	findutils
			http://www.gnu.org/software/findutils/
free	procps	procps	procps
			http://tech9.net/rml/procps/
gdb	gdb	gdb	gdb
			http://www.gnu.org/software/gdb/
ghex2	ghex		ghex
			http://www.gnome.org

Werzeug	SuSE LINUX 9.1	Fedora Core 2	Debian 3.0 (Woody)	*Projekt-Homepage*
`grep`	`grep`	`grep`	`grep`	*http://www.gnu.org/software/grep/*
`hexdump`	`util-linux`	`util-linux`	`bsdmainutils`	*http://kernel.org/pub/linux/utils/util-linux*
`history`	`bash`	`bash`	`bash`	*http://www.gnu.org/software/bash/bash.html*
`host`	`bind-utils`	`bind-utils`	`bind9-host`	*http://isc.org/sw/bind/*
`hwclock`	`util-linux`	`util-linux`	`util-linux`	*http://kernel.org/pub/linux/utils/util-linux*
`id`	`coreutils`	`coreutils`	`shellutils`	*http://www.gnu.org/software/coreutils/*
`ifconfig`	`net-tools`	`net-tools`	`net-tools`	*http://www.tazenda.demon.co.uk/phil/net-tools/*
`info`	`info`	`info`	`info`	*http://www.texinfo.org*
`iptables`	`iptables`	`iptables`	`iptables`	*http://www.iptables.org*
`iptraf`	`iptraf`	`iptraf`	`iptraf`	*http://iptraf.seul.org/*
`jmacs`	`joe`	`joe`	`joe`	*http://sourceforge.net/projects/joe-editor*
`joe`	`joe`	`joe`	`joe`	*http://sourceforge.net/projects/joe-editor*
`khexedit`	`kdeutils3-extra`	`kdeutils`	`khexedit`	*http://www.kde.org*
`killall`	`psmisc`	`psmisc`	`psmisc`	*http://psmisc.sourceforge.net/*

Werzeug	SuSE LINUX 9.1	Fedora Core 2	Debian 3.0 (Woody)
			Projekt-Homepage
kill	coreutils	util-linux	procps
			http://www.gnu.org/software/coreutils/
ldd	glibc	glibc-common	libc6
			http://www.gnu.org/software/libc/libc.html
less	less	less	less
			http://www.greenwoodsoftware.com/less/
locate	findutils-locate	slocate	findutils
			http://www.gnu.org/software/findutils/
logger	util-linux	util-linux	bsdutils
			http://kernel.org/pub/linux/utils/util-linux
logsurfer	logsurfer		
			http://www.cert.dfn.de/eng/logsurf/
lsmod	module-init-tools	modutils	modutils
			http://www.kernel.org/pub/linux/utils/kernel/modutils/
lsof	lsof	lsof	lsof
			http://people.freebsd.org/~abe
lspci	pciutils	pciutils	pciutils
			http://atrey.karlin.mff.cuni.cz/~mj/pciutils.shtml
lsusb	usbutils	usbutils	usbutils
			http://usb.cs.tum.edu/
ltrace	ltrace	ltrace	ltrace
			ftp://ftp.debian.org/debian/pool/main/l/ltrace/
man	man	man	man-db
			http://www.nongnu.org/man-db/
mcedit	mc	mc	mc
			http://www.ibiblio.org/mc/
mii-diag	netdiag		mii-diag
			ftp://ftp.scyld.com/pub/diag/

Werzeug	SuSE LINUX 9.1	Fedora Core 2	Debian 3.0 (Woody)	*Projekt-Homepage*
minicom	minicom	minicom	minicom	*http://alioth.debian.org/projects/minicom/*
mount	util-linux	util-linux	mount	*http://kernel.org/pub/linux/utils/util-linux*
netcat	netcat	nc	netcat	
netstat	net-tools	net-tools		*http://www.tazenda.demon.co.uk/phil/net-tools/*
nmap	nmap	nmap	nmap	*http://www.insecure.org/nmap/*
objdump	binutils	binutils	binutils	*http://www.gnu.org/software/binutils/binutils.html*
pidof	sysvinit	SysVinit	sysvinit	
pinfo	pinfo	pinfo	pinfo	*http://dione.ids.pl/~pborys/software/pinfo/*
ping	iputils	iputils	netkit-ping	*ftp://ftp.tux.org/people/alexey-kuznetsov/ip-routing*
pstree	psmisc	psmisc	psmisc	*http://psmisc.sourceforge.net/*
ps	procps	procps	procps	*http://tech9.net/rml/procps/*
route	net-tools	net-tools	net-tools	*http://www.tazenda.demon.co.uk/phil/net-tools/*
rpmbuild	rpm	rpm-build	rpm	*http://www.rpm.org/*
rpm	rpm	rpm	rpm	*http://www.rpm.org/*

Werzeug	SuSE LINUX 9.1	Fedora Core 2	Debian 3.0 (Woody)	*Projekt-Homepage*
`sash`	sash	sash	sash	*http://www.tip.net.au/~dbell/*
`strace`	strace	strace	strace	*http://www.liacs.nl/~wichert/strace/*
`strings`	binutils	binutils	binutils	*http://www.gnu.org/software/binutils/binutils.html*
`syslogd`	syslogd	sysklogd	sysklogd	
`tail`	coreutils	coreutils	textutils	*http://www.gnu.org/software/coreutils/*
`tar`	tar	tar	tar	*http://www.gnu.org/software/tar/*
`tcpdump`	tcpdump	tcpdump	tcpdump	*http://www.tcpdump.org/*
`telnet`	telnet	telnet	telnet	
`time`	bash	bash	bash	*http://www.gnu.org/software/bash/bash.html*
`top`	procps	procps	procps	*http://tech9.net/rml/procps/*
`traceroute`	net-tools	traceroute	traceroute	*http://www.tazenda.demon.co.uk/phil/net-tools/*
`type`	bash	bash	bash	*http://www.gnu.org/software/bash/bash.html*
`uname`	coreutils	coreutils	shellutils	*http://www.gnu.org/software/coreutils/*
`uptime`	coreutils	procps	procps	*http://www.gnu.org/software/coreutils/*

Werzeug	SuSE LINUX 9.1	Fedora Core 2	Debian 3.0 (Woody)
			Projekt-Homepage
usbview	usbview	usbview	usbview
			http://www.kroah.com/linux-usb/
vche			vche
			http://www.grigna.com/diego/linux/vche/
vi	vim	vim-minimal	nvi
			http://www.vim.org/
watch	procps	procps	procps
			http://surriel.com/procps/
wget	wget	wget	wget
			http://wget.sunsite.dk/
which	bash	bash	bash
			http://www.gnu.org/software/bash/bash.html
xargs	findutils	findutils	findutils
			http://www.gnu.org/software/findutils/
xev	XFree86	xorg-x11-tools	xbase-clients
			http://x.org
zile	zile		zile
			http://zile.sourceforge.net

B.3 Entwicklungswerkzeuge

Die in diesem Abschnitt aufgeführten Entwicklungswerzeuge benötigst du, wenn du selbst Software aus den Quellcodes übersetzen willst, wie dies in Kapitel 8 beschrieben ist.

Werzeug	SuSE LINUX 9.1	Fedora Core 2	Debian 3.0 (Woody)	*Projekt-Homepage*
`gcc`	`gcc`	`gcc`	`gcc`	*http://gcc.gnu.org/*
`g++`	`gcc-c++`	`gcc-c++`	`g++`	*http://gcc.gnu.org/*
`diff`	`diffutils`	`diffutils`	`diff`	*http://www.gnu.org/software/diffutils/*
`patch`	`patch`	`patch`	`patch`	*http://www.gnu.org/software/patch/patch.html*
`binutils`	`binutils`	`binutils`	`binutils`	*http://www.gnu.org/software/binutils/binutils.html*
`m4`	`m4`	`m4`	`m4`	*http://www.seindal.dk/rene/gnu/*
`make`	`make`	`make`	`make`	*http://www.gnu.org/software/make/make.html*
`autoconf`	`autoconf`	`autoconf`	`autoconf`	*http://www.gnu.org/software/autoconf*
`automake`	`automake`	`automake`	`automake`	*http://www.gnu.org/software/automake*
`libtool`	`libtool`	`libtool`	`libtool`	*http://www.gnu.org/software/libtool/*
`flex`	`flex`	`flex`	`flex`	*http://www.gnu.org/software/flex/flex.html*
`bison`	`bison`	`bison`	`bison`	*http://www.gnu.org/software/bison/bison.html*

Werzeug	SuSE LINUX 9.1	Fedora Core 2	Debian 3.0 (Woody)	*Projekt-Homepage*
`glibc`	`glibc-devel`	`glibc-devel`	`libc6-dev`	*http://www.gnu.org/software/libc/libc.html*
`libstdc++`	`libstdc++`	`libstdc++`	`libstdc++2.10-dev`	*http://gcc.gnu.org/libstdc++/*
`libstdc++-devel`	`libstdc++-devel`	`libstdc++-devel`	`libstdc++2.10-dev`	*http://gcc.gnu.org/libstdc++/*
`ncurses-devel`	`ncurses-devel`	`ncurses-devel`	`libncurses5-dev`	*http://invisible-island.net/ncurses/ncurses.html*
`zlib-devel`	`zlib-devel`	`zlib-devel`	`libz-dev`	*http://www.gzip.org/zlib/*
`pam-devel`	`pam-devel`	`pam-devel`	`libpam0g-dev`	*http://www.kernel.org/pub/linux/libs/pam/*
`readline-devel`	`readline-devel`	`readline-devel`	`libreadline4-dev`	*http://cnswww.cns.cwru.edu/php/chet/readline/rltop.html*
`gettext`	`gettext`	`gettext`	`gettext`	*http://www.gnu.org/software/gettext/gettext.html*
`libxml2-devel`	`libxml2-devel`	`libxml2-devel`	`libxml2-dev`	*http://xmlsoft.org*
`linux`	`kernel-source`	`kernel-source`	`kernel-source-2.4.18`	*http://www.kernel.org/*

Index

E

F

G

H

I

lspci 126

listet angeschlossene PCI-Geräte auf.

lspci [-vvv]

-vvv	zeiget alle Detailinformationen zu den Geräten

lsusb 146

zeigt Informationen über alle angeschlossenen USB-Geräte.

lsusb [-v]

-v	zeigt jeweils die komplette Gerätebeschreibung

fdformat 149

Lowlevel-Formatieren einer Diskette

fdformat /dev/fd0

ifconfig 167

listet alle aktivierten Netzwerkgeräte auf und zeigt deren Konfiguration.

ifconfig [GERÄT]

-a	zeigt auch nicht aktivierte Geräte

mii-diag 168

ermittelt Medium und Übertragungsart einer Netzwerkkarte.

mii-diag [eth0|eth1|eth2...]

arp 170

Programm zum Auslesen und Manipulieren des ARP-Caches

arp [-n] [-s HOST MAC]

-n	verzichtet auf Namensauflösung
-s H M	erzeugt einen Eintrag, der Rechner H die MAC-Adresse M zuweist, H kann als Name oder IP-Adresse angegeben werden

route 181

zeigt die IP-Routingtabelle des Kernels an.

route [-n]

-n	verzichtet auf Namensauflösung, zeigt stattdessen IP-Adressen an.

ping (einfach) 182

testet die IP-Verbinung zu einem anderen Rechner.

ping IP-ADRESSE / HOSTNAME

ping (komplex) 185

testet IP-Verbindung zu anderen Rechnern.

ping [OPTIONEN] RECHNER

-R	zeichnet Route auf (bis zu 9 Hops)
-b	Broadcastping, statt RECHNER eine Broadcastadresse angeben
-c N	bricht nach N Antwortpaketen ab
-w T	bricht nach T Sekunden ab
-q	unterdrückt Ausgabe der Antworten
-a	piepst bei jedem Antwortpaket

bing 187

schätzt die Netzwerkbandbreite zwischen zwei Rechnern ab, die auf der gleichen Strecke liegen.

bing RECHNERNAH RECHNERFERN

traceroute 189

bestimmt die genaue Route zu einem Zielrechner.

traceroute ZIELRECHNER

-n	unterdrückt die Auflösung von IPs in Hostnamen

telnet 192

stellt TCP-Verbindung zu Server her und wickelt diese als interaktiven Textdialog ab.

telnet SERVER PORTNUMMER/DIENST

netcat, nc 198

wickelt TCP- oder UDP-Kommunikation als Client oder Server ab, kommuniziert alle Daten über die Standardein- / ausgabe.

netcat -l -p PORT
netcat SERVER PORT

Achtung: Bei Red Hat und Fedora heißt das Programm nc.

-l	startet netcat als Server
-p P	verwendet P als lokale Portnummer
-u	verwendet UDP statt TCP
-vv	zeigt informative Meldungen an

netstat 201

listet aktuelle TCP- und UDP-Verbindungen und Sockets auf.

netstat [OPTIONEN]

-u	zeigt UDP-Sockets
-t	zeigt TCP-Verbindungen
-l	zeigt Serversockets anstelle der Verbindungen (l steht für *listen*)
-a	zeigt Serversockets und Verbindungen
-n	verzichtet auf Namensauflösung
-o	zeigt Timeoutzähler
-p	zeigt zugehörige Prozesse

nmap 204

sucht Rechner nach offenen Ports ab.

nmap [OPTIONEN] Zielrechner

-sT	schont den Zielrechner und macht einen normalen connect-Scan
-sU	scannt UDP-Ports anstelle von TCP
-p A-E	scannt alle Ports von A bis E

host 216

testet eine Anfrage an einen Nameserver.

host NAME [SERVER]

-l	listet alle Einträge einer Domain auf

tcpdump – Filterausdrücke 212

udp	zeigt UDP-Pakete
tcp	zeigt TCP-Pakete
icmp	zeigt ICMP-Pakete
arp	zeigt ARP-Pakete
broadcast	zeigt Broadcastverkehr
host H	zeigt Pakete von oder zu Rechner H
src host	bezieht host nur auf die Quelle
dst host	bezieht host auf das Ziel
net N/B	zeigt Verkehr innerhalb, von oder zu Netzwerkadresse/Bitanzahl
port P	zeigt TCP/UDP-Pakete von oder zu Port oder Dienst P
src port	bezieht port nur auf die Quelle
dst port	bezieht port auf das Ziel

Verknüpfungen

A and B	A und B müssen zutreffen
A or B	A oder B muss zutreffen
not A	negiert den Filterausdruck A
(A)	klammert A als Teilausdruck

tcpdump 209

Werkzeug zum Mithören und Analysieren von Netzwerkverkehr

tcpdump [OPTIONEN] [FILTERAUSDRUCK]

-i G	hört auf Gerät G anstelle von eth0
-n	zeigt IP- und Portnummern statt Namen
-N	zeigt keine Domainnamen
-q	lässt Protokollinformationen weg
-t	lässt Zeitstempel weg
-v	ausführliche Ausgabe
-vv	sehr ausführliche Ausgabe
-vvv	verdammt ausführliche Ausgabe
-e	zeigt Ethernetadressen an
-x	zeigt Hexdump an
-xX	zeigt Hexdump mit ASCII-Interpretation an
-s 0	zeigt komplette Pakete an

iptables 222

Filterketten des Paketfilters anzeigen und manipulieren

iptables -L KETTE OPTIONEN
iptables -I KETTE NR REGEL -j LOG

-L	listet eine oder alle Ketten auf
-n	unterdrückt Namensauflösung
-v	zeigt Paketzähler
--line-numbers	zeigt Regelnummern
-I	fügt eine Regel in eine Kette ein

ldd 238

listet alle referenzierten Bibliotheken eines Binaries auf, funktioniert für Programme und Bibliotheken.

ldd DATEINAME